Praxishandbuch Finanzwissen

Helmut Keller

Praxishandbuch Finanzwissen

Steuern – Altersvorsorge – Rechtsfragen

Helmut Keller
Brühl
Deutschland

ISBN 978-3-658-00749-2   ISBN 978-3-658-00750-8 (eBook)
DOI 10.1007/978-3-658-00750-8

Die Deutsche Nationalbibliothek verzeichnet diese Publikation in der Deutschen Nationalbibliografie; detaillierte bibliografische Daten sind im Internet über http://dnb.d-nb.de abrufbar.

Springer Gabler
© Springer Fachmedien Wiesbaden 2013
Das Werk einschließlich aller seiner Teile ist urheberrechtlich geschützt. Jede Verwertung, die nicht ausdrücklich vom Urheberrechtsgesetz zugelassen ist, bedarf der vorherigen Zustimmung des Verlags. Das gilt insbesondere für Vervielfältigungen, Bearbeitungen, Übersetzungen, Mikroverfilmungen und die Einspeicherung und Verarbeitung in elektronischen Systemen.

Die Wiedergabe von Gebrauchsnamen, Handelsnamen, Warenbezeichnungen usw. in diesem Werk berechtigt auch ohne besondere Kennzeichnung nicht zu der Annahme, dass solche Namen im Sinne der Warenzeichen- und Markenschutz-Gesetzgebung als frei zu betrachten wären und daher von jedermann benutzt werden dürften.

Lektorat: Claudia Hasenbalg

Gedruckt auf säurefreiem und chlorfrei gebleichtem Papier

Springer Gabler ist eine Marke von Springer DE. Springer DE ist Teil der Fachverlagsgruppe Springer Science+Business Media
www.springer-gabler.de

Vorwort

In meiner langjährigen Beratungstätigkeit sowohl als Verkäufer von Finanzprodukten als auch insbesondere bei der Schuldnerberatung habe ich feststellen müssen, dass in den meisten Fällen immer nur punktuelle Grundkenntnisse über die wichtigsten wirtschaftlichen Fakten vorhanden waren, die für ein vernünftiges und langfristig ausgerichtetes Handeln eigentlich zwingend notwendig gewesen wären.

Natürlich kann nicht jeder ein Finanzexperte sein und es gibt ja schließlich auch die Möglichkeit, sich fachkundigen Rat zu holen, aber ohne eigenes Grundverständnis ist das so eine Sache. Längst haben auch unsere Bildungspolitiker dieses elementare Defizit erkannt, aber die Umsetzung in Schulen, Universitäten und in der betrieblichen Ausbildung hinkt den Bedürfnissen weit hinterher.

Auch die Verbraucherschützer haben diese Informationslücken erkannt und wichtige Gesetze zum Schutz von Anlegern, Kreditnehmern, Versicherungs- und Bankkunden angemahnt und durchgesetzt, aber der wichtigste Ansatz ist immer noch, dass nur eine frühzeitige finanzielle Allgemeinbildung den wichtigsten Beitrag zur eigenen Lebensgestaltung liefert. Denn nur ausreichendes Fachwissen über finanzielle Sachverhalte bildet die Basis für einen sicheren Umgang mit Finanzangelegenheiten und die Erlangung von finanzieller Handlungskompetenz.

Die finanzielle Allgemeinbildung geht dabei deutlich über die reine Wissensvermittlung in Sachen Finanzdienstleistungen hinaus. Gefragt ist vor allem die Verbesserung der wirtschaftlichen Kompetenz aller Bürger.

Der Umgang mit Geld, das erarbeitet, verdient, erwirtschaftet oder geliehen worden ist, will gelernt sein. Je weniger Einkommen und Vermögen man zunächst hat, umso wichtiger ist es, sich auszukennen, um irgendwann eine bessere Zukunft zu haben. Es ist eigentlich nicht schwer, sein Geld so zu verwalten, dass man davon auskömmlich leben kann und auch in der Lage ist, Rücklagen zu bilden oder hochtrabender ein Vermögen zu realisieren.

Es beginnt aber zunächst mit den ganz grundlegenden Dingen. Von seinem Einkommen muss man Steuern zahlen, Beiträge für die Sozialversicherung leisten oder sich privat absichern. Dann sind die Aufwendungen für das Wohnen fällig und die Lebenshaltungskosten wollen auch bewältigt werden. Wenn man von Anfang an sorgfältig haushalten will, ist ein Haushaltsbuch empfehlenswert. Auf einem einfachen Nenner gebracht wird jeder leicht erkennen, dass alles nur funktionieren kann, wenn die Einnahmen dauerhaft über den Ausgaben liegen und man sich selbst zu helfen und zu organisieren weiß.

Dazu braucht man von Anfang an ein solides Finanzwissen, eine ständige Lernbereitschaft und den Mut und den Willen zu einer konsequenten Umsetzung der selbstgesteckten Ziele.

Je besser der Einzelne informiert ist, umso weniger ist er von Beratern oder genauer von Verkäufern abhängig und kann mit Disziplin, Ausdauer und Zielstrebigkeit seine Pläne erreichen. Er muss sich darüber im Klaren sein, dass er für sein finanzielles Wohlergehen selbst verantwortlich ist und ihm Berater oder Verkäufer dabei nicht wirklich helfen können, denn schließlich haben diese nicht immer deckungsgleiche Interessen.

Der Wissensvorsprung der Berater, vor allem aber das fehlende Grundwissen über Geld und Finanzen sind rational eigentlich kaum zu erklären, denn der Umgang mit Geld fängt schon in jungen Jahren an, wird aber in Schule, Ausbildung und Elternhaus kaum mit dem erforderlichen Stellenwert behandelt.

Dennoch müsste es eigentlich selbstverständlich sein, sich mit diesem Thema zu beschäftigen, schließlich wird es jeden von uns bis zu seinem Lebensende begleiten.

Zusammengefasst bedeutet dies: Finanzwissen ist kein Geheimwissen, sondern sollte eigentlich Allgemeinwissen sein.

Im Praxishandbuch sollen die relevanten Themen angesprochen und verdeutlicht werden, damit die Zusammenhänge klar werden. Viele Entscheidungen, die im Einzelfall durchaus sinnvoll erschienen, erweisen sich im Nachhinein als falsch, weil sie einfach nicht in das Gesamtkonzept gepasst haben.

Natürlich sind nicht alle Themen für jeden gleichermaßen bedeutsam, doch sie gehören nach praktischer Erfahrung einfach dazu. Dabei ist Wert darauf gelegt, dass die richtige Finanzstrategie meist eine Entscheidung für die ganze Familie oder Lebensgemeinschaft ist. Da die soziale Ausgangsposition und die Entwicklungsmöglichkeiten unterschiedlich sind, werden die einzelnen Bereiche aus der Sicht des Arbeitnehmers, Rentners, Steuerzahlers, Mieters, Eigentümers, Kreditnehmers, Anlegers und Versicherungsnehmers angesprochen und auch unter Verbraucherschutzüberlegungen betrachtet.

Tabellen, Übersichten und Checklisten sollen dabei praktische Hilfestellung geben.

Brühl, im Mai 2013

Inhaltsverzeichnis

Teil I Überblick Private Finanzen

Finanzplanung in jeder Lebensphase 3

Bankgeschäfte/Kredite 7

Anlageberatung 25

Versicherungen 33

Sozialversicherung und gesetzliche Altersvorsorge 39

Private und betriebliche Altersvorsorge 63

Private Steuern 75

Vermögensplanung- und -sicherung 103

Verbraucherschutz und Schuldnerberatung 107

Lohnersatz- und Sozialleistungen 117

Verträge und Rechtsfragen im Alltag 125

Adressen und Ansprechpartner 145

Teil II Glossar Finanzgrundwissen

A: Abbuchung – Aval 159

B: Bad Bank – Bundesschatzbriefe 193

C: Cash-Flow – Cross-Selling 219

D: Dachfonds – Dynamisierung 221

E: Eckrente – externe Zinslosstellung 227

F: Facilities – Fünftel-Regelung 253

G: Gebäudenormalherstellungswert – Guthabenwert 265

H: Haftung – Hypothekenversicherung 281

I: IBAN – Investoren 289

J: Jahressteuerbescheinigung – Just in Time-Garantie 303

K: Kabelanschluss – Kundensegmentierung 305

L: Lärmschutzverordnung – Loss given default 323

M: Magnetmieter – Mutterschaftsgeld 333

N: Nachbaranhörung – Nutzungsdauer von Arbeitsmitteln 343

O: Obligation – Overruling 351

P: Pachtvertrag – Progressionsvorbehalt 355

Q: Quellen des Lebensunterhalts – Quellensteuer 365

R: Rangvorbehaltsausnutzung – Rundfunkbeitrag 367

S: Sachzuwendungen – Stresstests 389

T: Tagesgeld – Treuhandvollmacht 415

U: Übergangsheime – Unverfallbarkeit 419

V: Veräußerungsanzeige – Votierung 425

W: Währungsrisiko – wohnwirtschaftliche Verwendung 445

Z: Zahlungsaufschub – Zweitmarkt 457

Stichwortverzeichnis 467

Teil I
Überblick Private Finanzen

Finanzplanung in jeder Lebensphase

Natürlich kann man nicht alles vorausplanen und es hört sich hochtrabend an, wenn man von einer bewussten Lebensplanung spricht. Aber hat nicht jeder von uns relativ konkrete Vorstellungen davon, was er einmal erreichen möchte. Dabei spielt sicherlich die soziale Herkunft und die damit verbundene Ausgangsposition eine wichtige Rolle, aber ohne eigenes Engagement können Ziele nicht realisiert werden.

Zur Umsetzung der späteren Lebensziele benötigt man Geld und finanzielle Mittel. Am Anfang steht sicherlich die Schul-, Hochschul- und/oder Berufsausbildung. Obwohl wir von Kindesbeinen an täglich mit Geld umgehen und dabei praktische Erfahrungen sammeln, ist das Thema bereits in der Schule nicht mit dem richtigen Stellenwert versehen und das setzt sich in den folgenden Ausbildungsgängen fort. Vereinfacht gesagt müsste eigentlich Finanzwissen als Schulfach erste Priorität haben.

Da die Realität völlig anders aussieht, besteht entweder zu einem späteren Zeitpunkt ein großer Nachholdarf oder man ist schlichtweg lebenslang auf Beratung und Berater angewiesen, die nicht immer deckungsgleiche Interessen haben.

Viele Entscheidungen, die sich sehr langfristig auswirken und zum Teil das gesamte Leben betreffen, werden ohne ein schlüssiges Gesamtkonzept getroffen. Es hat sich zwar inzwischen herauskristallisiert, dass eine umfassende, zielgerichtete und langfristige Finanz- und Vermögensplanung der einzig sinnvolle Weg ist, doch hierzu ist ein Mitwirken oder besser noch eine eigene Initiative erforderlich und dies setzt eben notwendigerweise das entsprechende „Finanzgrundwissen" voraus.

Die finanzielle Allgemeinbildung ist zunächst einmal die Vermittlung von Grundwissen. Dies beginnt mit der Eröffnung eines Kontos, dem Abschluss der ersten Verträge und der Verwaltung des ersten selbst erarbeiteten Einkommens. Auch die erste Einkommensteuererklärung ist für viele schon eine gewaltige Herausforderung.

Wichtig ist dabei das Erlernen eines zielgerichteten Umgangs mit Geld und einer kritischen Distanz zu den diversen Finanzdienstleistungen, damit von Anfang an nicht grundlegende „Fehler" gemacht werden. Genauer gesagt bedeutet finanzielle Allgemeinbildung keineswegs reines Produktwissen, sondern die Kenntnis und das Verständnis für die

Grundelemente der Geldwirtschaft. Dazu gehören Steuern, Kapital, Zeit, Zins, Zinseszins, Risiko und die unterschiedlichen Interessen der Marktteilnehmer.

Mit dem notwendigen Finanzwissen wächst die Möglichkeit, mit allen diesen Marktteilnehmern – also den Kreditinstituten, Versicherungen, Maklern, Vermittlern, Finanzberatern, Anlageberatern, Steuerberatern u. a. – auf Augenhöhe verhandeln zu können. Dadurch werden auch langfristige Fehlentscheidungen vermieden. Es ist an dieser Stelle auch wichtig, darauf hinzuweisen, dass man möglichst nur die Geschäfte machen sollte, die man auch wirklich verstanden hat. Wenn man sich an diesen einfachen Grundsatz hält, ist schon viel erreicht.

Finanz- und Vermögensplanung können nicht früh genug begonnen werden. Zu vermeiden ist dabei ein einzelner Produktkauf. Dieser mag zwar zunächst sinnvoll erscheinen, passt aber später möglicherweise überhaupt nicht mehr und erweist sich bei einer Korrektur (Auflösung) als teure Fehlinvestition. Es ist darauf zu achten, dass der Beratungsansatz immer nach dem richtigen Konzept erfolgt, d. h. die jeweilige Lebensphase ist entscheidend. Ein sogenanntes **Lebensphasenkonzept** könnte z. B. bei Geldanlagen wie folgt aussehen:

Tab. 1 Lebensphasenkonzept für Geldanlagen

Alter	Produkte	Anlagehorizont
Kinder bis 15 Jahre	Sparkonto Sparbriefe Schatzbriefe Depot Bausparvertrag	Lebenslang mit hohem Sicherheitsanspruch
16- bis 24-Jährige	Bausparvertrag vermögenswirksamer Sparvertrag Fondsanteile	Bis zur Zuteilung, Nutzung der Bausparförderung Vertragslaufzeit Aktienfonds im Sparplan Rentenfonds im Sparplan Immobilienfonds im Sparplan
25- bis 40-Jährige	Eigene Immobilie Risikolebensversicherung Berufsunfähigkeitsversicherung Direktversicherung Riester-Rente/Wohn-Riester Rürup-Rente private Rentenversicherung alternativ fondsgebundene Lebensversicherung Kapitallebensversicherung	Langfristig, Tilgung in max. 30 Jahren Todesfallabsicherung Absicherung Arbeitsunfähigkeit betriebliche Altersvorsorge private Altersvorsorge langfristig bis Endalter 65 Aktienfonds, gemischte Fonds
41- bis 60-Jährige	Eigene Immobilie Bausparvertrag Ausbau des Depots Aktien Aktienfonds festverzinsliche Wertpapiere Immobilie als Kapitalanlage	Prolongation, Umschuldung, Sondertilgungen Rücklage für Renovierungen Aufbau von Liquiditätsreserven Versorgungslücken schließen Tilgungsende vor Rentenbeginn

Tab. 1 Fortsetzung

Alter	Produkte	Anlagehorizont
über 60-Jährige	Entnahmeplan Rürup-Rente Sofortrente aufgeschobene Rente Depot Bausparvertrag Rückwärtshypothek	Verfügbarkeit als Zusatzrente optimale Nutzung der steuerlichen Vorteile durch hohe Sonderausgaben Zusatzrenten aus Einmaleinzahlung Umschichtung in Renten, Sparbriefe oder Sofortrente Nutzung Bausparförderung Immobilienverrentung

Tab. 2 Bedarfsentwicklung in den Lebensphasen

Alter	Entwicklung	Unterstellter Bedarf an
Kinder bis 15 Jahre	Wohnen im elterlichen Haushalt	Sparkonto Depot Bausparvertrag
16- bis 24-Jährige	Ausbildung beruflicher Einstieg	Staatliche Sparförderung Vermögensbildung Gehaltskonto eigene Haftpflichtversicherung eigene Krankenversicherung Bausparförderung Einstieg in Riester-Produkte
25- bis 40-Jährige	Familie Partnerschaft Kinder berufliche Weiterentwicklung	Betriebliche Altersvorsorge private Rentenversicherung Riester-Rente/Wohn-Riester private Baufinanzierung Risikolebensversicherung Berufsunfähigkeitsversicherung Zusatzkrankenversicherung Kapitallebensversicherung Aktienfonds
41- bis 60-Jährige	Festigung der beruflichen Stellung Entschuldung des Eigentums Unterstützung der Kinder Erbauseinandersetzung	Prolongation Baufinanzierung Vereinbarung von Sondertilgungen Aufbau von Liquiditätsreserven Schließen von Versorgungslücken Erwerb von Immobilien als Kapitalanlage Kredit/Auszahlung von Miterben Sparkonten/Depots für Kinder und Enkelkinder

Tab. 2 Fortsetzung

Alter	Entwicklung	Unterstellter Bedarf an
über 60-Jährige	Übergang in Rente Umschichtung der Anlagen Vermögensverzehr Schenkung Immobilienverrentung	Rentenfonds Sparbriefe/Schatzbriefe Entnahmepläne Riester-Entnahme zur Entschuldung der eigengenutzten Immobilie Sofortrente staatliche Sparförderung

Es ist auch wichtig zu wissen, zu welchem Zeitpunkt welche Entscheidungen anstehen oder anstehen könnten, damit man sich entsprechend darauf einstellen und vorbereiten kann und nicht beispielsweise zu einem Abschluss „überredet" wird.

Natürlich geht man dem Thema eigentlich immer aus dem Weg, aber es ist notwendig bei allen Überlegungen die **Lebenserwartung** zu berücksichtigen. Wir alle profitieren von der demografischen Entwicklung, müssen uns aber auch den daraus entstehenden Konsequenzen stellen.

Die Lebenserwartung aufgrund der sogenannten Sterbetafel ist eine Maßzahl, die summarisch die Sterblichkeitsverhältnisse anzeigt. Die mittlere Lebenserwartung gibt in Abhängigkeit vom erreichten Lebensalter die Zahl der Jahre an, die ein Mensch nach einer bestimmten Sterbetafel noch durchlebt. Für die Ermittlung der Werte für ein lebenslängliches Wohnrecht, die lebenslängliche Nutzung, oder bei einem Kauf auf Rentenbasis (Leibrente) ist bei der Errechnung erforderlich, eine durchschnittliche Lebenserwartung mit zu berücksichtigen. Es bleibt abzuwarten, ob mit der Einführung der sogenannten Unisex-Tarife künftig auch keine unterschiedliche Sterbetafel für Männer und Frauen mehr erstellt wird.

Anhaltspunkt ist hierbei die jeweils aktuelle Sterbetafel. Aus der nachstehenden Übersicht ist die Entwicklung auf Grundlage der Sterbetafel 2009/2011 hochgerechnet, wobei der kontinuierliche Anstieg der Lebenserwartung zu beachten ist. Dabei muss berücksichtigt werden, wie sich dies demoskopisch auf die Altersvorsorgesysteme auswirken wird, wenn die derzeitige Bevölkerungsentwicklung unverändert bleibt.

Tab. 3 Sterbetafel und Lebenserwartung. (Quelle: Statistisches Bundesamt)

		Lebenserwartung im Alter 65		Änderung in Jahren gegenüber Sterbetafel 2009/2011	
	Sterbetafel 2009/2011	2060 Basisannahme	2060 starker Anstieg	2060 Basisannahme	2060 starker Anstieg
Männer	17,5	22,3	24,7	+5,2	+7,6
Frauen	20,7	25,5	27,4	+5,1	+7,0
Differenz	3,2	3,2	2,7	./.0,1	./.0,6

Bankgeschäfte/Kredite

Eine Kontoeröffnung ist notwendig, um am Wirtschaftsleben teilnehmen zu können. Dafür ist eine Legitimation erforderlich. Mit dem Kontoeröffnungsantrag unterschreibt der Kunde meist automatisch eine sogenannte SCHUFA-Klausel und ermächtigt damit das Kreditinstitut, einerseits Informationen einzuholen und andererseits Informationen weiterzugegeben. Ein Kreditinstitut kann die Krediteröffnung ablehnen. Dies ist insbesondere dann gegeben, wenn die eingeholten Auskünfte negative Merkmale ausweisen.

Mit dem eigenen Konto kann der Kontoinhaber am bargeldlosen Zahlungsverkehr teilnehmen, also Gelder überwiesen bekommen oder selber Rechnungen bezahlen, Daueraufträge einrichten und Abbuchungsaufträge erteilen. Meist wird für das Konto eine Kundenkarte ausgestellt, mit der Bargeld an Geldautomaten abgehoben werden kann. Die Kontoführung ist meist nicht kostenlos. Man sollte sich vorab über die Gebühren informieren und sich für ein „Kontopaket" entscheiden, dass den individuellen Vorgaben entspricht.

Das Konto wird als sogenanntes **Kontokorrentkonto** geführt und manchmal auch als Gehaltskonto oder laufendes Konto bezeichnet. Auf dem Kontokorrentkonto schlagen sich alle Soll- und Habenbuchungen einschließlich Zinsen nieder. Der Kunde wird über diese Buchungen umsatztäglich informiert. Mindestens einmal jährlich erfolgt eine gegenseitige Abstimmung.

Bei einem Kontokorrentkonto erhält der Kunde an jedem Buchungstag einen **Kontoauszug**. Der Kunde wird mit Übersendung des Auszuges gebeten, die Buchungen auf ihre Richtigkeit zu prüfen und gegebenenfalls Einwendungen gegen einzelne Buchungen unverzüglich zu erheben. Natürlich besteht auch die Möglichkeit, diese Kontoauszüge am Schalter oder in Schließfächer vorzuhalten, oder die Auszüge aus einem Kontoauszugsdrucker abzurufen. Erfolgt dies nicht innerhalb von 6 Wochen, wird automatisch eine postalische Zustellung ausgelöst. Der Kontoabschluss und insbesondere der Jahresabschluss werden grundsätzlich per Post durch eine neutrale Stelle des Kreditinstituts zugestellt und gilt bei Kontokorrentkonten als genehmigt, wenn der Kunde nicht innerhalb eines Monats nach Zugang des Abschlusses Einwendungen erhoben hat.

Ein **Kontokorrentkredit** ist ein Kredit in laufender Rechnung mit einem festen Betrag und einer bestimmten Laufzeit. Die Inanspruchnahme erfolgt durch Barabhebung, Überweisung usw. Die Zinsen sind in aller Regel variabel und müssen nur für den tatsächlich in Anspruch genommenen Kreditbetrag gezahlt werden. Der Kontokorrentkredit oder Überziehungskredit dient als kurzfristiges Finanzierungsmittel, nicht jedoch für Anlagegüter. Es ist üblich, einen Kreditrahmen oder eine Kreditlinie zu vereinbaren. Für Selbstständige ist das etwa ein Monatsumsatz, unselbstständig Beschäftigte vereinbaren einen Rahmen von 1–3 Monatseinkommen. Diese Form des Krediten und der Abwicklung wird vielfach auch für Vor- und Zwischenfinanzierungen von Baudarlehen verwendet.

Kontoüberziehung ist die Kreditinanspruchnahme durch einen Kontoinhaber ohne vorherige Vereinbarung oder über das vereinbarte Kreditlimit hinaus (§ 504 BGB). Voraussetzungen für die Zulassung von Überziehungen sind, dass

- die nachgewiesenen aktuellen wirtschaftlichen und finanziellen Verhältnisse des Kunden die Überziehung rechtfertigen
- der Verwendungszweck der Überziehung mit den der Bank bekannten Verhältnissen des Kunden übereinstimmt
- die Überziehung mit dem letzten Kreditprotokoll und sonstiger Korrespondenz im Einklang steht
- die Rückführung der Mehrverfügung innerhalb eines vertretbaren Zeitraums (meist 6 Wochen) sowohl mit dem Kunden vereinbart als auch zu erwarten ist, weil schlüssige Angaben über die Quellen der Rückführung vorliegen

Falls die Bank diese Überziehung akzeptiert, kommt ein formlos eingeräumter neuer Kredit zu Stande. Hierfür werden außer den vereinbarten Zinsen Überziehungsprovisionen fällig. Im Baufinanzierungsbereich deuten Überziehungen fast immer auf Probleme in der Finanzierungsabwicklung hin. In jedem Fall wird das Kreditinstitut den Ursachen der Überziehung sofort nachgehen.

Kredittechnisch sind Überziehungen auf maximal sechs Wochen befristete Überschreitungen vorgemerkter Kreditlinien oder Inanspruchnahmen ohne Vormerkung von Kunden mit zweifelsfreier Bonität, bei denen die Rückführung der Mehrverfügung innerhalb dieser sechs Wochen mit dem Kunden sowohl vereinbart, als auch zu erwarten ist.

Das Kreditinstitut muss einen Verbraucher über alle entstehenden Kosten informieren, insbesondere wenn die Kontoüberziehung länger als 3 Monate geduldet wird.

Eine **Kreditlinie** ist eine Kreditgrenze, die einem Kreditnehmer von einem Kreditinstitut eingeräumt wird. Die Krediteinräumung wird nach außen dokumentiert und ist als Kreditlimit ersichtlich.

Der **Dispositionskredit** ist ein Konsumentenkredit, der üblicherweise auf dem Gehaltskonto nach institutseinheitlichen Vergabemerkmalen (z. B. Ein mehrfaches des monatlichen Einkommens) eingeräumt wird. Der Dispositionskredit unterliegt dem Verbraucherkreditgesetz. Mit einem Dispositionskredit gewährt das Kreditinstitut dem Inhaber eines Girokontos einen Kreditrahmen ein, über den er frei verfügen kann. Voraussetzung ist ein fester monatlicher Zahlungseingang wie Arbeitslohn, Pension oder Rente. Bei Ausnutzung des Dispositionskredits fallen tageweise Zinsen für den jeweils in Anspruch genommenen Betrag an. Der Zins ist variabel und marktzinsabhängig. Wird das Dispositionslimit überzogen (geduldete Überziehung), fallen zusätzlich Überziehungszinsen an. Nach Erhebungen der Verbraucherschützer ist der Dispositionskredit unverhältnismäßig teuer und sollte deshalb nur für kurzfristigen, unvorhersehbaren Geldbedarf in Anspruch genommen werden.

Das Problem ist hierbei, dass die Kreditinstitute sich bei den Dispositionskrediten das Recht vorbehalten, den Zinssatz „nach billigem Ermessen" anzupassen. Auch die langanhaltende Niedrigzinsphase durch die Bereitstellung von Refinanzierung durch die Europäische Zentralbank hat keinerlei „dämpfende" Wirkung gezeigt. Inzwischen wird sogar eine Gesetzesinitiative zur Begrenzung dieser Zinsen gefordert.

Für längerfristige und größere Anschaffungen eignet sich eher ein **Ratenkredit**. Ratenkredite oder Konsumentenkredite gewähren Kreditinstitute zur Finanzierung von Konsumgütern. Die Kreditnehmer bekommen das Darlehen in einer Summe für meist ein bis sechs Jahre zur Verfügung gestellt. Der Zinssatz wird für die Gesamtlaufzeit fest vereinbart, die Rückzahlung erfolgt in gleichen Monatsraten. Diese enthalten die Kredittilgung, sowie die Zinsen und Gebühren. Ratenkredite gehören zu den Verbraucherkrediten, deshalb muss das Kreditinstitut den effektiven Jahreszins angeben.

Kreditkarten sind ein ideales bargeldloses Zahlungsmittel. Sie werden von Banken und Sparkassen, aber auch von bankunabhängigen Finanzdienstleistern angeboten. Darüber hinaus bieten sie durch Zusammenfassung der Umsätze eine übersichtliche Auflistung aller Zahlungen an. Diese Umsatzabrechnung erfolgt meist einmal monatlich, danach wird der Rechnungsbetrag vom Konto des Karteninhabers abgebucht. Es ist notwendig, die Abrechnungen unverzüglich zu überprüfen. Aus der Abrechnung ist auch ersichtlich, welcher monatliche Verfügungsrahmen eingeräumt worden ist. Durch die monatliche Kontenbelastung bedeutet die Kreditkartenzahlung also auch eine – zwar nur temporäre – Krediteinräumung. Die Kreditkarten können meist national und international eingesetzt werden, auch Barabhebungen an bestimmten Geldautomaten sind mit der Karte möglich.

Im Jahre 1983 startete die Deutsche Post mit dem Btx-Postgiro in das **Online-Banking**. Nach Angaben der Deutschen Bundesbank erledigten im Jahre 1998 etwa 8 % der Deutschen ihre Bankgeschäfte Online, im Jahre 2011 waren es bereits 44 %.

Die Nutzer schätzen daran:

- die Unabhängigkeit von den Öffnungszeiten
- die relativ einfache Bedienung
- die unkomplizierte Kontoeröffnung
- die relativ geringen Kosten

Wichtig ist natürlich die Einhaltung strikter Sicherheitsstandards. Nach Ansicht der Verbraucherschützer sind die von den Kreditinstituten angebotenen Verfahren zum Online-Banking relativ sicher, wenn der Kunde sich genau an die Empfehlungen hält und regelmäßig seine Konten überprüft (Tab. 4).

Tab. 4 Online-Banking-Verfahren

Verfahren	
TAN	Der Kunde erhält von der Bank in einem verschlossenen Umschlag jeweils zwischen 50 und 100 sogenannte TAN-Nummern. Diese sind entweder in der normalen Reihenfolge zu verbrauchen (was relativ unsicher ist, da die TAN-Nummern in fremde Hände gelangen können) oder die TAN-Nr. ist zusätzlich nummeriert und bei einer Transaction gibt die Bank vor, welche TAN-Nr. einzugeben ist. Durch diese nicht vorhersehbare TAN-Abfrage ist eine weitergehende Sicherheit gegeben.
eTAN plus	Der Kunde hat eine persönliche Identifikationsnummer, eine Bankkundenkarte mit Chip und einen vom PC unabhängigen Taschenkartenleser. Wenn er eine Transaktion durchführen will, geht er zunächst online zu seinem Onlinekonto, steckt seine Bankkarte in den Kartenleser, gibt über dessen Tastatur den auf der Überweisungsseite angezeigten Bankcode ein. Dann zeigt das Display eine Transaktionsnummer (TAN) an, die der Kunde zur Freigabe der Transaktion in den PC eingibt.
iTAN	Der Name iTAN steht für indexierte TAN-Liste, eine Liste mit fortlaufend nummerierten Transaktionsnummern. Für die Freigabe einer Zahlung oder Aktion nennt die Bank dem Kunden nach dem Zufallsprinzip einen Platz auf der Liste. Diese TAN muss er dann eingeben.
Grid-Karte	Die Grid-Karte enthält eine individuelle Tabelle mit 24 Feldern, denen je ein Buchstabe und eine zweistellige Zahl zugeordnet sind. Für die Bestätigung einer Zahlung oder Aktion fragt die Bank eine Zahlenkombination ab, indem sie eine Buchstabenkombination vorgibt. Die dazugehörigen Zahlen von der Grid-Karte gibt der Kunde ein.
mTAN (Mobile TAN)	Die Bank schickt die TAN auf das Handy des Kunden. Dafür hat sich der Kunde bei der Bank angemeldet. Nach der Anmeldung wird diese per SMS bestätigt. Will der Kunde eine Überweisung tätigen, wählt er die Funktion mobile TAN an und erhält kurze Zeit später per SMS eine TAN und autorisiert damit seinen Auftrag.
HBCI	Für HBCI mit Chipkarte braucht der Bankkunde eine spezielle Software, eine Chipkarte und einen Kartenleser mit separater Tastatur. Zur Autorisierung einer Zahlung steckt er die Chipkarte in das Lesegerät und gibt den Karten-PIN ein. Die Karte signiert die Trankaktion mit einem geheimen Schlüssel.

Über ein spezielles EDV-System wird im Kreditinstitut jedes Konto und/oder jeder Engagementverbund einer permanenten Kontrolle unterworfen, um frühzeitig positive oder negative Entwicklungen feststellen zu können. Bei positiven Erkenntnissen kann **Kontoscoring** z. B. dazu genutzt werden, Prolongationen von Krediten mit auslaufender Sollzinsbindung oder laufende Berichterstattungen vereinfacht durchzuführen. Für künftige

Kreditwünsche steht zudem eine systemgenaue Dokumentation über das bisherige Kundenverhalten zur Verfügung, die dann in ein effektives Antragsscoring einfließen kann.

Ergeben sich aus dem Kontoscoring Hinweise auf eine mögliche Risikoverschlechterung, so kann seitens des Kreditinstituts frühzeitig und flexibel reagiert werden. Die vielen Einzelinformationen, die aus einem Konto erkennbar sind, werden in statistischen Verfahren verdichtet und bewertet. Kontoscoring basiert u. a. auf folgenden Einzelkennzahlen:

- Habenumsatztrend
- durchschnittlicher Saldo
- Überziehungsneigung
- Dauer der Inanspruchnahme
- Kontoschwankungen
- Limitausnutzung
- Dauer der Kontoverbindung

Aus dem Zusammenspiel aller Kennzahlen errechnet das System zu bestimmten Terminen einen Risikofaktor.

Das **Kontoführungsverhalten** findet innerhalb des Rating-Prozesses Berücksichtigung, zumal diese Daten meist über einen längeren Zeitraum zur Verfügung stehen und damit von besonderer Aussagekraft sind. Welche Faktoren in den Rating-Funktionen konkret Berücksichtigung finden, lässt sich nicht allgemein gültig sagen. Die Verfahren sind lernende Systeme und entwickeln sich entsprechend weiter (Tab. 5).

Tab. 5 Beispiele für Kennziffern im Bereich der Kontoführung

Kennzahl	Definition / Formel
Limitausschöpfung	$\frac{\text{Niedrigster Sollsaldo (oder höchster Habensaldo)}}{\text{Limit}}$
Durchschnittlicher Saldo	$\frac{\text{Summe der Sollumsätze} - \text{Summe der Habenumsätze}}{\text{Limit}}$
Verhältnis Habenumsätze zu Sollumsätzen	$\frac{\text{Summe der Habenumsätze}}{\text{Summe der Sollumsätze}}$
Überziehungen	Anzahl der Überziehungstage
Sich versteifende Sollsalden	$\frac{\text{Durchschnittlicher Sollsaldo}}{\text{Standardabweichung}}$

Die **SCHUFA** ist eine Gemeinschaftseinrichtung der deutschen Kreditwirtschaft. Geschäftszweck ist die Sicherung der Vertragspartner vor Kreditausfällen. Zu diesem Zweck werden Informationen über angefragte und in Anspruch genommene Kredite sowie das Zahlungsverhalten von Schuldnern gesammelt. Seit einigen Jahren nutzt die SCHUFA auch das Scoringverfahren und gibt auch die so gewonnenen Scores an die Vertragspartner weiter. Verbraucher haben aufgrund der Datenschutzgesetze Anspruch auf Informationen und sind gut beraten, vor einer Kreditaufnahme die eigene Auskunft und den Basis-Score zu überprüfen (www.meineschufa.de).

Ergänzend zur konventionellen SCHUFA-Auskunft errechnet die SCHUFA einen **Basis-Score**. Dieser Prozentwert gibt die Wahrscheinlichkeit an, mit der ein Kunde einen Kredit termingerecht zurückzahlen bzw. Seine Rechnungen vertragsgemäß begleichen wird. Der Basis-Score fließt auch in die Entscheidungen über die Zinshöhe und die Länge eines Kredits ein. Nach den bisherigen Erfahrungen sorgen oftmals folgende Fakten für unkorrekte Einstufungen :

- fehlende Daten über Konten, Kreditkarten, Vertragsänderungen, Handyverträge
- veraltete Daten, vergessene Löschungen
- reine Konditionsanfragen
- falsche Informationen

Die Prognose wird anhand moderner mathematisch-statistischer Verfahren erstellt und basiert auf den zur Person des Kreditantragstellers bei der SCHUFA gespeicherten Daten, eine regelmäßige Kontrolle ist daher angeraten. Der Basis-Score wird alle drei Monate aktualisiert.

Der durchschnittliche Basis-Score liegt laut SCHUFA bei 91 %. Verbraucher werden mit einem deutlich erhöhten bis hohen Risiko bewertet, wenn der Basis-Score darunter liegt. Es kann dadurch vorkommen, dass man mit dem gleichen Scorewert zwar problemlos eine Autofinanzierung bekommt, aber keinen Baufinanzierungskredit erhält, denn im Baufinanzierungsbereich wird wegen der geringen Margen ein besonders hoher Maßstab angelegt (Tab. 6).

Tab. 6 Beispiel Basis-Score

Basis-Score: 99,08 % von möglichen 100 %
Berechnungsdatum 3.1.2013
Der Basis-Score wird grundsätzlich alle drei Monate aktualisiert. Er gibt die Wahrscheinlichkeit an, mit der ein Kunde einen Kredit termingerecht zurückzahlen bzw. seine Rechnungen vertragsgemäß begleichen wird. Diese Prognose wird anhand moderner mathematisch-statistischer Verfahren erstellt und basiert auf den zu Ihrer Person bei der SCHUFA gespeicherten Daten. Falls Sie mehr über das Thema Score erfahren möchten, hat die SCHUFA weitere Informationen unter www.schufa.de/score/zusammengestellt

Es wäre sinnvoll, eine eigene **Selbstauskunft** fortzuschreiben, die bei vielen Kreditgeschäften ohnehin erstellt werden muss. Auf diese Weise ist man auf die Fragen vorbereitet, weiß, worauf es ankommt und kann gegebenenfalls Schwachstellen beseitigen. Diese Selbstauskunft sollte man spätestens vor einem Kreditgespräch zu Hause noch einmal überprüfen, um nicht unliebsame Überraschungen zu erleben.

Die nachstehende Übersicht ist für Arbeitnehmer gedacht, bei Freiberuflern oder wirtschaftlich Selbstständigen müssen natürlich zusätzliche Fragen beantwortet werden können (Tab. 7).

Tab. 7 Selbstauskunft

Selbstauskunft (Arbeitnehmer)	
Persönliche Daten	
Geburtsdatum	
Staatsangehörigkeit	
Familienstand	
Güterstand	
Unterhaltsberechtigte Kinder Anzahl/Alter	
Haushaltsgröße (unterhaltspflichtige Personen)	
Bankverbindung	
Bankleitzahl	
Dispositionslimit	
Kreditkarte	
Beruf	
Arbeitgeber	
beschäftigt seit wann?	
Einkommen	
monatliches Nettoeinkommen	
Zusatzeinkommen (umgelegt auf den Monat)	
Kindergeld	
Renten	
Zinseinkünfte	
Mieteinkünfte	
sonstiges regelmäßiges Einkommen	
Gesamteinkommen mtl.	
Ausgaben	
Lebenshaltungskosten mtl.	
Miete und Nebenkosten	
Unterhaltszahlungen	
Ratenverpflichtungen	
Krankenversicherungen	
sonstige Versicherungen	
KfZ-Kosten	
Private Altersvorsorge	
Sparleistungen	
Bausparvertrag	
Gesamtausgaben mtl.	
Einnahmen-Überschuss	
Vermögen	
Sparguthaben	

Tab. 7 Fortsetzung

Bankguthaben, Festgeld, Tagesgeld	
festverzinsliche Wertpapiere	
Aktien	
Investmentfonds	
Bausparguthaben	
Rückkaufswert in Lebensversicherungen	
Verkehrswert eigener Immobilien	
sonstige Vermögenswerte	
Vermögenswerte insgesamt	
Dispositionskredite	
Ratenkredite (Restschuld)	
Autokredite	
Leasingverbindlichen	
Kreditkartenverbindlichkeiten	
Baufinanzierungskredite	
Steuerschulden	
sonstige Kredite	
Bürgschaften	
Verbindlichkeiten insgesamt	
Vermögenssaldo	
Zusätzliche Informationen	
Haftpflichtversicherung	
Risikolebensversicherung	
Berufsunfähigkeitsversicherung	
Kapitallebensversicherung	
Es wird bestätigt, dass keine Pfändungen vorliegen, keine eidesstattliche Versicherung abgegeben wurde und noch keine Privatinsolvenz beantragt wurde	
Das Kreditinstitut erhält alle gewünschten Informationen und Nachweise zu den angegebenen Daten	
Das Kreditinstitut wird Daten zur Kontoführung und zum Kreditverlauf an die SCHUFA melden und ist berechtigt, dort auch Auskünfte einzuholen	
Mit meiner Unterschrift bestätige ich die Richtigkeit der vorstehenden Angaben	

Vor einer Kreditvergabe werden die Einkünfte (also die einzelnen Einkunftsarten) einer genauen Prüfung unterzogen, um daraus eine nachhaltige Liquiditätsrechnung erstellen zu können. Einkünfte im Sinne des Einkommensteuergesetzes sind Gewinne bzw. Überschüsse aus bestimmten Einkunftsarten (§ 2 Abs. 1 EStG) oder in der Absicht erzielt, auf längere Zeit wirtschaftliche Vorteile zu erzielen.

Nachstehend dazu die entsprechenden Anmerkungen (Tab. 8):

Tab. 8 Bankinterne Prüfung der Einkunftsarten

Einkunftsart	Ansatz	Anmerkungen
Einkünfte aus nicht selbstständiger Tätigkeit	Mit den Netto-Entgelten keine Berücksichtigung von Einmalzahlungen und unregelmäßigen Einkünften; bei variablen Vergütungsbestandteilen Prüfung der Nachhaltigkeit; Probezeit und befristete Arbeitsverträge beachten; zu diesen Einkünften gehören auch: Betriebsrenten und Pensionen	Im Steuerbescheid auf Einkünfte nach § 34 (2) EStG achten; Fünftelregelung. Sind Freibeträge aufgrund der elektronischen Lohnsteuerabzugsmerkmale (ELSTAM) vorgemerkt? Auszahlungsbetrag ist bereits versteuert
Einkünfte aus selbstständiger Tätigkeit, aus gewerblicher Tätigkeit und aus landwirtschaftlicher Tätigkeit	Jahresüberschuss vor Steuern bei Einnahme-/Überschussrechnung bei Bilanzierenden: Entnahmen./. Einlagen	Bei Betriebsveräußerungen/Betriebsaufgabe außerordentliche Einkünfte nach § 34 EStG
Einkünfte aus Kapitalvermögen	Zinseinnahmen (Nachhaltigkeit) Dividenden Ausschüttungen aus Beteiligungen z. B. GmbH	Abgeltungssteuer bereits berücksichtigt. Prüfung der Bilanzen; in Einkünften aus Gewerbebetrieb können Steuermodelle enthalten sein
Einkünfte aus Vermietung und Verpachtung	Mieteinnahmen ohne Nebenkosten	Zusätzlich werden Bewirtschaftungs- und Instandhaltungskosten berücksichtigt; auf Mietausfälle wird geachtet; bei Einkünften aus Vermietung und Verpachtung können Steuermodelle enthalten sein
Sonstige Einkünfte	Gesetzliche Rente mit dem Auszahlungsbetrag; private Renten; private Veräußerungsgewinne	Hier ist bereits Krankenkassenanteil abgezogen; werden unversteuert ausgezahlt aus dem Verkauf von Immobilien vor Ablauf der Spekulationsfrist
Sonstige Einnahmen	Kindergeld Elterngeld Mutterschaftsgeld	Bezugsdauer, eigene Einkünfte des Kindes; bei Beamten/Angestellte im öffentlichen Dienst wird Kindergeld mit den Bezügen ausgezahlt; befristeter Bezug
Einkommensteuer	Falls nicht aus alten Unterlagen die steuerliche Belastung ersichtlich ist, werden 40 % der unversteuerten Einkommensteile abgezogen	

Anhand von präzisen Aufstellungen zu Einnahmen und Ausgaben, die nach den vorstehenden Anmerkungen überprüft worden sind, kann die Kenntnis gezogen werden, wie viele freie Mittel rein rechnerisch jeden Monat übrig bleiben. Diese Liquiditätsrechnung ist im Übrigen auch Bestandteil einer professionellen Kreditprüfung. Die freien Mittel werden in Relation zum Gesamteinkommen gesetzt und daraus ergeben sich Einstufungskriterien für das persönliche **Kreditrating** (Tab. 9).

Tab. 9 Liquiditätsrechnung

Liquiditätsrechnung per:	in €
Kalkulatorische Gesamteinnahmen auf den Monat gerechnet	…
Abzüglich Gesamtausgaben auf den Monat gerechnet	…
Abzüglich Gesamtsparleistungen auf den Monat gerechnet	…
Ergibt einen monatlichen Überschuss von	…
Das entspricht einem Anteil an den Gesamteinnahmen von %	…%

Als **Bonität** bezeichnet man die Leistungsfähigkeit eines Schuldners bzw. die Fähigkeit, Zins und Tilgung dauerhaft zu erbringen. Bei der Bonitätsbeurteilung spielt sowohl die aktuelle Situation als auch die zukünftige Ertragskraft/Leistungsfähigkeit eine Rolle. Die Kreditinstitute dokumentieren die Bonitätsprüfung durch Rating- und/oder Scoring-Verfahren. Mit dem ermittelten Score-Wert ist eine Wahrscheinlichkeitsaussage darüber verbunden, ob der potenzielle Kreditnehmer seinen Zahlungsverpflichtungen in Zukunft nachkommen wird. Eine Bonitätsprüfung soll einerseits eine Krediteinräumung ermöglichen, andererseits aber auch einen Kunden vor Überschuldung bewahren.

Das **qualitative Rating** dient der maschinell unterstützten Bonitätsermittlung. Bonität ist die Qualität eines Schuldners und Maßstab für die Zahlungsfähigkeit und -willigkeit. Die Bonität von Privatpersonen begründet sich durch die persönliche Kreditwürdigkeit (Charakter, Ruf, Zuverlässigkeit, persönlicher Eindruck, Auftreten, Glaubwürdigkeit, Sachverstand, Ausbildung, Berufserfahrung) kombiniert mit einem sicheren Arbeitsplatz, ausreichendem Einkommen, angemessenem Vermögen und der notwendigen Liquidität. Die Bonität gibt unabhängig vom Wert der gestellten Sicherheiten Aufschluss darüber, ob der Kreditnehmer in der Lage sein wird, die laufenden Belastungen aus der Finanzierung dauerhaft zu tragen. Je besser die Bonität eines Schuldners ist, desto günstiger ist seine Verhandlungsposition bei den Zinskonditionen. Das Ratingverfahren wird auch für Privat- und Geschäftskunden eingesetzt.

Aus diesem Grunde dienen die sogenannten „weichen" qualitativen Kriterien dazu, weitere zusätzliche Informationen über den Kreditnehmer und sein Unternehmen zu erhalten, die nicht aus den finanzwirtschaftlichen Daten resultieren. Allein aus den finanzwirtschaftlichen Kennzahlen ist kein abschließendes Bild über Unternehmen möglich, weil sich z. B. Erfolge aus Umstrukturierungen erst zeitverzögert in den Ziffern des Jahresabschlusses widerspiegeln. Die weichen Faktoren haben nur einen mittelbaren Einfluss auf das Ratingergebnis, sind jedoch aus betriebswirtschaftlicher Sicht relevant, da sie den langfristigen Geschäftsverlauf beeinflussen.

Das **quantitative Rating** hat die größte Bedeutung im Ratingprozess eines Kreditinstituts. Es macht schätzungsweise 60 % der Gesamtnote aus. Die „harten" quantitativen Einflussfaktoren mit der höchsten Gewichtung für das Rating kommen aus der Kundenverbindung – also der Entwicklung bzw. dem Verlauf ihrer Konten/Kredite – und können zum Zeitpunkt der Kreditantragstellung kurzfristig nicht beeinflusst werden. Die Systematik des quantitativen Kundenratings (Tab. 10):

Tab. 10 Quantitatives Rating

Allgemeine Kundendaten	Angaben zum Kunden und persönliche Daten
	Angaben zum Unternehmen (z. B. Gründungsjahr, Rechtsform)
	Dauer der Geschäftsbeziehung
Kreditauskunft	Informationen zur Kredithistorie
	negative Merkmale
	positive Merkmale
Finanzwirtschaftliche Daten	Bilanzen, Gewinn- und Verlustrechnung
	Einnahmen-/Überschussrechnung
	Selbstauskunft
	Einkommensteuerbescheid
Kontoführung	Kontoführung
	Inanspruchnahme von Kreditlinien
	Bewegliche Kontoführung
	Dauer der Geschäftsverbindung

Die Systematik des Kundenratings beruht auf den Kriterien des quantitativen Ratings. Die qualitativen Faktoren werden in einem anderen Teilbereich des Kreditentscheidungsprozesses verwendet (Tab. 11).

Tab. 11 Qualitatives Rating

Management	Unternehmensführung Controlling Informationspolitik
Wertschöpfung	Wie flexibel kann das Unternehmen auf Marktveränderungen reagieren?
Unternehmensumfeld	Standort Infrastruktur Absatz- und Beschaffungsmarkt
	Produkte/Sortiment
Branche	Branchenentwicklung
	Branchenumfeld

Im **Kundenrisikofaktor** drückt sich die ermittelte Ausfallwahrscheinlichkeit aus. Die Berechnung basiert auf statistischen Verfahren (Scoring), bei den einerseits eine Vielzahl gleichartiger Kreditengagements einfließen und anderseits objektiv identifizierte persönliche Einflussfaktoren wie Alter, Familienstand, finanzwirtschaftliche Analyse, Vertrauenswürdigkeit, SCHUFA etc. berücksichtigt werden.

Bei wirtschaftlich Selbstständigen bzw. Firmen werden das wirtschaftliche Umfeld und die Management-Einschätzung einbezogen.

Der Kundenrisikofaktor ist ein verfeinerter Ratingskalenwert. Entsprechend der Ampel-Farbabstufung ist die Risikogewichtung sofort optisch gemacht, die Kompetenzstufen für den Markt (also den Berater) enden schon im grünen Bereich (also beim Risikofaktor iB+), der Bereich Marktfolge (also das Kreditrisikomanagement) ist für die Farbstufen gelb (iB und iB–) und rot (iCCC+ und schlechter) zuständig (Abb. 1).

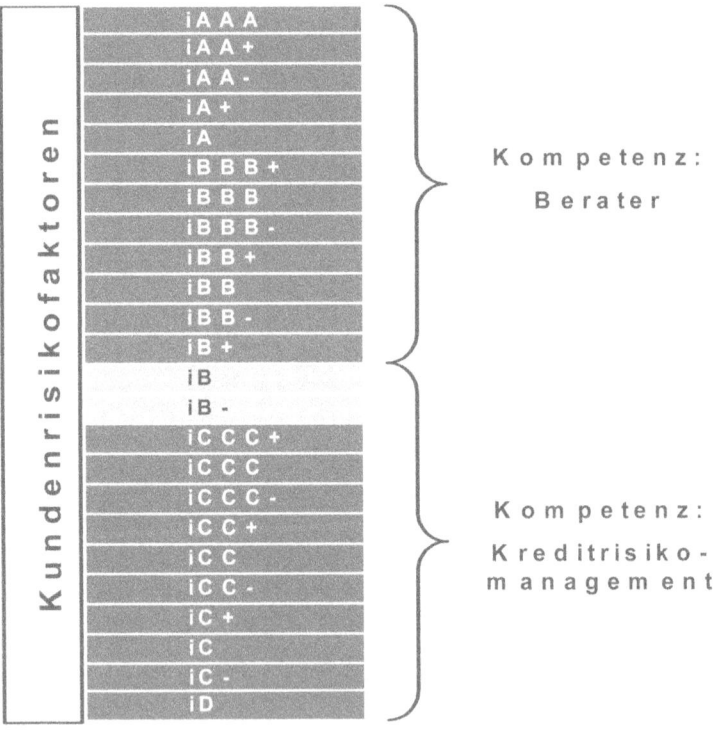

Abb. 1 Risikofaktoren und Kompetenz

Die **Kreditakte** eines Kreditinstitutes enthält alle für ein Kreditverhältnis relevanten Unterlagen, wie Kreditantrag bzw. Kreditvertrag, Zusage- und Auszahlungsschreiben, sowie die zur Kreditentscheidung vorgelegten und aufbereiteten Nachweise und Analysen. Dazu gehören natürlich Einkommensunterlagen, Bilanzen, Einnahmen/Überschussrechnungen, Auskünfte, Schriftverkehr mit anderen Instituten etc. Weiterhin enthalten die

Kreditakten Schriftverkehr über die Kreditsicherheiten, die körperlich meist in separaten Archiven aufbewahrt werden. Wichtiger Bestandteil der Kreditakte in der Baufinanzierung sind umfangreiche bautechnische Unterlagen, Baupläne, Baugenehmigungen, Wertermittlungen, Lichtbilder, Bautenstandsberichte etc.

Für jeden Kreditkunden wäre es ebenfalls sinnvoll, sich eine eigene Kreditakte anzulegen und dort Kopien der dem Kreditinstitut zur Verfügung gestellten Unterlagen aufzubewahren. Natürlich gehören auch die Kredit- und Sicherheitenverträge, sowie der dazugehörige Schriftverkehr in diese Akte. Wichtig sind auch die Beratungsdokumentationen.

Nach grundsätzlicher Prüfung der Vertretbarkeit eines Kredites wurde im Kreditinstitut früher üblicherweise ein **Kreditbericht** erstellt, der alle das Kreditengagement betreffenden Daten enthalten musste. Dieser Kreditbericht diente den Kompetenzträgern der Bank als Entscheidungsgrundlage. Enthalten waren normalerweise Angaben über:

- den Kreditnehmer
- das Gesamtengagement
- die Verpflichtungen bei anderen Kreditinstituten
- das Neuengagement
- die Konditionen
- die Kreditsicherheiten und deren Bewertung
- das Votum aus Pro und Kontra

Im standardisierten Kreditgeschäft ist die Erstellung von Kreditberichten heutzutage nicht mehr üblich. Hier wird die Kreditentscheidung anhand der Vertragsunterlagen getroffen und mit standardisierten Kreditvorlagen dokumentiert.

Ausgehend von einem sorgfältig aufgestellten Finanzierungsplan wird bei der **Kreditentscheidung** geprüft, ob die Aufwendungen für die zu finanzierende Investition ausreichend kalkuliert sind. Weiterhin werden die lückenlose Belegung der Aufwendungen und der Nachweis der geschlossenen Gesamtfinanzierung überprüft. Wird Eigenkapital eingesetzt, muss vorab geprüft werden, ob diese Mittel zum benötigten Zeitpunkt frei verfügbar sind.

Neben dem Ratingergebnis sind folgende Faktoren für eine Kreditentscheidung ausschlaggebend (Tab. 12):

Tab. 12 Faktoren einer Kreditentscheidung

Aktueller Liquiditätsstatus	Solide Liquiditätsplanung und Liquiditätsüberschuss für die Rückzahlung des Kredits
Sicherheiten	Art, Höhe und Bewertbarkeit der verfügbaren Sicherheiten
Individuelle Faktoren	Schlüssigkeit des Bau-/Investitionsvorhabens

Zusammengefasst ist der Kreditentscheidungsprozess das Endergebnis einer sorgfältigen Analyse und Prüfung der vorliegenden Kreditunterlagen unter Einbeziehung des persönlichen Eindrucks vom Kreditantragsteller. Berücksichtigt werden die Plausibilität der

Kreditmittelverwendung und das Risikoprofil des Kreditnehmers. Eine positive Kreditentscheidung führt zu einer Kreditzusage.

In der Richtlinie für die Mindestanforderungen an das Risikomanagement eines Kreditinstituts (MaRisk) sind klare Regelungen für die Aufbau- und Ablauforganisation und für die **Kompetenzordnung** eines Kreditinstituts vorgegeben. Hiermit wird sichergestellt, dass das Kreditgeschäft nur innerhalb der genehmigten Rahmenbedingungen betrieben wird. Kriterien können sein:

- Engagementhöhe
- Konditionen
- Ratingnote

Für bestimmte Kreditentscheidungen kann es auch möglich sein, im Rahmen des Votierungsverfahrens nur ein Votum zu erlauben, sofern es sich um nicht risikorelevante Kreditgeschäfte handelt.

Kredit ist die teilweise Überlassung von Geld an einen Dritten unter der Vereinbarung, dass nach einer bestimmten Zeit eine bestimmte Summe zurückzuzahlen ist. Außerdem wird i.d. R eine zusätzliche laufende oder einmalige Zahlung als Nutzungsentgelt für die Kreditgewährung vereinbart. Basis eines jeden Kredits ist das Vertrauen in die künftige Zahlungswilligkeit und Zahlungsfähigkeit des Kreditnehmers. Durch einen Kreditvertrag gewährt oder verspricht ein Kreditgeber, einem Verbraucher einen entgeltlichen Kredit in Form eines Darlehens, eines Zahlungsaufschubs oder einer sonstigen Finanzierungshilfe zu gewähren.

Auch für Kreditkonten werden bei jedem Umsatz Kontoauszüge erstellt. Jahreskontoauszüge enthalten die wesentlichen Kreditdaten. Hier sind insbesondere der Anfangssaldo, die im Jahresverlauf erfolgten Zahlungen, die Verteilung dieser Zahlungen auf Zins und Tilgung, sowie der Jahresendsaldo enthalten. Der Jahreskontoauszug eines Bausparkontos enthält die wesentlichen Vertragsmerkmale (Bausparsumme, Tarifvariante etc.) Sowie die Vertragsentwicklung (Umsätze, Zinsgutschrift, aktuelle Bewertungszahl etc.).

Die Kreditkonditionen basieren weitgehend auf den Refinanzierungskosten, der Ausfallwahrscheinlichkeit (früher Eigenkapitalverzinsung), den Bearbeitungskosten und dem Gewinnanteil des Kreditinstituts.

Die Kreditinstitute unterliegen der Aufsicht durch die Bundesanstalt für Finanzdienstleistungen (BAFin). Die Finanzaufsicht steuert das Kreditgeschäft insbesondere durch bestimmte Mindestanforderungen (MaK, MaRisk), die durch Rundschreiben für alle bundesdeutschen Institute verbindlich sind.

Weltweit erfolgt eine Bankenregulierung durch die Vorgaben des Basler Ausschusses für internationalen Zahlungsausgleich (BIZ).

Mit Basel II ist die starre Eigenkapitalregelung (einheitlich 8 % für alle Kredite) durch eine **risikodifferenzierte Vorgehensweise** abgelöst worden. Die Kreditkunden werden nach ihrer Bonität unterschieden und die Eigenkapitalunterlegung erfolgt risikoangepasst, d. h. die über Ratingverfahren ermittelte Bonität des Kreditnehmers ist bei diesem Ansatz wesentliche Einflussgröße. Danach müssen für Finanzierungen mit hohem Risiko höhere Eigenkapitalunterlegungen erfolgen als bei Finanzierungen mit guter Bonität (Tab. 13).

Tab. 13 Beispiel Eigenkapitalunterlegung

	Basel I	Basel II	
	Alle Kunden	Kunden mit guter Bonität	Kunden mit schwächerer Bonität
	100 % der Kreditsumme sind von der Bank mit 8 % Eigenkapital zu unterlegen	z. B. 50 % der Kreditsumme sind von der Bank mit 8 % Eigenkapital zu unterlegen	z. B. 150 % der Kreditsumme sind von der Bank mit 8 % Eigenkapital zu unterlegen
Kreditsumme	100.000 €	100.000 €	100.000 €
Erforderliche Eigenkapitalunterlegung der Bank	8.000 €	4.000 €	12.000 €
Renditeanforderung der Bank auf dieses erforderliche Eigenkapital	2.000 €	1.000 €	3.000 €
Bestandteil des individuellen Zinssatzes für das Kundendarlehen aufgrund der erforderlichen Eigenkapitalverzinsung	2 %	1 %	3 %

Da das seitens der Bank unterlegte Eigenkapital für die Kreditsumme zu verzinsen ist, bedeutet diese Kapitalbindung auch eine Kostenposition für die Bank, die die Marge für das Kundendarlehen beeinflusst. Für Kunden mit guter Bonität ergeben sich daraus günstigere Konditionen.

In der Finanzkrise sind gravierende Schwächen dieser Bankenregulierungen offengelegt worden. Deshalb wurden bereits Ende 2010 weitergehende Reformen angedacht, verhandelt und veröffentlicht (Basel III). Die Reformen setzen sowohl bei den Liquiditätsvorschriften als auch insbesondere bei der Eigenkapitalbasis der Kreditinstitute an. Derzeit werden die Empfehlungen in nationales Recht umgesetzt und die Kreditinstitute müssen innerhalb eines Zeitraumes von wahrscheinlich vier Jahren reagieren.

Inwieweit diese Maßnahmen zu einer Kreditverknappung oder -verteuerung führen, ist nicht abzusehen.

Die **Kreditbesicherung** ist natürlich auch Bestandteil der Risikobetrachtung. Entsprechend werthaltige Sicherheiten können den Risikofaktor eines Kredits deutlich aufwerten.

Mehrere Kreditnehmer haften üblicherweise gesamtschuldnerisch, d. h. jeder Kreditnehmer haftet für den gesamten Kreditbetrag.

Formularsicherheiten sind Kreditsicherheiten, die ohne individuelle Gestaltungsmöglichkeit mittels eines vorformulierten Vertrages bestellt werden. Hierzu zählen beispielsweise:

- Verpfändungen von Kontoguthaben und Depots
- Höchstbetragsbürgschaften
- offene Forderungsabtretungen
- Abtretung von Lebensversicherungsansprüchen
- Abtretung von Bausparverträgen
- Abtretung von Ansprüchen aus Arbeitsentgelt
- Kfz-Sicherungsübereignungsverträge
- Verpflichtungserklärung zur Grundschuldbestellung (Negativerklärung)
- Abtretung der Rückgewährsansprüche
- Allgemeine Geschäftsbedingungen – Pfandrechte
- Verpfändung von Immobilienfonds-Anteilen

Die **Bürgschaft** ist eine Erklärung Dritter, im Falle einer Zahlungsunfähigkeit des Schuldners für dessen Verbindlichkeiten einzustehen. Bei einer Bürgschaft wird das Kreditinstitut den Bürgen zur Zahlung auffordern, wenn der Hauptschuldner seine Zahlungen einstellt.

Der selbstschuldnerische Bürge haftet für die Kreditverpflichtungen des Hauptschuldners in vollem Umfang und muss einspringen, sobald die Kreditforderung fällig gestellt wird.

Der formularmäßige Bürgschaftstext der Kreditinstitute umfasst üblicherweise einen weiten Sicherungszweck, d. h. die Bürgschaft dient zur Sicherung aller bestehenden und künftigen, auch bedingten und befristeten Forderungen. Diese Bürgschaft ist für Kontokorrentkredite zweckmäßig. Für Baufinanzierungs- und andere Tilgungskredite wird normalerweise eine Höchstbetragsbürgschaft mit eigenem Sicherungszweck gefordert.

Die **Sicherungszweckerklärung** ist eine Zusatzvereinbarung zur Kreditsicherheit, die den Kredit bestimmt, der besichert werden soll. Sie stellt also vereinfacht gesagt erst die Verbindung zwischen Kredit und Sicherheit her und ist deshalb im Kreditgeschäft unverzichtbar. Das Kreditinstitut wird darauf achten, dass die Sicherungszweckerklärung vor erster Valutierung des Kredites vorliegt.

In der höchstrichterlichen Rechtsprechung ist der Sicherungszweck genau beurteilt worden. Hierbei ist insbesondere der sogenannte erweiterte Sicherungszweck, also z. B. die Haftung einer Grundschuld für alle gegenwärtigen oder zukünftigen Forderungen eines Kreditinstitutes nur noch dann uneingeschränkt zu sehen, wenn die Grundschuld von den Kreditnehmern selbst gestellt worden ist. Sind z. B. Ehegatten Miteigentümer eines Grundstücks, so gilt der erweiterte Sicherungszweck nur für gemeinsame Verbindlichkeiten. Ist der Grundstückseigentümer nicht mit dem Kreditnehmer identisch, dann kann die Haftung formularmäßig nur noch für Forderungen aus demjenigen Geschäft vereinbart werden, das Anlass für die Grundschuldbestellung war. Besondere Vorsicht ist geboten, wenn eine Sicherungszweckerklärung bei gleichzeitigem Rangrücktritt mit einem

Wohnungsrecht unterschrieben wird. Hier ist unbedingt anzuraten, nur einen engen Sicherungszweck zu bestimmen.

Ein Kredit oder Darlehen wird seitens des Kreditgebers entweder förmlich zugesagt oder mittels einer Gegenzeichnung auf einem Darlehensantrag bestätigt. Mit der Zusage werden alle Vertragsbestandteile und die Geschäftsbedingungen akzeptiert.

Die in den Darlehenszusagen gemachten Aussagen zur Tilgung müssten neben dem Tilgungssatz bei Annuitätendarlehen auch die Ergänzung „zuzüglich ersparter Zinsen" enthalten. Da bei Bauspardarlehen dem Darlehen feste Zins- und Tilgungsleistungen zu Grunde liegen, lässt sich hier die Laufzeit schon bei Darlehensauszahlung konkret berechnen. Sonderzahlungen verringern selbstverständlich die **Darlehenslaufzeit** (Tab. 14).

Tab. 14 Darlehenslaufzeit/Tilgungsdauer in Jahren

Nominalzins	Bei Anfangstilgung von...% Laufzeit in Jahren					
	1%	2%	3%	4%	5%	7%
3%	46,4	30,7	23,2	21,3	15,9	11,9
3,5%	43,1	29,0	22,2	18,0	15,3	11,8
4%	40,7	27,9	21,5	17,6	14,9	11,5
4.5%	38,0	26,3	20,5	16,9	14,4	11,1
5%	36,7	25,7	20,1	16,6	14,5	11,0
6%	33,4	23,8	18,8	15,7	13,5	19,6
7%	30,7	22,2	17,8	15,0	12,9	10,2
8%	28,5	20,9	16,9	14,3	12,4	9,9
9%	26,7	19,8	16,1	13,6	11,9	9,6

Wenn eine Kreditprüfung ergibt, dass das Risikopotenzial des vorliegenden Engagements eindeutig zu hoch ist, wird unverzüglich eine Kreditablehnung erfolgen. Es ist selbstverständlich, dass diese Kreditablehnung vom Kreditinstitut begründet werden sollte. Bei der Kreditablehnung müssen die Originalunterlagen zurückgegeben werden. Der Kunde sollte die Ablehnungsgründe kritisch hinterfragen, um sein Konzept zu überarbeiten, um eine zweite Chance zu bekommen oder den Antrag bei einem anderen Institut mit mehr Aussicht auf Erfolg stellen zu können.

Nachstehend sind beispielhaft Ablehnungsgründe bei einer Baufinanzierung aufgelistet. Gleichzeitig sind die möglichen Ursachen beschrieben (Tab. 15).

Tab. 15 Ablehnungsgründe und Ursachen

Ablehnungsgründe	Was könnten die Ursachen sein?
unzureichende wirtschaftliche Verhältnisse	Einkommenssituation, Eigenkapitalausstattung, Liquidität, Vermögenshintergrund
Unzureichende Sicherheiten	Angebotene Sicherheiten nicht ausreichend
Verwendungszweck	Verwendungszweck unplausibel
Objekt	Lage, Ausstattung, Relation Wert: Kaufpreis

Tab. 15 Fortsetzung

Ablehnungsgründe	Was könnten die Ursachen sein?
Eigenleistungen	Überhöhter Ansatz
Kosten	Kostenaufstellung unrealistisch
SCHUFA-Auskunft	Negativmerkmale berechtigt?
Basis – Score	Richtige Gewichtungen?
Kontoscoring, Verhaltensscoring	Ist es zu nicht abgesprochenen Überziehungen gekommen, sind Schecks oder Lastschriften zurückgegangen, haben ihre Kontoumsätze stark geschwankt?

Eine **Kontopfändung** ist für einen Gläubiger ein wirksames Mittel, um zu seinem Geld zu kommen. Für den Kontoinhaber bedeutet sie eine einschneidende Maßnahme, die seine Bonität deutlich beeinträchtigt.

Mit Eingang eines Pfändungs- und Überweisungsbeschlusses beim Kreditinstitut sind die angesprochenen Konten sofort gesperrt. Durch die Kontopfändung hat ein Gläubiger Zugriff auf vorhandene Guthaben und laufende Einkünfte. Diese Form der Pfändung steht jedem Gläubiger offen und sie wird häufig parallel zu anderen Zwangsmaßnahmen eingesetzt. Sozialleistungen sind für die Dauer von sieben Tagen seit der Kontogutschrift generell unpfändbar. Es reicht dazu aus, der Bank nachzuweisen, dass die Gutschrift eine Leistung nach dem Sozialgesetzbuch ist. Deshalb benötigt der Kontoinhaber auch keinen Gerichtsbeschluss. Eine Kontopfändung bei Arbeitseinkommen besteht nur auf Antrag beim zuständigen Vollstreckungsgericht. Liegt der Bank nicht innerhalb von 14 Tagen der Freigabebeschluss des Vollstreckungsgerichts vor, wird sie vorhandene Guthaben an die pfändenden Gläubiger auszahlen. Sinnvoll ist die Einrichtung eines P-Kontos (Pfändungsschutzkonto).

Anlageberatung

Mit dem nötigen Finanzwissen und dessen Umsetzung in konkretes Handeln könnten eigentlich die meisten Privatleute (in der Mehrzahl Arbeitnehmer) ihr oft mühselig erarbeitetes Einkommen selbst verwalten, ihre Steuern und Sozialabgaben zahlen und nach sinnvollem Konsum – also der Verwendung der Mittel für die Grundbedürfnisse des täglichen Lebens – die verbleibenden Einkommensteile zielgerichtet anlegen. Und genau an diesem Punkt wartet eine Vielzahl von Beratern bei Finanzdienstleistern darauf, dabei Unterstützung anzubieten. Letztlich verantwortlich für seine eigenen Finanzen und sein diesbezügliches Handeln bleibt aber der Anleger.

Er kann und darf also seine Verantwortung nicht delegieren und muss auch wissen, dass jeder Berater eigene Interessen, möglicherweise auch klare Verkaufsvorgaben hat. Jeder kann sich denken, dass ein Wissensvorsprung einer Vertragspartei nicht gut sein kann und im Grunde verkauft jeder Berater genau diesen Wissensvorsprung. Dabei sind die Provisionen, Honorare und Gebühren nicht immer transparent und oft nur schwer erkennbar.

Darauf weisen zwar Verbraucherschützer permanent hin, es gibt Richtlinien und Anweisungen, doch in der Praxis sieht das vielfach noch anders aus. Die einfachste Grundregel soll hier nochmals wiederholt werden: Man sollte nur Produkte kaufen oder Verträge unterschreiben, die man wirklich verstanden hat.

Nach der europäischen Finanzmarktrichtlinie (MiFID) müssen Anlageberater besondere Aufklärungspflichten beachten. Der Berater muss auch auf Risiken und Interessenkonflikte in der Beratung hinweisen und auf Nachfrage erklären, wie viel Provision er für den Verkauf oder die Vermittlung der angebotenen Produkte erhält. Zu Konflikten kann es z. B. kommen, wenn Berater vor allem Fonds mit hohen Provisionen empfehlen oder bevorzugt Produkte von Gesellschaften verkaufen, die zum Konzern ihrer Bank oder Versicherung gehören.

Die Berater müssen vor dem Verkauf von Wertpapieren an Kunden einen Wertpapierhandelsbogen ausfüllen. Darin werden dokumentiert:

- die familiäre Situation des Anlegers
- seine Erfahrungen mit Wertpapieren
- seine Anlageziele
- die Dauer der Anlage
- seine finanziellen Verhältnisse
- prozentualer Anteil der Investitionssumme an seinem Einkommen
- ob der Kauf auf Kredit finanziert wird

Der Kunde sollte sich eine Kopie des ausgefüllten Fragebogens aushändigen lassen und prüfen, ob er in die richtige **Risikoklasse** eingestuft ist und gegebenenfalls festhalten, was er darunter versteht, zumal die als Anlagebeispiele genannten Anlagegruppen nur grob gerastert sind.

Abgeleitet aus den Vorlagen des Wertpapierhandelsgesetzes verwenden die Kreditinstitute Fragebögen, die vom Kunden und der Bank unterschrieben werden. Ziel ist dabei die Zuordnung der Kunden zu bestimmten Risikoklassen, die von Klasse 1 „Sicherheit" bis Klasse 5 „spekulativ" reichen. Infolge der Finanzkrise sind einige Modifizierungen erfolgt (Tab. 16).

Tab. 16 Wertpapierkategorien nach Risikoklassen

Risikoklasse 1 sicherheitsorientiert	Kurzlaufende Euro-Rentenfonds, kurzlaufende Euro-Anleihen bester Qualität, soweit Restlaufzeit der gewünschten Anlagedauer entspricht
Risikoklasse 2 konservativ	Euro-Anleihen sehr guter Qualität, Euro-Rentenfonds, strukturierte Wertpapiere z. B. Zertifikate, strukturierte Anleihen, Strategiefonds auf Renten oder Rentenindizes in EUR
Risikoklasse 3 ertragsorientiert	Euro-Anleihen guter Qualität, Anleihen bester Qualität in Standardwährungen, kurzlaufende Rentenfonds in Standardwährungen, international gestreute Rentenfonds, spekulative Euro-Rentenfonds, Euro Standardaktien, Euro-Standardaktienfonds, breit gestreute Euro-Aktiennebenwertefonds, international breit gestreute Standardaktienfonds, Zertifikate und Strategiefonds auf Standardindizes oder -aktien in EUR, strukturierte Wertpapiere in EUR, z. B. Diskontzertifikate, Aktienanleihen und sonstige verbriefte Anlagestrategien, diversifizierte Hedge-Fonds-Zertifikate in EUR
Risikoklasse 4 spekulativ	Spekulative Euro-Anleihen in sonstigen Standardwährungen, spekulative internationale Rentenfonds, Euro-Aktiennebenwerte, internationale Standardaktien und -fonds, international breit gestreute Aktiennebenwertefonds, strukturierte Wertpapiere, Hedge Fonds-Zertifikate in Währung
Risikoklasse 5 sehr spekulativ	Sehr spekulative Anleihen, Rentenfonds in sonstigen Währungen, internationale Aktiennebenwerte und Strategiefonds auf Aktiennebenwerte, Zertifikate, Aktienanleihen und Strategiefonds auf Aktiennebenwerte, Private Equity, Optionsscheine, Futures und Optionen

Die gesetzlich vorgeschriebenen Verhaltensregeln im Wertpapierhandelsgesetz sind gegenüber den Kunden einzuhalten. Die Regeln beziehen sich:

- auf die Beratung des Kunden,
- auf das Verhalten der Kreditinstitute am Markt.

Das Kreditinstitut muss auch festhalten, in welcher persönlichen Risikoklasse der Kunde künftig investieren will, wie hoch sein derzeitiges Nettovermögen und sein durchschnittliches Haushaltsnettoeinkommen sind. Daraus wird die Risikoklasse festgelegt oder – anders ausgedrückt – das Anleger-Risikoprofil bestimmt. Außerdem bestimmen die Inhaber eines Depots mithilfe der Depot-Risikoklasse, bis zu welcher maximalen Risikoklasse sie Anlageempfehlungen erhalten möchten.

Die **Anlageziele** eines Kunden müssen natürlich mit der Risikoklasse und der Risikobereitschaft übereinstimmen. In der Verbindung ergeben sie die unterschiedlichen fünf Grundtypen von Anlegern (Tab. 17):

Tab. 17 Anleger-Grundtypen und deren Anlageziele

Substanzorientierter Anleger **Anlageziel:** Substanz	Die Sicherheit des angelegten Geldes und garantierte Erträge sind für ihn entscheidend. Zumindest das eingesetzte Kapital, also die Substanz soll in jedem Fall erhalten bleiben. Das hohe Sicherheitsbedürfnis bedingt fast immer auch eine geringe Rendite, oftmals nicht einmal einen Inflationsausgleich. **Anlageformen:** Sparbuch, Tagesgeld, Festgeld, Festzinssparen, Bausparen, Bundeswertpapiere, Rentenfonds mit niedrigem Risiko. **bei Riester-Förderung:** klassische Rentenversicherung, Wohnriester, Banksparpläne
Ertragsorientierter Anleger **Anlageziel:** Einkommen	Die Sicherheit des angelegten Geldes ist auch für ihn sehr wichtig. Er achtet aber auch auf ein gesichertes Zinseinkommen. Daher nimmt er für höhere Renditen auch geringe Kursrisiken und Zinsschwankungen in Kauf. **Anlageformen:** Rentenfonds, festverzinsliche Wertpapiere, Industrieanleihen, Geldmarktfonds **bei Riester-Förderung:** fondsgebundene Rentenversicherung
Balanceorientierter Anleger **Anlageziel:** Balance	Ertrag über dem Kapitalmarktzins wird erwartet. Bereitschaft, ein gewisses Verlustrisiko für Wertpapieranlagen in Kauf zu nehmen. **Anlageformen:** ausgewogene Mischung von Renten und Aktien sowie Streuung in Anlagen mit niedrigem und erhöhtem Risiko **bei Riester-Förderung:** fondsgebundene Rentenversicherung
Wachstumsorientierter Anleger **Anlageziel:** Wachstum	Die Ertragserwartungen gehen über das übliche Zinsniveau hinaus. Er nutzt neben sicheren Erträgen auch Chancen aus Kurs- und Währungsgewinnen und ist sich bewusst, dass den höheren Chancen auch ein höheres Risiko gegenübersteht. Das Depot zeichnet sich durch eine Mischung von Aktien und Rentenwerten aus, wobei der Schwerpunkt auf Anlagen mit erhöhtem Risiko liegt **Anlageformen:** DAX-Aktien, deutsche und internationale Aktien- und Rentenfonds, Zertifikate **bei Riester-Förderung:** Fondssparpläne (Wachstum)

Tab. 17 Fortsetzung

Chancenorientierter Anleger **Anlageziel:** **Dynamik**	Maximale Gewinnerwartungen prägen diesen Anlegertyp. Er setzt weniger auf sichere Erträge sondern spekuliert stattdessen eher auf höhere Kurs- und Währungsgewinne. Er ist bereit entsprechend hohe Verlustrisiken in Kauf zu nehmen **Anlageformen:** internationale Aktien, Optionsscheine, Futures, Optionen. sehr spekulative Anleihen, Aktiennebenwerte, Zertifikate, Strategiefonds **bei Riester-Förderung:** Fondssparpläne (Chancen)

Natürlich entsprechen die meisten Anleger nicht exakt diesen **Anlegertypen**. Viel spricht ohnehin dafür, sich nicht nur auf eine Kategorie festlegen zu lassen, sondern das Risiko zu streuen. Es muss aber dennoch für jede einzelne Anlage eine Abwägung erfolgen.

Es ist hilfreich, wenn jeder Anleger gut vorbereitet in ein Beratungsgespräch geht und dazu vorher eine Bestandsaufnahme macht. Dann ist er auch in der Lage, seinem Berater die Informationen zu geben, die dieser braucht, um die richtigen Vorschläge zu machen. Wenn man sich diese Bestandsaufnahme, die eigentlich nichts anderes als eine private Bilanz mit Gewinn- und Verlustrechnung ist, jährlich fortschreibt, hat man zu jeder Zeit einen kompletten Überblick über seine finanzielle Lage.

Es wäre ebenfalls zweckmäßig, sich vor einem Gespräch folgende Fragen schon einmal selbst zu beantworten (Tab. 18):

Tab. 18 Vorbereitung auf ein Anlageberatungsgespräch

Bisherige Erfahrungen mit Geld- und Kapitalanlagen?
In welche Anlageformen möchte ich in Zukunft nicht mehr investieren?
Welchen Zweck verfolge ich mit der Geldanlage?
Bei einer Einmalanlage: Wie lange kann ich auf den Anlagebetrag verzichten?
Bei einer Ansparung: In welchem Zeitraum will ich welches Ergebnis erzielen?
Erwarte ich eine Ausschüttung der Verzinsung oder will ich die Erträge immer wieder mit anlegen?
Wie sicher soll die Anlage sein?
Bin ich bereit, wegen möglicher höherer Erträge auch ein höheres Risiko einzugehen?
Wo liegen meine Prioritäten bezüglich der Anlage?

Nach einer Finanz- oder Anlageberatung sollte man sich als Kunde die folgenden Fragen über das Zustandekommen, den Ablauf und das Ergebnis des **Beratungsgesprächs** stellen und sich daraus selbst eine Art Gesprächsprotokoll anfertigen, damit man jederzeit anhand dieser eigenen Aufzeichnung nachvollziehen kann, welche Argumente und/oder Umstände zu einem Vertrag geführt haben. Es versteht sich von selbst, dass diese eigenen Aufzeichnungen mit dem ausgehändigten Protokoll des Beraters abgeglichen werden sollten. Dies ist deshalb wichtig, weil die Beratungsprotokolle der Kreditinstitute standardisiert sind und möglicherweise als lästige Pflicht angesehen werden, während für den Kunden immer viel mehr auf dem Spiel steht (Tab. 19).

Tab. 19 Checkliste Fragen nach dem Beratungstermin

Wie ist eigentlich der Beratungstermin zu Stande gekommen?
Hat ein Dritter eine Empfehlung ausgesprochen?
Von wem ist die Initiative zum Termin ausgegangen?
Haben Sie sich vorab informiert?
Haben Sie einen Überblick über aktuelle Konditionen?
Wo hat die Beratung stattgefunden?
Wie schätzen Sie nach dem Gespräch die Qualifikation des Beraters ein?
In wessen Auftrag handelt er?
Ist er wirklich selbstständig?
Handelt er als Makler, Finanzberater oder Finanzvermittler?
Sind ihre bisherigen Erfahrungen mit Geld- und Kapitalanlagen erfragt worden?
War ihnen vor dem Gespräch ihre persönliche Risikoklasse bekannt?
Haben Sie darüber eine Information erhalten?
Wurde zunächst eine komplette Vermögensanalyse durchgeführt?
Ist Ihre Einkommens- und Ausgabenrechnung vollständig und ungeschönt vorgenommen worden?
Sind Sie nach Ihrer steuerlichen Ausgangssituation gefragt worden?
Sind Sie nach Ihren Anlagezielen gefragt worden?
Entsprechen die Angebote Ihrem Lebensphasenkonzept?
Wurden Chancen und Risiken Ihrer Meinung nach ausgewogen beleuchtet?
Haben Sie die Kostenfrage gestellt?
Sind die Abschlusskosten offen und verständlich ausführlich besprochen worden?
Wurden Ausgabeabschläge, Innenprovisionen, Rückvergütungen, laufende Kosten erwähnt?
Sind Sie zum Vertragsabschluss gedrängt worden?
Hatten Sie den Eindruck, dass der Berater unter „Verkaufsdruck" steht?
Fühlen Sie sich etwas „überrumpelt"?
Sind Sie auf Ihr Widerspruchsrecht in einer „Haustürsituation" hingewiesen worden?
Sind alle Ihre Fragen beantwortet worden?
Haben Sie sich die Beispielrechnungen aushändigen lassen?
Hat man Ihnen angeboten, sich „über Nacht" noch mal alles zu überlegen?
Haben Sie und Ihr Partner alles verstanden?
Haben Sie über den Verhaltenskodex bei Baufinanzierungsberatungen gesprochen?
Hat der Berater Ihnen gegenüber Provisionszusagen gemacht?
Haben Sie sich eine Dokumentation über die Beratungsinhalte gemacht?
Wer war während der Beratung noch anwesend?
Sind Sie nach weiteren potenziellen „Adressen" gefragt worden?
Haben Sie ein vollständiges Beratungsprotokoll erhalten?
Wie war Ihr Gesamteindruck von der Beratung?

Es ist wie schon vorab angesprochen gesetzlich vorgeschrieben, dass nach jedem Beratungsgespräch über eine Geldanlage in Wertpapieren den Kunden ein individuelles **Beratungsprotokoll** ausgehändigt wird. Dies sollte folgende Inhalte und Erläuterungen enthalten (Tab. 20):

Tab. 20 Inhalte des Beratungsprotokolls

Inhalte	Erläuterungen
Anlass und Dauer	Auf wessen Initiative hin ist es zu dem Beratungsgespräch gekommen und welchen Umfang hatte die Beratung
Kundenprofil	Alle für die Beratung erforderlichen Informationen über die finanziellen Verhältnisse des Kunden und seine Erfahrungen mit Finanzprodukten
Anlageziele	Genaue Definition der Anlageziele und Definition der Risikobereitschaft
Anlageempfehlung	Qualität des Produktes Begründung
Produktinformationen	Vor- und Nachteile, Kosten Aushändigung von Produktinformationsblättern
Nach dem Beratungsgespräch	Berater unterschreibt das Protokoll und händigt eine Ausfertigung aus. Kunde kann anhand der Unterlagen die Produktempfehlungen nachvollziehen und sich ohne Druck entscheiden.

Ein optimales Investment setzt immer eine **Anlagestrategie** voraus. Eine höhere Rendite ist in der Regel mit höherem Risiko verbunden. Diese Binsenwahrheit ist nicht neu, ist aber durch die aktuelle Finanzkrise jetzt jedermann klar geworden. Das Risiko lässt sich reduzieren, indem man auf eine ausgewogene Zusammensetzung der Anlagebausteine achtet (der Banker würde sagen „ein diversifiziertes Portfolio zusammenstellt"). Wichtig ist, dass die zu wählenden Anlageprodukte mit den Kundenzielen übereinstimmen müssen.

Nur wenn frühzeitig und regelmäßig gespart wird und die Rendite stimmt, kommt der Zinseszinseffekt richtig zur Geltung. Die jetzige Niedrigzinsphase zeigt bereits nach kurzer Zeit, wie abhängig jede Art von Geldanlage vom Zins und insbesondere vom Zinseszins ist.

Die Verunsicherung darüber ist bei allen Schichten von Anlegern derzeit groß, hat man sich doch jahrzehntelang darauf verlassen können, dass gerade der Zinseszinseffekt das „Sahnehäubchen" einer Zinsanlage ist und bleibt.

Die Finanzkrise, die eigentlich weltweit eine Staats-Schuldenkrise ist, wird u. a. dadurch bekämpft, dass die Zinsen künstlich niedrig gehalten werden. Damit sind zwar die Schuldner (und dazu gehören insbesondere die Staaten) begünstigt, die Gläubiger und damit auch die Geldanleger haben Mühe, einen Ertrag zu erreichen, der gerade die Inflationsrate ausgleicht.

Ein Ende dieser Zinspolitik ist nicht abzusehen, anhand der zunehmenden Krisengipfel und immer neuer Krisenstaaten müssen sich die reinen Kapitalanleger auf eine längere Durststrecke einrichten und gegebenenfalls nach alternativen Anlagen umsehen.

Wie mühsam heutzutage der Sparprozess ist, sieht man aus dem nachfolgenden Beispiel. Bei extrem niedrigen Zinsen lassen sich die errechneten notwendigen Sparraten in vielen Fällen realistisch nicht mehr aufbringen. Will man den vermeintlich sicheren Weg gehen und schließt langlaufende Verträge mit einem aus heutiger Sicht passablen Zins ab, läuft man Gefahr, bei einer sich wieder komplett normalisierenden Zinslage über Jahre hinaus zu dann extrem ungünstigen Zinsen gebunden zu sein (Tab. 21).

Tab. 21 Notwendige Sparrate für ein Vorsorgekapital

Monatlich notwendige Sparrate, um nach…Jahren ein Vorsorgekapital von **100.000 €** zur Verfügung zu haben bei einer durchschnittlichen Rendite von…							
Jahre	**1%**	**2%**	**3%**	**4%**	**5%**	**6%**	**7%**
10	792	754	716	680	646	613	582
20	376	340	306	274	246	220	196
30	238	204	173	146	123	103	85
40	170	137	109	86	68	53	41

Wie viel Vorsorgekapital vorhanden sein muss, um daraus eine Rente zu beziehen, zeigt das folgende Beispiel und macht dabei auch deutlich, wie abhängig jede Altersvorsorge von einer „normalen" Verzinsung ist (Tab. 22):

Tab. 22 Notwendiges Vorsorgekapital für eine Rente

Notwendiges Vorsorgekapital für eine Rente von 1.000 € monatlich (Zins und Kapitalverzehr) bei einer durchschnittlichen Rendite von…							
Jahre	1,5%	2%	3%	4%	5%	6%	7%
10	111.565	108.958	104.500	99.500	95.200	91.200	87.500
15	161.419	155.862	145.600	136.400	128.000	120.400	113.500
20	207.697	198.342	181.500	166.700	153.600	142.200	132.000
25	250.655	236.820	212.400	191.600	173.800	158.500	145.200
30	290.532	271.669	239.100	212.000	189.500	170.600	154.600

Die Sparmotive für die Bundesbürger sind relativ praktischer Natur. Neben den Rücklagen für größere, langfristige Konsumausgaben steht die Altersvorsorge im Blickpunkt. Dazu gehören natürlich indirekt auch die Aufwendungen für Wohneigentum und die Erhaltungsaufwendungen. Rücklagen werden auch für die eigene Aus- und Weiterbildung und im weitesten Sinne für die Belange der Kinder gebildet (Abb. 2).

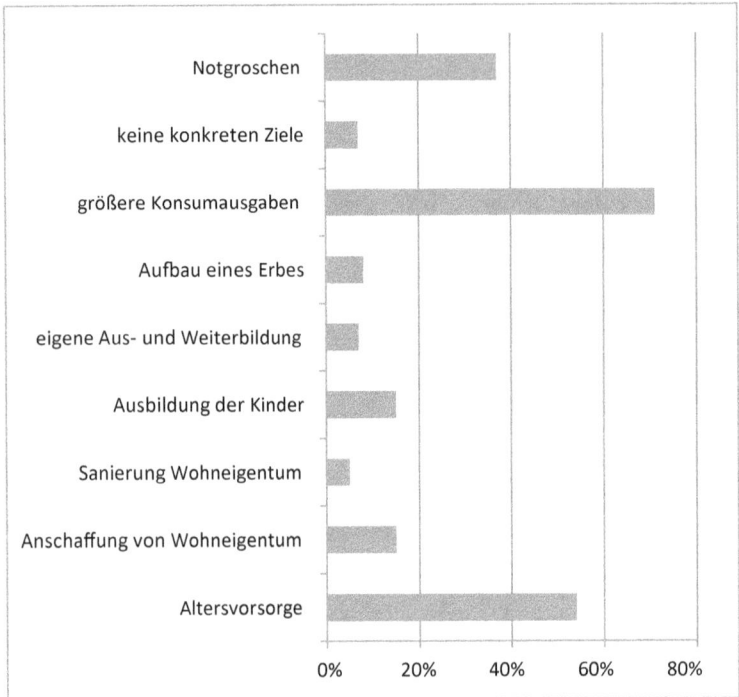

Abb. 2 Sparmotive

Das Vermögen und die Schulden der privaten Haushalte sehen wie folgt aus (Abb. 3):

Abb. 3 Struktur des privaten Vermögens

Versicherungen

Das **Versicherungsvertragsgesetz** ist am 1.1.2008 in Kraft getreten und gilt seit Anfang 2009 für alle bestehenden Verträge. Im Vordergrund der gesetzlichen Änderungen standen u. a. die Stärkung der Verbraucherrechte und die Schaffung von mehr Transparenz für die Versicherungsnehmer. Die Versicherungskunden erhalten mehr Schutz und mehr Rechte. Insbesondere die Beratungspflicht steht im Vordergrund. Geändert haben sich auch die Kündigungsrechte. Auf ein Beratungsprotokoll (das zu den wichtigen Vertragsunterlagen gehören sollte) darf deshalb in keinem Fall verzichtet werden. Die Ansprüche aus einem Versicherungsvertrag verjähren nun erst nach drei Jahren und nicht mehr nach zwei Jahren. Die Versicherung ist zudem verpflichtet, die Versicherungsleistung auch an Ehegatten und andere versicherte Personen auszuzahlen, wenn diese Personen als empfangsberechtigt benannt worden sind.

Die EU hat bereits im Januar 2003 eine Europäische Vermittlerrichtlinie erlassen. In Deutschland wurde diese erst zum 22.5.2007 in nationales Recht umgesetzt und gilt seitdem für jeden Versicherungsvermittler. Gleichzeitig trat die Versicherungsvermittlungsverordnung in Kraft, welche die Bestimmungen der geänderten Gesetze konkretisiert.

Jeder Bundesbürger gibt im Schnitt pro Jahr etwa 1.500 € für Versicherungen (ohne Kranken- und Pflegeversicherungen) aus. Dennoch sind, so die Erfahrung der Verbraucherzentralen, viele miserabel abgesichert. Einerseits tragen viele Bürger ihr Leben lang ein hohes Risiko, weil sie zu wenig in die Absicherung investieren (können oder konnten), andererseits zahlen viele zu viel Geld für überflüssige Verträge oder überhöhte Prämien.

Experten sprechen davon, dass jährlich viele Milliarden Euro für falsche oder überteuerte Versicherungspolicen verpulvert werden.

Stiftung Warentest empfiehlt im Grundsatz das „**GAU-Prinzip**". Dabei sind vorrangig die „**G**rößtmöglich **A**nzunehmenden **U**nfälle" zu versichern:

- Tod
- Invalidität
- Berufsunfähigkeit

- Krankheit
- Haftpflicht

Grundsätzlich wichtig ist, dass sich die Lebensumstände und die Lebenssituation häufig ändern können und daher auch ein ursprünglich richtig und überlegter maßgeschneiderter Versicherungsbedarf ständig überprüft und angepasst werden muss.

An erster Stelle steht die Absicherung des Einkommens, denn fällt das Gehalt weg, bricht in der Regel auch die komplette Finanz- und Lebensplanung inklusive der gesamten Vorsorge zusammen. Nicht zuletzt deshalb ist die Berufsunfähigkeit heute schon einer der Hauptverursacher von Verbraucherinsolvenzen.

Die **Berufsunfähigkeitsversicherung** (BUZ) ist eine private Vorsorgemaßnahme für den Fall der Berufsunfähigkeit. Sie deckt das finanzielle Risiko bei einer Berufsunfähigkeit ab, da die gesetzlichen Leistungen meist bei weitem nicht ausreichen, sofern sie – vor allem bei Beginn des Berufslebens – überhaupt gezahlt werden. Die BUZ wird angeboten als selbstständige Vorsorge oder als sogenannte Berufsunfähigkeitszusatzversicherung in Kombination mit einer Kapital-Lebens-, Renten- oder einer Risiko-Lebensversicherung.

Die Berufsunfähigkeitsversicherung zahlt im Falle einer mindestens 50-prozentigen Berufsunfähigkeit eine Rente bis längstens zum 65. bzw. 67. Lebensjahr. Die monatliche Berufsunfähigkeitsrente sollte sich am monatlichen Grundbedarf orientieren. Empfehlenswert ist, die BUZ bereits in „jungen Jahren" abzuschließen und später den Erfordernissen entsprechend anpassen. Zu diesem Zeitpunkt stellen die Gesundheitsfragen meist kein Problem dar.

Die **Privat-Haftpflichtversicherung** schützt den Versicherungsnehmer gegen alle gesetzlich begründeten Schadensansprüche, die auf ihn zukommen können. Außerdem wehrt sie gesetzlich unbegründete Ansprüche ab. Für den Eigentümer eines selbst bewohnten Hauses bzw. einer Eigentumswohnung reicht im Allgemeinen eine Haftpflichtversicherung aus. Hier sind u. a. Ansprüche aus nicht ausreichender Erfüllung von Streupflicht im Winter usw. abgedeckt. Eigenschäden sind nicht versichert. Im Haushalt lebende Kinder sind mitversichert.

Die **private Krankenversicherung** nutzen derzeit rund 8,55 Mio. Krankenversicherte. Im Unterschied zur gesetzlichen Krankenversicherung sind das auch gleich viele Beitragszahler. Der Beitragssatz ist individuell, errechnet sich also nach Alter, Geschlecht und Gesundheitszustand des Versicherten. Es ist keine Familienzusatzversicherung möglich.

In die private Krankenversicherung kann wechseln, wer im Vorjahr mit seinem Einkommen über der Versicherungspflichtgrenze gelegen hat. (2013: 52.200 € Jahreseinkommen bzw. 4.350 € monatlich). Für gut verdienende, junge und gesunde Singles ist die private Krankenversicherung durch günstige Einsteigertarife beitragsmäßig sehr interessant. Insbesondere für Alleinverdiener mit Familie sieht das ganz anders aus. Mit zunehmendem Alter steigen die Beiträge kräftig an. Nach Erhebungen der Verbraucherschützer sind die Beiträge für privat Versicherte in den letzten 10 Jahren um durchschnittlich 60 % angestiegen. Insbesondere Selbstständige und Angestellte mit Einkommen oberhalb der Pflichtversicherungsgrenze stehen während des Erwerbslebens vor der Frage, ob sie sich freiwillig gesetzlich oder privat krankenversichern sollen. Mit Blick auf die spätere Krankenversicherung im Rentenalter müssen die Konsequenzen bedacht werden, denn die Entscheidung ist i. d. R endgültig. Vor allem die Flucht vor hohen Altersbeiträgen von der privaten Krankenversicherung in die Krankenversicherung der Rentner ist ausgeschlossen.

Der Gesetzgeber hat deshalb mit der Gesundheitsreform die privaten Kassen verpflichtet, seit 2009 auch einen **Basistarif** anzubieten, der den Leistungskatalog der gesetzlichen Krankenversicherung abdeckt. Der Basistarif darf nicht teurer als der Höchstbeitrag der gesetzlichen Krankenversicherung sein, das sind im Jahr 2013 knapp 611 € monatlich. Bei amtlich festgestellter Hilfsbedürftigkeit halbiert sich die Prämie auf 305 €. Die früher übliche Risikoprüfung ist entfallen.

In jedem monatlichen Versicherungsbeitrag ist auch ein Sparanteil für das Alter enthalten. Diese Altersrückstellungen werden im Alter Stück für Stück aufgelöst und entlasten somit den Beitrag älterer Privatversicherter. Bei einem Anbieterwechsel können diese Altersrückstellungen nicht mitgenommen werden. Nur für Verträge, die nach 2009 abgeschlossen wurden, können die Altersrückstellungen in Höhe des Basistarifs mitgenommen werden. Wechselt man innerhalb seiner privaten Krankenkasse nur den Tarif, bleiben natürlich die Rückstellungen erhalten.

Nachdem die „Risikolage" der privaten Krankenversicherung durch die früheren Einschränkungen und Auswahlkriterien relativ günstig war, könnten sich wegen der einschneidenden Änderungen auf Sicht drastisch steigende Beiträge ergeben, falls sich nicht gravierende Änderungen durch eine andere Gesundheitspolitik ergeben.

Für privat krankenversicherte Rentner gelten die Beiträge der jeweiligen privaten Krankenversicherung, die in voller Höhe selbst zu zahlen sind. Auf Antrag können privatversicherte Rentner einen Zuschuss vom Rentenversicherungsträger erhalten. Der Zuschuss beträgt 7,3 % der Rente, höchstens der Hälfte der tatsächlich gezahlten Beiträge.

Eine **Krankentagegeldversicherung** soll das Risiko eines Verdienstausfalls nach dem Wegfall der gesetzlichen Lohnfortzahlung (6 Wochen) abdecken.

Rentenversicherungen sind Versicherungen mit vertraglich von vornherein auf Rentenzahlungen gerichteten Leistungen. Es können sowohl gleich bleibende, als auch steigende und fallende Renten vereinbart werden. Man unterscheidet:

- Rentenversicherungen mit Kapitalwahlrecht.
- Rentenversicherungen ohne Kapitalwahlrecht.

Die privaten Rentenversicherungen vervollständigen neben den gesetzlichen Renten die Absicherung und Vorsorge im Alter. Rentenversicherungen eignen sich nicht als Tilgungsersatz bei langfristigen Darlehen. Sie bieten eine lebenslang garantierte Rente mit Steuervorteilen im Alter und sind geeignet für renditeorientierte Sparer mit Sicherheitsanspruch.

Bei der klassischen Rentenversicherung handelt es sich um die aufgeschobene Rente. Hier werden zunächst über einen relativ langen Zeitraum Beiträge eingezahlt. Bei Versicherungsablauf oder Rentenbeginn kann der Versicherte dann zwischen einer monatlichen Rente oder einer Einmalzahlung wählen. Bei Verträgen, die nach dem 1.1.2005 abgeschlossen worden sind, ist diese Einmalzahlung nicht mehr steuerfrei. Die Rentenzahlungen werden nur mit dem Ertragsanteil besteuert.

Eine **Kapitallebensversicherung** kombiniert die Vermögensbildung mit der Risikovorsorge, bei der ein Teil der Beiträge für den Todesfallschutz verwendet wird, während der andere Teil zum Aufbau eines Vorsorgekapitals angespart wird.

Die im Vertrag vereinbarte Versicherungssumme wird bei Tod des Versicherten oder im Erlebensfall nach Ablauf fällig. Zusätzlich werden Überschussanteile ausgezahlt.

Es ist möglich, die Versicherungssumme im Vertragsverlauf den steigenden Ansprüchen anzupassen (Dynamisierung). Die Kapitallebensversicherung ist eine private Form der Altersvorsorge. Sie diente bis zum Wegfall der Steuervergünstigungen zum 31.12.2004 häufig auch als Tilgungsersatz für Baufinanzierungskredite.

Per Ende 2009 existieren etwa 94 Mio. Versicherungsverträge, durchschnittlich hat jeder Bundesbürger mehr als einen Vertrag. Für die Lebensversicherungsverträge garantieren die Versicherer eine Mindestverzinsung (Garantiezins). Deshalb überwiegen bei den Anlagekriterien gesetzlich vorgegebene strenge Regeln, die eine konservative und relativ sichere Anlageform erzwingen. Nur ein kleiner Teil der Anlagen ist in Aktien investiert: Dies hatte zur Folge, dass die Finanzkrise relativ gut überstanden wurde (Tab. 23).

Tab. 23 Kapitalanlagen der Lebensversicherungsgesellschaften

	2008	2009	2010	2011
Grundstücke und grundstücksgleiche Rechte	1,6 %	1,5 %	1,6 %	1,5 %
Hypotheken-, Grundschuld- und Rentenschuldforderungen	8,6 %	8,1 %	7,6 %	7,4 %
Namensschuldverschreibungen, Schuldscheinforderungen und Darlehen	49,8 %	50,7 %	48,9 %	47,1 %
Inhaberschuldverschreibungen und andere festverzinsliche Wertpapiere	7,3 %	7,8 %	8,6 %	10,3 %
Kapitalanlagen in verbundenen Unternehmen und Beteiligungen	3,0 %	2,9 %	3,0 %	3,0 %
Aktien, Investmentanteile und andere nicht festverzinsliche Wertpapiere	25,8 %	25,4 %	27,1 %	27,1 %
Sonstige	3,9 %	3,6 %	3,2 %	3,6 %

Viele Jahre lang galt folgende Faustregel:

Bei einer Kapitallebensversicherung mit einer Versicherungsdauer von 30 Jahren verdoppelt sich in diesem Zeitraum die Gesamtleistung durch die Überschussanteile und die Bewertungsreserven.

Durch gesetzliche Bestimmungen, aber insbesondere durch die langanhaltende Niedrigzinsphase sind derartige Langfristprognosen nicht mehr einzuhalten. Obwohl inzwischen der Garantiezins auf ein historisch niedriges Zinsniveau zurückgenommen und auch die ursprünglich vorgeschriebene Beteiligung der Versicherten an den Bewertungsreserven deutlich reduziert wurde, sind nur noch niedrige Renditen zu erwarten.

Die Nettoverzinsung ist, wie aus der nachstehenden Tabelle ersichtlich noch ansehnlich, die Gefahren für die Kapitalanlagen durch eine langandauernde Niedrigzinsphase sind jedoch längst absehbar und unvermeidlich.

Der Anleger darf natürlich auch nicht den Fehler machen, diese Nettoverzinsung mit seiner eigenen Rendite gleichzusetzen (Tab. 24).

Tab. 24 Nettoverzinsung der Kapitalanlagen. (Quelle: GDV)

	Jahreswert in Prozent
1980	6,71 %
1985	8,12 %
1990	6,78 %
1995	7,37 %
2000	7,51 %
2005	5,18 %
2006	4,82 %
2007	4,65 %
2008	3,54 %
2009	4,18 %
2010	4,27 %
2011	4,14 %
2012	

Die Nettoverzinsung errechnet sich als Bruttoerträge minus Aufwendungen (inkl. Abschreibungen) für die Kapitalanlagen im Verhältnis zum mittleren Kapitalanlagenbestand des Jahres.

Die deutschen Lebensversicherungsgesellschaften müssen bei Abschluss einer Lebensversicherungspolice einen **Garantiezins** einhalten. Das Bundesfinanzministerium passt den Garantiezins an, wenn die Rendite aller Euro-Staatsanleihen, die in Umlauf sind, im Schnitt der vergangenen zehn Jahre sinkt oder steigt. Der Garantiezins darf nur rund 60 % dieser Rendite betragen, damit keine Zinszusagen gegeben werden, die nicht eingehalten werden können. Kontrollorgan ist die BAfin (Tab. 25).

Tab. 25 Entwicklung des Garantiezinses

Zeitraum	Garantiezins
1945–1986	3 %
1987–1993	3,5 %
1994–2000	4 %
1.7.2000–31.12.2003	3,25 %
1.1.2004–31.12.2006	2,75 %
1.1.2007–31.12.2011	2,25 %
1.1.2012	1,75 %

Der Garantiezins ist nur ein Teil der Rendite, der andere Teil kommt aus Überschüssen und Bewertungsreserven, die allerdings weder sicher noch garantiert sind. Bei anhaltend niedrigem Zinsniveau werden immer weniger Überschüsse erwirtschaftet. Aufgrund der größeren Anzahl von Altverträgen liegt der durchschnittliche Garantiezins zum Jahresende 2012 noch bei 3,2 %. Das nützt natürlich denjenigen, die heute einen Vertrag abschließen, überhaupt nichts.

Wie vorab festgestellt, hat statistisch jeder Bundesbürger mehr als einen Lebensversicherungsvertrag. Dennoch muss angesichts der Tatsache, dass höchstens 25 % aller Verträge bis zu Ende durchgehalten werden, die Frage gestellt werden, warum das so ist. An der Anlageform selbst oder dem Wunsch nach Altersvorsorge und finanzieller Sicherheit ist doch nichts auszusetzen. Die Vielzahl der Vertragsauflösungen hängt sicherlich in großem Umfang damit zusammen, dass eine derartig langfristige Bindung einfach nicht genau genug geplant werden kann. Selbst ein schlüssiges Lebensphasenkonzept stößt hier an seine Grenzen.

Das spricht im Übrigen dafür, insbesondere auch dynamisierte Verträge zu meiden und darüber nachzudenken, den Grundgedanken einer Lebensversicherung zwar aufzunehmen, aber bei dem Umsetzung den Sparprozess von der Absicherung zu trennen (vereinfacht gesagt: Sparvertrag und Risikoversicherung). Dann wäre es auch einfacher, bei gravierenden Veränderungen nur einzelne Verträge nicht mehr weiter zu führen, als alles aufzulösen.

Unfallversicherungen werden bei vielen anderen Versicherungsverträgen fast automatisch als Ergänzung angeboten, verteuern aber nur die Ursprungspolice, da diese Risiken ohnehin meist durch andere Verträge mit abgedeckt sind.

Sinnvoller ist da in jedem Falle eine **Risikolebensversicherung**. Im Gegensatz zur Kapitallebensversicherung steht hier nur der reine Risikoschutz im Vordergrund. Zwingend notwendig ist die RLV für den/die Einkommensträger bei langfristigen Finanzierungen (z. B. der privaten Baufinanzierung). Wenn möglich sollte das gesamte Darlehen (mind. aber 50 % des Verkehrswertes) mit einem Risikolebensversicherungsschutz versehen sein.

Ersatzweise könnte diese Absicherung auch durch eine **Restschuldversicherung** erfolgen. Dies ist eigentlich nichts anderes als eine Risikolebensversicherung mit einer (entsprechend der Darlehenstilgung) fallenden Versicherungssumme.

Für alle Versicherungen gelten seit dem 21.12.2012 die sogenannten **Unisex-Tarife**, d. h. Männer und Frauen zahlen einheitliche Beiträge. Vorher abgeschlossene Altverträge behalten Gültigkeit.

Durch diese Gleichschaltung, die aufgrund des Antidiskriminierungsgesetzes erfolgt ist, verändern sich Leistungen und bringen unterschiedliche Vor- und Nachteile.

Sozialversicherung und gesetzliche Altersvorsorge

Die soziale Sicherung in Deutschland ist in der **gesetzlichen Rentenversicherung**, der gesetzlichen Kranken- und Pflegeversicherung sowie der Arbeitslosenversicherung organisiert. Die einzelnen Bereiche sind nur durch zusätzliche Steuermittel und keineswegs alleine durch die Beitragseinnahmen zu finanzieren (Tab. 26).

Tab. 26 Die gesetzliche Rentenversicherung in Zahlen

Versicherte insgesamt	52,2 Mio.
Davon versicherungspflichtig beschäftigte Arbeitnehmer (Beitragszahler)	35,4 Mio.
Rentenempfänger	20,5 Mio.
Aktueller Beitragssatz (bis zur Beitragsbemessungsgrenze)	18,9 %
Gesamteinnahmen der Rentenversicherungsträger	€ 255,7 Mrd.
Davon Beitragseinnahmen	€ 189,9 Mrd.
Davon Bundeszuschüsse (größter Einzelpost im Etat)	€ 64,6 Mrd.
Ausgaben insgesamt	€ 251,0 Mrd.
Davon für Verwaltungskosten	€ 3,6 Mrd.

Quelle: DRV Stand 2011

Der durchschnittliche monatliche Zahlbetrag für die gesetzlichen Versichertenrenten (Alters- und Erwerbsminderungsrenten) zeigt die Notwendigkeit der zusätzlich erforderlichen privaten Vorsorgeanstrengungen. Insbesondere bei den Frauen liegt die Durchschnittsrente unterhalb der Grundsicherung (Tab. 27).

Tab. 27 Durchschnittlicher Rentenzahlbetrag

	Insgesamt (€)	Männer (€)	Frauen (€)
2004	726	982	521
2005	721	971	519
2006	718	964	519
2007	717	960	520
2008	722	963	526
2009	740	982	542
2010	738	977	544
2011	741	977	549
2012	749	987	555

Der gesetzliche Rentenanspruch beginnt zum nächsten Monatsersten, der auf das Geburtsdatum folgt.

Beispiel

Geburtsdatum der Rentnerin: 2. Juli 1946

Rentenbeginn: 1. August 2011

1. Auszahlung: 30. August 2011

Die nachträgliche Zahlung der gesetzlichen Rente am letzten Bankarbeitstag des jeweiligen Monats ist im Jahre 2004 im Rahmen eines Maßnahmenkatalogs zur Beschäftigungssicherung vom Gesetzgeber beschlossen worden.

Die Auszahlung erfolgt auf das bei Rentenbeantragung angegebene Konto durch den Renten Service der Deutschen Post (www.rentenservice.de).

Rund ein Drittel der Gesamtausgaben des Staates entfällt auf die Bereiche Gesundheit und soziale Sicherung. Die einzelnen Zweige des sozialen Sicherungssystems unterscheiden sich allerdings erheblich in ihrer Kostenstruktur

Die **gesetzliche Krankenversicherung** im Überblick (Tab. 28):

Tab. 28 Die gesetzliche Krankenversicherung in Zahlen

Versicherte	69,6 Mio.
Davon zahlende Mitglieder	51,5 Mio.
Davon Familienangehörige	18,1 Mio.
Einheitlicher Beitragssatz (bis zur Beitragsbemessungsgrenze)	15,5 %
Gesamteinnahmen der Krankenkassen	€ 170,8 Mrd.
Ausgaben insgesamt	€ 179,6 Mrd.
Davon für Verwaltungskosten	€ 8,9 Mrd.

Quelle: Bundesministerium für Gesundheit Stand 2011

Seit dem 1.1.2009 ist das frühere System der gesetzlichen Krankenkassen völlig neu geordnet. Der **Gesundheitsfonds** stellt ein neues Finanzierungsverfahren der Krankenkassen sicher. Waren die Beitragssätze vorher innerhalb enger politischer und gesetzlicher Vorgaben selbst bestimmbar, so gilt inzwischen ein von der Bundesregierung vorgegebener einheitlicher Beitragssatz. Diese Beiträge fließen zunächst an den Gesundheitsfonds, der als Umverteilungsmaschine die Gelder in Form von Pauschalen je Versicherten an die einzelnen Krankenkassen zurücküberweist. Der Beitragssatz setzt sich zusammen aus einem vom Arbeitnehmer alleine zu tragenden Teil von 0,9 %, den übrigen Beitrag teilen sich Arbeitnehmer und Arbeitgeber zu je 50 %.

Im Jahr 2011 ist der Beitragssatz wieder auf 15,5 % gestiegen, der Anteil der Arbeitgeber ist auf 7,3 % festgeschrieben worden. Künftige Erhöhungen gehen ausschließlich zu Lasten der Arbeitnehmer. Darüber hinaus können die Krankenkassen (ebenfalls nur von den Versicherten) individuelle Zuzahlungen erheben (Tab. 29).

Tab. 29 Entwicklung von Beitragssatz und Arbeitgeberanteil

Gültig seit	Einheitlicher Beitragssatz (%)	Davon Arbeitgeberanteil (%)
1. Januar 2009	15,5	7,3
1. Juli 2009	14,9	7,0
1. Januar 2011	15,5	7,3

Basis für die Beitragsberechnung ist das Einkommen, jedoch erfolgt eine Deckelung durch die sogenannte Beitragsbemessungsgrenze (BM). Diese liegt im Jahre 2013 bei 47.250 € bzw. monatlich bei 3.937,50 € (Tab. 30).

Tab. 30 Höchstbeitrag gesetzliche Krankenversicherung

Jahr	BM p. a.	BM monatlich	Beitragssatz	Höchstbeitrag monatlich	Arbeitgeberzuschuss
2013	47.250 €	3.937,50 €	15,5 %	610,31 €	287,44 €

In der **Krankenversicherung der Rentner** (das ist im Regelfall immer die bisherige Krankenkasse) sind Rentner und Rentenantragsteller pflichtversichert, die in der zweiten Hälfte der Erwerbszeit mindestens zu 90 % gesetzlich versichert gewesen sind. Dabei spielt es keine Rolle, ob sie Pflichtmitglied oder freiwilliges Mitglied einer gesetzlichen Krankenversicherung waren. Natürlich können auch Rentner die Krankenkasse frei wählen. Auch die Rentner müssen den vollen sogenannten allgemeinen Beitragssatz von 15,5 % entrichten, erhalten von der Rentenversicherung nur einen Zuschuss von 7,3 %. Vielen Rentnern erscheint das ungerecht, weil sie keinen Anspruch auf Krankengeld haben. Rentner mit Versorgungsbezügen oder Arbeitseinkommen haben die Beiträge alleine zu entrichten.

Eine Besonderheit besteht für Kapitalleistungen und -abfindungen, die der Alters- und Hinterbliebenenversorgung dienen.

Ein wichtiger Teil des Solidarsystems in der gesetzlichen Krankenversicherung ist die beitragsfreie **Familienversicherung**. Sie hat zur Folge, dass anders als in der privaten Krankenversicherung Ehegatten, eingetragene Lebenspartner und Kinder des Versicherten automatisch mitversichert sind, d. h. vollen Krankenversicherungsschutz genießen, ohne eigene Beiträge zahlen zu müssen. Sie dürfen dabei nicht selbst krankenversicherungspflichtig sein, demnach keinem Beschäftigungsverhältnis nachgehen und kein regelmäßiges Gesamteinkommen von mehr als 385 € im Monat haben. Dabei werden Mieteinkünfte und Einkünfte aus Kapitalvermögen, Renten, Versorgungsbezüge und Abfindungen einbezogen. Bei Ausübung einer geringfügigen Beschäftigung (Mini-Job) liegt die Grenze bei 450 € im Monat. Einkünfte aus einer hauptberuflichen selbstständigen Tätigkeit schließen eine Familienversicherung aus.

Die Lohnfortzahlung im Krankheitsfall (6 Wochen) durch den Arbeitgeber ist eine durch Gesetz festgeschriebene Sozialleistung. Erst danach wird **Krankengeld** durch die jeweilige Krankenkasse gezahlt. Dieses Krankengeld gehört zu den **Lohnersatzleistungen**. Es wird nicht versteuert, aber aufgrund des Progressionsvorbehaltes in die Berechnung der Einkommensteuer mit einbezogen. Grundlage für die Höhe des Krankengeldes ist das zuletzt bezogene Nettoeinkommen. Daher sind für die Höhe eines eventuellen Krankengeldes die richtige Lohnsteuerklasse und die Eintragung von Freibeträgen wichtig. Für den Gesundheitsfonds ist aktuell ein einheitlicher Krankenkassenbeitrag für gesetzlich Versicherte in Höhe von 15,5 % zu zahlen. Davon werden 14,6 % je zur Hälfte vom Arbeitgeber und vom Arbeitnehmer erbracht, außerdem hat der Arbeitnehmer alleine 0,90 % zusätzlich zu tragen. In diesem Zusatzbeitrag ist auch der Anteil für die Lohnfortzahlung im Krankheitsfall enthalten.

Die **gesetzliche Pflegeversicherung** ist eine eigenständige Organisation unter dem Dach der jeweiligen Krankenkasse. Begrenzt von der jeweils aktuellen Beitragsbemessungsgrenze für die Krankenkasse liegt der Beitrag seit 2013 bei 2,05 % des Arbeitseinkommens. Auch dieser Beitrag wird zur Hälfte von Arbeitnehmer und Arbeitgeber getragen. Die Beitragserhöhung soll verbesserte Leistungen bewirken und die Finanzen über einen Kapitalstock demographiefester machen. Ohne Kinderzuschlag sieht das wie folgt aus (Tab. 31):

Tab. 31 Höchstbeitrag gesetzliche Pflegeversicherung

Jahr	BM p. a.	BM monatlich	Beitragssatz	Höchstbeitrag monatlich	Arbeitgeberzuschuss
2013	47.250 €	3.937,50 €	2,05 %	80,72 €	40,32 €

Die gesetzliche Pflegeversicherung im Überblick (Tab. 32):

Tab. 32 Die gesetzliche Pflegeversicherung in Zahlen

Versicherte	69,6 Mio.
Davon Mitglieder	51,5 Mio.
Davon Familienangehörige	18,1 Mio.
Beitragssatz (bis zur Beitragsbemessungsgrenze)	1,95 %
Zusätzlicher Beitragssatz für Kinderlose	0,25 %
Gesamteinnahmen der Krankenkassen	€ 22,24 Mrd.
Leistungsempfänger in Pflegestufen I – III	2,32 Mio.
Ausgaben insgesamt	€ 21,9 Mrd.
Davon für Verwaltungskosten	€ 0,7 Mrd.

Quelle: Bundesministerium für Gesundheit Stand 2011

Rentner zahlen den vollen Pflegeversicherungs-Beitrag alleine. Bei den pflichtversicherten Altersrentnern wird der Beitrag wie auch der Anteil der gesetzlichen Krankenkasse sofort einbehalten.

Kinderlose müssen seit dem 1.1.2005 einen um 0,25 % höheren Beitrag zahlen. Daran beteiligen sich die Arbeitgeber nicht mehr. Der Beitrag für Kinderlose liegt seit 2013 bei 2,2 %. Die gesetzliche Pflegeversicherung soll für Pflegebedürftige eine Art Grundabsicherung bieten – mehr nicht. Sie zahlt ein festgelegtes Pflegegeld, wenn jemand von Angehörigen oder Freunden zu Hause versorgt wird, und beteiligt sich an den Kosten für die professionellen häuslichen Pflegedienste oder die Pflege in einem Heim. Die Höhe der finanziellen Unterstützung ist davon abhängig, in welchem Maße der Pflegebedürftige auf fremde Hilfe angewiesen ist

Nach dem Sozialgesetzbuch gibt es drei Pflegestufen. Die Leistungen sind bei einer Fremdpflege außerhalb der eigenen Wohnung deutlich höher, oder präziser ausgedrückt: Die familiäre Hilfestellung wird eigentlich unverständlicherweise wesentlich schlechter honoriert (Tab. 33).

Seit 2013 haben Demenzkranke ohne körperlichen Pflegebedarf (Pflegestufe 0) Anspruch auf ein monatliches Pflegegeld in Höhe von 120 €, wenn sie zu Hause betreut werden.

Tab. 33 Leistungen aus der Pflegeversicherung bei Fremdpflege

Pflegestufe 1	450 € monatlich
Pflegestufe 2	1.100 € monatlich
Pflegestufe 3	1.550 € monatlich
Härtefälle	1.918 € monatlich

Bei häuslicher Pflege durch Angehörige zahlt die Pflegeversicherung ein Pflegegeld (Tab. 34).

Tab. 34 Pflegegeld aus der Pflegeversicherung

Pflegestufe 0	120 € monatlich
Pflegestufe 1	235 € monatlich
Pflegestufe 2	440 € monatlich
Pflegestufe 3	700 € monatlich

Arbeitnehmer sind gegen Arbeitslosigkeit in der gesetzlichen **Arbeitslosenversicherung** versichert. Die Beiträge werden je zur Hälfte vom Arbeitgeber und vom Arbeitnehmer gezahlt. Maßgebend für die Höhe der Beiträge ist die Beitragsbemessungsgrenze für die Sozialversicherung.

Die Arbeitslosenversicherung ist eine Solidargemeinschaft aller sozialversicherungspflichtig Beschäftigten (Tab. 35).

Tab. 35 Arbeitslosenversicherung in Zahlen

Versicherte	26,7 Mio.
Aktueller Beitragssatz (bis zur Beitragsbemessungsgrenze) seit 1.1.2011	3 %
Gesamteinnahmen der Arbeitslosenversicherung 2009	€ 34,3 Mrd.
Davon Beitragseinnahmen	€ 22,1 Mrd.
Anzahl der Leistungsempfänger für ALG I	1,4 Mio.
Gesamtausgaben der Bundesagentur für Arbeit 2009	€ 45,6 Mrd.
Davon für Arbeitslosengeld I 2009	€ 17,3 Mrd.
Davon für Verwaltungskosten 2009	€ 7,7 Mrd.

Die Beiträge zur gesetzlichen Renten-, Kranken-, Pflege- und Arbeitslosenversicherung wurden jahrelang grundsätzlich je zur Hälfte vom Arbeitgeber und vom Arbeitnehmer getragen.

Der **Arbeitgeberanteil** ist damit ein wesentlicher Bestandteil der betrieblichen Lohnkosten. Jede Veränderung der Belastungsquoten wirkt sich damit sowohl beim Arbeitnehmer, als auch beim Arbeitgeber aus. Deshalb ist die frühere Systematik inzwischen erstmals bei der Pflegeversicherung aufgeweicht worden. Seit 2005 wird für Kinderlose ein Zusatzbeitrag von 0,25 % erhoben, der ausschließlich vom Arbeitnehmer zu tragen ist. Auch der Krankenkassenanteil der Arbeitgeber ist seit dem 1.1.2011 auf 7,3 % festgeschrieben. Künftige Erhöhungen gehen damit nur zu Lasten der Arbeitnehmer. Alle Sozialversicherungsbeiträge richten sich nach den jährlich neu festgelegten Beitragsbemessungsgrenzen.

Die Gesamtsozialversicherungsbeiträge werden für beide Seiten durch die Arbeitgeber unter Angabe einer von der örtlichen Agentur für Arbeit erteilten Betriebsnummer an die zuständige Krankenkasse überwiesen, die als zentrale Zahlstelle fungiert und die Weiterleitung veranlasst.

Die Beiträge zur Krankenversicherung, Renten- und Arbeitslosenversicherung und zur gesetzlichen Rentenversicherung staffeln sich bis zu den jeweiligen **Beitragsbemessungsgrenzen**. Für darüber hinausgehende Einkommen werden keine Beiträge erhoben. Maßgebend ist das Jahreseinkommen. Die monatlichen Beiträge sind nur Anhaltswerte. Dadurch werden gegebenenfalls auch Sonderzahlungen (Weihnachtsgeld, Urlaubsgeld, Tantiemen) davon erfasst.

Die Beitragsbemessungsgrenzen werden jährlich durch den Gesetzgeber jeweils zum Jahresbeginn angepasst. Da die daraus folgenden höheren Beitragssätze nur die sogenannten „Gutverdiener" belasten, werden sie von der Mehrzahl der Arbeitnehmer kaum wahrgenommen.

Aber auch der „Normalverdiener" ist davon betroffen, wenn er beispielsweise Sonderzahlungen, Abfindungen u. ä. erhält, oder regelmäßig Überstunden leistet. Die fast automatische jährliche Anpassungsrate bedingt damit zwangsläufig eine ebenso automatische jährliche Gehaltserhöhung, wenn der Arbeitnehmer nur seinen Status erhalten will.

Es ist also wichtig, die Entwicklung der Sozialversicherungskennzahlen jährlich nachzuverfolgen und auf die persönliche Situation zu übertragen (Tab. 39).

Seit dem 1.1.2013 gelten in den alten Bundesländern folgende Grenzen (Tab. 36):

Tab. 36 Beitragsbemessungsgrenzen in den alten Bundesländern

	Jahresverdienst in €	Monatsverdienst in €
Krankenversicherung	47.250	3.937,50
Renten- und Arbeitslosenversicherung	69.600	5.800,00

Für die neuen Bundesländer kommen seit dem 1.1.2013 zum Ansatz (Tab. 37):

Tab. 37 Beitragsbemessungsgrenzen in den neuen Bundesländern

	Jahresverdienst in €	Monatsverdienst in €
Krankenversicherung	47.250	3.937,50
Renten- und Arbeitslosenversicherung	58.800	4.900,00

Jeder Arbeitnehmer erhält jedes Jahr (ähnlich wie seine Jahreslohnsteuerbescheinigung) bis spätestens Anfang Mai von seinem Arbeitgeber eine Kopie der **Meldebescheinigung** zur Sozialversicherung, deren Original an die Deutsche Rentenversicherung Bund als Sozialversicherungsträger gesendet wird. Darauf wird u. a. der Bruttojahresverdienst des Vorjahres (maximal bis zur aktuellen Beitragsbemessungsgrenze) bescheinigt.

Es ist sinnvoll, diese Angaben zu prüfen, bilden sie doch die Grundlage für die Berechnung und den späteren Bezug der Rente. Fehlerhafte Angaben sollten unter Einbeziehung des Arbeitgebers korrigiert werden. Außerdem ist angeraten, die vollständigen und lückenlosen Unterlagen als zusätzlichen Nachweis an sicherer Stelle aufzubewahren. Auch könnte es sinnvoll sein, sich hierüber eine private Fortschreibung anzulegen, um damit eine Übersicht über den lückenlosen und stets aktuellen Verlauf zu haben (Tab. 38):

Tab. 38 Fortschreibung der Meldebescheinigungen

Meldebescheinigung zur Sozialversicherung
Versicherter:
Personal-Nr.:
Versicherungs-Nr.:
Zeitraum　　　　　　　Entgelt in €　　　Betr.-Nr. des Arbeitgebers

Tab. 39 Sozialversicherungskennzahlen

Sozialversicherung in Zahlen 2013	Zahlbar	West	Ost
Rentenversicherung			
Beitragssatz	seit 1.1.2013	18,9 %	18,9 %
Beitragsbemessungsgrenze	Monatlich	5.800 €	4.900 €
	Jährlich	69.600 €	58.800 €
Höchstbeitrag für Pflichtversicherte	Monatlich	1.096,20 €	926,10 €
Höchstbeitrag für freiwillig Versicherte	Monatlich	1.096,20 €	1.096,20 €
Regelbeitrag für Selbstständige/Handwerker	Monatlich	509,36 €	429,98 €
Halber Regelbeitrag für Jungselbstständige	Monatlich	254,68 €	214,99 €
Freiwillige Beiträge			
Höchstbeitrag	Monatlich	1.096,20 €	1.096,20 €
Mindestbeitrag	Monatlich	85,05 €	85,05 €
Vorläufiges Durchschnittsentgelt 2013	Jährlich	34.071 €	28.955 €
Aktueller Rentenwert je Entgeltpunkt	Seit 1.7.2013	28,14 €	25,74 €
Brutto-Standardrente (45 Entgeltpunkte)	Monatlich	1.263 €	1.121 €
Mini- und Midi-Beschäftigung			
Geringfügigkeitsgrenze/Minijobs	Monatlich	450 €	450 €
Midi-Zone	Monatlich	451–850 €	451–850 €
Gleitzonenfaktor		0,7605	0,7605
Freibeträge bei Einkommensanrechnung			
Für Witwen-/Witwer- oder Erziehungsrenten	Monatlich	741,05 €	657,89 €
Für Waisenrenten	Monatlich	494,03 €	438,59 €
Zusätzlich für jedes Kind	Monatlich	157,19 €	157,19 €
Bezugsgröße	Monatlich	2.695 €	2.275 €

Tab. 39 Fortsetzung

Sozialversicherung in Zahlen 2013	Zahlbar	West	Ost
	Jährlich	32.340 €	27.300 €
Knappschaftliche Rentenversicherung			
Beitragssatz (AN: 9,45 %, AG: 15,65 %)		25,1 %	25,1 %
Beitragsbemessungsgrenze	Monatlich	7.100 €	6.050 €
	Jährlich	85.200 €	72.600 €
Landwirtschaftliche Alterssicherung			
Einheitsbeitrag	Monatlich	222 €	189 €
Allgemeiner Rentenwert		12,96 €	11.50 €
Kranken- und Pflegeversicherung			
Beitragssatz gesetzliche Krankenversicherung (Gesundheitsfonds)[a]		15,5 %	15,5 %
Ermäßigter Beitragssatz		14,9 %	14,9 %
Beitragssatz Pflegeversicherung		2,05 %	2,05 %
Beitragszuschlag für Kinderlose[b]		0,25 %	0,25 %
Beitragsbemessungsgrenze	Monatlich	3.937,50 €	3.937,50 €
	Jährlich	47.250 €	47.250 €
Höchstbetrag Krankenversicherung	Monatlich	610,31 €	610,31 €
Arbeitgeberzuschuss zur KV höchstens	Monatlich	287,44 €	287,44 €
Höchstbetrag Pflegeversicherung	Monatlich	80,72 €	80,72 €
Arbeitgeberzuschuss zur PV höchstens	Monatlich	40,36 €	40,36 €
Höchstbetrag Pflegeversicherung mit Zuschlag[b]	Monatlich	90,56 €	90,56 €
Versicherungspflichtgrenze Kranken- und Pflegeversicherung	Monatlich	4.350 €	4.350 €
Versicherungspflichtgrenze Kranken- und Pflegeversicherung	Jährlich	52.200 €	52.200 €
Arbeitslosenversicherung			
Beitragssatz		3,0 %	3,0 %
Beitragsbemessungsgrenze	Monatlich	5.800 €	4.900 €
	Jährlich	69.600 €	58.800
Höchstbetrag Arbeitslosenversicherung	Monatlich	174,00 €	147,00
Einkommensgrenze für Familienversicherung	Monatlich	385 €	385 €

[a] davon 0,9 % zahlbar nur vom Arbeitnehmer
[b] Zuschlag durch Kinderberücksichtigungsgesetz ab 1.1.2005 (ausgenommen: Altersrentner, die vor dem 1.1.1940 geboren sind)

Die vorstehenden Daten werden im Herbst eines jeden Jahres mit einer Verordnung über die Sozialversicherungsrechengrößen auf Vorschlag des Bundesministeriums für Arbeit und Soziales vom Bundeskabinett beschlossen. Damit werden die maßgeblichen Rechengrößen aufgrund der Einkommensentwicklung im vergangenen Jahr angepasst.

Für die im Herbst 2012 festgelegten Rechengrößen 2013 liegen also die Daten von 2011 zugrunde.

Die Werte werden auf Grundlage klarer, unveränderter gesetzlicher Bestimmungen mittels Verordnung festgelegt. Bei der Ermittlung der jeweiligen Einkommensentwicklung wird auf die Veränderung der Bruttolöhne und Bruttogehälter je Arbeitnehmer ohne Personen in Arbeitsgelegenheiten mit Entschädigungen für Mehraufwendungen (Ein-Euro-Jobs) abgestellt.

Die Verordnung bedarf jeweils der Zustimmung durch den Bundesrat.

Die gesetzliche Altersvorsorge ist aufgrund der veränderten Altersstruktur im Zusammenhang mit dem Generationenvertrag an die Grenzen gestoßen. Es ist daher unverzichtbar, private Altersvorsorge zu betreiben. Als Ergänzung dazu können die Riester-Rente und die diversen Möglichkeiten bei der betrieblichen Altersvorsorge dienen. Die optimale Form der privaten Altersvorsorge stellt seit jeher die im Alter schuldenfreie Wohnung oder das Einfamilienhaus dar. Auch langfristig vermietete, nur angemessen belastete sonstige Immobilien sind hier eine wertvolle Ergänzung zur Altersrente. Wird die Immobilie nicht mehr selbst genutzt, kommt auch der Verkauf auf Rentenbasis in Frage. Zu Beginn des Rentenalters leben heute etwa 60 % der Haushalte im Wohneigentum. Empirische Untersuchungen zeigen, dass bei typischen Eigentümerhaushalten im Renteneintrittsalter das Immobilienvermögen etwa 70–80 % des Gesamtvermögens ausmacht und die Eigentümerhaushalte im Alter finanziell deutlich besser gestellt sind als die Mieterhaushalte.

Für die Einzelprodukte zur gesetzlichen und privaten Altersversorgung sind die steuerlichen Rahmenbedingungen durch das Alterseinkünftegesetz gründlich geändert und nach dem Gleichbehandlungsgrundsatz gestaltet worden. Entstanden ist daraus das **Drei-Schichten-Modell**. Die einzelnen Formen der gesetzlichen, betrieblichen und privaten Vorsorge sind darin nach dem Umfang der staatlichen Förderung unterteilt (Tab. 40, 41, 42, 43):

Tab. 40 Drei-Schichten-Modell

Ziele	Kennzeichen
Basisversorgung	Absicherung der Langlebigkeit Leistungen können nicht beliehen, verkauft, kapitalisiert oder übertragen und nur bedingt vererbt werden
Zusatzversorgung	Bei der Riester-Rente: 30 % Teilkapitalisierung bei Renteneintritt möglich Leistungen und Vermögen sind Hartz IV-sicher
Vermögensaufbau	Kapitalbildende Verträge Hinterbliebenenvorsorge Leistungen können beliehen, verkauft, kapitalisiert, übertragen und vererbt werden Leistungen und Vermögen sind **nicht** Hartz IV-sicher

Tab. 41 Basisversorgung

Produkte/Formen	Förderung und Besteuerung
Gesetzliche Rentenversicherung Berufsständische Versorgung landwirtschaftliche Alterskasse Rürup-Rente	*In der Ansparphase*: Beiträge werden stufenweise als Sonderausgaben absetzbar (bis 2025 zu 100 %) *In der Rentenphase*: Übergang zur vollständigen nachgelagerten Besteuerung (bis 2040 zu 100 %)

Tab. 42 Zusatzversorgung

Produkte/Formen	Förderung und Besteuerung
Riester-Rente	Beiträge werden durch Zulagen und/oder Sonderausgabenabzug gefördert
Direktversicherung	Beiträge sind steuerfrei
Direkt- oder Pensionszusage	Beiträge sind teilweise von Sozialabgaben befreit
Unterstützungskasse Pensionskassen Pensionsfonds	Auszahlungen sind nachgelagert steuerpflichtig

Tab. 43 Vermögensaufbau

Private Rentenversicherung	*In der Ansparphase*: keine steuerliche Förderung, Beiträge aus versteuertem Einkommen *In der Rentenphase*: nur der Ertragsanteil der Rente wird versteuert
Kapitallebensversicherung	*In der Ansparphase*: keine steuerliche Förderung, Beiträge aus versteuertem Einkommen, volle Steuerpflicht; bei Kapital-LV wird der Ertragsanteil nur mit 50 % angesetzt
Investmentpläne Aktien Banksparpläne	Keine Förderung, normale Zinsbesteuerung durch Abgeltungssteuer

Die Höhe der gesetzlichen Rente richtet sich im Wesentlichen nach den durch Rentenversicherungsbeiträge versicherten Arbeitsverdiensten. Diese werden in **Entgeltpunkte** umgerechnet. Dem Rentenkonto wird ein Entgeltpunkt gutgeschrieben, wenn der Arbeitnehmer ein Jahr lang genau das Durchschnittsentgelt aller Versicherten erzielt hat. Daneben können weitere Entgeltpunkte für bestimmte Zeiten gutgeschrieben werden, in den keine Beiträge (z. B. für Fachschulausbildung) oder Beiträge vom Staat, von der Agentur für Arbeit, von der Krankenkasse oder anderen Stellen (für Wehr- und Zivildienst, Kindererziehung, Arbeitslosigkeit und Krankheit) gezahlt wurden. Um die Höhe der Rente zu berechnen werden alle erreichten Entgeltpunkte addiert und mit dem aktuellen Rentenwert vervielfältigt.

Der **Rentenberechnung** liegt eine einfache Formel zugrunde:

Rente = Entgeltpunkte × Zugangsfaktor × Rentenartfaktor × aktueller Rentenwert

Ein Entgeltpunkt entspricht der in einem Kalenderjahr erworbenen Anwartschaft eines Durchschnittsverdieners. Hierfür werden 1,0 Entgeltpunkte berechnet. Die tatsächliche Rentenhöhe hängt von den persönlichen Entgeltpunkten des Versicherten ab.

Die Entgeltpunkte werden für jedes Jahr der Berufstätigkeit und für alle weiteren rentenrechtlichen Zeiten ermittelt, addiert und fortgeschrieben und ergeben die Summe der Entgeltpunkte. Die Zahl 1,0 entspricht dem aktuellen Durchschnittsentgelt (und den daraus in die Rentenversicherung einzuzahlenden Beträgen). Abweichungen erhöhen oder mindern die Punktzahl. Berücksichtigt werden sie allerdings nur bis zur Beitragsbemessungsgrenze (max. fast 2,1 Entgeltpunkte p. a.).

Seit dem Jahre 2004 erstellt die Deutsche Rentenversicherung Bund (früher BfA) für jeden Rentenberechtigten eine Rentenauskunft, aus der diese Rechnung zu ersehen ist. Der Zugangsfaktor beträgt normalerweise 1 und verringert sich um 0,003 Punkte für jeden Monat, um den der Renteneintritt vorgezogen wird. Der Rentenartfaktor beträgt bei der Altersrente ebenfalls 1 und ändert sich nur bei Witwenrenten auf 0,55 (früher 0,60) und bei der teilweisen Erwerbsminderung auf 0,50. Für das Durchschnittseinkommen erhält man genau einen Entgeltpunkt.

Das gilt beispielsweise auch für Berücksichtigung von Ersatzzeiten. Dazu gehören auch die Kindererziehungszeiten.

Beispiele der Arbeitnehmer A B C (West) (Tab. 44):

Tab. 44 Berechnungsbeispiel Entgeltpunkte

		Entgeltpunkte für 2011
Durchschnittsentgelt 2011	32.197 €	1,0
Beitragsbemessungsgrenze 2011	66.000 €	2,0561
A: Individuelles Gehalt 2011	26.420 €	0,8206[a]
B: Individuelles Gehalt 2011	48.910 €	1,5191[a]
C: Individuelles Gehalt 2011	74.250 €	2,0561[a]

[a] Die Höhe der Entgeltpunkte ergibt sich aus dem Verhältnis des tatsächlichen Einkommens des Versicherten mit dem Durchschnittseinkommen aller Versicherten. Angerechnet wird aber maximal die Beitragsbemessungsgrenze. Dies wird deutlich am Beispiel C.

Das **Durchschnittsentgelt** ist eine dynamische Rechengröße, die im deutschen System der gesetzlichen Rentenversicherung verwendet wird. Sie wird jährlich durch Rechtsverordnung entsprechend der Entwicklung der Bruttolohn- und Bruttogehaltssumme für einen durchschnittlich beschäftigten Arbeitnehmer bestimmt. Durch die unterschiedliche Einkommensentwicklung in den neuen Bundesländern wird dort mit einem zusätzlichen Umrechnungsfaktor der Einkommensunterschied ausgeglichen (Tab. 45).

Sozialversicherung und gesetzliche Altersvorsorge

Tab. 45 Durchschnittsentgelt

Jahr	Beitragsbemessungsgrenze (West) (€)	Durchschnittsentgelt (€)
2004	61.800	29.060
2005	62.400	29.202
2006	63.000	29.304
2007	63.000	29.488
2008	63.600	30.625
2009	64.800	30.240
2010	66.000	32.003
2011	66.000	32.197
2012	67.200	vorl. 32.446
2013	69.600	vorl. 34.071

Quelle: Deutsche Rentenversicherung

Ausgehend von den vorstehenden Daten sollte jedem klar sein, dass durch die Beitragsbemessungsgrenze die maximal erreichbaren Entgeltpunkte begrenzt werden. Liegt das Jahreseinkommen über der Beitragsbemessungsgrenze, so sind folgende Entgeltpunkte zu erreichen (Tab. 46):

Tab. 46 Maximal erreichbare Entgeltpunkte

Jahr	Beitragsbemessungsgrenze zur Rentenversicherung (€)	Maximal erreichbare Entgeltpunkte
2011	66.000	2,0561
2012	67.200	2,0711
2013	69.600	2,0428

Rentenansprüche aus Ostdeutschland und Westdeutschland werden jeweils getrennt ermittelt, denn die Entgeltpunkte führen zu unterschiedlichen Rentenbeträgen.

Der **Rentenartfaktor** ist Bestandteil der Rentenformel. Er beträgt für (Tab. 47)

Tab. 47 Rentenartfaktoren

Rente wegen Alters (Regelaltersrente)	1,0
Rente wegen teilweiser Erwerbsminderung	0,5
Rente wegen voller Erwerbsminderung	1,0
Rente wegen Berufsunfähigkeit	0,6667
Rente wegen Erwerbsunfähigkeit	1,0
Erziehungsrente	1,0
Kleine Witwen/Witwer-Rente bis zum Ende des dritten Kalendermonats nach dem Todesmonat	1,0
Kleine Witwen/Witwer-Rente	0,25
Große Witwen/Witwer-Rente bis zum Ende des dritten Kalendermonats nach dem Todesmonat	1,0
Große Witwen/Witwer-Rente	0,6
Halbwaisenrente	0,1
Vollwaisenrente	0,2

Quelle: Deutsche Rentenversicherung

Anrechnungszeiten im Rentenrecht sind Zeitspannen, während der gesetzlich Rentenversicherte aus bestimmten persönlichen Gründen keine Rentenbeiträge leisten konnten. Die Anrechnungszeiten wertet der Rentenversicherungsträger so, als hätte der Versicherte dennoch Beiträge in die Rentenkasse gezahlt. Folgende Tatbestände werden als Anrechnungszeiten gewertet:

- Krankheit (Arbeitsunfähigkeit) außer bei Entgeltfortzahlung
- Rehabilitation außer bei Entgeltfortzahlung
- Schwangerschaft
- Schutzfristen bei Mutterschaft
- Arbeitslosigkeit
- Schulausbildung nach dem 17. Lebensjahr
- Rentenbezugszeiten vor dem 55. Lebensjahr

Grundsätzlich erhöhen die Anrechnungszeiten die Rente. Im Rahmen der Rentenreform sind jedoch umfangreiche Einschränkungen beschlossen worden.

Der **aktuelle Rentenwert** ist der Betrag, der einer monatlichen Rente aus Beiträgen eines Durchschnittsverdieners für ein Jahr entspricht. Er wird durch die Bundesregierung mit Zustimmung des Bundesrates durch eine Rentenwertbestimmungsverordnung jeweils am 1.7. eines Jahres festgelegt oder bestätigt. Durch die Erhöhung des aktuellen Rentenwertes wird die Rente an die Entwicklung der Löhne und Gehälter angepasst. (Bei der Berechnung wird zwischen den alten und neuen Bundesländern unterschieden).

Von 2004 bis 2006 ist keine Anpassung erfolgt. Der seinerzeit aus demoskopischen Gründen eingeführte Nachhaltigkeitsfaktor soll bewirken, dass es auch künftig nur zu „schonenden Anpassungen" kommen wird.

Im Jahre 2009 hat dann die sogenannte Rentengarantie (Niveausicherungsklausel) der großen Koalition dafür gesorgt, dass praktisch alle vorherigen Regelungen außer Kraft gesetzt wurden. Im Jahre 2010 mussten die Rentner dadurch (nur) eine weitere Nullrunde hinnehmen.

Der Nachholfaktor bewirkt, dass die in der Vergangenheit eigentlich notwendig gewesenen Rentenkürzungen nachträglich berücksichtigt werden können. Letztlich führen alle diese Regelungen zwangsläufig dazu, dass die Renten noch einige Zeit hinter der allgemeinen wirtschaftlichen Entwicklung zurückbleiben und durch den Kaufkraftverlust und die steigenden Belastungen für die Kranken- und Pflegeversicherung überproportional zusätzlich belastet werden. Dies wird besonders deutlich durch die Entwicklung im Jahre 2013. Während die Rentner in den neuen Bundesländern eine kräftige Rentensteigerung erhalten, fällt die Erhöhung in den alten Bundesländern kaum ins Gewicht. Nach Angaben des Sozialministeriums sind die zugrundeliegenden Löhne im Osten stärker als im Westen gestiegen, der Nachholfaktor soll jetzt sowohl im Osten (seit 2012) und im Westen (seit 2013) erledigt sein (Tab. 48).

Tab. 48 Rentenwertentwicklung

Zeitraum	Alte Bundesländer (€)	Neue Bundesländer (€)
Seit 01.7.2003	26,13	22,97
Seit 01.7.2007	26,27	23,09
Seit 01.7.2008	26,56	23,34
Seit 01.7.2009	27,20	24,13
Seit 01.7.2010	27,20	24,13
Seit 01.7.2011	27,47	24,37
Seit 01.7.2012	28,07	24,92
Seit 01.7.2013	28,14	25,74

Die gesetzliche Definition des aktuellen Rentenwerts ergibt sich aus § 68 Sechstes Buch Sozialgesetzbuch (SGB VI). Dort ist auch die unterschiedliche Regelung für das Beitrittsgebiet festgelegt *(§ 255a SGB VI)*. Die Renten-Schere zwischen Ost und West wird sich durch die höhere Anpassung Ost im Jahre 2013 auf ein Niveau von etwa 91,5 % verringern, von einem Automatismus ist man allerdings noch weit entfernt.

Das Bundesministerium für Arbeit und Soziales veröffentlich jährlich einen Rentenbericht und informiert darin über die Entwicklung der Einnahmen und Ausgaben, der Nachhaltigkeitsreserve sowie der jeweils erforderlichen Beitragssätze. Danach entwickeln sich die aktuellen Rentenwerte – gleichbleibende Grundvoraussetzungen unterstellt – in den kommenden Jahren wie folgt (Tab. 49):

Tab. 49 Schätzung der Rentenwertentwicklung

Zeitraum	Alte Bundesländer	Neue Bundesländer
2014[a]	29,01	26,41
2015[a]	29,75	27,11
2016[a]	30,46	27,78

[a] geschätzt lt. Rentenversicherungsbericht 2012

Der **Rentenversicherungsverlauf** wird in einer Aufstellung nach Art eines Kontoauszugs dargestellt. Dabei werden alle im Versicherungskonto bei der Deutschen Rentenversicherung Bund (vormals BfA) gespeicherten Daten aufgeführt, die zur Feststellung und Erbringung von Leistungen erheblich sind. Es ist auch ersichtlich, wer die Daten übermittelt hat. Bei den mit Pflichtbeitragszeit gekennzeichneten Stellen wird anstelle des tatsächlich entrichteten Beitrags, der im Rahmen des Lohnabzugsverfahrens eingezogen wurde, das der Beitragsbemessungsgrenze entsprechende Entgelt berücksichtigt (das ohnehin die Obergrenze darstellt). Wichtig ist, das der Versicherte den Rentenversicherungsverlauf penibel überprüft, damit lückenlos alle Beitragszeiten belegt sind.

Die Deutsche Rentenversicherung Bund schickt jedem Versicherten einmal jährlich eine aktuelle **Renteninformation**. Die Renteninformation gibt einen Überblick über die bereits erreichten und für die Zukunft zu erwartenden Ansprüche. Damit kann der Versicherte nachvollziehen, wie sich Änderungen in seinen persönlichen Verhältnissen, aber auch gesetzliche Neuregelungen auf die zu erwartende Rente auswirken. Darin enthalten ist meist auch der Renten-Versicherungsverlauf (Tab. 50).

Tab. 50 Muster einer Renteninformation

Bisher haben wir für Ihr Rentenkonto folgende Beiträge erhalten:	
von Ihnen	40.727,51 €
von Ihren Arbeitgebern	40.727,51 €
von öffentlichen Kassen (z. B. Krankenkasse, Agentur für Arbeit)	267,41 €
Für Ihre Kindererziehungszeiten wurden vom Bund pauschale Beiträge gezahlt	
Aus den erhaltenen Beiträgen und Ihren sonstigen Versicherungszeiten haben Sie bisher insgesamt Entgeltpunkte in folgender Höhe erhalten:	18,3464
In dieser Renteninformation haben wir die für Sie vom 1.8.1977 bis zum 31.12.2009 gespeicherten Daten und das geltende Rentenrecht berücksichtigt. Ihre Regelaltersrente würde nach Erreichen der Regelaltersgrenze (6.6.2026) am 1.7.2026 beginnen. Änderungen in Ihren persönlichen Verhältnissen und gesetzliche Änderungen können sich auf ihre zu erwartende Rente auswirken. Bitte beachten Sie, dass von der Rente auch Kranken- und Pflegeversicherungsbeiträge sowie ggf. Steuern zu zahlen sind.	
Rente wegen voller Erwerbsminderung	
Wären Sie heute wegen gesundheitlicher Einschränkungen voll erwerbsgemindert, bekämen sie von uns eine monatliche Rente von:	651,50 €
Höhe Ihrer künftigen Regelaltersrente	
Ihre bislang erreichte Rentenanwartschaft entspräche nach heutigem Stand einer monatlichen Rente von:	499,02 €
Sollten bis zur Regelaltersgrenze Beiträge wie im Durchschnitt der letzten fünf Kalenderjahre gezahlt werden, bekämen Sie ohne Berücksichtigung von Rentenanpassungen von uns eine monatliche Rente von:	956,53 €
Rentenanpassung	
Aufgrund zukünftiger Rentenanpassungen kann die errechnete Rente in Höhe von 956,53 € tatsächlich höher ausfallen. Allerdings können auch wir die Entwicklung nicht vorhersehen. Deshalb haben wir – ohne Berücksichtigung des Kaufkraftverlustes – zwei mögliche Varianten für Sie gerechnet. Beträgt der jährliche Anpassungssatz 1 %, so ergäbe sich eine monatliche Rente von etwa **1.130 €**. Bei einem jährlichen Anpassungssatz von 2 % ergäbe sich eine monatliche Rente von etwa **1.330 €**.	
Zusätzlicher Vorsorgebedarf	
Da die Renten im Vergleich zu den Löhnen künftig geringer steigen werden und sich somit die spätere Lücke zwischen Rente und Erwerbseinkommen vergrößert, wird eine zusätzliche Absicherung für das Alter wichtiger (Versorgungslücke). Bei der ergänzenden Altersvorsorge sollten Sie – wie bei Ihrer zu erwartenden Rente – den Kaufkraftverlust beachten	
Wichtig: Die in der Renteninformation ermittelten Beträge zur Altersrente sind – wie alle weiteren späteren Einkünfte (z. B. aus einer Lebensversicherung oder einer privaten Rentenversicherung) – wegen des Anstiegs der Lebenshaltungskosten und der damit verbundenen Geldentwertung (Inflation) in ihrer Kaufkraft nicht mit einem heutigen Einkommen in dieser Höhe vergleichbar (Kaufkraftverlust). Dies muss also bei der Ermittlung der sogenannten Versorgungslücke mitberücksichtigt werden.	

Quelle: www.deutsche-rentenversicherung-bund.de

Man muss insbesondere das „Kleingedruckte" lesen, um diese Renteninformationen zu verstehen, denn man kann die Zahlen keineswegs unkommentiert hinnehmen. Vor allem ist wichtig zu wissen, dass alle Hochrechnungen immer darauf beruhen, dass keine Systemänderungen erfolgen und sich die persönlichen Einkommensverhältnisse bis zum regulären (nicht vorgezogenen) Renteneintritt nicht verschlechtern.

Es dürfte sinnvoll sein, die Renteninformationen anhand der nachstehenden Übersicht jährlich zu kontrollieren und fortzuschreiben (Tab. 51):

Tab. 51 Checkliste – Überprüfung meiner Renteninformation

	Stand:
Versichertennummer	
Entgeltpunkte	
Rente wegen voller Erwerbsminderung	
Bislang erreichte Rentenanwartschaft zum 65. Lebensjahr	
Altersrente mit 65 bei Beitragszahlung im Durchschnitt der letzten 5 Jahre	
Rentenbeiträge vom Versicherten	
Rentenbeiträge vom Arbeitgeber	
Rentenbeiträge von öffentlichen Kassen	

Die **Besteuerung der Renten** wird seit dem Veranlagungszeitraum 2005 durch jährliche Rentenbezugsmitteilungen überprüfbar (*§ 22a EStG*) Die Rentenversicherungsträger, die Alterskassen, die berufsständischen Versorgungseinrichtungen, die Pensionskassen, die Pensionsfonds und die Lebensversicherungsunternehmen müssen bis zum 1.3. des Folgejahres nach amtlich vorgeschriebenem Datensatz durch Datenfernübertragung dem Bundeszentralamt für Finanzen Rentenbezugsmitteilungen zur Verfügung stellen. Diese Rentenbezugsmitteilung muss auch die steuerliche Identifikationsnummer des Bezugsberechtigten enthalten. Dort werden die Daten zusammengeführt und an die jeweils zuständige Landesfinanzbehörde übermittelt. Die Versicherten erhalten keine gesonderte Mitteilung.

Dieses (interne) Mitteilungsverfahren ersetzt nicht die Verpflichtung zur Abgabe einer Einkommensteuererklärung und entspricht einer Kontrollmitteilung. Die Finanzbehörden haben ausdrücklich darauf hingewiesen, dass sie die Angaben auf der seit 2005 notwendigen Anlage R zur Einkommensteuererklärung mit den von den Rentenversicherungsträgern übermittelten Daten abgleichen werden. Aus der Rentenbezugsmitteilung ist ersichtlich, ob die Leistungen der nachgelagerten Besteuerung unterliegen oder lediglich mit dem Ertragsanteil versteuert werden.

Rente mit 67 ist ein Schlagwort und bedeutet, dass das gesetzliche Rentenalter zwischen 2012 und 2029 in Teilschritten von 65 auf 67 Jahre erhöht wird. Betroffen sind die Geburtsjahrgänge ab 1947, ab dem Geburtsjahrgang 1964 greift die Neuregelung voll. Wer früher in Rente geht, muss entsprechende Abschläge berücksichtigen, Ausnahmen gibt es für Arbeitnehmer, die 45 Jahre Rentenversicherungsbeiträge gezahlt haben.

Im aktuellen Rentenversicherungsbericht wird dazu bemerkt, dass angesichts der weiter steigenden Lebenserwartung und des langfristig demografisch bedingten Rückgangs der Personen im erwerbsfähigen Alter die schrittweise Anhebung der Altersgrenze für die Regelaltersrente vom 65. auf das 67. Lebensjahr bis zum Jahre 2029 eine wichtige rentenpolitische Maßnahme ist, um die gesetzlichen Beitragsobergrenzen und das Mindestsicherungsniveau einhalten zu können.

Damit ist ganz klar ausgedrückt, dass die Maßnahme zur nachhaltigen Finanzierbarkeit der gesetzlichen Rentenversicherung zwingend notwendig war und damit zwangsläufig zu einer indirekten Rentenkürzung führt. Ob damit auch die Chancen für eine längere Erwerbstätigkeit für Ältere steigen, muss mit Skepsis betrachtet werden.

Für die einzelnen Rentenarten sieht das künftig folgendermaßen aus (Tab. 52):

Tab. 52 Rentenarten und ihre Altersgrenzen

Rentenart	Altersgrenze
Regelaltersrente	67
Altersrente für langjährig Versicherte mit 45 Pflichtbeitragsjahren	65
Altersrente für langjährig Versicherte mit 35 Pflichtbeitragsjahren	67 63 mit Abschlägen
Altersrente für Schwerbehinderte mit 35 Versicherungsjahren	65 62 mit Abschlägen
Altersrente für langjährig unter Tage beschäftigte Bergleute	62
Altersrente für Frauen (Geburtsjahrgänge bis 1951)	65 60 mit Abschlägen
Altersrente wegen Arbeitslosigkeit oder nach Altersteilzeit (Jahrgänge bis 1951)	65 63 mit Abschlägen
Altersrente in der Alterssicherung der Landwirte	67 65 mit Abschlägen
Rente wegen verminderter Erwerbsfähigkeit nach 35 (bis 2023)	65 62 mit Abschlägen
und 40 Pflichtbeitragsjahren (ab 2024)	63 62 mit Abschlägen
Rente für Bergleute wegen bergbaulicher Berufsunfähigkeit	64
Große Witwen- und Witwerrente	47

Die nachstehend aufgeführte **Altersregelung** hat nach der aktuellen Beschlusslage Rechtskraft seit Anfang 2012 (Tab. 53).

Tab. 53 Regelung für Altersrenten

Regelaltersrente	
Altersgrenze	Der Beginn der Rente wird für die Jahrgänge ab 1947 seit 2012 stufenweise von 65 auf 67 Jahre angehoben.
Anspruchsvoraussetzung	5 Jahre Mindestversicherungszeit (Wartezeit)

Konkret sehen die Änderungen für das Renteneintrittsalter wie folgt aus (Tab. 54, 55):

Tab. 54 Änderungen beim Renteneintrittsalter

Geburtsjahrgang	frühestmöglicher Renteneintritt ohne Abschläge im Alter von	frühestmöglicher Renteneintritt ohne Abschläge im Jahr	Abschläge bei Rente mit 65 Jahren (%)
1947	65 plus 1	2012	0,3
1948	65 plus 2	2013	0,6
1949	65 plus 3	2014	0,9
1950	65 plus 4	2015	1,2
1951	65 plus 5	2016	1,5
1952	65 plus 6	2017	1,8
1953	65 plus 7	2018	2,1
1954	65 plus 8	2019	2,4
1955	65 plus 9	2020	2,7
1956	65 plus 10	2021	3,0
1957	65 plus 11	2022	3,3
1958	66	2023	3,6
1959	66 plus 2	2024	4,2
1960	66 plus 4	2025	4,8
1961	66 plus 6	2026	5,4
1962	66 plus 8	2027	6,0
1963	66 plus 10	2028	6,6
ab 1964	67	2029	7,2

Quelle: Deutsche Rentenversicherung

Tab. 55 Altersrenten in der Übersicht

Altersrente für langjährig Versicherte	
Altersgrenze	Der Beginn der Rente wird für die Jahrgänge ab 1949 seit 2012 stufenweise von 65 auf 67 Jahre angehoben.
Anspruchsvoraussetzung	35 Jahre Wartezeit
Vorzeitiger Bezug möglich ab	63 Jahren mit Abschlag entsprechend der individuellen Regelaltersgrenze; unter Vertrauensschutz z. B. nach Altersteilzeit ist der Zugang ab 62 möglich.
Altersrente für besonders langjährige Versicherte	
Altersgrenze	65 Jahre Keine stufenweise Anhebung der Altersgrenze
Anspruchsvoraussetzung	45 Jahre Pflichtbeitragszeiten
Altersrente für Frauen	
Altersgrenze	65 Jahre
Anspruchsvoraussetzung	15 Jahre Wartezeit
Vorzeitiger Bezug möglich ab	60 Jahren. Nur für Versicherte bis Jahrgang 1951.

Tab. 55 Fortsetzung

Altersrente wegen Arbeitslosigkeit oder nach Altersteilzeitarbeit	
Altersgrenze	65 Jahre
Anspruchsvoraussetzung	15 Jahre Wartezeit
Vorzeitiger Bezug möglich ab	Nur für Versicherte bis Jahrgang 1951. Je nach Geburtsjahr zwischen dem 60. und 63. Lebensjahr möglich.
Altersrente für schwerbehinderte Menschen	
Altersgrenze	Der Beginn der Rente wird seit 2012 stufenweise von 63 auf 65 Jahre angehoben.
Anspruchsvoraussetzung	35 Jahre Wartezeit
Vorzeitiger Bezug möglich ab	Nur für Versicherte bis Jahrgang 1952. Je nach Geburtsjahr zwischen dem 60. und 62. Lebensjahr möglich

Die finanzielle Sicherheit der Familie und der Lebenspartnerschaft basiert auf dem Einkommen der Partner. Ab einem gewissen, meist fortgeschrittenen Alter denkt man über derartige Dinge sicher verstärkt nach, aber in jüngeren Jahren ist dieser Punkt kaum im Fokus (Tab. 56).

Tab. 56 Überblick Witwen-/Witwerrente

„Große" Witwenrente/Witwerrente
Witwen und Witwer, die nicht wieder geheiratet haben, erhalten auf Antrag die „große" Witwenrente/Witwerrente, wenn der/die Verstorbene die allgemeine Wartezeit von 5 Jahre erfüllt hatte und wenn die Witwe/der Witwer
• ein eigenes Kind oder ein Kind des versicherten Ehegatten, das das 18. Lebensjahr noch nicht vollendet hat, erzieht oder • wenn die Witwe/der Witwer das 45. Lebensjahr vollendet hat oder erwerbsgemindert ist • seit 2012 schrittweise Anhebung von 45 auf 47 Jahre
„Kleine" Witwenrente/Witwerrente
Sind obige Voraussetzungen nicht erfüllt, kann die nicht wieder verheiratete Witwe/der Witwer bis zu 25 % der vollen Rente des/der Verstorbenen erreichen, wenn
• die/der Verstorbene die allgemeine Wartezeit von 4 Jahren erfüllt hatte und • die Witwe/der Witwer nach dem Tode der/des Verstorbenen nicht wieder geheiratet hat.
Der Anspruch auf die kleine Witwen-/Witwerrente besteht für längstens 24 Kalendermonate nach Ablauf des Monats, in dem der/die Versicherte gestorben ist. Eine laufende kleine Witwenrente/Witwerrente wird nach Vollendung des 45. Lebensjahres der Witwe/des Witwers auf die große Witwenrente/Witwerrente umgestellt.

Zum 1.1.2002 sind folgende gesetzliche Regelungen wirksam geworden:

- die große Witwen-/Witwerrente ist von 60 auf 55 % des Rentenanspruchs des Verstorbenen gesunken
- die kleine Witwen-/Witwerrente (25 % des Rentenanspruchs des verstorbenen Partners) wird nur noch für 24 Monate gezahlt
- bei Witwen-/Witwerrenten erfolgt grundsätzlich eine Anrechnung aller Einkommensarten (außer steuerfreie Einnahmen und Erträge aus geförderten Altersvorsorgeverträgen)
- auch die große Witwenrente wird gekürzt, wenn der Ehepartner oder eingetragene Lebenspartner vor dem 63. Lebensjahr gestorben ist

Von den angesprochenen Regelungen sind betroffen:

- Ehepaare oder eingetragene Lebenspartner, wenn beide Partner im Jahr 1962 oder später geboren wurden
- alle Paare, die seit 2002 heiraten oder geheiratet haben

Für alle „Altehepaare" sowie vor 1962 Geborene gilt weiterhin, dass Hinterbliebene (mit Anspruch auf die „große" Witwenrente/Witwerrente) einen gesetzlichen Versorgungsanspruch in Höhe von 60 % der ursprünglichen Rente haben.

Wer erneut heiratet oder eine eingetragene Lebenspartnerschaft eingeht, verliert den Anspruch auf die Witwenrenten.

Neben der Versorgung der Ehegatten aufgrund des Ablebens eines Partners sieht die gesetzliche Rentenversicherung auch Leistungen für die Kinder vor. Die Waisenrente erhalten Kinder (leibliche und adoptierte sowie Stief- und Pflegekinder, die im Haushalt des Verstorbenen lebten) bis zum 18. Geburtstag. Die Frist verlängert sich bei einer Schuld- und Berufsausbildung, bei einem freiwilligen sozialen Jahr oder Bundesfreiwilligendienst längstens bis zur Vollendung des 27. Lebensjahres. Dabei werden folgende Leistungsarten unterschieden:

- Vollwaisenrente in Höhe von 20 % des Rentenanspruchs der verstorbenen Eltern
- Halbwaisenrente in Höhe von 10 % des Rentenanspruchs des verstorbenen Elternteils
- Erziehungsrente

Alle Rentnerinnen und Rentner müssen insbesondere dann, wenn sie vorzeitige Rente beziehen, bestimmte Hinzuverdienstgrenzen einhalten. Im Zweifelsfall ist dies aus dem Rentenbescheid zu ersehen. Vor Aufnahme einer Tätigkeit gilt es, sich entsprechend zu informieren.

Seit dem Jahr 2002 können Paare unter bestimmten Voraussetzungen ihre Rente teilen. Der Partner mit den höheren Rentenansprüchen gibt Anteile (also Entgeltpunkte) ab, so dass beide über gleich hohe Rentenansprüche verfügen. Es ist allerdings wichtig, dass die

Vor- und Nachteile dieses sogenannten Rentensplittings genau abgewogen werden. Dazu ist in jedem Fall der Rat eines Rentenberaters einzuholen.

Der **Altersvorsorgestatus** ist eine Kontrollrechnung, um festzustellen, ob die zur Verfügung stehenden Beträge auch längerfristig ausreichen oder ob eine **Rentenlücke** besteht. Bei Rentnern fallen bei " richtigem Timing " viele Ausgaben weg (etwa Zins und Tilgung des eigenen Hauses, Aufwendungen für die Ausbildung der Kinder, Ausgaben für die eigene Altersvorsorge). Deshalb geht man davon aus, dass im Alter etwa 80 % des letzten Nettoeinkommens ausreichen werden. Der Abstand zwischen diesem Geldbedarf und dem tatschlichen Altersnettoeinkommen ergibt die Rentenlücke (Tab. 57):

Tab. 57 Checkliste – Berechnung einer Rentenlücke

Heutige Nettoeinkünfte	Monatsbeträge in €
Nettoeinkommen aus Gehalt …	
Sonderzahlungen umgelegt	+ …
Nebeneinkünfte/Minijob	+ …
Zinseinnahmen	+ …
Mietüberschuss	+ …
Sonstiges	+ …
Summe der Einkünfte heute	= …
Nettoeinkünfte im Ruhestand	
Gesetzliche Rente	
Zusatzversorgung	+ …
Betriebsrente	+ …
Privatrente	+ …
Rente aus Direktversicherung	+ …
Nebeneinkünfte/Minijob	+ …
Zinseinnahmen	+ …
Mietüberschuss	+ …
Sonstiges	+ …
Summe der Einkünfte im Ruhestand	= …
Das sind wie viel % der letzten Einkünfte vor Beginn des Ruhestandes	= … %
Übertrag heutige Nettoeinkünfte	
Übertrag Einkünfte im Ruhestand	–
Rentenlücke? falls weniger als 80 % des letzten Nettoeinkommens vor Rentenbeginn zur Verfügung stehen	=

Jeder gesetzlich Rentenversicherte sollte spätestens ab seinem 45. Lebensjahr beginnen, sein „Rentenkonto" zu ordnen. Dies kann durch eine **Kontenklärung** erfolgen, zu der man entweder durch die Deutsche Rentenversicherung aufgefordert wird oder die man selbst beantragen kann.

Dazu ist erforderlich, dass der gesamte Rentenversicherungsverlauf akribisch genau überprüft wird und alle Beitragszeiten lückenlos erfasst sind. Sollten Fehlzeiten festgestellt werden, ist es erforderlich, anhand von geeigneten Nachweisen unverzügliche Korrekturen zu veranlassen.

Seitens der Deutschen Rentenversicherung wird danach der Versicherungsverlauf mit Bescheid verbindlich festgestellt. Daraus ist dann im Übrigen zu ersehen, welche Pflichtbeiträge zu welchen Entgeltpunkten geführt haben.

Rente wird nur auf Antrag gezahlt. Es ist daher notwendig, spätestens 3 Monate vor dem Renteneintrittsalter einen Rentenantrag zu stellen. Dazu sind möglicherweise umfangreiche Unterlagen einzureichen und jetzt wird es sich als vorteilhaft erweisen, wenn bereits früh genug der Rentenversicherungsverlauf geklärt wurde.

Der Rentenantrag führt zu einem umfangreichen **Rentenbescheid,** aus dem die Art der Rente, der Rentenbeginn und die Höhe der Rente ersichtlich sind. Wichtig ist zu wissen, dass die Rente für den jeweiligen Monat am Monatsende (also rückwirkend) ausgezahlt wird.

In dem Rentenbescheid werden dargelegt:

- die Berechnung der Monatsrente
- der zugrundeliegende Versicherungsverlauf
- die Entgeltpunkte für Beitragszeiten
- Mindestentgeltpunkte bei geringem Arbeitsentgelt
- Entgeltpunkte für beitragsfreie und beitragsgeminderte Zeiten
- persönliche Entgeltpunkte
- Darstellung der Hinzuverdienstgrenzen

Der Rentenbescheid ist ein überaus wichtiges Dokument und muss daher in allen Details trotz des beträchtlichen Umfangs geprüft werden.

Versicherte können auf die Rechtmäßigkeit ihres Rentenbescheids vertrauen, wenn sie wahrheitsgemäße Angaben gemacht haben. Die Rentenkasse darf Fehler korrigieren und künftig weniger Geld auszahlen. Sie darf aber kein Geld von Rentnern zurückfordern.

Die Veränderungen werden mittels einer Mitteilung über die Anpassung der Leistung aus der gesetzlichen Rentenversicherung. Auch gegen diesen Bescheid kann innerhalb eines Monats Widerspruch eingelegt werden.

Private und betriebliche Altersvorsorge

Zwangsläufig wird man ununterbrochen mit dem Thema Altersvorsorge konfrontiert. Es wäre deshalb sinnvoll, sich frühzeitig mit der eigenen Situation zu beschäftigen und am besten in einem festen Turnus einen **Altersvorsorgestatus** fortzuschreiben. Dies wäre dann eine Dokumentation der bestehenden bzw. der bereits erreichten Altersvorsorge. Die sonstigen Vermögenswerte bleiben unabhängig davon, ob sie auch für eine Altersvorsorge geeignet sind, außen vor (Tab. 58).

Tab. 58 Checkliste – Altersvorsorgestatus (bestehende Ansprüche)

Art	Zahlstelle	**Anspruch mit Lebensalter**[a]	**Leistung mtl. in €**
Gesetzliche Rente	Deutsche Rentenversicherung		
Betriebsrente	Arbeitgeber		
Direktversicherung	…		
Riester-Rente	…		
Rürup-Rente	…		
Private Rente	…		
Regelmäßige Zinseinnahmen	…		
Entnahmeplan	…		
Mietüberschuss	…		
Leibrente aus Immobilienverkauf	…		
Gesamtanspruch	…		

[a] Die gesetzliche Rente kann frühestens mit dem 65. Lebensjahr (seit 2012 schrittweise ansteigend) ohne Abzüge in Anspruch genommen werden, bei den privaten Verträgen ist das einzelvertragsabhängig

Die demoskopische Entwicklung in Deutschland bringt Handlungsbedarf. Immer weniger sozialversicherungspflichtige Beitragszahler müssen aufgrund des Generationenvertrages immer mehr Rentner finanzieren. Dies ist der Grund der häufigen Rentenreformen, denn ohne sie würden deutlich höhere Beiträge zur Rentenversicherung und dennoch erheblich niedrigere Rentenauszahlungen auf jeden Bundesbürger zukommen.

Die Rentenreform 2001 hatte zum Ziel, die Eigeninitiative zu fördern, d. h. jeder Sozialversicherungspflichtige wurde praktisch indirekt aufgefordert, mit einer staatlichen Zusatzförderung die entstandene Deckungslücke auszugleichen. Die Förderung wird seit dem 1.1.2002 gewährt. Volle Förderung erhalten alle rentenversicherungspflichtigen Arbeitnehmer, die einen festgelegten Prozentsatz ihres Bruttoeinkommens (max. jedoch der Beitragsbemessungsgrenze) in bestimmte Altersvorsorgeprodukte investieren, die die gesetzlichen Förderungskriterien erfüllen und denen dies von der BAFin gesondert bescheinigt wurde (Zertifizierung).

Wenn beide Ehepartner die staatliche Förderung nutzen wollen, muss jeder einen eigenen Vorsorgevertrag abschließen.

Ein **Altersvorsorgevertrag** (§ 80 EStG) liegt vor, wenn zwischen Anbieter und einer natürlichen Person eine Vereinbarung geschlossen wird, die für den Vertragspartner eine lebenslange und unabhängig vom Geschlecht berechnete Altersversorgung vorsieht. Die Leistung daraus darf nicht vor Vollendung des 60. Lebensjahres gezahlt werden, es sei denn, der Vertragspartner hat bereits vor Vollendung des 60. Lebensjahres Anspruch auf Leistungen aus einem gesetzlichen Alterssicherungssystem.

Anbieter im Sinne des Gesetzes sind Anbieter von Altersvorsorgeverträgen gemäß § 1 II des Altersvorsorgeverträge-Zertifizierungsgesetzes sowie die in § 82 II genannten Versorgungseinrichtungen. Dazu gehören auch Bausparkassen im Sinne des Gesetzes über Bausparkassen und Kreditinstitute (Tab. 59).

Tab. 59 Altersvorsorgeverträge. (Riester-Förderung)

Zusammenfassung

Höchstförderfähiger Betrag je unmittelbar Zulageberechtigten	§ 10a Abs. 1 EStG	2.100 €
Mindesteigenbeitrag je unmittelbar Zulageberechtigten	§ 86 Abs. 1 Satz 2 u. 4 EStG	4 % vom sozialversicherungspflichtigen Bruttoeinkommen des Vorjahres
Mindesteigenbeitrag je mittelbar Zulageberechtigten	§ 79 Satz 2 EStG	mindestens 60 €
Grundzulage je Zulagenberechtigten	§ 84 Satz 1 EStG	154 €
Berufseinsteiger-Bonus für unmittelbar Zulageberechtigte	§ 84 Satz 2 EStG	einmalig 200 €
Kinderzulage je Kind bei Geburt bis 31.12.2007	§ 85 Abs. 1 Satz 1 EStG	185 €
Kinderzulage je Kind bei Geburt ab 1.1.2008	§ 85 Abs. 1 Satz 2 EStG	300 €

Die sogenannten **Riester-Verträge** müssen zertifiziert sein. Inzwischen sind mehr als 15 Mio. Verträge abgeschlossen. Nachdem zunächst die Rentenversicherungen klar dominierten, ist inzwischen die Wohn-Riester-Variante im Fokus. Dies erklärt sich sowohl durch die Ertragsentwicklung, die Ertragsaussichten, insbesondere jedoch durch die Kostentransparenz. Der Gesetzgeber beabsichtigt daher, die Grundbedingungen aller Altersvorsorgeverträge zu verändern und die Verträge mit dem Recht versehen, den Anbieter zu wechseln und die Wechselkosten auf 150 € zu begrenzen.

Seit dem 1.1.2013 können rentenversicherte Minijobber ebenfalls Riester- Förderung erhalten. Sogar deren Ehepartner sind jetzt abschlussberechtigt.

Die Komponenten der **Förderrente** im Überblick (Tab. 60):

Tab. 60 Überblick über die Förderrente

Zulage, Steuerabzug	Der Zuschuss beträgt 154 € p.a. je Zulagenberechtigten. Pro Kind beträgt die Zulage 185 € p.a., für Kinder, die nach dem 1.1.2008 geboren wurden, beträgt die Zulage 300 € p.a Berufseinsteiger unter 25 Jahren erhalten einmalig 200 € Zulage zusätzlich Das aktuell geltende Einkommensteuerrecht bewirkt die Förderung der Sparleistung durch eine Kombination aus der obligatorisch gewährten Zulage und ggf. durch einen Sonderausgabenabzug
Lebenslange Rente	Verträge enden frühestens mit 60 und führen zu lebenslanger Rente, Auszahlungspläne der Kreditinstitute verrenten Restkapital mit 85 Jahren
Beitragsgarantie	Sparer erhalten mindestens das eingesetzte Kapital zurück
Verteilte Provisionen	Gebühren für den Vertragsabschluss müssen auf mindestens 10 Jahre gestreckt werden
Transparenz	Alle Kosten für den Vertragsabschluss müssen offengelegt werden. Der Kunde wird informiert über die Sparzeit und erhält jährliche Kontostandsmitteilungen
Eigenheimrentengesetz	Seit 2008 ist die Einbeziehung der sogenannten Wohn-Riester-Komponente gegeben. Gefördert werden Spar- und Tilgungsmodelle, auch die Entnahmemöglichkeit ist verbessert worden
Nachgelagerte Besteuerung	Die geförderte Altersvorsorge wird erst im Rentenalter versteuert

Der Staat fördert mit der **Rürup-Rente** (Basis-Rente) seit 2005 eine weitere Form der privaten Altersvorsorge, die für Selbstständige die einzige Möglichkeit darstellt, steuerbegünstigt eine Rente anzusparen. Gefördert werden alle Steuerpflichtigen, also auch nicht rentenversicherungspflichtige Selbstständige oder Pflichtversicherte in berufsständischen Versorgungseinrichtungen. Diese beiden Gruppen können die Riester-Rente nicht nutzen. Die Steuervorteile ergeben sich aus der Geltendmachung von Sonderausgaben für Beiträge im Rahmen der Basisversorgung, die seit 2005 kontinuierlich ansteigen. Die Renten aus diesen Verträgen werden wie die gesetzlichen Renten, also nachgelagert besteuert. Rürup-Renten sind nach der Hartz-Klausel pfändungssicher.

Die Rürup-Rente unterscheidet sich von der privaten Rentenversicherung und der Riester-Rente darin, dass es bei ihr kein Kapitalwahlrecht gibt, d. h. dass die Ansprüche nicht in Form einer Kapitalabfindung (Ablaufsumme) ausgezahlt werden können. Nachteilig ist sicherlich, dass die Ansprüche außerhalb des engen Bezugsrechts nicht vererbbar, nicht beleihbar, nicht veräußerbar und nicht verpfändbar sind.

Die Erhöhung des gesetzlichen Renteneintrittsalters hat sich auch auf die Basis-Renten ausgewirkt. Während für Vertragsabschlüsse vor dem Jahre 2012 die Basis-Rente ab Vollendung des 60. Lebensjahres gezahlt wird, werden Leistungen aus Verträgen, die nach dem 31.12.2011 geschlossen wurden, nicht vor Vollendung des 62. Lebensjahres fällig.

Die **Sofortrente** als zweite Alternative der privaten Rentenversicherung ist eine sinnvolle Anlageform, wenn Einmalbeträge zum Beispiel aus Abfindungen, fälligen Lebensversicherungen etc. zur Verfügung stehen, die einerseits sinnvoll und sicher angelegt, andererseits aber ratenweise „verzehrt" werden sollen. Dies entspricht einem Entnahmeplan, den auch viele Kreditinstitute anbieten, kombiniert mit einem zusätzlichen Lebensversicherungsschutz. Der Einmalbetrag wird in eine Kapitallebensversicherung eingebracht, die dann sofort verrentet wird.

Neben der privaten Altersvorsorge stellt die betriebliche Altersversorgung (bAV) ein wichtiges Standbein dar. Hier sind zu erwähnen die ausschließlich seitens des Arbeitgebers finanzierten Betriebsrenten, Pensionsfonds und Pensionskassen sowie Direktversicherungen. Die Entgelt- und Gehaltsumwandlung ist eine besondere Form der bAV. Mit dem Gesetz zur Neuordnung der einkommensteuerrechtlichen Behandlung von Altersvorsorgeaufwendungen und Altersbezügen sind die steuerlich begünstigten Vorsorgemöglichkeiten um 1.800 € erweitert worden (§ 3 Nr. 63 EStG). Diese Regelung ermöglicht auch, dass Beschäftigte ihre Betriebsrente zu einem neuen Arbeitgeber mitnehmen und dort auch weiterführen können (Portabilität) (Tab. 61 und 62).

Tab. 61 Staatliche Förderung der betrieblichen Altersvorsorge

Beitrag für Direktversicherung (Zusage vor dem 1.1.2005)	§ 40b Abs. 2 Satz 1 EStG	1.752 €
Beitrag für Direktversicherung bei Durchschnittsbildung	§ 40b Abs. 2 Satz 2 EStG	2.148 €

Tab. 61 Fortsetzung

Beitrag für Direktversicherung/ Pensionskasse/Pensionsfonds	§ 3 Nr. 63 Satz 1 EStG	2.784 €
zusätzlicher Höchstbetrag, wenn kein § 40b EStG	§ 3 Nr. 63 Satz 3 EStG	1.800 €
Werbungskosten-Freibetrag für Einkünfte aus der bAV	§ 9a Satz 1 Nr. 3 EStG	102 €

Tab. 62 Fördermöglichkeiten

Form der Betriebsrente	Zahlung des Arbeitgebers	Zahlung des Arbeitnehmers steuerfrei	Zahlung des Arbeitnehmers sozialabgabenfrei
Direkt- oder Pensionszusage	Unbegrenzt steuer- und sozialabgabenfrei	Unbegrenzt	Seit 2009: nein
Unterstützungskasse	Unbegrenzt steuer- und sozialabgabenfrei	Unbegrenzt	Seit 2009: nein
Direktversicherung Neuabschluss seit 1.1.2005	1.800 € über 4 % der Beitragsbemessungsgrenze (BBG) hinaus steuer- und sozialabgabenfrei	Max. 1.800 € über 4 % der BBG hinaus steuerfrei	Seit 2009: nein
Pensionskasse	Max. 1.800 € über 4 % der BBG hinaus steuer- und sozialabgabenfrei	Max. 1.800 € über 4 % der BBG hinaus steuerfrei, sofern nicht vom Arbeitgeber ausgeschöpft	Seit 2009: nein
Pensionsfonds	Max. 1.800 € über 4 % der BBG hinaus steuer- und sozialabgabenfrei	Max. 1.800 € über 4 % der BBG hinaus steuerfrei, sofern nicht vom Arbeitgeber ausgeschöpft	Seit 2009: nein

Die **Entgelt- oder Gehaltsumwandlung** ist eine besondere Form der betrieblichen Altersversorgung (bAV). Der Anspruch auf Entgelt- oder Gehaltsumwandlung wurde 2002 im Rahmen des Altersvermögensgesetzes in das Betriebsrentengesetz aufgenommen. Der Arbeitnehmer kann fällige Gehaltsanteile wie Urlaubs- oder Weihnachtsgeld gegen eine Renten-Anwartschaft eintauschen.

Praktisch geht das ganz einfach: Ein Teil des Bruttoeinkommens wird in einen Vorsorgebetrag umgewandelt. Dieser Teil des Einkommens bleibt regelmäßig steuerfrei. Unter bestimmten Voraussetzungen können zusätzlich Sozialversicherungsbeiträge (sowohl beim Arbeitnehmer als auch beim Arbeitgeber) gespart werden. Nachteil ist allerdings, dass die monatlichen Zahlungen im Rentenalter nachgelagert versteuert werden.

Der Umwandlungsanspruch ist auf eine Höhe von 4 % der jeweiligen Beitragsbemessungsgrenze der allgemeinen Rentenversicherung begrenzt. Im Jahre 2013 entspricht dies einem höchstmöglichen Förderrahmen von 2.784 € + 1.800 € (für Direktversicherung, Pensionskasse und Pensionsfonds). Im Rahmen der Entgeltumwandlung gilt die Beitragsbemessungsgrenze West bundesweit. Der Arbeitnehmer hat das Recht, dass seine betriebliche Altersversorgung nach § 10 a EStG gefördert wird, also wie die Förderrente. Anspruchsberechtigt sind nur Arbeitnehmer, die in der gesetzlichen Rentenversicherung pflichtversichert sind.

Eine **Direktversicherung** ist eine Lebensversicherung auf das Leben des Arbeitnehmers, die durch den Arbeitgeber abgeschlossen wird. Damit ist sie eines der wichtigsten Instrumente der betrieblichen Altersvorsorge. Die Prämien können als zusätzliche Leistung seitens des Arbeitgebers oder durch Gehaltsverzicht (Gehaltsumwandlung) des Arbeitnehmers erbracht werden. Für den Arbeitgeber ist die Direktversicherung eine steuerfreie Betriebsausgabe.

Bis 2004 wurde der Arbeitnehmer nach § 40 b EStG mit 20 % pauschal besteuert. Für diese „Altverträge" besteht seit 2005 ein Wahlrecht. Bleibt es bei der Pauschalversteuerung, so ist die spätere Einmalauszahlung steuerfrei.

Eine aus der Direktversicherung entstehende Rentenleistung wird beim Empfänger mit dem Ertragsanteil besteuert. Seit 2005 werden die Beiträge für eine Direktversicherung (bis zu 4 % der Beitragsbemessungsgrenze West in der gesetzlichen Rentenversicherung, also 2013 bis 2.784 €) steuerlich grundsätzlich freigestellt. Im Bereich der kapitalgedeckten betrieblichen Altersversorgung (und dazu gehört auch die Direktversicherung) wird langfristig zur nachgelagerten Besteuerung übergegangen.

Natürlich können Ansprüche aus einer Direktversicherung nicht als Kreditsicherheit abgetreten werden. Eine zusätzliche steuerliche Fördermöglichkeit über die Grenze von 4 % der Beitragsbemessungsgrenze hinaus besteht bis zu max. 1.800 € nach § 3 Nr. 63 EStG. Für diesen Betrag fallen allerdings Sozialabgaben an. Seit dem 1.1.2004 sind Einmalzahlungen aus einer Direktversicherung krankenkassenbeitragspflichtig. Dabei wird bei einer Einmalzahlung der Krankenkassen-Beitrag aber nicht auf die ganze Summe erhoben, sondern tatsächlich über einen Zeitraum von 120 Monaten verteilt. Angesetzt werden pro Monat 1/120 der Auszahlungssumme.

Bei der **Direktzusage** gibt der Arbeitgeber dem Mitarbeiter eine Versorgungszusage im Alter, er verpflichtet sich somit, nach dessen Pensionierung eine Rente zu zahlen, und bildet für die Leistungsverpflichtungen Rückstellungen in der Bilanz nach versicherungsmathematischen Grundsätzen. Demzufolge müssen die Rückstellungen entsprechend der Lebenserwartung und der Inflationsrate systematisch angepasst werden. Die Rente fließt später aus der Firmenkasse und richtet sich in der Regel nach der Dauer der Betriebszugehörigkeit und der Höhe des früheren Einkommens. Alle 3 Jahre muss der Arbeitgeber prüfen, inwiefern die Rente aufgrund der Entwicklung der Lebenshaltungskosten angepasst werden muss.

Für die Arbeitnehmer ist eine **Pensionszusage** eine unkomplizierte Sache, für die Unternehmen sind Pensionszusagen mit erheblichen Risiken behaftet. Abgesichert wird dies seitens des Arbeitgebers mit einer Rückdeckungsversicherung. Pensionen werden wie Betriebsrenten als Einkünfte aus nicht selbstständiger Arbeit versteuert.

Pensionsfonds sind erst im Jahre 2001 neu eingeführt worden und rechtlich selbstständige Unternehmen. Im Vergleich zu Lebensversicherungen unterliegen Pensionsfonds weniger engen Vorschriften und sind deshalb flexibler. Sie dürfen ihr Vermögen zu größeren Teilen auch am Aktienmarkt anlegen, woraus sich größere Chancen, aber auch höhere Risiken ergeben. Beiträge in Pensionsfonds, Pensionskassen oder Direktversicherungen werden steuerlich weitgehend gleich behandelt. Die aus den steuerfrei eingezahlten Beiträgen stammenden Leistungen unterliegen der vollen (nachgelagerten) Steuerpflicht. Auch Pensionsfonds unterliegen der Aufsicht durch die BAFin. Die unverfallbaren Rentenansprüche und die laufenden Renten sind im Insolvenzfall durch den Pensionssicherungsverein geschützt. Beiträge des Arbeitgebers bleiben bis 4 % der Beitragsbemessungsgrenze steuer- und sozialabgabenfrei. Weitere Beiträge bis zu 1.800 € sind bei Versorgungszusagen seit dem 1.1.2005 steuerfrei, sofern nicht bereits in eine Direktversicherung oder Pensionskasse pauschal versteuert eingezahlt wird.

Seit Anfang 2002 haben Arbeitnehmer durch die Neuregelung der Altersversorgung einen gesetzlichen Anspruch auf Gehaltsumwandlung. Damit ist die **Pensionskasse** als betriebliches Vorsorgemodell deutlich attraktiver geworden und bietet auch für kleinere Unternehmen ausgezeichnete Möglichkeiten, über diesen Weg den Rechtsanspruch ihrer Mitarbeiter zu erfüllen und sie beim Aufbau einer betrieblichen Altersversorgung (bAV) zu unterstützen. Dabei ergibt sich auch für die Arbeitgeber ein entscheidender Vorteil durch Senkung der Lohnnebenkosten durch geringere Sozialabgaben.

Beiträge, die im Rahmen einer Gehaltsumwandlung in eine Pensionskasse fließen, sind bis zu 4 % der Beitragsbemessungsgrenze in der gesetzlichen Rentenversicherung (2013 also 2.784 €) begünstigt. Bis Ende 2008 waren die Beiträge sogar sozialversicherungsfrei. Sollte der Arbeitgeber neben den Entgeltumwandlungen seiner Mitarbeiter zusätzliche Beiträge an die Pensionskasse leisten, sind diese Beitragsteile bis 4 % der Beitragsbemessungsgrenze sogar zeitlich unbegrenzt sozialversicherungsfrei. Es besteht somit natürlich auch die Möglichkeit, dass Arbeitnehmer und Arbeitgeber vereinbaren, mögliche Gehaltserhöhungen zu Gunsten einer arbeitgeberfinanzierten Pensionskasse auszusetzen.

Pensionskassen sind rechtlich selbstständige Unternehmen. Sie bilden das am weitesten verbreitete Modell der bAV und gewähren – wie die Direktversicherung – den Arbeitnehmern und deren Hinterbliebenen einen Rechtsanspruch auf die zugesagten Leistungen. Es besteht Wahlrecht zwischen Rente und Kapitalauszahlung. Für den Arbeitgeber besteht keine weitere finanzielle Verpflichtung, weil keine Beitragspflicht zum Pensionssicherungsverein besteht.

In einigen Branchen (Banken, Versicherungen, chemische Industrie u. a.) sind zusätzliche Versorgungseinrichtungen seit Jahrzehnten etabliert, auch diese sind meist als Pensionskassen, Versorgungskassen, Versicherungsvereine oder Unterstützungskassen organisiert, die Mitgliedschaft ist für den Arbeitnehmer bindend. Die monatlichen Beiträge werden meist von Arbeitnehmer und Arbeitgeber je zur Hälfte erbracht, auch andere Konstellationen sind möglich, beispielsweise durch Gehaltsumwandlung (analog der Direktversicherung). Die Aufwendungen sind gegebenenfalls für den Arbeitnehmer im Rahmen der Höchstbeträge als Sonderausgaben geltend zu machen. Die Pensionskassen erteilen jährliche Renteninformation. Diese beinhaltet üblicherweise:

- den aktuellen Stand
- die aktuelle Hinterbliebenenversorgung
- den möglichen Berufsunfähigkeitsschutz
- die hochgerechnete Renteninformation auf den voraussichtlichen Rentenbeginn

Möglich und anzuraten ist in vielen Fällen, das Versorgungsziel mittels einer eingeschlossenen Risikolebensversicherung abzusichern.

Bei Rentenbeginn ist folgendes zu beachten: Wurde ein Teil der Rente aus unversteuerten Beiträgen (z. B. bei Gehaltsumwandlung) erworben, so ist dieser Teil der Rente voll zu versteuern. Der Teil der Rente, der aus bereits versteuerten Beiträgen erworben wurde, ist nur mit dem Ertragsanteil zu versteuern.

Auch eine **Unterstützungskasse** ist ein Instrument der betrieblichen Altersversorgung. Sie wird von einem oder mehreren Unternehmen zur Versorgung der Mitarbeiter gegründet. Allerdings dürfen Unterstützungskassen keinen Rechtsanspruch auf Versorgungsleistungen einräumen. Art und Höhe der Leistungen werden in einem Leistungsplan festgelegt. Es ist üblich, die im Leistungsfall vorgesehenen Leistungen durch eine Rückdeckungsversicherung abzusichern. Die Ruhegelder, die aus der Unterstützungskasse bezogen werden, führen zu nachträglichen Einkünften aus nichtselbstständiger Tätigkeit und sind in vollem Umfang steuerpflichtig. Außerdem sind diese betrieblichen Altersrenten sozialversicherungspflichtig, unterliegen also der Kranken- und Pflegeversicherung.

Mit dem Abschluss einer Versorgungsvereinbarung zwischen dem Arbeitgeber und dem Arbeitnehmer werden künftige Einkommensbestandteile einbehalten und in einen Pensionsplan eingezahlt. Bei diesem **Austausch von Barbezügen** gegen Versorgungsbezüge spricht man von einer aufgeschobenen Zahlung (deferred compensation oder deferred payment).

Der Vorteil besteht darin, dass auf diese Weise bestimmte Teile des Brutto-Arbeitseinkommens gegen erst im Ruhestand zur Auszahlung und damit zur Versteuerung kommende betriebliche Versorgungsleistungen eingetauscht werden. Diese Form der betrieblichen Altersvorsorge kann nur leitenden Mitarbeitern angeboten werden, wird meist auf Teile von Sonderzahlungen beschränkt und darf keinesfalls dazu führen, dass möglicherweise die Beitragsbemessungsgrenzen unterlaufen werden.

Die Höhe der Versorgungsleistungen richtet sich nach dem persönlichen Versorgungsaufwand und dem Alter bei Vertragsbeginn bzw. bei Eintritt des Versorgungsfalles. Maßgeblich für die Ermittlung der Ruhegeldanwartschaft sind die vertraglich abgedeckten Versorgungsrisiken, d. h. Versorgung im Alter oder bei Invalidität bzw. im Todesfall für die Hinterbliebenen. Mit versicherungsmathematischen Verrentungsfaktoren wird aus dem aufgelaufenen Versorgungsaufwand und einer marktgerechten Verzinsung jährlich eine Ruhegeldleistung abgeleitet. In gleicher Form geschieht dies bei Beginn der Rente aus

Altersgründen oder bei Berufs- oder Erwerbsunfähigkeit. Die Auszahlungen unterliegen der normalen Lohnbesteuerung zum Zeitpunkt der Fälligkeit und sind auch sozialversicherungspflichtig.

Die **berufsständische Versorgung** ist im dreigliedrigen System der Altersversorgung wie die gesetzliche Rentenversicherung der ersten Säule zuzuordnen und ist im engeren Sinne die auf einer gesetzlichen Pflichtmitgliedschaft beruhende Altersversorgung für freie Berufe (Ärzte, Zahnärzte, Tierärzte, Apotheker, Notare, Rechtsanwälte, Steuerberater, Wirtschaftsprüfer, Architekten u. a.). Die Versorgungseinrichtungen sind meist rechtlich selbstständige Anstalten des öffentlichen Rechts, zum Teil auch Sondervermögen der jeweiligen Berufskammer.

Die Versorgung ist stark durch die Selbstverwaltung geprägt und bietet den Mitgliedern eine umfassende Alters-, Berufsunfähigkeits- und Hinterbliebenenversorgung. Die entstandenen Versichertengemeinschaften haben eine einheitliche Risikostruktur und deshalb können die Regelungen und Leistungen zielgenau auf das Versorgungsbedürfnis des jeweiligen Berufsstandes ausgerichtet werden. Diese Form der Altersversorgung ist nicht nach dem Umlageverfahren wie bei der gesetzlichen Rentenversicherung organisiert, sondern nach dem Kapital-Deckungsverfahren. Die berufsständischen Versorgungseinrichtungen erhalten keinerlei Zuschüsse von staatlicher Seite, sondern finanzieren sich ausschließlich aus den Mitgliedsbeiträgen. Sie bedienen sich in der Regel einer versicherungsorientierten Anlagestrategie.

Der Umfang und die Höhe der Leistungen werden durch die jeweilige Satzung der Versorgungseinrichtung bestimmt. Im Regelfalle werden auch bei diesen Versorgungssystemen Renten wegen Alters, Erwerbsminderung oder Tod gewährt. Seit 2005 unterliegen alle Leistungen mit einem Besteuerungsanteil von mind. 50 % der nachgelagerten Besteuerung.

Betriebsrenten oder Betriebspensionen sind als sogenannte Versorgungsbezüge steuerlich betrachtet Einkünfte aus nicht selbstständiger Arbeit. Auch für den Betriebsrentner muss der frühere Arbeitgeber die Lohnsteuerabzugsmerkmale (ELStAM) abfragen. Entsprechend dieser Grundlage wird von seiner Betriebsrente Lohnsteuer einbehalten. Berücksichtigt wird seit 2005 ein Arbeitnehmerpauschbetrag von 102 € sowie ein Versorgungsfreibetrag von 40 %, maximal jedoch 3.000 €. Daneben wird (als Ersatz für den ermäßigten Arbeitnehmerpauschbetrag) ein Zuschlag zum Versorgungsfreibetrag von 900 € eingeräumt. Anders als bei den privaten Renten sind auf die Betriebsrenten volle Beiträge an die Kranken- und Pflegeversicherung zu zahlen (Tab. 63).

Tab. 63 Versorgungsfreibeträge

Jahr des Versorgungsbeginns		Höchstbetrag in €	Zuschlag zum Versorgungsfreibetrag in €
bis 2005	40,0	3000	900
2006	38,4	2880	864
2007	36,8	2760	828
2008	35,2	2640	792
2009	33,6	2520	756
2010	32,0	2400	720
2011	30,4	2280	684
2012	28,8	2160	648
2013	27,2	2040	612
2014	25,6	1920	576
2015	24,0	1800	540
2016	22,4	1680	504
2017	20,8	1560	468
2018	19,2	1440	432
2019	17,6	1320	396
2020	16,0	1200	360
2021	15,2	1140	342
2022	14,4	1080	324
2023	13,6	1020	306
2024	12,8	960	288
2025	12,0	900	270
2026	11,2	840	252
2027	10,4	780	234
2028	9,6	720	216
2029	8,8	660	198
2030	8,0	600	180
2031	7,2	540	162
2032	6,4	480	144
2033	5,6	420	126
2034	4,8	360	108
2035	4,0	300	90
2036	3,2	240	72
2037	2,4	180	54
2038	1,6	120	36
2039	0,8	60	18
2040	0,0	0	0

Alle, die bereits zum 31.12.2004 Betriebsrentenempfänger waren und solche, die in 2005 in Pension gegangen sind, behalten diesen „Gesamtfreibetrag" von max. 4.002 € für die gesamte Pensionszeit.

Seit 2006 werden bei der Besteuerung der Betriebsrenten der Versorgungsfreibetrag und der Zuschlag zum Versorgungsfreibetrag für alle „Neurentner" sukzessive abgebaut. Gesetzlich vorgeschrieben ist, dass nach § 16 des Betriebsrentengesetzes die Betriebsrente alle 3 Jahre gemäß der Inflationsrate zu erhöhen ist. Der Betriebsrentner ist daher gut beraten, die Anpassungen zu kontrollieren oder anzumahnen. Witwen oder Witwer haben nur Anspruch auf eine Betriebsrente, wenn die Verträge dies vorsehen.

Besondere Regelungen sind auch bei einem möglichen Versorgungsaugleich zu beachten. Weiterhin hat das Bundesarbeitsgericht (Az. 3 AZR 522/06) entschieden, dass „DDR-Betriebsrenten" im Falle einer Insolvenz des Arbeitgebers nicht durch den Pensionssicherungsfonds geschützt sind.

Wegen des verschobenen Rentenbeginns können Arbeitnehmer nach dem 65. Lebensjahr nicht mehr sofort mit der Betriebsrente rechnen, auch diese verschiebt sich entsprechend den Stufen der gesetzlichen Rente.

Bei einer Frührente darf der Arbeitgeber auch die zeitgleiche Betriebsrente kürzen. Falls für die Betriebsrente keine Leistungen in bestimmter Höhe zugesagt worden sind, sondern die gesetzliche Rente bis zu einem bestimmten Versorgungsgrad aufgestockt wird, darf die gesetzliche Rente nur zu 80 % angerechnet werden.

Unternehmen sind für die von ihnen zugesagten Betriebsrenten verantwortlich. Kann z. B. die Pensionskasse nicht mehr zahlen, muss der Arbeitgeber einspringen, im Insolvenzfall der Pensionssicherungsverein.

Die Eurokrise und die langandauernde Niedrigzinsphase können dazu führen, dass viele prognostizierte Betriebsrenten so nicht mehr garantiert werden können. Viele Einrichtungen der betrieblichen Altersvorsorge stehen vor ernsten Schwierigkeiten. Hierbei wird klar, welche Abhängigkeit sowohl vom Unternehmen als auch vom Kapitalmarkt besteht.

Private Steuern

Zum Thema Steuern existieren viele Vorurteile, für die meisten Bundesbürger sind die Steuern sogar ein rotes Tuch, aber vieles hängt auch damit zusammen, dass man einfach nicht vernünftig Bescheid weiß. Dabei wäre es doch relativ einfach, sich nach und nach in die Materie einzufinden, wenn man sich nur die notwendige Mühe macht. Wahrscheinlich kommt man zunächst mit der Lohnsteuer in Berührung.

Die **Lohnsteuer** ist keine eigene Steuerart, sondern nur eine Erhebungsform der Einkommensteuer. Da die Lohnsteuer direkt vom Arbeitgeber eingehalten und an das Finanzamt abgeführt wird, handelt es sich um eine echte Quellensteuer. Die Lohnsteuer wird so bemessen, als ob der Steuerpflichtige nur Arbeitseinkünfte (Einkünfte aus nicht selbstständiger Tätigkeit) hätte.

Seit Jahresanfang 2013 ist anstelle der früheren Lohnsteuerkarte das Verfahren des Abrufs der elektronischen Lohnsteuerabzugsmerkmale (ELStAM) direkt durch den Arbeitgeber ersetzt worden. Dabei werden die bisherigen Rechte und Pflichten der Arbeitnehmer beibehalten.

Am Ende eines Jahres oder bei Beendigung der Tätigkeit muss der Arbeitgeber die gezahlten Lohnsummen und die Abzüge mit einer maschinell erstellten Lohnsteuerbescheinigung dokumentieren und direkt an das zuständige Finanzamt weiterleiten. Der Arbeitnehmer erhält eine Kopie.

Alle unbeschränkt einkommensteuerpflichtigen Arbeitnehmer werden für die Durchführung des Lohnsteuerabzuges in Lohnsteuerklassen eingereiht *(§ 38 b EStG)*. Diese Einteilung wurde bis 2010 durch die zuständige Stadt- oder Gemeindeverwaltung aufgrund der dort bekannten Daten auf der Lohnsteuerkarte dokumentiert. Aufgrund der Verfahrensänderung müssen Änderungsanträge beim zuständigen Finanzamt gestellt werden.

Die richtige Steuerklassenwahl verhindert von Anfang an eine ungünstige Vorabbesteuerung.

Lediglich bezüglich der Lohnsteuerklasse VI besteht kein Wahlrecht, da diese für die zweite oder weitere Lohnsteuerkarte von Amts wegen vergeben wird, wenn Arbeitnehmer von mehreren Arbeitgebern Arbeitslohn beziehen bzw. Zusatzrenten erhalten. Diese Lohnsteuerkarte sollten bei dem Arbeitgeber vorgelegt werden, von dem der niedrigste Arbeitslohn bezogen wird.

Die Lohnsteuerklassen im Einzelnen (Tab. 64):

Tab. 64 Lohnsteuerklassen

Steuerklasse	Besondere Voraussetzungen
I	**Ledige;** Verheiratete, Verwitwete oder Geschiedene, bei denen die Voraussetzungen für die Steuerklasse III oder IV nicht erfüllt sind. Beschränkt steuerpflichtige Arbeitnehmer mit mindestens einem Kind.
II	Die in der Steuerklasse I bezeichneten Arbeitnehmer, wenn bei ihnen der Entlastungsbetrag für Alleinerziehende (§ 24 b EStG) zu berücksichtigen ist.
III	**Verheiratete** wenn beide Ehegatten unbeschränkt einkommensteuerpflichtig sind und nicht dauernd getrennt leben und a) der Ehegatte **keinen** Arbeitslohn bezieht oder b) der Ehegatte auf Antrag in die Steuerklasse V eingereiht wird. **Verwitwete**, wenn sie und ihr verstorbener Ehegatte im Zeitpunkt seines Todes unbeschränkt einkommensteuerpflichtig waren und in diesem Zeitpunkt nicht dauernd getrennt gelebt haben, für das auf das Todesjahr folgende Kalenderjahr. **Geschiedene**, wenn a) im Kalenderjahr der Auflösung der Ehe beide Ehegatten unbeschränkt steuerpflichtig waren und nicht dauernd getrennt gelebt haben und b) der andere Ehegatte wieder geheiratet hat, von seinem neuen Ehegatten nicht dauernd getrennt lebt und er und sein neuer Ehegatte unbeschränkt einkommensteuerpflichtig sind, für das Kalenderjahr in dem die Ehe aufgelöst worden ist.
IV	Verheiratete, wenn beide Ehegatten unbeschränkt einkommensteuerpflichtig sind und nicht dauernd getrennt leben und der Ehegatte des Arbeitnehmers ebenfalls Arbeitslohn bezieht.
IV mit Faktor	Verheiratete, wenn beide Ehegatten unbeschränkt einkommensteuerpflichtig sind und nicht dauernd getrennt leben und der Ehegatte des Arbeitnehmers ebenfalls Arbeitslohn bezieht. In beide Steuerkarten wird vom Finanzamt ein Faktor eingetragen, die Lohnsteuer wird dann genauer ermittelt.
V	Arbeitnehmer – wie bei Steuerklasse IV – falls der eine Ehegatte in die Steuerklasse III eingereiht wird
VI	Arbeitnehmer mit einem zweiten oder weiteren Dienstverhältnis

Bezieht auch der Ehegatte Arbeitslohn, so muss beachtet werden, dass Ehegatten grundsätzlich gemeinsam besteuert werden, weil das für sie günstiger ist. Beim Lohnsteuerabzug eines Arbeitnehmers kann aber nur dessen eigener Arbeitslohn zugrunde gelegt werden.

Die Arbeitslöhne beider Ehegatten werden erst nach Ablauf des Jahres in der gemeinsamen Einkommensteuererklärung zusammengeführt. Erst dann ergibt sich die zutreffende Jahressteuer. Es lässt sich deshalb nicht vermeiden, dass im Laufe des Jahres zu viel oder zu wenig Lohnsteuer einbehalten wird. Justieren kann man dies mit der **Lohnsteuerklassenwahl**.

Arbeitnehmer bestimmen mit der Wahl der richtigen Lohnsteuerklasse die Höhe der Lohnsteuer und damit das zur Verfügung stehende Nettoeinkommen, kredittechnisch also die Liquidität. Der Arbeitgeber ist an die ihm durch ELStAM vorgegebene Lohnsteuerklasse gebunden. Damit der Arbeitgeber nicht zu viel Lohnsteuern, Kirchensteuern und Solidaritätszuschlag abzieht, muss also die Steuerklasse stimmen.

Ehepaare konnten bis 2009 zwischen zwei Kombinationen wählen, wenn beide Partner berufstätig waren:

- Beide Ehepartner in der Steuerklasse IV: Diese Kombination ist zweckmäßig, wenn beide Partner ein ungefähr gleich hohes Arbeitseinkommen beziehen.
- Ein Ehepartner in der Steuerklasse III und der andere in Steuerklasse V: Verdient ein Partner deutlich mehr (z. B. 60 % des gemeinsamen Einkommens), so wählt er zweckmäßigerweise die Steuerklasse III und der andere die Steuerklasse V.

Seit 2010 haben Ehegatten die Möglichkeit, auf der Lohnsteuerkarte jeweils die Steuerklasse IV in Verbindung mit einem Faktor eintragen zu lassen. Dieser Faktor hat die Wirkung eines steuermindernden Multiplikators.

Da diverse Entgelt-/Lohnersatzleistungen (Arbeitslosengeld I, Arbeitslosengeld bei beruflicher Weiterbildung, Elterngeld, Mutterschaftsgeld, Krankengeld, Versorgungskrankengeld, Verletztengeld, Übergangsgeld), aber auch die Höhe des Lohnanspruchs während der Altersteilzeit beeinflusst werden, ist die „richtige" Lohnsteuerklassenwahl und damit das „richtige Nettoeinkommen" an der richtigen Stelle wichtig. Der Arbeitnehmer ist deshalb gut beraten, seine Lohnsteuerabzugsmerkmale bezüglich der dort vermerkten Lohnsteuerklasse zu prüfen und gegebenenfalls Änderungen zu beantragen. Einfluss hat natürlich auch der Lohnsteuerfreibetrag.

Verwitwete Arbeitnehmer behalten in dem Jahr, in dem der Ehepartner verstorben ist, die Steuerklasse III und werden auch im Jahr danach durch das sogenannte Gnadensplitting wie Zusammenveranlagte besteuert.

Der Arbeitgeber kann unter Verzicht auf den Abruf von elektronischen Lohnsteuerabzugsmerkmalen bei Arbeitnehmern, die nur kurzfristig beschäftigt werden, die Lohnsteuer mit einem Pauschalsteuersatz von 25 % des Arbeitslohns erheben. Eine kurzfristige Beschäftigung liegt vor, wenn der Arbeitnehmer bei dem Arbeitgeber gelegentlich, nicht regelmäßig wiederkehrend beschäftigt wird, die Dauer der Beschäftigung 18 zusammenhängende Tage nicht übersteigt und

- der Arbeitslohn während der Beschäftigungsdauer 62 € je Arbeitstag nicht übersteigt oder
- die Beschäftigung zu einem unvorhersehbaren Zeitpunkt sofort erforderlich wird.

Für geringfügig Beschäftigte gilt seit dem 1.4.2003 die Mini-Job-Regelung. In dem vom Arbeitgeber einzubehaltenden Pauschbetrag ist die **Lohnsteuerpauschalierung** mit 2 % enthalten (seit 2013 Mini-Jobs auf 450 €-Basis).

Weiterhin kann der Arbeitgeber nach § 40 b EStG die Lohnsteuer von den Beiträgen für eine Direktversicherung des Arbeitnehmers und von den Zuwendungen an eine Pensionskasse mit einem Pauschalsteuersatz von 20 % der Beiträge und Zuwendungen erheben. Diese Pauschalierung ist anzuwenden bis zu einem Höchstbetrag von 1.752 € im Kalenderjahr.

Seit 2003 können Arbeitgeber die früher jährlich auf der Rückseite der Lohnsteuerkarte vermerkten Daten direkt an die Finanzverwaltung übertragen. Der Arbeitnehmer erhält eine Kopie, aus der er entnehmen kann, wann und welche Daten übertragen wurden. Die ETIN-Nr. bzw. die Identifikationsnummer identifiziert den Steuerzahler. Die Daten der **elektronischen Lohnsteuerbescheinigung** sind hervorragend als nachhaltiger Einkommensnachweis eines ganzen Jahres zu nutzen.

Seit dem 1.1.2013 ist der Verfahrensweg von der Ausstellung der Lohnsteuerkarte durch die Gemeinden bis zur Aushändigung an den Arbeitgeber durch das Verfahren der elektronischen Lohnsteuerabzugsmerkmale ersetzt worden (§ 39 e EStG). Dabei werden die bisherigen Rechte und Pflichten der Arbeitnehmer beibehalten. Der Arbeitgeber ruft die ELStAM ab, speichert sie in seiner Lohnbuchführung und gibt elektronische Rückmeldungen. Die bislang für die Ausstellung der Lohnsteuerkarten zuständigen Behörden liefern die weiteren benötigten Daten. Dies alles wird möglich durch die Identifikationsnummer.

Diese Informationen werden in einer Datenbank der Finanzverwaltung hinterlegt. Die Zuständigkeit für die Pflege der Lohnsteuerabzugsmerkmale, die vormals auf der Vorderseite der Lohnsteuerkarte eingetragen wurden, wechselt von den Meldebehörden (Einwohnermeldeämter) zu den Finanzämtern. Für melderechtliche Änderungen wie z. B.

- Heirat
- Geburt eines Kindes
- Kirchenein- oder Kirchenaustritt

ist weiterhin die Stadt- oder Gemeindeverwaltung zuständig. Die gespeicherten Daten können über das Elster-Online-Portal und www.elster.de eingesehen werden. Dazu ist eine Authentifizierung unter Verwendung der Identifikationsnummer (Identifizierungsmerkmal) notwendig.

Für Steuervergünstigungen, die nicht in den Lohnsteuertabellen enthalten sind, können sich die Arbeitnehmer beim zuständigen Finanzamt einen Freibetrag vormerken lassen, sodass sich die zu zahlende Lohnsteuer auch schon während des Jahres ermäßigt *(§ 39 a EStG)*. Auch 2013 sind die Grundsätze des Lohnsteuer-Ermäßigungsverfahrens nach § 39a EStG weiter anzuwenden. Antragsgebundene Lohnsteuerabzugsmerkmale sind beim zuständigen Finanzamt neu zu beantragen.

Ein **Lohnsteuerfreibetrag** wird mit dem Vordruck „Antrag auf Lohnsteuer-Ermäßigung" jeweils bis spätestens 30.11. des betreffenden Steuerjahres beantragt. Eingetragen werden können unbeschränkt abzugsfähige Sonderausgaben, Berufsausbildungskosten, Spenden, Werbungskosten und außergewöhnliche Belastungen, Pauschbeträge für Behinderte und Hinterbliebene, Verluste aus Vermietung und Verpachtung und sonstige negative Einkünfte. Die Mindestfreibetragssumme muss insgesamt 600 € erreichen. Diese wird vielfach schon durch die Werbungskosten sowie einige Sonderausgaben (z. B. Kirchensteuer) überschritten.

Da der Freibetrag zu einer höheren Nettoauszahlung führt, ist die Freibetragseintragung auch für einen Kreditgeber von Vorteil, verbessert sie doch die Liquidität. Außerdem ist das Nettoeinkommen Grundlage für die Berechnung von Krankengeld, Arbeitslosengeld, Altersteilzeitentgelt, Elterngeld, Mutterschaftsgeld etc. Auch der Solidaritätszuschlag und die Kirchensteuer können mit einem Freibetrag in Grenzen gehalten werden. Eine wichtige Bedeutung hat ein möglicher Freibetrag auch bei der Berechnung des Elterngeldes, dessen Höhe vom durchschnittlichen letzten Nettoeinkommen abhängig ist.

Das Eintragungsverfahren existiert in der jetzigen Form seit 1993, es besteht seitdem die Möglichkeit, die Freibeträge des Vorjahres unverändert vortragen zu lassen. (vereinfachter Antrag auf Lohnsteuermäßigung). Wichtig ist, dass die Freibeträge zwar zu einer sofortigen Lohnsteuerermäßigung führen, die endgültige Entscheidung über die steuerliche Auswirkung aber erst mit der Einkommensteuererklärung getroffen wird. Wird ein Faktor bei der Lohnsteuerklassenkombination IV/IV eingetragen, so werden bei diesem Faktor die Lohnsteuerfreibeträge automatisch mit berücksichtigt.

Zum besseren Verständnis der Einkommensteuer ist die Betrachtung der steuerlichen Systematik der richtige Einstieg. Erster Schritt ist dabei der **Gesamtbetrag der Einkünfte** (GdE). Der Gesamtbeitrag der Einkünfte wird z. B. als Ausgangsbasis für die Berechnung der zumutbaren Belastung bei den außergewöhnlichen Belastungen genommen. Der Gesamtbetrag der Einkünfte ist eine wichtige Bezugsgröße bei einer möglichen Verlustverrechnung. Auf den GdE baut sich die Ermittlung des zu versteuernden Einkommens und der zu zahlenden Einkommensteuer auf (Tab. 65).

Tab. 65 Ermittlung des Gesamtbetrags der Einkünfte

Ermittlung des Gesamtbetrages der Einkünfte	(Stand 2013)
Einkünfte aus Land-und Forstwirtschaft	diese Einkünfte werden mit einer Bilanz oder einer Einnahme-/Überschussrechnung ermittelt
+ Einkünfte aus Gewerbebetrieb	dto.
+ Einkünfte aus selbstständiger Arbeit	dto.
+ Einkünfte aus nicht selbstständiger Arbeit	Arbeitslohn ./. Versorgungsfreibetrag ./. Werbungskosten (mind. Pauschbetrag 1000 €)
+ Einkünfte aus Kapitalvermögen	alle Zinseinkünfte ./. Sparerpauschbetrag
+ Einkünfte aus Vermietung und Verpachtung	alle Einnahmen ./. Werbungskosten
+ sonstige Einkünfte	alle Einnahmen ./. Werbungskosten
= Summe der Einkünfte aus den 7 Einkunftsarten	
./. Altersentlastungsbetrag (§ 24 a EStG)	
./. Entlastungsbetrag für Alleinerziehende (§ 24 b EStG)	
./. Freibetrag für Land-und Forstwirte (§ 13 Abs. 3 EStG)	
+ Hinzurechnungsbetrag (§ 52 Abs. 3 Satz 5 EStG)	
= **Gesamtbetrag der Einkünfte (GdE)**	

Ausgehend vom Gesamtbetrag der Einkünfte werden Verluste, Sonderausgaben und außergewöhnliche Belastungen abgezogen und ergeben das Einkommen nach § 2 Abs. 4 EStG.

Dieses Einkommen wird reduziert um Freibeträge für Kinder und möglicherweise den Entlastungsbetrag für Alleinerziehende. Daraus ergibt sich das zu versteuernde Einkommen. Der daraus nach der Grund- oder Splittingtabelle abzuleitende Steuerbetrag wird möglicherweise durch den Progressionsvorbehalt korrigiert und ergibt dann die sogenannte tarifliche Einkommensteuer.

Hiervon werden Steuerermäßigungen bei Aufwendungen für haushaltsnahe Beschäftigungsverhältnisse und/oder haushaltsnahe Dienstleistungen im Inland und möglicherweise Ausgaben zur Förderung staatspolitischer Zwecke abgezogen und heraus kommt die festzusetzende Einkommensteuer, die bei Singles nach der Grundtabelle und bei Verheirateten entsprechend der gewählten Veranlagungsart ermittelt wird.

Deshalb müssen Verheiratete für jeden Veranlagungszeitraum neu die Veranlagungsart bestimmen. Seit 2013 gelten dafür neue Regeln. Danach sind ab 2013 noch folgende vier Veranlagungsarten möglich:

- Zusammenveranlagung mit Ehegattensplitting
- Verwitwetensplitting
- Einzelveranlagung mit Grundtarif
- Sondersplitting im Trennungsjahr

Ehegatten haben ein Veranlagungswahlrecht zwischen der Zusammenveranlagung und der Einzelveranlagung. Diese ersetzt seit 2013 die frühere getrennte Veranlagung. Mit der Einzelveranlagung können Sonderausgaben, außergewöhnliche Belastungen und die Steuerermäßigungen für haushaltsnahe Dienstleistungen/Handwerkerleistungen nicht mehr steueroptimierend frei zugeordnet werden, vielmehr werden diese Aufwendungen demjenigen zugerechnet, der sie wirtschaftlich getragen hat (Tab. 66).

Tab. 66 Ermittlung des zu versteuernden Einkommens und der zu zahlenden Einkommensteuer

	Gesamtbetrag der Einkünfte (GdE)
./.	Verlustabzug nach § 10d EStG
./.	Sonderausgaben (§§ 10, 10a, 10b, 10c EStG)
./.	außergewöhnliche Belastungen (§§ 33–33b EStG)
./.	Steuerbegünstigung für Baudenkmale und schutzwürdige Kulturgüter §§ 10e bis 10i, § 52 Abs.21 EStG und § 7 Fördergebietsgesetz
+	zuzurechnendes Einkommen gemäß § 15 Abs. 1 AStG
=	**Einkommen (§ 2 Abs. 4 EStG)**
./.	Freibeträge für Kinder (§§ 31, 32 Abs. 6 EStG)
./.	Härteausgleich nach § 46 Abs. 3 EStG und § 70 EStDV
=	**zu versteuerndes Einkommen (§ 2 Abs. 5 EStG)**
	davon Einkommensteuer nach § 32 a Abs. 1,5 und § 50 EStG bzw. aufgrund des Progressionsvorbehaltes (§ 32 b EStG)
+	Steuer für nach ermäßigtem Steuersatz besteuerte Einkünfte (außerordentliche Einkünfte mit halbem Steuersatz, außerordentliche Einkünfte aus Forstwirtschaft mit besonderem ermäßigtem Steuersatz oder Pauschalierung von Einkünften ausländischer Niederlassungen, §§ 34, 34b)
+	Steuer aufgrund Berechnung nach § 32d Abs. 3 EStG
+	Steuer aufgrund Berechnung nach § 34a Abs. 1, 4 bis 6 EStG
=	**tarifliche Einkommensteuer (§ 32a Abs. 1,5 EStG)**
./.	Minderungsbetrag DBA Belgien
./.	ausländische Steuern (§ 34 c Abs. 1 und 6 EStG)
./.	Steuerermäßigung nach § 35 EStG (aus Gewerbebetrieb)
./.	Ermäßigung durch Baukindergeld (§ 34 f Abs. 1 und 2 EStG)
./.	Ermäßigung bei Zuwendungen an politische Parteien (§ 34 g EStG)
./.	Steuerermäßigung nach § 34 f Abs. 3 EStG
./.	Steuerermäßigung nach § 35 a EStG (haushaltsnahe Dienstleistungen und Beschäftigungsverhältnisse)
+	Steuern nach § 34c Abs. 5 EStG
+	Nachsteuer nach § 10 Abs. 5 EStG
+	Zuschlag nach § 3 Abs. 4 Satz 2 Forstschäden-Ausgleichsgesetz
+	Anspruch auf Zulage für Altersvorsorge nach § 10 a Abs. 2 EStG
+	Anspruch auf Kindergeld, wenn das Einkommen in den Fällen des § 31 EStG um Freibeträge für Kinder gemindert wurde
=	**Festzusetzende Einkommensteuer (§ 2 Abs. 6 EStG)**
./.	Anrechnung der Lohnsteuer, der entrichteten Einkommensteuervorauszahlungen, der der Körperschaftsteuer und der Kapitalertragsteuer (§ 36 Abs. 2 EStG)
	verbleibende Einkommensteuer

Der **Einkommensteuertarif** ist wie folgt aufgebaut (Tab. 67):

Tab. 67 Aufbau des Einkommensteuertarifs

	2009	2010 bis 2012	2013
Einkommensteuer			
Grundfreibetrag für einzeln Veranlagte	7.834 €	8.004 €	8.130 €
Grundfreibetrag für zusammen Veranlagte	15.667 €	16.009 €	16.260 €

Tab. 67 Fortsetzung

	2009	2010 bis 2012	2013
Eingangssteuersatz	14 %	14 %	14 %
Spitzensteuersatz	42 %	42 %	42 %
Ab zu versteuerndem Einkommen			
Für einzeln Veranlagte	52.562 €	52.882 €	52.882 €
Für zusammen Veranlagte	105.104 €	105.763 €	105.763 €
Spitzensteuersatz (Reichensteuer)	45 %	45 %	45 %
Ab zu versteuerndem Einkommen			
Für einzeln Veranlagte	250.401 €	250.731 €	250.731 €
Für zusammen Veranlagte	500.801 €	501.462 €	501.462 €
Gewinneinkünfte	Korrektur durch Entlastungsbetrag	Korrektur durch Entlastungsbetrag	Korrektur durch Entlastungsbetrag
Körperschaftsteuer			
Tarifbelastung	15 %	15 %	15 %

Bei der Steuerfreistellung des Existenzminimums geht man inzwischen ausschließlich vom Grundfreibetrag aus. Insbesondere bei der Übertragung von Kapitalanlagen auf Kinder kommen jedoch auch andere Freibeträge und Pauschalen in Betracht. Dabei ist aber zu berücksichtigen, dass die volle Ausnutzung der nachstehend errechneten Beträge und damit der steuerlichen Vorteile auch Nachteile bezüglich der Krankenversicherungspflicht nach sich ziehen kann. Seit 2012 sind die bisherigen Anrechnungsbeträge für den Bezug von Kindergeld weggefallen.

Stand 2013	Ledige (€)	Verheiratete (zusammen veranlagt) (€)
Grundfreibetrag	8.130	16.260
Sparer-Pauschbetrag	801	1.602
Sonderausgabenpauschale	36	72
Insgesamt	8.967	17.934

Für Ledige und Alleinstehende sind die Tarife in der „Grundtabelle" angegeben, für zusammen veranlagte Verheiratete in der Splittingtabelle. Die Einkommensteuer wird exakt für das zu versteuernde Einkommen berechnet. Auszüge aus dem Einkommensteuertarif (Tab. 68):

Tab. 68 Einkommensteuertarif 2013

Tarif 2013	ESt	ESt	Durchschnittssteuersatz	Durchschnittssteuersatz	Grenzsteuersatz	Grenzsteuersatz
Zu versteuerndes Einkommen	Grundtabelle in €	Splittingtabelle in €	Grundtabelle %	Splittingtabelle %	Grundtabelle %	Splittingtabelle %
10.000	294	0	2,9	0	16,8	0
15.000	1.387	0	9,2	0	23,7	0
20.000	2.679	588	13,4	2,9	26,9	15,8
22.000	3.232	960	14,7	4,4	27,9	19,0
24.000	3.793	1.370	15,8	5,7	28,9	21,0
26.000	4.383	1.818	16,9	7,0	29,7	21,2
28.000	4.980	2.300	17,8	8,2	29,5	24,4
30.000	5.607	2.774	18,7	9,2	31,3	24,6
32.000	6.252	3.276	19,5	10,2	32,5	25,2
34.000	6.904	3.788	20,3	11,1	33,4	25,6
36.000	7.586	4.308	21,1	12,0	34,4	26,0
38.000	8.274	4.820	21,8	12,7	35,3	26,0
40.000	8.992	5.358	22,5	13,4	36,1	27,0
50.000	12.836	8.172	25,7	16,3	42,0	29,4
55.000	14.904	9.676	27,1	17,6	42,0	30,6
60.000	17.005	11.214	28,3	18,7	42,0	31,6
65.000	19.108	12.808	29,4	19,7	42,0	31,6
70.000	21.103	14.484	30,1	20,7	42,0	33,8
75.000	23.303	16.194	31,1	21,6	42,0	35,2
80.000	25.403	17.986	31,8	22,5	42,0	36,4
85.000	27.503	19.808	32,6	23,3	42,0	37,4
90.000	29.603	21.714	32,9	24,1	42,0	38,6
95.000	31.703	23.652	33,4	24,9	42,0	39,8
100.000	33.800	25.674	33,8	25,7	42,0	41,0
110.000	38.000	29.810	34,5	27,1	42,0	42,0
120.000	42.200	34.012	35,2	28,3	42,0	42,0
125.000	44.300	36.130	35,4	28,9	42,0	42,0
130.000	46.400	38.216	35,7	29,4	42,0	42,0
135.000	48.500	40.332	35,9	29,9	42,0	42,0
140.000	50.600	42.408	36,1	30,3	42,0	42,0
145.000	52.700	44.508	36,3	30,7	42,0	42,0
150.000	54.800	46.678	36,5	31,1	42,0	42,0
155.000	56.900	48.778	36,7	31,5	42,0	42,0
160.000	59.000	50.878	36,9	31,8	42,0	42,0

Tab. 68 Fortsetzung

Tarif 2013	ESt	ESt	Durchschnittssteuersatz	Durchschnittssteuersatz	Grenzsteuersatz	Grenzsteuersatz
Zu versteuerndes Einkommen	Grundtabelle in €	Splittingtabelle in €	Grundtabelle %	Splittingtabelle %	Grundtabelle %	Splittingtabelle %
165.000	61.100	52.978	37,0	32,1	42,0	42,0
170.000	63.200	55.078	37,1	32,4	42,0	42,0
175.000	65.300	57.178	37,3	32,6	42,0	42,0
180.000	67.400	59.278	37,4	32,9	42,0	42,0
185.000	69.500	61.378	37,6	33,2	42,0	42,0
190.000	71.600	63.478	37,7	33,4	42,0	42,0
200.000	75.800	67.678	37,9	33,8	42,0	42,0

Steuerzahler, die zur Abgabe einer **Einkommensteuererklärung** verpflichtet sind, werden vom Finanzamt durch Übersendung der Steuererklärungsvordrucke und einer Anleitung auf die Abgabe der Einkommensteuererklärung für das aktuelle Kalenderjahr aufmerksam gemacht, falls sie bislang eine papierhafte Erklärung abgegeben haben. Dies unterbleibt, wenn der letztjährige Antrag elektronisch erfolgt ist, aber auch darüber wird der Steuerzahler in seinem Steuerbescheid informiert.

Die Einkommensteuererklärung ist elektronisch an die Finanzverwaltung zu übermitteln, wenn Einkünfte aus Land- und Forstwirtschaft, Gewerbebetrieb oder selbstständiger Tätigkeit erzielt werden. Für die elektronisch authentifizierte Übermittlung wird ein Zertifikat benötigt.

Abgabetermin für Privatpersonen ist der 31.5. des folgenden Jahres (*§ 149 Abs.2 AO*). Für Angehörige der steuerberatenden Berufe wird die Frist auf den 30.9. des Jahres und auf Antrag bis zum 28.2. des Folgejahres verlängert.

Die gleichen Fristen gelten

- für die Feststellung des verbleibenden Verlustvortrages
- für den Antrag auf Festsetzung der Arbeitnehmer-Sparzulage
- für die Erklärung zur Festsetzung der Kirchensteuer auf Kapitalerträge (seit VAZ 2009)

Neben der gesetzlichen Verpflichtung zur Abgabe der Einkommensteuererklärung kommt für viele Steuerzahler die Beantragung einer Veranlagung in Betracht. Freiwillige Einkommensteuererklärungen müssen bis zum 31.12. des zweiten auf das Veranlagungsjahr folgenden Jahres abgegeben werden (Beispiel Steuerjahr 2012: Einkommensteuererklärung bis 31.12.2016), eine Fristverlängerung ist nicht möglich. Der Antrag auf Arbeitnehmer-Sparzulage muss bis zum 31.12. des übernächsten Jahres (für 2012 z. B. bis 31.12.2014) gestellt werden. Arbeitnehmer können gegebenenfalls eine vereinfachte Einkommensteuererklärung abgeben.

Zuständiges Finanzamt ist das Finanzamt, in dessen Bezirk der Steuerpflichtige seinen Wohnsitz zum Zeitpunkt der Erstellung der Erklärung hat.

Mit dem Hauptvordruck werden die Sonderausgaben (ohne Vorsorgeaufwendungen und Altersvorsorgebeiträge) und die außergewöhnlichen Belastungen erklärt, sowie Angaben zu haushaltsnahen Beschäftigungsverhältnissen, Dienstleistungen und Handwerkerleistungen gemacht und gegebenenfalls Anträge gestellt. Die Einkünfte im Kalenderjahr werden für die einzelnen Einkunftsarten mit folgenden Anlagen erklärt (Tab. 69):

Tab. 69 Anlagen für die einzelnen Einkunftsarten

Einkünfte aus	Vordruck	Bemerkungen
Land- und Forstwirtschaft	Anlage L	
Gewerbebetrieb	Anlage G	Bei Bruttoeinahmen ab 17.500 € ist für jeden Betrieb, soweit keine Bilanz erstellt wird, zusätzlich eine Anlage EÜR abzugeben
Selbstständige Arbeit	Anlage S	dto.
Nicht selbstständige Arbeit	Anlage N	
Kapitalvermögen	Anlage KAP	
Vermietung und Verpachtung	Anlage V	
Sonstige Einkünfte	Anlage SO	Private Veräußerungsgeschäfte
Sonstige Einkünfte	Anlage R	Renten

Haben beide Ehegatten entsprechende Einkünfte, müssen die Anlagen für jeden einzeln erstellt werden.

Weiterhin sind gegebenenfalls folgende Anlagen zu erstellen (Tab. 70):

Tab. 70 Anlagen zur Einkommensteuererklärung

	Vordruck	Bemerkungen
Angaben zu Kindern	Anlage Kind	Für jedes Kind einzeln
ausländische Einkünfte und Steuern	Anlage AUS	
Förderung des Wohneigentums	Anlage FW	
Angaben zu Vorsorgeaufwendungen	Anlage VORSORGEAUFWAND	
Angaben zu Altersvorsorgebeiträgen	Anlage AV	
Unterhaltsleistungen	Anlage U	
Gewerbebetrieb oder selbstständige Arbeit	Anlage EÜR	Für jeden Betrieb einzeln

Die Einkommensteuererklärung kann inzwischen auch elektronisch per Internet oder per Barcodeausdruck abgegeben werden. Angabegemäß werden die so übermittelten Erklärungen bevorzugt behandelt (www.elsterformular.de).

Allerdings muss zusätzlich eine gedruckte Version mit sämtlichen Belegen eingereicht werden. In den Folgejahren kann man dann immer auf die vorherige Erklärung aufbauen. Anhand eines Berechnungstools, der natürlich nicht verbindlich ist, können die Angaben und die Auswirkungen gut überprüft werden.

Die 7 Einkunftsarten des Einkommensteuergesetzes im Überblick (Tab. 71):

Tab. 71 Einkunftsarten

Einkünfte aus Land- und Forstwirtschaft,	§ 13 ff. EStG
Einkünfte aus Gewerbebetrieb	§ 15 ff EStG
Einkünfte aus selbstständiger Arbeit	§ 18 ff. EStG
Einkünfte aus nicht selbstständiger Arbeit	§ 19 ff. EStG
Einkünfte aus Kapitalvermögen	§ 20 ff. EStG
Einkünfte aus Vermietung und Verpachtung	§ 21 ff. EStG
Sonstige Einkünfte	§ 22 EStG

Sie werden einzeln ermittelt und mittels der Einkommensteuererklärung in entsprechenden Anlagen einheitlich erklärt.

Wichtig für Kreditnehmer ist die Frage, wie Kreditinstitute die Einkommenssituation insbesondere bei verschiedenen Einkunftsarten einschätzen, die ja teilweise (quellen-)besteuert und teilweise unversteuert fließen, bzw. wie konkret dabei vorgegangen wird.

Ein Kreditkunde sollte darauf vorbereitet sein und die Unterlagen vor der Weitergabe selbst prüfen.

Folgende Aspekte werden berücksichtigt:

- Ergebnis soll das Einkommen nach Steuern sein
- die Einkommen/Einkünfte sind zeitnah nachzuweisen
- sie müssen nachhaltig erzielbar sein
- jede Einkunftsart wird methodisch durchleuchtet
- dafür müssen aktuelle Gewinnermittlungen vorliegen
- die Bilanzen werden nach einheitlichen Kriterien geprüft und gegliedert
- Branchenvergleiche werden hinzugezogen
- die Konkurrenzsituation wird begutachtet
- auch die Einnahmenseite wird genauestens geprüft
- Beispiel: Mieteinnahmen, Mieterqualität, Mieterbonität, Mietverträge
- Zinseinnahmen, dazugehörige Geldanlagen

Dabei werden folgende Unterlagen hinzugezogen:

- Kontoauszüge, Kontostandsmitteilungen
- Depotauszüge
- Grundbuchauszüge
- Rentenbescheide, Rentenbezugsmitteilungen

- Leibrentenverträge
- Mietverträge
- Steuerbescheide
- Steuererklärungen inkl. Anlagen
- Bilanzen
- Einnahmen-/Überschussrechnungen

Einkünfte aus Gewerbetrieb werden seit 2008 mittels der Anlage G erklärt. Bei Bruttoeinnahmen ab 17.500 € ist für jeden Betrieb, soweit keine Bilanz erstellt wird, zusätzlich eine Anlage EÜR abzugeben. Nach § 35 EStG besteht eine Steuerermäßigung bei gewerblichen Einkünften durch die Anrechnung der Gewerbesteuer. Seit 2008 ist der Abzug auf die tatsächlich zu zahlende Gewerbesteuer beschränkt. Mit der Anlage G werden auch Veräußerungsgewinne bei Veräußerung/Aufgabe eines ganzen Betriebs, eines Teilbetriebs oder eines ganzen Mitunternehmeranteils erklärt.

Einkünfte aus selbstständiger Arbeit werden seit 2008 mittels der Anlage S erklärt. Bei Bruttoeinnahmen ab 17.500 € ist für jede Tätigkeit, soweit keine Bilanz erstellt wird, zusätzlich eine Anlage EÜR abzugeben. Erklärt werden hiermit auch Veräußerungsgewinne bei Veräußerung/Aufgabe eines ganzen Betriebs, eines Teilbetriebs, eines ganzen Mitunternehmeranteils.

Die **Einnahmenüberschussrechnung** ist eine Gewinnermittlung nach § 4 Abs. 3 EStG. Grundsätzlich handelt es sich um eine reine Geldrechnung, also um eine vereinfachte Gewinnermittlung durch Gegenüberstellung von Einnahmen und Ausgaben in einer Periode. Lediglich die Abschreibung erfolgt hier nicht nach dem Kassenprinzip.

Während der Betriebsvermögensvergleich eine vermögensorientierte Erfolgsmessung darstellt, handelt es sich bei der Einnahmenüberschussrechnung um eine zahlungsorientierte Erfolgsmessung. Für jeden Betrieb ist eine gesonderte Einnahmenüberschussrechnung zu erstellen. Wenn die geltend gemachten Schuldzinsen ohne Berücksichtigung der Schuldzinsen für Darlehen zur Finanzierung von Anschaffungs- oder Herstellungskosten von Wirtschaftsgütern des Anlagevermögens den Betrag von 2.050 € überschreiten, ist bei Einzelunternehmern die Anlage SZE beizufügen. Liegen die Betriebseinnahmen für den Betrieb unter der Grenze von 17.500 €, kann die Gewinnermittlung formlos erfolgen. Ansonsten ist für Wirtschaftsjahre, die nach dem 31.12.2004 begonnen haben, eine Gewinnermittlung nach amtlich vorgeschriebenem Vordruck (Anlage EÜR) anzufertigen und der Einkommensteuererklärung mit den Anlagen G und/oder S beizufügen.

Die Anlage EÜR ist eine seit 2005 obligatorische Anlage zur Einkommensteuererklärung für Gewerbetreibende, Freiberufler und Land- und Forstwirte, die eine Einnahmenüberschussrechnung erstellen. Kleinunternehmer mit jährlich weniger als 17.500 € Betriebseinnahmen müssen die Anlage EÜR nicht ausfüllen, hier reicht eine formlose Gewinnermittlung aus, die der Einkommensteuererklärung beizufügen ist. Für jeden Betrieb ist eine separate Einnahmenüberschussrechnung abzugeben.

Einkünfte aus nicht selbstständiger Arbeit werden mittels der Anlage N erklärt, wobei jeder Ehegatte mit Einkünften eine eigene Anlage N abzugeben hat. Dabei sind alle Angaben zum Arbeitslohn und den Versorgungsbezügen vorab dem Finanzamt durch die Lohnsteuerbescheinigungen bekannt, es findet also nur noch ein Abgleich dieser Daten statt. Weiterhin erfasst werden die Lohnersatzleistungen, die eigentlich steuerfrei sind, aber für den Progressionsvorbehalt berücksichtigt werden (Tab. 72).

Tab. 72 Pausch-/Freibeträge bei Einkünften aus nicht selbstständiger Arbeit

Steuerliche Frei- und Förderbeträge:	Grundlage	Stand 2013
Arbeitnehmer-Pauschbetrag auf Aktivbezüge	§ 9a (1) Nr. 1a EStG	1.000 €
Werbungskosten-Pauschbetrag auf Versorgungsbezüge	§ 9a (1) Nr. 1b EStG	102 €
Altersentlastungsbetrag	§ 24a EStG	27,2 %; max. 1.292 €
Versorgungsfreibetrag	§ 19 Abs. 2 EStG	27,2 %; max. 2.652 €

Einkünfte aus Kapitalvermögen unterliegen seit 2009 einem gesonderten Steuertarif von 25 %. Hinzu kommen der Solidaritätszuschlag von 5,5 % und die Kirchensteuer. Seitdem ist die Einkommensteuer auf Kapitalerträge durch den Steuerabzug (Abgeltungssteuer) abgegolten und die Abgabe der Anlage KAP entbehrlich.

Angaben zu den Einkünfte aus Kapitalvermögen sind jedoch erforderlich und ratsam, wenn

- die Kapitalerträge nicht dem Steuerabzug unterlegen haben,
- keine Kirchensteuer auf Kapitalertragsteuer einbehalten wurde, obwohl Kirchensteuerpflicht vorliegt,
- der Steuerpflichtige dem Grunde oder der Höhe nach den Steuereinbehalt überprüfen lassen möchte,
- die abgeltende Wirkung des Steuerabzugs aufgrund der Ausnahmeregelung des § 32 d Abs. 2 EStG nicht in Betracht kommt,
- die einbehaltene Kapitalertragsteuer im Zusammenhang mit anderen Einkunftsarten anzurechnen oder zu erstatten ist,
- der Steuerpflichtige den Antrag auf Günstigerprüfung stellen will, falls der individuelle Steuersatz unter 25 % liegt oder
- kein Freistellungsauftrag erteilt worden ist und der Sparer-Pauschbetrag geltend gemacht werden soll.

In diesen Fällen wird durch Abgabe einer Anlage KAP eine sogenannte Antragsveranlagung durchgeführt. Bei der Ermittlung der Einkünfte aus Kapitalvermögen wird als Werbungskosten der Sparer-Pauschbetrag (801 €/1602 €) abgezogen. Da bei allen zu erklärenden Einnahmen durch die Abgeltungssteuer bereits ein Steuerabzug stattgefunden hat, bilden die Steuerbescheinigungen der Kreditinstitute die Grundlage für die Eintragungen. Diese sind im Original der Erklärung beizulegen und einzureichen, da diese Bescheinigungen auch die Anrechnungsbeträge (also die abgehaltenen Steuern) enthalten. Mit der Anlage KAP wird auch die sogenannte Günstigerprüfung beantragt. Für anzurechnende Quellensteuer muss ebenfalls eine Originalurkunde an das Finanzamt weitergeleitet werden.

Zusammenfassung der steuerlichen Frei- und Förderbeträge, die man am besten durch Abgabe eines Freistellungsauftrags bereits vorab geltend macht (Tab. 73):

Tab. 73 Sparer-Pauschbetrag und Abgeltungsteuer

Abgeltungsteuer auf Erträge und Veräußerungsgewinne	§ 32d Abs. 1 Satz 1 EStG	25 %
Abgeltungsteuer bei Kirchensteuerpflicht 9 %/8 %	§ 32d Abs. 1 Satz 3 EStG	24,45 % bzw. 24,51 %
Sparer-Pauschbetrag		801 €/1.602 €

Die **Einkünfte aus Vermietung und Verpachtung** werden ermittelt durch Gegenüberstellung von Einnahmen und Ausgaben aus bebauten und unbebauten Grundstücken, die im Inland belegen sind. Dazu gehören auch Anteile an Einkünften aus

- Bauherrengemeinschaften
- Erwerbergemeinschaften
- geschlossenen Immobilienfonds
- Grundstücksgemeinschaften
- Gesellschaften, Gemeinschaften, ähnlichen Modellen im Sinne des § 15b EStG

Guthabenzinsen von Bausparverträgen gehören zu den Einnahmen aus Vermietung und Verpachtung, wenn der Bausparvertrag in einem engen Zusammenhang mit der Anschaffung, Herstellung oder Erhaltung dieses Gebäudes steht. Beiträge zur Instandhaltungsrücklage der Gemeinschaft der Wohnungseigentümer sind nicht bereits zum Zeitpunkt der Abführung als Werbungskosten abziehbar, sondern erst bei Verausgabung der Beträge für Erhaltungsaufwendungen.

Die Einnahmen und die zu deren Erzielung notwendigen Aufwendungen (Werbungskosten) werden in der Anlage V zur Einkommensteuererklärung deklariert.

Zu der Überschusseinkunftsart **sonstige Einkünfte** gehören insbesondere

- Renten (Leibrenten)
- dauernde Lasten
- wiederkehrende Bezüge
- Unterhaltsleistungen, die ein geschiedener oder getrennt lebender Ehegatte erhält, falls der zahlende Ehegatte sie mit seiner Zustimmung als Sonderausgaben geltend macht
- Abgeordnetenbezüge
- Einkünfte aus gelegentlichen Vermittlungen, aus der Vermietung beweglicher Gegenstände und aus Stillhaltergeschäften im Optionshandel
- private Veräußerungsgeschäfte

Erklärt werden die Renten seit 2005 in der Anlage R und alle anderen sonstigen Einkünfte in der Anlage SO. Beträgt der Gesamtgewinn aus privaten Veräußerungsgeschäften, insbesondere Grundstücks- und Wertpapierveräußerungen, weniger als 600 €, im Fall der Zusammenveranlagung bei jedem Ehegatten weniger als 600 €, so kann auf die Anlage SO verzichtet werden, wenn dies im Hauptvordruck zur Einkommensteuererklärung durch

Ankreuzen bestätigt wird. Die gesetzlichen Renten (ausgezahlt durch Deutsche Rentenversicherung Bund) wurden bis einschließlich 2004 wie Leibrenten nur mit dem Ertragsanteil versteuert. Alle, die zum 1.1.2005 bereits eine gesetzliche Rente bezogen haben (Bestandsrentner) müssen seit 2005 50 % ihrer Rente versteuern, die restlichen 50 % bleiben auch künftig steuerfrei. Der sich hieraus ergebende „Freibetrag" wird jeden Rentner bis zu seinem Lebensende „begleiten", künftige Rentenerhöhungen werden allerdings zu 100 % steuerpflichtig. Aus der untenstehenden Tabelle können sie entnehmen, dass Neurentner des Jahres 2013 einen Besteuerungsanteil von 66 % berücksichtigen müssen, d. h. 34 % der Anfangsrente bleiben steuerfrei

Beispiel

Rentenbeginn	1.3.2013
Jährliche Rente:	17.400 €
davon 34 %	5.916 € dauerhaft steuerfrei
davon 66 %	11.814 € steuerpflichtig
künftige Erhöhungen:	steuerpflichtig

Falls Rentner „vergessen", die Rente in der Steuererklärung anzugeben, kann das als Steuerhinterziehung angesehen werden.

Der steuerpflichtige Anteil von Neurenten steigt seit 2006 jedes Jahr um 2 Prozentpunkte und ab dem Kalenderjahr 2020 um jeweils einen Prozentpunkt, bis im Jahre 2040 die vollständige Besteuerung der gesetzlichen Rente erreicht ist. Dazu ist seit 2005 die Anlage R zur Einkommensteuererklärung auszufüllen (Tab. 74).

Tab. 74 Besteuerungsanteil von Renten

Jahr des Rentenbeginns	Besteuerungsanteil in v.H.	Jahr des Rentenbeginns	Besteuerungsanteil in v. H.
2005	50	2027	87
2013	66	2028	88
2014	68	2029	89
2015	70	2030	90
2016	72	2031	91
2017	74	2032	92
2018	76	2033	93
2019	78	2034	94
2020	80	2035	95
2021	81	2036	96
2022	82	2037	97
2023	86	2038	98
2024	84	2039	99
2025	85	2040	100
2026	86		

In der **Anlage R** sind die Einkünfte aus Renten sowie aus Altersvorsorgeverträgen zu erklären. Jeder Ehegatte muss seine Angaben in einer eigenen Anlage R machen. Aus diesen Angaben wird die (unterschiedliche) Besteuerung der einzelnen Renten abgeleitet.

Die Besteuerung unterteilt sich in drei Gruppen:

A. *Leibrenten*
   1. aus gesetzlichen Rentenversicherungen
   2. aus landwirtschaftlichen Alterskassen
   3. aus berufsständischen Versorgungseinrichtungen
   4. aus eigenen kapitalgedeckten Rentenversicherungen, wenn die Laufzeit dieser Versicherungen nach dem 31.12.2004 begonnen hat

B. *Leibrenten*
   5. aus privaten Rentenversicherungen
   6. aus privaten Rentenversicherungen mit zeitlich befristeter Laufzeit
   7. aus sonstigen Verpflichtungsgründen (z. B. Renten aus Veräußerungs-geschäften)

C. *Leistungen aus Altersvorsorgeverträgen und aus der betrieblichen Altersversorgung*

Einzutragen sind in der Regel die Jahresbruttorentenbeträge, die je nach Art der Rente nicht mit den ausgezahlten Beträgen identisch sein müssen. Erfasst werden auch Rentennachzahlungen und Einmalzahlungen. Die bei der Auszahlung der Renten gegebenenfalls einbehaltenen Beiträge zur Kranken- und Pflegeversicherung sind nicht vom Rentenbetrag abzuziehen, sie können aber mit der Anlage Vorsorgeaufwand als Sonderausgaben geltend gemacht werden. Zuschüsse der gesetzlichen Rentenversicherung zur Krankenversicherung sind steuerfrei und gehören nicht zum Rentenbetrag. Das Finanzamt vergleicht die Angaben in der Anlage R mit den Daten, die von den Rentenversicherungsträgern und anderen Institutionen, die Renten auszahlen, übermittelt werden. Ermöglicht wurde die direkte Zuordnung durch die Einführung der Identifikations-Nummer, die auch auf den Rentenbezugsmitteilungen erscheint.

Bei der **nachgelagerten Besteuerung** bleiben Beiträge im Zeitpunkt der Zahlung steuerfrei und werden erst bei Auszahlung versteuert. So werden die Rentenzahlungen aus Altersvorsorgeverträgen gemäß § 22 Nr. 5 EStG in voller Höhe der Einkommensteuer unterworfen, wenn die zuvor in private oder betriebliche Altersvorsorgeverträge eingezahlten Beiträge im Rahmen des Sonderausgabenabzugs nach § 10a EStG von der Einkommensteuer freigestellt wurden. Konkret bedeutet dies, dass Alterseinkünfte erst dann versteuert werden, wenn diese an den Steuerpflichtigen ausgezahlt werden, also im Alter. Dafür bleiben die Beiträge zur Altersvorsorge in der Erwerbstätigkeitsphase bis zu einem jährlichen Höchstbetrag unversteuert.

Der Übergang zur nachgelagerten Besteuerung und zur Steuerfreistellung erfolgt schrittweise, da die im Falle einer sofortigen Umstellung eintretenden Steuerausfälle vom Staat nicht zu finanzieren gewesen wären. Auch Nutzer der **Wohnriester-Förderung** müssen im Rentenalter Steuern auf die zuvor geförderten Beträge zahlen. Alle geförderten Beträge (Entnahmen, Sparleistungen, Tilgungsleistungen und Zulagen) werden auf einem Wohnförderkonto verbucht und mit 2 % p.a. verzinst. Ab Rentenbeginn wird der zusammengerechnete Betrag in gleichen Jahresraten bis zum 85. Lebensjahr versteuert. Der Steuerpflichtige kann allerdings auch bei Rentenbeginn alle Steuern sofort bezahlen, kann dann allerdings den zu versteuernden Betrag sofort um 30 % kürzen. Anders als bei traditionellem Riester-Produkten gibt es hierbei eine Besonderheit: Die nachgelagerte Besteuerung bringt es mit sich, dass der Eigentümer einer mit Wohn-Riester geförderten Wohnung im Alter Liquiditätsabflüsse zu verkraften hat, denen keine Zuflüsse entgegenstehen. Es ist daher anzuraten, hierfür frühzeitig Liquiditätsreserven anzulegen.

Sonderausgaben sind Aufwendungen der Lebensführung, die aus wirtschaftlichen und sozialen Gründen steuerlich abgesetzt werden können *(§ 10 EStG)*. Sie werden über die Anlage Vorsorgeaufwand deklariert. Einige Daten sind bei Arbeitnehmern aus der jährlichen Lohnsteuerbescheinigung zu entnehmen. Wird die Einkommensteuererklärung online über www.elsterformular.de erstellt, so übertragen sich diese Daten automatisch, wenn man die Anlage N ausfüllt und dorthin alle Daten aus der Lohnsteuerbescheinigung überträgt. Das sind insbesondere die bescheinigten Arbeitgeber- und Arbeitnehmeranteile für die Sozialversicherungssysteme.

Damit sind alle über den Arbeitgeber einbehaltenen Leistungen erfasst. Ergänzt werden müssen dann nur noch die eigenen zusätzlichen Aufwendungen.

Altersvorsorgebeiträge (für sogenannte Riester-Verträge) werden über die Anlage AV geltend gemacht.

Im Endstadium (im Jahr 2025) werden Aufwendungen zur Altersvorsorge im Rahmen der **Basisversorgung** bis zu einem Höchstbetrag von 20.000 € für Ledige bzw. 40.000 € für Zusammenveranlagte als Sonderausgaben steuerfrei gestellt. Zu der Basisversorgung rechnen folgende Beiträge/Aufwendungen:

- Beiträge zu den gesetzlichen Rentenversicherungen (Arbeitgeber- **und** Arbeitnehmeranteil),
- Beiträge zu den landwirtschaftlichen Alterskassen,
- Beiträge zu den privaten Leibrentenversicherungen, wenn sie die vom Gesetzgeber vorgegebenen Förderkriterien erfüllen.

Die genannten Höchstbeträge sind bei Arbeitnehmern, die keine eigenen Beiträge zu ihrer Altersvorsorge leisten, um einen fiktiven Beitrag zur gesetzlichen Rentenversicherung in Höhe des jeweiligen Beitragssatzes, bezogen auf den Arbeitslohn bzw. die Beitragsbemessungsgrenze, zu kürzen. Der Sonderausgabenabzug geht einher mit dem Übergang zur nachgelagerten Besteuerung der aus diesen Versicherungen und Einrichtungen fließenden Rentenerträge mit einer langfristigen Übergangsregelung bis 2040. Eine volle Absetzbarkeit der Aufwendungen (100 %) zur Altersvorsorge wird daher erst ab 2025 gegeben sein. Seit 2005 wird der Abzugsbetrag schrittweise aufgestockt (Tab. 75):

Tab. 75 Sonderausgabenabzug für Beiträge im Rahmen der Basisversorgung

Jahr (VAZ)	Höchstens abzugsfähig in %	Höchstbetrag in €	Jahr (VAZ)	Höchstens abzugsfähig in %	Höchstbetrag in €
2005	60	12.000	2016	82	16.400
2006	62	12.400	2017	84	16.800
2007	64	12.800	2018	86	17.200
2008	66	13.200	2019	88	17.600
2009	68	13.600	2020	90	18.000
2010	70	14.000	2021	92	18.400
2011	72	14.400	2022	94	18.800
2012	74	14.800	2023	96	19.200
2013	76	15.200	2024	98	19.600
2014	78	15.600	2025	100	20.000
2015	80	16.000			

Arbeitnehmer, deren Arbeitgeber einen steuerfreien Anteil zur gesetzlichen Rentenversicherung zahlen, haben diesen Beitrag als Leistung im Rahmen der Basisversorgung wie ihren eigenen Arbeitnehmerbeitrag anzusetzen, müssen allerdings während der Übergangsphase „hinnehmen", dass nach Begrenzung der Beiträge auf den im jeweiligen Veranlagungszeitraum vorgesehenen Prozentsatz eine volle Anrechnung des steuerfreien Arbeitgeberanteils erfolgt, sodass nur noch der verbleibende Restbetrag im Rahmen des Sonderausgabenabzugs berücksichtigt wird.

Zahlungen in eine kapitalgedeckte Rentenversicherung werden seit 2004 nur noch gefördert, wenn die Versicherung die Zahlung einer monatlichen auf das Leben des Steuerzahlers bezogenen Leibrente vorsieht und diese Leistungen nicht vor dem 60. Lebensjahr des Berechtigten erbracht werden. Die Versorgungsanwartschaften dürfen nicht vererblich, nicht übertragbar, nicht beleihbar, nicht veräußerbar und nicht kapitalisierbar sein (Rürup-Rente).

Seit dem 1.1.2010 werden drei Gruppen von **Vorsorgeaufwendungen** unterschieden, die als Sonderausgaben absetzbar sind:

- Beiträge zur Altersvorsorge
- Beiträge zur Kranken- und Pflegeversicherung
- Beiträge zu anderen Versicherungen

Bis 2009 waren Beiträge für eine Kranken- und Pflegeversicherung zusammen mit den anderen sonstigen Vorsorgeaufwendungen nur begrenzt abzugsfähig. Diese Höchstbeträge wurden ab 2010 auf bis zu 2.800 € erhöht.

Über die Anhebung der Höchstbeträge hinaus wurde damit sichergestellt, dass seit 2010 alle Krankenversicherungsbeiträge des Steuerpflichtigen, die ein Leistungsniveau absichern, das dem der gesetzlichen Kranken- und der sozialen Pflege-Pflichtversicherung entspricht, voll abziehbar sind. Steuerlich sind also mindestens die Beiträge für eine Basiskranken- und Pflegeversicherung als Sonderausgaben anzusetzen. Diese Abzugsmöglichkeiten gelten für privat wie auch für gesetzlich Krankenversicherte. Die Entlastung wirkt sich auch lohnsteuerrechtlich aus.

Damit durch das Umstellen vom alten auf den neuen Sonderausgabenabzug in einer Übergangsphase keiner schlechter gestellt wird als nach bisherigem Recht, überprüft das Finanzamt in den Jahren 2005 bis 2019, ob die Anwendung der früheren Höchstbetragsrechnung zu einem günstigeren Ergebnis geführt hätte.

Erklärt werden die Sonderausgaben auf dem Hauptvordruck der Einkommensteuererklärung und in der Anlage Vorsorgeaufwand.

In der gesetzlichen Rentenversicherung Pflichtversicherte können Altersvorsorgebeiträge zuzüglich der ihnen zustehenden Zulage seit 2008 jährlich bis zu 2.100 € als Sonderausgaben *(§ 10 a EStG)* abziehen.

Dies gilt auch für

- Empfänger von Besoldung nach dem Landes- oder Bundesbesoldungsgesetz
- Empfänger von Amtsbezügen nach dem Beamtenversorgungsgesetz
- Beamte, Richter, Berufssoldaten und Soldaten auf Zeit

Ist der Sonderausgabenabzug für den Steuerpflichtigen günstiger als der Anspruch auf die Zulage, erhöht sich die unter Berücksichtigung des Sonderausgabenabzugs ermittelte tarifliche Einkommensteuer um den Anspruch auf Zulage. In den anderen Fällen scheidet der Sonderausgabenabzug aus. Die Günstigerprüfung wird von Amts wegen vorgenommen (Tab. 76).

Seit den Beitragsjahren 2010 und folgende hat der Anbieter mit Einwilligung des Steuerpflichtigen (mittels eines Dauerzulagenantrages) die zu berücksichtigenden **Altersvorsorgebeiträge** nach amtlich vorgeschriebenem Datensatz durch Datenfernübertragung (bis zum 28. Februar des dem Beitragsjahr folgenden Kalenderjahres) an die zentrale Stelle zu übermitteln. Deshalb ist es wichtig, den Anbieter unverzüglich zu informieren, wenn sich die persönlichen Grunddaten ändern, denn die Finanzbehörden übernehmen nur die übertragenen Daten. Seit 2010 sind zusätzliche Angaben zu Altersvorsorgebeiträgen für jeden Berechtigten in den Anlagen AV zu machen. Folgende Informationen werden automatisch übertragen:

- die Höhe der im abgelaufenen Beitragsjahr geleisteten Altersvorsorgebeiträge (Beiträge und Tilgungsleistungen)
- die im abgelaufenen Beitragsjahr getroffenen, aufgehobenen oder geänderten Ermittlungsergebnisse (§ 90 EStG)
- die Summe der bis zum Ende des abgelaufenen Beitragsjahres dem Vertrag gutgeschriebenen Zulagen
- die Summe der bis zum Ende des abgelaufenen Beitragsjahres geleisteten Altersvorsorgebeiträge (Beiträge und Tilgungsleistungen)
- der Stand des Altersvorsorgevermögens
- der Stand des Wohnförderkontos

Tab. 76 Sonderausgaben

		Einzelveranlagung	Zusammenveranlagung
Altersvorsorgeaufwendungen	§ 10 Abs. 3 Satz 1 und 2 EStG	20.000 €	40.000 €
2013 davon anzusetzen		76 %	76 %
Beiträge zu Basiskranken- und Pflegeversicherungen	§ 10 Abs. 4 Satz 4 EStG	Ohne Begrenzung	Ohne Begrenzung
sonstige Beiträge – mit Zuschuss zur KV	§ 10 Abs. 4 Satz 2 u. 3 EStG	1.900 €	3.800 €
Sonstige Beiträge – ohne Zuschuss zur KV	§ 10 Abs. 4 Satz 1 u. 3 EStG	2.800 €	5.600 €
Sonderausgabenpauschbetrag	§ 10c Abs. 1 und 4 EStG	36 €	72 €
Für Riester-Verträge höchstförderfähiger Betrag je Zulageberechtigten	§ 10a Abs. 1 EStG	2.100 €	

Freibeträge sind Steuerminderungen, die grundsätzlich immer gewährt werden. Sie ermäßigen die steuerliche Belastung. Freibeträge dürfen nicht zu einem negativen Einkunftsbetrag führen (im Gegensatz zu tatsächlichen Aufwendungen). Ein klassisches Beispiel hierfür ist der Sparerfreibetrag. Es ist sinnvoll, Steuervorteile aus vermietetem Wohnungseigentum und auch aus bereits absehbaren Verlusten aus anderen Einkunftsarten schon durch die Eintragung von Freibeträgen zu nutzen. Dies hat eindeutig Liquiditätsvorteile und sollte daher auch von den Finanzierungsinstituten angeregt werden. Selbstverständlich sollte der Freibetrag auch für alle übrigen Eintragungsgründe (Sonderausgaben, Werbungskosten, außergewöhnliche Belastungen) genutzt werden. Auch bei Änderungen innerhalb eines Steuerjahres ist gegebenenfalls die mehrfache Änderung des Freibetrages sinnvoll. Der Antrag auf Lohnsteuerermäßigung kann bis zum 30.11. des laufenden Steuerjahres gestellt werden (Tab. 77).

Tab. 77 Freibeträge/Freigrenzen/Pausch- und Höchstbeträge/Förderbeträge in der Kurzübersicht (Stand: VAZ 2013)

Quelle im EStG	Inhalt	absoluter Betrag/ Zeitdauer/Prozentsatz
§ 3 Nr. 26	Steuerbefreiung für nebenberufliche Tätigkeiten als Übungsleiter, Ausbilder, Erzieher, Betreuer bei einer öffentlich-rechtlichen oder gemeinnützigen Körperschaft	2.400 €
§ 3 Nr. 26a	Einnahmen aus nebenberuflichen Tätigkeiten im Dienst oder Auftrag einer inländischen juristischen Person bis zur Höhe von jährlich insgesamt	720 €
§ 3 Nr. 28	Aufstockungsbeträge und zusätzliche Beiträge zur gesetzlichen Rentenversicherung nach dem Altersteilzeitgesetz sind steuerfrei	

Tab. 77 Fortsetzung

Quelle im EStG	Inhalt	absoluter Betrag/ Zeitdauer/Prozentsatz
§ 3 Nr. 34	Zusätzlich zum ohnehin geschuldeten Arbeitslohn erbrachte Leistungen des Arbeitgebers zur Verbesserung des allgemeinen Gesundheitszustandes und der betrieblichen Gesundheitsforderung	500 €
§ 3 Nr. 38	Freibetrag für Sachprämien aus Kundenbindungsprogrammen	1.080 €
§ 3 Nr. 63	Altersvorsorgehöchstbetrag zusätzlicher Höchstbetrag, wenn kein § 40b EStG	2.784 € 1.800 €
§ 3 Nr. 67	Elterngeld ist steuer- und sozialversicherungsfrei, unterliegt allerdings dem Progressionsvorbehalt	67 % des bisherigen Nettoeinkommens des erziehenden Elternteils mind. 300 € max. 1.800 € p. Mt.
§ 8 (2) LSTR 31	Sachbezugsfreigrenze pro Monat	44 €
§ 8 (3) LSTR 31	Personalrabatt	1.080 €
§ 9 Abs. 2	Entfernungspauschale höchstens 4.500 € p.a.	0,30 €//km
§ 9a Nr. 1a	Arbeitnehmer-Pauschbetrag bei Einnahmen aus nicht selbstständiger Arbeit	1.000 €
§ 9a Nr. 1b	Werbungskosten-Pauschbetrag auf Versorgungsbezüge	102 €
§ 9a Nr. 3	Werbungskosten-Pauschbetrag bei sonstigen Einkünfte (Renten)	102 €
§ 10 Abs. 1 Nr. 1	Unterhaltsleistungen an den geschiedenen oder dauernd getrennt lebenden unbeschränkt einkommensteuerpflichtigen Ehegatten, wenn der Geber dies mit Zustimmung des Empfängers beantragt	13.805 €
§ 10 Abs. 3	Altersvorsorgeaufwendungen Einzelveranlagung Zusammenveranlagung davon absetzbar	20.000 € 40.000 € 76 %
§ 10 Abs. 4 Satz 4	Sonstige Vorsorgeaufwendungen Beiträge zu Basiskranken- und Pflegeversicherungen	Ohne Begrenzung
§ 10 Abs. 4	Sonstige Vorsorgeaufwendungen sonstige Beiträge Mit Zuschuss zur Krankenversicherung Ohne Zuschuss zur Krankenversicherung	1.900 €/3.800 € 2.800 €/5.600 €
§ 10a Abs. 1	Zusätzliche Sonderausgaben für Altersvorsorgebeträge (§ 82) Höchstförderfähiger Betrag je Pflichtversicherten Seit dem VAZ 2008 jährlich bis zu	2.100 €
§ 10 b	Höchstsatz für Ausgaben für staatsbürgerliche Zwecke/politische Parteien	20 % vom GDE
§ 10 c Abs. 1	Sonderausgaben-Pauschbetrag bei Anwendung der Grund-/Splittingtabelle	36/72 €

Tab. 77 Fortsetzung

Quelle im EStG	Inhalt	absoluter Betrag/ Zeitdauer/Prozentsatz
§ 10d Abs. 1	Verlustabzug. Negative Einkünfte, die bei der Ermittlung des GdE nicht ausgeglichen werden. Bei zusammen veranlagten Ehegatten nach §§ 26, 26b	1.000.000 € 2.000.000 €
§ 19 Abs. 2	Versorgungsfreibetrag Für „Altpensionäre" Zuschlag für Versorgungsbezüge Für „Neupensionäre 2013" Inkl. Zuschlag für Versorgungsbezüge	40 % max. 3.000 € 900 € 27,2 % max. 2.652 €
§ 19a Abs. 1	Unentgeltliche oder verbilligte Vermögensbeteiligungen	135 €
§ 20 Abs. 9	Sparer-Pauschbetrag Zusammen veranlagte Ehegatten	801 € 1.602 €
§ 23 Abs. 3	Freigrenze für private Veräußerungsgeschäfte (Spekulationsgewinne)	600 €
§ 24a	Altersentlastungsbetrag für Steuerpflichtige, die das 64. Lebensjahr bereits 2005 vollendet hatten Steuerpflichtige, die das 64. Lebensjahr 2013 vollendet haben	40 % max. 1.900 € 27,2 % max. 1.292 €
§ 24b	Entlastungsbetrag für Alleinerziehende	1.308 €
§ 32 Abs. 6	Kinderfreibetrag bei zusammen veranlagten Ehegatten Freibetrag für Betreuungs-, Erziehungs- und Ausbildungsbedarf bei zusammen veranlagten Ehegatten Seit dem VAZ 2007 Beschränkung des Kinderfreibetrags bis zum 25. Lebensjahr	7.008 € 2.640 €
§ 32a Abs. 1 Nr. 1	Grundfreibetrag Einzelveranlagung Zusammenveranlagung	8.130 € 16.260 €
§ 32d Abs. 1 Satz 1	Abgeltungsteuer auf Erträge und Veräußerungsgewinne	25 %
§ 32d Abs. 1 Satz 3	Abgeltungsteuer auf Erträge und Veräußerungsgewinne bei Kirchensteuerpflicht 9 % bzw. 8 %	24.45 %/24,51 %
§ 33a Abs. 1	Steuerlich abzugsfähiger Höchstbetrag für Unterhaltsleistungen (Zusätzlich sind ab dem Jahr 2010 die für die unterhaltene Person übernommenen Beiträge zu einer Basiskranken- und einer Pflegeversicherung abziehbar)	8.004 €
§ 33a Abs. 2	Ausbildungsfreibetrag für auswärtig untergebrachte volljährige Kinder	924 €
§ 33a Abs. 3	Aufwendungen für eine Haushaltshilfe Bei Schwerbehinderung/Heimunterbringung	624 € 924 €

Tab. 77 Fortsetzung

Quelle im EStG	Inhalt	absoluter Betrag/ Zeitdauer/Prozentsatz
§ 33b Abs. 3	Pauschbeträge für Körperbehinderte bei Erwerbsminderung von 25–34 v. H. 35–44 v. H. 45–54 v. H. 55–64 v. H. 65–74 v. H. 75–84 v. H. 85–90 v. H. Über 90 v. H. Bei hilflos Pflegebedürftigen/Blinden	310 € 430 € 570 € 720 € 890 € 1.060 € 1.230 € 1.420 € 3.700 €
§ 33b Abs. 4	Hinterbliebenen-Pauschbetrag	370 €
§ 33b Abs. 6	Pflegepauschbetrag	924 €
§ 35a Abs. 1 und 2	Steuerermäßigung für haushaltsnahe Beschäftigungsverhältnisse Minderung der tariflichen Einkommensteuer bei geringfügiger Beschäftigung, bei Beschäftigungsverhältnissen mit Pflichtbeiträgen zur Sozialversicherung für die Inanspruchnahme von Pflege- und Betreuungsleistungen bei pflegebedürftigen Personen im Haushalt	20 % max. 510 € 20 % max. 4.000 €
§ 35a Abs. 3	Steuerermäßigung für die Inanspruchnahme von haushaltsnahen Dienstleistungen, Minderung der tariflichen Einkommensteuer um	20 % max. 1.200 €
§ 35b	Steuerermäßigung bei Belastung mit Erbschaftsteuer	
§ 37 b	Pauschalierung der Einkommensteuer bei Sachzuwendungen bis zu 10.000 €	30 %
§ 40b	Beitrag für Direktversicherung (vor dem 1.1.2005 abgeschlossen) Bei Anwendung der Durchschnittsbildung (vor dem 1.1.2005)	1.752 € 2.148 €
§ 66 Abs. 1	Kindergeld Für das erste und zweite Kind jeweils pro Monat Für das dritte Kind jeweils pro Monat Für das vierte und jedes weitere Kind jeweils pro Monat	184 € 190 € 215 €
§ 84 § 84 Satz 2	Altersvorsorgezulage Grundzulage für jeden Zulagenberechtigten Seit dem Jahre 2008 jährlich Berufseinsteigerbonus einmalig	154 € 200 €
§ 85	Altersvorsorgezulage Kinderzulage für jedes Kind, für das der Zulagenberechtigte Kindergeld erhält Seit dem Jahre 2008 jährlich Für ein nach dem 31.12.2007 geborenes Kind erhöht sich die Kinderzulage	185 € auf 300 €

Tab. 77 Fortsetzung

Quelle im EStG	Inhalt	absoluter Betrag/Zeitdauer/Prozentsatz
§ 86 Abs. 1	Mindesteigenbetrag je Förderberechtigten	4 % vom SV-Brutto
§ 86 Abs. 1 Satz 4	Seit dem Jahre 2008 jährlich Sockelbetrag je Zulagenberechtigten	max. v. d. Beitragsbemessungsgrenze RV-West 60 €

Mit den vermittelten Grundkenntnissen könnte jetzt auch eine **Steuer- und Liquiditätsrechnung** durchgeführt werden, um insbesondere bei Einkünften aus verschiedenen Einkunftsarten feststellen zu können, wie viel Liquidität denn tatsächlich vorhanden ist. Dabei ist wichtig für den praktischen Nutzen, dass man auch diese Zahlen nur auf den Gesamtzeitraum zur Kenntnis nimmt und keineswegs die monatlich tatsächlich zur Verfügung stehenden Zahlungsflüsse außer Acht lässt.

Idealerweise könnte man diese Aufstellung auch nutzen, um einen Einkommensteuerbescheid zu überprüfen Kreditinstitute analysieren vor einer Kreditentscheidung in ähnlicher Form die Kundendaten (Tab. 78).

Tab. 78 Steuer und Liquiditätsberechnung

Einkommensberechnung	wirksam für die Steuern	wirksam für die Liquidität
Einkünfte aus		
Land- und Forstwirtschaft lt. EÜR/Bilanz	€	€
Gewerbebetrieb lt. EÜR/Bilanz	€	€
selbständiger Arbeit lt. EÜR/Bilanz	€	€
nicht selbständiger Arbeit Bruttoeinkommen p.a.	€	€
ab Werbungskosten mind. € 1000,-- je Arbeitnehmer	€	
ab Versorgungsfreibetrag	€	
Kapitalvermögen (Zinsen- und Dividenden)	€	€
ab Sparerpauschbetrag 801,--/1602,-- €)	€	
Einnahmen aus Vermietung und Verpachtung	€	€
Schuldzinsen vermieteter Objekte	€	€
sonstige regelmäßige Werbungskosten V u V	€	€
Abschreibung vermieteter Objekte	€	
Sonstige Einkünfte	€	€
Renten aus gesetzlicher Rentenversicherung		€
zu versteuernder Teil der Rente	€	
Renten aus privater Rentenversicherung		€
Ertragsanteil der Rente	€	
Renten aus privaten Leibrenten		
Ertragsanteil der Rente	€	
ab Werbungskosten mind. € 102 €		
Summe der Einkünfte	€	€
Altersentlastungsbetrag	€	
Kinderfreibeträge	€	
Entlastungsbetrag für Alleinerziehende (1.308 € p.a.)	€	
unbeschränkt abzugsfähige Sonderausgaben	€	
beschränkt abziehbare Sonderausgaben	€	€
abzugsfähige Vorsorgeaufwendungen	€	
außergewöhnliche Belastungen	€	
Unterhalt	€	
zu versteuerndes Einkommen	€	
darauf Einkommensteuer	€	
abzüglich Ermäßigung für haushaltsnahe Dienstleistungen	€	
zu zahlende Einkommensteuer		€
5,5% Solidaritätszuschlag		€
8 oder 9% Kirchensteuer		€
Gesamtliquidität nach Steuern		€

Eine **Erbschaftsteuererklärung** muss von den Erben innerhalb von drei Monaten nach dem Erbfall abgegeben werden. Wird ein Erbschein beantragt, erfolgt normalerweise eine Kontrollmitteilung an das zuständige Finanzamt. Falls Grundbesitz vererbt wird, ist zusätzlich eine Anlage Grundstückswert auszufüllen.

Mit dem Wachstumsbeschleunigungsgesetz sind bereits wieder Korrekturen der Erbschaftsteuerreform 2009 vorgenommen worden. Seit 2010 sind die Erbschaftsteuersätze in der Steuerklasse II abgesenkt worden. Dadurch sollen insbesondere Übertragungen zwischen Geschwistern und Geschwisterkindern entlastet werden (Tab. 79).

Tab. 79 Erbschaftsteuersätze

Wert des steuerpflichtigen Erwerbs bis einschließlich	Vomhundertsatz in der Steuerklasse		
	I	II	III
€ 75.000	7	15	30
€ 300.000	11	20	30
€ 600.000	15	25	30
€ 6.000.000	19	30	30
€ 13.000.000	23	35	50
€ 26.000.000	27	40	50
über € 26.000.000	30	43	50

Wohneigentum:

Steuerfrei für Ehegatten und eingetragene Lebenspartner wenn mind. 10 Jahre Selbstnutzung vorliegt

Steuerfrei für Kinder wenn mind. 10 Jahre Selbstnutzung erfolgt und die Wohnfläche nicht größer als 200 Quadratmeter ist

Steuerklasse (§ 15 ErbStG): Nach dem persönlichen Verhältnis des Erwerbers zum Erblasser oder Schenkers werden folgende drei Steuerklassen unterschieden (Tab. 80):

Tab. 80 Steuerklassen

Steuerklasse I:	Ehegatten, Kinder (auch Stief- und Adoptivkinder), Kinder verstorbener Kinder, Enkel, Eltern, Groß- und Urgroßeltern bei Erwerben von Todes wegen
Steuerklasse II:	Eltern und Voreltern bei Schenkungen, soweit sie nicht zur Steuerklasse I gehören, Geschwister, Nichten, Neffen, Schwiegerkinder, Schwiegereltern, geschiedene Ehegatten.
Steuerklasse III:	Eingetragene Lebenspartner, Onkel, Tanten, Nachbarn, Freunde, Lebensgefährten, alle nicht Verwandten und Begünstigte von Zweckzuwendungen

Persönliche (allgemeine) Freibeträge (§ 16 ErbStG): Von dem Erwerb können unabhängig von den sachlichen Freibeträgen, die je nach Zusammensetzung des Vermögens unterschiedlich hoch ausfallen, je nach Verwandtschaftsgrad des Erwerbers zum Erblasser bzw. Schenker Freibeträge in unterschiedlicher Höhe abgezogen werden (Tab. 81):

Tab. 81 Freibeträge bei der Erbschaftsteuer

Ehegatten	500.000 €
Kinder, sowie Kinder verstorbener Kinder	400.000 €
Enkel	200.000 €
Eltern, Groß- und Urgroßeltern, übrige Erwerber der Steuerklasse I	100.000 €
Erben der Steuerklasse II	20.000 €
eingetragene Lebenspartner	500.000 €
Erben der Steuerklasse III, wie Onkel. Tanten, Nichten, Neffen, Lebensgefährten, Nachbarn, Freunde und alle Anderen	20.000 €

Versorgungsfreibeträge (§ 17 ErbStG): Der Versorgungsfreibetrag für Ehegatten wird auch für eingetragene Lebenspartner gewährt. Darauf werden beispielsweise Rentenzahlungen (mit dem kapitalisierten Wert) angerechnet (Tab. 82).

Tab. 82 Versorgungsfreibeträge bei der Erbschaftsteuer

Ehegatten	256.000 €
eingetragene Lebenspartner	256.000 €
Kinder bis zum 5. Lebensjahr	52.000 €
Kinder älter als 5 bis zum 10. Lebensjahr	41.000 €
Kinder älter als 10 bis zum 15. Lebensjahr	30.700 €
Kinder älter als 15 bis zum 20. Lebensjahr	20.500 €
Kinder älter als 20 bis zum 27. Lebensjahr	10.300 €

Steuerbefreiung – sachliche Freibeträge (§ 13 ErbStG): Neben den Nachlassverbindlichkeiten, die vom Wert des Vermögensanfalls abgezogen werden, gibt es grundsächliche Steuerbefreiungen. Von Bedeutung sind (Tab. 83):

Tab. 83 sachliche Freibeträge bei der Erbschaftsteuer

Für Hausrat einschließlich Wäsche und Kleidungsstücke für Personen der Steuerklasse I	41.000 €
Für andere bewegliche Gegenstände wie private Kraftfahrzeuge, Schmuck usw. für Personen der Steuerklasse I	12.000 €
Für Hausrat einschließlich Wäsche und für andere bewegliche Gegenstände für Personen der Steuerklassen II und III	12.000 €

Ein steuerpflichtiger Erwerb, der bei Personen anfällt, die dem Erblasser unentgeltlich oder gegen ein unzureichendes Entgelt Pflege oder Unterhalt gewährt haben, bleibt bis zu einem Betrag von 20.000 € steuerfrei, soweit das Zugewendete als angemessenes Entgelt anzusehen ist. Dieser Freibetrag für Pflegeleistungen kommt aber nicht in Betracht für Ehegatten und Lebenspartner nach dem Lebenspartnerschaftsgesetz oder Kinder.

Weiterhin sind denkmalgeschützte Objekte durch einen niedrigeren Wertansatz (Steuerbefreiung 85%, vorher 60%) begünstigt. Dies gilt auch für Kunstgegenstände, Kunstsammlungen, wissenschaftliche Sammlungen, Bibliotheken und Archive, wenn die Erhaltung dieser Gegenstände im öffentlichen Interesse liegt.

Für zu Wohnzwecken vermietete Grundstücke, die im Inland oder einem Mitgliedsstaat der EU belegen sind, wird ein verminderter Wertansatz von 90 % des Wertes angesetzt *(§ 13c ErbStG).*

Begünstigung für die Kernfamilie: Die Vererbung der selbst genutzten Wohnimmobilie an einen Ehegatten bzw. den eingetragenen Lebenspartner bleibt steuerfrei unter der Voraussetzung, dass sie nach dem Erwerb mindestens 10 Jahre lang vom Erwerber selbst zu Wohnzwecken genutzt wird. Wird sie an Kinder oder an Enkel, deren Elternteil bereits verstorben ist, vererbt, fällt ebenfalls keine Erbschaftsteuer an, wenn die Wohnfläche bis 200 m² groß ist. Auch hier gilt die Zehn-Jahresgrenze. Gegebenenfalls ist nur der anteilige Grundstückswert, der auf die 200 m² übersteigende Wohnfläche entfällt, zu versteuern bzw. auf die persönlichen Freibeträge anzurechnen. Wird das Familienheim innerhalb der Zehnjahresfrist verkauft oder vermietet, so entfällt die Steuerbefreiung rückwirkend. Eine Ausnahme kann nur bei Tod oder Pflegebedürftigkeit in der Pflegestufe 3 gemacht werden.

Es gibt eine Stundungsmöglichkeit von bis zu zehn Jahren für Steuer auf ererbtes Grundvermögen, wenn andernfalls zur Entrichtung der Erbschaftsteuer das Grundstück veräußert werden müsste.

Fazit: Wer ein hohes Einkommen hat, zahlt auch hohe Steuern und trägt damit auch überproportional zur Finanzierung unseres Gemeinwesens „Deutschland" bei. Die Belastungsquote (also der Spitzensteuersatz) endet eigentlich bei 42 %, wird allerdings gegebenenfalls um die sogenannte Reichensteuer aufgestockt. Eine Besonderheit sind die Einkünfte aus Kapitalvermögen, die mittels der Abgeltungssteuer nur pauschal mit 25 % versteuert werden. Eine mögliche Steuerersparnis darf niemals das ausschließliche Kriterium für eine Investition sein, die Rendite ist das entscheidende Merkmal. Auf eine positive Rendite müssen dann natürlich Steuern gezahlt werden, aber genau deshalb sind Steuern eine gute Investition.

Vermögensplanung- und -sicherung

Die Wohnimmobilie ist weiterhin die favorisierte Geldanlage aller deutschen Haushalte. Die genaue Anlagestruktur des Geld- und Sachvermögens der privaten Haushalte ist der nachstehenden Übersicht zu entnehmen (Tab. 84):

Tab. 84 Geld und Sachvermögen der privaten Haushalte.

	2009		2010		2011	
	in Mrd. €	in %	in Mrd. €	in %	in Mrd. €	in %
Bargeld, Spargeld, Festgeld, Tagesgeld, Geldmarktpapiere	1.788	40,4	1.868	40,3	1.928	40,9
Rentenwerte	266	6,0	254	5,5	247	5,2
Aktien	202	4,6	244	5,2	222	4,7
Investmentzertifikate	413	9,3	431	9,3	395	8,4
Sonstige Beteiligungen	165	3,7	175	3,8	203	4,3
Versicherungen inkl. Rentenversicherungen und bAV	1.201	27.1	1.265	27,3	1.393	29,5
Ansprüche aus Pensionsrückstellungen	272	6,2	280	6,0	289	6,1
Sonstige	121	2,7	121	2,6	38	0,9
Geldvermögen insgesamt	4.427	100	4.639	100	4715	100
Kredite und Verbindlichkeiten	1.532	34,6	1.536	33,1	1549	32,9
Nettogeldvermögen	2.895	65,4	3.103	66,9	3.166	67,1

(Quelle: Deutsche Bundesbank)

Geldvermögen und verfügbares Einkommen sind seit Jahren gestiegen. Selbst die Finanzkrise hat diesen Trend nicht gebrochen. Natürlich steigt das Nettogeldvermögen aufgrund des geringeren Zinseszinseffektes bei Geldanlagen bzw. Kursgewinnen bei Aktien und Investmentfonds künftig nicht mehr so stark an.

Die größte Gefahr droht Anlegern nicht durch spektakuläre Finanz-Crashs, sondern durch eine schleichende Entwertung ihrer Ersparnisse. Das Zinsniveau ist seit Jahren so niedrig, dass mit sicheren Geldanlagen nicht einmal ein Inflationsausgleich möglich ist – wohlgemerkt vor der noch notwendigen Besteuerung.

In Normalzeiten würden bei steigender Inflationstendenz auch die Zinsen steigen, aber dieser Mechanismus ist durch politische Interventionen und in Folge durch die Notenbanken und die EZB außer Kraft gesetzt. Preise steigen an, ohne dass sich die Zinslandschaft ändert. Ein negativer Realzins hilft den Staaten bei der Konsolidierung der Haushalte und der Entschuldung auf Kosten der Bürger. Trotzdem braucht jeder Anleger sichere (Spar-) Anlagen.

Und so geraten in Krisenzeiten die **Sicherheitsstandards** der klassischen Anlage- und Altersvorsorgeprodukte in den Fokus (Tab. 85):

Tab. 85 Sicherheitsstandards von Anlage- und Altersvorsorgeprodukten

Gesetzliche Rentenversicherungen	Die gesetzliche Rentenversicherung ist von der Finanzkrise nicht direkt betroffen, da kein Kapital aufgebaut wird/werden kann. Nach dem Generationenvertrag zahlen die Aktiven mit ihren Rentenversicherungsbeiträgen die Renten der heutigen Rentner. Die gesetzliche Rentenversicherung ist deshalb nicht von der Entwicklung einzelner Banken oder der weltweiten Finanzsysteme abhängig.
Private Rentenversicherungen	Sind sicher, die garantierte Verzinsung gilt für die gesamte Laufzeit. Durch strikte Anlagekriterien, die von der Finanzaufsicht überwacht werden, bleibt die Vermögenssubstanz erhalten. Überschüsse könnten sich allerdings bei langandauernder Finanzkrise nicht in früherem Ausmaß bilden. Falls ein Versicherer insolvent wird, muss die Auffanggesellschaft Protektor eintreten.
Betriebsrenten	Sind meist klassische Rentenversicherungen. Dann gelten die vorstehenden Ausführungen und zusätzlich haftet noch der Arbeitgeber. Bei Direktzusagen, Unterstützungskassen oder Pensionsfonds haftet der Arbeitgeber, oder bei Insolvenz der Pensionssicherungsverein
Fondsgebundene Produkte	Sind stark vom Kapitalmarkt abhängig. Der Kunde trägt das volle Risiko. Je nach Vertragskonstellation besteht die Möglichkeit, die Risikoklasse zu wechseln und in weniger stark gefährdete Fonds auszuweichen. Es kann sinnvoll sein, sich bei Fälligkeit nicht Geld auszuzahlen, sondern sich Fondsanteile übertragen zu lassen.
Fondsgebundene Produkte aus der Riester-Förderung	Sind ebenfalls stark vom Kapitalmarkt abhängig, aber der Versicherer hat zumindest den Erhalt der Einzahlungen und der Zulagen garantiert
Kapitallebensversicherungen	Die Kapitallebensversicherungen sind sicher, die garantierte Verzinsung gilt für die gesamte Laufzeit. Durch strikte Anlagekriterien, die von der Finanzaufsicht überwacht werden, bleibt die Vermögenssubstanz erhalten. Überschüsse könnten sich allerdings bei langandauernder Finanzkrise nicht in früherem Ausmaß bilden. Falls ein Versicherer insolvent wird, muss die Auffanggesellschaft Protektor eintreten.

Tab. 85 Fortsetzung

Spareinlagen, Kontoguthaben, Tagesgelder, Festgelder, Festzinssparen u.a.	Bei Kreditinstituten, die einem Einlagensicherungsfonds angeschlossen sind, sind alle Einlagen in voller Höhe gesichert. Dazu gibt es die staatliche Garantie.

Eine private **Vermögensbilanz** ist eigentlich nichts anderes als eine private Selbstauskunft. Während über die Konto-/Depot- und Versicherungsguthaben ständig aktuelle Informationen vorliegen, können die anderen Vermögenswerte, deren Verkehrswerte nicht ständig neu festgestellt werden können, nur vorsichtig geschätzt werden. Wird die Bestandsaufnahme über einen längeren Zeitraum regelmäßig fortgeschrieben, so sind sowohl Wachstumspotenziale als auch Risiken deutlich erkennbar. Dies ermöglicht, die Vermögensstruktur fein zu justieren und zeigt auch den jeweiligen Handlungsbedarf auf (Tab. 86).

Tab. 86 Vermögensbilanz

Vermögensbilanz per:	in €
Guthaben auf Kontokorrentkonten	...
Guthaben auf Sparkonten	...
Guthaben auf Festgeldkonten	...
Guthaben auf Tagesgeldkonten	...
Sparbriefe	...
Geldmarktsparen	...
Bundesschatzbriefe	...
Geldmarktfonds	...
Zertifikate	...
Bausparguthaben	...
Kurswert Aktien	...
Kurswert festverzinsliche Papiere	...
Kurswert Investmentfonds	...
Rückkaufswert von Lebensversicherungen	...
Guthaben Beitragsplan	...
Pensionsansprüche	...
Verkehrswert eigengenutzte Immobilie	...
Verkehrswerte vermieteter Immobilien	...
Verkehrswerte Grundstücke	...
Verkehrswerte ausländische Immobilien	...
Nur ansetzen, falls von besonderem Wert	
Sachwerte Möbel/Einrichtung	...
Antiquitäten/Kunstgegenstände	...

Tab. 86 Fortsetzung

Vermögensbilanz per:		in €
Schmuck		…
Kraftfahrzeuge		…
Gesamtvermögenswerte		…
Kurzfristige Bankverbindlichkeiten		…
Langfristige Bankverbindlichkeiten		…
Baufinanzierungskredite		…
Ratenkredite		…
Leasingverpflichtungen		…
Privatverbindlichkeiten		…
Unterhaltsverpflichtungen		…
Steuerschulden		…
Gesamtverpflichtungen		…
Privater Vermögenssaldo		…
Selbstverständlich fließt auch das Ergebnis der Vermögensbilanz in das private Kreditrating mit ein.		
Privater Vermögenssaldo = freie Eigenmittel	€	…
Gesamtvermögenswerte	€	…
Eigenmittel in % der Gesamtvermögenswerte	%	…

Spätestens mit Beginn des Rentenalters müssen die Positionen aus der Vermögensbilanz so umgeschichtet werden, dass die Verfügbarkeit sichergestellt ist und möglichst wenige oder keine Finanzierungen mehr bestehen.

Ideal wäre es natürlich, wenn das Kapital (also die Summe aller Vermögenswerte) so hoch ist, dass der Einzelne nur von den Zinsen leben kann. Dann wäre es auch nicht notwendig, das Vermögen anzutasten, zumal schon die Inflation dafür sorgen dürfte, dass das angesparte Kapital weniger wert wird. Und in diesem Zusammenhang ist es dann auch interessant, noch einmal an die ständig steigende Lebenserwartung zu erinnern. Dies würde nämlich bedeuten, dass ein Aufbrauchen des Vermögens unverantwortlich wäre.

Die Finanzkrise hat eindrucksvoll gezeigt, wie eingeschränkt die Möglichkeiten des Einzelnen sind, sich einem globalen Finanzcrash zu entziehen. Die Währungsunion ist hochgradig bedroht, alle Staaten müssen in dieser Situation an ihre Grenzen gehen und können dabei doch nur eine Schadensbegrenzung betreiben. Gerade deshalb ist es für den Privatanleger wichtig, einen „klaren Kopf" zu behalten und sich vor Augen zu führen, wie sicher das Geld für die Altersvorsorge denn eigentlich ist. Zwar sind die großen Einlagensicherungsfonds der privaten Banken, des Genossenschaftsverbundes und der Sparkassenorganisation seit Jahren „unauffällig" tätig gewesen, aber richtig ins öffentliche Bewusstsein ist das erst gerückt, als sich die Bundesregierung genötigt sah zu betonen, dass deutsche Spargelder sicher sind und der Staat dies garantiere.

Verbraucherschutz und Schuldnerberatung

Der **Verbraucherschutz bei Finanzdienstleistungen** bedeutet im Kern, den Verbraucher in die Lage zu versetzen, überlegte, auf die eigenen Ziele und Möglichkeiten ausgerichtete Finanzentscheidungen zu treffen und die Verantwortung hierfür übernehmen zu können. Der Staat ist gefragt, mit einer aktiven Verbraucherpolitik das Vertrauen in Finanzprodukte und Finanzberatung insbesondere nach der weltweiten Finanzkrise wiederzugewinnen. Im Koalitionsvertrag hat sich die Bundesregierung zwar auf eine effizientere Aufsicht der Finanzdienstleister festgelegt, der Verbraucherschutz ist aber nicht Teil dieser Finanzaufsicht.

Bislang konzentriert sich alles auf die Solvenzaufsicht und weniger darauf, Marktmissbrauch zu verhindern. Lediglich im Versicherungsbereich sind wichtige Ansätze erkennbar. Von den Verbraucherschutzorganisationen wird zu Recht gefordert, dass die Finanzaufsicht den gesetzlichen Auftrag erhalten muss, sich aktiv um den Verbraucherschutz zu kümmern (Tab. 87).

Tab. 87 Verbraucherschutzpositionen

Förderung der finanziellen Bildung der Bank- und Versicherungskunden	Ausreichende Fähigkeiten zur Informationsbeschaffung und -bewertung sind die Basis für eine informierte Finanzentscheidung des Kunden, diese Fähigkeiten sind in allen Bevölkerungsschichten zu entwickeln und auszubauen.
Maßnahmen zur Stärkung der Markt- und Produkttransparenz	Transparenz ist die Voraussetzung für informierte Finanzentscheidungen
Schaffung von Verhaltensregeln	Diese tragen dazu bei, dass alle Anbieter von Finanzprodukten und Finanzberatung bestimmte Qualitätsstandards einhalten. Hierzu gehören • Sorgfaltspflicht • Beratungspflicht • Informationspflicht

Die **Europäische Vermittlerrichtlinie** von 2003 wurde erst mit Verzögerung in nationales Recht umgesetzt und ist seit dem 22. Mai 2007 in Kraft. Das Gesetz gilt für alle Versicherungsvertreter und Versicherungsmakler. Die Richtlinie wurde notwendig, um zum einen die Dienstleistungsfreiheit für den Bereich der Versicherungsvermittlung zu ermöglichen und zum anderen, um dem Gedanken des Verbraucherschutzes Rechnung zu tragen. Mit der Richtlinie sind folgende wesentliche Punkte geregelt:

- Eintragung der Vermittler in ein öffentlich zugängliches Register
- Informationspflichten für Vermittler
- Beratungs- und Dokumentationspflichten (Beratungsprotokoll)
- Einrichtung einer Schlichtungsstelle
- Sicherung von Kundengeldern

Alle Vermittler müssen sich mit der Gewerbeerlaubnis nach § 34d der Gewerbeordnung legitimieren können.

Als Faustregel gilt, dass immer dann, wenn eine natürliche Person Kreditnehmer wird und dieser Kredit privaten Zwecken dient, ein **Verbraucherkredit** vorliegt. Die Abgrenzung zwischen privaten Zwecken einerseits und gewerblichen (auch selbstständigen) Zwecken andererseits ist oft nur schwer möglich.

Zu den Verbraucherkrediten zählen insbesondere:

- Kredite an natürliche Personen zu persönlichen Zwecken, also z. B. Konsumentenkredite, aber auch Baufinanzierungen
- Kredite an vermögensverwaltende Gesellschaften bürgerlichen Rechts (GbR), bei denen die Gesellschafter natürliche Personen sind
- Kredite an Einzelkaufleute, Komplementäre von Personenhandelsgesellschaften, geschäftsführende Gesellschafter von GmbHs oder sonstige Gewerbetreibende, die den Kredit ausschließlich für private Zwecke aufnehmen
- Kredite an natürliche Personen zum Erwerb von Geschäftsanteilen (Kommanditbeteiligungen, GmbH-Beteiligungen)
- Kredite an Erbengemeinschaften.

Hat sich eine Vertragspartei vertraglich den Rücktritt vorbehalten oder steht ihr ein gesetzliches **Rücktrittsrecht** zu, so sind im Fall des Rücktritts die empfangenen Leistungen zurück zu gewähren und die gezogenen Nutzungen herauszugeben. Statt der Rückgewähr oder Herausgabe hat der Schuldner Wertersatz zu leisten, soweit die Rückgewähr oder die Herausgabe nach der Natur des Erlangten ausgeschlossen ist, er den empfangenen Gegenstand verbraucht, veräußert, belastet, verarbeitet oder umgestaltet hat, der empfangene Gegenstand sich verschlechtert hat oder untergegangen ist; jedoch bleibt die durch die bestimmungsgemäße Ingebrauchnahme entstandene Verschlechterung außer Betracht.

Ist im Vertrag eine Gegenleistung bestimmt, ist sie bei der Berechnung des Wertersatzes zugrunde zu legen; ist Wertersatz für den Gebrauchsvorteil eines Darlehens zu leisten, kann nachgewiesen werden, dass der Wert des Gebrauchsvorteils niedriger war.

Die Pflicht zum Wertersatz entfällt, wenn sich der zum Rücktritt berechtigende Mangel erst während der Verarbeitung oder Umgestaltung des Gegenstandes gezeigt hat, soweit der Gläubiger die Verschlechterung oder den Untergang zu vertreten hat oder der Schaden bei ihm gleichfalls eingetreten wäre, wenn im Fall eines gesetzlichen Rücktrittsrechts die Verschlechterung oder der Untergang beim Berechtigten eingetreten ist, obwohl dieser diejenige Sorgfalt beobachtet hat, die er in eigenen Angelegenheiten anzuwenden pflegt. Eine verbleibende Bereicherung ist herauszugeben. Der Gläubiger kann wegen Verletzung einer Pflicht Schadensersatz verlangen (*§§ 280–283 BGB*).

Das neue Verbraucherkreditgesetz ist im Juni 2010 in Kraft getreten. Formuliert sind die EU-Vorgaben im BGB und einem Einführungsgesetz. Für Raten- und Rahmenkredite sind die EU-Standardinformationen Pflicht, für Dispositions- und Baufinanzierungskredite freiwillig (Tab. 88).

Tab. 88 Standardinformationen im Kreditgeschäft

1. Name und Kontaktangaben des Kreditgebers
Name und Anschrift des Kreditgebers
Name und Anschrift des Kreditvermittlers
2. Beschreibung der wesentlichen Kreditmerkmale
Kreditart
Gesamtkreditbetrag
Bedingungen für die Inanspruchnahme
Laufzeit des Kreditvertrages
Teilzahlungen und ggf. Reihenfolge, in der die Teilzahlungen angerechnet werden
Zu zahlender Gesamtbetrag
Sicherheiten
3. Kreditkosten
Sollzinssatz
Bearbeitungsgebühr
Effektiver Jahreszins
Information für anfallende Kosten bei Zahlungsverzug
Kreditversicherung vorgeschrieben?
4. Rechtliche Aspekte
Widerrufsrecht
Vorzeitige Rückzahlung möglich
Welche Kosten fallen dabei an?
5. Besonderheiten bei Online-Krediten
Besonderes Widerrufsrecht
Welches Länderrecht wird angewendet?
Aufsichtsbehörde

Bei einem Vertrag zwischen einem Unternehmer und einem Verbraucher, der eine entgeltliche Leistung zum Gegenstand hat und zu dessen Abschluss der Verbraucher

- durch mündliche Verhandlungen an seinem Arbeitsplatz oder im Bereich seiner Privatwohnung
- anlässlich einer vom Unternehmer oder von einem Dritten zumindest auch im Interesse des Unternehmers durchgeführten Freizeitveranstaltung oder
- im Anschluss an ein überraschendes Ansprechen in Verkehrsmitteln oder im Bereich öffentlich zugänglicher Verkehrsflächen

bestimmt worden ist (**Haustürgeschäft**), steht dem Verbraucher ein Widerrufsrecht innerhalb einer Frist von 14 Tagen zu (*§ 355 BGB*).

Fernabsatzverträge sind Verträge über die Lieferung von Waren oder die Erbringung von Dienstleistungen, einschließlich Finanzdienstleistungen (Kredite, Versicherungen, Bausparverträge u. a.), die zwischen einem Unternehmer und einem Verbraucher unter ausschließlicher Verwendung von Fernkommunikationsmitteln abgeschlossen werden. Auch hierbei steht den Verbrauchern ein Widerrufsrecht zu (*§§ 312b–312i BGB*).

Eine **Überschuldung** liegt vor, wenn das Vermögen des Schuldners die bestehenden Verbindlichkeiten nicht mehr deckt (*§ 19 Abs. 2 Insolvenzordnung*). Die Überschuldung ist ein Insolvenzeröffnungsgrund für Kapitalgesellschaften, sowie für Personengesellschaften, bei denen keine natürliche Person zu den Vollhaftern zählt. Im Interesse der Gläubiger soll die Feststellung der Überschuldung eine zeitliche Vorverlagerung der Insolvenzantragstellung bewirken, auch wenn das Schuldnerunternehmen vorläufig noch zahlungsfähig ist.

Die Feststellung, ob eine Überschuldung vorliegt, kann nur aus der Gegenüberstellung der Vermögenswerte und Verbindlichkeiten getroffen werden. Dies setzt die Aufstellung einer Überschuldungsbilanz (bzw. eines Überschuldungsstatus) voraus. Die Überschuldungsprüfung erfolgt zweistufig. Ausgangsüberlegungen werden mit einer Fortführungsprognose angestellt. Darin wird beurteilt, ob das bestehende oder künftige Unternehmenskonzept geeignet ist, das finanzielle Gleichgewicht wiederherzustellen. Dies ist meist dann der Fall, wenn das Unternehmen unter Berücksichtigung der gegebenen finanziellen Rahmenbedingungen unter Einbezug möglicher Sanierungsmaßnahmen in der Lage ist, seinen finanziellen Verpflichtungen fristgerecht nachzukommen.

Erst das Ergebnis der Fortführungsprognose bestimmt die für die Überschuldungsbilanz anzuwendenden Ansatz- und Bewertungsmethoden: Ergibt die Fortführungsprognose, dass das finanzielle Gleichgewicht bedroht ist, sind die Vermögenswerte in der Überschuldungsbilanz unter. Liquidationsgesichtspunkten zu bewerten. Bei einer positiven Prognose werden die deutlich höheren Fortführungswerte angesetzt. Diesen Vermögenswerten werden die am Stichtag vorhandenen Verbindlichkeiten gegenübergestellt. Ob eine Überschuldung vorliegt, zeigt dann die Überschuldungsbilanz. Überwiegen die Vermögenswerte, liegt keine rechtliche Überschuldung vor. Ergibt sich indes ein Schuldenüberhang, ist eine rechtliche Überschuldung gegeben. Die Frist für die Stellung des Insolvenzantrags beginnt.

Die Überschuldung ist im Immobilienbereich häufig bei überdurchschnittlicher Zeichnung von Steuermodellen anzutreffen (Tab. 89).

Tab. 89 Hauptgründe der Überschuldung von Privatkunden in %

	2008	2009	2010	2011
Arbeitslosigkeit	28,2	28,5	28,2	27,0
Trennung, Scheidung, Tod des Partners/der Partnerin	13,8	14,0	14,1	14,0
Erkrankung, Sucht, Unfall	10,7	11,1	11,6	12,1
Unwirtschaftliche Haushaltsführung	9,4	10,2	10,0	11,3
Gescheiterte Selbstständigkeit	9,3	8,6	8,4	8,3
Zahlungsverpflichtung aus Bürgschaft, Übernahme oder Mithaftung	2,2	2,3	2,4	2,6
Gescheiterte Immobilienfinanzierung	4,1	4,0	4,1	3,9
Unzureichende Art der Kredit- oder Bürgschaftsberatung	3,5	3,0	3,2	2,9
Sonstige Gründe	18,8	18,4	18,1	18,0

Die **Hartz-Klausel** ist eine in Spar- oder Lebensversicherungsverträgen vereinbarte Klausel zwischen Bank/Versicherung und ihrem Kunden, wonach die Inanspruchnahme des Kapitals vor dem 60. Geburtstag ausgeschlossen wird. Mit dieser Klausel wird der Vertrag „Hartz IV"-sicher, d. h., er dient ausschließlich der Alterssicherung und wird daher nicht als (vorab einzusetzendes) Vermögen beim Arbeitslosengeld II angerechnet. Es ist wichtig, alle bestehenden Verträge daraufhin zu überprüfen.

Hinweis: Einerseits ist die Hartz-Klausel ein Vorteil, falls der absolute Notfall eintritt. Andererseits wird damit aber deutlich, das Beträge, die in einem Rürup-Renten-Vertrag angelegt sind, definitiv nicht vor dem Erreichen des 60. Lebensjahres zur Verfügung stehen und das auch nur als Rente, da eine Kapitalisierung ausgeschlossen ist. Die Rentenzahlungen sind (nachgelagert) zu versteuern. Falls nicht mehr gezahlt werden kann, ist nur eine Beitragsfreistellung möglich. Die Verträge sind wenig flexibel. Falls kein Mindestrentenanspruch erreicht wird, verfallen die Beiträge. Sie sind außerdem nicht veräußerbar, übertragbar und beleihbar. Eigentlich sind sie auch nicht vererbbar, allerdings kann bei Vertragsbeginn eine Hinterbliebenenrente vereinbart werden.

Eine **drohende Zahlungsunfähigkeit** ist gegeben, wenn der Schuldner voraussichtlich nicht in der Lage sein wird, die bestehenden Zahlungspflichten im Zeitpunkt der Fälligkeit zu erfüllen. Da dies auf die künftige Liquiditätssituation abzustellen ist, bedarf es einer Prognoserechnung, bei der die künftig fällig werdenden Zahlungspflichten den künftig verfügbaren liquiden Mitteln gegenübergestellt werden. Eine Zahlungsunfähigkeit droht, wenn eine überwiegende Wahrscheinlichkeit dafür spricht, dass im Planungszeitraum ein nicht behebbares Liquiditätsdefizit droht. Die drohende Zahlungsunfähigkeit ist im Rahmen der 1999 in Kraft getretenen Insolvenzordnung Antragsgrund für ein Insolvenzverfahren. Der Insolvenzantrag bei drohender Zahlungsunfähigkeit bietet dem Schuldner die Möglichkeit, die Unternehmenssanierung im Rahmen eines Insolvenzverfahrens frühzeitig in Gang zu setzen und sich bereits zu einem Zeitpunkt in den Schutz des gerichtlichen Insolvenzverfahrens zu begeben, zu dem eine Sanierung noch Erfolg versprechend erscheint. Durch das Institut der Einstellung der Vollstreckungsmaßnahmen der Gläubiger im Eröffnungsverfahren wird ein Substanzverlust des Schuldnerunternehmens vermieden und die Chance der Unternehmensfortführung erhöht.

Ein **Mahnbescheid** ist die Aufforderung an einen Zahlungspflichtigen, im Rahmen eines gerichtlichen Mahnverfahrens innerhalb von zwei Wochen zu zahlen oder Widerspruch einzulegen. Der Mahnbescheid wird auf Antrag des Gläubigers durch das Amtsgericht erlassen, in dessen Bezirk der Gläubiger seinen Sitz hat (*§§ 688 ff. ZPO*).

Auch per Internet können Anträge auf Erlass eines Mahnbescheids interaktiv erstellt und ausgedruckt werden. Für eine Online-Versendung werden eine Signaturkarte und ein Kartenlesegerät benötigt. Das Gericht prüft dabei nicht die sachliche Berechtigung des geltend gemachten Anspruchs, es erlässt vielmehr einen Mahnbescheid, wenn der angegebene Grund die Forderung nach dem Gesetz rechtfertigen kann. Wenn der in Anspruch genommene Schuldner die Forderung nicht anerkennen will und wenn ein Mahnbescheid zugestellt wird, hat der Schuldner innerhalb von zwei Wochen die Möglichkeit, mündlich gegenüber der Geschäftsstelle des zuständigen Amtsgerichts oder schriftlich Widerspruch zu erheben. Dann kommt es zum Prozess, in dem geklärt wird, ob die Forderung begründet ist.

Der Mahnbescheid ist also nicht mehr als eine Aufforderung, entweder zu zahlen oder sich zu verteidigen. Erhebt die Schuldnerseite allerdings keinen Widerspruch und zahlt auch nicht, so erlässt das Gericht nach Ablauf von zwei Wochen auf Antrag des Gläubigers einen Vollstreckungsbescheid.

Forderungen aus Dienst- und Arbeitsverhältnissen können durch einen Vollstreckungsgläubiger gepfändet werden (*§§ 850 und 850 k ZPO*). Seit dem 1.7.2011 sind geänderte Pfändungsfreigrenzen in Kraft getreten, die der aktuellen sozialen Gesamtsituation angepasst wurden. Demnach ist ein monatliches Arbeitseinkommen von 1.049 € unpfändbar, diese Freigrenze erhöht sich um 350 € für die erste Person und 200 € für die zweite bis fünfte Person, für die der Vollstreckungsschuldner aufgrund seiner gesetzlichen Verpflichtung Unterhalt gewähren muss. Bei der Errechnung der Pfändungsfreigrenzen sind die Bestimmungen der Zivilprozessordnung über Sonderzuwendungen besonders zu berücksichtigen. Sofern Unterhaltsberechtigte oder das Jugendamt eine Vollstreckung wegen ausstehender Unterhaltszahlungen betreibt, finden die Pfändungsfreigrenzen der ZPO keine Anwendung, maßgeblich ist dann das Unterhaltsrecht.

Seit Juli 2010 kann ein sogenanntes **Pfändungsschutzkonto** eingerichtet werden. Damit soll gewährleistet werden, dass ein Schuldner auch weiterhin dringend notwendige Zahlungen wie etwa die Miete leisten kann. Der Schutzbetrag von 1.049 € (1,074 E ab 1.7.2014) gilt für jeden Monat neu und erhöht sich um den Betrag, den der Schuldner im Vormonat nicht angetastet hat. Zusätzliche Sonderregelungen gelten für Unterhaltsverpflichtungen und bei dem Bezug von Sozialleistungen.

Seit Januar 2012 wird Pfändungsschutz für Kontoguthaben und Verrechnungsschutz für Sozialleistungen und Kindergeld nur noch für P-Konten nach § *850k ZPO* gewährt. Damit niemand mehrere P-Konten führen kann, werden diese an die SCHUFA gemeldet, die diese Information an die Kreditinstitute weitergibt. Der Gesetzgeber hat alle Kreditinstitute verpflichtet, ihre Girokontenkunden über die Änderungen im Kontopfändungsschutz zu informieren (§ *38 Einführungsgesetz ZPO*). Das P-Konto darf nicht mehr kosten als ein gewöhnliches Girokonto (*BGH Az. XI ZR 145/12*).

Ein **Pfändungs- und Überweisungsbeschluss** wird vom Amtsgericht gegen den Schuldner und gegebenenfalls auch gegen dessen Bank (Drittschuldner) erlassen (§§ *829, 835 ZPO*). Dadurch sind gegebenenfalls alle Konten gesperrt. Verfügungen können nicht mehr erfolgen, ein eventuell vorhandenes Guthaben ist in Höhe des Beschlusses zu überweisen. Bewirkt außerdem bei dem kontoführenden Institut eine bonitätsmäßige Negativreaktion.

Kommt es zu einer Lohnpfändung, wird sich der Arbeitgeber an der Lohnpfändungstabelle ausrichten. Allerdings ist die Verhältnismäßigkeit der Mittel zu prüfen, da eine Lohnpfändung vielfach zur Entlassung und damit langfristig zu einer Arbeitslosigkeit führen kann. Damit ist auch dem Kreditgeber sicherlich nicht gedient. Nach der II. Zwangsvollstreckungsnovelle gilt die Lohnpfändung bei saisonbedingten Unterbrechungen von Arbeitsverhältnissen fort, wenn Schuldner und Drittschuldner das beendete Arbeits- oder Dienstverhältnis innerhalb von neun Monaten neu begründen. Damit entfällt für das Kreditinstitut die Notwendigkeit, bei jeder Unterbrechung eine neue Lohnpfändung auszubringen. Pfändbar nach § *859 c ZPO* sind insbesondere:

- Lohn- und Gehaltsanteile
- Steuerrückzahlungen vom Finanzamt
- Ansprüche aus Lebensversicherungen
- Renten- und Hinterbliebenenbezüge
- Auszahlungen der Bausparsumme nach Zuteilung
- Kontokorrent- und Sparguthaben bei Kreditinstituten
- Mieteinkünfte (auch aus Untermiete)

Aus der Pfändungstabelle ist ersichtlich, welcher Anteil am monatlichen Nettolohn pfändbar ist. Dabei wird zugrunde gelegt, für wie viel Personen der Schuldner unterhaltspflichtig ist (Tab. 90).

Tab. 90 Pfändungstabelle

Nettolohn monatlich €	0	1[a]	2[a]	3[a]	4[a]	5 und mehr[a]
1.050,00	3,47	0,00	0,00	0,00	0,00	0,00
1.200,00	108,47	0,00	0,00	0,00	0,00	0,00
1.400,00	248,47	0,00	0,00	0,00	0,00	0,00
1.600,00	388,47	80,83	0,00	0,00	0,00	0,00
1.700,00	458,47	130,83	17,02	0,00	0,00	0,00
1.800,00	528,47	180,83	57,02	0,00	0,00	0,00
1.900,00	597,47	230,83	97,02	7,03	0,00	0,00
2.000,00	668,47	280,83	137,02	37,03	0,00	0,00
2.100,00	738,47	330,83	177,02	67,03	0,86	0,00
2.200,00	808,47	380,83	217,02	97,03	20,86	0,00
2.300,00	878,47	430,83	257,02	127,03	40,86	0,00
2.400,00	948,47	480,83	297,02	157,03	60,85	8,52
2.500,00	1018,47	530,83	337,02	187,03	80,86	18,52
2.600,00	1088,47	580,83	377,02	217,03	100,86	28,52
2.700,00	1158,47	630,83	417,02	247,03	120,86	38,52
2.800,00	1228,47	680,83	457,02	277,03	140,86	48,52
2.900,00	1298,47	730,83	497,02	307,03	160,86	58,52
3.000,00	1368,47	780,83	537,02	337,03	180,86	68,52
3.100,00	1438,47	830,83	577,02	367,03	200,86	78,52
3.200,00	1508,47	880,83	517,02	397,03	220,85	88,52

Der Mehrbetrag über 3.200 € ist voll pfändbar

[a] Zu berücksichtigen sind Unterhaltsleistungen des Schuldners gegenüber seinem Ehegatten, seinen Kindern, einem früheren Ehegatten, einem Verwandten oder der Mutter eines nichtehelichen Kindes nach §§ 1615i, 1615n des BGB

Im Kreditgeschäft wird darauf geachtet, dass die Kreditrate nicht höher als der pfändbare Teil des Einkommens des Kreditnehmers ist.

Die **eidesstattliche Versicherung** ist eine Erklärung eines Schuldners an Eides statt, dass Zahlungsunfähigkeit gegeben ist. Die Abgabe einer falschen eidesstattlichen Versicherung ist strafbar (frühere Bezeichnung Offenbarungseid).

Seit 1999 sind die Gerichtsvollzieher für die Abnahme der eidesstattlichen Versicherung zuständig. Bei einer Forderungspfändung und Überweisung ist der Schuldner dem Gläubiger zur Auskunft über die Forderung verpflichtet. Erteilt er diese Auskunft nicht, so kann er zur Abgabe der eidesstattlichen Versicherung gezwungen werden. Die Abgabe wird in das Schuldnerverzeichnis des zuständigen Amtsgerichts eingetragen.

Die **außergerichtliche Schuldenbereinigung** hat Vorrang vor dem gerichtlichen Insolvenzverfahren (§ 306 a InsO). Der Schuldner muss daher zunächst versuchen, mit seinen Gläubigern Einigung über eine außergerichtliche Schuldenbereinigung zu finden. Möglichkeiten hierzu bieten sich an durch Ratenzahlung, Stundung, Teilerlass etc. Erst nach dem möglichen Scheitern dieses Einigungsversuches ist die Beantragung eines Insolvenzverfahrens möglich. Der Schuldenbereinigungsversuch muss innerhalb der letzten sechs Monate vor Beantragung des Verfahrens erfolgt sein.

Diesen Einigungsversuch kann der Schuldner nicht alleine unternehmen. Er muss sich dabei der Mithilfe einer geeigneten Person oder Stelle bedienen, die dann gegebenenfalls – beim Scheitern der außergerichtlichen Schuldenbereinigung – auch die notwendige Bescheinigung über den erfolglosen außergerichtlichen Einigungsversuch ausstellen wird. Geeignete Personen für die Schuldnerberatung sind Rechtsanwälte, Notare und Steuerberater. Weiterhin können die Wohlfahrtsverbände wie die Caritas oder die Schuldnerhilfe, Verbraucherzentralen und die Schuldnerberatungsstellen der Städte und Gemeinden unterstützend eingreifen.

Die Anzahl der **Verbraucherinsolvenzverfahren** ist seit Jahren relativ konstant auf hohem Niveau (Tab. 91).

Tab. 91 Verbraucherinsolvenzverfahren

Jahr	Verfahren insgesamt
2003	33.609
2004	49.123
2005	68.898
2006	92.310
2007	105.107
2008	98.140
2009	101.102
2010	108.798
2011	103.289
2012	97.635

Quelle: Statistisches Bundesamt

In der aktuellen Insolvenzordnung ist auch ein Verbraucherinsolvenzverfahren und damit verbunden eine **Restschuldbefreiung** geregelt ($\S$ *300 ff InsO*). Eine Restschuldbefreiung kann beim zuständigen Insolvenzgericht beantragt werden, wenn ein außergerichtlicher Einigungsversuch mit den Gläubigern erfolglos geblieben ist. Über diese Bemühungen muss ein entsprechender Nachweis geführt werden. Dem Antrag ist ein Verzeichnis des vorhandenen Vermögens, des Einkommens, der Gläubiger und ein Verzeichnis der gesamten Verpflichtungen beizufügen. Gleichzeitig muss erklärt werden, dass diese Angaben vollständig sind.

Falls der Schuldner nicht in der Lage ist, diese Unterlagen zusammenzustellen, kann er sich dabei in Schuldnerberatungsstellen helfen lassen. Weiterhin wird dem Gericht ein Schuldenbereinigungsplan vorgelegt. Auch das Insolvenzgericht wird dann nochmals versuchen, eine außergerichtliche Schuldenregulierung herbeizuführen. Danach wird das Verbraucherinsolvenzverfahren durchgeführt, wobei gegebenenfalls vereinfachte Regelungen zur Anwendung kommen. Zum Abschluss des Verfahrens kündigt das Gericht mit einem Beschluss an, dass der Schuldner Restschuldbefreiung erlangen kann, wenn er in einer anschließenden Wohlverhaltensperiode seinen Verpflichtungen nachkommt und auch nach Abschluss dieser Periode keine Gründe für die Versagung der Restschuldbefreiung vorliegen. Nach Ablauf der Wohlverhaltensperiode erlässt das zuständige Amtsgericht die bisherigen Schulden, falls der Schuldner sich redlich verhalten hat.

Erlangt ein (Verbraucher-)Schuldner eine Schuldenbefreiung nach der Insolvenzordnung, wird er auch befreit von Rückgriffsansprüchen seiner Bürgen und anderen, die für ihn Sicherheiten gestellt hatten (z. B. durch Grundschuld). Mit einer Insolvenzrechtsreform soll noch in 2013 insbesondere die Verkürzung der Wohlverhaltensperiode von bisher sechs auf drei Jahre umgesetzt werden. Das Gesetz ist durch den Bundesrat genehmigungspflichtig, deshalb sind Änderungen zu erwarten.

Die **Prozesskostenhilfe** ist ein früher als Armenhilfe bezeichnetes Rechtsinstrument, um sicherzustellen, dass auch Minderbemittelte nicht auf die Führung eines Erfolg versprechenden Rechtsstreits verzichten müssen. Ein Antrag kann beim zuständigen Amtsgericht oder einem Anwalt gestellt werden (*§§ 114–127a ZPO*). Diese Kostenübernahme wird vielfach als Indiz dafür angesehen, dass nach der Vorprüfung die späteren Prozessaussichten als überdurchschnittlich bewertet werden.

Lohnersatz- und Sozialleistungen

Die sogenannten Lohnersatzleistungen im Überblick (Tab. 92):

Tab. 92 Lohnersatzleistungen

	In % des letzten Nettolohns ohne Kind	In % des letzten Nettolohns mit Kind
Arbeitslosengeld nach §§ 117 ff. SGB III	60	67
Arbeitslosengeld bei beruflicher Weiterbildung nach §§ 153–160 SGB III, Unterhaltsgeld	60	67
Kurzarbeitergeld nach §§ 169–182 SGB III	60	67
Saison-Kurzarbeitergeld nach § 175 ff. SGB III	60	67
Übergangsgeld für Behinderte bei Teilnahme an Maßnahmen zur beruflichen Eingliederung Behinderter nach § 45 SGB IX	68	75
Insolvenzgeld nach §§ 183–189a SGB III	100 % des für die letzten 3 Monate vor Insolvenz ausstehenden Nettoarbeitsentgelts	
Arbeitslosengeld II nach §§ 20 ff. SGB II	Regelleistungen, Mehrbedarfssätze, Zuschläge sind unabhängig vom vorherigen Nettoentgelt	

Die Leistungen aus der Arbeitslosenversicherung müssen vom Arbeitnehmer bei der Agentur für Arbeit individuell beantragt werden. Sie sind abhängig von der Dauer der Beitragszahlung, der Höhe des letzten Arbeitseinkommens und den übrigen persönlichen Faktoren.

Arbeitslosengeld (§ 3 Nr. 2 EStG), Teilarbeitslosengeld, Kurzarbeitergeld, Winterausfallgeld, Arbeitslosengeld II, Zuschuss zum Arbeitsentgelt, Übergangsgeld, Eingliederungshilfe, Überbrückungsgeld und Existenzgründungszuschuss zählen zu den sogenannten Lohnersatzleistungen und unterliegen demnach nicht der direkten Einkommensteuer, sondern werden lediglich für den **Progressionsvorbehalt** berücksichtigt. Da das letzte Arbeitseinkommen für die Bemessung des Arbeitslosengeldes herangezogen wird, ist bei Ehegatten wichtig, dass die richtige Lohnsteuerklasse zu Grunde gelegt wird. Lohnsteuerfreibeträge haben keinen Einfluss auf die Höhe des Arbeitslosengeldes (Tab. 93).

Tab. 93 Bezugsdauer des Arbeitslosengeldes

Alter	Bezugsdauer
Grundsätzlich	Maximal 12 Monate
Über 50-Jährige	Maximal 15 Monate
Über 55-Jährige	Maximal 18 Monate
Über 58-Jährige	Maximal 24 Monate

Die aus der Tabelle ersichtliche maximale Bezugsdauer wird zunächst nur unterbrochen, wenn ein neues sozialversicherungspflichtiges Beschäftigungsverhältnis eingegangen wird. Dann sind folgende Mindest-Beiträge notwendig, bis wieder ein erneuter, vollständiger Anspruch besteht (Tab. 94):

Tab. 94 Mindestbeitragszeiten für Arbeitslosengeldanspruch

Mindest-Beiträge in Monaten	Für Versicherte ab ..... Alter
12	Bis zum 50. Lebensjahr
30	Über 50-Jährige
36	Über 55-Jährige
48	Über 58-Jährige

Grundsätzlich sind Arbeitgeber zur Entgeltfortzahlung im bestehenden Arbeitsverhältnis verpflichtet, auch wenn aufgrund konjunktureller Schwankungen die Arbeitnehmer nicht oder nicht vollzeitbeschäftigt werden können. Da die Belastung mit diesen Entgeltfortzahlungsansprüchen der Arbeitnehmer aber i. d. R dazu führen würde, dass der Betrieb eventuell wegen eintretender Zahlungsunfähigkeit gänzlich eingestellt werden muss, besteht in solchen Fällen die Möglichkeit, **Kurzarbeitergeld** bei der Arbeitsagentur zu beantragen.

Der Anspruch steht eigentlich dem Arbeitnehmer selbst zu, wird aber vom Arbeitgeber beantragt, der das Kurzarbeitergeld dann auch auszahlt und sich von der Arbeitsagentur zurückholt. Das Kurzarbeitergeld beträgt analog zum Arbeitslosengeld etwa 60–67 % des vorherigen Nettoentgelts. Während des Bezuges von Kurzarbeitergeld bliebt der Arbeitnehmer in der gesetzlichen Renten- und Krankenversicherung. Auf 80 % des entfallenden Arbeitsentgelts müssen Sozialbeiträge gezahlt werden. Diese Sozialbeiträge hat der Arbeitgeber allein zu erbringen, Lediglich die Beiträge zur Arbeitslosenversicherung bleiben unberücksichtigt.

Natürlich wirkt sich Kurzarbeit auch auf die spätere Rente aus. Die Bezugsdauer von Kurzarbeitergeld ist befristet auf 12 Monate. Das Kurzarbeitergeld ist als Lohnersatzleistung steuerfrei, unterliegt aber dem Progressionsvorbehalt. Kurzarbeitergeld fließt nicht in die Berechnung des Elterngeldes ein. Damit ergeben sich für Mütter und Väter, die nach der Kurzarbeit Elterngeld beziehen, erhebliche Nachteile.

Konjunkturelles Kurzarbeitergeld (Kug) wird bei Erfüllung der in §§ 169–182 Sozialgesetzbuch 3 genannten Voraussetzungen gewährt, wenn in Betrieben oder Betriebsabteilungen die regelmäßige betriebsübliche wöchentliche Arbeitszeit infolge wirtschaftlicher Ursachen oder eines unabwendbaren Ereignisses vorübergehend verkürzt wird.

Alle Ausführungen über Kündigungsschutz, Sozialpläne, Abfindungen oder Altersteilzeit- und Vorruhestandsregelungen sind Makulatur, wenn der Arbeitgeber Insolvenz anmelden muss. Nach geltendem Recht erhalten dann die im Inland beschäftigten Arbeitnehmer ein sogenanntes **Insolvenzausfallgeld** (früher als Konkursausfallgeld bekannt). Gezahlt wird das Insolvenzausfallgeld von der Bundesagentur für Arbeit und von den Arbeitgebern als Risikogemeinschaft finanziert. Gezahlt wird für einen Zeitraum von maximal drei Monaten, der Zeitraum umfasst die drei Monate vor dem Insolvenzeröffnungs- oder Insolvenzabweisungsbeschluss des zuständigen Insolvenzgerichts. Seit dem 1.1.2004 ist das Insolvenzausfallgeld in der Höhe eingeschränkt. Das der Berechnung zugrunde liegende Bruttoarbeitsentgelt wird durch die monatliche Beitragsbemessungsgrenze der Arbeitslosenversicherung begrenzt. Das Insolvenzausfallgeld muss bei der Agentur für Arbeit beantragt werden. Bei der Antragstellung ist eine Ausschlussfrist von zwei Monaten zu beachten, d. h. die Arbeitnehmer haben zwei Monate Zeit, den Antrag zu stellen, sobald der Beschluss über die Eröffnung oder Abweisung des Insolvenzantrages ergangen ist. Das ausstehende Arbeitsentgelt muss durch den Arbeitgeber (bei Abweisung mangels Masse oder bei Betriebseinstellung) oder vom Insolvenzverwalter (bei Insolvenzeröffnung) durch eine Insolvenzgeldausfallbescheinigung bestätigt werden.

Zum 1.1.2005 sind die Arbeitslosenhilfe und die Sozialhilfe zum **Arbeitslosengeld II** zusammengefasst worden (SGB II; Hartz IV). Dies führte zu einem grundsätzlichen Systemwechsel. Das Arbeitslosengeld II als Grundsicherung für Arbeitssuchende soll dazu beitragen, dass die Leistungsempfänger ihren Lebensunterhalt und den ihrer Angehörigen baldmöglichst aus eigener Kraft bestreiten können, denn oberstes Ziel ist die Wiedereingliederung in den Arbeitsmarkt und die Aufnahme einer neuen Arbeit. Beantragt werden die Leistungen bei der jeweils zuständigen Niederlassung der Bundesagentur für Arbeit. Die Grundsicherung für Arbeitssuchende wird getragen von der Bundesagentur für Arbeit und den kreisfreien Städten und Gemeinden.

Die kommunalen Träger sind u. a. zuständig für Unterkunft und Heizung und die Erstausstattung für die Wohnung. Unterkunftskosten und Heizkosten werden, soweit sie angemessen sind, in Höhe der tatsächlichen Aufwendungen übernommen. Die Angemessenheit der Kosten der Unterkunft beurteilt sich nach den individuellen Verhältnissen des Einzelfalles (Zahl der Familienangehörigen, Alter) und der Zahl der vorhandenen Räume, dem örtlichen Mietniveau und den Möglichkeiten des örtlichen Wohnungsmarktes. Wird (in Ausnahmefällen) ein Umzug erforderlich, werden Wohnbeschaffungskosten, Umzugskosten und die Mietkaution übernommen. Alle Zahlungen können auch direkt an den Vermieter erfolgen, wenn die zweckentsprechende Verwendung ansonsten nicht sichergestellt ist. Wohnt der Berechtigte in einem Eigenheim oder einer Eigentumswohnung, so gehören zu den Kosten der Unterkunft die damit verbundenen Belastungen (z. B. angemessene Schuldzinsen, Grundsteuern, Wohngebäudeversicherung, Erbbauzins, Nebenkosten wie bei einer Mietwohnung), jedoch nicht die Tilgungsraten. Neben den genannten Leistungen besteht kein Anspruch auf Wohngeld.

Grundsätzlich gilt: Bevor staatliche Leistungen nach dem ALG II gezahlt werden, muss das Vermögen aufgebraucht sein. Dafür bestehen klare Regeln und relativ geringe Freigrenzen.

Das Arbeitslosengeld II wird zeitlich unbegrenzt gewährt, solange die Anspruchsvoraussetzungen erfüllt sind. Nicht erwerbsfähige Hilfebedürftige, die mit einem erwerbsfähigen Hilfebedürftigen in einer Bedarfsgemeinschaft leben, erhalten als Leistungen zur Sicherung des Lebensunterhaltes Sozialgeld. Die Höhe der Regelleistung entspricht dem Arbeitslosengeld II. Die Berechnung der Regelsätze ist an die Anpassung der Renten gekoppelt. Steigen die Renten, erhöhen sich auch die Regelleistungen nach dem SGB II. Über den Antrag wird ein Bescheid erlassen, gegen den innerhalb eines Monats Widerspruch eingelegt werden kann.

Die Leistungen zur Sicherung des Lebensunterhalts nach SGB II setzen sich zusammen aus:

- Regelleistung
- Einmalsonderleistungen
- Mehrbedarfe
- ergänzende Darlehen bei unabweisbarem Bedarf
- Leistungen für Unterkunft und Heizung

Daneben erhalten Bezieher von ALG II, die innerhalb der letzten zwei Jahre Arbeitslosengeld bezogen haben, unter bestimmten Voraussetzungen einen Zuschlag als Ausgleich für das geringere Haushaltseinkommen.

Nach einem Urteil des Bundesverfassungsgerichts ist der Gesetzgeber gezwungen worden, die Höhe und die Zusammensetzung der Regelleistungen neu festzulegen.

ALG II-Bezieher bekommen seit 2011 keine Rentenbeiträge mehr gutgeschrieben. Da die ALG-Zeiten nur noch als Anrechnungszeiten gelten, verändern sie den Rentenanspruch nicht mehr. Dies führt unweigerlich zu einer Rentenlücke und absehbarer Altersarmut.

Der Umfang dieser Sozialleistung ist aus der nachstehenden Übersicht zu entnehmen (Tab. 95):

Tab. 95 Umfang der ALG II (SGB II)-Leistungen. (Quelle: Deutsche Rentenversicherung)

Anzahl der Leistungsempfänger für ALG II 2009	4,9 Mio.
Ausgaben für ALG II 2009	22,6 Mrd. €
Verwaltungskosten	3,1 Mrd. €

Die pauschalierten **Regelleistungen** haben sich wie folgt entwickelt (Tab. 96 und 97):

Tab. 96 Fortschreibung der Regelleistungen

Alleinstehende oder Alleinerziehende	Ehegatten oder Lebenspartner	Erwachs. Leistungsberechtigte	Kinder von 14 bis unter 18 Jahren	Kinder von 6 bis unter 14 Jahren	Kinder unter 6 Jahren
100 %	90 %	80 %	80 %	70 %	60 %
1.7.2007					
347 €	312 €	278 €	278 €	208 €	
1.7.2008					
351 €	316 €	281 €	281 €	211 €	
1.7.2009					
359 €	323 €	287 €	287 €	251 €	215 €
1.1.2011					
364 €	328 €	291 €	291 €	255 €	218 €
1.1.2012					
374 €	337 €	299 €	287 €	255 €	219 €
1.1.2013					
382 €	345 €	306 €	289 €	255 €	224 €

Tab. 97 Mehrbedarf für Alleinerziehende 2013

Alter und Zahl der Kinder	In % der Regelleistung	In €
1 Kind unter 7 Jahre	48	137,52
1 Kind ab 7 Jahre	24	68,76
2 Kinder unter 16 Jahre	48	137,52
2 Kinder	36	91,68
3 Kinder	48	137,52

Wie bereits angesprochen, werden die Leistungen zur Sicherung des Lebensunterhaltes – Arbeitslosengeld II und Sozialgeld – nur gezahlt, wenn **Hilfebedürftigkeit** vorliegt. Hilfebedürftig ist, wer seinen Lebensunterhalt und den Lebensunterhalt der mit ihm in einer Bedarfsgemeinschaft lebenden Angehörigen aus eigenen Kräften und Mitteln nicht oder nicht ausreichend sichern kann. Dies bedeutet, dass vor allem Einkommen und Vermögen aller Mitglieder der Bedarfsgemeinschaft unter bestimmten Voraussetzungen zu berücksichtigen sind. Der umfangreiche Fragebogen (17 Seiten) erfasst daher lückenlos die Einkommens- und Vermögensverhältnisse aller Beteiligten. Die zuständige Behörde ist berechtigt und verpflichtet, diese Angaben sorgfältig zu prüfen und darf im Wege des automatisierten Datenabgleichs Auskünfte bei den betroffenen Stellen (z. B. Bundesamt für Finanzen, Rentenversicherungsträger) einholen. Eine angemessene selbstbewohnte

Eigentumswohnung oder ein angemessenes selbstbewohntes Einfamilienhaus wird nicht als Vermögensgegenstand angerechnet.

Die **Grundsicherung** ist eine eigenständige Sozialleistung. Sie ist mit den Reformen nach Hartz IV anstelle der früheren Sozialhilfe getreten. Seit dem 1.1.2005 sind die Vorschriften des Grundsicherungsgesetzes Bestandteil des Sozialgesetzbuches XII.

Die Grundsicherung ist eine steuerfinanzierte, bedarfsorientierte Basisleistung im Alter und bei Erwerbsminderung auf der Grundlage des Grundsicherungsgesetzes.

Die Leistung der Grundsicherung soll den grundlegenden Bedarf (das sozial-kulturelle Existenzminimum) für den Lebensunterhalt von Menschen absichern, die wegen Alters oder aufgrund voller Erwerbsminderung endgültig aus dem Erwerbsleben ausgeschieden sind und deren Einkünfte für den notwendigen Lebensunterhalt nicht ausreichen. Dadurch soll die Zahlung von Sozialhilfe vermieden werden.

In der Diskussion über die Altersarmut wird zu Recht immer darauf hingewiesen, dass auch die Einführung eines Mindestlohns kaum zur Vermeidung einer erforderlichen Grundsicherung führen wird, denn jedermann kann leicht nachrechnen, dass man im Alter mindestens 25 Entgeltpunkte braucht, um zumindest über der Grundsicherung zu liegen.

Im Gegensatz zur Sozialhilfe wird auf Einkommen der Kinder oder Eltern nicht zurückgegriffen, wenn deren Jahreseinkommen unter 100.000 € liegt. Die Grundsicherung kann beantragt werden, wenn Bedürftigkeit gegeben ist und die maßgebende Altersgrenze erreicht ist. Diese entspricht der Regelaltersgrenze und liegt bei den vor 1947 Geborenen bei 65 Jahren. Für ab 1947 Geborene wird diese Grenze schrittweise auf 67 Jahre angehoben. Jüngere haben einen Anspruch auf diese Leistung, wenn sie mindestens 18 Jahre alt und aus medizinischen Gründen dauerhaft voll erwerbsgemindert sind.

Der Regelsatz der Grundsicherung liegt (seit Januar 2013) bei 382 € für Alleinstehende. Hinzu kommen die regional stark schwankenden angemessenen Kosten der Unterkunft. Die Grundsicherung orientiert sich am durchschnittlichen Jahresarbeitsentgelt (Tab. 98).

Tab. 98 Regelsätze der Grundsicherung

		€/p. Mt.
Alleinstehende oder Alleinerziehende (Eckregelsatz)	100 %	382 €
Ehegatten oder Lebenspartner	jeweils 90 % des Regelsatzes	345 €
Erwachsene Personen, die keinen eigenen Haushalt führen	jeweils 80 % des Regelsatzes	306 €
Jugendliche von 14 bis unter 18 Jahren		289 €
Kinder von 6 bis unter 14 Jahren		255 €
Kinder unter 6 Jahren		224 €

Die Regelfortschreibung erfolgt jeweils zum 1.1. eines Jahres, in dem keine Neubemessung der Regelsätze erfolgt, nach Maßgabe eines Mischindex. Der Mischindex basiert auf der jährlichen Preis- und Lohnentwicklung im Verhältnis 70 % zu 30 %.

Vom Einkommen abzusetzen sind Steuern, Sozialversicherungsbeiträge, Versicherungsbeiträge, geförderte Altersvorsorgebeiträge und Werbungskosten. Wird die Grundsicherung als ergänzende Leistung neben ausgeübter Erwerbstätigkeit beantragt, so gilt folgende Hinzuverdienstregelung (Tab. 99):

Tab. 99 Hinzuverdienstgrenze bei ALG II

Pauschalbetrag, der grundsätzlich abgezogen werden kann	Monatlich 100 €
Für den Einkommensanteil zwischen 101 € und 800 €	20 % anrechnungsfrei
Für den Einkommensanteil zwischen 801 € und 1.200 € (Bedarfsgemeinschaft ohne Kinder) bzw.	10 % anrechnungsfrei
Für den Einkommensanteil zwischen 801 € und 1.500 € (Bedarfsgemeinschaft mit mindestens einem minderjährigen Kind)	10 % anrechnungsfrei

Der **Ein-Euro-Job** ist eine gemeinnützige Beschäftigung für Arbeitslose mit einem Stundenlohn bis zu 2 €. Dieser Zusatzverdienst wird nicht auf das Arbeitslosengeld II angerechnet. Jüngere Arbeitslose, die solche Jobs ausschlagen, müssen mit einer Kürzung des Arbeitslosengeldes rechnen.

Bezieher von **Transfereinkommen** sind vom Wohngeld ausgeschlossen, da ihre Wohnkosten im Rahmen der jeweiligen Leistung berücksichtigt werden. Dazu gehören:

- Sozialgeld nach dem Sozialgesetzbuch II
- Grundsicherung im Alter und bei Erwerbsminderung nach SGB XII
- Hilfe zum Lebensunterhalt nach SGB XII
- ergänzende Hilfe zum Lebensunterhalt nach dem Bundesversorgungsgesetz (BVG)
- Leistungen nach dem Asylbewerberleistungsgesetz

Verträge und Rechtsfragen im Alltag

Allgemeine Geschäftsbedingungen sind alle für eine Vielzahl von Verträgen vorformulierten Vertragsbedingungen, die eine Vertragspartei (Verwender) der anderen Vertragspartei bei Abschluss eines Vertrags stellt. Gleichgültig ist, ob die Bestimmungen einen äußerlich gesonderten Bestandteil des Vertrags bilden oder in die Vertragsurkunde selbst aufgenommen werden, welchen Umfang sie haben, in welcher Schriftart sie verfasst sind und welche Form der Vertrag hat (*§ 305 BGB*).

Allgemeine Geschäftsbedingungen liegen nicht vor, soweit die Vertragsbedingungen zwischen den Vertragsparteien im Einzelnen ausgehandelt sind. Sie werden nur dann Bestandteil eines Vertrags, wenn der Verwender bei Vertragsschluss

1. die andere Vertragspartei ausdrücklich oder, wenn ein ausdrücklicher Hinweis wegen der Art des Vertragsschlusses nur unter unverhältnismäßigen Schwierigkeiten möglich ist, durch deutlich sichtbaren Aushang am Ort des Vertragsschlusses auf sie hinweist und
2. der anderen Vertragspartei die Möglichkeit verschafft, in zumutbarer Weise, die auch eine für den Verwender erkennbare körperliche Behinderung der anderen Vertragspartei angemessen berücksichtigt, von ihrem Inhalt Kenntnis zu nehmen, und wenn die andere Vertragspartei mit ihrer Geltung einverstanden ist.

Die Vertragsparteien können für eine bestimmte Art von Rechtsgeschäften die Geltung bestimmter Allgemeiner Geschäftsbedingungen unter Beachtung der in Absatz 2 bezeichneten Erfordernisse im Voraus vereinbaren.

Einer der ersten Verträge, mit der man im Leben konfrontiert wird, ist oftmals der **Mietvertrag**. Da das Wohnen zu den elementaren Grundbedürfnissen gehört, sind hierzu umfangreiche gesetzliche Regelungen erlassen.

Üblich ist, dass ein Mietinteressent um eine vertrauliche **Mieter-Selbstauskunft** gebeten wird und diese Angaben anschließend natürlich durch entsprechende Nachweise bestätigen muss. Hier ist insbesondere die SCHUFA-Selbstauskunft oder die SCHUFA-Verbraucherauskunft wichtig (Tab. 100).

Tab. 100 Mieter-Selbstauskunft

Wohnung:	
Name:	
Vorname:	
Geburtsdatum	
Staatsangehörigkeit	
Familienstand	
Derzeitig Auschrift	
Bankverbindung	
Mietzahlung durch Dauerauftrag	
Beruf	
Derzeitig ausgeübte Tätigkeit	
Arbeitgeber	
Beschäftigt seit	
Nettoeinkommen monatlich	
Weitere Einkünfte	
KfZ/Kennzeichen	
Wie viel Personen werden die Wohnung beziehen?	
Name Ehegatte/Partner	
Vorname:	
Staatsangehörigkeit	
Beruf	
Arbeitgeber	
Nettoeinkommen monatlich	
Alter der Kinder	
Ist Tierhaltung beabsichtigt?	
Besteht eine Haftpflichtversicherung, die Schäden an Mietwohnungen beinhaltet?	
Name und Anschrift des letzten Vermieters	
Gründe für den Wohnungswechsel?	
Besteht Anspruch auf Wohngeld?	
Gewünschter Mietbeginn	
Form der Mietkaution (Barhinterlegung/Bankbürgschaft/Sparbuch)	
Der/die Mietinteressent(en) versichert(n), dass es keine Rechtsstreitigkeiten mit dem letzten Vermieter gegeben hat und keine Rückstände bestehen. Es wird eine telefonische Referenzabfrage gestattet	

Tab. 100 Fortsetzung

Wohnung:
Er/sie bestätigt(en), dass gegen ihn/sie keine Vollstreckungen und keine Mahnverfahren anhängig sind, er/sie bislang keine eidesstattliche Versicherung abgegeben hat und keine Räumungsklage gegen ihn/sie angestrengt worden ist
Ich/wir bin(sind) bereit, sowohl einen Einkommensnachweis, als auch eine Schufa-Selbstauskunft/Verbraucherauskunft aktuellen Datums vorzulegen
Ich/wir erkläre(n), dass die vorstehenden Antworten vollständig und wahrheitsgemäß sind. Falsche und bewusst wahrheitswidrige Angaben können eine fristlose Kündigung begründen bzw. zur sofortigen Auflösung führen, sofern ein Mietvertrag geschlossen wird

Ein Mieter sollte sich wichtige Daten aus seinem Mietvertrag notieren. Sinnvoll wäre es auch, einen aktuellen **Mietspiegel** oder eine Übersicht der ortsüblichen Miete (zum gleichen Zeitpunkt wie der Mietvertragsabschluss) griffbereit zu haben.

Neuvermietungen unterliegen keiner gesetzlichen Kontrolle, die Verträge und auch die Miethöhe können frei vereinbart werden. Dabei ist völlig egal, ob es sich um die Wiedervermietung von bestehendem Wohnraum oder um die erstmalige Vermietung von neu erstelltem Wohnraum handelt (Tab. 101).

Tab. 101 Wichtige Informationen aus dem Mietvertrag

Größe der Wohnung in m²	
Vermieter	
Mieter	
Mietvertrag geschlossen am	
Mietpreis kalt monatlich	
Nebenkostenvorauszahlung monatlich	
letzte Betriebskostennachzahlung	
Erfolgt jährlicher Nachweis darüber?	
Mietpreis auf den m²-Wohnfläche umgerechnet	
Ortsübliche Vergleichsmiete	
Wann war letzte Mieterhöhung?	
Erhöhung um %	
Höhe der Kaution	
Wie wurde die Kaution gestellt?	
Falls keine Bürgschaft gestellt wurde: Wo ist die Kaution angelegt?	
Ist der Energieausweis ausgehändigt worden?	

Die ortsübliche Vergleichsmiete wird gebildet aus den üblichen Mietentgelten, die in der Gemeinde oder einer vergleichbaren Gemeinde für Wohnraum vergleichbarer Art, Größe, Ausstattung, Beschaffenheit und Lage in den letzten vier Jahren vereinbart oder geändert worden sind. Durch die Beschränkung der Änderungen und Erhöhungen auf die letzten vier Jahre kann die ortsübliche Vergleichsmiete über dem Durchschnitt der Bestandsmieten liegen, soweit in nennenswertem Umfang Bestandsmieten innerhalb diesen Zeitraums nicht angeboten worden sind.

Der Anstieg der Wohnnebenkosten richtet sich dagegen weitgehend unreguliert nach den Marktpreisen.

Allgemeine Erläuterungen zum Mustermietspiegel: Der „Mietspiegel für freifinanzierte Wohnungen" dient als Richtlinie zur Ermittlung ortsüblicher Vergleichsmieten. Er bietet den Mietpartnern eine Orientierungsmöglichkeit, um in eigener Verantwortung die Miethöhe je nach Lage, Ausstattung, Zustand der Wohnung und des Gebäudes zu vereinbaren. Die in der Tabelle aufgeführten Spannen, die den Schwerpunkt des Marktes darstellen, geben den unterschiedlichen Wohnwert wieder. In innerstädtischen Wohnlagen liegen die Mieten überwiegend im oberen Bereich. Höhere und niedrigere Mieten werden nicht ausgeschlossen. In Randgebieten können sich niedrigere Mieten ergeben. Höhere Mieten können sich insbesondere bei Kleinappartements, Maisonette- und Penthousewohnung sowie bei außergewöhnlich gestalteten und gepflegten Wohnhäusern ergeben.

Es handelt sich um die „Nettokaltmiete" je m^2 Wohnfläche. Betriebskosten können gesondert erhoben werden, soweit der Mietvertrag entsprechende Regelungen enthält. Abrechnung und Umlage der Betriebskosten richten sich nach den mietvertraglichen Vereinbarungen.

Zusätzlich können Betriebskosten anfallen für:

- Grundsteuer
- Wasserversorgung
- Entwässerung
- Betriebskosten der Heizung und Warmwasserversorgung
- Betrieb des Aufzugs
- Müllabfuhr
- Straßenreinigung
- Hausreinigung
- Gartenpflege
- Allgemeinbeleuchtung
- Schornsteinfeger
- Gebäude- und Haftpflichtversicherung
- Hauswart
- Kosten des Betriebs einer Gemeinschaftsantenne/Kabelanschluss
- Kosten des Betriebs einer maschinellen Wascheinrichtung
- laufende Kosten des Betriebs von Sonderanlagen und -einrichtungen, die durch die Art des Gebäudes erforderlich sind
- sowie für Schönheitsreparaturen

Sofern die Parteien Kosten für die hier aufgeführten Betriebskosten insgesamt oder teilweise in den Mietpreis eingerechnet haben, sind diese für die Feststellung der Vergleichsmiete zunächst abzusetzen und später wieder hinzuzurechnen.

Besondere Erläuterungen: Die im Mietspiegel verwandten Begriffe werden wie folgt erläutert:

1. Größe der Wohnung: Die Berechnung der Wohnungsgröße erfolgt nach der 2. Berechnungsverordnung, wobei die Balkon- und die gedeckte Terrassenflächen zu 1/4 angerechnet werden.

2. Baualtersgruppe 1: Bei den Wohnungen der Gruppe 1 handelt es sich um Wohnungen in Häusern, die bis zum 20. Juni 1948 erstellt und bezugsfertig wurden und die im Rahmen der laufenden Instandhaltung einen Normstandard erhalten haben bzw. bei denen einzelne Anpassungen an den Standard heutiger Wohnvorstellungen erfolgt sind (Teilmodernisierung). Soweit bei Wohnungen aus der Gruppe 1 die Altsubstanz weitergehend unverändert geblieben ist, bewegen sich die Mieten ca. 10 % unterhalb der angegebenen Spannen.

3. Lage der Wohnung:

Einfache Wohnlagen: Eine einfache Wohnlage ist gegeben, wenn das Wohnen z. B. durch Geräuschbelästigung oder aufgrund anderer Kriterien kontinuierlich erheblich beeinträchtigt und dadurch der Wohnwert gemindert wird.

Mittlere Wohnlagen:

a) Standard: Bei den mittleren Wohnlagen handelt es sich um normale Wohnlagen ohne besondere Vor- und Nachteile. Die überwiegende Zahl der Wohnungen innerhalb des Stadtgebietes liegt in diesen Wohngegenden. Solche Wohngebiete sind zumeist dicht bebaut und weisen keine kontinuierlich beeinträchtigenden Belastungen durch Geräusch oder Geruch auf.

b) Gut: Die guten Wohnlagen sind gekennzeichnet durch lockere Bebauung, Baumbepflanzung an der Straße oder Gärten, fehlenden Durchgangsverkehr, gute Einkaufsmöglichkeiten, nicht beeinträchtigende Einrichtungen und günstige Verkehrsanbindung auch mit öffentlichen Verkehrsmitteln zum Zentrum. Bei dieser Untergruppierung ist die Miete zwischen den Werten der mittleren und sehr guten Wohnlage einzuordnen.

c) Sehr gute Wohnlagen: Die sehr guten Wohnlagen sind durch aufgelockerte, in der Regel zweigeschossige, in Villenlagen bis zu viergeschossige Bebauung in ruhiger und verkehrsgünstiger Grünlage gekennzeichnet.

d) Wohnlagen in Randgebieten: Wohnungen in Randgebieten liegen vorwiegend in ländlich strukturierten Räumen. Sie sind ohne ausreichende verkehrsmäßige Anbindung an die Haupt- und Nebenzentren (Bezirkszentren) und ohne ausreichende Nahversorgung im fußläufigen Einzugsbereich. In diesen Bereichen liegt das Mietniveau bis zu 10 % unter dem in den sonstigen Stadtgebieten.

4. Ausstattung der Wohnungen:

a) Heizung: Bei Warmluftheizungen, die die Beheizung der Wohnung überwiegend zulassen, ist die Einordnung in der Gruppe mit Heizung, jedoch an der unteren Grenze der Mietpreisspanne, angemessen.

b) Besondere Ausstattung: Eine besondere Ausstattung von Wohnungen liegt vor, wenn

- die Gesamtanlage vom Gruppenstandard erheblich abweicht,
- wärme- und schalldämmende Verglasung (dies gilt für die Gruppen 1 bis 3),

- ein außergewöhnlich guter Fußboden (Parkett, Marmor, Solnhofener Platten und Keramik),
- ein separates WC und ein separates Zweitbad oder Dusche,
- Einbauschränke gehobener Qualität,
- eine Einbauküche oder
- ein großer Balkon, Terrasse, Loggia, Garten vorhanden sind.

Es ist erforderlich, dass mehrere dieser Merkmale vorliegen.

5. *Modernisierung:* Von einer modernisierten Wohnung kann gesprochen werden, wenn sie durch umfassende Wertverbesserung neuzeitlichen Wohnansprüchen gerecht wird. Die Mietwerte orientieren sich an denen der Gruppe 3. Bei umfassend sanierten Gebäuden (grundlegende Veränderung des Ursprungszustandes) wird für die Eingruppierung in die entsprechende Baualtersklasse auf das Jahr der Fertigstellung der Sanierung abgestellt; entsprechendes gilt für durch Ausbau neu geschaffenen Wohnraum.

6. *Appartements*: Unter einem Appartement ist eine abgeschlossene Einzimmerwohnung mit eingerichteter Küche oder Kochnische, separatem Bad oder Dusche sowie WC zu verstehen.

(Quelle: Rheinische Immobilienbörse, Köln)

Der Gesetzgeber kann Auswüchse bei der Miethöhe und insbesondere bei Mieterhöhungen nur bedingt beeinflussen. So gibt es zwar eine sogenannte **Kappungsgrenze**, nach der Wohnungsmieten um maximal 20 % alle drei Jahre erhöht werden können, jedoch wirkt diese nur bei Bestandsmieten. Bei jeder Neuvermietung können vertragliche Vereinbarungen getroffen werden, die sich zwar an einem ortsüblichen Mietspiegel orientieren, aber dabei einen größeren Spielraum bieten. Zudem wirken sich die marktwirtschaftlichen Regeln von Angebot und Nachfrage preisbestimmend aus.

Der Bundesrat hat am 1.2.2013 ein Mietrechtsänderungsgesetz verabschiedet. Danach können die Bundesländer jetzt per Verordnung die Kappungsgrenze für Mieterhöhungen auf 15 % alle drei Jahre absenken. Es ist also nicht wie vorher zu einer bundesweiten Lösung gekommen. Eine Begrenzung für Neuvermietungen ist nicht beschlossen worden, deshalb gilt hier weiter das freie Vertragsrecht. Ferner sind künftig energetische Sanierungen einfacher möglich. Die Kosten können auf die Miete umgelegt werden. Außerdem wurden bestimmte „Schlupflöcher" bei der Umwandlung von Miet- in Eigentumswohnungen geschlossen. Deshalb an dieser Stelle der Hinweis für Mieter, dass „ein Kaufvertrag die Miete nicht bricht". Das bedeutet, dass bei einem Verkauf einer Immobilie die Mieter einen gesetzlichen Schutz haben und sich dessen bewusst sein sollten. Es ist nicht notwendig und auch nicht anzuraten, mit einem neuen Eigentümer einen neuen Mietvertrag abzuschließen. Im Zweifel helfen die örtlichen Mietervereine und die Verbraucherzentralen.

Jeder Arbeitnehmer sollte auch bei **Arbeitsverträgen** seine Rechte kennen, schließlich wirken sich die Vereinbarungen gravierend und meist langfristig aus. In Arbeitsverträgen kann vereinbart werden, dass das Arbeitsverhältnis mit dem Erreichen des gesetzlichen Rentenalters endet. Das gilt auch für Teilzeitkräfte. Ein Zwangsruhestand vor dem 63. Lebensjahr ist rechtswidrig.

Zur Verbesserung der Arbeitsmarktsituation bestehen weitreichende Möglichkeiten, **befristete Arbeitsverträg** abzuschließen. Seit dem 1.1.2001 sind gesetzliche Regelungen in Kraft. Damit wird ausdrücklich erlaubt, dass befristete Arbeitsverträge mehrfach verlängert werden dürfen. Befristete Verträge dürfen auf fünf Jahre begrenzt sein. Wird Einkommen aus befristeten Arbeitsverträgen innerhalb einer Finanzierung berücksichtigt, so ist natürlich darauf zu achten, dass auch bei einem Wegfall dieser Einnahmen die Belastung weiterhin tragbar bleibt.

Durch das Zweite Gesetz für moderne Dienstleistungen am Arbeitsmarkt („Hartz – Gesetze") ist seit 2003 die Steuerbefreiung der 325 €-Jobs weggefallen und unter Anhebung der sozialversicherungsrechtlichen Entgeltgrenze eine Mini-Job-Regelung eingeführt worden, die es dem Arbeitgeber seitdem ermöglicht, neben den pauschalen Sozialversicherungsabgaben die Steuern ebenfalls durch einen sehr geringen Pauschalsatz entrichten zu können.

Die gesamte Pauschalbelastung liegt seit 2006 bei 30 % (davon 15 % an die Rentenkasse, 13 % an die Krankenkasse, 2 % für Steuern) bzw. bei **Mini-Jobs** in Privathaushalten bei 12 % (davon je 5 % an die Renten- und Krankenkasse und 2 % für Steuern) jeweils zuzüglich 1,3 % nach dem Lohnfortzahlungsgesetz und wird an die Bundesknappschaft als zentrale Sammelstelle abgeführt.

Arbeitnehmer, die bereits eine sozialversicherungspflichtige Hauptbeschäftigung ausüben, können einmal zusätzlich in einem Mini-Job sozialversicherungsfrei tätig sein. Diese Mini-Jobs können auch in Privathaushalten („vereinfachtes Haushaltsscheckverfahren") ausgeübt werden. Der Minijobber zahlt keine Sozialabgaben und in der Regel keine Steuern, er hat sogar Anspruch auf bezahlten Urlaub, Mutterschaftsgeld und Lohnfortzahlung im Krankheitsfall. Dafür sorgt die Umlage von 1,3 %, die auch den Anspruch des Arbeitgebers abdeckt, der sich diese Leistungen von der Bundesknappschaft auf Antrag hin zurückholen kann.

Selbstverständlich können derartige legale Einkünfte auch bei einer Kreditaufnahme als Einnahmen berücksichtigt werden. Weiterer Vorteil der Mini-Jobs in Privathaushalten ist, dass der Arbeitgeber 10 % des Jahreslohnes (max. jedoch 510 € p.a.) von seiner Steuerschuld abziehen kann. Alle Beschäftigten müssen bei der gesetzlichen Unfallversicherung angemeldet sein (Beiträge hierfür zwischen 20 und 95 € p.a.). Das Meldeverfahren für derartige Beschäftigungsverhältnisse wurde vereinfacht und der Bundesknappschaft die Aufgabe der zentralen Melde- und Einzugsstelle übertragen. Die Bundesknappschaft erteilt eine Bescheinigung über das Beschäftigungsverhältnis.

Mit dem Gesetz zu Änderungen im Bereich der geringfügigen Beschäftigung sind zum 1.1.2013 wesentliche Änderungen eingetreten:

- die Verdienstgrenze ist von 400 auf 450 € gestiegen
- Personen, die erstmals nach dem 1.1.2013 einen Mini-Job annehmen, unterliegen grundsätzlich der Versicherungspflicht in der gesetzlichen Rentenversicherung

Hierdurch erwerben die Beschäftigten mit vergleichsweise geringen Beiträgen Ansprüche auf das volle Leistungspaket der Rentenversicherung. Da der Arbeitgeber bereits 15 % pauschal an die Rentenversicherung zahlt, muss der Arbeitnehmer nur 3,9 % aufwenden, um damit den aktuellen Rentenversicherungsbeitrag (ab 1.1.2013 sind das 18,9 %) zu erbringen.

Für die bestehenden Mini-Job-Verträge ändert sich nichts, falls der Betrag unverändert bleibt. Wird er jedoch auf 450 € angepasst, so gelten die neuen Bedingungen (Tab. 102).

Tab. 102 Tabellarische Übersicht der aktuellen Gesetzesregelung

Minijobs (bis 450 €)		
	Allgemein	im Privathaushalt
Steuern		
Arbeitnehmer	freigestellt, auch bei Nebenerwerb	
Arbeitgeber	2 % Pauschalsteuer	2 % Pauschalsteuer 10 % der Aufwendungen oder höchstens 510 € im Jahr absetzbar
Sozialabgaben		
Arbeitnehmer	freigestellt, auch bei Nebenerwerb, Aufstockung des Rentenversicherungsbeitrags ist möglich	
Arbeitnehmer	3,9 % Eigenanteil zur Aufstockung der Rentenversicherung alternativ Befreiung möglich	13,9 % Eigenanteil zur Aufstockung der Rentenversicherung alternativ Befreiung möglich
Arbeitgeber	13 % Krankenversicherung 15 % Rentenversicherung	5 % Krankenversicherung 5 % Rentenversicherung

Als **Midi-Job** werden Beschäftigungsverhältnisse bezeichnet, wenn das daraus erzielte Arbeitsentgelt zwischen 450,01 und 850,00 € im Monat beträgt und die Grenze von 850 € im Monat regelmäßig nicht überschritten wird. Bei mehreren Beschäftigungsverhältnissen wird das gesamte Arbeitsentgelt zusammengezählt. Für die Arbeitgeber ist dabei interessant, dass der Arbeitgeberbeitrag in der sogenannten Gleitzone ermäßigt ist, um Beschäftigungen aufzuwerten, deren Entgelt knapp über der Entgeltgrenze der Mini-Jobs liegt.

Der **Kündigungsschutz** ist ein hart erkämpftes zentrales Arbeitnehmerrecht und dennoch ständig in der öffentlichen Diskussion, obwohl praktisch jeder in irgendeiner Form unmittelbar von der bestehenden Situation betroffen ist. Auf der einen Seite wird gefordert, dass neue Arbeitsplätze entstehen sollen, auf der anderen Seite sollen die mühselig erworbenen Arbeitnehmerrechte und hier insbesondere der Kündigungsschutz unangetastet bleiben. So spielt bei allen Überlegungen der Kündigungsschutz zumindest für diejenigen, die noch einen Job haben, eine wichtige Rolle. Solange Mitarbeiter nur unter restriktiven Voraussetzungen und relativ hohen Kosten entlassen werden können, bestehen für die Unternehmen grundsätzlich Anreize, im Bedarfsfall vor allem ältere Mitarbeiter „abzubauen".

Dies galt insbesondere, solange der Vorruhestand, die Altersteilzeit und daran angelehnte oder kombinierte Angebote an langjährig Beschäftigte in der öffentlichen Wahrnehmung als sozialverträglich akzeptiert und zusätzlich vom Staat gefördert wurden. Hier ist allerdings ein Umdenkungsprozess im Gange.

Obwohl der Kündigungsschutz gerade für ältere Arbeitnehmer insbesondere bei langjähriger Betriebszugehörigkeit durch gesetzliche und tarifvertragliche Regelungen stark ausgeprägt ist, haben diese Bestimmungen lange Jahre nur dazu geführt, dass die „Preise" für den Ausstieg verteuert wurden, beschäftigungspolitisch sind sie ins Leere gelaufen.

Natürlich gehören die Dauer der Betriebszugehörigkeit und das Lebensalter des Arbeitnehmers (und einige andere Fakten) zu den Punkten, die bei einer betriebsbedingten Kündigung zu beachten sind, können aber nur eine bedingte (allerdings preistreibende) Wirkung entfachen. Selbstverständlich scheuen die Arbeitgeber grundsätzlich eine möglicherweise notwendig werdende Sozialauswahl.

Restriktive Kündigungsschutzregeln sind ein wesentliches Einstellungshemmnis und sie verhindern in besonderem Maße die Chancen für ältere stellensuchende Arbeitnehmer, ältere Arbeitslose und grundsätzlich für alle Langzeitarbeitslosen.

Dieses Einstellungsrisiko erhöht sich, wenn für die Betroffenen auch noch ein besonders ausgeprägter Schutz gilt. Eine geringfügige Auflockerung hat die seit dem 1.1.2003 geltende befristete Einstellungsmöglichkeit für Mitarbeiter ab dem 52. Lebensjahr gebracht. Alle diese Regeln sind ohnehin nur solange von Bedeutung, als nicht eine grundlegende wirtschaftliche Entwicklung und eine langandauernde Rezession zu gravierenden Insolvenzen mit einer Minimalabsicherung für die Mitarbeiter führen.

Kommt es schließlich zu einem Arbeitsplatzverlust, sind viele Details zu berücksichtigen, bei einer Kündigungsschutzklage ebenso wie bei einer vollzogenen Kündigung.

Arbeitnehmer ab Vollendung des 55. Lebensjahres konnten aufgrund einer Vereinbarung mit dem Arbeitgeber die Arbeitszeit auf die Hälfte der tariflichen regelmäßigen wöchentlichen Arbeitszeit herabsetzen, jedoch auf nicht weniger als 18 Stunden, sofern sie in den letzten fünf Jahren mindestens drei Jahre eine nach dem Arbeitsförderungsgesetz beitragspflichtige Beschäftigung ausgeübt hatten. Hierzu zählten auch Zeiten des Bezugs von Arbeitslosengeld oder -hilfe oder Krankengeld mit. Der Arbeitgeber musste das Entgelt für die Teilzeit um mind. 20%, jedoch auf mind. 70% des letzten Nettobetrages für die Vollzeitbeschäftigung aufstocken. Ferner hatte er allein die Differenz aus Rentenversicherungsbeiträgen zu zahlen, die sich aus 90% der vorherigen Voll- und der anschließenden Teilzeitbeschäftigung ergaben. Der Arbeitgeber musste den frei werdenden Arbeitsplatz wieder besetzen, wenn er den Aufstockungsbetrag von der Agentur für Arbeit zurückgefordert hat. Der Aufstockungsbetrag und der zusätzlichen Rentenversicherungsbeitrag waren einkommensteuer- und sozialversicherungsfrei. Die Agentur für Arbeit hat dem Arbeitgeber den Aufstockungsbetrag zum Entgelt und den zusätzlichen Rentenversicherungsbeitrag für längstens fünf Jahre erstattet.

Das **Altersteilzeitgesetz** war bis 31.12.2009 gültig, ist nicht mehr verlängert worden und läuft deshalb aus. Die sukzessive Heraufsetzung des Rentenalters berührt natürlich laufende Verträge, da jetzt vielfach erst mit 65 statt wie bei Vertragsabschluss vorgesehen mit 63 die Altersrente beansprucht werden kann. In diesen Fällen müssen die Altersteilzeitverträge angepasst werden.

Altersteilzeitler haben gleiche Rechte bei der Betriebsrente. Das gilt auch, wenn die Pensionszusage sagt, dass Teilzeitarbeit nur anteilig berücksichtigt wird. Die Ansprüche müssen sich nicht nur auf die letzten 10 Jahre, sondern auf alle Arbeitsjahre beziehen (Bundessozialgericht Az. 3 AZR 280/10). Arbeitnehmer können in der aktiven Phase der Altersteilzeit betriebsbedingt gekündigt werden. Sie sind wie andere „normale" Arbeitnehmer zu behandeln. In der passiven Phase ist eine Kündigung nicht zulässig.

Arbeitnehmer in Altersteilzeit, die Witwe/Witwer sind, erhalten weniger Hinterbliebenenrente, wenn der Arbeitgeber ihnen mehr als 50 % ihres vollen Gehaltes zahlt. Der Aufstockungsbetrag mindert die Hinterbliebenenrente (*BSG Az. B 13 R 73/11 R*).

Der **Ehevertrag** ist ein Vertrag zwischen Eheleuten über ihre güterrechtlichen Verhältnisse, der zur Formwirksamkeit der notariellen Beurkundung bedarf. Die dort getroffenen Vereinbarungen haben nur Wirkung gegenüber Dritten, z. B. einem Kreditinstitut, wenn sie diesen bekannt sind (*§§ 1408, 1410, 1412 BGB*).

Bei Ehegatten im gesetzlichen Güterstand der Zugewinngemeinschaft kann ein Ehegatte nur mit Zustimmung des anderen über sein **Vermögen im Ganzen** verfügen (*§ 1365 BGB*). Dies gilt auch für Rechtsgeschäfte über einen einzelnen Vermögensgegenstand, der den überwiegenden Teil oder nahezu das ganze Vermögen der Eheleute betreffen kann. Da Grundbesitz häufig der wesentliche Teil des Vermögens ist, ist dies bei Verkäufen von besonderer Wichtigkeit. Vorsichtshalber werden Vertragspartner versuchen, stets die Unterschrift des Ehegatten mit einzuholen. Dies gilt für Kaufverträge, Belastung von Grundbesitz, Antrag auf Teilungsversteigerung usw. Die Zustimmung kann über eine Willenserklärung des Ehegatten eingeholt werden. Gegenüber dem Grundbuchamt ist eine Beglaubigung erforderlich.

Eheleute leben im bürgerlich-rechtlichen Güterstand der **Zugewinngemeinschaft**, wenn sie nicht durch einen Ehevertrag etwas anderes vereinbaren (*§§ 1363 bis 1390 BGB, § 5 ErbStG*). Der Güterstand der Zugewinngemeinschaft wird als gesetzlicher Güterstand bezeichnet. Der Begriff Zugewinngemeinschaft führt häufig zu dem Irrtum, dass Vermögen der Ehegatten automatisch zu gemeinsamen Vermögen wird. Die Befürchtung, dass ein Ehegatte für die (vorehelichen, geschäftlichen) Schulden des Ehegatten haftet, ist häufigster Grund für den Abschluss eines Ehevertrages (Gütertrennung).

Dies ist möglicherweise völlig überflüssig, denn der gesetzliche Güterstand müsste korrekt als Gütertrennung mit Zugewinnausgleich bezeichnet werden. Das Vermögen der Ehegatten (eingebrachtes oder später erworbenes) wird nicht kraft Gesetzes mit der Heirat bzw. zum Zeitpunkt des Erwerbes gemeinschaftliches Vermögen der Ehegatten. Jeder Ehegatte verwaltet sein Vermögen (z. B. seinen Grundbesitz) selbstständig. Bei Beendigung der Ehe ist der Zugewinn auszugleichen.

Während der Ehe sind lediglich Verfügungsbeschränkungen zu beachten, insbesondere kann ein Ehegatte nur mit Einwilligung des anderen Ehegatten über sein gesamtes Vermögen verfügen. Ein Kreditgeber wird bei der Beurteilung der persönlichen Bonität auch auf den Güterstand achten. Das wird ihn aber nicht davon abhalten, bei Darlehensverträgen grundsätzlich auf die Verpflichtung beider Ehegatten zu bestehen. Die Zugewinngemeinschaft gilt auch für die Partner einer eingetragenen Lebenspartnerschaft, falls nicht ein individueller Vertrag geschlossen wird. Bei Beendigung der Partnerschaft ist auch hier der Zugewinn auszugleichen.

Bei einer **Gütertrennung** bleibt jeder Ehegatte Herr seines Vermögens sowie der ihm zufließenden Einkünfte (*§ 1414 BGB*). Er alleine hat die Verwaltung und haftet alleine für seine Schulden. Bei Scheidung findet keinerlei Ausgleich statt. Damit ist die Gütertrennung die klarste Regelung des güterrechtlichen Verhältnisses. Für den Erbfall bedeutet dies keine Erhöhung des Ehegattenerbteils, es erfolgt aber eine Korrektur nach § 1931 BGB mit der Wirkung, dass der Erbteil des Ehegatten nicht geringer als der eines Kindes sein soll.

Der Güterstand der Gütertrennung kann per Ehevertrag vereinbart werden. Für die Begründung ist ein notarieller Vertrag erforderlich. Kraft Gesetz kann Gütertrennung entstehen:

- bei Regelung der Zugewinngemeinschaft durch Urteil (*§ 1388 BGB*)
- durch Aufhebung eines rechtskräftigen Urteils (*§§ 1449, 1470 BGB*)

Bei der vermögensrechtlichen Seite ist jeder Partner zu behandeln wie eine selbstständige, unverheiratete Person. Bei Kreditaufnahmen haftet nur das Vermögen des Kreditnehmers, nicht das dessen Ehegatten, wenn er nicht Mitantragsteller ist. Daher wird die Mitunterschrift des Ehepartners angestrebt.

Im Erbfall kann eine Gütertrennung insbesondere auch dadurch gravierende Folgen haben, dass die Pflichtteilsquote höher als bei einer Zugewinngemeinschaft ausfallen kann:

- bei einem Kind für dieses ¼,
- bei zwei Kindern für die Kinder zusammen 2/6,
- bei drei und mehr Kindern des Erblassers für die Kinder insgesamt 3/8 des Vermögens des Erblassers.

Dies ist gerade auch bei Immobilienbesitz zu beachten. Bei einer Zugewinngemeinschaft ist es vielfach üblich, dass das Immobilieneigentum zu je der Hälfte des Eigentumsanteils erworben wird. Im Erbfall fällt dann dem überlebenden Partner ein weiteres Viertel zu, während Kind oder Kinder das restliche Viertel erben. Machen diese dann ihren Pflichtanteil geltend, so halbiert sich deren Anteil nochmals.

Eltern, die schon zu Lebzeiten Vermögen auf ihre Kinder übertragen, lassen sich häufig im Gegenzug monatliche Geldzahlungen und sonstige Versorgungsleistungen zusagen, die ihren Lebensstandard sicherstellen sollen. Insbesondere die Verpflichtung des übernehmenden Kindes, die Eltern häuslich zu pflegen, findet sich in zahlreichen notariellen **Übertragungsverträgen**. Werden die Eltern dann hilfebedürftig, führt dies häufig zu zahlreichen Problemen bei allen Beteiligten. Denn die Kosten der Unterbringung in einem Pflegeheim können im Extremfall monatlich mehr als 5.000 € pro Person betragen, Leistungen aus der Pflegeversicherung sind derzeit in der Pflegestufe III – der höchsten Pflegestufe für Schwerst-Pflegebedürftige – mit 1.550 € zu erwarten.

Wenn die eigenen Einkünfte der Eltern oder des Elternteils einschließlich der Leistungen aus der Pflegeversicherung nicht zur vollen Kostendeckung ausreichen, wird der Weg zum Sozialamt für viele unumgänglich. Bevor jemand aber Sozialhilfe erlangen kann, hat er nach § 90 Abs. 1 des Sozialgesetzbuches II sein gesamtes verwertbares Vermögen einzusetzen. Das Sozialamt prüft also zunächst, ob die Betroffenen selbst noch über verwertbares Vermögen (z. B. Immobilien, Bargeld, Wertpapiere, Bankguthaben etc.) verfügen. Auch mögliche Ansprüche auf Rückgängigmachung von Schenkungen werden in diesem Zusammenhang durch das Sozialamt geprüft.

Ist beispielsweise der Schenker nach vollzogener Schenkung nicht mehr in der Lage, seinen angemessenen Lebensunterhalt, d. h. die Heimpflegekosten zu bestreiten, so kann dieser sein Geschenk nach § 528 Abs. 1 BGB noch zehn Jahre zurückfordern, was im jeweiligen Bedarfsfall auch vom zuständigen Sozialamt, das für die Heimpflegekosten aufkommt, verlangt und durchgesetzt wird. Ein vertraglich erklärter Verzicht auf dieses Rückforderungsrecht mit dem Ziel, dem Sozialamt einen derartigen Zugriff zu verwehren, ist unwirksam. Der Beschenkte hat vor diesem Hintergrund nur die Möglichkeit, die Herausgabe des Geschenkes – maßgeblich ist der Wert zum Zeitpunkt der Übertragung – durch Zahlung der ungedeckten Heimpflegekosten abzuwenden. Kann der Übernehmer die in einem Übergabevertrag vereinbarte Verpflichtung zur umfassenden Pflege des Übergebers wegen dessen medizinisch notwendiger Unterbringung in einem Pflegeheim nicht mehr erfüllen, muss er sich – so der BGH – in Höhe seiner ersparten Aufwendungen an den Heimunterbringungskosten beteiligen.

Um dies auszuschließen, ist es sinnvoll, Pflegeleistungen, die Kinder im Rahmen von Übergabeverträgen gegenüber ihren Eltern zu erbringen haben, von vornherein auf die Pflege im häuslichen Bereich einzuschränken. Ist zu Gunsten der Eltern ein Nießbrauch- oder Wohnrecht vereinbart, so stellt sich in der Praxis darüber hinaus immer wieder die Frage, inwieweit bei einem Umzug in ein Pflegeheim statt des Nießbrauch- oder Wohnrechtes eine Geldzahlung als finanzielle Abgeltung vom Beschenkten verlangt werden kann. Da auch derartige Ansprüche regelmäßig vom Sozialhilfeträger geltend gemacht werden, empfiehlt sich bei der Vereinbarung eines Wohn- oder Nießbrauchrechtes in einem Übergabevertrag die Aufnahme einer Wegfallklausel, wonach das jeweilige Recht entfällt, wenn es vom Berechtigten auf Dauer nicht mehr ausgeübt werden kann. Derartige Vereinbarungen sind bisher nur in Ausnahmefällen von der Rechtsprechung für unwirksam erklärt worden. Dies vor allem dann, wenn zum Zeitpunkt der Beurkundung der Wegfallklausel bereits absehbar war, dass der Verzichtende auf Sozialhilfe angewiesen sein wird.

Ein Schenkungsvertrag sollte grundsätzlich Rückfallmöglichkeiten berücksichtigen, um auf Entwicklungen reagieren zu können, die nicht dem beabsichtigten Vertragsgedanken entsprechen. Eine **Rückfallklausel** bzw. ein vertragliches Rücktrittsrecht könnte z. B. vereinbart werden

- für den Fall der Insolvenz, der Zahlungsunfähigkeit, der Überschuldung, der Arbeitslosigkeit oder der Sozialhilfebedürftigkeit,
- für der Fall, dass ein Gläubiger in den geschenkten Gegenstand die Zwangsversteigerung betreibt,
- für den Fall des Vorversterbens des Beschenkten und
- für den Fall der Pflegebedürftigkeit oder der Verarmung des Schenkers.

Bei Schenkungsverträgen unter Ehe- oder Lebenspartners muss der Fall der Trennung/ Scheidung und die Behandlung des geschenkten Vermögens beim Zugewinnausgleich geregelt werden.

Schenkung ist eine Zuwendung, durch die jemand aus seinem Vermögen einen anderen bereichert und wenn beide Teile darüber einig sind, dass die Zuwendung unentgeltlich erfolgt (*§ 516 BGB*).

Ist die Zuwendung ohne den Willen des anderen erfolgt, so kann ihn der Zuwendende unter Bestimmung einer angemessenen Frist zur Erklärung über die Annahme auffordern. Nach dem Ablauf der Frist gilt die Schenkung als angenommen, wenn nicht der andere sie vorher abgelehnt hat. Im Falle der Ablehnung kann die Herausgabe des Zugewendeten nach den Vorschriften über die Herausgabe einer ungerechtfertigten Bereicherung gefordert werden.

Als Schenkung unter Lebenden gilt:

- jede freigiebige Zuwendung unter Lebenden, soweit der Bedachte durch sie auf Kosten des Zuwendenden bereichert wird,
- was infolge Vollziehung einer von dem Schenker angeordneten Auflage oder infolge Erfüllung einer einem Rechtsgeschäft unter Lebenden beigefügten Bedingung ohne entsprechende Gegenleistung erlangt wird, es sei denn, dass eine einheitliche Zweckzuwendung vorliegt,
- was jemand dadurch erlangt, dass bei Genehmigung einer Schenkung Leistungen an andere Personen angeordnet oder zur Erlangung der Genehmigung freiwillig übernommen werden,
- die Bereicherung, die ein Ehegatte bei Vereinbarung der Gütergemeinschaft (§§ 1415 BGB) erfährt,
- was ein Vorerbe dem Nacherben mit Rücksicht auf die angeordnete Nacherbschaft vor ihren Eintritt herausgibt,
- der Übergang von Vermögen aufgrund eines Stiftungsgeschäftes unter Lebenden,
- was bei Aufhebung einer Stiftung oder bei Auflösung eines Vereins, dessen Zweck auf die Bindung von Vermögen gerichtet ist, erworben wird,
- was als Abfindung für aufschiebend bedingt, betagt oder befristet erworbene Ansprüche, soweit es sich nicht um einen Fall des § 3 Abs. 3 Nr. 5 handelt, vor dem Zeitpunkt des Eintritts der Bedingung oder des Ereignisses gewährt wird.

Seit der Erbschaftsteuerreform können Kinder ein Familienheim steuerfrei von den Eltern erwerben. Diese Steuerbefreiung gilt allerdings nur für den Erbfall und nicht bei Schenkungen. Deshalb kann in diesen Fällen die **Schenkung von Grundbesitz** ungünstiger als der Erbfall sein. Wird das Hausgrundstück, das der Schenker selbst bewohnt, schon zu Lebzeiten auf ein Kind übertragen, kann sich der Schenker durch ein Wohnrecht oder einen Nießbrauch absichern. Möglich sind auch Rückfallmöglichkeiten im Schenkungsvertrag.

Eine Sonderform der Schenkung ist die Schenkung von Todes wegen, also eine Schenkung mit der Bedingung, dass der Beschenkte den Schenker überlebt. Zur Wirksamkeit bedarf sie der notariellen Beurkundung.

Wenn die Erblasserin/der Erblasser kein Testament hinterlassen und keinen Erbvertrag geschlossen hat, so bestimmt unmittelbar das Gesetz, wer erbt. Die **gesetzliche Erbfolge** geht davon aus, dass der Erblasser sein Vermögen zum Zeitpunkt seines Todes an seine nächsten Verwandten vererben will. Dies sind i. d. R die Kinder, die Ehegatten und andere Verwandte. Bei der Erbfolge unterteilt das Gesetz die Verwandten in vier Ordnungen und es gilt der Grundsatz, dass nähere Verwandte entferntere ausschließen (§ 1930 BGB). Ist der Erblasser nicht mit der gesetzlichen Erbfolge einverstanden, muss er ein Testament errichten oder einen notariellen Erbvertrag schließen.

Wer eine vom Gesetz abweichende Regelung treffen will (eine sogenannte gewillkürte Erbfolge), kann durch Errichtung eines Testamentes oder durch Abschluss eines Erbvertrages (zur Niederschrift eines Notars) anderweitig über seinen Nachlass bestimmen.

Alternativ zu einem Testament kann ein **Erbvertrag** zwischen jedermann, also auch zwischen nicht ehelichen/partnerschaftlichen Lebensgefährten geschlossen werden. Was das gesetzliche Erbrecht und der Zugewinnausgleich für Eheleute kraft Gesetzes vorschreiben, kann in einem Erbvertrag für nicht eheliche Lebensgemeinschaften vereinbart oder modifiziert werden.

Der Erblasser kann durch notariellen Vertrag einen Erben einsetzen, sowie Vermächtnisse und Auflagen anordnen. Als Erbe oder als Vermächtnisnehmer kann sowohl der andere Vertragsschließende als ein Dritter bedacht werden. Der Erblasser kann einen Erbvertrag nur persönlich schließen. Ein Erbvertrag gibt den Erben mehr Sicherheit als ein Testament, da sich der Erblasser von den im Erbvertrag. getroffenen Verfügungen nur noch ganz ausnahmsweise einseitig lösen kann (§§ 2281 ff BGB).

Ein **Testament** ist eine letztwillige Verfügung eines Erblassers (§ 2064 ff BGB) und sowohl in privatschriftlicher als auch in notarieller Form möglich. Grundstücke sollten mit einem notariellen Testament weitergegeben werden. Das notarielle Testament wird vor einem Notar errichtet. Der Notar ist dazu verpflichtet, im ausführlichen Gespräch mit dem Erblasser den letzten Willen zu erkunden und darüber einen Vertragsentwurf zu fertigen, der dann nach einer gründlichen Überprüfung beurkundet wird (Tab. 103).

Tab. 103 Gebühren für die Beurkundung

Notarielles Einzeltestament	1/1 Gebühr
Gemeinschaftliches Testament	2/1 Gebühr
Erbvertrag	2/1 Gebühr
Widerruf eines gemeinschaftlichen Testaments	1/2 Gebühr
Aufhebung eines Erbvertrages durch den Erblasser	1/2 Gebühr
Anfechtung eines Erbvertrages	1/2 Gebühr
Rücktritt vom Erbvertrag	1/2 Gebühr
	Zuzüglich Auslagen und Mehrwertsteuer

Die meist unentgeltliche Übernahme von Grundbesitz bedeutet, dass oftmals keine Abschreibungen mehr vorgenommen werden können. Allerdings ist die Fortführung von Abschreibungen (wie bislang vom Erblasser praktiziert) möglich. Grundbesitz wird mit den anlassbezogenen Grundbesitzwerten vererbt, Belastungen werden in voller Höhe gegengerechnet. Die Spekulationsfrist (von 10 Jahren) hat gegebenenfalls auch Auswirkungen auf vererbten Grundbesitz, da die Haltedauer des Erblassers angerechnet wird. Ein notarielles Testament erspart den Erben die Beantragung eines Erbscheins. Damit lassen sich also im Endeffekt sogar Kosten sparen (Tab. 104):

Tab. 104 Kostenvergleich für notarielles Testament und Erbschein

Wert des Erbes (€)	Kosten eines notariellen Testaments (€)	Beantragung und Erteilung eines Erbscheins (€)
100.000	207	414
200.000	357	714
300.000	507	1.014
400.000	657	1.314
500.000	807	1.614
600.000	957	1.914
700.000	1.107	2.214

Testamentarische Anordnungen können grundsätzlich jederzeit frei widerrufen werden. Dies ist besonders einfach, wenn das Testament von Anfang bis zum Ende handschriftlich geschrieben wurde.

Das sogenannte **Berliner Testament** wird von etwa 80 % der Verheirateten beurkundet. Sie setzen sich in diesem gemeinschaftlichen Testament gegenseitig zu alleinigen Erben ein, um das gemeinschaftliche Vermögen bis zum Tod beider Ehegatten zusammenzuhalten. Stirbt der eine Partner, dann erbt der andere als Vollerbe den gesamten Nachlass. Dieser kann dann über das Erbe frei verfügen. Kinder und andere Erben kommen als Schlusserben erst nach dem Tod des zweiten Partners zu ihrem Erbrecht. Probleme kann es geben, wenn ein Kind nach dem Tod des ersten Elternteils seinen Pflichtteil verlangt. Dies kann durch eine Pflichtteilsverwirkungsklausel gemildert werden, besser wäre, wenn die Schlusserben einen Pflichtteilsverzicht unterschreiben. Dazu müssten die Kinder allerdings volljährig sein.

Steuerlich hatte das Berliner Testament beträchtliche Nachteile. Durch die Neugestaltung der Erbschaftsteuer zum 1.1.2009 sind diese allerdings deutlich abgemildert. So werden möglicherweise die Freibeträge der Erbschaftsteuer (z. B. allgemeiner Freibetrag der Kinder in Höhe von jeweils 400.000 €) nicht genutzt und der überlebende Ehegatte muss das gesamte Erbe (natürlich abzüglich der hohen Freibeträge) versteuern. Nach dem Tod des überlebenden Ehegatten müssen die Kinder möglicherweise nochmals Erbschaftsteuer bezahlen.

Der **Pflichtteil** beträgt die Hälfte vom Wert des gesetzlichen Erbes. Ein Pflichtteilsanspruch muss innerhalb von drei Jahren geltend gemacht werden (*§§ 2303, 2305 BGB*). Die

Frist beginnt, sobald der Berechtigte Kenntnis von dem Erbfall und der beeinträchtigenden Verfügung erhalten hat. Pflichtteilberechtigte sind nicht am Nachlass beteiligt und haben nur einen Geldanspruch gegen die Erben.

Bis 2009 konnte ein Pflichtteilsanspruch insbesondere bei einer Erbmasse mit überwiegendem Grundbesitz zu Liquiditätsproblemen führen und gegebenenfalls einen vom Erblasser überhaupt nicht beabsichtigten Notverkauf auslösen. Mit den Änderungen im Wachstumsbeschleunigungsgesetz sind die Erben eines Eigenheims jetzt nicht mehr so häufig gezwungen, die Immobilie zu verkaufen, um Pflichtteilsansprüche zu erfüllen. Vielmehr können die Erben einen Aufschub erwirken, wenn der Verkauf eine „unbillige Härte" bedeutet.

Hat der Erblasser Vermögen in den letzten zehn Jahren verschenkt, so wird der Wert dieser Schenkungen zum Nachlass addiert. Aus diesem Vermögen ergibt sich dann ein fiktiver Pflichtteil. Die Differenz zwischen dem fiktiven und dem tatsächlichen Pflichtteil ist dann der Pflichtteilsergänzungsanspruch.

Mit einer **Pflichtteilsstrafklausel** können Eltern dafür sorgen, dass es für Kinder unattraktiv wird, ihren Pflichtteil gegenüber dem überlebenden Elternteil geltend zu machen. Die Pflichtteilsstrafklausel könnte wie folgt formuliert werden: „Fordert eines unserer Kinder nach dem Tode des erstversterbenden Ehegatten gegen dessen Willen bereits seinen Pflichtteil, bekommt er, sobald auch der andere Elternteil verstorben ist, nur einen Pflichtteil."

Für die Kinder ist es dann mitunter besser, auf das Erbe nach dem Tod beider Eltern zu warten, als zweimal nur den Pflichtteil zu erhalten.

Die Kinder können natürlich auch in einem Berliner Testament der Eltern ihren **Pflichtteilsverzicht** erklären. Dies können natürlich nur volljährige Kinder bekunden. Oftmals wird der Pflichtteilsverzicht durch eine Abfindung erleichtert.

Nach dem neuen Unterhaltsrecht ist die Situation für Ehegatten, die noch minderjährige Kinder betreuen, deutlich ungünstiger geworden, da insbesondere der **Betreuungsunterhalt** zeitlich stark eingeschränkt wurde. Es gilt jetzt der Grundsatz der Eigenverantwortung.

Hinzu kommen die steuerlichen Nachteile: Was auf den ersten Blick gerecht erscheint, erweist sich als großer Nachteil für Familien, in denen das zu verteilende Geld nicht ausreicht, um alle Unterhaltsansprüche zu erfüllen. Diese sogenannten Mangelfallberechnungen werden nach ersten Erkenntnissen bei etwa 70 bis 90 % der Scheidungen angewandt. Früher genossen geschiedene Paare einen Steuervorteil, denn sie konnten fast immer das sogenannte Realsplitting in Anspruch nehmen. Auch heute noch kann der Unterhaltszahler den Ehegattenunterhalt von der Steuer absetzen, aber bei geänderter Rangfolge wird das vorhandene Geld zuerst auf die Kinder verteilt. Falls dann für die Ex-Frau nichts oder nur sehr wenig übrig bleibt, versickert dieser Steuervorteil, denn nur der Ehegattenunterhalt bringt steuerliche Entlastung, nicht aber die Zahlung für die Kinder.

Im Fall einer Ehescheidung findet der sogenannte **Versorgungsausgleich** statt. Der Versorgungsausgleich trägt dem Gedanken Rechnung, dass die in der Ehezeit erworbenen Versorgungsansprüche der Ehegatten das Ergebnis gemeinschaftlicher Lebensführung sind, die bei einer Ehescheidung gleichmäßig zwischen den Ehegatten aufzuteilen sind. Der Ehegatte mit den werthöheren ehezeitlichen Versorgungsansprüchen ist ausgleichspflichtig. Dem anderen Ehegatten mit den wertniedrigeren ehezeitlichen Versorgungsansprüchen steht als Ausgleich die Hälfte des Wertunterschiedes zu. Allein zuständig ist das Familiengericht. Der Rentenversicherungsträger (z. B. Deutsche Rentenversicherung) setzt lediglich die rechtskräftige familiengerichtliche Entscheidung um.

Zum 1.9.2009 sind neue Rentenregeln für Scheidungen in Kraft getreten. Seitdem werden alle in der Ehe erworbenen Rentenansprüche je zur Hälfte auf die beiden Ex-Ehepartner verteilt. Gleiches gilt für Lebensversicherungen. Querverrechnungen beispielsweise bei Betriebsrenten sind nicht mehr möglich, i. d. R nimmt der Arbeitgeber den früheren Ehepartner mit einem eigenen Vertrag in sein Versorgungssystem auf. Die Versorgungskonten werden von der Scheidung bis zum Renteneintritt getrennt geführt.

Seit dem 1.4.2010 besteht eine Versorgungsausgleichskasse. Die Kasse ist eine kapitalgedeckte Auffanglösung für Ausgleichsansprüche auf Rentenleistungen aus einer betrieblichen Altersvorsorge und sie garantiert Leistungen nach den gesetzlich festgelegten Kriterien, im Rentenalter zahlt sie eine monatliche Zusatzrente.

Der Versorgungsausgleich entfällt, wenn die Ehen nicht länger als 3 Jahre gehalten haben, wenn ihn einer der Partner ausdrücklich nicht verlangt oder wenn die Versorgungsansprüche unter 25 € im Monat liegen.

Die eigentlichen Besonderheiten entwickelt der Güterstand der Zugewinngemeinschaft erst bei Auflösung der Ehe oder Partnerschaft, sei es durch Scheidung oder durch Tod. Dann wird der sogenannte **Zugewinnausgleich** durchgeführt (*§ 5 ErbStG, §§ 1371–1378 BGB*).

Im Todesfall hat ein Ehegatte drei Jahre Zeit, seine Ansprüche geltend zu machen. Normalerweise wird der Zugewinn pauschal ausgeglichen. Er beträgt dann ein Viertel des Erbes oder steuerlich präziser, der gesetzliche Erbanteil des überlebenden Ehegatten wird um ein Viertel der Erbschaft erhöht. Hierbei ist es unerheblich, ob die Ehegatten im einzelnen Fall einen Zugewinn erzielt haben. Steuerrechtlich relevant ist allerdings die tatsächliche Erbschaft. Dafür steht dem überlebenden Partner ein zusätzlicher Freibetrag zu. Wird der Überlebende nicht Erbe oder Vermächtnisnehmer, so wird das gleiche Verfahren wie im Scheidungsfalle angewendet. Der Pflichtteil des überlebenden Ehegatten oder eines anderen Pflichtteilberechtigten bestimmt sich in diesem Falle nach dem nicht erhöhten gesetzlichen Erbteil des Ehegatten.

Im Scheidungsfall erfolgt die Ermittlung des Zugewinns jedes Ehegatten durch Abzug des Anfangsvermögens vom Endvermöge, dem Vergleich des Zugewinns und Halbteilung eines Überschusses des einen Ehegatten als reine Geldforderung. Es erfolgt keine dingliche Beteiligung an Vermögensgegenständen. Hausrat und Versorgungsanwartschaften unterliegen nicht dem Zugewinnausgleich.

Sind keine Vermögensverzeichnisse bei Beginn der Ehe erstellt worden – und das ist überwiegend der Fall –, so wird gesetzlich vermutet, dass das Anfangsvermögen gleich Null ist. In diesem Fall ist das Endvermögen identisch mit dem **Zugewinn**. Wenn schon kein Ehevertrag zu Beginn einer Ehe gemacht wird, so sollten dann doch wenigstens Vermögensverzeichnisse erstellt werden.

In der Praxis ist der „Normalbürger" bei einer Trennung immer dann mit dem Zugewinnausgleich konfrontiert, wenn eine eigene (meist gemeinsam erworbene oder errichtete) Immobilie vorhanden ist. Zum 1.9.2009 ist eine Reform des Versorgungs- und Zugewinnausgleichs erfolgt. Danach werden jetzt auch Schulden berücksichtigt, die beispielsweise ein Partner mit in die Ehe/Partnerschaft gebracht hat. Dabei wird berücksichtigt, dass der andere Partner geholfen hat, die Schulden abzutragen und somit einen Ausgleichsanspruch hat.

Eine eheähnliche Lebensgemeinschaft setzt ein beständiges Zusammenleben nicht gleichgeschlechtlicher Partner auf unbestimmte Zeit voraus. Entscheidend sind über eine Wohn- und Wirtschaftsgemeinschaft hinaus die gemeinsame Planung und Gestaltung der Lebensführung mit einer familienähnlichen inneren Bindung der Partner. Zwischen den Partnern muss eine so enge Bindung bestehen, dass von ihnen ein gegenseitiges Einstehen in den Not- und Wechselfällen des Lebens erwartet werden kann. Man spricht dann von einer Verantwortungs- und Einstehensgemeinschaft. Das aus den Anfängen des vorherigen Jahrhunderts stammende BGB kennt die eheähnliche Lebensgemeinschaft nicht. Da die Ehe heutzutage nicht mehr das einzige Lebensmodell ist, bedarf es eigentlich einer grundsätzlichen Klärung. Da dies nicht gegeben ist, müssen alle „Dinge des täglichen Bedarfs in irgendeiner Form geregelt werden.

Eingetragene Lebenspartnerschaften haben inzwischen in fast allen Rechtsbereichen eine Gleichstellung mit der Ehe erreicht. Insbesondere im Steuerrecht besteht aber immer noch akuter Regelungsbedarf.

Wenn man selbst nichts mehr entscheiden kann, bestimmt das Vormundschaftsgericht einen Betreuer. Wer grundsätzlich vermeiden will, dass ein Fremder statt des Partners oder der Kinder die notwendigen Dinge erledigt, muss dies durch eine **Betreuungsvollmacht** regeln. Das Vormundschaftsgericht bestimmt zwar in der Regel Familienangehörige zum Betreuer, jedoch nur, wenn diese für diese vertrauensvolle Aufgabe als geeignet erscheinen. Um diese teilweise langwierige Prozedur zu vermeiden, wäre es sinnvoll, in einer Betreuungsverfügung festzulegen, wer als Betreuer bestellt werden soll, wobei vorsichtshalber zusätzlich eine weitere Person benannt werden sollte, falls der Erstgenannte aus irgendwelchen Gründen nicht bestellt werden kann. In der Verfügung könnte auch festgelegt werden, an welchem Ort und in welcher Form man betreut werden möchte und ob, in welcher Höhe und an wen dafür ein Betreuungshonorar gezahlt werden soll. Die Betreuungsvollmacht bedarf der Schriftform und sollte analog wie ein Testament handschriftlich erstellt und vollnamentlich mit genauer Orts- und Zeitangabe unterschrieben werden (*§§ 1901 ff BGB*).

Die **Patientenverfügung** ist praktisch eine vorsorgliche Verfügung ausschließlich für die medizinische Versorgung, die an den Arzt gerichtet ist (*§ 1901a BGB*). In dieser Willensdokumentation kann beispielsweise festgelegt werden, wer im Falle einer Handlungsunfähigkeit des Betroffenen in eine Operation einwilligen, Einsichten in Krankenakten nehmen und seine Zustimmung zu Bluttransfusionen bzw. Organspenden geben darf. Die heute am meisten diskutierten Fragen sind jedoch die lebensverlängernden Maßnahmen. In der Patientenverfügung sind deshalb genaue Formulierungen für die gewünschte Betreuung oder Nichtbetreuung notwendig. Eine Patientenverfügung verjährt zwar nicht, trotzdem sollte sie in regelmäßigen Abständen kontrolliert und neugefasst werden, um nachzuprüfen, ob die gewünschten Regelungen weiterhin Gültigkeit haben sollen.

Für die Patientenverfügung ist keine Form vorgeschrieben, dennoch ist es sinnvoll, sie handschriftlich abzufassen und mit Angabe von Ort und Datum zu unterschreiben. Der Verfasser sollte darin darauf hinweisen, dass er alle Details mit seinem Arzt besprochen hat und sich der Tragweite der Entscheidungen voll bewusst ist. Zudem würde eine Unterschrift des Arztes die Ernsthaftigkeit der Verfügung bekräftigen. Da sich die Wertvorstellungen im Laufe des Lebens verändern, sollten wie bereits erwähnt, Patientenverfügungen relativ zeitnah sein. Formulierungshilfen zur Patientenverfügung sind unter www.bmj.bund.de oder www.justiz.bayern.de verfügbar.

Die **Vorsorgevollmacht** umfasst in der Regel Entscheidungen aus dem persönlichen Bereich und bezüglich des Vermögens des Vollmachtgebers. Eine Vorsorgevollmacht ist im Grunde eine Generalvollmacht. Seit 2003 existiert bei der Bundesnotarkammer ein zentrales Vorsorgeregister.

Gegenstand der Vorsorgevollmacht kann demnach sein:

- die Gesundheitsfürsorge
- die Vermögensverwaltung
- Regelungen über den Aufenthaltsort (Einweisung in Krankenhaus oder Pflegeheim)
- das Recht für den Bevollmächtigten zur Einsicht in die Krankenakten
- das Besuchsrecht am Krankenbett (auch bei intensiv-medizinischer Behandlung)
- ein weitgehendes Mitbestimmungsrecht des Bevollmächtigten in Fragen der Heilbehandlung
- die Übertragung der Entscheidung über mögliche Transplantationen, soweit rechtlich zulässig

Durch die Vorsorgevollmacht erhält der Bevollmächtigte ein Entscheidungsrecht in allen persönlichen, aus dem Notfall heraus entstehenden Angelegenheiten in dem Umfang, wie er dem Vollmachtgeber bei eigener Handlungs- und Entscheidungsfähigkeit zustünde. Eine solche Regelung ist immer dann erforderlich, wenn die gewählte Vertrauensperson nicht mit dem Vollmachtgeber verheiratet ist oder in einem engen Verwandtschaftsverhältnis steht. Es ist sinnvoll, wenn ein bestimmter Vertrauter allein und ausschließlich mit diesem Aufgabenkreis betraut wird. Eine derartige Vorsorgevollmacht sollte notariell abgeschlossen werden.

Adressen und Ansprechpartner

Architektenkammer Die Architektenkammer bescheinigt u. a. den registrierten Architekten, dass eine ausreichende Berufshaftpflichtversicherung besteht. Für freie Architekten ist Mitgliedschaft zwingend vorgeschrieben.

Bundesarchitektenkammer e. V.
Askanischer Platz 4
10963 Berlin
Telefon 030/263944-0
www.bak.de

Auskunfteien Unternehmen, die über Personen, Firmen, Verbände und Vereinigungen Informationen sammeln und diese berechtigten und interessierten Nachfragern gegen Entgelt zur Verfügung stellen. Die Auskünfte werden auch von Kreditinstituten zur Bonitätskontrolle eingeholt.

Accumio Finance Services GmbH
Postfach 11 02 54
30099 Hannover
www.accumio.de

Arvato Infoscore GmbH
Rheinstr. 99
76532 Baden – Baden
www.arvato-infoscore.de

Bürgel Wirtschaftsinformationen GmbH & Co KG
Gasstr. 18

22761 Hamburg
www.buergel.de

Creditreform Boniversum GmbH
Konsumentenservice
Hellersbergstr. 11
41460 Neuss
www.boniversum.de

Deltavista GmbH
Freisinger Landstraße 74
80939 München
www.deltavista.com

Deutsche Mieterdatenbank
DEMDA
Langenstr. 52–54
28195 Bremen
www.demda.de

EOS Information Services GmbH
Gottlieb-Daimler-Ring 7–9
74906 Bad Rappenau
www.eos-solutions.de

AVAD Auskunftsstelle über den Versicherungsaußendienst. Selbsthilfeeinrichtung der deutschen Versicherungswirtschaft und der Bausparkassen. Sie soll unzuverlässige Personen vom Versicherungs- und Bausparkassenaußendienst fernhalten. Die AVAD wird dazu über jede Aufnahme und Beendigung der Zusammenarbeit mit Außendienstmitarbeitern unterrichtet und leitet die gewonnenen Informationen auf Anfrage an die Mitgliedsunternehmen weiter.

Normannenweg 2
20537 Hamburg
www.avad.de

BAFA Zuständig u. a. für die Bewilligung von Zuschüssen für Solarkollektoren, Biomasseanlagen wie Pelletkessel, Wärmepumpen etc.

Bundesamt für Wirtschaft und Ausfuhrkontrolle
Frankfurter Str. 29–35
65760 Eschborn
www.bafa.de

BAföG Leistungen nach dem Bundesausbildungsförderungsgesetz müssen schriftlich auf den dafür vorgesehenen Formblättern beim zuständigen Amt für Ausbildungsförderung beantragt werden. In der Regel ist zuständig:

- für Studierende das Studentenwerk der Hochschule, an der man immatrikuliert ist
- für Auszubildende an Abendgymnasien, Kollegs, Höheren Fachschulen und Akademien das Amt für Ausbildungsförderung, in dessen Bezirk sich die Ausbildungsstätte befindet
- für alle anderen Schüler/innen das Amt für Ausbildungsförderung der Stadt/Kreisverwaltung am Wohnort der Eltern

Bürgschaftsbanken Selbsthilfeeinrichtungen der Wirtschaft für den Mittelstand. Sie übernehmen Ausfallbürgschaften für kurz-, mittel- und langfristige Kredite. Anteilseigener der Bürgschaftsbanken sind Handwerkskammern, Industrie- und Handelskammern, Kammern der freien Berufe, Wirtschaftsverbände und Innungen. Die Ausfallbürgschaften können von Unternehmen, Handwerkern und Freiberuflern beantragt werden, die ohne Besicherung keine Kreditmittel für betriebswirtschaftlich sinnvolle Investitionsvorhaben bekommen würden.

Verband deutscher Bürgschaftsbanken e. V.
Schillstr. 10
10785 Berlin
www.vdb-info.de

Bund der Steuerzahler Deutschland e.V.
Französische Str. 9–12
10117 Berlin
Tel.: 030/ 25 93 96 0
www.steuerzahler.de

Bundesagentur für Arbeit
Regensburger Str. 104
90478 Nürnberg
Tel. 0911/179-0
www.arbeitsagentur.de

Bundesamt für zentrale Dienste und offene Vermögensfragen
Am Probsthof 78a
53121 Bonn
Tel. 0228/ 99 7030-0
www.dz-portal.de

Bundesanstalt für Finanzdienstleistungen (BAFiN)
Graurheindorfer Str. 108
53117 Bonn
www.bafin.de

Bundesarbeitsgericht Das Bundesarbeitsgericht urteilt über Fragen des deutschen Arbeitsrechts. Es ist die letzte Instanz und damit das oberste Gericht der Arbeitsgerichtsbarkeit.

Hugo-Preuss-Platz 1
99084 Erfurt
www.bundesarbeitsgericht.de

Bundesbank Durch Gesetz vom 26.7.1957 wurde die Bank Deutscher Länder mit den Landeszentralbanken und der Berliner Zentralbank zur Deutschen Bundesbank zusammengeschlossen. Sitz der Bank ist Frankfurt. Zum 1.1.1999 hat die Europäische Zentralbank, die ihren Sitz ebenfalls in Frankfurt hat, wichtige währungspolitische Funktionen der Bundesbank übernommen. Mit der Einführung des Euro zum 1.1.2002 sind neue Aufgaben hinzugekommen.

Deutsche Bundesbank
Wilhelm-Eppstein-Str. 14
60431 Frankfurt
www.bundesbank.de

Bundesfinanzhof Wichtig für die praktische Anwendung und Umsetzung sind sowohl die Entscheidungen als auch die anhängigen Verfahren.

Ismaningerstr. 109
81675 München
www.bundesfinanzhof.de

Bundesgerichtshof
Herrenstr. 45a
76133 Karlsruhe
www.bundesgerichtshof.de

Bundesministerium der Finanzen
Wilhelmstr. 97
10117 Berlin
www.bundesfinanzministerium.de

Bundesministerium für Arbeit und Soziales
Wilhelmstr. 49
10117 Berlin
www.bmas.de

Bundesministerium für Justiz
Mohrenstr. 37
10117 Berlin
www.bmj.de

Bundesministerium für Wirtschaft und Technologie
Scharnhorststr. 34–37
10115 Berlin
www.bwmi.de

Bundesnotarkammer
Mohrenstr. 34
10117 Berlin
www.bnotk.de

Bundesrechtsanwaltskammer
Littenstraße 9
10179 Berlin
www.brak.de

Bundessozialgericht
Graf-Bernadotte-Platz 5
34119 Kassel
www.bsg-bund.de

Bundesverband der Deutschen Volksbanken und Raiffeisenbanken
Schellingstr. 4
10785 Berlin
www.bvr.de

Bundesverband deutscher Banken
Burgstr. 28
10178 Berlin
www.bdb.de

Bundesverband öffentlicher Banken Zu den Mitgliedsinstituten zählen die Landesbanken/Girozentralen und die bundes- und ländereigenen Förderbanken.

Lenné Str. 17
10785 Berlin
www.voeb.de

Bundesverfassungsgericht
Schlossbezirk 3
76131 Karlsruhe
www.bundesverfassungsgericht.de

Bundeszentralamt für Steuern Das BZSt hat zum 1.1.2006 die Aufgaben des Bundesamtes für Finanzen übernommen. Es hat Zugriff auf die von jedem Kreditinstitut nach § 24c KWG zu führenden Dateien über alle Konten und Depots. Außerdem laufen dort alle registrierten Freistellungsaufträge zusammen. Dorthin melden die Kreditinstitute alle Kapitalerträge, die aufgrund einer NV-Bescheinigung ohne Besteuerung geblieben sind. Die Finanzbehörde kann bei den Kreditinstituten über das BZSt einzelne Daten abrufen, wenn dies zur Festsetzung oder Erhebung von Steuern erforderlich ist und ein Auskunftsersuchen an den Steuerpflichtigen nicht zum Ziele geführt hat oder keinen Erfolg verspricht. Auch andere öffentliche Stellen (Arbeitsagentur, Bafög-Vergabestelle, Sozialhilfeträger) können diese Informationen abrufen, soweit dies zur Überprüfung des bei der Sozialleistung zu berücksichtigenden Einkommens oder Vermögens erforderlich ist oder der Betroffene zustimmt (*§ 45 d EStG*). Diese Stellen tragen die Verantwortung für die Zulässigkeit des Datenabrufs (automatisierter Abruf von Kontoinformationen). Nach § 18a UStG ist das BZSt auch in umfangreiche Erhebungen zur Umsatzsteuer eingebunden und erteilt Unternehmen auf Antrag dazu eine Umsatzsteuer-Identifikationsnummer (*§ 27a UStG*).

An der Küpe 1
53225 Bonn
Tel. 0228 406-0
www.bzst.bund.de

Datev
Datenverarbeitungsorganisation des steuerberatenden Berufes in der Bundesrepublik Deutschland e. G.
Paumgartnerstr. 6–14
90329 Nürnberg,
www.datev.de

Deutsche Aktuarvereinigung e. V. Der im Jahre 1993 aus der Deutschen Gesellschaft für Versicherungsmathematik (DGVM) hervorgegangene Verein ist Herausgeber der Sterbetafel der Versicherungswirtschaft (aktuell: DAV-Sterbetafel 2004 R bzw. 2008 T).

Hohenstaufenring 47–51
50674 Köln
www.aktuar.de

Deutsche Ausgleichsbank Die frühere Lastenausgleichsbank ist durch Fusion mit der KfW verschmolzen, da sich die Aufgabenbereiche der beiden öffentlich-rechtlichen Institute stark überschnitten hatten und sich eine Neuordnung geradezu angeboten hat. Informationen über Förderprogramme aus den Bereichen Unternehmensfinanzierung, Existenzgründung und Beteiligungsfinanzierungen sind zu erhalten unter www.kfw-mittelstandsbank.de.
 Förderprogramme aus den Bereichen Infrastruktur, Umwelt, Soziales und Bildung werden durch die KfW bereitgestellt. www.kfw-foerderbank.de.

Deutsche Energie-Agentur GmbH (dena)
Chausseestr. 128 a
10115 Berlin
www.dena.de

Deutsche Rentenversicherung Bund Träger der gesetzlichen Rentenversicherung. Vormals BfA und LVA.

Ruhrstraße 2
10709 Berlin
www.deutsche-rentenversicherung.de

Deutsche Rentenversicherung Knappschaft-Bahn-See Bundesknappschaft Minijob-Zentrale
Die Bundesknappschaft erteilt eine Bescheinigung über das geringfügige Beschäftigungsverhältnis (den sogenannten Mini-Job)

45115 Essen
www.minijob-zentrale.de

Deutscher Industrie- und Handelskammertag (DIHK)
Breitestr. 29
10178 Berlin
Tel. 030/2 03 08-0
www.dihk.de

Deutscher Mieterbund e. V. Die Interessenvertretungen der Mieter sind beteiligt an der Erstellung der örtlichen Mietspiegel.

Littenstr. 10
10179 Berlin
www.dmb.de

Deutscher Sparkassen- und Giroverband
Dachverband der Sparkassen-Finanzgruppe
Charlottenstr. 47
10117 Berlin
www.dsgv.de

Deutsche Schutzvereinigung für Wertpapierbesitz e. V. (DSW)
Peter Müller Str. 14
40468 Düsseldorf
www.dsw-info.de

EZB Die Europäische Zentralbank mit Sitz in Frankfurt wurde 1998 gegründet und ist die Zentralbank für das Euro-Währungssystem. Die EZB und die 13 Zentralbanken der Teilnahmeländer der Europäischen Wirtschafts-und Währungsunion bilden das Eurosystem, das für die Geldpolitik im gemeinsamen Währungsraum verantwortlich ist.

Kaiserstr. 29
60311 Frankfurt
www.ecb.int

Gesamtverband der Deutschen Versicherungswirtschaft e. V.
Wilhelmstr. 43/43G
10117 Berlin
www.gdv.de

Institut für Finanzdienstleistungen e. V.
Rödingsmarkt 31/33
20459 Hamburg
Tel.: 069/743 10
www.iff-hamburg.de

Kreditanstalt für Wiederaufbau (KfW)
Palmengartenstr. 5–9
60325 Frankfurt/Main
www.kfw.de

Adressen und Ansprechpartner 153

Kreditmarktplätze für Privatkredite
auxmoney GmbH
Berliner Allee 15
40212 Düsseldorf
www.auxmoney.com

smava GmbH
Kopernikusstr. 35
10243 Berlin
www.smava.de

Ombudsmänner Schlichtungsstellen bei Rechtsstreitigkeiten mit einem Kreditinstitut, mit Versicherungsgesellschaften und anderen Institutionen:

Kundenbeschwerdestelle beim Bundesverband deutscher Banken
Postfach 040307
10062 Berlin
www.bankenverband.de

Kundenbeschwerdestelle beim Bundesverband der deutschen Volksbanken und Raiffeisenbanken
Postfach 309263
10760 Berlin
www.bvr.de

Ombudsfrau der privaten Bausparkassen
Postfach 303079
10730 Berlin
www.bausparkassen.de

Der Deutsche Sparkassen- und Giroverband hat Schlichtungsstellen bei den 14 Regionalverbänden eingerichtet:

DSGV
Charlottenstr. 47
10117 Berlin
Ombudsmann: Peter Gummer
www.dsgv.de

Ombudsmann der SCHUFA
Winfried Hassemer
Postfach 5280
65042 Wiesbaden
www.schufa-verbraucherbeirat.de

Ombudsmann der Privaten Kranken- und Pflegeversicherung
Postfach 06 02 22
10052 Berlin
www.pkv-ombudsmann.de

Versicherungsombudsmann
Prof. Dr. Günter Hirsch
Kronenstr. 13
Postfach 080632
10006 Berlin
www.versicherungsombudsmann.de

Ombudsmann der Bundesvereinigung Kreditankauf & Servicing e. V.
Ehemaliger Bundesrichter Gerd Nobbe
Marienstr. 14
10117 Berlin
www.bks-ev.de

Kreditschuldner, die den Ombudsmann kostenfrei anrufen können, müssen sich dem Schlichterspruch nicht unterwerfen, sondern können trotzdem vor Gericht gehen.

Ombudsmann des Deutschen Immobilienverbandes (IVD)
RA Hans-Eberhard Langemaack
Littenstr. 10
10179 Berlin
www.ombudsmann-immobilien.net

Hilfe für Kunden bei Streit mit Maklern, Hausverwaltern, Sachverständigen und Immobilienberatern, die im IVD organisiert sind.

Pensionssicherungsverein Gesetzlicher Träger der Insolvenzversicherung der betrieblichen Altersvorsorge in der Rechtsform eines Versicherungsvereins auf Gegenseitigkeit. 2006 wurde das bis dahin geltende Rentenwertumlageverfahren in ein Kapitaldeckungsverfahren umgestellt. Der Kapitalwert der unter Insolvenzschutz stehenden Versorgungsverpflichtungen liegt bei rund 295 Mrd. €. 2008 haben die angeschlossenen Mitgliedsunternehmen auf diese Beitragsbemessungsgrundlage (bilanziell abgesicherte Rückstellungen für Betriebsrenten) einen Beitragssatz von 1,8‰ gezahlt. Durch die Finanzkrise und einige große Schadensfälle (u. a. Karstadt-Quelle) ist der Pensionssicherungsfonds im Jahre 2009 stark beansprucht worden. Der Beitragssatz ist dadurch auf 14, ‰ angestiegen, jedoch inzwischen wieder auf ein „Normalmaß" (1,9‰) abgesenkt worden.
Unter Insolvenzschutz stehen (Tab. 105):

Tab. 105 aktuelle Daten des Pensionssicherungsvereins

ca. 4,0 Mio.	Betriebsrentner
ca. 6,3 Mio.	Versorgungsberechtigte mit unverfallbarer Anwartschaft
ca. 10,3 Mio.	Versorgungsberechtigte insgesamt
ca. 90.700	PSVaG-Mitgliedsunternehmen
ca. 295 Mrd. €	Kapitalwert der unter Insolvenzschutz stehenden Versorgungsverpflichtungen

Pensionssicherungsverein a.G.
Bahnstr. 6
50996 Köln
www.psvag.de

Die Abwicklung der Rentenzahlungen erfolgt durch ein Konsortium von 51 Lebensversicherungsunternehmen unter der Geschäftsführung der Allianz-Lebensversicherungs-AG, Stuttgart.

SCHUFA-Organisation Die Schutzgemeinschaft für Allgemeine Kreditsicherung – gegründet 1927 in Berlin – ist eine Gemeinschaftseinrichtung der kreditgebenden Wirtschaft. Gespeichert werden Daten, die etwas über die Vertragstreue von Verbrauchern aussagen. Die SCHUFA hat rund 4.500 Vertragspartner.

SCHUFA Holding AG
Verbraucherservicezentrum Hannover
Postfach 5640
30056 Hannover
www.meineschufa.de

Schutzgemeinschaft der Kapitalanleger
Hackenstr. 7b
80331 München
Tel. 089/ 20 20 846 0
www.sdk.org

Statistisches Bundesamt
Gustav-Stresemann-Ring 11
65189 Wiesbaden
Tel.: 06 11/7 51
www.destatis.de

Stiftung Warentest
Postfach 304141
10724 Berlin
www.test.de

Verbraucherzentrale Bundesverband e. V.
Markgrafenstraße 66
10969 Berlin
www.vzbv.de

Versorgungsanstalt des Bundes und der Länder (VBL)
Hans-Thoma-Str. 19
76133 Karlsruhe
www.vbl.de

Zentrale Zulagenstelle für Altersvermögen Sachbearbeitende Stelle für die Zulagen der sogenannten Riester-Verträge. Unter Angabe der Zulagen-Nr. können Fragen

- zum Altersvorsorgevertrag
- zur Zulagenberechtigung und Zulagenberechnung
- zum Eigenheimrentengesetz (Wohn-Riester)
- zum Versorgungsausgleich u.s.w.

gestellt werden.

Deutsche Rentenversicherung Bund
Zentrale Zulagenstelle für Altersvermögen
10868 Berlin
www.deutsche-rentenversicherung-bund.de

Teil II
Glossar Finanzgrundwissen

A: Abbuchung – Aval

Abbuchung Seit Juli 2012 können Kontoinhaber bis zu acht Wochen nach Abbuchung bestehenden oder neuen (Sepa-)Lastschriften ohne Angabe von Gründen widersprechen. Vorher galt eine Frist von sechs Wochen. Gegen unzulässige Einzüge ist sogar ein Widerspruch bis zu dreizehn Monate danach noch möglich.

Abbuchungsauftrag Ein Abbuchungsauftrag ist ein schriftlicher, widerruflicher Auftrag eines Zahlungspflichtigen an sein Kreditinstitut, eingehende Lastschriften von bestimmten Zahlungsempfängern abzubuchen.

Abfindung Ausgleichszahlung für den Verlust des Arbeitsplatzes. Bis einschließlich dem Veranlagungszeitraum 2003 waren Abfindungszahlungen teilweise steuerfrei. Inzwischen kann lediglich die sogenannte Fünftel-Regelung zu einer relativ geringen steuerlichen Korrektur genutzt werden.

Eine generelle Pflicht für Arbeitgeber, Abfindungen zu zahlen, besteht nicht. Ohnehin gelten in vielen Fällen für ältere Arbeitnehmer die gleichen Kündigungsschutzbestimmungen wie für jüngere Mitarbeiter, sodass möglicherweise auch ohne Abfindungszahlung gekündigt werden kann.

Abgabefrist Die gesetzliche Frist zur Abgabe der Einkommensteuererklärung ist der 31.5. des folgenden Jahres. Diese Frist kann jedoch auf Antrag verlängert werden. Für von Steuerberatern gefertigte Steuererklärungen gilt eine antragsfreie, allgemeine Fristverlängerung bis zum 30.9. des Folgejahres. Diese Frist kann in begründeten Fällen nochmals bis zum 28.2. des übernächsten Jahres und in Ausnahmefällen darüber hinaus bis zum 30.4. des übernächsten Jahres verlängert werden. Ohne Steuerberater gelten keine allgemeinen Fristverlängerungen. Aber auch hier ist bei entsprechender Begründung eine Verlängerung der Abgabefrist über den 31.5. hinaus möglich. Gegen die Ablehnung von Fristverlängerungsanträgen ist als Rechtsbehelf der Einspruch möglich.

Dieser relativ lange Prozess steht im Widerspruch zu dem Anspruch eines Kreditinstituts, möglichst zeitnahe Informationen über die Einkommenssituation ihrer Kunden zu bekommen. Auch der Steuerpflichtige sollte berücksichtigen, dass sein Rating als Kreditnehmer in starkem Maße von der Aktualität der Steuerbescheide/Steuererklärungen abhängig ist. Weit verbreitet ist inzwischen die Steuererklärung online (www.elsterformular. de). Die Steuerverwaltung stellt dafür jährlich die notwendige Software zur Verfügung. An den Fristen hat dies nichts geändert, allerdings können Online-Erklärungen effektiver bearbeitet werden und führen i. d. R. auch zu schnelleren Steuerbescheiden.

Abgabenordnung Die Abgabenordnung bildet für alle Besteuerungsverfahren die gemeinsame Grundlage. Die Abgabenordnung ist in neun Teile aufgeteilt. Die ersten Teile enthalten die einleitenden Vorschriften und das Steuerschuldrecht. Sodann folgen die allgemeinen Verfahrensgrundsätze über Auskunftspflicht, Hinzuziehen von Sachverständigen, Vorlage von Urkunden, Befugnis zum Betreten von Grundstücken sowie die Voraussetzungen, zum Auskunftsverweigerungsrecht. Das Kernstück der Abgabenordnung. bilden die Vorschriften über Durchführung der Besteuerungsverfahren und das Festsetzen der Steuern. Des Weiteren sind die Erhebungs- und Vollstreckungsverfahren, die Folgen einer verspäteten Zahlung, die Vorschriften über außergerichtliche Rechtsbehelfsverfahren, über Steuerstraftaten und Steuerordnungswidrigkeiten sowie die Bestimmungen über das Steuerstraf- und Bußgeldverfahren geregelt. Durch Neuregelungen in der Abgabenordnung (§§ 93, 93 b), die auf dem Gesetz zur Förderung der Steuerehrlichkeit beruhen, wurden mit Wirkung vom 1.4.2005 die Befugnisse der Finanzbehörden in beträchtlichem Umfang ausgeweitet.

Abgabenquote Prozentualer Anteil aller Abzüge vom Bruttoeinkommen. Im Gegensatz zur Steuerquote sind auch die Sozialbeiträge einbezogen.

abgekürzte Lebensversicherung Lebensversicherung, bei der nach dem Vertrage die Gefahrtragung oder die Beitragszahlung vor dem Tode der versicherten Person endet.

Abgeltungssteuer Steuerform, die mit einmaligen Pauschalsätzen bestimmte Erträge oder Geschäfte belastet und dabei unabhängig von der individuellen steuerlichen Situation einen Abgeltungscharakter hat. Die Abgeltungssteuer wird seit dem 1.1.2009 auf alle zufließenden Kapitalerträge von Privatpersonen (Zinsen, Dividenden, Veräußerungsgewinne) angewendet. Die Gewinne aus privaten Veräußerungsgeschäften, insbesondere bei Wertpapieren, Investmentanteilen und Beteiligungen an Kapitalgesellschaften werden erfasst und einheitlich besteuert. Nicht einbezogen werden private Veräußerungsgeschäfte mit Immobilien. Die Abgeltungssteuer beträgt 25 % zuzüglich Solidaritätszuschlag und Kirchensteuer. Die Besteuerung soll mit der Abgeltungssteuer (Kapitalertragsteuer) abgeschlossen sein, d. h. eine steuerliche Veranlagung nur noch in Ausnahmefällen erfolgen. Aktionäre sind gegenüber der bis Ende 2008 geltenden Regelung benachteiligt, weil sowohl die Spekulationsfrist als auch das Halbeinkünfteverfahren entfallen sind. Spitzenverdiener werden durch die Abgeltungssteuer bevorzugt, da ihr individueller Steuersatz meist höher liegt als der einheitliche Abgeltungssteuersatz. Grundsätzlich sind seit 2009 nur noch Einkünfte aus Kapitalvermögen zu erklären, die nicht der Abgeltungsbesteuerung unterlegen haben, wie z. B. Erträge im Ausland oder Zinserträge aus privaten Darlehen. Die Abgeltungssteuer beträgt einheitlich

- 25 % des Kapitalertrags

In die Berechnung der Besteuerung fließen zusätzlich ein

- 5,5 % Solidaritätszuschlag
- 8 bzw. 9 % Kirchensteuer

Sowohl der Solidaritätszuschlag als auch die Kirchensteuer bemessen sich am Betrag der Abgeltungsteuer. Im Fall der Kirchensteuerpflicht ermäßigt sich die Steuer um 25 % der auf die Kapitalerträge entfallenden Kirchensteuer. Auf Wunsch kann das Kreditinstitut auch die Kirchensteuer erheben. Einschließlich der Kirchensteuer ergibt sich eine bei einer Kirchensteuer von 8 % eine Gesamtbelastung von rund 27,81 % bzw. rund 28 % bei einer Kirchensteuer von 9 %. Da die wenigstens Kapitalanleger mit ihrem Kreditinstitut die direkte Kirchensteuerbelastung vereinbart haben, ist es erforderlich, die Festsetzung der Kirchensteuer auf Kapitalerträge mit der Einkommensteuererklärung mit Abgabe einer Anlage KAP zu beantragen.

Ablaufleistung Die Ablaufleistung ist ein Geldbetrag, welcher einer lebensversicherten Person bei Vertragsende ausbezahlt wird. Die Höhe dieser Ablaufleistung hängt von der Vertragslaufzeit, der Höhe der regelmäßig eingezahlten Beiträge, der Kostensituation aufseiten des Versicherers und dessen Geschick bei der Kapitalanlage ab. Die Ablaufleistung setzt sich aus der Versicherungssumme und der Überschussbeteiligung zusammen. Das sind die Erträge, die die Versicherungsgesellschaften über die Garantieverzinsung hinaus bei der Kapitalanlage erwirtschaften. Entscheidend sind möglicherweise die Anlagepolitik der Gesellschaft und die Entwicklung der Risikoanteile. Die Finanzkrise hat darüber hinaus gezeigt, dass selbst konservativste Anlageformen Risiken beinhalten und auch der Garantiezins nur bedingte Sicherheit bietet. Hinzu kommt, dass mit den aus Kreditnehmersicht positiv zu bewertenden lang andauernden Niedrigzinsphasen natürlich auch niedrige Kapitalmarktzinsen einhergehen und die Lebensversicherungen möglicherweise bei Weitem nicht mehr die ursprünglich prognostizierten Überschüsse erwirtschaften, sodass dies zwangsläufig auch Auswirkungen auf die Ablaufleistung haben wird.

Abrufkredit Der Kreditnehmer bekommt unabhängig von einem Girokonto einen Kreditrahmen auf unbestimmte Zeit eingeräumt, den er wie einen Dispositionskredit ganz oder in Teilbeträgen in Anspruch nehmen kann. Im Unterschied zum Dispokredit legt das Kreditinstitut für die Rückzahlung eine Mindestsumme fest. Der Kreditzins ist vom

Marktzins abhängig, kann sich also während der Rückzahlungsphase ändern. Der Kreditnehmer kann jederzeit Teile oder den Gesamtkredit tilgen.

Abschlussgebühr Beim Abschluss eines Bausparvertrages fallen offen ausgewiesene Abschlussgebühren an. Diese werden entweder sofort beglichen oder mit den Sparzahlungen verrechnet. Vereinzelt werden die Abschlussgebühren ganz oder teilweise zurückerstattet, wenn kein Bauspardarlehen in Anspruch genommen wird. Der BGH hat die Rechtmäßigkeit der Abschlussgebühren bei Bausparverträgen bestätigt.

Abschlussgebühren für Versicherungsverträge sind meist nicht offen ausgewiesen, fallen aber gleichwohl an. Sie werden mit den Prämienzahlungen verrechnet und führen beispielsweise bei Kapitallebens- oder Rentenversicherungen dazu, dass in den ersten Jahren kaum Rückkaufswerte entstehen.

Bei Krediten werden meist auch Abschlussgebühren berechnet und erhöhen die Kreditkosten. Sie sind deshalb in der Effektivzinsangabe enthalten.

Abschnittsbesteuerung Die Einkommensteuer wird nach dem Einkommen veranlagt, welches der Steuerpflichtige in einem Kalenderjahr bezogen hat *(§ 25 EStG)*. Mit dieser Vorschrift wird aufgrund der Progressionsbesteuerung oftmals unnötigerweise zu viel an Steuern gezahlt. Es ist unter normalen Umständen daher sinnvoll, Einkommensschwankungen möglichst zu vermeiden. Falls sich die Grundbedingungen im Tarifaufbau oder die Steuersätze (z. B. Reichensteuer) absehbar verändern, ist es natürlich zweckmäßig, legale Einkommensverlagerungen anzustreben.

Abschreibung Die Wertminderung von Investitionen durch materiellen oder moralischen Verschleiß wird durch Abschreibungen berücksichtigt. Diese werden bilanzmäßig als Kosten verbucht.

Eine Abschreibung ist die Verteilung einer einmaligen Ausgabe (Anschaffungs- oder Herstellungskosten) für langfristig nutzbare Wirtschaftsgüter auf eine Anzahl von Jahren oder kurz gefasst: die Absetzung für Abnutzung oder Substanzverringerung. Bei Wirtschaftsgütern, deren Verwendung oder Nutzung durch den Steuerpflichtigen zur Erzielung von Einkünften sich erfahrungsgemäß auf einen Zeitraum von mehr als einem Jahr erstreckt, ist jeweils für ein Jahr der Teil der Anschaffungs- oder Herstellungskosten abzusetzen, der bei regelmäßiger Verteilung dieser Kosten auf die Gesamtdauer der Verwendung oder Nutzung auf ein Jahr entfällt. Im Jahr der Anschaffung oder Herstellung des Wirtschaftsguts vermindert sich für dieses Jahr der Absetzungsbetrag um jeweils ein Zwölftel für jeden vollen Monat, der dem Monat der Anschaffung oder Herstellung vorangeht *(§ 7 ff EStG)*.

Abschreibungsgesellschaften Kapitalsammelgesellschaften zur Finanzierung größerer Objekte, z. B. Schiffe, Flugzeuge, Ölbohrinseln, Filmgesellschaften, aber auch von Windkraftanlagen, Solaranlagen etc. In der Regel überdurchschnittlich hohes Anlagerisiko. Durch steuerliche Konzeptionen werden hohe Steuervorteile „verkauft". Diese setzen sich aus Verlusten und Abschreibungen zusammen. Die vielfach angekündigten Verlustzuweisungen werden oftmals von den prüfenden Finanzämtern nicht anerkannt. Beteiligungen sollten nur bei Vermittlung von seriösen Partnern und nach sorgfältiger Prüfung eingegangen werden. Mit dem Gesetz zur Beschränkung der Verlustverrechnung im Zusammenhang mit Steuerstundungsmodellen hat der Gesetzgeber rückwirkend zum 10.11.2005 einen Großteil der bisherigen Steuersparfonds (Medienfonds, Schiffsbeteiligungen, New-Energy-Fonds, Leasingfonds, Wertpapierhandelsfonds, Videogamefonds) unattraktiv gemacht. Früher abgeschlossene Beteiligungen genießen allerdings Bestandsschutz. Die Erbschaft- und Schenkungsteuer ist bezüglich der Unternehmensbeteiligungen mehrfach modifiziert worden.

Abschreibungsquote Die Kreditinstitute sind im Rahmen des Kreditrisikomanagements dazu verpflichtet, eine Analyse der tatsächlichen Kreditausfälle vorzunehmen. Die Abschreibungsquote ist der Quotient aus Abschreibungen und Kreditvolumen, wobei diese Quoten für die einzelnen Kunden und Produktsegmente natürlich separat ermittelt werden, um aussagefähige Ergebnisse zu erzielen. Unabhängig davon werden die abgeschriebenen (ausgebuchten) Forderungen entweder vom Kreditinstitut weiterverfolgt oder an Inkassounternehmen mit Weitergabe der Schuldtitel verkauft.

Abweisung mangels Masse Das Insolvenzgericht weist den Antrag auf Eröffnung eines Insolvenzverfahrens ab, wenn das Vermögen des Schuldners voraussichtlich nicht ausreichen wird, um die Kosten des Verfahrens zu decken (§ 26 InsO) Die Abweisung kann unterbleiben, wenn ein ausreichender Geldbetrag vorgeschossen wird.

Abwicklungsblätter In den Kreditinstituten ist es üblich, jeweils zum Jahresende die bestehenden Einzelwertberichtigungen zu überprüfen oder für neue Risiken entsprechende Wertkorrekturen vorzunehmen. Als Nachweise für die Bilanz dienen dann die sogenannten Abwicklungsblätter, aus denen der Engagementsstand, die Entwicklung der Einzelwertberichtigung, die Besicherung und der Sicherheitenwert ersichtlich sind. In der dazugehörigen schriftlichen Begründung wird die Notwendigkeit der Wertberichtigung erklärt. Diese Unterlagen unterliegen einer Aufbewahrungsfrist von 30 Jahren. Je nach Größenordnung der zugrundeliegenden Kredite werden diese Abwicklungsblätter standardisiert mit Textbausteinen oder individuell gefertigt.

Abwicklungskredit. Auch bei gekündigten und in Abwicklung befindlichen Krediten besteht für den Kreditkunden die Pflicht zur Offenlegung der wirtschaftlichen Verhältnisse nach § 18 KWG (Kreditwesengesetz) grundsätzlich weiter. Allerdings fehlen den Kreditinstituten in diesen Fällen die Durchsetzungsmöglichkeiten, falls der Kunde der Verpflichtung nicht nachkommt. Solange seitens des Kreditinstituts alle nach den Umständen zumutbaren Anstrengungen zur Erlangung von aktuellen Einkommens- und Vermögensunterlagen unternommen werden und dies nachvollziehbar dokumentiert wird, sind für das Kreditinstitut keine aufsichtsrechtlichen Konsequenzen zu erwarten. Abwicklung eines Kreditengagements bedeutet, dass

- keine zurückgeführten Kreditlinien neu valutiert werden
- keine Neukredite bewilligt werden
- aus der Dokumentation hervorgeht, dass es sich um einen Abwicklungsfall handelt.

Bei bereits abgeschriebenen Krediten findet der § 18 KWG keine Anwendung.

Abzinsen Berechnung eines Wertes zu einem bestimmten Stichtag unter Einbeziehung der Zinsen für spätere Fälligkeiten. Im Bankgeschäft wird es beim Ankauf von Wechseln auch als Diskontieren bezeichnet. Die Kapitalabzinsung ist ein Rechenvorgang, bei dem zukünftige Zahlungen auf den Gegenwartswert herunter gerechnet werden.

Abzinsungsfaktor Der Abzinsungsfaktor gehört zu den finanzmathematischen Faktoren. Er zinst einen nach Perioden fälligen Geldbetrag unter Berücksichtigung von Zins und Zinseszins auf einen jetzt fälligen Geldbetrag ab. Auch mathematische Größe, mit der ein zu einem zukünftigen Zeitpunkt fälliger Betrag multipliziert werden muss, um seinen (heutigen) Barwert zu errechnen.

Abzugsbesteuerung Steuererhebung direkt an der Quelle, z. B. durch die Abgeltungssteuer. Das Gesetz räumt dem Steuerpflichtigen die Möglichkeit ein, Kontrollrechnungen durchführen zu lassen. In diesen Fällen ist es notwendig, die Anlage KAP zur Einkommensteuererklärung abzugeben. Möglich ist dabei

- die Günstigerprüfung für sämtliche Kapitalerträge
- die Überprüfung des Steuereinbehalts für bestimmte Kapitalerträge

Dabei wird untersucht, ob es günstiger ist, die Abzugsbesteuerung durch die Abgeltungssteuer oder die Angabe der Kapitaleinkünfte in der Einkommensteuererklärung vorzunehmen. Eine solche Überprüfung kann sinnvoll sein, wenn der Grenzsteuersatz unter 25 % liegt.

Adoption Aufgrund der deutlich erhöhten Steuersätze bei gleichzeitig verbesserten Freibeträgen für Angehörige der Kernfamilie und gestiegenen Bemessungsgrundlagen ist die Adoption ein teilweise zwingend notwendiges Gestaltungsmittel zur Reduzierung oder Vermeidung von Erbschaft- oder Schenkungsteuer.

Änderungskündigung Arbeitgeber und Arbeitnehmer sind grundsätzlich an den Inhalt eines Arbeitsvertrages gebunden. Ohne Zustimmung der anderen Seite kann keine der beiden Vertragspartner einzelne Bestimmungen ändern.
  In der Praxis kommt es allerdings häufig vor, dass der Arbeitgeber einzelne Vertragsbestandteile zum Nachteil des Arbeitnehmers ändern will. Verweigert der Mitarbeiter dafür seine Zustimmung, so bleibt dem Arbeitgeber nur der Weg über eine Änderungskündigung. Damit wird einerseits das bestehende Arbeitsverhältnis gekündigt und andererseits

die Fortsetzung unter veränderten Bedingungen angeboten. Eine derartige Kündigung kann nur wirksam werden, wenn sie nach dem Kündigungsschutzgesetz *(§§ 2, 4)* sozial gerechtfertigt ist. Wenn der Arbeitnehmer nichts unternimmt, wird das Arbeitsverhältnis unter den geänderten Bedingungen fortgeführt. Natürlich kann der Arbeitnehmer das Angebot ablehnen und mit einer Frist von 3 Wochen eine Kündigungsschutzklage beim zuständigen Arbeitsgericht einreichen.

AGB (Allgemeine Geschäftsbedingungen) Die AGB regeln grundlegende rechtliche Fragestellungen, die auf eine Vielzahl von Geschäftsvorfällen zutreffen. Jedes Kreditinstitut kann eigene AGB festlegen, sie orientieren sich meist an den Vorgaben und Mustern ihrer Verbände oder Organisationen. Die AGB werden Bestandteil von Verträgen (z. B. Kreditverträgen) und unterliegen der ständigen gerichtlichen Kontrolle.

AGB-Pfandrecht Das AGB-Pfandrecht ist das in den Allgemeinen Geschäftsbedingungen vorgesehene Recht, das dem Kreditinstitut ein Pfandrecht an den Wertpapieren, Konto- und Sparguthaben und anderen Vermögensgegenständen des Kunden einräumt.

Agenda 2010 Konzept der früheren rot-grünen Regierung zur Reform des Arbeitsmarktes und der Sozialsysteme mit dem Ziel, durch Senkung der Lohnkosten (Lohnnebenkosten) Wirtschaftswachstum und mehr Beschäftigung zu erreichen. Kernstücke waren Änderungen bei der Einkommensteuer, Einschränkungen und Veränderungen beim Arbeitslosengeld, Zusammenlegung von Sozialhilfe und Arbeitslosenhilfe (Arbeitslosengeld II, besser bekannt als Hartz IV) und die Förderung von alternativen Jobformen (Ich-AG, Mini-Job, Ein-Euro-Job). Weiterhin wurden höhere Zuzahlungspflichten in der Krankenversicherung und eine grundsätzliche, quartalsweise zu entrichtende Praxisgebühr eingeführt. Einzelne dieser Maßnahmen sind inzwischen wieder zurückgenommen worden.

Agio Aufgeld für ein Wertpapier oder eine Beteiligung. Differenz zwischen Ausgabepreis und Nennwert. Gegenteil von Disagio. Das Agio ist bei den Einkünften aus Kapitalvermögen nach dem Zuflussprinzip zu versteuern.

Aktie Urkunde, die ihrem Inhaber (Aktionär) einen Anteil am Grundkapital einer bestimmten Aktiengesellschaft verbrieft. Der Aktionär ist anteiliger Miteigentümer am Vermögen der AG. Seine Rechte werden durch das Aktiengesetz sichergestellt.

Aktienfonds Investmentfonds, der ausschließlich in inländische und/oder ausländische Aktien investiert.

Akteneinsicht Nur der Eigentümer hat einen Anspruch auf Akteneinsicht z. B. beim Grundbuchamt. Ein Kaufinteressent oder ein Mieter benötigt dazu eine Einverständniserklärung des Eigentümers. Kreditinstitute lassen sich ebenfalls diese Erklärung unterschreiben, um fehlende Unterlagen zu beschaffen oder um die Vermögensaufstellung eines Kunden zu prüfen.

Aktenzeichen Zum Zwecke der Unterscheidung einer Akte zugeteiltes individuelles Kennzeichen bei Gerichten und Ämtern. Als Form werden dabei meist Kombinationen aus Buchstaben, Zeichen und Zahlen verwendet.

Aktivgeschäft Bankgeschäfte, die sich auf der Aktivseite der Bilanz niederschlagen, z. B. Kreditgeschäfte. Die Refinanzierung des Aktivgeschäfts erfolgt über das Passivgeschäft.

Akzessorische Sicherheit Sicherheit, die mit dem Erlöschen der Forderung automatisch unter- oder auf den Sicherungsgeber übergeht. Klassisches Beispiel dafür ist die Hypothek, die allerdings nur noch relativ selten als Sicherungsinstrument genutzt wird. Für den Kreditnehmer wäre eine akzessorische Sicherheitenstellung eher von Vorteil für den Kreditgeber ist sie wegen der fehlenden Flexibilität „unpraktisch".

Alimentierungsrücklagen Alimentierungsrücklagen werden oft gebildet bei geschlossenen Fonds. Diese Rücklagen bestehen meist in Höhe einiger Zeichnungsbeträge und sollen dazu dienen, mögliche Zahlungsschwierigkeiten einzelner Fondszeichner auszugleichen, damit diese Einzelprobleme vom Fonds fern gehalten werden. Da die finanzierende Bank meist nur eine dingliche Absicherung (dingliche Rechte) auf dem Gesamtobjekt hat und dieses Recht bei Zahlungsschwierigkeiten einzelner Zeichner nicht nutzen kann, hilft die Alimentierungsrücklage zunächst, Probleme zu vermeiden. Das Vorhandensein einer solchen Rücklage ist allerdings nicht zwangsläufig ein Qualitätsmerkmal für einen Fonds.

allgemeiner Betriebsvermögensvergleich Gewinnermittlungsart für selbstständig Tätige, wenn freiwillig Bücher geführt werden, sowie für Land- und Forstwirte, wenn Buchführungspflicht besteht. Bei Gewerbetreibenden wird der allgemeine Betriebsvermögensvergleich nur im Falle der Schätzung angewendet *(§ 4 (1) EStG)*.

Allgemeine Rentenversicherung Die Arbeiter- und Angestelltenrentenversicherung ist seit 2005 organisatorisch in der Deutschen Rentenversicherung Bund (DRV) zusammengefasst.

Allgemeines Gleichbehandlungsgesetz Das AGG verwirklicht für den Bereich der Versicherungen die Vorgaben mehrerer EU-Richtlinien zur Gleichbehandlung von Frauen und Männern. Bisher wurden beispielsweise die Kosten für Schwangerschaft und Mutterschaft nur in die Beiträge für Frauen einkalkuliert. In der Praxis heißt dies, dass seit dem 21.12.2012 für alle Versicherungsarten nur noch Unisex-Tarife angeboten werden.

allgemeines Veräußerungsverbot Das Gericht kann zur Sicherung der Masse dienende einstweilige Anordnungen treffen. Es kann insbesondere ein allgemeines Veräußerungsverbot erlassen, um bis zur Entscheidung über den Insolvenzeröffnungsbeschluss eine für die Gläubiger nachteilige Veränderung in der Vermögenslage des Schuldners zu verhüten *(§ 21 InsO)*.

Allgemeine Versicherungsbedingungen Die AVB sind im Rahmen der gesetzlichen Vorgaben zum 1.1.2009 an das Versicherungsvertragsgesetz angepasst worden. Im Vordergrund der Änderungen standen u. a. die Stärkung der Verbraucherrechte und die Schaffung von mehr Transparenz für die Versicherungsnehmer.

Altenheim Einrichtung für alte Menschen, die zur Führung eines eigenen Haushalts nicht mehr im Stande sind und die voll versorgt und betreut werden müssen. Hierauf werden die Ausstattung der Immobilie sowie der Personaleinsatz ausgerichtet.

Bautechnisch müssen die Wohnplätze für eine Person mindestens einen Wohn-/ Schlafraum mit einer Wohnfläche von 12 m^2, Wohnplätze für zwei Personen einen solchen mit einer Wohnfläche von 18 m^2 umfassen. Innerhalb des Altenheims müssen Kochgelegenheiten, ein Abstellraum sowie Gemeinschaftsflächen für die Bewohner zur Verfügung stehen. Erhöhte Anforderungen werden auch an die sanitären Einrichtungen gestellt.

Altenpflegeheim Altenpflegeheime dienen der umfassenden Betreuung und Versorgung chronisch kranker und pflegebedürftiger alter Menschen. Insofern stellt ein Pflegeheim noch zusätzliche Anforderungen an die Bauausstattung und die Personalbesetzung. Die Betreuung der alten Menschen ist im Pflegeheim von besonderer Bedeutung. Die Pflegesätze bedürfen im Rahmen der Pflegesatzverordnung der Genehmigung durch die Landessozialämter bzw. Landesfürsorgebehörden.

Altenteil Das Altenteil ist eine Reallast, die hauptsächlich in ländlichen Gegenden auch heute noch bestellt wird *(§ 49 GBO)*. Der Bauer, der sein Anwesen seinem Sohn/seiner Tochter übergibt, lässt in dem notariellen Übergabevertrag sich und seiner Frau das Recht einräumen, das den Sohn oder die Tochter zur Gewährung von Unterhaltsverpflichtungen durch Leistungen in Geld oder Naturalien verpflichtet. Vielfach verbunden ist hiermit ein Wohnrecht, welches spätestens mit dem Tod des Berechtigten erlischt. Das Altenteil ist der vertragsmäßig zugesicherte oder durch letztwillige Verfügung zugewandte Inbegriff von dinglich gesicherten Nutzungen und Leistungen zum Zwecke der persönlichen Versorgung des Berechtigten. Eine einheitliche Rechtsform hierfür gibt es nicht. Rechtlich ist es meist eine Verbindung von Reallasten und beschränkt persönlichen Dienstbarkeiten. Auch ein Nießbrauch kann dazugehören. Die Altenteile bleiben von einer Zwangsversteigerung unberührt, auch wenn sie bei der Feststellung des geringsten Gebots nicht berücksichtigt sind. Wird hierdurch das Recht eines vorgehenden oder gleichrangigen Beteiligten beeinträchtigt, so kann das Erlöschen als Versteigerungsbedingung beantragt werden.

Altenwohnheim Zusammenfassung mehrerer oder vieler in sich abgeschlossener Altenwohnungen. Die Selbstständigkeit des Bewohners steht bei diesem Typ im Vordergrund. Pflege und Betreuungsleistungen sind untypisch, sollen aber im Bedarfsfalle verfügbar sein. Die Mindestfläche für Wohnplätze in Altenwohnheimen liegt wie bei den Altenheimen bei 12 m^2 bzw. 18 m^2 bei Doppelbelegung. In Altenwohnheimen sind an Zusatzausstattung darüber hinaus eine Küche oder zumindest eine Kochnische oder ein Kochschrank sowie ein Sanitärraum mit Waschtisch und Spülklosett erforderlich. Neben Gemeinschaftsflächen müssen Abstellräume und besondere Wasch- und Trockenräume vorhanden sein.

Altersarmut Altersarmut droht in Deutschland mittelfristig zu einem gravierenden Problem zu werden. Während im Jahre 2006 nur 2,3 % der Empfänger von Grundsicherung im Alter zu der Bevölkerungsgruppe der 65+ gehören, könnte sich der Anteil in den nächsten Jahrzehnten vervielfachen. Fachleute bemängeln schon lange, dass zu viele ältere Bürger in zu starkem Maße auf die gesetzliche Rente angewiesen sind und heute die Rentenversicherung 2/3 der Einkommen der Rentnerhaushalte abdeckt. Vermögenseinkommen (15 %) und Betriebsrenten (3 %) sind deutlich unterentwickelt. Andere EU-Staaten verfügen über wesentlich besser ausbalancierte Alterssicherungssysteme.

Alterseinkünftegesetz Mit dem Gesetz zur Neuordnung der einkommensteuerrechtlichen Behandlung von Altersvorsorgeaufwendungen und Altersbezügen wurde die Umsetzung der nachgelagerten Besteuerung eingeleitet *(AltEinkG vom 5. 7. 2004)*. Damit werden seit 2005 eigene Anstrengungen zur Sicherung eines auskömmlichen Alterseinkommens im Zeitpunkt der Anlage steuerlich begünstigt, andererseits greift der Fiskus bei der Auszahlung des angesparten Kapitals immer mehr zu. Damit einhergehend wurde ab 2005 auch das frühere Steuerprivileg der Kapitallebensversicherungen stark begrenzt. Der Besteuerungsanteil betrug 2005 50 % und erhöht sich für Neurentner bis zum Jahre 2040 jährlich. Der jeweilige Besteuerungsanteil bleibt grundsätzlich für die gesamte Laufzeit der Rente bestehen, Rentenanpassungsbeiträge sind dadurch in voller Höhe steuerpflichtig. Damit sind praktisch alle Altersrentner und sonstige Rentenbezieher zur Abgabe von Einkommensteuererklärungen verpflichtet. Die geänderte Besteuerung ist für folgende Renten anzuwenden:

- gesetzliche Altersrenten,
- gesetzliche Renten wegen verminderter Erwerbsfähigkeit,
- gesetzliche Witwen- und Waisenrenten,
- Renten aus landwirtschaftlichen Alterskassen,
- Renten aus berufsständischen Versorgungseinrichtungen und
- private Leibrentenversicherungen (Rürup-Renten).

Das AltEinkG führt in einer lang andauernden Übergangszeit bis 2025 zu einer Mehrfachbesteuerung, weil die Altersvorsorgebeiträge nur sukzessive steuerlich abziehbar sind, die daraus später resultierenden Renten in der Rentenauszahlungsphase allerdings voll versteuert werden. Der Bundesfinanzhof hat die höhere Besteuerung für gesetzliche Renten seit dem VAZ 2005 für verfassungsgemäß erklärt *(Az.: XR 15/07)*.

Altersentlastungsbetrag Steuerzahler, die das 64. Lebensjahr vollendet haben, erhalten einen Altersentlastungsbetrag *(§ 24a EStG)*. Dieser beläuft sich auf 40 % der Einkünfte aus nicht selbstständiger Arbeit oder weiterer Einkünfte (Einkünfte aus selbstständiger Arbeit, aus Vermietung und Verpachtung oder aus Kapitalvermögen), maximal jedoch 1.900 €. Nicht einbezogen werden Versorgungsbezüge, Pensionen von Abgeordneten sowie Einkünfte aus Leibrenten. Im Falle der Zusammenveranlagung ist der Altersentlastungsbetrag jedem Ehegatten, der die Voraussetzungen hierfür erfüllt, zu gewähren, allerdings nach seinen individuellen Grundvoraussetzungen zu ermitteln. Es ist daher sinnvoll, durch Besitzverteilung oder Besitzzuordnung z. B. positive Einkünfte aus Vermietung und Verpachtung oder aus Kapitalanlagen bei Ehegatten jeweils zu gleichen Teilen anfallen zu lassen. Der Altersentlastungsbetrag wird vom Finanzamt automatisch berücksichtigt, ein besonderer Antrag ist nicht erforderlich. Mit dem Systemwechsel in der Besteuerung von Alterseinkünften seit 2005 wurde auch der Altersentlastungsbetrag modifiziert. Der Höchstbetrag ist seitdem auf 1.900 € festgeschrieben und wird über die Gesamtdauer der Bezüge „durchgezogen". Dies bedeutete für alle Steuerpflichtigen, die zu diesem Zeitpunkt bereits den Altersentlastungsbetrag nutzen konnten, nur eine geringfügige Änderung,. Alle übrigen Steuerpflichtigen müssen eine geburtenjahrgangsbezogene Reduzierung lt. nachstehender Tabelle in Kauf nehmen. Im Jahre 2040 wird er seine Rechtfertigung verlieren, wenn in der Endstufe Renten und Versorgungsbezüge zu 100 % besteuert werden.

das auf die Vollendung des 64. Lebensjahres folgende Jahr	Altersentlastungsbetrag in Höhe von % der Einkünfte	Höchstbetrag in €
2012	28,8	1.368
2013	27,2	1.292
2014	25,6	1.216
2015	24,0	1.140
2016	22,4	1.064
2017	20,8	988
2018	19,2	912
2019	17,6	836
2020	16,0	760
2021	15,2	722
2022	14,4	684
2023	13,6	646
2024	12,8	608
2025	12,0	570
2026	11,2	532
2027	10,4	494
2028	9,6	456
2029	8,8	418
2030	8,0	380
2031	7,2	342
2032	6,4	304
2033	5,6	266

das auf die Vollendung des 64. Lebensjahres folgende Jahr	Altersentlastungsbetrag in Höhe von % der Einkünfte	Höchstbetrag in €
2034	4,8	228
2035	4,0	190
2036	3,2	152
2037	2,4	114
2038	1,6	76
2039	0,8	38
2040	0,0	0

Altersgrenze für Notare Notare erreichen die Altersgrenze mit dem Ende des Monats, mit dem sie das 70. Lebensjahr vollenden.

Altersgrenze im Rentenrecht Zu den grundlegenden Voraussetzungen für die Zahlung einer Altersrente an einen Rentenversicherten gehört, dass dieser die sogenannte Altersgrenze erreicht. Dies bedeutet, dass der Versicherte zum Bezug dieser Versorgungsleistung ein bestimmtes Lebensjahr vollendet haben muss. Viele andere private oder betriebliche Rentenleistungen sind an den Bezug und damit die Altersgrenze der gesetzlichen Rentenversicherung gekoppelt (Rente mit 67).

Altersvorsorgebeiträge Zu den Altersvorsorgebeiträgen gehören in erster Linie die Beiträge zur gesetzlichen Rentenversicherung mit und ohne Kombination mit bestimmten Zusatz-Versicherungen. Arbeitnehmer können seit 2005 Versicherungsbeiträge zu Rentenversicherungen – z. B. Beiträge zur gesetzlichen Rentenversicherung oder allein aufgebrachte Beiträge zu einer in der Ansparphase privilegierten privaten Rentenversicherung (Rürup-Rente) – in Stufen bis zu 20.000 € als Sonderausgaben steuermindernd geltend machen.

Der Stufenzeitraum hat im Jahre 2005 mit 12.000 € (60 % von 20.000 €) begonnen und baut sich in jährlichen Schritten von 400 € bis zum Jahre 2025 auf 20.000 € auf. Bei Ehegatten sind die vorgenannten Beträge jeweils zu verdoppeln (also auf 40.000 €).

Im Jahre 2013 führen also Vorsorgeaufwendungen eines Steuerpflichtigen, der einzeln veranlagt wird, in Höhe von 20.000 € zu Sonderausgaben von 15.200 €.

Nach wie vor wird davon ausgegangen, dass Arbeitgeber und Arbeitnehmer gemeinsam in die gesetzliche Rentenversicherung einzahlen. Der Arbeitnehmeranteil ist weiterhin im steuerpflichtigen Bruttoarbeitslohn enthalten. Der Arbeitgeberanteil wird weiter steuerfrei gewährt. Der steuerfreie Arbeitgeberanteil (in den obigen Beträgen zunächst enthalten) wird allerdings anschließend wieder abgezogen. Der Restbetrag wirkt sich steuermindernd aus. In allen Fällen wird aber eine Günstigerrechnung vorgenommen. Hierbei wird anhand der alten Höchstbetragsrechnung überprüft, ob sich der Steuerpflichtige nach altem Recht besser stellen würde als nach neuem Recht. Diese Günstigerprüfung wird bis zum Jahre 2020 durchgeführt.

Bei Beamten wird der maximale Höchstbetrag von 20.000 € für Altersvorsorgebeiträge um einen fiktiven Gesamtbeitrag (= fiktiver Arbeitnehmer- *und* Arbeitgeberanteil) gekürzt. Die Sonderausgaben im Überblick:

Jahr	Prozentsatz[a]	Jahr	Prozentsatz[a]
2005	60	2016	82
2006	62	2017	84
2007	64	2018	86
2008	66	2019	88
2009	68	2020	90
2010	70	2021	92
2011	72	2022	94
2012	74	2023	96
2013	76	2024	98
2014	78	2025	100
2015	80		

[a] der Beitragsberücksichtigung zur Altersvorsorge

Altersvorsorgekonzeption Alle großen internationalen Firmen aber auch bedeutende Mittelständler stehen im Wettkampf um die besten Mitarbeiter. Dabei ist es heute üblich, auch eine überzeugende Altersvorsorgekonzeption zu bieten. Als Instrumente bieten sich dafür an

- beitragsorientierte Direktzusagen
- Versorgungs-/Unterstützungskassen
- Zeitinvest-Leistungskonten
- Direktversicherung mittels Gehaltsumwandlung
- Deferred Compensation für Führungskräfte
- Belegschaftsaktienprogramme

Altersvorsorge-Verbesserungsgesetz Das vom Bundeskabinett beschlossene Gesetz ist mit Änderungen am 1.7.2013 in Kraft getreten. Eckpunkte des Gesetzes sind:

- Verbesserung der Information durch normierte Produktinformationsblätter
- verbesserter Erwerbsminderungsschutz
- Vereinfachungen bei der Eigenheimrente (Wohn-Riester)
- Verbesserungen bei der Einmalbesteuerung

Altersvorsorge-Zertifizierungsgesetz AltZertG über die Zertifizierung von Altersvorsorge- und Basis-Rentenverträgen von 2001, zuletzt geändert durch Artikelgesetz vom 8.12.2010.

Alle unter dem Sammelbegriff „Riester-Verträge" bekannten Altersvorsorgemöglichkeiten müssen nach dem AltZertG zertifiziert sein. Jeder Anbieter muss deshalb seine Verträge prüfen und zertifizieren lassen. Die Zertifizierungsnummer ist der Nachweis und der Schlüssel zu den Zulagen und/oder dem Sonderausgabenabzug.

§ 1	Begriffsbestimmungen zum Altersvorsorgevertrag
§ 2	Begriffsbestimmungen zum Basisrentenvertrag
§ 3	Zertifizierungsstelle, Aufgaben
§ 4	Antrag, Ergänzungsanforderungen, Ergänzungsanzeigen, Ausschlussfristen
§ 5	Zertifizierung von Altersvorsorgeverträgen
§ 5a	Zertifizierung von Basisrentenverträgen
§ 6	Rechtsverordnung
§ 7	Informationspflicht des Anbieters; Sicherungsschein
§ 8	Rücknahme, Widerruf und Verzicht
§ 9	Sofortige Vollziehung
§ 10	Veröffentlichung
§ 11	Verschwiegenheitspflicht und Datenschutz
§ 12	Gebühren
§ 13	Bußgeldvorschriften
§ 14	Übergangsvorschrift

Altlastengarantieerklärung Kosten für unbekannte oder noch nicht bekannte Altlasten können entweder direkt finanziell über eine Altlastengarantieerklärung oder textlich im Kaufvertrag wie folgt geregelt werden: „Der Verkäufer leistet Garantie dafür, dass der verkaufte Grundbesitz frei ist von Altlasten jedweder Art. Sind Altlasten jedoch vorhanden, sind diese auf Kosten des Verkäufers zu beseitigen."

Altlastenkataster Seit 1980 werden in Nordrhein-Westfalen aufgrund eines ministeriellen Runderlasses Altablagerungen und Altstandorte erfasst. Die Erfassung erfolgt in Messtischblättern. In vielen Städten und Gemeinden wurden auch die Bürger aufgerufen, ihr Wissen um Ablagerungen und um alte Deponien mit einzubringen.

Es ist möglich und sinnvoll, vor einem beabsichtigten Grundstückskauf von der amtsführenden Behörde eine Auskunft aus dem Altlastenkataster anzufordern. Dies ist z. B. das Umweltamt als untere Bodenschutzbehörde. Der Nachweis eines berechtigten Interesses ist allerdings zu erbringen. Demnach sind berechtigt:

- Eigentümer
- Bevollmächtigte des Eigentümers
- Mieter, Pächter, Erbbauberechtigte
- Käufer/Kaufinteressent (möglicherweise nur mit dem Einverständnis des Eigentümers)

Altmietverhältnis Wenn ein Mietverhältnis schon vor dem 3.10.1990 (Beitritt der neuen Bundesländer) bestanden hat, so liegt in jedem Fall ein Altmietverhältnis vor. Dies gilt auch dann, wenn zwischenzeitlich der ursprüngliche Mietvertrag durch Abänderung von Einzelleistungen durch einen neuen Vertrag ersetzt wurde.

Altschulden Länger zurückliegende Zahlungsverpflichtungen, die in der Regel tituliert sind und deshalb einer Verjährungsfrist von 30 Jahren unterliegen. Unabhängig davon sind diese Altschulden z. B. bei Kreditinstituten i. d. R. zwar längst ausgebucht (abgeschrieben), werden aber weiter verfolgt.

Amortisation Planmäßige, allmähliche Tilgung einer Schuld bzw. Rückfluss investierter Mittel durch Abschreibung und zusätzliche Gewinne, die durch die Investition ermöglicht wurden. Mit einer Amortisationsrechnung wird die Dauer der Amortisation oder besser die Amortisationszeit berechnet. Dies ist die Zeitdauer, die vergeht, bis die Anschaffungsausgaben einer Investition durch die laufenden Einnahmeüberschüsse zurückgezahlt sind.
    Beispiel: Eine Investition von 200.000 amortisiert sich in 10 Jahren, d. h., jedes Jahr fließen 20.000 € zurück.

Anbieterbescheinigung Die Anbieter von Altersvorsorgeverträgen (sogenannte Riester-Verträge) erteilen ihren Kunden nach § 92 EStG jährlich eine Anbieterbescheinigung nach amtlich vorgeschriebenem Vordruck über

- die Höhe der im abgelaufenen Beitragsjahr geleisteten Altersvorsorgebeiträge (Beiträge und Tilgungsleistungen)
- die im abgelaufenen Beitragsjahr getroffenen, aufgehobenen und geänderten Ermittlungsergebnisse (§ 90 EStG)
- die Summe der bis zum Ende des abgelaufenen Beitragsjahres dem Vertrag gutgeschriebenen Zulagen
- die Summe der bis zum Ende des abgelaufenen Beitragsjahres geleisteten Altersvorsorgebeiträge
- den Stand des Altersvorsorgevermögens
- den Stand des Wohnförderkontos und
- die Bestätigung der durch den Anbieter erfolgten Datenübermittlung an die zentrale Stelle im Fall des § 10a Absatz 5 Satz 1

Für den reibungslosen Ablauf des Zulagenverfahrens und der steuerlichen Berücksichtigung ist es erforderlich, einen Dauerzulagenantrag zu stellen und die Einwilligung zur Datenfernübertragung zu erteilen.

Anerbenrecht Gesetzliche Regelung bei der Vererbung landwirtschaftlicher Höfe *(§ 64 EGBG)*. Das Gesetz dient zur Verbesserung der Agrarstruktur und der Sicherung landwirtschaftlicher Betriebe. Die Landesgesetze können das Recht des Erblassers, über das dem Anerbenrecht unterliegende Grundstück von Todes wegen zu verfügen, nicht beschränken, jedoch bleiben die landesgesetzlichen Vorschriften über das Anerbenrecht in Ansehung landwirtschaftlicher und forstwirtschaftlicher Grundstücke nebst deren Zubehör unberührt.

Anfechtungsgesetz Das Anfechtungsgesetz von 1994, in Kraft getreten am 1.1.1999 regelt die Voraussetzungen, welche Möglichkeiten ein Gläubiger hat, Rechtshandlungen eines Schuldners, die ihn benachteiligen, anzufechten. Ist bereits ein Insolvenzverfahren eröffnet, gelten die Anfechtungsvorschriften der Insolvenzordnung.

Das Gesetz ist wie folgt gegliedert:

§ 1 Grundsatz
§ 2 Antragsberechtigte
§ 3 Vorsätzliche Benachteiligung
§ 4 Unentgeltliche Leistung
§ 5 Rechtshandlungen der Erben
§ 6 Kapitalersetzende Darlehen
§ 7 Berechnung der Fristen
§ 8 Zeitpunkt der Vornahme der Rechtshandlung
§ 9 Anfechtung der Einrede
§ 10 Vollstreckbare Titel
§ 11 Rechtsfolgen
§ 12 Ansprüche des Anfechtungsgegners
§ 13 Bestimmter Klageantrag
§ 14 Vorläufiger vollstreckbarer Schuldtitel
§ 15 Anfechtung gegen Rechtsnachfolger
§ 16 Eröffnung des Insolvenzverfahrens
§ 17 Unterbrechung des Verfahrens
§ 18 Beendigung des Insolvenzverfahrens
§ 19 Internationale Anfechtungsrechte
§ 20 Übergangsregelungen

Anfechtungsrechte des Insolvenzverwalters Bestimmte Rechtshandlungen, die vor Eröffnung des Insolvenzverfahrens vorgenommen werden und die die Gläubiger benachteiligen, können von einem Insolvenzverwalter angefochten werden *(§ 129 InsO)*. Dazu gehören insbesondere:

- Rechtsgeschäfte des Schuldners, die in den letzten 3 Monaten vor dem Insolvenzantrag vorgenommen worden sind, wenn der Schuldner zu diesem Zeitpunkt zahlungsunfähig war und der Vertragspartner die Zahlungsunfähigkeit kannte (*§ 132 Abs. 1 Nr. 1 InsO*),
- Rechtsgeschäfte zur vorsätzlichen Benachteiligung von Gläubigern innerhalb von 10 Jahren vor dem Insolvenzantrag, wenn der andere Vertragsteil den Vorsatz des Schuldners kannte (*§ 133 Abs. 1 InsO*),
- vom Schuldner mit einer nahe stehenden Person oder Gesellschaft abgeschlossene entgeltliche Rechtsgeschäfte, durch die die Gläubiger vorsätzlich unmittelbar benachteiligt werden, der Vertrag innerhalb von 2 Jahren vor dem Insolvenzantrag abgeschlossen wurde und dem anderen Teil die Absicht der Gläubigerbenachteiligung bekannt war (*§ 133 Abs. 2 InsO*). Zu den nahe stehenden Personen zählen auch zu mehr als 25 % beteiligte Gesellschafter.

In den vorgenannten Fällen muss dasjenige Vermögen, was durch die anfechtbare Handlung aus dem Vermögen des Schuldners abgeflossen ist, zur Insolvenzmasse zurückgewährt werden *(§ 143 InsO)*.

Kreditinstitute werden diese erweiterten Anfechtungsrechte bei neuen Kreditentscheidungen und der Hereinnahme von Sicherheiten bei schon problembehafteten Engagements bedenken müssen (Rückschlagssperre).

Angehörige Angehörige im Sinne des § 15 der Abgabenordnung sind:

- Verlobte
- Ehegatte
- Verwandte und verschwägerte gerader Linie
- Geschwister
- Kinder der Geschwister
- Ehegatten der Geschwister und Geschwister der Ehegatten
- Geschwister der Eltern
- Pflegeeltern
- Pflegekinder

Ankermieter Bezeichnung für einen Mieter in einem Einkaufszentrum, der eine überdurchschnittliche Anziehungskraft auf Kunden und andere Mieter ausübt.

Anlage AUS Mit einer Anlage AUS zur Einkommensteuererklärung werden ausländische Einkünfte deklariert. Natürlich sind auch ausländische Einkünfte im Inland steuerpflichtig. Mit vielen Ländern bestehen sogenannte Doppelbesteuerungsabkommen (DBA). Dadurch werden ausländische Steuern auf die deutsche Einkommensteuer angerechnet.

Anlage AV Der Aufbau einer freiwilligen privaten Altersversorgung wird durch steuerliche Maßnahmen und Zulagen gefördert (sogenannte Riester-Rente). Für die Inanspruchnahme der steuerlichen Förderung ist es ausreichend, wenn im Laufe des entsprechenden Veranlagungszeitraums begünstigte Altersvorsorgebeiträge gezahlt wurden. Diese Beiträge zu einem zertifizierten Altersvorsorgevertrag können wie folgt steuerlich berücksichtigt werden:

- Beantragung der Altersvorsorgezulage beim direkten Vertragspartner,
- darüber hinaus können mit der Anlage AV zusätzliche Sonderausgaben geltend gemacht werden.

Bei der Bearbeitung der Einkommensteuererklärung prüft das Finanzamt dann, welche Förderung günstiger für den Berechtigten ist und wird dies ggf. im Steuerbescheid ausgleichen. Bei Zusammenveranlagung haben beide Ehepartner einen gesonderten Anspruch auf diesen Sonderausgabenabzug, falls sie zum begünstigten Personenkreis gehören. Es ist allerdings nicht möglich, den von einem Ehegatten nicht ausgeschöpften Sonderausgaben-Höchstbetrag auf den anderen Ehegatten zu übertragen. Die späteren Leistungen aus der steuerlich geförderten Altersvorsorge unterliegen in vollem Umfang der Besteuerung, soweit sie auf staatlich gefördertem Altersvorsorgevermögen beruhen. Voraussetzung für die Berücksichtigung der Altersvorsorgebeiträge als zusätzliche Sonderausgaben ist, dass dem Anbieter des Altersvorsorgevertrages eine Einwilligung vorliegt, dass dieser die zu berücksichtigenden Altersvorsorgebeiträge unter Angabe der Vertragsdaten, der steuerlichen Identifikationsnummer und der Zulage- und Sozialversicherungsnummer per Datenfernübertragung an die Finanzverwaltung übermittelt.

Anlageberater Meist freiberuflich tätige Berater, die sowohl Kapitalanlagen als auch z. B. Immobilienanlagen im Auftrag und für Rechnung Dritter verkaufen. Der Seriosität des Anlageberaters, aber auch dessen Unabhängigkeit kommt daher eine große Bedeutung zu. Vertragsansprüche gegen eigene Berater des Anlegers verjähren nach 30 Jahren *(§ 197 BGB)*. Eine Verkürzung für bestimmte Berufsgruppen wegen Sondervorschriften ist generell möglich. Im Gegensatz zum Anlagenvermittler, wo nur Auskünfte erwartet werden, werden vom Anlageberater fachkundige Beratung, Bewertung und Beurteilung ggf. unter Berücksichtigung seiner persönlichen Verhältnisse erwartet. Es werden ausreichende Kenntnisse über die wirtschaftlichen Zusammenhänge vorausgesetzt. Haftungsgrundlage kann aus mangelhafter Beratung über §§ 611 und 675 BGB entstehen. Den Anlageberater trifft erhöhte Sorgfaltspflicht, wenn er in besonderem Maße persönliches Vertrauen in Anspruch nimmt, das sich auf seine vielfältige Berufserfahrung und Sachkunde erstreckt oder auf seine persönliche Zuverlässigkeit gründet. (Beratungshaftung). Der Anlageberater muss seine Beratung gegenüber dem Kunden schriftlich dokumentieren.

Anlage FW Amtlicher Vordruck der Finanzbehörden zur Einkommensteuererklärung bzw. zur Feststellungserklärung, der nur noch für die wenigen verbliebenen Fälle der seit längerer Zeit nicht mehr möglichen Grundförderung eingesetzt wird. Mit der Anlage wurde die Förderung von selbstgenutztem Wohneigentum beantragt, der nach dem 1.1.1987 und vor dem 31.12.1995 errichtet oder angeschafft worden war. Diese Grundförderung (§ 10e EStG bzw. § 15b BerlinFG) ist für in 1995 fertig gestellte oder angeschaffte Objekte im Jahre 2002 ausgelaufen, falls auch die Eigennutzung zum Zeitpunkt der Anschaffung bzw. Herstellung begonnen hatte. Fortgeführt wurde die Grundförderung noch für Objekte, für die die Baugenehmigung vor dem 31.12.1995 beantragt worden war, die aber erst wesentlich später fertiggestellt und bezogen wurden. Außerdem wurde die Anlage FW für die Förderung von eigengenutzten Wohnungen in den neuen Bundesländern (§ 7 Fördergebietsgesetz), von Objekten in Berlin (§ 14a BerlinFG), von denkmalgeschützten Objekten (§ 10 f EStG) und von zu Wohnzwecken unentgeltlich überlassenen Wohnungen im eigenen Haus (§ 10 h EStG) genutzt. Gleichzeitig wurde damit die Steuerermäßigung für Kinder (§ 34 f Abs. 2 und 3 EStG) geltend gemacht. Auch Anteile an Steuerbegünstigungen wurden hierdurch erklärt. Waren steuerlich nicht zusammen veranlagte Personen gemeinschaftlich Eigentümer eines Objektes, wurde die Beantragung der Einzelförderung ebenfalls über eine Anlage FW im Rahmen einer einheitlichen und gesonderten Feststellung vorgenommen.

Anlage SO Amtlicher Vordruck der Finanzbehörden zur Einkommensteuererklärung Hiermit werden die Einkünfte aus wiederkehrenden Bezügen, Unterhaltsleistungen, privaten Veräußerungsgeschäften, Leistungen sowie Abgeordnetenbezüge erklärt.

Wiederkehrende Bezüge fallen bei Vermögensübertragungen an. Die Unterhaltsleistungen sind zu erklären, wenn der Unterhaltsleistende diese Aufwendungen mit Zustimmung des Unterhaltsberechtigten als Sonderausgaben abzieht.

Anlageverhalten der Sparer in Deutschland. Im Zusammenhang mit der Riester-Rente und unter Berücksichtigung der 2008 zusätzlichen Einbeziehung von Wohneigentum durch Wohn-Riester ist die Ausgangsposition im bisherigen Anlageverhalten von besonderer Wichtigkeit. Nachstehend sind die Ausgangswerte für die bisherige Anlageneigung und die daraus entstandene Vermögenssituation aufgeführt:

bereits realisierte Sparformen in %	
Lebensversicherungen	67 %
Bausparvertrag	54 %
Sparbuch	50 %
zusätzliche Altersvorsorge	40 %
selbstgenutzte Immobilie	40 %
Investmentfonds	32 %
Aktien	27 %
festverzinsliche Wertpapiere	22 %
fremdgenutzte Immobilie	14 %
Immobilienfonds	10 %
daraus angesammeltes Vermögen in %	
keinerlei Ersparnisse/Rücklagen	20 %

Ersparnisse weniger als 12.500 €	22 %
Ersparnisse mehr als 12.500 €	18 %
Ersparnisse mehr als 25.000 €	21 %
Ersparnisse mehr als 50.000 €	14 %
Vermögen mehr als 125.000 €	5 %
geplante Sparformen in %	
Lebensversicherungen	9 %
Bausparvertrag	8 %
Sparbuch	14 %
zusätzliche Altersvorsorge	13 %
selbstgenutzte Immobilie	18 %
Investmentfonds	10 %
Aktien	10 %
festverzinsliche Wertpapiere	11 %
fremdgenutzte Immobilie	10 %
Immobilienfonds	7 %

Quelle: Bundesbank

Der Wunsch nach einer eigenen und/oder fremdgenutzten Immobilie steht insbesondere in der Finanz- und Schuldenkrise im Vordergrund. Hinzukommt die völlig veränderte Situation durch die extreme Niedrigzinsphase. Damit hat sich (zumindest vorübergehend) der Kreis möglicher Immobilienkäufer wesentlich vergrößert.

Anlagevermittler Ein Anlagevermittler ist im Unterschied zum Anlageberater vorvertraglich grundsätzlich nicht zur individuellen Beratung des Interessenten verpflichtet, sondern nur zur vollständigen und wahrheitsgemäßen Information über die für die Anlageentscheidung wesentlichen Umstände. Ist eine Vermittlungsprovision zwischen Anlageinteressent und Anlagevermittler vereinbart, ist der Anlagevermittler aufgrund des dann bestehenden Maklervertrages zu einer umfassenden Beratung und Aufklärung verpflichtet. Alle Angaben müssen richtig und vollständig sein. Auch Unterlassung gebotener Information kann zur Haftung führen. Werden Vermögenswerte des Beratenen in Empfang genommen, so werden die Rechte und Pflichten des Anlagevermittlers in § 34 c der Gewerbeordnung geregelt (MaBV Makler und Bauträgerverordnung).

Anlagevermögen Vermögensgegenstände eines Unternehmens, die langfristig dem Geschäftsbetrieb dienen. Wegen dieser langfristigen Bindung an das Unternehmen sollte Anlagevermögen durch Eigenkapital, eigenkapitalähnliches Kapital oder langfristiges Fremdkapital finanziert werden.

Anlage Vorsorgeaufwand Amtlicher Vordruck der Finanzbehörden seit 2009, den inzwischen jeder Steuerpflichtige seiner Einkommensteuererklärung beifügen muss. Eheleute, die zusammen veranlagt werden, füllen den Vordruck gemeinsam aus. Mit der Anlage Vorsorgeaufwand, die eine Ergänzung zum Hauptvordruck der Einkommensteuererklärung ist, werden Angaben zu Vorsorgeaufwendungen (z. B. Altersvorsorgebeiträge nach dem Altersvorsorge-Verträge-Zertifizierungsgesetz, Aufwendungen für die betriebliche Altersvorsorge) gemacht. Diese Angaben waren in früheren Veranlagungszeiträumen Bestandteil des Hauptvordrucks (Vorsorgeaufwendungen).

anlassbezogenes Rating Gemäß den Mindestanforderungen an das Risikomanagement (MaRisk) sind die Kreditinstitute gehalten, eine außerordentliche Überprüfung eines Kreditengagements unverzüglich dann durchzuführen, wenn Informationen bekannt werden, die auf eine wesentliche negative Änderung der Risikoeinschätzung hindeuten. Eine derartige Überprüfung enthält regelmäßig auch eine Erneuerung der Ratingstufe. Dies hat für den Kunden möglicherweise entsprechende Konsequenzen:

- Nachforderung von Unterlagen
- Einforderung von zusätzlichen Sicherheiten
- Einschränkung von Kreditlinien
- Begrenzung von Überziehungsmöglichkeiten
- Verschlechterung von variablen Konditionen bei laufenden Krediten
- risikoadäquate Konditionen bei Neukrediten

anlegergerechte Beratung Nach ständiger Rechtsprechung des Bundesgerichtshofs (BGH) ist ein Kreditinstitut bei Übernahme von Vertriebsfunktionen für Immobilien zu einer umfassenden Information des Anlegers verpflichtet. Sie muss ihn über alle Tatsachen und Umstände, insbesondere über die spezifischen Produktrisiken aufklären, die für die Anlegerentscheidung wesentliche Bedeutung haben oder haben können. Dabei müssen die dem Anleger zu gebenden Informationen wahrheitsgemäß richtig, vollständig und verständlich sein. Selbstverständlich wird dem Anleger damit nicht das wirtschaftliche Risiko der Anlage abgenommen. Er soll allerdings damit die Möglichkeit erhalten, das Risiko der Kapitalanlage zu erkennen. Wird das Kreditinstitut über die eigentliche Vermittlung hinaus beratend tätig, muss es außerdem das Anlageobjekt für den Anleger unter Berücksichtigung seiner Anlageziele, seiner Risikobereitschaft sowie seiner wirtschaftlichen und persönlichen Verhältnisse wertend beurteilen. Das Kreditinstitut haftet bei nicht anlegergerechter Beratung für den entstandenen Schaden.

Anlegerschutzverbesserungsgesetz Das Gesetz von 2004 dient der Umsetzung der Richtlinien der EU und enthält u. a. Änderungen zum Wertpapierhandelsgesetz und zur Grundstücksverkehrsordnung.

Anleihen Anleihen gehören zu der Kategorie der festverzinslichen Wertpapiere und dienen zur Finanzierung von Staaten und Unternehmen. Unterschiedlich sind die Konditionen, Laufzeiten und Währungen. Die Herausgeber von Anleihen beschaffen sich mit dieser Finanzierungsform finanzielle Mittel, die nach Ende der Laufzeit zurückzuzahlen sind. Wegen der festen Verzinsung und der jährlichen Auszahlung werden Anleihen auch als Rentenwerte bezeichnet. Die Anleihen werden an der Börse gehandelt und können jederzeit zum Kurswert verkauft werden. Der Kurswert ist u. a. abhängig von der jeweiligen Zinsentwicklung. Bei Ende der Laufzeit erfolgt die Rückzahlung mit 100 %. Auch beim Kauf von Anleihen muss sich der Anleger bewusst sein, dass der Staat oder das Unternehmen das geliehene Geld möglicherweise nicht zurückzahlen kann. In der Finanzkrise ist dies beispielsweise im Fall von Griechenland eingetreten. Die Einlagensicherungsfonds der Kreditinstitute greifen hierbei nicht ein.

Annuitätendarlehen Darlehen mit gleichbleibenden Zahlungen an das Kreditinstitut. Durch den in der Annuität (Jahresleistung) enthaltenen Tilgungsanteil sinkt der Zinsanteil der Annuität laufend, sodass der Tilgungsanteil der Annuität mit fortschreitender Kreditlaufzeit zunimmt. Insbesondere bei Annuitätendarlehen, die in Niedrigzinsphasen vereinbart werden, wäre dieser zusätzliche Tilgungseffekt sehr gering, würde deshalb zu überlangen Darlehenslaufzeiten führen und muss unbedingt durch die Vereinbarung höherer Tilgungssätze aufgefangen werden.

Annuitätenfaktor Der Annuitätenfaktor ist die finanzmathematische Bezeichnung für einen Multiplikator, mit dem man einen Darlehensbetrag multiplizieren muss, um die jährlichen Annuitäten zu erhalten.

Tilgungsdauer	2 % Zins	3 % Zins	4 % Zins	5 % Zins	6 % Zins
5	0,212	0,218	0,225	0,231	0,237
8	0,137	0,142	0,149	0,155	0,161
10	0,111	0,117	0,123	0,130	0,136
12	0,095	0,100	0,107	0,113	0,119
15	0,077	0,084	0,090	0,096	0,103
20	0,061	0,067	0,074	0,080	0,087
25	0,051	0,057	0,064	0,071	0,078
30	0,045	0,051	0,058	0,065	0,073

Berechnungsbeispiel: Ein Annuitätendarlehen von 100.000 € soll in 25 Jahren bei einem Zinssatz von 3 % in jährlichen Raten zurückgezahlt werden. Der Annuitätenfaktor in diesem Beispiel ist 0,057. Der jährlich zu zahlende Betrag ist damit 5.700 € (100.000 × 0,057).

Annuitätenmethode Die Annuitätenmethode ist eine dynamische Investitionsrechnung, bei der Ein- und Auszahlungsbarwerte in gleiche Jahresbeträge umgerechnet werden. Lohnend ist eine Investition dann, wenn beim gegebenen Kalkulationszinssatz ein durchschnittlicher jährlicher Überschuss entsteht.

Annuitätenpfandbrief Pfandbrief mit einer Annuitätentilgung, d. h. Kapitalanlage in ein Papier mit regelmäßiger Rückzahlung. Der Annuitätenpfandbrief ist als effektives Stück lieferbar. Die Urkunde besteht aus einem einzigen Bogen mit Kupons, von denen jeder ein Zins- und Tilgungsschein ist. Die Kursfeststellung erfolgt unter Einrechnung der Stückzinsen. Die genaue Festlegung der Kurse ist nicht ganz einfach, da aus dem Disagio nicht auf Anhieb der als Ausgleich zwischen Nominalzins und Kapitalzins dienende Anteil ersichtlich ist. Der Kurs lässt sich jedoch unter Zuhilfenahme des Zins- und Tilgungsplanes ermitteln. Der Annuitätenpfandbrief erfreut sich wachsender Beliebtheit.

Anpassung der Zinsen für Kredite Mit dem Staatsvertrag zur Währungsunion sind die Schulden auch der privaten Hauseigentümer in der ehemaligen DDR halbiert worden. Gleichzeitig sah der Staatsvertrag die Einführung der freien Zinsbildung auf den Kreditmärkten vor. Hierauf gestützt haben die Kreditinstitute die Zinsen auch für die früher zinslosen oder niedrigverzinslichen Kredite an Eigenheimer und private Vermieter auf das Marktniveau angehoben. Aufgrund wirtschaftlicher und rechtlicher Probleme sind jedoch nachträglich Sonderregelungen eingeführt worden, außerdem können Lastenzuschüsse nach dem Wohngeldgesetz in Frage kommen.

Anrechnungsverfahren Die Kapitalertragsteuer, die Abgeltungssteuer, die Zinsabschlagssteuer und ggf. die von Kapitalgesellschaften entrichtete Körperschaftssteuer (Steuerguthaben) nach dem Anrechnungsverfahren werden bzw. wurden auf die persönliche Einkommensteuer des Anlegers angerechnet und im Falle der Überzahlung erstattet. Der erhobene Solidaritätszuschlag wird mit dem in der Einkommensteuerveranlagung endgültig festzusetzenden Solidaritätszuschlag verrechnet. Die Anrechnung der inländischen Kapitalertrag- bzw. Zinsabschlagsteuer, des Solidaritätszuschlages sowie des Steuerguthabens nach dem Anrechnungsverfahren kann nur gegen Vorlage des Originals der Steuerbescheinigung über die Anlage KAP zur Einkommensteuererklärung erfolgen.

Anschaffungskosten Anschaffungskosten sind Aufwendungen, um einen Vermögensgegenstand zu erwerben und betriebsbereit zu machen.

Ansparförderung Mit vielfältigen Aktivitäten unterstützt der Gesetzgeber die für eine spätere Baufinanzierung unverzichtbare Ansammlung von Eigenkapital. Hier ist insbesondere die staatliche Bausparförderung, das Vermögensbildungsgesetz und seit 2008 auch das Eigenheimrentengesetz (Wohn-Riester) anzusprechen. Durch die bestehenden, seit Jahren unveränderten Einkommensgrenzen beim Bausparen und den VL-Leistungen ist der Kreis der Begünstigten stark eingeschränkt, umso wichtiger ist die frühzeitige Nutzung der angebotenen Förderungen, möglicherweise auch im Familienverbund.

Ansparfonds Fonds (z. B. Immobilienfonds), bei denen die Beteiligung, i. d. R. Zeichnung (Kauf) kleiner KG-Anteile, durch monatliche kleine Raten innerhalb von 10 bis 15 Jahren erbracht wird. Es überwiegen zwei Formen, die auch gemischt anzutreffen sind:

1. *Erwerbermodell*: Fertiges Objekt, langfristig vermietet, 100 % Finanzierung, die durch das einzuwerbende KG-Kapital finanziert werden soll, Zeichnung der einzelnen KG-Anteile (in der Regel Anteile zwischen 5.000 € und 50.000 €). Rückführung des Zeichnungsbetrages in monatlichen Raten ab 50 € über 10 bis 15 Jahre.
2. *Bauherrenfonds*: wie 1., Objekt muss jedoch noch erstellt werden. In beiden Fällen können die Mieteinnahmen u. U. mit zur Rückführung herangezogen werden, wenn die KG keinen eigenen Kredit aufgenommen hat. Vorsicht ist bei angebotenen Vollfinanzierungen angebracht.

Antrag auf Verwahrung Ein Notar darf nur in Ausnahmefällen Bargeld zur Aufbewahrung oder Ablieferung an Dritte entgegennehmen. Hierfür bedarf es neben einer Verwahrungsanweisung auch eines Antrages auf Verwahrung *(§ 54 a BeurkG).*

Anwartschaftsrecht Ein Anwartschaftsrecht ist nicht mehr als die rein tatsächliche Aussicht auf einen kurzfristigen Rechtserwerb. Der Inhaber hat, nach Eintritt bestimmter Umstände, Anspruch auf Anerkennung zum Vollrecht. Das Anwartschaftsrecht ist ein selbstständiges, voll verkehrsfähiges Recht *(Formerfordernis § 313 BGB).*

Anzeigepflicht im Todesfall Nach § 33 ErbStG haben Vermögensverwahrer, Vermögensverwalter (also alle Kreditinstitute) und Versicherungsunternehmen beim Tode eines Erblassers die Pflicht, innerhalb eines Monats dem für die Verwaltung der Erbschaftsteuer zuständigen Finanzamt eine schriftliche Anzeige über die Kontostände zum Todestag zu erstatten. Die Anzeige darf nur unterbleiben, wenn der Wert der anzuzeigenden Wirtschaftsgüter 5.000 € nicht übersteigt.

Versicherungsunternehmen haben, bevor sie Versicherungssummen oder Leibrenten einem anderen als dem Versicherungsnehmer auszahlen oder zur Verfügung stellen, hiervon dem Finanzamt schriftlich Anzeige zu erstatten.

Anzeigepflicht über Erwerbsvorgänge Das Amtsgericht informiert das zuständige Finanzamt über Erwerbsvorgänge in Zwangsversteigerungsverfahren. Dabei wird das Finanzamt darüber unterrichtet, wer das Meistgebot abgegeben und den Zuschlag erhalten hat. Natürlich ist daraus auch ersichtlich, welche Rechte neben dem Bargebot übernommen wurden. Ist das Meistgebot abgetreten worden, werden zusätzliche Informationen weiter gegeben. Das Finanzamt kann aus der Anzeige auch entnehmen, ob möglicherweise ein separater Zuschlagsverkündungstermin bestimmt worden ist. Aufgrund dieser Anzeige erstellt das Finanzamt entweder sofort oder nach Rückfragen bei Meistbietenden einen Grunderwerbsteuerbescheid.

Arbeitnehmer-Pauschbetrag Für die Empfänger von Versorgungsbezügen ist der Arbeitnehmer-Pauschbetrag seit dem 1.1.2005 auf 102 € herabgesetzt worden. Der allgemeine

Arbeitnehmer-Pauschbetrag beträgt aktuell 1.000 € p. a. und wird automatisch berücksichtigt, falls keine höheren Aufwendungen (Werbungskosten) nachgewiesen werden.

Arbeitnehmersparzulage Seit 1999 können zwei Anlageformen gleichzeitig mit der Arbeitnehmersparzulage gefördert werden, 2004 haben sich lediglich Beträge und Prozentsätze geändert:

- Bausparbeiträge werden bis 470 € p. a. berücksichtigt und mit 9 % Zulage gefördert, das sind 43 € p. a.,
- für Beteiligungen am Produktivkapital – beispielsweise Aktienfonds und Beteiligungen an Unternehmen des Arbeitgebers – erhalten die Anleger von vermögenswirksamen Leistungen einen Zulagensatz von 18 % (vormals 20 %) im Jahr, wobei maximal ein Sparbeitrag von 400 € gefördert wird,

Wer die Einkommensgrenzen nicht überschreitet, kann mit Bausparvertrag und Aktienfonds insgesamt 870 € p. a. zulagenbegünstigt anlegen. Daraus ergibt sich eine jährliche Höchstprämie von 115 €.

Vermögenswirksame Leistungen werden durch die Arbeitnehmersparzulage gefördert. Dabei gelten Einkommensgrenzen:

- 17.900 € bei Ledigen
- 35.800 € bei Verheirateten

Neben den Anlagen auf Konten besteht auch die Möglichkeit, die vermögenswirksamen Leistungen gleich als Tilgung bei langfristigen Baudarlehen einzusetzen. Das Anlageinstitut erstellt dazu eine Bescheinigung vermögenswirksamer Leistungen (Anlage VL), die der Steuerpflichtige an das zuständige Finanzamt mit der Anlage N zu Einkommensteuererklärung weiterleitet. Die Zulage wird vom Finanzamt festgesetzt und nach Ablauf einer siebenjährigen Bindungsfrist ausgezahlt. Ist die vermögenswirksame Leistung in einen Bausparvertrag geflossen und kommt dieser Vertrag schon vor Ende der Bindungsfrist zur Zuteilung und wird eine wohnwirtschaftliche Verwendung nachgewiesen, kann auch die Arbeitnehmersparzulage vorzeitig ausgezahlt werden. Eine vorzeitige prämien- und zulagenunschädliche Auszahlung kann ggf. auch nach einjähriger Arbeitslosigkeit oder Tod des Bausparers erfolgen. Der Antrag auf Arbeitnehmersparzulage ist grundsätzlich zusammen mit der Einkommensteuererklärung zu stellen. Ein gesonderter Antrag ist z. B. erforderlich, wenn der Sparer und ggf. auch sein Ehegatte ausschließlich steuerfreien Arbeitslohn bekommen haben oder wenn keine Steuerabzugsbeträge in der Lohnsteuerbescheinigung enthalten sind. Auch dann muss der komplette Hauptvordruck nebst Anlage N und die vom Anlageinstitut übersandte Anlage VL dem Finanzamt vorgelegt werden.

	Alleinstehende p. a.	Verheiratete, die beide Arbeitnehmer sind p. a.
Zu versteuerndes Einkommen bis	17.900 €	35.800 €
maximal geförderte Sparleistung	470 €	940 €
Fördersatz	9 %	9 %
Höchstförderung	43,00 %	86,00 €
Sperrfrist	7 Jahre	7 Jahre
Auszahlung	nach 7 Jahren oder bei Zuteilung	nach 7 Jahren oder bei Zuteilung

Arbeitseinkommen bei Selbstständigen Das Arbeitseinkommen ist die Bemessungsgrundlage für die Berechnung der Beiträge von versicherungspflichtigen Selbstständigen. Nach den Regeln des Einkommensteuerrechts ist das Arbeitseinkommen der ermittelte Gewinn aus einer selbstständigen Tätigkeit.

Arbeitsgemeinschaften (Argen) Bei Vergabe größerer Aufträge schließen sich vielfach mehrere Firmen zu einer Arbeitsgemeinschaft zusammen *(Argen § 98 Bewertungsgesetz)*. Die Gesellschaftsform ist eine Gesellschaft bürgerlichen Rechts, bei der jeder Partner für die Gesamtleistung haftet.

Arbeitslohn Arbeitslohn sind alle Einnahmen, die einem Arbeitnehmer aus dem gegenwärtigen oder einem früheren Dienstverhältnis zufließen. Dabei ist unerheblich, unter welcher Bezeichnung oder in welcher Form die Einnahmen gewährt werden *(§ 2 LStDV)*. Zum Arbeitslohn gehören: Gehälter, Provisionen, Löhne, Bonifikationen, Gratifikationen, Tantiemen und andere Bezüge und Vorteile aus dem Dienstverhältnis.

Arbeitsplatzsicherheit Die Arbeitsplatzsicherheit ist ein wesentliches Grundbedürfnis der Arbeitnehmerinnen und Arbeitnehmer. Ein sicheres, unbefristetes Beschäftigungsverhältnis bietet dem Einzelnen nicht nur die materielle Lebensgrundlage in Form eines verlässlichen Einkommens, bringt eine Reihe sozialer Kontakte, bietet die Chance für eine persönliche und berufliche Weiterentwicklung und garantiert die gesellschaftliche Anerkennung.

Arbeitszimmer Die Nutzung eines Arbeitszimmers und die daraus möglichen steuerlichen Konsequenzen sind in den vergangenen Zeiträumen Gegenstand ständiger Änderungen gewesen. Durch das Jahressteuergesetz 2010 ist folgende Regelung der einkommensteuerlichen Behandlung der Aufwendungen für ein häusliches Arbeitszimmer verfügt worden:

Grundsätzlich dürfen die Aufwendungen für ein häusliches Arbeitszimmer sowie die Kosten der Ausstattung nicht als Betriebsausgaben oder Werbungskosten abgezogen werden. Bildet allerdings das häusliche Arbeitszimmer den Mittelpunkt der gesamten betrieblichen und beruflichen Betätigung, dürfen die Aufwendungen in voller Höhe steuerlich berücksichtigt werden *(§ 4 Abs. 5 Satz 1 EStG)*.

Steht für die betriebliche oder berufliche Tätigkeit kein anderer Arbeitsplatz zur Verfügung, sind die Aufwendungen bis zur Höhe von 1.250 € je Wirtschaftsjahr oder Kalenderjahr als Betriebsausgaben oder Werbungskosten abziehbar. Der Betrag ist kein Pauschbetrag, es handelt sich vielmehr um einen objektbezogenen Höchstbetrag.

Armenrecht Personen, die nach ihren persönlichen und wirtschaftlichen Verhältnissen die Kosten für die Prozessführung nicht aufbringen können, erhalten auf Antrag Prozesskostenhilfe, wenn die beabsichtigte Rechtsverfolgung hinreichend Aussicht auf Erfolg bietet und nicht mutwillig erscheint *(§§ 114 ff. ZPO – Prozesskostenhilfe)*.

Arrestanspruch Ein Arrest findet zur Sicherung der Zwangsvollstreckung in das bewegliche oder unbewegliche Vermögen wegen einer Geldforderung oder wegen eines Anspruchs statt, der in eine Geldforderung übergehen kann *(§ 916 ZPO)*. Der Arrestanspruch und der Arrestgrund sind glaubhaft zu machen. Nach Glaubhaftmachung des Arrestanspruches und des Arrestgrundes durch ein Arrestgesuch ergeht ein Arrestbefehl *(§§ 922 ff. ZPO)*.

Arrestgericht Für die Anordnung eines Arrestes ist sowohl das Gericht der Hauptsache als auch das Amtsgericht – bei Grundstückssachen – zuständig, in dessen Bezirk der mit Arrest zu belegende Gegenstand oder die in ihrer persönlichen Freiheit zu beschränkende Person sich befindet *(§ 919 ZPO)*.

Arrestgesuch Um ein Arrestverfahren einzuleiten, muss ein Arrestgesuch gestellt werden *(§§ 920 ff. ZPO)*. Das Arrestgesuch soll die Bezeichnung des Anspruchs unter Angabe des Geldbetrages sowie die Bezeichnung des Arrestgrundes enthalten. Der Anspruch und Grund muss glaubhaft sein. Er kann bei der Geschäftsstelle des Amtsgerichtes erklärt werden.

Arrestgrund Ein dinglicher Arrest findet statt, wenn zu befürchten ist, dass ohne dessen Verhängung die Vollstreckung des Urteils vereitelt oder wesentlich erschwert werden würde. Als ein zureichender Arrestgrund ist anzusehen, wenn das Urteil im Ausland vollstreckt werden müsste *(§ 917 ZPO)*.

Der persönliche Sicherheitsarrest findet nur statt, wenn er erforderlich ist, um die gefährdete Zwangsvollstreckung in das Vermögen des Schuldners zu sichern *(§ 918 ZPO)*.

Arrestverfahren Sicherungsmittel eines Gläubigers einer Geldforderung bei Fehlen eines Vollstreckungstitels *(§§ 916–945 ZPO)*. Der Gläubiger kann ein Arrestgesuch stellen, wenn er eine Arrestforderung und einen Arrestgrund glaubhaft machen kann. Erstreckt sich der Arrest auf ein Grundstück, so wird auf Antrag des Gläubigers eine Arresthypothek als Sicherungshypothek eingetragen. Für das Arrestverfahren ist sowohl das Gericht der Hauptsache als auch das Amtsgericht zuständig.

Artikelgesetz Grundsätzlich sind alle Gesetze, die mehrere Rechtsgebiete gleichzeitig regeln, Artikelgesetze.

ärztliches Zeugnis Bei jedem Antrag auf eine Lebensversicherung werden die Gesundheitsverhältnisse der versicherten Person beurteilt. Der Umfang der Gesundheitsprüfung richtet sich nach dem zu versichernden Risiko. Dieses Risiko bemisst sich nach der Höhe der Versicherungssumme oder Rente, dem Beruf, dem Alter sowie den Gesundheitsdaten der zu versichernden Person. Diese Gesundheitsprüfung inkl. der ärztlichen Untersuchung wird von der Versicherungsgesellschaft initiiert und geht zu deren Lasten.

Asset Unter einem Asset versteht man die Investition von Geldbeträgen (Geldanlage), sowie den Vermögenswert in der Bilanz eines Unternehmens. Ziel ist es, einen Wertzuwachs und einen Ertrag zu erwirtschaften, mindestens aber den realen Wert zu erhalten.

Asset-Backed-Securities Transaktionen durch speziell besicherte Wertpapiere, die es einem Kreditinstitut ermöglichen, in der Bilanz gebundene Mittel zu refinanzieren. Geschäfte mit ausschließlich grundbuchlich gesicherter Forderungen sind Mortgage-Backed-Securities. Der Zins- und Tilgungsdienst dieser Wertpapiere wird mithilfe der Zahlungseingänge aus den zugrunde liegenden Aktiva erbracht. Dieser Forderungsverkauf dient zur Entlastung des Grundsatzes I der Bilanz. Verbunden ist damit die nachhaltige Schaffung von Kapazitäten für das Neugeschäft und die Steigerung der Eigenkapitalrendite. Bei deutschen Asset-Backed-Securities handelt es sich i. d. R. um sehr solide Finanzierungsinstrumente mit einem hohen Maß an Transparenz. Ihnen liegen Kredite zugrunde, die nach banküblichen Standards vergeben und verwaltet werden. Der Handel mit den sogenannten ABS-Krediten ist seit Beginn der Hypothekenkrise weltweit dramatisch zurückgegangen.

Asset Management Vermögensverwaltung durch spezialisierte Dienstleister im Rahmen von Vollmachtsverträgen.

aufgeschobene Rente Im Gegensatz zu einer Sofortrente beginnen bei einer aufgeschobenen Rentenversicherung die Rentenzahlungen nicht sofort, sondern zu einem späteren Zeitpunkt. Diese Rentenversicherungsform eignet sich z. B. für die Anlage von fälligen Kapitallebensversicherungen, die dann als Einmalbetrag eingebracht werden. Bei Vertragsabschluss sollte der Rentenfaktor garantiert werden, damit sich die späteren Leistungen nicht durch eine veränderte Lebenserwartung verschlechtern. Die Renten werden später nur mit dem Ertragsanteil besteuert.

Aufklärungspflicht über steuerschädliche Gesetzänderungen Der Bundesgerichtshof hat bestätigt, dass ein kreditgebendes Institut die vom Kreditnehmer eingeräumten Sicherheiten während des Darlehensverlaufs grundsätzlich nur im eigenen Interesse prüft *(XI ZR 25/97)*. Eine Gesetzesänderung, die sich steuerschädlich auf eingeräumte Sicherheiten auswirken kann, löst grundsätzlich keine Aufklärungspflicht der kreditgebenden Bank aus. Dieses Urteil ist insbesondere im Hinblick auf die Problematik bezüglich der als Kreditsicherheiten abgetretenen Kapitallebensversicherungen beachtlich, da deren uneingeschränkte Abtretung mit dem Inkrafttreten des Steueränderungsgesetzes 1992 eventuell zu einer Steuerschädlichkeit geführt hat. Nach diesem Urteil müssten also die Kreditinstitute nicht prüfen, ob die Sicherheitenbestellung steuerliche Nachteile für den Sicherungsgeber mit sich bringt. Die Richter haben ebenfalls die Aufklärungspflicht der Bank unter dem Gesichtspunkt eines konkreten Wissensvorsprungs verneint. Im konkreten täglichen Kreditgeschäft bedeutet dies trotzdem, dass der Kreditgeber gut beraten ist, wenn er seinen Kunden bittet, bei konkreten steuerwirksamen Entscheidungen zuvor den Rat seines Steuerberaters einzuholen.

Aufrechnung

1. *Nach dem Handels- und Gesellschaftsrecht*: Verrechnung gegenseitiger, gleichartiger und fälliger Forderungen, die zwei natürlichen oder juristischen Personen gegeneinander zustehen. Dazu ist Erklärung nach § 387 ff BGB erforderlich.
2. *Im Verhältnis zwischen Kreditinstitut und Kunde*: Das Aufrechnungsrecht der Kreditinstitute ist nicht in deren Allgemeinen Geschäftsbedingungen geregelt. Es bestimmt sich daher nach den gesetzlichen Vorgaben.

Auftragssumme Vertraglich vereinbartes Entgelt für die Werkleistung.

Aufwandsteuer Steuer auf den Gebrauch von Gütern. Hierunter kann z. B. der Aufwand für eine Zweitwohnung/Ferienwohnung fallen, wenn diese für die eigene Erholung oder die der Familienangehörigen dient.

Aufwendungszuschuss Öffentlicher Zuschuss zum Wohnungsbau, der nicht zurückgezahlt werden muss.

Aufzinsung Die Aufzinsung ist ein Rechenvorgang, bei dem der aktuelle Kapitaleinsatz auf den Zukunftswert herauf gerechnet wird. Der Aufzinsungsfaktor gehört zu den finanzmathematischen Faktoren. Er zinst einen jetzt fälligen Geldbetrag mit Zins und Zinseszins auf einen nach einer bestimmten Laufzeit fälligen Geldbetrag auf.

Ausbuchung

1. *Bürgschaft*: Auch Bürgschaften werden wie sonstige Kreditverpflichtungen eingebucht. Darüber wird auch ein Kontoauszug erstellt. Nach Rückgabe der Originalbürgschaftsurkunde oder Vorlage einer Enthaftungserklärung des Bürgschafts-Gläubigers wird die Bürgschaft wieder ausgebucht.

2. *Forderung:* Bankinterne Glattstellung einer Konto- oder Darlehensforderung, nachdem alle Sicherheiten verwertet und die Vollstreckungsmöglichkeiten ausgeschöpft sind. Damit ist nicht automatisch ein Forderungs- oder Beitreibungsverzicht verbunden.

Ausfallbürgschaft Bürgschaft eines Dritten, die in der Weise übernommen wird, dass der Bürge für die Schulden des eigentlichen Kreditnehmers nur eintritt, wenn zunächst alle rechtlichen Schritte gegen den Schuldner ausgeschöpft, insbesondere alle Kreditsicherheiten verwertet sind. Der Ausfallbürge steht also nur für den nachgewiesenen Ausfall der verbürgten Forderung ein.

Ausfertigungsgebühr Bearbeitungskosten, die bei der Policierung von Versicherungsverträgen anfallen, werden ggf. als Ausfertigungsgebühr in Rechnung gestellt.

Ausgabeaufschlag Der Ausgabeaufschlag ist eine einmalige Gebühr, die beim Erwerb von Fondsanteilen anfällt. Üblicherweise wird der Ausgabeaufschlag als Prozentsatz auf der Basis des Rücknahmepreises angegeben. Er beträgt bei Rentenfonds durchschnittlich 3 %, bei Aktienfonds 5 %. Die Höhe ist allerdings unterschiedlich und wird von der Kapitalanlagegesellschaft festgesetzt und im Fondsprospekt ausgewiesen. Der Aufschlag dient u. a. der Deckung von Vertriebskosten. Vermittler und Discountbroker verkaufen teilweise Fonds mit reduziertem Ausgabeaufschlag.

> **Beispiel**
> Ausgabepreis des Fonds: 59,85 €
> Rücknahmepreis: 57,00 €
> Ausgabeaufschlag: 2,85 €
> Ausgabeaufschlag: 5 %

Auskunftserteilung von Banken Vor Bereitstellung von Krediten werden von den Banken z. T. Auskünfte eingeholt. Diese stellen i. d. R. nur Urteile über die Bonität des Kunden dar. Das Verfahren dient der Beurteilung von Geschäftsrisiken und liegt damit im Interesse aller an diesem Verfahren Beteiligten. Bankauskünfte über Privatpersonen dürfen nur dann erteilt werden, wenn der Kunde ausdrücklich zugestimmt hat. Über Geschäfts-/Firmenkunden werden Auskünfte unter den Beteiligten, berechtigtes Interesse vorausgesetzt, erteilt, wenn der Kunde nicht ausdrücklich widersprochen hat.

Auskunftsklage Klage eines Ehepartners auf Auskunft über das Vermögen des anderen im Rahmen des Zugewinnausgleichsverfahrens oder Klage eines Pflichtteilberechtigten oder Erben gegenüber Miterben auf Auskunft über den Nachlassumfang.

Auskunftspflicht eines Kreditinstituts Hat ein Kreditinstitut seinen Kunden Bescheinigungen für steuerliche Zwecke ausgestellt, die in hohem Grade missverständlich sind und die in einer großen Zahl von Fällen zu einem falschen Werbungskostenabzug geführt haben, muss es der Finanzbehörde auf Ersuchen Auskunft über die Identität aller Kunden geben, die diese Bescheinigung erhalten haben *(BFH VII R 1/87)*.

Auskunftsverweigerung Geschäfts-/Firmenkunden haben die Möglichkeit, der Auskunftserteilung durch ihr Kreditinstitut ausdrücklich zu widersprechen.

Auslandswohnung Der Nutzungswert einer Auslandswohnung ist unabhängig von der tatsächlichen Nutzung für den gesamten Zeitraum anzusetzen, in dem das Grundstück dem Steuerpflichtigen zur Verfügung steht. Dabei gilt § 2 a EStG, wonach negative Einkünfte aus Vermietung und Verpachtung von unbeweglichem Vermögen nur mit ausländischen Einkünften der jeweils selben Art aus demselben Staat ausgeglichen werden können. Soweit der ausländische Grundbesitz zu eigenen Wohnzwecken genutzt wird, ist der Nutzungswert der Wohnung zu besteuern *(§ 21 Abs. 2 EStG)*. Es ist von der Marktmiete auszugehen. Eine Besonderheit gibt es nur in der Schweiz. Soweit Markt- und Kostenmiete berücksichtigt wurde, sind die Werbungskosten nach den allgemeinen Grundsätzen abzuziehen. Die lineare AfA nach § 7 Abs. 4 EStG kann berücksichtigt werden. Bei teilweiser Vermietung und Eigennutzung sind die tatsächlichen Mieteinnahmen und die ortsüblichen Mieten anzusetzen.

Ausschlagung einer Erbschaft Jeder Erbe kann mit einer Ausschlagung beim zuständigen Nachlassgericht (Amtsgericht) den automatisch erfolgenden Anfall der Erbschaft verhindern. Dafür muss er innerhalb von sechs Wochen ab Kenntnis des Erbfalls eine entsprechende formbedürftige Erklärung abgeben.

Außenwirtschaftsgesetz Das Gesetz regelt den Außenwirtschaftsverkehr auf Waren-, Dienstleistungs-, Zahlungs- und sonstigen Wirtschaftsverkehr mit fremden Wirtschaftsgebieten sowie den Verkehr mit Auslandswerten und Geld zwischen Gebietsansässigen. Seitens der Kreditinstitute werden danach der Bundesbank bestimmte Geschäftsvorfälle ohne zusätzliche Information des Kunden gemeldet: Bei Krediten an Gebietsfremde mit einer Laufzeit von mehr als zwölf Monaten oder eingehende Beträge (auch Raten) Gebietsfremder. Es gilt eine Freigrenze von 12.500 € p. a. oder ein gleicher Gegenwert in Fremdwährung. Bei Tilgungsraten gilt die Freigrenze, wenn der Zinsanteil oder der Tilgungsanteil 12.500 € oder der Gegenwert in Fremdwährung diesen Betrag erreicht.

außergewöhnliche Belastung Außergewöhnliche Belastungen sind Ausgaben, die aufgrund außergewöhnlicher Umstände zwangsläufig anfallen, z. B. die Ausgaben, die durch Krankheit, Behinderung, Bestattung eines Angehörigen, Unwetterschäden oder Ehescheidung entstehen. Es muss sich dabei um Aufwendungen handeln, die dem Grunde nach zwangsläufig und außergewöhnlich sind und außerdem eine dem Steuerpflichtigen zumutbare Grenze übersteigen *(§ 33 EStG)*. Bei einzeln veranlagten Ehegatten wird diese zumutbare Grenze nach dem Gesamtbetrag der Einkünfte des einzelnen Ehegatten bestimmt.

außerordentliche Einkünfte Sind im zu versteuernden Einkommen außergewöhnliche Einkünfte enthalten (z. B. Vergütungen für mehrjährige Tätigkeiten) so wird die Einkommensteuer nach der sogenannten Fünftel-Regelung ermittelt. Dazu ist es erforderlich, dass die Beträge auf der Lohnsteuerbescheinigung gesondert ausgewiesen werden.

außerrechnungsmäßige Zinsen Bei ihrer Geldanlage müssen die Lebensversicherer diverse Auflagen erfüllen, die von der BAfin kontrolliert werden. So sind die genehmigten Tarife so ausgelegt, dass (seit dem 1.1.2012) eine Mindestkapitalverzinsung von 1,75 % erreicht wird. Bei normalem Anlageverhalten wird möglicherweise eine höhere tatsächliche Verzinsung erzielt. Alle über 1,75 % hinausgehenden Zinsergebnisse bezeichnet man als außerrechnungsmäßige Zinsen. Diese bilden kein jeweils separat ausgeschüttetes Vermögen, sondern werden mit Ablauf der Versicherung fällig. Aufgrund der langanhaltenden Niedrigzinsphase haben sich die Aussichten auf hohe außerrechnungsmäßige Zinsen deutlich verschlechtert (vgl. auch Garantiezins).

Aussetzung der Vollziehung Auch wenn gegen einen Steuerbescheid Einspruch eingelegt wird, ist normalerweise dennoch die Zahlung der veranlagten Steuer sofort fällig *(§ 361 AO)*. Falls die Zahlung der strittigen Beträge zunächst unterbleiben soll, ist unbedingt die Aussetzung der Vollziehung beim zuständigen Finanzamt zu beantragen. Nur wenn diese gewährt wird, kann die Zahlung bis zur Rechtskraft der Einspruchsentscheidung unterbleiben. Aussetzungszinsen rechnen die Finanzämter nur dann, wenn der Einspruch abschlägig beschieden wird.

Aussonderung Gegenstände, die nicht zur Insolvenzmasse gehören, berechtigen den Inhaber zur Aussonderung *(§ 47 InsO)*. Bei unter einfachem Eigentumsvorbehalt gelieferten Waren muss der Insolvenzverwalter erst nach dem Berichtstermin entscheiden, ob er Erfüllung begehrt und den vollen Kaufpreis entrichten will, oder ob er die Erfüllung ablehnt. Bis dahin kann er die Herausgabe verzögern. Im Falle einer Ablehnung der Erfüllung besitzt der Gläubiger ein Aussonderungsrecht, er kann die Herausgabe der Gegenstände verlangen. Ansprüche wegen Nichterfüllung kann er nur als Insolvenzgläubiger geltend machen *(§ 103 InsO)*.

Auszahlungsplan In einem Auszahlungsplan wird festgelegt, auf welche Art und Weise ein Kapitalanleger sein angespartes Guthaben z. B. als eine Art private Altersrente ausgezahlt bekommt. Unterschieden werden dabei Auszahlungspläne mit und ohne Kapitalverzehr. Bei letzterem bekommt der Anleger ausschließlich die erwirtschafteten Erträge überwiesen. Bei Auszahlungsplan mit Kapitalverzehr wird zusätzlich zu den Erträgen auf das angesammelte Guthaben ausgezahlt. Derartige Anlageformen werden auch als Entnahmeplan bezeichnet.

automatisierter Abruf von Kontoinformationen Die Finanzbehörden können bei den Kreditinstituten über das Bundeszentralamt für Steuern einzelne kundenbezogene Daten abrufen, wenn dies zur Festsetzung oder Erhebung von Steuern erforderlich ist und ein Auskunftsersuchen an den Steuerpflichtigen nicht zum Erfolg geführt hat oder keinen Erfolg verspricht *(§§ 93, 93b AO, § 24c KWG)*. Bei Beziehern öffentlicher Leistungen, deren Bezugsberechtigung davon abhängig ist, dass sie über kein anrechenbares Vermögen verfügen (Bafög, Sozialhilfe, ALG II) kann ebenfalls von dieser Kontrollmöglichkeit Gebrauch gemacht werden.

automatische Risikoeinschätzung Die Ermittlung von Risikofaktoren erfolgt in den Kreditinstituten neben den durch einen Kreditentscheider/Kompetenzträger zu veranlassenden Analysen durch systemunterstützte Kennzahlen, die aus der vorhandenen Kontoverbindung automatisch abgerufen werden. Hierbei handelt es sich einerseits um Antragsinformationen (allgemeine Kundendaten, finanzwirtschaftliche Daten, sonstige Kredit- und Anlagenvolumina, Sicherheiten) und andererseits um Verhaltensinformationen.

Aval Bürgschaft oder Garantie, die von einer Bank gegeben wird. Sie stellt eine Eventualverbindlichkeit dar. Über das Aval wird eine Urkunde ausgestellt, die dem Begünstigten ausgehändigt wird. Erst bei Rückgabe der Avalurkunde erfolgt die Ausbuchung.

B: Bad Bank – Bundesschatzbriefe

Bad Bank Eine Bad Bank ist ein gesondertes Kreditinstitut zur Abwicklung notleidender Forderungen. Wurde dies vor der Finanzkrise noch überwiegend in Spezialeinheiten der Kreditinstitute abgewickelt, so war dies aufgrund der durch das erhöhte Risiko ständig steigenden Eigenkapitalanforderungen für viele Institute der letzte Schritt, um größere Probleme für das Gesamtinstitut zu vermeiden. Mit der Auslagerung von notleidenden Forderungen, Derivaten und Staatsanleihen in eine Bad Bank wird das Ziel verfolgt, für diese Vermögenswerte ohne Zeitdruck bessere Verwertungsquoten zu erreichen. Gleichzeitig wird die Mutterbank vom Risiko der ausgelagerten Forderungen befreit und braucht dafür kein Eigenkapital mehr vorzuhalten. Die Haftung für die Bad Bank liegt dann entweder beim Staat oder einem Sicherungsfonds.

BAföG Zum 1.10.2008 sind Änderungen mittels einer BAföG-Novelle in Kraft getreten. Grundsätzlich verbessert wurde die Förderung für Studierende, die Kinder haben, im EU-Ausland und der Schweiz studieren und/oder einen Migrationshintergrund aufweisen. Die Leistungen wurden insgesamt um etwa 10 % angehoben. Außerdem ist die Obergrenze für studentische Nebenjobs auf 400 € (vormals 350 €) erhöht worden. Ein Student, der BAföG empfangen hat, muss nur die Hälfte zurückzahlen. Diese Rückzahlung beginnt spätestens 4½ Jahre nach der Förderungshöchstdauer. Das Bundesverwaltungsamt erteilt darüber einen Feststellungs- und Rückzahlungsbescheid. Der Mindestrückzahlungsbetrag – unabhängig von der Höhe der Schuld – liegt bei vierteljährlich 315 bzw. 105 € monatlich.

Obwohl der Kredit zinslos ist, lohnt sich eine vorzeitige Rückzahlung, weil somit ein weiterer Erlass von Teilschulden möglich ist. In § 18 Absatz 5b des BAföG ist geregelt, dass das Darlehen ganz oder teilweise vorzeitig zurückgezahlt werden kann. Wird ein Darlehen vorzeitig getilgt, so ist auf Antrag ein Nachlass von der Darlehensschuld zu gewähren. Die Höhe des Nachlasses richtet sich nach der Höhe des Ablösungsbetrages und liegt zwischen 8 und 50,5 % der Schulden. Der Antrag kann formlos und sogar per Telefon beim Bundesverwaltungsamt gestellt werden, der Berechtigte erhält dann ein unverbindliches Angebot mit Angabe des genauen Nachlassbetrages. Wenn keine Eigenmittel zur Ablösung vorhanden sind, lohnt sich in jedem Fall die Prüfung, ob nicht eine anderweitige Kreditaufnahme lohnend ist. Dies dürfte regelmäßig dann der Fall sein, wenn die Gesamtrückzahlungssumme des Kredits niedriger als die derzeitige BAföG-Schuld ist. Zu bedenken ist jedoch, dass der BAföG-Kredit zinslos ist und bleibt. Wurde ein Fremdkredit zur Ablösung aufgenommen und die Raten könnten beispielsweise bei Arbeitslosigkeit nicht weiter bezahlt werden, so droht Ärger. Die BAföG-Schulden können auch gestundet werden.

Bagatellfälle Alle Kreditengagements werden bis zu einer bestimmten Betragsgrenze standardisiert bearbeitet und unterliegen nicht dem inzwischen in den meisten Kreditinstituten gebräuchlichen Kreditprozess.

Balanced Scorecard Ausbalanciertes Kennzahlensystem, welches über die alleinige Betrachtung finanzwirtschaftlicher Perspektiven hinaus geht und zusätzlich die Kundenperspektive, die internen Prozessabläufe und die Innovations- und Mitarbeiterpotenziale berücksichtigt.

Ballonkredit Sonderform eines Autokredits. Neben einer Anzahlung wird eine relativ geringe Monatsrate für eine Laufzeit von 2 bis 4 Jahren vereinbart. Danach ist der Restbetrag in Form einer Einmalzahlung (die sogenannte Schlussrate) fällig.

Bankenbeteiligungsmodell Finanzierungsmodell eines Leasinggeschäftes unter Beteiligung des Kreditinstituts als Kommanditist. Unter Nutzung aller steuerlichen Möglichkeiten können Margenverbesserungen für das Kreditinstitut und letztlich für den Kunden erarbeitet werden. Da das Kreditinstitut in diesem Fall als Gesellschafter auftritt, werden die Darlehen als Gesellschafterdarlehen eingestuft. Im Hinblick auf die eigenkapitalersetzenden Gesellschafterdarlehen sind höchste Anforderungen an die Leasingunternehmer zu stellen. Dieses Modell eignet sich insbesondere für die Finanzierung von Kommunen. Das Modell stellt wegen der komplizierten Form und den steuerlichen Auswirkungen und den Anforderungen der Finanzdienstleistungsaufsicht (BAfin) höchste Anforderungen an alle Beteiligten.

Bankenerlass Der Gesetzgeber hatte ursprünglich im Zusammenhang mit der damaligen Quellensteuereinführung aus Gründen der Rechtssicherheit und im Interesse eines vertrauensvollen Verhältnisses der Bürger zum Staat den sogenannten Bankenerlass in der Abgabenordnung verankert (§ 30a AO). Nach Gesetzeslage sind die Finanzbehörden verpflichtet, besondere Rücksicht auf das Vertrauensverhältnis zwischen Kreditinstituten und ihren Kunden zu nehmen. Vereinfacht ausgedrückt bedeutet der Bankenerlass das gesetzlich verankerte Bankgeheimnis. Der Bankenerlass gilt nur für Guthabenkontos und Depots, bei deren Errichtung eine Identitätsprüfung vorgenommen worden ist. Konten und Depots, bei deren Errichtung keine Identitätsprüfung stattgefunden hat, dürfen anlässlich einer Außenprüfung bei einem Kreditinstitut zwecks Nachprüfung der ordnungsgemäßen Versteuerung festgestellt oder abgeschrieben werden. Zufallserkenntnisse, die den Verdacht einer Steuerverkürzung im Einzelfall begründen, können auch hinsichtlich solcher Konten und Depots, bei deren Errichtung eine Identitätsprüfung vorgenommen worden ist, dem zuständigen Finanzamt mitgeteilt werden. Durch Neuregelungen in der Abgabenordnung, die zum 1.4.2005 in Kraft getreten sind und auf dem Gesetz zur Förderung der Steuerehrlichkeit beruhen, wurden die Befugnisse der Finanzbehörden und anderer staatlicher Stellen erheblich ausgeweitet. Über diese (internen) Maßnahmen werden weder das Kreditinstitut noch deren Kunden informiert.

Bankgeheimnis Als Bankgeheimnis bezeichnet man die Verschwiegenheitspflicht und das Recht auf Auskunftsverweigerung von Banken gegenüber Dritten (z. B. staatliche Institutionen) über die Vermögensverhältnisse ihrer Kunden. Das Bankgeheimnis zählt zum elementaren Schutz der Privatsphäre der Menschen, steht jedoch im Konflikt mit dem Anspruch des Staates auf eine vollständige und gerechte Besteuerung aller Vermögen und Zinseinnahmen.

Das Steuerrecht respektiert durch den im § 30a der Abgabenordnung verankerten Bankenerlass grundsätzlich das Bankgeheimnis. Allerdings besteht ein Auskunftsrecht der Finanz- und Sozialbehörden. Über das Bundeszentralamt für Steuern können einzelne Daten abgerufen werden, wenn dies zur Festsetzung oder Erhebung von Steuern erforderlich ist und ein Auskunftsersuchen an den Steuerpflichtigen nicht zum Ziele geführt hat oder keinen Erfolg verspricht. Das Bankgeheimnis endet auch mit dem Tod des Kunden. Die Banken sind nach § 33 ErbStG und der Klarstellung in § 1 ErbStDV verpflichtet, die jeweiligen Guthaben zum Todestag der Erbschaftsteuerstelle zu melden und auch auf bestehende Schließfächer hinzuweisen. Dabei besteht lediglich eine Bagatellgrenze von 5.000 €. Die Kunden erhalten darüber eine Information.

Bank Identifier Code (BIC) Weltweit genormte Prüfziffer, mit der jede Bank der Welt im globalen Banknetzwerk erreichbar und identifizierbar ist. Der acht oder elfstellige Code wird wie eine internationale Bankleitzahl verwendet.

Bankleitzahl Numerische Kennzeichnung eines Kreditinstituts nach einem einheitlichen System. Die BLZ dient zur rationellen Durchführung des Zahlungsverkehrs, da sie wichtige Angaben zur geographischen Lage des Kreditinstituts enthält (Bankplatz, Clearingstelle, Clearingbezirk). Die BLZ ist gleichzeitig die LZB-Kontonummer des jeweiligen Kreditinstituts.

bargeldlose Zahlung Mit einem Konto als Dreh- und Angelpunkt aller Finanzgeschäfte ist die bargeldlose Zahlung zum Standard geworden. Die wichtigsten Instrumente sind dabei:

- der Scheck
- die Lastschrift
- der Abbuchungsauftrag

- die Geldkarte
- die Kreditkarte
- die Girocard, ec-card, eurocheque-Card
- die verschiedenen elektronischen Zahlungsarten (POS, POZ)

Barrierefreiheit Ein Mieter kann vom Vermieter die Zustimmung zu baulichen Veränderungen oder sonstigen Einrichtungen verlangen, die für eine behindertengerechte Nutzung der Mietsache oder den Zugang zu ihr erforderlich sind, wenn er ein berechtigtes Interesse daran hat. Der Vermieter kann seine Zustimmung nur unter besonderen Gesichtspunkten verweigern oder seine Zustimmung von der Leistung einer angemessenen zusätzlichen Sicherheit für die Wiederherstellung des ursprünglichen Zustandes abhängig machen (*§ 554 BGB*).

Barwert Auf den augenblicklichen Wert herunter gerechnetes, aber erst in Zukunft fälliges Kapital. Der Wert wird durch Abzinsung mit einem bekannten Zinssatz errechnet. Eine „Einmalzahlung in x Jahren" wird in eine „Einmalzahlung jetzt" umgerechnet.

Anwendung der Barwertkalkulation im Rahmen der Investitionsrechnung. Der Barwert einer künftigen Zahlung wird durch Abzinsung auf den Gegenwartszeitpunkt errechnet. Die Differenz der Summe der Barwerte aller investitionsbedingten Einzahlungen und der Summe der investitionsbedingten Auszahlungen ergibt den Kapitalwert einer Investition.

Barwertmethode Verfahren zur Ermittlung des Anfangskapitals oder Ablösebetrages auf einen bestimmten Stichtag. Das Anfangskapital (abgezinstes Endkapital), das, auf Zinseszins angelegt, nach einer bestimmten Zahl von Jahren einen bestimmten Betrag ergibt. Für die Berechnungen stehen Tabellen zur Verfügung, die den „Abzinsungsfaktor" für den Barwert eines Kapitals enthalten. Das Endkapital ist mit dem Abzinsungsfaktor zu multiplizieren und ergibt das erforderliche Anfangskapital.

Basel II Nach der Ölkrise Anfang der 1970er-Jahre mit erheblichen Turbulenzen auf den Devisenmärkten, sowie den sich daraus für zahlreiche Kreditinstitute ergebenden Konsequenzen wurde der Baseler Ausschuss für Bankenaufsicht ins Leben gerufen. Mit Basel II wurden die weiter entwickelten Baseler Richtlinien zur Regulierung der globalen Finanzmärkte durch eine risikoadäquate Eigenkapitalunterlegung und eine Steigerung der Risikotransparenz des Kreditportfolios von Banken bezeichnet. Basel II stellte eine Weiterentwicklung der Bonitätsbeurteilung von Kreditnehmern zu einem einheitlichen Ratingverfahren dar. Die zunächst auf EU-Ebene beschlossenen Richtlinien wurden sukzessive in den Mitgliedsstaaten umgesetzt. Anfang 2006 hat das Bundeskabinett dem Gesetzentwurf zur Umsetzung der Banken- und Kapitaladäquanzrichtlinie zugestimmt, mit dem die Umsetzung von Basel II in das deutsche Rechtssystem vollzogen wurde.

Die Richtlinien enthalten präzise Rahmenparameter zur Risikoklassifizierung, die von allen Instituten zwingend einzuhalten sind. Damit sind sie Grundlage für die Ermittlung der angemessenen Eigenkapitalausstattung von Kreditinstituten zur Abdeckung ihrer

Kreditrisiken. Der risikoorienteierte Ansatz objektiviert die Kreditbeziehungen zwischen Gläubigern und Schuldnern. Unabhängig von der Höhe werden seitdem sämtliche Kreditengagements (Privat- und Geschäftskunden) nach dem Ratingverfahren beurteilt.

Privatkunden und Kleinunternehmen haben im Rahmen von Basel II von einer speziellen Regelung für sogenannte Retail-Portfolios profitiert, die zu geringeren Risikogewichtungen geführt hat. Basel II hatte Auswirkungen auf die Kreditvergabe und die Kreditkonditionen, denn die Kreditnehmer erhalten bei Nachweis einer entsprechenden Bonität bessere Bedingungen. Mit Basel II wird jede Kreditentscheidung mit der Einschätzung der individuellen Bonität verknüpft. Zur Ermittlung des Ratings und zur Bonitätseinschätzung ist ein umfassender Einblick in die aktuellen Verhältnisse erforderlich. Dies war eigentlich schon immer eine selbstverständliche Notwendigkeit. Geschäftskunden müssen folgende Unterlagen zwingend vorlegen:

- drei aufeinanderfolgende Jahresabschlüsse bzw. Einnahmen-/Überschussrechnungen,
- aktuelle betriebswirtschaftliche Auswertungen (BWA),
- aktuelle Selbstauskunft (Vermögens- und Schuldenaufstellung) und
- plausible Angaben zur weiteren wirtschaftlichen Entwicklung.

Basel III Basierend auf den Erfahrungen aus Basel II aus dem Jahre 2007 und unter Berücksichtigung der Erkenntnisse und Lehren aus der weltweiten Finanz- und Wirtschaftskrise hat der Baseler Ausschuss der Bank für Internationalen Zahlungsausgleich eine verschärfende Fortschreibung beschlossen. Mit Basel III sollen insbesondere deutlich erweiterte Eigenkapitalvorschriften dazu dienen, die Regulierung der Finanzmärkte und der handelnden Kreditinstitute voranzutreiben. Dies wird die Kreditinstitute in den kommenden Jahren vor manche Schwierigkeiten stellen und möglicherweise auch gravierende Auswirkungen auf die Kreditvergabepraxis haben. Die Verhandlungen sind auch aufgrund der Notwendigkeiten und des politischen Drucks zwar weit fortgeschritten, aber frühestens ab Ende 2013 sollen wichtige Teilschritte umgesetzt bzw. eingeleitet werden. In ihren Quartalsberichten und Bilanzen machen die Institute bereits heute Hinweise auf die bereits erreichten Kapitalquoten.

Basisversorgung Basisversorgung aus der gesetzlichen Rentenversicherung, der berufsständischen Versorgungseinrichtungen, Versorgung der landwirtschaftlichen Alterskasse und den privaten Rentenversicherungen (Rürup-Renten, Abschluss nach dem 1.1.2005):

- *kapitalgedeckte Zusatzversorgung*, privat in Form von Riester-Renten, Rürup-Renten und Rentenversicherungen oder über betriebliche Altersversorgung (Direktversicherung, Pensionskasse, Unterstützungskasse, Pensionsfonds, Pensionszusage)
- *übrige Vorsorgeaufwendungen* wie kapitalbildende Lebens- und Rentenversicherungen vor 2005, Kranken-, Pflege- und Arbeitslosenversicherungen, Unfall- und Haftpflichtversicherungen

Gesetzliche Renten und andere Leistungen aus der Basisversorgung werden seit dem Veranlagungszeitraum 2005 mit 50 % und ansteigend auf 100 % im VAZ 2040 besteuert. Zur Basisversorgung gehören die Renten aus:

- der gesetzlichen Rentenversicherung,
- den landwirtschaftlichen Alterskassen,
- den berufsständischen Versorgungswerken,
- den nach dem 31.12.2004 abgeschlossenen Rentenversicherungen.

Basiszinssatz Der Basiszinssatz hat seit 1999 die Funktion des früheren Diskontsatzes der Deutschen Bundesbank übernommen. Bezugsgröße ist der Zinssatz für die jüngste Hauptrefinanzierungsoperation der Europäischen Zentralbank vor dem ersten Kalendertag des betreffenden Halbjahrs (§ 247 BGB). Bemerkenswert ist, dass sich seit dem 1.1.2013 erstmals ein negativer Basiszinssatz ergeben hat. Der Basiszinssatz ist auch Grundlage für den Verzugszinssatz.

Basiszinssatz gültig seit	Basiszinssatz (%)
1.1.2011	0,12
1.7.2011	0,37
1.1.2012	0,12
1.7.2012	0,12
1.1.2013	−0,13
1.7.2013	−0,38

Baualter des Wohnungsbestandes Das Baualter des Wohnungsbestandes sagt alleine noch nicht alles über den aktuellen Zustand der Gebäude aus, ist allerdings ein wichtiges Indiz für die Notwendigkeit durchgreifender Neuerungen bei der energetischen Ausstattung der Gebäude.

Baualter	Alte Bundesländer (Wohneinheiten in 1.000)	Neue Bundesländer
bis 1918	3.515	2.157
1919–1948	3.626	1.763
1949–1978	15.680	2.621
1979–1990	4.017	1.220
1991–1995	1.312	318
1996–2000	1.490	534
2001–2004	840	221
2005 und später	206	31

Energetische Maßnahmen am Wohnungsbestand:

	Alte Bundesländer (%)	Neue Bundesländer (%)	BRD (%)
Ohne Angabe	22	16	21
Maßnahmen nicht notwendig	55	25	50
Maßnahmen notwendig	23	59	29
Davon Dach	36	48	40
Davon Außenfassade	33	48	40
Notwendig in % der Gebäude	16	5	23

Quelle: Statistisches Bundesamt

Bauen und Kaufen Hauptverwendungszweck von Bausparverträgen. Darauf sind auch die meisten Tarifvarianten abgestellt.

Baugenehmigungszahlen Das Statistische Bundesamt liefert quartalsweise Zahlen über die erteilten Baugenehmigungen, aufgeteilt nach Ein- und Zweifamilienhäusern, Mehrfamilienhäusern, Miet- und Eigentumswohnungen. Die Daten sind damit wichtiger Nachweis für die Marktsituation. Regionale Zahlen sind seitens der statistischen Landesämter und bei den Behörden vor Ort erhältlich.

Die Baugenehmigungszahlen für den deutschen Wohnungsbau befinden sich nach wie vor auf einem niedrigen Niveau, nach langer Durststrecke steigen sie seit Ende des 4. Quartals 2010 erstmals wieder leicht an, in 2012 haben sie immerhin 240.000 Einheiten ausgemacht.

Baukostenindex Zur Beurteilung der Entwicklung der Baukosten in % ausgedrückte Messzahl (Basisjahr = 100). Vielfach verwendete Basisjahre sind 1913/1914 (für die Zwecke der Gebäudefeuerversicherung) oder 2005 (Preisindex für Wohngebäude). Bis 2001 war der Baukostenindex auf DM ausgerichtet, seit 2002 ist der Euro die maßgebende Währung.

Baujahr	Index	Baujahr	Index	Baujahr	Index	Baujahr	Index
1914	100,0	1980	1226,3	2003	1030,7	2008	1177,7
1946	170,7	1990	1633,4	2004	1044,2	2009	1187,7
1950	234,4	2000	2011,5	2005	1053,7	2010	1197,8
1960	367,5	2001	2015,9	2006	1077,2	2011	1230,4
1970	636,9	2002	1030,2	2007	1154,5	2012	1232,0

Quelle: Statistisches Bundesamt

Baulandpreise im Zeitvergleich Aus den Baulandpreisen im längerfristigen Zeitvergleich ist keineswegs abzulesen, dass die moderaten Preisentwicklungen zu einer deutlichen Verteuerung des Wohnungsbaus geführt haben. Natürlich gilt auch hier, dass es gewaltige Preisunterschiede gibt und in den Ballungsgebieten das Angebot klein ist und die Preise relativ hoch sind. Die Werte dürfen daher in keinem Fall für eine Wertermittlung oder eine Wertschätzung herangezogen werden.

Deutschland	Bauland insgesamt	Baureifes Land	Rohbauland	Sonstiges Bauland
2000	51,79	76,21	22,70	25,62
2005	85,97	115,80	26,13	36,71
2010	90,76	129,67	25,61	35,64
2011	90,92	128,19	25,71	37,10
2012	104,75	145,74	27,91	44,76

Quelle: Statistisches Bundesamt

Baumängelbeseitigung Aufwendungen für Baumängel vor Fertigstellung des Gebäudes und eventuell in diesem Zusammenhang stehende Prozesskosten sind Herstellungskosten. Dies gilt auch, wenn die Mängel erst nach Fertigstellung behoben werden.

Bausparbeiträge Regelmäßige Aufwendungen zur Besparung eines Bausparvertrages während der Sparphase. Neben den „normalen Sparleistungen" gehören auch vermögenswirksame Leistungen und die Bausparguthabenzinsen dazu.

Unter bestimmten Einkommensvoraussetzungen sind diese Aufwendungen prämienberechtigt. Zur Erlangung der Prämie müssen mindestens 50 € p.a. an dieselbe Bausparkasse geleistet werden.

Bausparvertrag als Geldanlage Der eigentliche Bausparzweck ist es, durch regelmäßige Einzahlungen nach einer bestimmten Zeit und Leistung Anspruch auf ein Bauspardarlehen zu erlangen. Der Guthabenzins spielte dabei lange Jahre eine untergeordnete Rolle. Eigentlich bestimmte er ursächlich den Darlehenszins. Bei einzelnen Vertragsvarianten wird neben dem Basiszins noch ein Sonderzins eingeräumt, ferner wird für den Fall eines späteren Darlehensverzichts teilweise ein Sparbonus vergütet. In Niedrigzinsphasen kann das zur Folge haben, dass derartige Bausparverträge eine höhere Verzinsung erbringen als der Kapitalmarkt. Es ist dann nicht empfehlenswert, derartige Verträge in eine Finanzierung einzubauen, sondern als attraktive Geldanlage zu nutzen. Dabei muss allerdings darauf geachtet werden, dass Bausparguthaben inkl. Sonderzinsen die Bausparsumme nicht überschreiten, da ansonsten ein Kündigungsrecht für die Bausparkasse entstehen könnte.

Bausparvertragsabtretung Eine Abtretung aller Rechte aus einem Bausparvertrag kann steuerschädlich sein, wenn die Abtretung nicht im Rahmen einer Baufinanzierung erfolgt und die Beträge nicht zu wohnwirtschaftlichen Zwecken verwendet werden.

Bausparvertragskündigung In der Niedrigzinsphase haben die Bausparkassen mit zwei Problemen zu kämpfen. Einerseits werden wegen der extrem niedrigen Finanzierungskonditionen nicht mehr gleich viel Bausparfinanzierungen nachgefragt, andererseits liegen die früher eher als zu gering empfundenen Guthabenzinsen inzwischen teilweise deutlich über den Kapitalmarktzinsen. Dies hat dazu geführt, dass einzelne Institute Bausparverträge gekündigt haben, bei denen die Bausparsumme überschritten wurde. Außerdem wurde versucht, die sogenannten Regelsparbeiträge zu reduzieren. In dem Zusammenhang ist ein Urteil des OLG Stuttgart interessant (*Az.: 9 U 151/11*). Danach ist ein Bausparvertrag nur solange unkündbar, wie die Auszahlung eines Bauspardarlehens möglich ist und der Bausparer hierzu mindestens seine planmäßigen Sparpflichten erfüllt. Es wurde ausdrücklich festgestellt, dass Vertragszweck nicht die zinsgünstige Geldanlage, sondern vielmehr die Erlangung eines Bauspardarlehens ist.

Dem Bausparer wird deshalb angeraten, darauf zu achten, dass mit den Sparleistungen auch unter Berücksichtigung von Zinsen und Sonderzinsen die Bausparsumme nicht überschritten wird.

b. a. w.-Kreditlinie Kreditlinie, die bis auf weiteres von einem Kreditinstitut zur Verfügung gestellt wird und deshalb auch täglich kündbar ist.

Beamte Personen in einem öffentlich-rechtlichen Dienstverhältnis des Bundes, der Länder, der Gemeinden und sonstigen Körperschaften des öffentlichen Rechts, Richter und Soldaten, ferner Geistliche der evangelischen und römisch-katholischen Kirche. Die Zahl der nach Beamten- und Soldatenrecht Besoldeten liegt nach Angaben des statistischen Bundesamtes bei 1,7 Mio.

- Besoldete insgesamt: 1.710.483
- davon in den Bundesländern: 1.175.886
- im Bund: 357.343
- in den Kommunen: 177.254
- bei der Agentur für Arbeit: 18.102

Bearbeitungsgebühren Entgelt für die Kosten der Kreditbearbeitung. Es sind seitens der Verbraucherschutzorganisationen Klagen beim Bundesgerichtshof anhängig, um grundsätzlich klären zu lassen, ob Bearbeitungsgebühren für eine Krediteinräumung zulässig sind. Insbesondere bei Kaufkrediten sind bereits Urteile zu Gunsten der Verbraucher entgangen. Die Gerichte betonen in ihren Urteilen, dass Kosten für bankinterne Tätigkeiten nicht zu Lasten der Kreditnehmer gehen dürften. Kosten, die den Kreditinstituten durch eine Bonitätsprüfung entstehen, seien durch die Kreditzinsen abgegolten. Ein höchstrichterlicher Entscheid seitens des BGH steht noch aus. Wegen möglicher Verjährungsweisen sollten vorsichtshalber Kreditverträge überprüft werden.

Bebauungsplandaten Ein Bebauungsplan enthält Festsetzungen und Hinweise, aus denen für ein Baugrundstück die Art und das Maß der baulichen Nutzung, die Bauweise, die Baugrenzen und Bebauungstiefen ersichtlich sind.

Bedarfsbewertung Die Wertverhältnisse von Grundstücken müssen für diverse steuerliche Zwecke stichtagsbezogen festgestellt werden. Seit dem 1.1.2009 kommen hierfür ausschließlich die sogenannten Grundbesitzwerte in Frage.

begrenztes Realsplitting Die Unterhaltszahlung an den geschiedenen oder dauernd getrennt lebenden unbeschränkt steuerpflichtigen Ehegatten sind bis zu 13.805 € p.a. als Sonderausgaben abzugsfähig und dafür beim Empfänger zu versteuern. Dazu muss der Empfänger mit seiner Unterschrift auf der Anlage U zur Einkommensteuererklärung seine Zustimmung geben. Andernfalls besteht die Möglichkeit, § 33 a EStG anzuwenden (außergewöhnliche Belastung in besonderen Fällen).

Behinderung Die mit einer Behinderung verbundenen Mühen und Aufwendungen (steuerrechtlich spricht man von außergewöhnlichen Belastungen) werden steuerlich durch Pauschbeträge „abgegolten". Fallen deutlich höhere Aufwendungen an, sind alle steuerlichen Möglichkeiten individuell zu prüfen. Als Nachweis dient der Schwerbehindertenausweis oder der Feststellungsbescheid des Versorgungsamtes.

Für Behinderte gelten besondere Regelungen für die Altersgrenze bei Renten. Der Grad der Behinderung muss dafür mindestens 50 % betragen.

Grad der Behinderung	Jährlicher Pauschbetrag (€)
25 und 30 %	310
35 und 40 %	430
45 und 50 %	570
55 und 60 %	720
65 und 70 %	890
75 und 80 %	1.060
85 und 90 %	1.230
95 und 100 %	1.420
Blinde sowie ständig pflegebedürftige Behinderte	3.700

Die Pauschbeträge sind Jahresbeträge. Sie werden auch dann in voller Höhe gewährt, wenn die Behinderung nicht während des gesamten Jahres bestanden hat. Ändert sich der Grad der Behinderung im Laufe eines Kalenderjahres, wird stets der höhere Betrag für das gesamte Jahr berücksichtigt. Die Förderung des behindertengerechten Umbaus von selbstgenutztem Wohnraum soll künftig auch im Rahmen der Wohn-Riester-Förderung möglich sein (§ 92 a Abs. 1 Nr. 3). Schwerbehinderte Personen, die ein Kraftfahrzeug halten, können Befreiung von der Kfz-Steuer oder Ermäßigung beantragen, solange das Fahrzeug nur im Zusammenhang mit ihrer Fortbewegung oder der Führung ihres Haushalts benutzt wird.

Beispielrechnung Mit einer Beispielrechnung wird der mögliche Verlauf der künftigen Überschussbeteiligung aus einer Kapitallebensversicherung dargestellt. Weil die tatsächliche Überschussentwicklung vor allem von den Kapitalmarktzinsen, dem Sterblichkeitsverlauf und den Verwaltungskosten abhängt, kann die vorausberechnete Überschussbeteiligung nicht garantiert werden. Die von den einzelnen Unternehmen vorgenommenen Beispielrechnungen müssen vom Bundesaufsichtsamt für das Versicherungswesen für unbedenklich erklärt werden. Aber auch deren Testat für eine Beispielrechnung ist keine sichere Vergleichsbasis für das Angebot von Lebensversicherungsgesellschaften. Vielmehr kann schon der unterschiedliche Zeitpunkt (und die dadurch unterschiedliche Zinsbasis) zu Verzerrungen führen.

Beitragsbemessungsgrenzen (Langzeitbetrachtung) Die Entwicklung der gesetzlichen Rentenversicherung und die Auswirkungen der verschiedenen Rentenreformen sowie der demografischen Verschiebungen sind nur aus einer Langfristbetrachtung heraus zu verstehen.

Jahr	Beitragsbemessungs-grenze p.a. in €	Beitragssatz (%)	Maximaler Jahresbeitrag zur gesetzlichen RV	Durchschnittliche Bruttojahresentgelte
1960	5.215	14,0	730	3.119
1965	7.363	14,0	1.031	4.719
1970	11.044	17,0	1.877	6.822
1975	17.179	18,0	3.092	11.150
1980	25.769	18,0	4.638	15.075
1985	33.132	18,7	6.292	18.041
1990	38.654	18,7	7.228	21.447
1995	47.857	18,6	8.901	25.905
2000	52.765	19,3	10.184	27.741
2001	53.379	19,1	10.195	28.231
2002	54.000	19,1	10.314	28.626
2003	61.200	19,5	11.934	29.230
2004	61.800	19,5	12.051	29.428
2005	62.400	19,5	12.168	29.569
2006	63.000	19,5	12.285	29.304
2007	63.000	19,9	12.537	29.484
2008	63.600	19,9	12.656	30.625
2009	64.800	19,9	12.895	30.879
2010	66.000	19,9	13.134	32.003
2011	66.000	19,9	13.134	32.268
2012	67.200	19,6	13.171	32.446
2013	69.600	18,9	13.154	34.071

beitragsfreie Versicherungssumme Wenn der Versicherungsnehmer die laufenden Beiträge nicht mehr bezahlen kann oder will, gibt es die Möglichkeit, den Vertrag ohne Beitragsleistung weiterzuführen. Diese Vertragsumstellung setzt voraus, dass die herabgesetzte Versicherungssumme nicht kleiner als 500 € ist. Künftig ist dann nur diese neue, geringere

Versicherungssumme überschussberechtigt. Bei Vertragsende (Tod oder im Erlebensfall) wird die Versicherungssumme zuzüglich der Überschussbeteiligung ausbezahlt.

beitragsorientierte Direktzusage Im Zuge der betrieblichen Altersvorsorge gewährt eine Firma ihren Mitarbeitern eine Direktzusage auf der Grundlage eines beitragsorientierten Leistungsplanes (Beitragsplan). Die Direktzusage basiert üblicherweise auf einer Betriebsvereinbarung zur Regelung der betrieblichen Altersversorgung und umfasst Ansprüche auf Alters-, Invaliditäts- und Hinterbliebenenleistungen. Die beitragsorienteierte Direktzusage wird vollständig vom Arbeitgeber finanziert, der dafür Pensionsrückstellungen bildet. Die Versorgungsleistung wird auf der Grundlage eines beitragsorientierten Leistungsplanes erbracht. Auf diese Weise wächst sukzessive ein Versorgungskapital, das im Versorgungsfall zur Verfügung steht. Scheidet ein Mitarbeiter aus der Firma aus, so sichert die gesetzliche Unverfallbarkeit die Ansprüche auf Leistungen. Der Bezug des Versorgungskapitals als Alters-, Invaliditäts- oder Hinterbliebenenleistung führt zu steuerpflichtigen nachträglichen Einkünften aus nichtselbstständiger Arbeit. Das gilt unabhängig davon, ob die Leistungen in einem Betrag, in Raten oder als Leibrente gezahlt werden. Als Einkünfte aus einem früheren Dienstverhältnis unterliegen die Versorgungsleistungen auch der Sozialversicherungspflicht in der gesetzlichen Kranken- und Pflegeversicherung.

Beitragsrückgewähr Falls eine Beitragsrückgewähr vertraglich vereinbart wurde, erhalten die Angehörigen/Erben bereits eingezahlte Beiträge aus Versicherungsverträgen zurück, wenn der Versicherte stirbt. Üblich ist dies i. d. R nur in der Ansparphase.

Beitragszeiten Zeiträume, in denen Pflichtbeiträge in die gesetzliche Rentenversicherung tatsächlich gezahlt wurden oder die aus anderen Gründen als Anrechnungszeiten gelten. Zu den Beitragszeiten zählt neben der Versicherungszeit bei der Deutschen Rentenversicherung Bund auch die Versicherungsdauer bei der Sozialversicherung der ehemaligen DDR. Zu den Beitragszeiten gehören ferner:

- Kindererziehungszeiten
- Wehrdienst
- Zivildienst
- Lohnersatzzeiten (bei Krankengeld- oder Arbeitslosengeldbezug)
- Pflegezeiten

Beitreibungsauftrag Kann nach Kündigung eines Kredites keine Ablösung oder Wiederaufnahme der Ratenzahlung erfolgen und sind auch sonstige Hilfsmaßnahmen erfolglos, so wird die kontoführende Stelle des Kreditinstituts i. d. R einen Beitreibungsauftrag an die zuständige Spezialabteilung/Rechtsabteilung richten. Darin werden die vorzunehmenden Schritte angeregt. Dazu gehört die Verwertung der gestellten Sicherheiten, aber auch die Einleitung von persönlichen und dinglichen Zwangsmaßnahmen. Seitens der Kreditinstitute ist allerdings wesentlich sinnvoller, wenn bereits beim Auftreten von Leistungsstörungen, besser sogar noch nach der 2. Mahnung, Spezialisten eingeschaltet werden, die die weitere Betreuung des Engagements übernehmen. Der Kunde wäre gut beraten, es gar nicht so weit kommen zu lassen und spätestens beim Auftreten der ersten Probleme von sich aus das Gespräch mit seinem Gläubiger zu suchen.

Beitreibungsverzicht Wenn alle Möglichkeiten zur Beitreibung einer Forderung nach Verwertung aller Sicherheiten und Vorlage einer eidesstattlichen Versicherung des Schuldners ausgeschöpft sind, werden nur noch in größeren Zeitabständen Versuche unternommen, die Situation erneut zu überprüfen. In diesem Stadium sind heute viele Gläubiger bereit, gegen Zahlung einer Abstandssumme und ggf. Ausstellung eines Besserungsscheines einen Beitreibungsverzicht auszusprechen. Damit wird der Schuldner in die Lage versetzt, zumindest einen Teil seiner Schuld zu begleichen und andererseits seine Bereitschaft erhöht, letztmalig an einer konstruktiven Lösung mitzuwirken. Möglicherweise werden derartige Forderungen an Finanzinvestoren weiterverkauft.

Beleihungswert Wert, bis zu dem ein Kreditinstitut Vermögensgegenstände eines Kreditnehmers als Sicherheit akzeptiert. Die Beleihungsgrenze wird in Prozent des Beleihungswertes angegeben. Der Beleihungswert wird meist nicht offen kommuniziert. Üblich sind für festverzinsliche Wertpapiere zwischen 70 und 90 %, für Grundstücke 60–80 %, Spar-, Tages- und Festgeld, sowie Bauspargutben 100 %. Für Forderungen ist ein Beleihungswert schwer bestimmbar. Häufig wird dann der voraussichtlich erzielbare Liquidationswert angesetzt.

Benchmark Orientierungsgröße, mit denen ein Kapitalanleger die Vorteile oder Nachteile eines Investments gegenüber anderen vergleichbaren Investments beurteilen kann oder eine Messlatte, mit der sich die Wertentwicklung von Anlagen vergleichen lässt.

Beratungshaftung Anleger haben in der Finanzkrise viel Geld verloren und geben ihren Finanz-, Bank- und Versicherungsberatern, insbesondere aber den Kreditinstituten Schuld an ihren Verlusten. Klagen auf Schadensersatz haben Aussicht auf Erfolge, wenn der Anleger nachweisen kann, dass die Beratung falsch, Anlageprospekte fehlerhaft waren oder interne Kickback-Provisionen verheimlicht wurden.

Seit dem 1.1.2002 gilt beim Kauf von Wertpapieren eine Verjährungsfrist von 3 Jahren, die mit dem Kaufdatum beginnt. Die Beratungshaftung ist seit dem 1.1.2010 durch die notwendige Protokollierungspflicht aller Beratungsgespräche gesetzlich völlig neu geregelt worden. Der Anleger muss dieses Protokoll unterzeichnen und bekommt davon eine Ausfertigung.

Beratungshilfe Durch die Beratungshilfe bei den Amtsgerichten soll es Bürgern mit geringem Einkommen ermöglicht werden, sich rechtlich beraten und vertreten zu lassen. Die Beratungshilfe ist Hilfestellung für die Wahrnehmung von Rechten außerhalb eines gerichtlichen Verfahrens. Sie wird für die meisten Rechtsgebiete gewährt. Falls das Amtsgericht die Beratung nicht selbst vornehmen kann, wird ein Berechtigungsschein für eine Beratungshilfe durch einen Rechtsanwalt ausgestellt.

Bereitstellungsprovision Provision für von einem Kreditinstitut zugesagte und bereitgestellte, aber noch nicht abgerufene Kredite oder Kreditteile. Die Bereitstellungsprovision begründet sich dadurch, dass ein Kreditinstitut bereits mit der Kreditzusage eine Refinanzierung der Kreditmittel vornimmt und sich diese Kosten im Falle einer späteren Inanspruchnahme zurückholen muss.

Berufsunfähigkeit Sicherheit ist für die meisten Menschen ein hohes Gut. Daher wird für vielfältige Gefahren und Risiken Vorsorge getroffen. Das wertvollste Gut jedes Einzelnen – die eigene Arbeitskraft – wird dabei aber immer noch vernachlässigt und die Gefahren des täglichen Lebens werden unterschätzt. Obwohl statistisch jeder vierte Arbeitnehmer lange vor der normalen Altersrente berufs- oder erwerbsunfähig wird, verfügen nur erschreckend wenige über eine Absicherung für den Ernstfall. Denn die meisten sind sich über Risiken und Ausmaß der Versorgungslücken anscheinend nicht bewusst. Dabei sind die häufigsten Ursachen der Berufsunfähigkeit nicht tragische Unfälle, sondern Krankheiten, die sich im Alltag unbemerkt bilden, wie z. B. Wirbelsäulenerkrankungen.

Dass die Zahlungen aus der gesetzlichen Rentenversicherung allenfalls ein Notnagel sind und nach dem 1.1.1961 Geborene im Falle ihrer Berufsunfähigkeit aus der Rentenkasse überhaupt keinen Cent, sondern allenfalls eine Rente wegen Erwerbsminderung erhalten, wissen nur die wenigsten Berufstätigen. Und auch wer schon eine Police sein Eigen nennt, wiegt sich oft in trügerischer Sorglosigkeit, denn mit im Schnitt gerade mal 400 € versicherter Monatsrente ist die finanzielle Absicherung nur Stückwerk – auch dann bleibt im Ernstfall oft nur „Hartz IV" oder eine irgendwie geartete Grundsicherung oder Sozialhilfe. Die Chancen, eine gute Berufsunfähigkeitsversicherung zu bekommen, hängen im Wesentlichen von persönlichen Merkmalen ab: Wer jung und gesund ist, hat eine gute Ausgangsposition. Wer jedoch schon ein paar Jahre älter ist oder in einem risikoreichen Beruf arbeitet, der muss höhere Hürden nehmen und wird im schlimmsten Fall gar keinen Versicherungsschutz erhalten. Eine Berufsunfähigkeitsversicherung (BUZ) sollte deshalb keinesfalls übereilt, aber doch so früh wie möglich abgeschlossen werden, denn ab dem 40. und ganz besonders ab dem 50. Lebensjahr steigt das Risiko, berufsunfähig zu werden, dramatisch an, von den Versicherungsprämien ganz zu schweigen.

Ausgaben zum Schutz vor Berufsunfähigkeit sind steuerlich absetzbar (als Sonderausgaben). Nicht besonders empfehlenswert sind Produkte, die Altersvorsorge und Berufsunfähigkeit miteinander koppeln. Dies reduziert möglicherweise die ursprünglich mit dem Vertragsabschluss verfolgten Einzelziele. Außerdem haben alle Koppelprodukte den Haken, dass man bei einem finanziellen Engpass durch Nichtzahlung zwei Verträge auf einmal verliert.

Berufsunfähigkeitsrente Mit der Neuregelung der Erwerbsminderungsrenten zum 1.1.2001 wurde in der gesetzlichen Rentenversicherung die Unterscheidung zwischen

Berufsunfähigkeit und Erwerbsunfähigkeit aufgegeben und stattdessen eine zweistufige Erwerbsminderungsrente eingeführt. Aus Vertrauensgründen ist der Berufsschutz für Versicherte, die am 1.1.2001 bereits das 40. Lebensjahr vollendet hatten, bestehen geblieben.

Besitz Der Besitz ist im Gesetz nicht definiert und wird überwiegend verstanden als die vom Verkehr anerkannte tatsächliche Herrschaft einer Person über eine Sache. Besitz ist ein tatsächliches Verhältnis und kein subjektives Recht. Die Rechtsordnung schützt den Besitzer durch Verleihung bestimmter Rechte (§§ 854-872 BGB).

Besitzsteuern Steuerarten, die Besitzwerte (Einkommen und Vermögen) versteuern:

- Einkommensteuer
- Kirchensteuer
- Körperschaftsteuer
- Gewerbesteuer
- Erbschaft- und Schenkungsteuer
- Grundsteuer

besonderes Treueverhältnis Nach einer Entscheidung des OLG Köln kann eine Bank aufgrund des besonderen Treueverhältnisses zu ihrem Kunden verpflichtet sein, einem von diesem beabsichtigten freihändigen Verkauf einer Immobilie zu zustimmen, auch wenn ihre Forderung nicht vollständig befriedigt wird. Dies ist insbesondere dann problematisch, wenn in einem anschließenden Zwangsversteigerungsverfahren zu einem unter dem beabsichtigten freihändigen Verkaufspreis deutlich geringeren Meistgebot der Zuschlag erteilt wird (*ZIP 1995, 1668 ff.*). Daraus kann dann ein Schadenersatzanspruch entstehen.

Besserungsklausel Vereinbarung zwischen Gläubiger und Schuldner, dass der Schuldner bei Besserung seiner finanziellen Verhältnisse ohne Aufforderung unter Berücksichtigung standesgemäßen Unterhalts zahlt. Er hat auch Ratenzahlung anzubieten, wenn er hierzu in der Lage ist. Die Vereinbarung selbst wird als Besserungsschein bezeichnet (*Stundungsabrede i. S. des § 271 BGB*).

Besserungsschein Ein Besserungsschein ist eine schriftliche Vereinbarung zwischen einem Gläubiger und einem Schuldner bei einem Forderungsverzicht.

Bestandskunden Kunden mit einer lebenden Kontoverbindung. Bei entsprechender Umsatzzuweisung kann bei einer Kreditanfrage oder einer Kundenansprache vorab eine gezielte Umsatzanalyse erfolgen (Kontoscoring).

Bestimmbarkeitsgrundsatz Grundvoraussetzung für wirksame Abtretungen oder Sicherungsübereignungen als Kreditsicherheiten. Nur wenn die abgetretenen Rechte und/

oder sicherungsübereigneten Waren oder Gegenstände eindeutig gekennzeichnet oder beschrieben sind, kann im Verwertungsfall eine Aussonderung erfolgen.

Beteiligungsfinanzierung Beschaffung von Eigenkapital eines Unternehmens durch Kapitaleinlagen neu hinzugekommener Gesellschafter entweder als tätige oder stille Beteiligung.

Beteiligungsfonds Zeichner von Beteiligungsfonds stellen Risikokapital für Unternehmen bereit, indem sie Anteile am Eigenkapital für einen langfristigen, festgelegten Zeitraum halten. Beispiel dafür sind geschlossene Immobilienfonds.

Betreiberimmobilien Bebaute und unbebaute Grundstücke, die aufgrund ihrer baulichen Gestaltung praktisch nur für eine bestimmte Nutzungsart geeignet sind (z. B. als Hotel, Altenheim, Klinik, Boarding House) und bei denen der wirtschaftliche Erfolg des Betreibers entscheidend von dessen Managementkompetenz abhängt.

betreutes Wohnen Im Gegensatz zu einem Altenheim bedeutet die Wohnform betreutes Wohnen alle Vorteile der weitgehenden Unabhängigkeit, verbunden mit dem jederzeitigen Zugriff auf umfassende oder teilweise Betreuung im Alter. Immobilien, die zu diesem Zweck errichtet werden, müssen daher in der Ausstattung alters- und teilweise auch behindertengerecht ausgerichtet sein. Es handelt sich hierbei um eine Betreiberimmobilie, d. h. bei einer Finanzierung werden insbesondere das fachliche Konzept und die soziale Kompetenz des Betreibers überprüft.

Betreuung Kann ein Volljähriger aufgrund einer psychischen Krankheit oder einer körperlichen, geistigen oder seelischen Behinderung seine Angelegenheiten ganz oder teilweise nicht besorgen, so bestellt das Betreuungsgericht auf seinen Antrag oder von Amts wegen für ihn einen Betreuer. Gegen den freien Willen des Volljährigen darf ein Betreuer nicht bestellt werden (*§§ 1896 ff. BGB*).

Betreuungsfreibetrag Im Gesetz zur Familienförderung ist parallel zur Kindergelderhöhung zum 1.1.2000 ein Betreuungsfreibetrag für jedes zu berücksichtigende Kind des Steuerpflichtigen eingeführt worden, der den schon bestehenden Kinderfreibetrag ergänzen sollte (*§ 32 EStG*). Für den Betreuungs- und Erziehungs- oder Ausbildungsbedarf des Kindes kann ein Freibetrag von 2.160 € vom Einkommen abgezogen werden. Für jeden Kalendermonat, in dem die Voraussetzungen für einen Betreuungsfreibetrag nicht vorliegen, ermäßigt sich der vorgenannte Betrag um ein Zwölftel. Das Kindergeld wird auf den Gesamtfreibetrag (Kinderfreibetrag und Betreuungsfreibetrag) angerechnet.

Betreuungsgeld Am 9.11.2012 hat der Bundestag das heftig umstrittene Betreuungsgeldgesetz verabschiedet, welches am 1.8.2013 in Kraft tritt. Danach erhalten Eltern, die für ihr Kind im zweiten oder dritten Lebensjahr keinen Kita-Platz oder eine staatlich bezahlte

Tagesmutter in Anspruch nehmen, ein monatliches Betreuungsgeld von 100 €, ab 2014 von 150 €. Das Land Hamburg hat dagegen Verfassungsbeschwerde angekündigt.

Betriebsaufspaltung Aufteilung von Funktionen und von Vermögensteilen eines bisher rechtlich und wirtschaftlich einheitlichen Betriebes in eine Besitzgesellschaft und eine Betriebsgesellschaft. Zwischen den Unternehmen muss eine enge sachliche und persönliche Bindung bestehen. In der Praxis wird die Besitzgesellschaft die zu den wesentlichen Grundlagen des Betriebes gehörenden Wirtschaftsgüter (Grundstücke, Gebäude, Maschinen) an die von ihr beherrschte Betriebsgesellschaft vermieten.

Betriebsausgaben-Pauschbeträge Mangels ordnungsgemäßer Aufzeichnungen kann das Finanzamt die Betriebsausgaben schätzen. Dabei haben sich folgende Durchschnittswerte ergeben, die allerdings nicht verbindlich sind:

Berufsgruppe	Betriebsausgaben in % des Umsatzes
Schriftstellerische, künstlerische und wissenschaftliche Tätigkeit/nebenberufliche Lehr-, Vortrags- und Prüfungstätigkeit	25 % höchstens 650 € p.a.
Hauptberufliche schriftstellerische und journalistische Tätigkeit	30 % höchstens 2.500 € p.a.

Betriebsgrundstück Zu einem gewerblichen Betrieb des Grundstückseigentümers gehörender Grundbesitz der nach § 99 Abs. 1 des Bewertungsgesetzes bewertet wird. Eine Entnahme des Grundstückes aus der Bilanz führt regelmäßig zu einer Realisierung stiller Reserven, weil sie nach dem Teilwert erfolgen muss (§ 6 Abs. 1 Nr. 4 EStG). Da dieser Wert in der Regel durch frühere Abschreibungen gemindert wurde, liegt der wirkliche Wert über dem Buchwert. Es entsteht hierdurch ein einkommen- und gewerbesteuerlicher Gewinn. Ausnahme: steuerfreie Entnahme von Grund und Boden.

Betriebskostenpauschalvereinbarung Die Vereinbarung einer Pauschale im Mietvertrag bedeutet, dass die Kosten nicht mehr einzeln abgerechnet werden. Damit trägt jede (Miet-)Vertragsseite das Risiko, dass die tatsächlichen Kosten über oder unter der Pauschale liegen.

Betriebsvermögen Ein Grundstück gehört zum Betriebsvermögen, wenn es dem gewerblichen Betrieb des Grundstückseigentümers zu mehr als 50 % dient (§ 95 BewG). Seit 1993 umfasst das Betriebsvermögen alle Teile eines Gewerbebetriebs im Sinne des § 15 Abs. 1 und 2 des EStG, die bei einer steuerlichen Gewinnermittlung zum Betriebsvermögen gehören.

Der Einheitswert des Betriebsvermögens wird in der Weise ermittelt, dass die Summe der Werte, die für die zu dem Gewerbebetrieb gehörenden Wirtschaftsgüter und sonstigen aktiven Ansätzen ermittelt worden sind, um die Summe der Schulden und sonstigen Abzüge (§ 103 BewG) gekürzt sind.

Betriebsvermögensvergleich bei Vollkaufleuten Gewinnermittlungsart für Gewerbetreibende, die aufgrund gesetzlicher Vorschriften zur Führung von Büchern verpflichtet sind, oder die freiwillig Bücher führen und regelmäßig Abschlüsse machen (§ 5 EStG).

betriebswirtschaftliche Auswertung (BWA) Monatliche Auswertung der betriebswirtschaftlichen Zahlen. Größter Anbieter z. Zt. die Firma Datev. Die BWA gibt dem Unternehmer während des laufenden Finanzjahres Auskunft über seine Gewinn- und Erlössituation sowie über Vermögens- und Schuldverhältnisse. Diese Form der aktuellen Unterrichtung ist im Kreditbereich unverzichtbar, obwohl wichtige Daten zum Gesamtüberblick fehlen, z. B. Abschreibung oder Warenlager. Die Daten können lediglich zu periodischen Vergleichen herangezogen werden oder Aussage über Trends/Tendenzen geben. Gestärkt wird die Aussagekraft durch Vorlage periodengleicher Zeiträume in Verbindung mit der Bilanz. Die BWA kann in keiner Weise Bilanz und Gewinn- und Verlustrechnung ersetzen, insbesondere nicht bei Erfüllung von § 18 Kreditwesengesetz.

Betriebswohnungen Wohnungen einschließlich des dazu gehörigen Grund und Bodens, die einem Betrieb der Land- und Forstwirtschaft zu dienen bestimmt, aber nicht dem Wohnteil zuzurechnen sind (§ 160 BewG).

Bevölkerung nach Altersgruppen Aus der nachstehenden Übersicht sind die demoskopischen Veränderungen deutlich zu erkennen. Die sich daraus ergebenden Konsequenzen bei den Sozialversicherungssystemen liegen auf der Hand.

Jahr	Gesamtbevölkerung	Davon unter 20 Jahren in %	Von 20–40 Jahren in %	Von 40–60 Jahren in %	Von 60–80 Jahren in %	80 und mehr Jahre in %
1980	78.397.483	19,4	25,0	30,3	20,5	4,8
1985	77.660.533	23,6	30,0	26,4	16,7	3,3
1990	79.753.227	21,7	31,6	26,3	16,6	3,8
1995	81.817.499	21,5	30,7	26,7	17,0	4,0
2000	82.259.540	21,1	28,6	26,7	19,8	3,8
2005	82.437.995	20,0	26,0	29,1	20,5	4,5
2006	82.314.908	19,7	25,5	29,8	20,4	4,6
2007	82.217.800	19,4	25,0	30,3	20,5	4,8
2008	82.002.356	19,0	24,8	30,8	20,6	5,0
2009	81.802.257	18,8	24,3	31,0	20,8	5,1
2010	81.751.602	18,4	24,2	31,1	21,0	5,3
2011	81.843.743	18,2	24,0	31,1	21,2	5,4

Bevölkerungsentwicklung Die Entwicklung der Bevölkerung ist auch Gradmesser für den Bedarf an Wohnraum. Längerfristig gesehen wird die Bevölkerung in Deutschland schrumpfen, wenn nicht deutliche Veränderungen bei der Einwanderungspolitik greifen. Die Zahl der Haushalte steigt jedoch zunächst weiter an. Der Wohnraumbedarf wird deshalb wahrscheinlich erst in den kommenden Jahrzehnten zurückgehen.

Jahr	Deutschland	Früheres Bundesgebiet	Neue Länder und Berlin (Ost)
1990	79,8	63,7	16,0
1995	81,8	66,3	15,5
2000	82,3	67,2	15,1
2005	82,4	65,7	16,7
2008	82,0	65,5	16,5
2010	81,7	65,4	16,3
2011	81,8	65,5	16,3
2012	82,0	65,6	16,4

Bevölkerungsvorausberechnung Die Prognosen werden insbesondere für die Überlegungen zum Rentensystem angestellt. Bei allen Annahmen wird sehr auf die aktuellen Grundbedingungen geachtet, die den heutigen politischen Zielen entsprechend. Bei einer völlig veränderten Zuwanderungspolitik würde sich das Ergebnis deutlich verschieben.

Jahr	Variante „mittlere" Bevölkerung, Untergrenze		Variante „mittlere" Bevölkerung, Obergrenze	
	Bevölkerung	2008 = 100	Bevölkerung	2008 = 100
2008	82.002	100	82.002	100
2012	82.000	100	82.000	100
2020	79.914	97,5	80.437	98,1
2030	77.350	94,3	79.025	96,4
2040	73.829	90,0	76.757	93,6
2050	69.412	84,6	73.608	89,8
2060	64.651	78,8	70.120	85,5

Quellen: Statistisches Bundesamt

Bewertungsreserven Im Versicherungsvertragsgesetz 2008 war ein vertraglicher Anspruch auf eine 50%-Beteiligung an den Bewertungsreserven geschaffen worden. Bewertungsreserven entstehen, wenn der Marktwert der Kapitalanlagen über dem Wert liegt, mit dem die Kapitalanlagen in der Bilanz ausgewiesen sind. Die Bewertungsreserven sollen für Sicherheit sorgen und dazu dienen, kurzfristige Ausschläge an den Kapitalmärkten auszugleichen. Es ist schon Ironie des Schicksals, dass diese gesetzliche Präzisierung, die eigentlich dem Versicherungskunden mehr Rechte einräumen sollte, jetzt durch die globale Finanzkrise fast ad absurdum geführt wird. Denn kurioserweise führt die künstliche Niedrigzinsphase unweigerlich zu einem Kursanstieg der länger laufenden festverzinslichen Wertpapiere, die das Kernstück aller Kapitalanlagen bei den Versicherern bilden. Die dadurch zwangsläufig entstehenden Buchgewinne sind natürlich nur vorübergehend und spätestens bei Ablauf der Wertpapiere ganz verschwunden. Müsste man diese Buchgewinne jetzt realisieren, so könnte man Neuanlagen nur zu deutlich niedrigeren Zins tätigen.

Der Gesetzgeber wollte deshalb auf Druck der Lebensversicherungsgesellschaften Anfang 2013 die Beteiligung der Versicherten an den Bewertungsreserven wieder stark einschränken. Kunden sollten generell nicht mehr an den Bewertungsreserven aus festverzinslichen Wertpapieren beteiligt werden, wenn der Garantiezins ihres Vertrages höher wäre als die Umlaufrendite. Falls diese Rendite auf dem derzeit extrem niedrigen Niveau verharrt, haben derzeit fast alle Kunden keinen Anspruch mehr auf Bewertungsreserven. Argumentiert wurde allerdings für die Gesamtheit der Kunden. Die vorgesehene Änderung würde zwar zu Lasten derjenigen Kunden gehen, deren Versicherungen heute fällig werden oder die heute ihren Vertrag auflösen, aber die langlaufenden Verträge würden geschützt. Wegen veränderter Mehrheiten im Bundesrat ist das zustimmungspflichtige Gesetz im Februar 2013 vorerst gescheitert.

Damit sind ursprüngliche Aussagen zur Entwicklung der Kapitallebensversicherung hinfällig. Einem Lebensversicherungskunden ist daher angeraten, Verträge nicht unüberlegt zu kündigen, sondern ggf. nur beitragsfrei zu stellen.

Wichtig ist noch festzuhalten, dass der Kunde einen Rechtsanspruch auf die Beteiligung an den Bewertungsreserven hat, während der sogenannte Schlussüberschuss nicht garantiert ist.

Bezugsberechtigung Der Bezugsberechtigte einer Kapitallebensversicherung erhält im Todesfall die Versicherungsleistung. Da die Angabe der Bezugsberechtigung meist bei dem viele Jahre zurückliegenden Vertragsabschluss erfolgt ist, wissen viele Versicherungsnehmer nicht mehr, zu wessen Gunsten die Bezugsberechtigung bestimmt wurde. Es ist daher zweckmäßig, die Bezugsberechtigung in regelmäßigen Abständen zu prüfen und insbesondere in den aktuellen Versicherungsunterlagen zu vermerken. Die Bezugsberechtigung kann durch schriftliche Erklärung gegenüber der Lebensversicherungsgesellschaft erklärt bzw. geändert werden. Die Auszahlung einer Lebensversicherungspolice aufgrund einer Bezugsberechtigung löst Erbschaftsteuer aus, falls die Freibeträge überschritten werden.

BGB-Gesellschaft Zusammenschluss von mehreren natürlichen und/oder juristischen Personen zur Erreichung eines gemeinsamen Zwecks auf vertraglicher Grundlage (*§ 705 BGB*).

Mangels einer Rechtspersönlichkeit ist die Gesamtheit der Gesellschaft Träger von Rechten und Pflichten als Gesamthandgemeinschaft. Gleichwohl kann die BGB-Gesellschaft als solche in Geschäftsverbindung mit der Bank treten, also ein Konto führen und Kredit in Anspruch nehmen. Die Rechtsgeschäfte erfolgen jedoch im Namen aller ihrer einzeln aufzuführenden Gesellschafter, die für die Verbindlichkeiten im Verhältnis ihrer

Geschäftsanteile unbeschränkt haften (§ 735 BGB). Diese Gesellschaftsform wird vielfach für die Erstellung größerer Bauvorhaben – SB-Märkte, Warenhäuser, Hotels usw. – benutzt. Gemäß § 154 der Abgabenordnung (AO) sind die Kreditinstitute verpflichtet, die Daten sämtlicher Kontoinhaber, d. h. auch die Daten der Mitinhaber so vorzuhalten, dass geprüft werden kann, wer in Geschäftsverbindung mit dem Kreditinstitut steht. Eine BGB-Gesellschaft muss seit 1997 ausdrücklich einen klarstellenden Hinweis auf die Gesellschaftsform aufnehmen, also z. B.

- BGB-Gesellschaft
- Gesellschaft bürgerlichen Rechts

Diese Vorschrift aus dem Partnerschaftsgesetz soll den Vertragspartner einer BGB-Gesellschaft aufklären, ob eine Partnerschaft oder eine BGB-Gesellschaft vorliegt. Die Klarstellung ist deshalb erforderlich geworden, weil der unkommentierte Zusatz „& Partner" ausschließlich der Partnerschaftsgesellschaft vorbehalten ist. Wenn eine BGB-Gesellschaft im Grundbuch eingetragen ist, gilt beim Ableben eines Gesellschafters, dass eine Grundbuchberichtigung beantragt werden muss. Die Berichtigung setzt den Nachweis des Inhalts des Gesellschaftsvertrages der BGB-Gesellschaft voraus. Darüber hinaus kommt die Gesellschaftsform auch zum Einsatz, wenn die Gesellschaft ein Miethaus kauft, um daraus ein Umwandlungshaus zu machen.

Bilanz Jährliche Erfassung aller Vermögens- und Kapitalbestände eines Unternehmens, also Gegenüberstellung von Aktiva und Passiva zu einem bestimmten Stichtag. Der Zeitpunkt der Erfassung muss nicht mit dem Kalenderjahr identisch sein. Aktiva sind z. B. Anlagevermögen, Umlaufvermögen wie Forderungen und Kassenbestand. Passiva sind z. B. das Eigenkapital, Rückstellungen und Verbindlichkeiten. Die Summe der Aktiva ist gleich der Summe der Passiva. Die Bilanz dient u. a. zur Erfolgsrechnung der Firma, zur Ermittlung von Steuerzahlungen, jedoch auch zur Kreditwürdigkeitsprüfung. Der Gesetzgeber verlangt im § 18 KWG bei der Hingabe von Krediten über 750.000 € die Offenlegung der wirtschaftlichen Verhältnisse durch den Kreditnehmer, insbesondere die Vorlage der Jahresabschlüsse, und zwar soweit sie testiert werden (oder werden müssen) mit Testat. Der Kreditgeber erstellt eine Bilanzanalyse, welche als Grundlage für eine eventuelle Kreditbereitstellung herangezogen wird.

Bildungsfinanzierung Instrumente zur Bildungsfinanzierung sind:

- BAföG
- KfW-Studienkredit
- Studienbeitragsdarlehen
- Aufstiegsfortbildungsförderung (Meister-BAföG)
- KfW-Bildungskredit

Blanko-Kredit Kredit, der ohne Sicherheiten eingeräumt wird. In Kreditberichten wird dies oft beschrieben mit der Formulierung „ohne besondere Sicherheitenabsprache", dies sollte aber keineswegs im Kreditvertrag festgeschrieben werden. Blankokredite werden bei überdurchschnittlicher Bonität eingeräumt und gelten normalerweise als einwandfreie Fazilitäten.

Bausparkassen können im Ausnahmefall bis zu einem Darlehensbetrag von 30.000 € von einer Darlehensbesicherung absehen.

Boardinghaus Hotel mit Pensionscharakter: Einzelzimmer und Doppelzimmer, Frühstücksraum mit Selbstbedienung. Kein Restaurantbetrieb. Ein Boardinghaus ist oftmals Anlageobjekt für institutionelle Investoren wie Versicherungsgesellschaften oder Pensionsfonds, teilweise auch für private Anleger im Rahmen geschlossener Immobilienfonds.

Bodenfläche in Deutschland Im Bundesgebiet dienen nur etwa 8 % der gesamten Bodenfläche direkt oder indirekt dem Wohnungs- und Gewerbebau und den dazugehörigen Freiflächen.

Bedeckungsart	In km²	In %
Bodenfläche insgesamt	357.138	100
Gebäude und Freifläche	24.676	6,9
Betriebsfläche	2.481	0,7
Erholungsfläche	4.083	1,1
Verkehrsfläche	17.993	5,0
Landwirtschaftsfläche	186.771	52,3
Waldfläche	107.814	30,2
Wasserfläche	8.576	2,4
Fläche mit anderer Nutzung	4.744	1,3

Quelle: Statistisches Bundesamt (Stand 2011)

Bodenrichtwerte Aufgrund von Kaufpreissammlungen werden von den Gutachterausschüssen der Kommunen durchschnittliche Grundstückswerte anhand vergleichbarer Kriterien ermittelt und mittels einer sogenannten Bodenrichtwertekarte auch öffentlich zugänglich gemacht. Grundlage sind die in diesem Zeitraum im Gemeindegebiet geschlossenen Grundstückskaufverträge.

Börse Börsen sind Handelsplätze oder Märkte, auf denen regelmäßig Aktien, festverzinsliche Wertpapieren, Rohstoffe und Währungen gehandelt werden. Die Kursfindung (Preisfindung) richtet sich nach Angebot und Nachfrage. Der Börsenhandel wird ausschließlich von Kreditinstituten und Börsenmaklern unter Einbeziehung der amtlichen Kursmakler betrieben. Das traditionelle Handelsgeschäft bezeichnet man als Parketthandel. Dieser ist rückläufig, seitdem die Computerbörsen ständig an Bedeutung gewonnen haben.

Branchenrating Methode zur Beurteilung der Zukunftsfähigkeit einer Branche. Dabei wird nicht die Situation eines einzelnen Unternehmens oder Betriebes analysiert, sondern alle Risikofaktoren, die auf alle Unternehmen einer Branche wirken und auf die das einzelne Unternehmen i. d. R keinerlei Einfluss hat.

Break-Even-Analyse Planungselement zur Ermittlung des Break-Even-Points., d. h. Erreichen der Gewinnschwelle bei einer Investition. Ab diesem Zeitpunkt schreibt ein Unternehmen schwarze Zahlen bzw. rechnet sich eine Investition.

Bruttogeldvermögen privater Haushalte Die Erhebung des Bruttogeldvermögens wird alle 5 Jahre von den Statistischen Ämtern der Länder in Verbindung mit dem Statistischen Bundesamt durch die Einkommens- und Verbrauchsstichprobe durchgeführt. Die aktuellen Zahlen werden zum Jahresende 2013 vorliegen.

	2003	2008	2013
Erfasste Haushalte (Anzahl)	58.309	56.274	
Hochgerechnete Haushalte (1.000)	37.931	39.077	
Durchschnittswert je Haushalt in €			
Bruttogeldvermögen insgesamt	**40.300**	**47.700**	
Davon Lebensversicherungen	11.700	12.400	
Davon an Privatpersonen verliehenes Geld	700	800	
Davon Bausparguthaben	2.400	2.900	
Davon Sparguthaben	7.300	6.700	
Davon sonstige Anlagen bei Kreditinstituten	7.800	10.800	
Davon Wertpapiere	10.300	14.100	

Quelle: Statistisches Bundesamt

Buchwert Der Buchwert ist der Betrag, mit dem die Vermögensteile (Aktiva) und Verbindlichkeiten (Passiva) eines Unternehmens zu einem bestimmten Stichtag in die Bilanz eingestellt werden. Der Buchwert zeigt, was das Unternehmen auf dem Papier wert ist. Der Wert ergibt sich aufgrund bilanzieller Bewertungsvorschriften. Bei Vermögensgegenständen sind etwa die Anschaffungs- oder Herstellungskosten maßgeblich. Durch Zu- oder Abschreibungen (AfA) werden diese Werte ggf. jedes Jahr verändert. Wird ein solcher Wert zu einem höheren Preis später verkauft, entsteht ein Buchgewinn.

Auch der Buchwert von Gebäuden im Betriebsvermögen bzw. von vermieteten Objekten ergibt sich aus den Anschaffungs-/Herstellungskosten abzüglich zwischenzeitlicher Abschreibungen.

Budgetkontrolle Das Haushaltsbudget muss regelmäßig, am besten monatlich, überprüft werden, um das „finanzielle Gleichgewicht" im Auge zu behalten. Dies ist am besten möglich, wenn man die Einnahmen und Ausgaben sorgfältig dokumentiert und anschließend insbesondere die Ausgaben analysiert.

Bürgerliches Gesetzbuch Das *BGB,* ursprünglich aus dem Jahre 1896 dient der Regelung zivilrechtlicher Tatbestände und ist in fünf Bücher aufgeteilt:

	Inhalt	§§
Buch 1	Allgemeiner Teil	1–240
Buch 2	Recht der Schuldverhältnisse	241–853
Buch 3	Sachenrecht	854–1296
Buch 4	Familienrecht	1297–1921
Buch 5	Erbrecht	1922–2385

Bürgschaft Die gesetzliche Regelung der Bürgschaft findet sich in den §§ 765 ff. BGB. Sie ist ein Vertrag zwischen dem Bürgen und dem Gläubiger eines Dritten. Der Bürge verpflichtet sich gegenüber dem Gläubiger, für die Erfüllung der Verbindlichkeiten des Hauptschuldners einzustehen. Die Bürgschaft kann auch für künftige Verbindlichkeiten übernommen werden. Die Bürgschaft ist akzessorisch, d. h. sie kann ohne die zu besichernde Forderung nicht begründet, aufrechterhalten oder übertragen werden. Der Bürge haftet mit seinem gesamten Vermögen und hat (theoretisch) alle Einreden, die dem Hauptschuldner zustehen, falls er darauf nicht, wie im Kreditgeschäft üblich, verzichtet hat. Dann spricht man von einer selbstschuldnerischen Bürgschaft. Weitere Bürgschaftsformen sind:

- unbegrenzte Bürgschaft
- Höchstbetragsbürgschaft
- Bürgschaft für einen Verbraucherkredit
- Ausfallbürgschaft
- Nachbürgschaft
- Rückbürgschaft

Ein Minderjähriger bedarf zur Bürgschaftsübernahme neben der Zustimmung des gesetzlichen Vertreters auch der Genehmigung des Vormundschaftsgerichts bzw. des Familiengerichts, wenn die Eltern die gesetzlichen Vertreter sind.

Büroauskunft Zur Beurteilung der Kreditwürdigkeit insbesondere von Freiberuflern und Gewerbetreibende werden von Kreditinstituten Büroauskünfte herangezogen. Diese werden von privaten Auskunfteien erstellt. Der Auftraggeber kann die Selbstbefragung des Kreditnehmers ausschließen. Die Auskunfteien sind auf Informationen der Nachbarn, Geschäfte, Behörden und Gerichte angewiesen. Die Büroauskünfte sind daher mit Vorbehalt zu bewerten. Datenschutz ist zudem zu beachten.

Bürogebäude Gebäude, die überwiegend von Dienstleistungsunternehmen oder der öffentlichen Hand genutzt werden. Die Qualitätsansprüche an Bürogebäude sind in den letzten Jahren bedingt durch den rasanten technischen Fortschritt stark gestiegen. Die Marktgängigkeit und damit auch die Finanzierbarkeit von Bürogebäuden hängt neben den harten Fakten, wie der Raumflexibilität, der Gebäudeautomation, dem Versorgungsstandard hinsichtlich aller erdenklichen Kommunikationswege, der verkehrsmäßigen Infrastruktur und den vorhandenen Parkmöglichkeiten auch von der großräumigen Lagestruktur ab. Eine Rolle spielt auch sicher die „Adresse".

Bundesanleihen Langfristige Schuldverschreibung, die der Bund zur Deckung seines Kreditbedarfs begibt. Sie hat i. d. R eine Laufzeit von 10 oder 30 Jahren und eine feste Nominalverzinsung. Mittels dieser Bundesanleihen leiht sich der Staat Geld von privaten und institutionellen Anlegern (z. B. Versicherungen) für einen festen Zeitraum. Wegen der guten Bonität und dem daraus resultierenden Rating (AAA) gelten Bundesanleihen als besonders sichere Geldanlage. Aufgrund dessen ist die Verzinsung eher niedrig.

Bundesdatenschutzgesetz Eine ausdrückliche Kompetenz des Bundes zur umfassenden Regelung des Datenschutzes enthält das Grundgesetz nicht. Ein wesentlicher Grundsatz des Gesetzes ist das sogenannte Verbotsprinzip mit Erlaubnisvorbehalt. Dieses besagt, dass die Erhebung, Verarbeitung und Nutzung von personenbezogenen Daten im Prinzip verboten ist. Sie ist nur bei klarer Rechtsgrundlage erlaubt, oder wenn die betroffene Person ausdrücklich (schriftlich) ihre Zustimmung gegeben hat. Mit der Novellierung des BDSG im Jahre 2009 ist die Tätigkeit von Auskunfteien und ihrer Vertragspartner – insbesondere Kreditinstitute -, sowie das Scoring neu geregelt worden.

Erster Abschnitt: §§ 1–11	Allgemeine und gemeinsame Bestimmungen
Zweiter Abschnitt: §§ 12–26	Datenverarbeitung für öffentliche Stellen
Dritter Abschnitt: §§ 27–38a	Datenverarbeitung für private Stellen
Vierter Abschnitt: §§ 39–42	Sondervorschriften
Fünfter Abschnitt: §§ 43–44	Straf- und Bußgeldvorschriften
Sechster Abschnitt: §§ 45–46	Übergangsvorschriften

Nach § 34 (4) BDSG. sind Auskunfteien und auch die SCHUFA verpflichtet, auf Verlangen dem Betroffenen einmal jährlich unentgeltliche Auskünfte über die dort gespeicherten Daten zu erteilen. Jedem Kreditinteressenten ist deshalb dringend angeraten, sich vor einem Kreditgespräch einen aktuellen Einblick zu verschaffen, um damit mögliche Nachteile zu vermeiden bzw. seine Verhandlungsposition richtig einschätzen zu können.

Bundesobligationen Vom Bund emittierte (herausgegebene), börsengängige festverzinsliche Wertpapiere mit einer Laufzeit von 5 Jahren. Sie werden als Daueremissionen in aufeinanderfolgenden Serien angeboten, wobei die Verzinsung der Serien an die Marktlage angepasst wird. Der Bund hat ein optimales Rating, deshalb sind die Zinsen in der Niedrigzinsphase extrem gering.

Bundesschatzbriefe Besondere Form von festverzinslichen Wertpapieren, die von der Bundesrepublik Deutschland zur Schuldenfinanzierung herausgegeben wurden. Diese sichere Anlageform war wegen der kleinen Stückelung insbesondere für private Kleinsparer interessant. Es gab Bundesschatzbriefe in zwei Ausstattungen:

- der Typ A hatte eine Laufzeit von 6 Jahren und bot jährlich steigende Zinsausschüttungen,
- der Typ B hatte eine Laufzeit von 7 Jahren, die garantierten Zinsen wurden nicht jährlich ausgeschüttet, sondern angesammelt, mitverzinst und am Ende der Laufzeit zusammen mit dem angelegten Kapital ausgezahlt. Durch den Zinseszinseffekt war dadurch die Rendite etwas höher.

Bundesschatzbriefe unterlagen im Gegensatz zu Bundesanleihen oder Bundesobligationen keinerlei Kursschwankungen. Beim Verkauf oder bei Rückzahlung erhielt der Sparer immer den sogenannten Nominalbetrag inkl. der aufgelaufenen Zinsen zurück. Aufgrund der Top-Bonität des Schuldners waren die Zinsen zuletzt extrem niedrig.

Seit Jahresbeginn 2013 werden keine neuen Bundesschatzbriefe mehr ausgegeben, auch die kostenlose Verwahrung der Bundeswertpapiere ist eingestellt worden. Die vorher ausgegebenen Bundesschatzbriefe laufen natürlich zu unveränderten Konditionen weiter.

C: Cash-Flow – Cross-Selling

Cash-Flow Kennzahl für die Beurteilung der Finanz- und Ertragslage eines Unternehmens oder Geschäftes.

Commercial Mortgage Backed Securities Durch gewerbliche Immobilienkredite besicherte Wertpapiere.

Conto pro Diverse (CpD) Internes Bankkonto für Zwischenverfügungen, wenn kein Kundenkonto besteht. Durch eine Gutschrift auf CpD liegt noch kein Darlehensempfang im Sinne von § 607 BGB vor.

Credit Default Swaps (CDS) Instrument zum Transfer von Kreditausfallrisiken (Kreditversicherung). Kommt es während ihrer Laufzeit zu einem vordefinierten Kreditereignis – wie Zahlungsverzug, Zahlungsausfall, Insolvenzantrag des Kreditnehmers –, leistet der Sicherungsnehmer eine Ausgleichszahlung und erhält im Gegenzug das vereinbarte Referenzaktivum (z. B. Anleihe oder Kredit). Wenn die Preise für diese Swaps anziehen, ist das ein klares Indiz für zunehmende Risiken.

Cross-Border-Leasing (CBL) Leasing, bei dem der Leasinggeber und der Leasingnehmer ihren Sitz in verschiedenen Staaten haben. Ein CBL wird durchgeführt, um eine unterschiedliche Gesetzgebung in zwei Ländern zu nutzen und dadurch Steuern entweder zu sparen oder ganz zu vermeiden. Insbesondere von deutschen Kommunen wurden bis 2004 zahlreiche derartige Transaktionen (Käufe und Verkäufe, Sale and Lease-Back) mit US-amerikanischen Partnern vereinbart. Inzwischen sind in den USA die Steuergesetze geändert und neue Verträge damit verboten worden. Inwieweit die meist sehr lange laufenden Altverträge hiervon berührt sind, bleibt abzuwarten. Zusammengefasst bestehen folgende Risiken:

- lange Laufzeiten (bis 100 Jahre),
- lange Rückmietzeiten (bis 30 Jahre),

- keine Veränderung der Anlagen möglich,
- alle eingeschalteten Banken müssen weiter existieren und das vorgeschriebene Rating ausweisen,
- sämtliche nachträglichen Änderungen gehen auf Kosten der Kommunen,
- Schadenersatzforderungen bei Steuernachteil des Investors,
- zuständig sind ausschließlich die amerikanischen Finanzbehörden und Finanzgerichte,
- Gerichtsstand ist New York.

Cross-Selling Ausschöpfung einer Kundenbeziehung durch zusätzliches Angebot von Produkten beim Verkauf einer vom Kunden nachgefragten Leistung. Die Baufinanzierung als sogenanntes Ankerprodukt ist ein idealer Aufhänger für diverse Cross-Selling-Ansätze. Auch eine Langzeitbetrachtung (Lebenszyklus) der Kundenverbindung unter kundenbedarfsorientierten Beratungsgesichts-punkten bietet vielfältige Cross-Selling-Möglichkeiten.

D: Dachfonds – Dynamisierung

Dachfonds Investmentfonds, der in andere Fonds investiert.

Darlehen Juristischer Oberbegriff, der im Sprachgebrauch für längerfristige Kredite verwendet wird. Klassische Beispiele sind das Bauspardarlehen und das Hypothekendarlehen.
Dabei wird ein bestimmter Geldbetrag für eine bestimmte Laufzeit gegen Zinsen und mit einer Tilgungsvereinbarung ausgeliehen.

Darlehensvermittlungsvertrag Für einen Vertrag, nach dem es ein Unternehmer übernimmt, einem Verbraucher gegen Entgelt einen Verbraucherdarlehensvertrag zu vermitteln oder ihm Gelegenheit zum Abschluss eines Verbraucherkreditvertrages nachzuweisen, gelten die Vorschriften des BGB, d. h. die Schriftform und u. U. die Vergütung. Für Nebenentgelte und Existenzgründungen gelten Besonderheiten (§§ 655a–655e BGB).

Dauerauftrag Kundenauftrag zur regelmäßigen Ausführung einer Überweisung in bestimmter Höhe zu regelmäßig wiederkehrenden Zahlungsterminen an einen bestimmten Empfänger. Früher auch zur Darlehenstilgung üblich, inzwischen durch Lastschrifteinzug abgelöst.

Dauerzulagenantrag Der Anspruch auf eine Zulage für Altersvorsorgebeiträge entsteht mir Ablauf des Kalenderjahres, in dem die Beiträge geleistet worden sind. Der Zulagenberechtigte hat den Antrag auf Zulage nach amtlich vorgeschriebenem Vordruck, der ihm von seinem Anbieter zur Verfügung gestellt wird bis zum Ablauf des zweiten Kalenderjahres, das auf das Beitragsjahr folgt, bei dem Anbieter seines Vertrages einzureichen. Außerdem kann er den Anbieter schriftlich bevollmächtigen, die Zulage künftig für jedes Beitragsjahr zu beantragen. Der Anbieter erfasst dann alle relevanten Daten und übermittelt diese durch Datenfernübertragung an eine zentrale Stelle. Der Kunde erhält jährlich eine Kopie dieser Anbieterbescheinigung. Damit dies reibungslos funktioniert, ist es notwendig, bei Änderung von wichtigen Daten (Wohnort, zuständiges Finanzamt, Steuer-Nr., Geburt von Kindern) den Anbieter unmittelbar zu informieren.

DAX (Deutscher Aktienindex) Wichtigster deutscher Aktienindex. Der DAX enthält die Aktien der 30 führenden deutschen Unternehmen, die an den deutschen Börsen im amtlichen und geregelten Markt gehandelt werden. Über die Veränderung der Indexzusammensetzung wird jedes Jahr im September entschieden. Auswahlkriterien für den Verbleib oder die Neuaufnahme eines Unternehmens in den DAX sind u. a. die Marktkapitalisierung und die Umsatzstärke.

debitorisches Konto Ein debitorisches Konto ist ein Bankkonto, das einen Sollsaldo ausweist. Der Kontoinhaber wird auch als Debitor bezeichnet.

Deckungsrücklage Aus den Prämien, die ein Versicherungsnehmer regelmäßig in seine Kapitallebensversicherung einzahlt, bilden die Versicherer Deckungsrücklagen (auch Prämienreserven genannt). Diese sind bei Versicherungsbeginn sehr niedrig, steigen später aber überproportional an. Bei einem normalen Versicherungsverlauf bilden sich nach 25–30 Laufzeitjahren Überschüsse, die die ursprüngliche Versicherungssumme deutlich übersteigen. Während der Vertragslaufzeit können diese Deckungsrücklagen als Policendarlehen beliehen werden. Dies ist bei vorübergehendem Geldbedarf regelmäßig sinnvoller als die Vertragsauflösung.

Denkmalschutzbehörde Denkmalschutz in Ländersache. In jedem Bundesland sind Denkmalschutzgesetze erlassen und es gibt jeweils eine obere Denkmalschutzbehörde.

Depot Ein Depot dient der Verwahrung von Wertpapieren durch ein Kreditinstitut, wobei auch die Verwaltung – z. B. das Einziehen und Gutschreiben von Zinsen und Dividenden oder die Ausübung von Bezugsrechten – mit einbezogen ist. Für eine Depoteröffnung gelten die gleichen Kriterien wie für eine Kontoeröffnung.

Depotbank Kreditinstitut, welches von einer Kapitalanlagegesellschaft mit der Verwahrung von Sondervermögen sowie mit der Ausgabe und Rücknahme von Anteilsscheinen beauftragt ist (*§ 11 KAGG*). Die jeweils zu einem Sondervermögen gehörenden Wertpapiere sind in ein gesperrtes Depot zu legen.

Derivate Bei Derivaten handelt es sich um keine eigenständigen Anlageinstrumente, sondern um Rechte, deren Bewertung vornehmlich aus dem Preis und den Preisschwankungen bzw. den Preiserwartungen eines zu Grunde liegenden Basiswertes (Aktien, Anleihen, Devisen u. a.) abgeleitet ist. Zu Derivaten zählen alle Arten von Optionen, Futures und Swaps.

Developer Unternehmer, die wie ein Bauherr in eigenem Namen Gewerbebauten errichten und anschließend veräußern. Das Fertigstellungs- und Vermarktungsrisiko liegt im Gegensatz zur Objektfinanzierung beim Developer.

Devisenkurse Hierunter versteht man das Austauschverhältnis zweier Währungen, also der Preis einer Währung ausgedrückt in einer anderen Währung, in diesem Fall für Devisen.

Dienstvertrag Durch den Dienstvertrag wird derjenige, welcher Dienste zusagt, zur Leistung der versprochenen Dienste, der andere Teil zur Gewährung der vereinbarten Vergütung verpflichtet. Gegenstand des Dienstvertrags können Dienste jeder Art sein (§ 611 BGB).

Direktbanken Als Alternative zu den klassischen Filialbanken, Sparkassen und Genossenschaftsbanken bieten auch Direktbanken alle wichtigen Bank- und Finanzdienstleistungen im Privatkundengeschäft. Die Direktbanken haben kein Filialnetz und sind nur telefonisch, postalisch oder elektronisch zu erreichen. Die dadurch eingesparten Kosten führen zu einem Konditionsvorteil gegenüber Filialbanken.

Disagio Differenz zwischen Nominalbetrag und tatsächlicher Auszahlung z. B. eines aufgenommenen Darlehens. Das Disagio ist ein Entgelt für die Ermäßigung des Zinssatzes für die Zeit der Zinsfestschreibung oder für Geldbeschaffungskosten. In Ausnahmefällen ist ein Disagio auch bei variabel gestalteten Konditionen möglich. Das Disagio wird bei der Darlehensauszahlung – i. d. R bei der ersten Rate – in voller Höhe einbehalten. Es zählt steuerlich zu den Geldbeschaffungskosten und ist in der Steuererklärung bei den Einkünften aus Vermietung und Verpachtung nur dann absetzbar, wenn es marktüblich ist und zwar im Jahr der Belastung oder durch Abgrenzung über mehrere Jahre. Von der Marktüblichkeit ist auszugehen, wenn der Zinsfestschreibungszeitraum mindestens 5 Jahre und das Disagio nicht mehr als 5 % beträgt. Vereinfacht gesagt ist ein Disagio nur sinnvoll, wenn es bei einem Darlehen vereinbart wird, das zur Finanzierung eines vermieteten Objektes eingesetzt wird. In Niedrigzinsphasen wird eine Disagiovariante relativ selten eingesetzt.
Beispiel:
Darlehensbetragsbetrag: 100.000 €
Auszahlung: 95 %
Disagio: 5 %
Darlehensauszahlung: 95.000 €
Nominalzins: 4 % fest für 10 Jahre
Tilgung: 2 % p.a.
Effektivzins: 4,8 %

Diskont-Überleitungs-Gesetz Soweit der Diskontsatz der Deutschen Bundesbank als Bezugsgröße für Zinsen und andere Leistungen verwendet wurde, ist seit 2002 der Basiszinssatz an dessen Stelle getreten. Soweit Zinsen für einen Zeitraum schon vor Inkrafttreten dieses Gesetzes geltend gemacht werden, bezeichnet eine Bezugnahme auf den Basiszinssatz den Diskontsatz der Deutschen Bundesbank in der in diesem Zeitraum maßgebenden Höhe.

disparischer Scheck Schecks sind disparisch, wenn der Scheckeinreicher und der im Scheck namentlich genannte Begünstigte voneinander abweichen.

Dividende Die Dividende ist der Teil des Gewinns einer Aktiengesellschaft, der an die Aktionäre nach einem entsprechenden Beschluss in der Hauptversammlung ausgezahlt wird. Die Höhe einer Dividende ist vom wirtschaftlichen Erfolg und der Dividendenpolitik der Aktiengesellschaft abhängig.

Auch die Dividendengutschrift durch das verwaltende Kreditinstitut unterliegt der Abgeltungssteuer.

Dividendenrendite Die Dividendenrendite ergibt sich aus dem Verhältnis von Börsenkurs einer Aktie und der gezahlten Dividende (Dividende x 100/Börsenkurs).

Aus der nachstehenden Übersicht sind beispielhaft Dividendenrenditen zu ersehen, die sich aber ausschließlich auf aktuelle Kurse, aber möglicherweise auf Dividenden des Vorjahres beziehen. Deshalb dürfen diese Kennzahlen keinesfalls alleiniges Kriterium für ein Aktieninvestment sein.

DAX-Werte	Kurs im Februar 2013	Letzte Dividende	Dividenden-Rendite (%)
Allianz	103,25	4,50	4,36
Bayer	69,29	1,65	2,38
Daimler	44,45	2,20	4,95
Deutsche Bank	36,10	0,75	2,08
Deutsche Telekom	8,26	0,70	8,47
RWE	28,27	2,00	7,08
Siemens	78,17	3,00	3,84
Volkswagen	176,70	3,06	1,73

Doppelbesteuerungsabkommen Vereinbarung zwischen einzelnen Staaten, um eine Mehrfachbesteuerung von Einkünften und Vermögen zu verhindern. Dabei wird die Steuer dann meist im Ursprungsland erhoben, und es erfolgt eine mehr oder weniger aufwändige interne Verrechnung. DBA bestehen mit allen wichtigen Handelspartnern. Auch Grundbesitz und Grundbesitzerträge sind in den DBA geregelt.

Doppelte Haushaltsführung Aufwendungen für die an einem auswärtigen Beschäftigungsort unterhaltene eigene Wohnung (z. B. Eigentumswohnung) sind ggf. als Werbungskosten oder als Betriebsausgaben abzusetzen, also die AfA, die Grundsteuer, öffentliche Lasten, Schuldzinsen, Heizung, Wasser, Strom, Reinigung. Notwendige Mehraufwendungen, die einem Arbeitnehmer wegen einer aus beruflichem Anlass begründeten doppelten Haushaltsführung entstehen, können seit 2003 in voller Höhe und unbeschränkt als Werbungskosten abgesetzt werden, und zwar unabhängig davon, aus welchen Gründen die doppelte Haushaltsführung beibehalten wird (§ 9 EStG Abs. 5).

Drei-Wege-Finanzierung Sonderform der Autofinanzierung. Ähnlich wie bei der Ballonfinanzierung muss eine Anzahlung geleistet werden. Für einen Zeitraum von 2 bis 4 Jahren wird eine Ratenzahlung vereinbart. Danach besteht die Wahlmöglichkeit, entweder die Schlussrate zu zahlen und Eigentümer zu werden, eine weitere Finanzierung vorzunehmen, oder den PKW an den Händler zurückzugeben. Bei der letzteren Variante darf allerdings keine unvorhergesehene Wertminderung des Autos eingetreten sein.

durchleitendes Kreditinstitut Öffentliche Kreditgeber (z. B. die KfW) vergeben ihre Kredite nicht direkt an den Endkreditnehmer, sondern schalten die Hausbank des Kreditkunden dazwischen. Diese leitet dann die Kreditmittel weiter, nimmt Rückzahlungen entgegen und führt auch die Sicherstellung der Kreditmittel durch. Dafür erhält die Hausbank intern (also von der KfW) einen Zinsanteil (Marge), ohne dass dies die Endkondition verändert.

Durchschnittskosteneffekt Der Durchschnittskosteneffekt wird i. d. R durch regelmäßige, monatliche Einzahlungen in einen Investmentfonds (Investmentsparplan) erzielt. Da die Einzahlungsrate unverändert bleibt, werden bei niedrigen Kursen mehr Anteile und bei höheren Kursen weniger Fondsanteile erworben. Im Ergebnis führt dies zu einem optimalen Durchschnittspreis der Fondsanteile. Der Vorteil für den Anleger besteht darin, dass dieser Durchschnittskosteneffekt die Abhängigkeit vom richtigen Einstiegszeitpunkt verringert.

Durchschnittskunde Der Durchschnittskunde im Zeitpunkt des Vertragsabschlusses wird als Maßstab dafür genommen, inwieweit eine Klausel in den Allgemeinen Geschäftsbedingungen den Anforderungen des Transparenzgebotes entspricht. Demzufolge müssen die AGB so gestaltet sein, dass dem Durchschnittskunden die preiserhöhende oder ihn sonst benachteiligende Wirkung von Klauseln nicht erst nach intensiver Beschäftigung mit der Materie oder aufgrund ergänzender Auskünfte deutlich wird.

Durchschnittssteuersatz Der Durchschnittssteuersatz gibt das Verhältnis der gesamten Einkommensteuer zum gesamten zu versteuernden Einkommen an. Deshalb ist der Durchschnittssteuersatz wichtiger Bestandteil einer Finanzierungs- oder Anlageberatung. Durch Anwendung dieser durchschnittlichen Steuerbelastungsquote wird vermieden, dass überhöhte Steuervorteile ermittelt werden.

Dynamisierung Fachbegriff für die regelmäßige Anpassung des Versicherungsschutzes und der Beitragszahlungen z. B. bei Kapitallebens- oder privaten Rentenversicherungen.

Durch die Dynamisierung soll verhindert werden, dass die Inflation den Wert des Versorgungskapitals verringert. Bei dynamisierter Beitragszahlung wird in regelmäßigen Abständen der Beitrag um einen bestimmten Prozentsatz erhöht. Aus diesen erhöhten Beiträgen resultieren entsprechend höhere Versorgungsleistungen.

Üblich ist diese Dynamisierung z. B. auch bei den Wohngebäudeversicherungen. Hier ist die Entwicklung des Baukostenindex durch gleitende Anpassung der Leistungshöhe des Versicherungsschutzes Ursache für die notwendige Dynamisierung auch der Beiträge.

E: Eckrente – externe Zinslosstellung

Eckrente Als Eckrente bezeichnet man die fiktive Rentenzahlung an einen Versicherten, der 45 Beitragsjahre erfüllt und dabei immer exakt das durchschnittliche Arbeitsentgelt verdient hat (Durchschnittsentgelt). Diese Eckrente oder Standardrente wird bei allen Vergleichen, Kommentaren und Berichten herangezogen, obwohl es sich um einen rein statistischen Wert handelt.

Jahr	Durchschnittliches Jahresarbeitsentgelt in €	Eck- oder Standardrente mit 45 Beitragsjahren Jahresrente in €
1970	6.822	3.376
1975	11.150	5.417
1980	15.075	7.562
1985	18.041	9.217
1990	21.447	10.763
1995	25.905	12.732
2000	27.741	13.373
2005	29.202	14.110
2006	29.304	14.110
2007	29.488	14.186
2008	30.064	14.342
2009	30.506	14.688
2010	31.144	14.688
2011	32.100	14.760
2012	32.446[a]	15.156[a]
2013	34.071[a]	15.312[a]

Quelle: Deutsche Rentenversicherung [a] vorläufig

Effektivverzinsung Rendite und somit Gesamterfolg einer Kapitalanlage, gemessen als tatsächliche Verzinsung des eingesetzten Kapitals.

Effektivzinssatz Gesamtpreis eines Kredits, der in Prozent bezogen auf ein Jahr angegeben wird (% p.a.). Der Effektivzins setzt sich zusammen aus dem Sollzinssatz und den Nebenkosten und soll dem Verbraucher die tatsächlichen Finanzierungskosten eines Kredits aufzeigen und damit die Angebote der verschiedenen Kreditinstitute vergleichbar machen.

eheähnliche Lebensgemeinschaft Eine eheähnliche Lebensgemeinschaft („Ehe ohne Trauschein") setzt ein beständiges Zusammenleben nicht gleichgeschlechtlicher Partner auf unbestimmte Dauer voraus. Entscheidend sind über eine Wohn- und Wirtschaftsgemeinschaft hinaus die gemeinsame Planung und Gestaltung der Lebensführung mit einer familienähnlichen inneren Bindung der Partner. Zwischen den Partnern muss eine so enge Bindung bestehen, dass von ihnen ein gegenseitiges Einstehen in den Not- und Wechselfällen des Lebens erwartet werden kann. Man spricht dann von einer Verantwortungs- und Einstehensgemeinschaft.

Im Kreditgeschäft müssen mit Partnern einer eheähnlichen Lebensgemeinschaft klarstellende Vereinbarungen getroffen werden. Es ist zu beachten, dass nach BGB der Darlehensnehmer auch Empfänger des Darlehens sein muss. Dies bedeutet, dass bei einem Grundstückskauf durch einen Partner dieser auch Kreditnehmer sein muss. Soll eine weitere Person mit haften, kann dies nur über eine Bürgschaft oder durch Stellung anderer Sicherheiten durch diese Person erfolgen. Gleiches kann auch für Ehegatten gelten, wenn ein Ehepartner Alleineigentümer wird.

Ehegattensplitting Das Ehegattensplitting stammt noch aus der Zeit, als die „klassische" Rollenverteilung in der Familie der Normalfall war: Der Ehemann war der Alleinverdiener, die Ehefrau kümmerte sich um Haus und Kinder. Begünstigt wurde und wird dies durch das sogenannte Ehegattensplitting. Steuerlich bedeutet dies, dass sich fast alle Freigrenzen und Freibeträge verdoppeln, auch wenn ein Ehepartner überhaupt kein eigenes Einkommen hat. Bei dieser Familienkonstellation steht aber nicht nur die vorteilhafte Versteuerung an, aus dem einen Einkommen müssen auch alle anderen weitreichenden Aufwendungen bestritten werden.

ehegattenübergreifende Verlustverrechnung Zusammen veranlagte Ehegatten können einen Freistellungsauftrag entweder gemeinsam oder Einzel-Freistellungserklärungen erteilen. Der gemeinsame Freistellungsauftrag gilt sowohl für Gemeinschaftskonten und -depots, als auch für Konten und Depots, die nur auf den Namen eines Ehegatten geführt werden. Ein gemeinsam erteilter Freistellungsauftrag führt jeweils am Kalenderjahresende zu einer Verrechnung der Verluste des einen Ehegatten mit den Gewinnen und Erträgen des anderen Ehegatten. Bei dieser sogenannten ehegattenübergreifenden Verlustverrechnung werden auch nicht angerechnete Quellensteuern mit erhobenen Kapitalertragsteuern innerhalb der Ehegemeinschaft verrechnet.

Ehegattenunterhalt Der Ehegattenunterhalt bedeutet selbst nach den zwischenzeitlichen gesetzlichen Änderungen für viele eine große Belastung. Mancher Unterhaltszahler muss Monat für Monat einen Betrag aufbringen, der fast der Hälfte seines Nettoeinkommens zu Ehezeiten entspricht, dabei ist der Kindesunterhalt noch gar nicht eingerechnet, hat allerdings inzwischen zumindest Aussichten auf eine Besserung durch verkürzte Unterhaltszeiträume. Dies wiederum bedingt Handlungsbedarf für den Unterhaltsbezieher. Das Problem ist außerdem, dass nur der Ehegattenunterhalt steuerlich (bis zu 13.805 € p.a. als Sonderausgabe nach § 10 (1) Nr. 1 EStG) absetzbar ist und das auch nur mit Zustimmung des Ex-Partners. In diesem Fall ist eine Anlage U zur Einkommensteuererklärung einzureichen.

eheliche Lebensgemeinschaft Die Ehe wird auf Lebenszeit geschlossen. Die Ehegatten sind einander zur ehelichen Lebensgemeinschaft verpflichtet und tragen füreinander Verantwortung (§ 1353 BGB).

eheliche Vermögensgemeinschaft nach DDR-Recht Für eine Teilungsversteigerung unter Ehegatten in den neuen Bundesländern gilt dann eine Besonderheit, wenn die Eheleute im Grundbuch noch in ehelicher Vermögensgemeinschaft nach DDR-Recht eingetragen sind. Es ist dann erforderlich, sich darauf zu berufen, dass nicht der alte „DDR-Güterstand" beibehalten wurde und entgegen der Grundbucheintragung das Eigentum zu je 1/2 am Grundstück beansprucht wird. Anschließend gelten für das Teilungsversteigerungsverfahren die allgemeinen Grundregeln.

Ehevertrag Obwohl fast jede zweite Ehe in Deutschland geschieden wird, ist die finanzielle Vorsorge für den Fall der Scheidung eher ein Tabu-Thema. Dies ist insbesondere aufgrund der Tatsache, dass den meisten Partnern die Folgen einer fehlenden vertraglichen Regelung nicht klar sind. Jedem Kreditgeber ist dieses Problem sicher geläufig, doch es ist in Kreditgesprächen fast unmöglich, diesen sensiblen Punkt anzusprechen. Ein Ehevertrag ist nicht nur für Selbstständige zu empfehlen. Jeder, der sich einmal mit dem Zugewinnausgleich beschäftig hat, wird feststellen, wie wichtig eine einvernehmliche Vereinbarung sein kann.

Ehewohnung Ein Ehegatte kann verlangen, dass ihm der andere Ehegatte anlässlich der Scheidung die Ehewohnung überlässt, wenn er auf deren Nutzung unter Berücksichtigung des Wohls der im Haushalt lebenden Kinder und der Lebensverhältnisse der Ehegatten in stärkerem Maße angewiesen ist als der andere Ehegatte oder die Überlassung aus anderen Gründen der Billigkeit entspricht (*§ 1568a BGB*).

eigenbetrieblich genutzte Grundstücksteile Beträgt der Wert dieser Grundstücke nicht mehr als ein Fünftel des Werts des gesamten Grundstücks und nicht mehr als 20.500 €, muss das Grundstücksteil nicht als Betriebsvermögen behandelt werden (§ 8 EStDV).

eigener Hausstand Ein eigener Hausstand setzt eine eingerichtete, den Lebensbedürfnissen entsprechende Wohnung voraus. Der Arbeitnehmer muss dort seinen Haushalt unterhalten und dort den Mittelpunkt der Lebensinteressen haben (*LStH H 9.11*).

Eigenkapital Mittel, die ein Investor (z. B. ein Bauherr oder Hauskäufer) aus eigener Tasche in eine Finanzierung einbringen kann. Dazu gehören Bargeld und Bankguthaben aller Art, realistisch bewertete Eigenleistungen, Guthaben in Bausparverträgen und Lebensversicherungsverträgen, Darlehen Dritter mit Eigenkapitalcharakter (z. B. Verwandtendarlehen) und Finanzmittel durch Beleihung bereits vorhandener eigener Immobilien. Bei einer gewissenhaften Kreditprüfung wird übrigens auch nachgeprüft, ob das Eigenkapital aus eigenem Einkommen gebildet wurde oder durch Erbschaft oder Schenkung entstanden ist.

Eigenkapitalfonds Eigenkapitalfonds werden ohne Fremdfinanzierung dargestellt, d. h. ganz aus Eigenmitteln der Zeichner. Der Fonds selbst nimmt keinen Kredit in Anspruch, kann somit auch nicht in Liquiditätsschwierigkeiten kommen.

Eigenkapitalrendite Die Eigenkapitalrendite ist eine der wichtigsten betriebswirtschaftlichen Kennziffern für den Erfolg eines Unternehmens oder einer Investition. Vergleichbar mit dem Zinsgewinn einer Geldanlage gibt sie an, mit wie viel Prozent sich das Eigenkapital innerhalb einer Periode verzinst hat. Berechnet wird die Eigenkapitalrendite, indem man den Gewinn durch das durchschnittlich eingesetzte Eigenkapital dividiert und mit 100 multipliziert. Beispiel:
Eigenkapitaleinsatz: 200.000 €
Gewinn: 12.500 €
Eigenkapitalrendite: 6,25 %

Eigenkapitalvermittlung Geschlossene Immobilienfonds werden vielfach in Form einer Personengesellschaft geführt. Zur Einwerbung der Gesellschafter bedient man sich meistens einer Vertriebsgesellschaft, welche für die Vermittlung des Eigenkapitals eine Provision erhält. Diese Eigenkapitalvermittlung kann als Werbungskosten abgesetzt werden, wenn sie angemessen ist und in wirtschaftlichem Zusammenhang mit der beabsichtigten Einkunftserzielung steht.

Eigentümer eines Gebäudes Als Eigentümer eines Gebäudes gilt, wem das Eigentum an einem Gebäude ganz oder teilweise zusteht. Der Nachweis wird durch Grundbucheintragung erbracht.

Eigentümergrundpfandrechte Grundschulden und Hypotheken können auch für den jeweiligen Eigentümer bestellt werden. Mit der Übertragung (Abtretung) werden die Eigentümergrundpfandrechte zu Fremd(gläubiger-)rechten (*§§ 1177 und 1196 BGB Eigentümergrundschuld, §§ 1163, 1167 und 1172 BGB Eigentümerhypothek*). Diese Grundpfandrechte sind flexibel nutzbar, können also mehrfach als Sicherheit eingesetzt werden. Eine Abtretung muss nicht zwingend im Grundbuch eingetragen werden. In einem solchen Fall wäre eine Kreditbesicherung „anonym", d. h. auch bei einer Grundbucheinsicht wäre der Gläubiger nicht zu erkennen.

Eigentümerwohnung Vom Eigentümer selbst genutzte Wohnung.

Eigentumsrisiko Gefahr des zufälligen Untergangs, Beschädigungsrisiken, Risiken der technischen Funktionsfähigkeit.

Eigentumsvorbehalt Hat sich der Verkäufer einer beweglichen Sache das Eigentum bis zur Zahlung des Kaufpreises vorbehalten, so ist im Zweifel anzunehmen, dass das Eigentum unter der aufschiebenden Bedingung vollständiger Zahlung des Kaufpreises übertragen wird

Eigenverwaltung im Insolvenzverfahren Mit Einverständnis des Gerichts und ggf. eines antragstellenden Gläubigers kann der Schuldner die Insolvenzmasse selbst verwalten und über sie verfügen (§ 270 InsO). An die Stelle des Insolvenzverwalters tritt in diesen Fällen ein Sachwalter, der bestimmte Aufsichtsrechte wahrnimmt.

Eingangssteuersatz Steuersatz, mit dem der Einkommensteuertarif (§ 32a EStG) beginnt:

Veranlagungszeitraum	Eingangssteuersatz (%)	Grundfreibetrag (Ledige) (€)
2000	22,9	6.902
2001	19,9	7.235
2004	16,0	7.664
2005	15,0	7.664
2009	14,0	7.834
2010–2012	14,0	8.004
2013	14,0	8.130
2014	14,0	8.354

eingeschränkte Vorlesungspflicht Werden Bilanzen, Inventare, Nachlassverzeichnisse oder sonstige Bestandsverzeichnisse über Sachen, Rechte und Rechtsverhältnisse in ein Schriftstück (Notarurkunde) aufgenommen, auf das in der Niederschrift verwiesen und das dieser beigefügt wird, so braucht es nicht vorgelesen zu werden, wenn die Beteiligten auf das Vorlesen verzichten (§ 14 BeurkG). Das gleiche gilt für die Bestellung von Grundschulden und Hypotheken. Eine Erklärung, sich der sofortigen Zwangsvollstreckung zu unterwerfen, muss in die Niederschrift selbst aufgenommen werden.

einheitliches Insolvenzverfahren An die Stelle der Konkursordnung, der Vergleichsordnung und der Gesamtvollstreckungsordnung ist zum 1.1.1999 die Insolvenzordnung getreten, die sowohl die Liquidierung als auch die Sanierung eines Schuldners ermöglichen soll. Die Entscheidung hierüber wird auf der ersten Gläubigerversammlung beschlossen, die innerhalb von drei Monaten nach Verfahrenseröffnung stattfinden muss. An einem Insolvenzverfahren sind sämtliche Gläubiger unabhängig von ihrer Sicherung und etwaigen Vorrangstellungen beteiligt.

Einigungsverfahren Nach der Grundbuchordnung darf das Grundbuchamt Eintragungen nur dann vornehmen, wenn der Nachweis eines materiell-rechtlichen Einigungsverfahrens vorliegt. Dies kann nur mittels eines notariellen Vertrages erfolgen.

Einkaufscenter Großflächige Verkaufsflächen als Einzelgeschäft von großen Handelsketten oder ein Zusammenschluss von diversen Geschäften in einem Gebäudekomplex. Hier ist ein gesunder Branchenmix von größter Wichtigkeit. Das Kreditinstitut wird sich bei der Finanzierungsprüfung zunächst von der persönlichen Kreditwürdigkeit und der Leistungsfähigkeit des Kreditnehmers bzw. seines Managements (Betreiberimmobilie) überzeugen, dann jedoch die Wirtschaftlichkeit der zu finanzierenden Projekte in den Vordergrund der weiteren Überlegungen und Entscheidungen stellen. Dabei werden keine statischen Wertermittlungen durchgeführt, sondern die unternehmerischen Risiken genauestens analysiert. Der Kreditentscheidungsprozess ist im Firmenkreditgeschäft angesiedelt.

Einkommen Das steuerliche Einkommen setzt sich aus sieben Einkunftsarten zusammen, die im steuerlichen Sinne die sachliche Voraussetzung für die Besteuerung sind. Dabei können Werbungskosten und Sonderausgaben verrechnet werden. Zu den Sonderausgaben zählen auch außergewöhnliche Belastungen und möglicherweise auch Verluste.

Einkommensentwicklung Im Jahre 2009 wurde in Deutschland ein Einkommen von 1.792 Mrd. € (erstmals ein Rückgang, ausgelöst durch niedrigere Kapitaleinkommen in der Niedrigzinsphase) erwirtschaftet. Mit 1.266 Mrd. € hatten die Arbeitnehmerentgelte den größten Anteil, die Kapitaleinkommen betrugen 566 Mrd. €.

Jahr	Volkswirtschaftliches Gesamteinkommen in Mrd. €	Kapitaleinkommen	Arbeitnehmerentgelte	Nettolöhne und -gehälter
2000	1.524	424	1.100	570
2005	1.691	561	1.130	603
2008	1.871	648	1.223	641
2009	1.792	566	1.226	636
2010				

Quelle: Deutsche Bundesbank

Einkommensermittlung Für die Berechnung der Einnahmen und der zu entrichtenden Steuer ist es erforderlich, das Einkommen richtig zu ermitteln. Der sich ergebende durchschnittliche Steuersatz (nicht der Spitzensteuersatz) ist bei einer Beratung über eine Finanzierungs- oder Anlageentscheidung von großer Wichtigkeit. Dies erfolgt zweckmäßigerweise mit einer Steuer- und Liquiditätsrechnung.

Einkommensteuer-Richtlinien Die derzeit aktuellen EStR 2008 sind Weisungen an die Finanzbehörden zur einheitlichen Anwendung des Einkommensteuerrechts, zur Vermeidung unbilliger Härten und zur Verwaltungsvereinfachung.

Einkommensteuervorauszahlung Ein Steuerpflichtiger hat am 10.3., 10.6., 10.9. und 10.12. Vorauszahlungen auf die Einkommensteuer zu entrichten, die er für den laufenden Veranlagungszeitraum voraussichtlich schulden wird (*§ 37 EStG*). Das Finanzamt setzt die Vorauszahlungen mit einem Bescheid fest. Vorauszahlungen sind nur zu entrichten, wenn sie mindestens 400 € im Kalenderjahr und mindestens 100 € für einen Vorauszahlungszeitpunkt betragen.

Dieser Vorauszahlungsbescheid ist selbstverständlich bei Steuerpflichtigen, die Gewinneinkünfte haben, wird aber auch fällig, wenn es zu Steuernachzahlungen im Rahmen einer Veranlagung kommt.

Diese Unterlagen werden bei der Kreditwürdigkeitsprüfung heran gezogen, um insbesondere die Liquiditätslage einschätzen zu können. In § 37 Abs. 3 EStG sind Regelungen darüber enthalten, wie diese Vorauszahlungen ggf. gekürzt werden können. Zu beachten ist, dass negative Einkünfte aus Vermietung und Verpachtung die Vorauszahlungen erst für das Kalenderjahr ermäßigen können, dass auf das Jahr der Anschaffung oder Fertigstellung folgt.

Einkommens- und Verbrauchsstichprobe (EVS) Die Einkommens- und Verbrauchsstichprobe wird von den Statistischen Ämtern der Länder in Zusammenarbeit mit dem Statistischen Bundesamt alle fünf Jahre bundesweit bei rund 60.000 Haushalten durchgeführt. Die Erhebung dient der Gewinnung aktueller statistischer Daten über die Zusammensetzung der Haushalte, ihre wirtschaftlichen und sozialen Verhältnisse, ihre Ausrüstung mit technischen Gebrauchsgütern, sowie ihre Einnahmen nach Quellen und Verwendungen für den privaten Konsum, Steuern und Abgaben, Sozialversicherungsbeiträge, Rückzahlung von Schulden, Vermögensbildung und für sonstige Zwecke. Die Ergebnisse zum privaten Konsum werden u. a. für die Festsetzung des Wägungsschemas der Verbraucherpreisstatistik (den sogenannten Warenkorb) verwendet. Die Daten liefern wertvolle Ergebnisse für Politik, Wirtschaft und Wissenschaft. Beispielsweise bilden sie eine wichtige Grundlage für die Armuts- und Reichtumsberichterstattung der Bundesregierung. Die aktuelle Stichprobe hat in den Monaten Januar bis März 2013 stattgefunden.

Einlagensicherungsfonds Die auf drei Säulen basierende Bankenlandschaft in Deutschland hat Einlagensicherungsfonds geschaffen, die dem Anleger weitgehende Sicherheit geben. Alle Banken müssen Pflichtmitglied in der Entschädigungseinrichtung Deutscher Banken (EDB) sein, die Anleger seit Dezember 2010 bis zu einer Summe von 100.000 € je Bankkunde absichert. Darüber hinaus sind fast alle Institute freiwillig den nachstehenden Sicherungsfonds beigetreten:

Einlagensicherungsfonds des Bundesverbandes Deutscher Banken	www.bdb.de
Haftungsverbund der Sparkassen-Finanzgruppe des deutschen Sparkassen- und Giroverbands	www.dsgv.de
Einlagensicherungsfonds öffentlicher Banken	www.voeb.de
Sicherungseinrichtung des Bundesverbands der deutschen Volks- und Raiffeisenbanken	www.bvr.de
Einlagensicherungsfonds des Verbands der privaten Bausparkassen	www.bausparkassen.de

Einmietbetrüger Einmietbetrüger haben von vornherein nicht die Absicht, mehr als eine Miete und eine Teilkaution zu zahlen. Dabei konnten sie bisher die mieterfreundliche Gesetzgebung ausnutzen. Über derartige Fälle wurde/wird in den Medien häufig berichtet, dort werden Einmietbetrüger auch als Mietnomaden bezeichnet.

Aus Vermietersicht ist das beste Mittel gegen Einmietbetrug, sich vor Mietvertragsabschluss so genau wie möglich über den Mietinteressenten zu erkundigen. Dazu gehört neben der Prüfung der nachhaltigen Einkommensverhältnisse gegebenenfalls auch die Vorlage einer Mietschuldenfreiheitsbescheinigung des vorherigen Vermieters. Diese Bescheinigung kann ein Mieter von seinem Vermieter nach Beendigung des Mietverhältnisses verlangen und gehört zu den Nebenpflichten aus einem abgeschlossenen Vertragsverhältnis. Der Mieter muss dabei ggf. hinnehmen, dass hierin auch unangenehme Tatsachen wie ausstehende Prozesskosten erwähnt werden (*Amtsgericht Hohenschönhausen Az.: 16 C 239/05*).

Im Mietrechtsänderungsgesetz, das am 1.4.2013 in Kraft getreten ist, hat der Gesetzgeber neue und verbesserte Verfahrensregelungen gegen das Mietnomadentum entwickelt:

- Räumungssachen sind künftig von den Gerichten vorrangig zu bearbeiten.
- Mit einer Sicherungsanordnung kann der Mieter in Verfahren wegen Geldforderungen vom Gericht verpflichtet werden, für das während eines Verfahrens Monat für Monat auflaufende Nutzungsentgelt (Miete und Nebenkosten) eine Sicherheit (z. B. Bürgschaft oder Hinterlegung) zu leisten.
- Die Vollstreckung von Räumungsurteilen wird erleichtert. Hat ein Vermieter vor Gericht ein Räumungsurteil erstritten, kann der Gerichtsvollzieher die Wohnung räumen ohne gleichzeitig zuvor die Wegschaffung und Einlagerung der in der Wohnung befindlichen Gegenstände durchzuführen.

- Wenn sich bei Vollstreckung des Räumungstitels herausstellen sollte, dass die Wohnung untervermietet ist, kann der Vermieter auch gegen den unberechtigten Untermieter relativ schnell eine Räumungstitel erwirken.

Einnahmen Güter, die in Geld oder Geldwert bestehen und dem Steuerpflichtigen im Rahmen einer der Einkunftsarten zufließen (§ 8 *EStG*).

Einspareffekte Die Energiekosten steigen immer weiter. Durch die beschlossene Energiewende wird sich der Trend eher weiter verstärken. Der Verbraucher ist daher gut beraten, zunächst nach möglichen Einspareffekten zu suchen. Dabei wird schnell deutlich, dass die meiste Energie beim Heizen und der Aufbereitung von Warmwasser benötigt wird (mind. 40 % des gesamten Energiebedarfs) und hier naheliegend auch die ersten Einsparmöglichkeiten liegen. Dabei ist der energetische Zustand der Gebäude der Knackpunkt. Der Gesetzgeber hat hier durch die Energieeinsparverordnungen längst gestalterisch eingegriffen, aber diese Maßnahmen und Vorschriften greifen überwiegend nur beim Neubau. Viel effizienter wären daher energetische Modernisierungen im Wohnungsbestand. Hierdurch wäre folgendes Einsparpotenzial vorhanden:

Maßnahme	Energie-Einsparpotenzial (%)
Dämmung Dach oder oberste Geschossdecke	8
Austausch Fenster	2
Fassadendämmung	12
Dämmung Kellerdecke	5
Erneuerung Heizanlage (Gasbrennwerttechnik)	15

Weitere Einspareffekte wären auch durch den Einsatz hocheffizienter Lüftungsanlagen mit Wärmerückgewinnung und solarthermischer Anlagen zur Unterstützung der Heizung und der Warmwasseraufbereitung zu erzielen.

Einstellplatz Fläche, die zum Einstellen von Kraftfahrzeugen bestimmt ist. Kann auch mit Schutzdach versehen sein. Die Fläche dient nicht dem öffentlichen Verkehr.

Eintragung von Verlusten Seit dem Steuerjahr 1993 sind fast alle, den Finanzbehörden glaubhaft zu machende oder bereits bekannte Verluste aus den verschiedenen Einkunftsarten als Freibetrag zu nutzen. Lediglich negative Einkünfte aus Kapitalvermögen sind nicht berücksichtigungsfähig. Selbstverständlich werden positive Einkünfte ebenfalls erfasst und führen ggf. zu einer Kompensation. Damit ist der Freibetrag ähnlich wirkungsvoll, wie die Regelungen zur Anpassung der Steuervorauszahlungen. Seit der Einführung der elektronischen Lohnsteuerabzugsmerkmale (ELStAM) sind diese Daten beim zuständigen Finanzamt aktuell gespeichert und werden von den Arbeitgebern abgerufen.

elektronische Kommunikation Die Übermittlung elektronischer Dokumente an die Finanzbehörden und an den Steuerpflichtigen ist nach § 87a AO zulässig, soweit der Empfänger hierfür einen Zugang eröffnet. Die Zugangseröffnung kann durch ausdrückliche Erklärung oder konkludent sowie generell oder nur für bestimmte Fälle erfolgen. So ist beispielsweise eine Umsatzsteuererklärung oder eine Umsatzsteuervoranmeldung nur noch elektronisch möglich. Nach der Authentifizierung kann der Steuerpflichtige auf diesem Wege mit dem Finanzamt kommunizieren. Übermittelt die Finanzbehörde Daten, die dem Steuergeheimnis unterliegen, sind diese Daten mit einem geeigneten Verfahren zu verschlüsseln.

elektronische Kreditakte Im Rahmen der kostengünstigen, effektiven und zentralisierten Bearbeitung von Krediten ist ein „moderneres" Dokumentenmanagement gefragt. Wurde vormals das Kreditgeschäft nur in Form von papierhaften Kreditakten durchgeführt, so ist es inzwischen geübte Praxis, dass

- alle für den Kreditprozess relevanten Dokumente in einer elektronischen Kreditakte verfügbar sind,
- nur die aus juristischen Gründen im Original benötigten Dokumente papierhaft archiviert werden,
- die papierhafte Kreditakte nur in Ausnahmefällen für die Kreditentscheidung und/oder die Kreditbearbeitung herangezogen wird.

Die elektronische Kreditakte ist im Neugeschäft relativ einfach zu installieren, für das Bestandsgeschäft ist umfangreiches elektronisches Nacherfassen von vorhandenen Unterlagen erforderlich. Hier hat sich bewährt, dass nur anlassbezogen (z. B. bei Prolongationen) reagiert bzw. umgestellt wird. Für die Kreditkunden bedeutet dies, dass nicht etwa Originalunterlagen eingereicht werden sollten, da diese dann ggf. nicht mehr zurückgefordert werden können.

Elterngeld Elterngeld wird für Kinder gezahlt, die nach dem 1.1.2007 geboren werden und ist eine Familienleistung für alle Eltern, die sich in den ersten 14 Lebensmonaten eines Kindes vorrangig selbst der Betreuung des Kindes widmen wollen und deshalb nicht voll erwerbstätig sind. Teilzeitarbeit bis zu 30 h in Stunden der Woche ist möglich. Elterngeld gibt es für Erwerbstätige, Beamte, Selbstständige und erwerbslose Elternteile, Studierende und Auszubildende sowie Adoptiveltern. Das Elterngeld orientiert sich an dem bisherigen Erwerbseinkommen. Seit dem 1.1.2013 wird das Elterngeld auf Basis des Bruttoeinkommens berechnet. Gleichzeitig erfolgt eine pauschalierte Ermittlung der Abzüge für Steuern und Abgaben. Die Elterngeldleistung beträgt mind. 65 % des ermittelten Einkommens und höchstens 1.755 € für mindestens die ersten zwölf Lebensmonate des Kindes. Für weitere zwei Monate kann das Elterngeld bezogen werden, wenn sich auch der jeweilige Partner an der Betreuung aktiv beteiligt. Alleinerziehende haben sofort einen 14-monatigen Anspruch. Sonderregelungen gibt es für Geringverdiener (Geringverdienerkomponente) und Familien mit älteren Kindern (Geschwisterbonus).

Alle Eltern erhalten mindestens 300 € Elterngeld. Dieser Mindestbetrag wird auf andere Sozialleistungen, z. B. Leistungen nach ALG II (Hartz IV) angerechnet. Das Elterngeld ist nicht steuerpflichtig, allerdings unterliegt es dem sogenannten Progressionsvorbehalt, wird also bei der Ermittlung des persönlichen Steuersatzes berücksichtigt.

Berechtigte	Höhe	Zeitraum
Erwerbstätige, beamtete, selbstständige und erwerbslose Elternteile, Studierende und auszubildende Elternteile, Adoptiv- und Pflegeeltern	65 % des bisherigen Bruttoeinkommens abzgl. Pauschalen, Maximal monatlich 1.755 € Mindestbetrag 300 € monatlich	Elternpaare: Kernzeit 12 Monate sowie 2 Partnerschafts-Monate als Bonus, wenn der jeweils andere Elternteil Zeit für die Kindererziehung erbringt und seine Erwerbstätigkeit einschränkt Alleinerziehende: 14 Monate

Seit August 2013 kann das Betreuungsgeld beantragt werden, wobei nach derzeitigen Erkenntnissen der parallele Bezug von Elterngeld und Betreuungsgeld möglich sein soll.

Elternunterhalt Aufgrund § 1601 ff. BGB sind Verwandte in gerader Linie verpflichtet, einander Unterhalt zu gewähren. Daraus abgeleitet ist Elternunterhalt die rechtliche Verpflichtung von Kindern, im Rahmen ihrer finanziellen Möglichkeiten durch Unterhaltszahlungen den Lebensbedarf der Eltern zu sichern (§ 1602 BGB). Diese Frage stellt sich häufig dann, wenn die Eltern oder ein Elternteil in einem Alters- oder Pflegeheim leben. Natürlich werden zuerst die eigenen Einkommen, das vorhandene Vermögen und die Leistungen der Pflegeversicherung eingesetzt, doch wenn eine Deckungslücke bleibt, prüft das Sozialamt, ob die Eltern einen Unterhaltsanspruch gegen ihre Kinder haben.

Nach einem Urteil des Bundesverfassungsgerichts (*Az. BvR 1508/96*) kann das Sozialamt einen Unterhaltspflichtigen nicht zwingen, seine Immobilie zu Gunsten der Kommune zu belasten, wenn dieser nicht in der Lage ist, Zahlungen zu leisten. Demzufolge müssen Kinder nur dann Unterhalt zahlen, wenn sie zum Zeitpunkt der Unterhaltspflicht auch zahlungsfähig sind.

Elternzeit Ein Anspruch auf Elternzeit besteht für jeden Elternteil zur Betreuung und Erziehung seines Kindes bis zur Vollendung dessen dritten Lebensjahres. Wer die Elternzeit (max. 3 Jahre, auch aufteilbar zwischen den Eltern) oder den Erziehungsurlaub in Anspruch nimmt, arbeitet zwar nicht und hat i. d. R auch kein Arbeitseinkommen, bleibt aber Betriebsangehöriger. Damit hat er Anspruch auf Rückkehr auf den früheren bzw. einen gleichwertigen Arbeitsplatz.

Die Elternzeit zählt bei den Fristen zur Unverfallbarkeit der Rente mit. Sie muss mit einer 8-wöchigen Frist vorab angemeldet werden und kann dann nicht mehr verändert werden. Während der Elternzeit besteht Kündigungsschutz.

Endenergieverbrauch im Wohngebäudebereich Als Endenergieverbrauch bezeichnet man die Energiemenge, die von den Endverbrauchern nach Umwandlung der Primärenergie (fossile Energieträger wie Erdöl und Erdgas und regenerative Energie wie Sonnen-, Wasser- und Windenergie) in den verschiedenen Energieformen Strom, Brennstoffe, Kraftstoffe, Wärme genutzt werden. Der Endenergieverbrauch dient unmittelbar der Erzeugung von Nutzenergie, wie der Raumwärme, der Warmwasseraufbereitung oder der Beleuchtung. Bei der Umwandlung geht etwa die Hälfte der Energie verloren. Nach Studien der Bundesregierung entfallen auf den Bereich „Haushalte" 29 % und auf den Bereich „Gebäude" 40 % am gesamten Endenergieverbrauch.

endfälliges Darlehen Darlehen, das am Ende der Laufzeit in einer Summe getilgt wird. Zwischenzeitlich fallen nur Zinszahlungen (allerdings auf den unveränderten Darlehensbetrag) an. Meist werden die für die Gesamttilgung notwendigen Beträge mittels Tilgungsersatzmittel (z. B. Bausparverträge oder Lebensversicherungsverträge) parallel zu Laufzeit angespart. Ein endfälliges Darlehen eignet sich nicht für die Finanzierung eines eigengenutzten Objektes.

Energieausweis Per Gesetz sind alle, die eine Immobilie vermieten oder verkaufen wollen, verpflichtet, einen Energieausweis vorzulegen. Damit soll für den Kauf- oder Mietinteressenten bereits vor Vertragsabschluss auf einen Blick ersichtlich sein, welche Energiekosten auf ihn zukommen und in welchem energetischen Zustand sich die Immobilie befindet. Unterschieden wird zwischen

- Energiebedarfsausweis
- Energieverbrauchsausweis

Der Energieverbrauchsausweis weist anhand der vorhandenen Verbrauchsdaten eines Gebäudes auf einen Blick den Energieverbrauch für Heizung und Warmwasseraufbereitung aus. Er wird überwiegend bei Eigentumswohnanlagen und größeren Mietwohngebäuden eingesetzt.

Der Energiebedarfsausweis ist etwas ausführlicher und soll sowohl den Endenergiebedarf als auch den Primärenergiebedarf eines Gebäudes zuverlässig angeben. Aufgrund der Energiekosten ist jeder Kauf- oder Mietinteressent gut beraten, sich diese Unterlage genau anzusehen und sich am besten auch in Kopie geben zu lassen, bevor es zum Vertragsabschluss kommt.

Energiepreissteigerungen Energiepreise berühren Privatnutzer wie auch die Wirtschaft. Preisentwicklungen wirken sich deshalb in vielfältiger Form aus. Deshalb handelt es sich vor allem um „politische Preise", denn in kaum einem anderen Wirtschaftsbereich ist die Politik derart einbezogen. Auch sind die Preise der einzelnen Energiearten untereinander verwoben.

Entwicklung der Energiepreisindizes:

	Strom	Öl	Gas	Fernwärme
2005	100,0	100,0	100	100,0
2008	118,8	143,8	131,8	128,7
2009	126,2	99,7	129,8	133,8
2010	130,2	122,2	118,7	122,6
2011	139,7	152,2	124,2	132,3
7/2012	144,0	161,8	130,8	145,1

Quelle: Statistisches Bundesamt

energetischer Zustand Der Energieverbrauch eines Wohngebäudes ist abhängig vom energetischen Zustand. Es wäre deshalb geboten, aus Effizienzgründen die energetische Sanierung von Wohngebäuden noch stärker zu forcieren, als dies derzeit durch Kreditprogramme der KfW schon erfolgt. Auch Verbesserungen bei der Umlage der Kosten auf die Mieter sind dabei unausweichlich, wobei natürlich auch auf die Leistungsfähigkeit der Mieter geachtet werden muss.

Die energetisch aufwändigste Gebäudeform ist das freistehende Einfamilienhaus, folglich ist die energetisch günstigste Gebäudeform das Mehrfamilienhaus in geschlossener Bauweise. Unter rein wirtschaftlichen Gesichtspunkten rechnet sich eine energetische Vollsanierung wahrscheinlich nur sehr langfristig. Derzeit werden mehr Einzelmaßnahmen als Vollsanierungen durchgeführt, wobei 60% der Bestandsinvestitionen in selbstgenutzten Immobilien stattgefunden haben.

Engagementrisikofaktor Bestehen für einen Kunden oder einen Kundenverbund mehrere Einzelkreditverbindungen, so wird zunächst für jede Verbindung ein eigener Risikofaktor ermittelt. Diese Einzelrisikofaktoren werden dann unter Berücksichtigung der möglicherweise unterschiedlichen Besicherung zu einem Engagementrisikofaktor zusammengeführt.

Engagementsübersicht Bei komplexen, insbesondere aber auch bei kritischen Kreditengagements wird das Kreditinstitut eine vollständige Übersicht des gesamten Engagements erstellen und die vorhandenen Unterlagen und erfassten Daten prüfen:
Kreditnehmerbezogene Daten:

- Hauptschuldner
- Mitschuldner
- persönlich haftenden Gesellschafter
- Tochter-, Muttergesellschaften, Beteiligungen
- Bürgen
- öffentliche Kreditgeber, Kreditgarantiegemeinschaften

entsprechende Nachweise:

- Kredite, Limite
- elektronische Zahlungsverkehrslimite
- Scheckobligen, Lastschriftobligen
- Avale
- Schecks, Lastschriften, Daueraufträge
- Kreditkarten
- Guthaben
- Sparkonten, Festgelder
- Depot
- Schließfächer

Ensembleschutz Der Ensembleschutz ist innerhalb des Denkmalschutzes der Schutz für die Gesamtanlage oder den ganzen Denkmalbereich. Zweck ist die Erhaltung von Orts- oder Platzgestaltungen sowie die Erhaltung von historischen Gebäudegruppen. Damit ist er wichtiger Bestandteil bei der Vermarktung von umgebauten und als Wohnungen gestalteten Bauernhöfen, Mühlen, Schlossanlagen etc. Hier ist durch den Ensembleschutz darauf zu achten, dass die Gesamtanlage in ihrer Gestaltung, Form und dem Aussehen erhalten bleibt. Dies geht vielfach zu Lasten der zu verkaufenden Wohnfläche.

Entfernungspauschale Aufwendungen für die Wege zwischen Wohnung und Arbeitsstätte können mit 0,30 € je Entfernungskilometer steuerlich geltend gemacht werden. Die Regeln gelten auch für die Nutzer des öffentlichen Nahverkehrs. Die maximale Entfernungspauschale beträgt 4.500 € p.a.

Entgeltgrenze für geringfügig Beschäftigte Seit 2003 mit einer Änderung zum 1.1.2013 unterscheidet das Sozialversicherungsrecht bei der geringfügigen Beschäftigung zwei Arten von Teilzeitbeschäftigungen. Danach liegt eine geringfügige Beschäftigung vor, wenn

- das Arbeitsentgelt aus einer Beschäftigung in der Regel 450 € pro Monat nicht übersteigt (dabei kommt es nicht mehr auf die Anzahl der Arbeitsstunden pro Woche an) oder
- die Beschäftigung innerhalb eines Kalenderjahres auf längstens 2 Monate oder 50 Arbeitstage begrenzt ist

Liegen mehrere Beschäftigungsverhältnisse vor, so gilt Nachfolgendes:

- Bei der Prüfung der Arbeitsentgeltgrenze von 450 € sind mehrere geringfügige Beschäftigungsverhältnisse zusammenzurechnen.
- Liegen mehrere geringfügige Beschäftigungsverhältnisse sowie auch andere, nicht geringfügige Beschäftigung vor, sind auch hier die Arbeitsentgelte zusammenzurechnen.

Dabei bleibt allerdings das Arbeitsentgelt aus der zeitlich zuerst aufgenommenen geringfügigen Beschäftigung anrechnungsfrei.

Für Beschäftigte in Privathaushalten gilt eine Sonderregelung (§ 8a SGB), aber ebenfalls die 450 €-Grenze. Übersteigt das Arbeitsentgelt regelmäßig 450 €, so besteht bei allen Zweigen der Sozialversicherung Versicherungspflicht. Außerdem kann die Pauschalisierung der Lohnsteuer, Kirchensteuer und des Solidaritätszuschlags nicht mehr erfolgen.

Entlastungsbetrag für Alleinerziehende Alleinstehende Steuerpflichtige können einen Entlastungsbetrag (*§ 24 b EStG*) für Alleinerziehende in Höhe von 1.308 € im Kalenderjahr von der Summe der Einkünfte abziehen, wenn sie

- mit mindestens einem Kind eine Haushaltsgemeinschaft in einer gemeinsamen Wohnung bilden,
- das Kind das 18. Lebensjahr noch nicht vollendet hat und
- der Steuerpflichtige und sein Kind in der gemeinsamen Wohnung mit Hauptwohnsitz gemeldet sind.

Entnahmeplan Sparform, bei der ein vorhandenes Kapital angelegt und in festen Monatsraten anschließend „verrentet" wird. Möglich sind dabei die Varianten:

- nur Entnahme der Zinsen und
- Entnahme von Zins und Kapital.

Alle Sparformen sind während der Ansparphase davon abhängig, dass der Zinseszinseffekt einen wichtigen Beitrag zum Gesamtergebnis leistet. In einer längeren Niedrigzinsphase fallen die Probleme sofort ins Auge. Natürlich ist der Entnahmebetrag in starkem Maße vom jeweiligen Zinsniveau abhängig.

Nachstehend wird verdeutlicht, wie lange eine mühsam ersparte Rücklage ausreicht, um daraus eine Rente zu ziehen.

Monatlich zur Verfügung stehender Entnahmebetrag ohne Kapitalverzehr für einen Anlagebetrag von 100.000 € bei einem Zinssatz von…%							
Jahre	0%	2,5%	3%	3,5%	4%	4,5%	5%
5	1667	1773	1795	1817	1838	1860	1882
10	833	941	964	986	1009	1032	1055
15	556	665	689	712	736	760	785
20	417	529	553	577	602	628	654
25	333	447	472	498	524	551	578
30	278	394	419	446	473	501	530
Ewig	0	206	247	287	327	367	407

Falls nur die Zinsen verzehrt werden, wird entweder ein relativ großes Kapital benötigt oder die Verzinsung muss entsprechend hoch sein.

Notwendiges Vorsorgekapital für eine ewige Rente von 1.000 € monatlich (nur Zinsverzehr) bei einer durchschnittlichen Rendite von…%							
Dauer	1,75 %	2 %	2,5 %	3 %	4 %	5 %	6 %
Ewige Rente	695.215	606.500	486.500	407.800	307.500	247.100	207.000

Erblastentilgungsfonds Die Schulden der Treuhandanstalt, des Kreditabwicklungsfonds und die Altschulden der Wohnungswirtschaft in den neuen Bundesländern sind 1995 in den Erblastentilgungsfonds eingeflossen, der ein Sondervermögen des Bundes darstellt. Der Anfangsschuldenstand betrug umgerechnet 172 Mrd. €. Der Fonds wird vom Bund verzinst und getilgt. Die Einrichtung erfolgte im Rahmen des Solidarpaktes. Getilgt wurde der Fonds durch Teile des Bundesbankgewinns und den Erlösen aus dem Verkauf der UMTS-Mobilfunklizenzen, sowie aus Haushaltsmitteln. Da dies durch Gegenfinanzierungen ausgeglichen wurde, ist praktisch etwa die Hälfte des Erblastenfonds zu Bundesschulden geworden.

Erbauseinandersetzung Mehrere Erben können bis zur Erbauseinandersetzung nur gemeinschaftlich über die einzelnen Gegenstände des Nachlasses verfügen, also nicht etwa jeder Einzelne über den seinem Erbteil entsprechenden Anteil am Guthaben oder Depot des Erblassers (*§ 2032 ff. BGB*). Wird im Rahmen einer Erbauseinandersetzung ein Grundstück entgeltlich (also durch Auszahlung von Miterben) erworben, ist für die Berechnung der Zehn-Jahres-Frist für ein privates Veräußerungsgeschäft vom Tag der Erbauseinandersetzung (also üblicherweise vom Datum des zu Grunde liegenden Notarvertrages) auszugehen.

Erbengemeinschaft Eine Erbengemeinschaft entsteht, wenn mehrere Personen nebeneinander kraft Gesetz oder Testament oder Erbvertrag Erben werden. Das können sowohl juristische Personen als auch Einzelpersonen sein. Durch Vertrag kann eine Erbengemeinschaft nicht gegründet werden. Nach Entstehung der Gemeinschaft tritt diese nur als Gesamtheit auf (*§§ 1952, 2032 ff. BGB*), kann also alle Rechtsgeschäfte nur gemeinsam erledigen. Wird die Erbengemeinschaft Grundstückseigentümer und kommt eine einvernehmliche Teilung nicht zustande, so kann jeder Berechtigte die Aufhebung der Gemeinschaft durch eine Teilungsversteigerung herbeiführen (*§ 753 BGB*).

Erbrecht Das Erbrecht befasst sich mit der Frage, was nach dem Tode eines Menschen mit seinem Vermögen, einschließlich aller Schulden (also dem Nachlass) geschieht. Jeder sollte darüber informiert sein, wie durch ein Testament oder einen Erbvertrag über den Nachlass bestimmt werden kann und welche Regelungen gelten, wenn nichts anderes verfügt wird. Das Erbrecht ist im BGB wie folgt gegliedert:

Abschnitt 1	Erbfolge §§ 1922–1941	
Abschnitt 2	Rechtliche Stellung des Erben	
	Titel 1: Ausnahme und Ausschlagung der Erbschaft Fürsorge des Nachlassgerichtes §§ 1942–1966	
	Titel 2: Haftung des Fiskus für die Nachlassverbindlichkeiten Untertitel 1: Nachlassverbindlichkeiten §§ 1967–1969 Untertitel 2: Aufgebot der Nachlassgläubiger §§ 1970–1974 Untertitel 3: Beschränkung der Haftung der Erben §§ 1975–1992 Untertitel 4: Inventarrichtung, unbeschränkte Haftung des Erben §§ 1993–2013 Untertitel 5: Aufschiebende Einreden §§ 2014–2017	
	Titel 3: Erbschaftsanspruch §§ 2018–2031	
	Titel 4: Mehrheit der Erben §§ 2032–2063 Untertitel 1: Rechtsverhältnis der Erben untereinander §§ 2032–2057 Untertitel 2: Rechtsverhältnis zwischen den Erben und den Nachlassgläubigern §§ 2058–2063	
Abschnitt 3	Testament	
	Titel 1 Allgemeine Vorschriften §§ 2064–2086	
	Titel 2: Erbeinsetzung §§ 2087–2099	
	Titel 3: Einsetzen von Nacherben §§ 2100–2146	
	Titel 4: Vermächtnis §§ 2147–2191	
	Titel 5: Auflage §§ 2192–2196	
	Titel 6: Testamentvollstrecker §§ 2197–2228	
	Titel 7: Errichtung und Aufhebung eines Testaments §§ 2229–2273	
Abschnitt 4	Erbvertrag §§ 2274–2302	
Abschnitt 5	Pflichtteil §§ 2303–2338	
Abschnitt 6	Erbunwürdigkeit §§ 2339–2345	
Abschnitt 7	Erbverzicht §§ 2346–2352	
Abschnitt 8	Erbschein §§ 2353–2385	

Erbrecht der Verwandten Zu den gesetzlichen Erben gehören in erster Linie die Verwandten. Um die Reihenfolge festzulegen, in denen sie zu Erben berufen sind, teilt das Gesetz die Verwandten in verschiedene Ordnungen ein und bestimmt, dass die jeweils nähere Ordnung alle entfernteren Ordnungen von der Erbfolge ausschließt.

Erben erster Ordnung sind die Abkömmlinge des Erblassers, d. h. seine Kinder, Enkel, Urenkel usw.

Näher verwandte Abkömmlinge schließen entferntere von der Erbfolge aus.

Erbrecht des Ehegatten Neben den Verwandten ist der Ehegatte des Erblassers dessen gesetzlicher Erbe. Die Höhe seines Erbteils hängt davon ab, welcher Güterstand in der Ehe gegolten hat und welche Verwandten neben ihm erben. Insbesondere für kinderlose Ehepaare im Güterstand der Zugewinngemeinschaft besteht aufgrund der gesetzlichen Erbfolge Handlungsbedarf. Gesetzlicher Alleinerbe kann man nur werden, wenn weder Verwandte der ersten und der zweiten Ordnung noch Großeltern vorhanden sind.

Erbschaftsanfechtung Sobald ein Anfechtungsberechtigter Kenntnis vom Anfechtungsgrund bekommt, hat er ein Jahr Zeit, seine Rechte zu artikulieren (*§§ 2081–2283 BGB*)

Erbschaftsausschlagung Bei der gesetzlichen Erbfolge beginnt die Frist von 6 Wochen ab dem Zeitpunkt, zu dem der Erbe von dem Erbanfall und dem Grund der Berufung Kenntnis erlangt (*§§ 1942–1946 BGB*). Wenn der Erbe durch eine letztwillige Verfügung berufen worden ist, beginnt die Frist nicht vor der Verkündung der Verfügung. Die Frist beträgt sechs Monate, wenn der Erblasser seinen letzten Wohnsitz nur im Ausland gehabt hat oder wenn sich der Erbe bei dem Beginn der Frist im Ausland aufhält.

Insbesondere bei umfangreichem, hoch belastetem Grundbesitz wird es nur sehr schwer möglich sein, in diesem kurzen Zeitraum eine abschließende Beurteilung vorzunehmen. Möglicherweise ist in einem solchen Fall die Beantragung einer Nachlasspflegschaft sinnvoll und notwendig. Soll eine Erbschaftsausschlagung erfolgen (z. B. bei Überschuldung des Nachlasses), so muss dies gegenüber dem Nachlassgericht erklärt werden. Diese Erklärung ist zur Niederschrift des Nachlassgerichtes oder in öffentlich beglaubigter Form abzugeben.

Erbschaftskauf Ein Erbe hat die Möglichkeit, seine Erbschaft zu verkaufen. Der Käufer tritt dann in Ansehung des Verfahrens an die Stelle des Erben. Der Erbe ist wegen der Nachlassverbindlichkeit, die im Verhältnis zwischen ihm und dem Käufer diesem zur Last fällt, in derselben Weise wie ein Nachlassgläubiger zu dem Antrag auf Eröffnung des Verfahrens berechtigt. Das gleiche Recht steht ihm auch wegen einer anderen Nachlassverbindlichkeit zu, es sei denn, dass er unbeschränkt haftet oder dass eine Nachlassverwaltung angeordnet ist (*§§ 2371 ff. BGB*).

Erbschaftsteuer bei Betriebsvermögen *Steuerbefreiung für Betriebsvermögen (§ 13a ErbStG)*: Für Firmenerben gibt es 2 Optionen, deren Wahl bindend ist, d. h. nicht nachträglich revidiert werden kann. Ziel ist die reibungslose Fortführung der Betriebe und der Erhalt der Arbeitsplätze.

Haltefrist	7 Jahre	10 Jahre
Steuerbefreiung	85 %	100 %
Lohnsumme am Ende des gesamten Zeitraums	650 % der Ausgangssumme bei Erbantritt	1000 % der Ausgangssumme bei Erbantritt
Unschädliches Verwaltungsvermögen (z. B. an Dritte überlassene Grundstücke, Aktien im Betriebsvermögen)	Maximal 50 %	Maximal 10 %
Verschonungswegfall pro Jahr	14,28 %	10 %
Für Kleinstbetriebe gilt ein gleitender Abzugsbetrag	150.000 €	

Erbschein Für Außenstehende ist nicht ohne weiteres zu erkennen, wer den Erblasser beerbt hat und damit in dessen Rechte und Pflichten eingetreten ist. Dem Nachweis des Erbrechts gegenüber Dritten dient der Erbschein, der auf Antrag eines Erben oder Miterben vom Nachlassgericht erteilt wird. Auch ein Gläubiger kann die Erteilung eines Erbscheins oder die Erteilung einer Ausfertigung eines bereits erteilten Erbscheins beantragen. Dies ist wichtig, da eine Zwangsversteigerung nur angeordnet werden kann, wenn der Schuldner als Eigentümer des Grundstücks eingetragen oder Erbe des eingetragenen Eigentümers ist (*§ 19 Abs. 1 ZVG*).

Für einen Erben ist ein Erbschein nur dann erforderlich, wenn auch Grundbesitz zum Erbe gehört. Mittels des Erbscheins kann dann innerhalb von zwei Jahren der Grundbesitz kostenfrei auf die Erben umgeschrieben werden. Die Kosten des Erbscheins richten sich nach der Höhe der Erbmasse (*§ 792 ZPO, §§ 2353–2370 BGB*). Kreditinstitute sind berechtigt, denjenigen über ein Guthaben des Erblassers verfügen zu lassen, der sich entweder mit einem Testament (das auch privatschriftlich sein kann) nebst zugehöriger Eröffnungsniederschrift als Erbe ausweist oder einen Erbschein vorlegt.

Das OLG Hamm hat dazu folgendes klargestellt: Ein notarielles Testament oder ein notarieller Erbvertrag und ein amtliches Protokoll der Testamentseröffnung reichen aus, um an das Konto des Verstorbenen zu gelangen. Einen Erbschein darf die Bank nicht verlangen (*Az. I-31 U 55/12*). Anders sieht das natürlich aus, wenn der Verstorbene ein Testament ohne Notar gemacht hat.

Erbvertragsverzeichnis Erbverträge müssen im Gegensatz zu notariell beurkundeten Testamenten nicht in die amtliche Verwahrung des Nachlassgerichtes gegeben werden. Notare müssen über die bei ihnen verwahrten Erbverträge ein Erbvertragsverzeichnis führen.

erhöhter Wohnungsbedarf Erhöhter Wohnungsbedarf ist gegeben, wenn die Nachfrage nicht oder nicht angemessen mit Wohnraum versorgter Wohnberechtigter innerhalb angemessener Frist weder aus dem Bestand an öffentlich geförderten Mietwohnungen noch mit erschwinglichen Mietwohnungen aus dem Altbestand oder den freifinanzierten Wohnungen gedeckt werden kann (*§ 16 Abs. 4, Satz 2 in Verbindung mit Satz 1 WoBindG*).

Erhöhung eines Kreditengagements Erhöhung eines Kreditengagements bedeutet einen betraglichen und/oder laufzeitmäßigen Ausbau einer bestehenden Kreditverbindung.

Erlassfalle Schuldner versuchen häufig, den Erlass ihrer Restschuld bei ihren kreditgebenden Instituten herbeizuführen. Dabei wird brieflich zunächst die bestehende Forderung akzeptiert, die jederzeit drohende Zahlungsunfähigkeit angekündigt, gleichzeitig aber auch Zahlungsbereitschaft mit geringen Teilbeträgen oder geringen monatlichen Teilzahlungen bekundet. Wichtigster Bestandteil der „Zahlungsankündigung" ist jedoch, dass erklärt wird, dass mit der Annahme des Teilbetrages der Gläubiger auf die Restschuld verzichtet. Vielfach werden den Schreiben Schecks in Höhe der Abfindungsbeträge beigefügt, wobei hier meist auch im Verwendungszweck nochmals auf die gewünschte Wirkung „Abfindungsvertrag bzw. Erlassvertrag" hingewiesen wird. Um zu vermeiden, dass Annahme und Einlösung der Schecks dazu führen, dass keine weiteren Ansprüche mehr geltend gemacht werden, ist auf derartige Erlassfälle konsequent zu achten (*§ 151 BGB*).

Ermittlung der Summe der positiven Einkünfte Bei der Ermittlung der Summe der Einkünfte sind gem. § 2 Abs. 3 Satz 2 EStG zunächst jeweils die Summen der Einkünfte aus jeder der sieben Einkunftsarten und dann die Summe der positiven Einkünfte zu ermitteln. Das geschah bis zum Veranlagungszeitraum 2003 auch aus den Gründen, dass nur eine begrenzte Verrechnung von negativen Einkünften sowie die Begrenzung des Verlustabzugs zu berücksichtigen war. In den Jahren 2004/2005 diente die Summe der positiven Einkünfte als Bemessungsgrenze für die Inanspruchnahme der Eigenheimzulage.

ernsthafte Einforderung Von einer ernsthaften Einforderung einer Forderung kann ausgegangen werden, wenn der Gläubiger durch Mahnung, Mahnbescheid, Zahlungsklage u. a. die ernsthafte Einforderung dokumentiert hat. Das Insolvenzrecht stellt bei der Frage der Zahlungsunfähigkeit nicht darauf ab, ob die Gläubiger ihre Forderungen ernsthaft eingefordert haben. Es kommt vielmehr nur darauf an, ob die Zahlung fällig ist, der Gläubiger also eine Zahlung verlangen kann. Eine zeitliche Verlagerung der Fälligkeit kann nur durch entsprechende Stundungsvereinbarungen mit dem Gläubiger erreicht werden.

Ersatzerbe Will oder kann ein Nacherbe die Erbschaft nicht annehmen, so kann ein Ersatzerbe berufen werden (*§ 2096 BGB*).

Erträgnisaufstellung Kostenpflichtige Zusatzleistung der Kreditinstitute, die nur auf Antrag erstellt wird. Als Ergänzung zur Jahressteuerbescheinigung gibt die Erträgnisaufstellung einen detaillierten Überblick über alle erzielten Kapitalerträge einschließlich der Herleitung der vorgenommenen Steuerabzüge bzw. der steuerlichen Entlastungen. Die Erträgnisaufstellung ist Grundlage für die Einkommensteuererklärung mittels der Anlage KAP.

Erträgnis-/Substanzkonto Jedem Kundendepot wird ein Erträgniskonto zugeordnet. Darüber werden die Ertrags- und Gegenwertbuchungen verbucht. Dies kann ein Kontokorrentkonto sein, wenn beispielsweise auch ein sogenannter Effektenvorschuss eingeräumt wird, meist ist es aber ein Sparkonto. Die Zinsbuchungen entsprechen dem Betrag, der sich nach Abzug der Kapitalertragsteuer, des Solidaritätszuschlages und ggf. der Kirchensteuer ergibt.

Ertragsanteil Leibrenten, die zu den sonstigen Einkünften nach § 22 EStG zählen, sind nur mit dem Ertragsanteil zu versteuern. Dazu gehören Leistungen aus Altersvorsorgeverträgen, Pensionsfonds, Pensionskassen und Direktversicherungen. Dieser Ertragsanteil richtet sich nach dem Alter des Rentenberechtigten bei Beginn der Rentenzahlung. Bis einschließlich 2004 wurde auch die gesetzliche Rente (auch gesetzliche Leibrente genannt) nur mit dem Ertragsanteil versteuert.

Durch den Systemwechsel bei der Besteuerung der Alterseinkünfte hat sich die Besteuerung der Leibrenten verändert. Die sogar ermäßigte Ertragsanteilbesteuerung gilt seit dem 1.1.2005 nur noch für die „normalen (privaten) Leibrenten". So ist der Ertragsanteil bei einem Rentenbeginn mit 65 Jahren von vorher 27 % auf 18 % gesunken. Dies gilt sogar für Altverträge, die vor dem Stichtag abgeschlossen wurden, also auch für Leibrenten aus dem Verkauf von Immobilien auf Rentenbasis.

Der Ertrag des Rentenrechts ist aus der nachstehenden Tabelle zu entnehmen:

Bei Beginn der Rente vollendetes Lebensjahr des Rentenberechtigten (Jahre)	Ertragsanteil (%)
50	30
55–56	26
60–61	22
63	20
65–66	18
69–70	15

Ertragsteuern Steuern, die an den bei der ökonomischen Aktivität erzielten Erträgen ansetzen, also den erwirtschafteten Vermögenszuwachs besteuern. (Arbeit, unternehmerische Tätigkeit, freiberufliche Tätigkeit, Vermietung, Geldanlage). Hierzu zählen:

- Einkommensteuer
- Körperschaftsteuer
- Gewerbesteuer

Erwerbsminderungsrenten Erwerbsminderungsrenten werden gezahlt, wenn bei Versicherten vor Erreichen der Altersgrenze eine teilweise oder volle Erwerbsminderung eintritt. Der Anspruch auf Zahlung dieser Renten erlischt ab dem Zeitpunkt der Umwandlung in die Altersrente. Viele Arbeitnehmer sind durch besondere Umstände, insbesondere schwere Krankheiten, nicht mehr in der Lage, ihren Beruf oder irgendeine andere Tätigkeit auszuüben. Je nach Alter ist dies besonders hart, da sich die Grundbedingungen verschlechtert haben.

Mit Wirkung vom 1.1.2001 wurden die frühere Berufsunfähigkeitsrente und die Erwerbsunfähigkeitsrente aus der gesetzlichen Rentenversicherung durch die Erwerbsminderungsrente ersetzt und ist maßgebend für alle Fälle, in denen die Rente seit dem 1.1.2001 begonnen hat oder beginnen wird. Unterschieden wird in Rente wegen voller Erwerbsminderung und Rente wegen teilweiser Erwerbsminderung. Diese Renten werden in der Regel als Zeitrente, d. h. befristet für längstens drei Jahre nach Rentenbeginn gewährt, die Befristung kann wiederholt werden. Die Rentenberechnung ist analog der Altersrente. Grundlage für die Berechnung sind die während des bisherigen Berufslebens gezahlten Beiträge zur Rentenversicherung und die dafür gutgeschriebenen Entgeltpunkte. Alle Versicherten, die vor dem 60. Lebensjahr die Erwerbsminderungsrente in Anspruch nehmen müssen, werden so gestellt, als seien sie beitragspflichtig beschäftigt gewesen. In der Konsequenz bedeutet dies, dass pro Jahr ein Entgeltpunkt dazu gerecht wird. Wird die Erwerbsminderungsrente vorzeitig in Anspruch genommen, werden Abschläge gerechnet. Der Abschlag beträgt 0,3 % für jeden Monat des Rentenbeginns vor dem Referenzzeitraum von 63 Jahren, maximal jedoch 10,8 %. Dieses Referenzalter wird seit 2012 entsprechend der Anpassung der Regelaltersgrenze stufenweise auf das 65. Lebensjahr angehoben. Für Versicherte mit 35 Pflichtbeitragsjahren verbleibt es beim bisherigen Referenzalter von 63 Jahren. Bei Vollendung des 65. Lebensjahres erfolgt eine automatische Umwandlung in eine Regelaltersrente. Auf Antrag kann auch vorzeitig – mit entsprechenden Abzügen – in die Altersrente gewechselt werden.

Seit 2005 richtet sich der Besteuerungsanteil der Erwerbsminderungsrenten nach den gleichen Grundsätzen wie bei Altersrenten, sie unterliegen also mindestens zu 50 % der Besteuerung. Wird die Erwerbsminderungsrente in eine Altersrente umgewandelt, bleibt der für die Erwerbsminderungsrente zugrunde gelegte prozentuale Besteuerungsanteil auch für die Besteuerung der Altersrente maßgebend. Grundsätzlich können bis 450 € monatlich hinzuverdient werden, zweimal im Jahr ist sogar ein Verdienst von bis zu 900 € möglich, ohne das es zu einer Rentenkürzung kommt.

Bei einer Rente wegen teilweiser Erwerbsminderung sind die Hinzuverdienstgrenzen höher. Die Hinzuverdienstgrenze wird individuell ermittelt und im Rentenbescheid mitgeteilt. Je nach Höhe des Verdienstes kann diese Rente voll, zur Hälfte oder gar nicht bezahlt werden. Anders als bei der vollen Erwerbsminderungsrente werden hierbei nicht nur Arbeitsentgelt und Arbeitseinkommen aus selbstständiger Tätigkeit, sondern auch Sozialleistungen wie z. B. Arbeitslosengeld berücksichtigt. Für Durchschnittsverdiener sind folgende Hinzuverdienstgrenzen zu beachten:

Rente wegen voller Erwerbsminderung	West (€)	Ost (€)
¾ Rente	1.338,75	1.187,67
½ Rente	1.811,25	1.606,85
¼ Rente	2.205,00	1.956,17
Rente wegen teilweiser Erwerbsminderung		
Volle Rente	1.811,25	1.606,85
½ Rente	2.205,00	1.956,17
Rente wegen Berufsunfähigkeit	West (€)	Ost (€)
Volle Rente	1.496,25	1.327,40
1/3 Rente	1.995,00	1.769,87
2/3 Rente	2.467,50	2.189,04

Erwerbs- und Berufsunfähigkeitsrenten aus privaten Versicherungsverträgen werden wie Leibrenten nur mit dem Ertragsanteil versteuert.

Erwerbspersonen Personen mit Wohnsitz im Bundesgebiet, die eine unmittelbar oder mittelbar auf Erwerb gerichtete Tätigkeit ausüben oder suchen. Die Erwerbspersonen setzen sich zusammen aus den Erwerbstätigen und den Erwerbslosen.

Erziehungsrente Diese Art der gesetzlichen Versorgungsleistung können geschiedene Ehepartner in Anspruch nehmen, falls der vormals gesetzlich rentenversicherte Ehegatte verstirbt und deshalb eine Versorgungslücke hinterlässt. Die finanzielle Versorgungslücke, die es zu schließen gilt, muss beim hinterbliebenen Ehegatten durch die Kindererziehung entstanden sein. Die Höhe der Erziehungsrente ist in der Regel identisch mit der Erwerbsunfähigkeitsrente.

Eskalationsverfahren In der Kompetenzordnung eines Kreditinstituts müssen klare Kreditentscheidungsregeln festgelegt sein. Es ist demzufolge auch geregelt, wie vorzugehen ist, wenn abweichende Voten (also unterschiedliche Kreditentscheidungen) vorliegen. Dann greift das Eskalationsverfahren. Auch hierbei muss festgelegt sein, unter welchen Kriterien unter Berücksichtigung der Geschäftspolitik des Kreditinstituts ein negatives Votum überstimmt werden kann (das sogenannte Overruling).

Europäische Bankenaufsicht Alle großen und systemrelevanten Banken der Euro-Zone werden künftig einheitlich kontrolliert. Die europäische Aufsicht wird bei der EZB (Europäische Zentralbank) angesiedelt. Die Aufsicht soll Fehlentwicklungen im nationalen Bankensektor frühzeitig aufdecken und korrigieren können, damit keine Gefahr für die gesamte Eurozone entsteht. Zu den systemrelevanten Banken zählen nicht die Sparkassen und Volksbanken.

Euro-Währung Seit dem 1.1.1999 ist die Währungsunion in Kraft, die vollständige Währungsumstellung erfolgte erst drei Jahre später. Während dieser Übergangszeit sind fast alle Preisangaben in alter und neuer Währung gemacht worden. Die Einführung des Euro hatte zwar sofortige Auswirkungen auf laufende Verträge, aber insbesondere durch die relativ lange Übergangszeit bis zum 31.12.2001 bestand ausreichend Gelegenheit, die veränderten Grundbedingungen sukzessive auszuwerten und umzusetzen. Die Währungsumstellung auf den Euro war kein Grund zur Kündigung laufender Verträge. Deshalb konnte auch kein Vertragspartner einseitig den Abschluss eines neuen Vertrages oder eine Vertragsänderung verlangen.

Alle Verträge seit dem 1.1.2002 lauten aufgrund gesetzlicher Bestimmungen auf Euro. Rechnungen und Zahlungen erfolgen seit diesem Datum daher ausschließlich in dieser Währungseinheit, auch die Finanzbehörden haben auf Euro umgestellt. Durch den festgeschriebenen offiziellen Umrechnungskurs hat sich wertmäßig nichts verändert. Alte Verträge sind am Stichtag automatisch auf Euro umgeschrieben worden. Für die Umstellung durften keine gesonderten Kosten in Rechnung gestellt werden. Auch Mietverträge sind dem Grundsatz der Vertragskontinuität gefolgt. In Art. 3 der Verordnung (EG) Nr. 1103/97 wurde verbindlich geregelt, dass bestehende Verträge durch die Einführung des Euro unangetastet bleiben.

Der europäische Währungsraum hat seitdem mehr Transparenz und viele Finanzierungsinnovationen gebracht. Das Währungsrisiko ist vollständig in den Hintergrund getreten. Allerdings sind damit alle Euro-Mitgliedsstaaten in einer Schicksalsgemeinschaft zusammengeschlossen und daher gezwungen, für einander einzustehen. Die Staatsschuldenkrise einzelner Länder hat das jedem Bürger deutlich vor Augen geführt.

Die offiziellen Umrechnungskurse (größtenteils seit dem 1.1.1999) lauten:

Land	Bisherige Währung	Kurs
Belgien	BEF	40,3399
Deutschland	DEM	1,95583
Estland (seit dem 1.1.2011)	EEK	15,6466
Finnland	FIM	5,94573
Frankreich	FRF	6,55957
Griechenland (seit dem 1.1.2001)	DR	340,750
Irland	IEP	0,787564
Italien	ITL	1936,27
Luxemburg	Francs	40,3399
Malta (seit dem 1.1.2008)	Lire	0,429300
Niederlande	NLG	2,20371
Österreich	ATS	13,7603
Portugal	PTE	200,482
Slowakei (seit dem 1.1.2009)	Slow. Krone	30,1260
Slowenien (seit dem 1.1.2007)	Tolar	239,640
Spanien	ESP	166,386
Zypern (seit dem 1.1.2008)	Pfund	0,585274

Quelle: Bundesbank

Evidenzstelle Die bekannteste Evidenzstelle ist die Deutsche Bundesbank wegen der Millionenkredite (§ 14 KWG). Danach müssen Kreditinstitute, Finanzunternehmen und Finanzdienstleistungsunternehmen vierteljährlich die Kreditnehmer anzeigen, deren Kreditvolumen nach § 19 Abs. 1 KWG 1.500.000 € oder mehr beträgt. Ergibt sich, dass einem Kreditnehmer von mehreren Unternehmen Millionenkredite gewährt worden sind, hat die Deutsche Bundesbank die anzeigenden Unternehmen zu benachrichtigen. Die Benachrichtigung umfasst Angaben über die Gesamtverschuldung des Kreditnehmers und der Kreditnehmereinheit.

Viele Kreditinstitute haben jedoch auch eigene Evidenzstellen geschaffen, um z. B. im Finanzierungsgeschäft alle Anfragen zu speichern, um eine Mehrfachbearbeitung zu vermeiden. Dies ist sicherlich sinnvoll bei der Finanzierungsbeteiligung an Steuermodellen. Durch eine zentrale Evidenzstelle wird hier das mögliche Risiko eingegrenzt.

Existenzfestigung Maßnahmen nach einer Existenz- oder Unternehmensgründung zur Festigung der Existenz sind durch Sonderkreditprogramme förderbar. Antragsteller, die Förderprogramme in Anspruch nehmen wollen, müssen fachlich und kaufmännisch qualifiziert sein und praktische Berufserfahrung haben.

Existenzgründer Existenzgründer, die ein Darlehen bis 50.000 € aufnehmen oder einen Leasingvertrag abschließen, sind durch das Verbraucherkreditgesetz genauso geschützt wie Verbraucher. Kredit- oder Leasinggeschäfte zum Start einer gewerblichen oder selbstständigen Tätigkeit sind nur schriftlich gültig. Sie können zwei Wochen lang ohne Grund widerrufen werden.

Existenzgründung Eine gewerbliche oder freiberufliche Tätigkeit in Form einer Neugründung, Übernahme oder tätigen Beteiligung gilt als Existenzgründung.

Existenzgründungszuschuss Der Existenzgründungszuschuss ist nach § 3 Nr. 2 EStG steuerfrei und unterliegt auch nicht dem Progressionsvorbehalt nach § 32b Abs. 1 Nr. 1a EStG

Expected Loss (Ausfallwahrscheinlichkeit) Jedes Kreditrisiko wird eingeschätzt unter dem Gesichtspunkt, welcher Verlust daraus zu erwarten ist (Ausfallwahrscheinlichkeit). Dies geschieht durch laufende Überprüfung der Parameter zur Risikoeinschätzung. Der „erwartete Verlust" wird in Prozent- oder Basispunkten ausgedrückt und bei der Konditionsfindung berücksichtigt. Entsprechend den statistisch ermittelten Risikokosten sind möglicherweise auch die Kreditkompetenzen gestaffelt.

externe Gutachter Gutachten von externen Gutachtern werden von Kreditinstituten normalerweise nicht ohne gründliche Plausibilisierung akzeptiert. Um möglicherweise doppelte Kosten zu vermeiden, sollte man dies ggf. bei der Auftragsvergabe beachten und vorher abklären.

externe Zinslosstellung Endgültiger Verzicht auf eine Zinsberechnung durch ein Kreditinstitut, der auch dem Kunden gegenüber deutlich erklärt worden ist. Dies wird meist nur in Verbindung mit einem Ratenvergleich vereinbart.

F: Facilities – Fünftel-Regelung

Facilities Unter Facilities versteht man Grundstücke, Gebäude, Einrichtungen, Maschinen, Anlagen, Installationen und Infrastrukturen. Betriebswirtschaftlich gesehen handelt es sich also um das Anlagevermögen und die zur Leistungserstellung benötigten Sachmittel, jedoch auch um Dienste innerhalb des Unternehmens.

Factoring Verkauf von Forderungen aus Lieferungen und Leistung vor Fälligkeit an ein Kreditinstitut oder eine spezialisierte Factoring-Gesellschaft. Das Kreditinstitut bzw. die Gesellschaft schreibt ihrem Kunden seine offenen Forderungen sofort nach Rechnungsstellung gut und sichert damit dessen Liquidität. Neben Zinsen fallen Gebühren von etwa 1 % der Kreditsumme an.

Faktische Insolvenz Unvermögen eines Kreditnehmers, auf Dauer seinen Zins- und Tilgungsverpflichtungen nachzukommen. Unterschiedlich ist die Auffassung darüber, wie viel Monats-/Vierteljahresraten ausgeblieben sein müssen, um von einer faktischen Insolvenz auszugehen

Faktorverfahren für Ehegatten Seit dem Veranlagungszeitraum 2010 haben Ehegatten zusätzlich zu den Steuerklassenkombinationen III/V bzw. IV/IV die Möglichkeit, jeweils die Steuerklasse IV in Verbindung mit einem Faktor vormerken zu lassen. Dieser Faktor hat die Wirkung eines steuermindernden Multiplikators. Ziel des Faktorverfahrens ist es, einen Anreiz zur Aufnahme einer steuer- und sozialversicherungspflichtigen Beschäftigung – besonders für geringer verdienende Ehepartner – zu schaffen.

Familienbezogene Zusatzförderung Eine familienbezogene Zusatzförderung erfolgt bei Wohn-Riester durch entsprechende Zulagen. Fester Bestandteil sind das Kindergeld, der Kinderfreibetrag, Elterngeld, Betreuungsgeld und der Betreuungsfreibetrag.

Familien-Grundstücksverwaltungsgesellschaft Unabhängig von den steuerlichen Folgen bietet die Familien-Grundstücksverwaltungsgesellschaft durch vertragliche Gestaltung einige Vorteile gegenüber Nießbrauchvereinbarungen:

- die Eltern können wie bislang als Eigentümer ihren Einfluss erhalten,
- eine Zerteilung des Vermögens durch Verteilung auf mehrere Erben wird vermieden,
- durch die gesamthänderische Bindung wird die Erhaltung und Verwaltung des Gesellschaftsvermögens erleichtert.

Ggf. ist die Übertragung von Anteilen an grundbesitzenden Personengesellschaften grunderwerbsteuerpflichtig (*§ 1 Abs. 2a GrEStG*).

Solange die Einheitswerte als Bewertungsgrundlage bei der Erbschaft- und Schenkungsteuer herangezogen wurden, war die Familien-Grundstücksverwaltungsgesellschaft in Form einer Gesellschaft bürgerlichen Rechts zwischen Eltern und Kindern ein sinnvolles Gestaltungsmodell zur stufenweisen Vollziehung der vorweggenommenen Erbfolge. Von 1996 bis 2008 wurden nicht mehr die Einheitswerte, sondern die Grundbesitzwerte zu Grunde gelegt. Damit hatten sich zwar die Bedingungen etwas verschlechtert, die unterschiedliche Behandlung der einzelnen Vermögenswerte (und die Bevorzugung der Immobilien) blieb bestehen. Mit der durch das Bundesverfassungsgericht veranlassten Änderung der Bewertungspraxis sind die früheren Gestaltungsmöglichkeiten seit dem 1.1.2009 sehr weitgehend weggefallen.

Familienkasse Das Kindergeld wird von der Familienkasse der Bundesagentur für Arbeit ausgezahlt. Dort müssen zuvor entsprechende Kindergeldanträge gestellt werden.

Familienleistungsausgleich Die steuerliche Freistellung eines Einkommensbetrages in Höhe des Existenzminimums eines Kindes einschließlich der Bedarfe für Betreuung und Erziehung oder Ausbildung wird durch Freibeträge nach § 32 Abs. 6 estg oder durch Kindergeld bewirkt (*§ 31 EStG*). Soweit das Kindergeld dafür nicht erforderlich ist, dient es der Förderung der Familie. Im laufenden Kalenderjahr wird das Kindergeld als Steuervergütung monatlich gezahlt. Ist der Abzug der Freibeträge für Kinder günstiger als der Anspruch auf Kindergeld, erhöht sich die unter Berücksichtigung des Abzugs der Freibeträge für Kinder ermittelte tarifliche Einkommensteuer um den Anspruch auf Kindergeld. Bei nicht zusammen veranlagten Eltern wird der Kindergeldanspruch im Umfang des Kinderfreibetrags angesetzt. Es handelt sich dabei um eine sogenannte Günstigerprüfung. Zum 1.1.2009 hat die Bundesregierung umfangreiche Änderungen zum Familienleistungsausgleich beschlossen. Neben der Erhöhung des Kindergeldes und des Kinderfreibetrages wurde auch ein Kinderzuschlag für Paare mit Kindern, die monatlich nur wenig mehr als 900 € verdienen, sowie für Alleinstehende mit einem Einkommen von knapp über 600 € eingeführt. Hilfebedürftige Schüler und Schülerinnen erhalten seit 2009 eine zusätzliche Leistung für Schulbedarf in Höhe von 100 €.

Familienverbund Unabhängig von der Lebensform bietet der Familienverbund vielfältige steuerlich legale Gestaltungsmöglichkeiten, die zunächst voll ausgeschöpft werden sollten, bevor externe Überlegungen angestellt werden.

Familienversicherung Ehegatten und Kinder von Mitgliedern der gesetzlichen Krankenversicherung sind kostenlos familienversichert, wenn ihr eigenes monatliches Gesamteinkommen 360 € nicht übersteigt. Für geringfügig entlohnte Beschäftigte gilt die Grenze von 400 €.

Fazilität Bezeichnung für eine Kreditlinie oder einen Kreditrahmen.

Festgeld Einlage bei einer Bank mit einer im Voraus vereinbarten Laufzeit und einem festen Zinssatz. Während der Laufzeit kann über das Festgeld nicht verfügt werden. Nach Ablauf der Befristung wird aus dem Festgeld eine Sichteinlage, sofern nicht vorher eine Verlängerung der Festgeldeinlage vereinbart wurde.

Feststellungsbescheid Mit einem Feststellungsbescheid werden in bestimmten Fällen die Besteuerungsgrundlagen gesondert festgestellt, so z. B. Dann, wenn mehrere Steuerpflichtige an Einkünften beteiligt sind. Der Feststellungsbescheid beschränkt sich also ausschließlich auf die Festlegung bestimmter Besteuerungsgrundlagen. Bekanntestes Beispiel ist der Einheitswertbescheid.

Der Feststellungsbescheid hat als Grundlagenbescheid absolute Bindungswirkung (*§ 182 AO*) für alle Folgebescheide.

Feststellungsverfahren Prüfung durch das Insolvenzgericht, wessen Forderungen im Insolvenzverfahren bei der Verteilung zu berücksichtigen sind (*§§ 174 ff. InsO*). Eine Forderung gilt als festgestellt, soweit gegen sie im Prüfungstermin ein Widerspruch weder von dem Insolvenzverwalter noch von einem Insolvenzgläubiger erhoben wird, oder soweit ein erhobener Widerspruch beseitigt ist. Die Ergebnisse nach Erörterung einer jeden Forderung werden als Ergebnis vom Gericht in die Insolvenztabelle eingetragen.

Festzins Zinssatz, der für einen genau definierten Zeitraum oder die gesamte Laufzeit eines Darlehens fest vereinbart ist.

Finanzielles Eigeninteresse In Beratungsgesprächen müssen Kreditinstitute ihre Kunden über Provisionen informieren, die sie für den Verkauf einer Geldanlage erhalten. Mit der Entscheidung (*Az. XI ZR 510/07*) hat der Bundesgerichtshof seine Rechtsprechung auf praktisch alle Formen der Geldanlagen ausgeweitet.

Finanzmanagement Am besten stehen in der aktuellen Wirtschaftskrise die Unternehmen, Betriebe, Handwerksfirmen und wirtschaftlich Selbstständige da, die in guten Zeiten ihre Hausaufgaben gemacht haben:

- sie haben sich entschuldet,
- ihre Ertragsstärke nach vorne gebracht,
- ihre Eigenkapitalausstattung verbessert,
- verfügen über ein gutes Liquiditätspolster,
- nutzen unterschiedliche Finanzierungsquellen,
- überfordern dabei aber nicht die Lieferanten und Kunden,
- betreiben eine fristenkongruente Finanzierung, d. h. Anlagevermögen ist langfristig, Umlaufvermögen ist kurzfristig finanziert,
- kennen und pflegen den Sicherheitenwert der gestellten Kreditsicherheiten,
- sind mit mehreren Banken im Geschäft,
- haben sich ihr Rating offenlegen lassen,
- pflegen ihren Außenauftritt und die Außenwahrnehmung (Auskünfte),
- haben ein intaktes Forderungsmanagement,
- haben eine risikodifferenzierte Vorgehensweise eingeführt,
- pflegen den ständigen Dialog,
- bieten ihren Kunden innovativen Mehrwert und
- haben das vertrauensvolle Verhältnis zu ihrem Steuerberater weiter gefestigt.

Finanzmarktaufsicht Finanzmarktaufsicht ist die staatliche Aufsicht über Banken, Sparkassen und andere Kreditinstitute (Bankenaufsicht), über Versicherungsunternehmen und Pensionsfonds (Versicherungsaufsicht) sowie über Wertpapierdienstleistungs-unternehmen und den Wertpapierhandel (Wertpapieraufsicht). Die Aufsicht wird seit 2002 von der Bundesanstalt für Finanzdienstleistungsaufsicht (BAFin) wahrgenommen. Im Bereich der Bankenaufsicht arbeitet die BAFin mit der Bundesbank zusammen.

Finanztransaktionssteuer Die Finanztransaktionssteuer gehört zu den Kapitalverkehrssteuern. Dazu gehörte auch die 1992 in Deutschland abgeschaffte Börsenumsatzsteuer. Vom Prinzip her sollen alle börslichen und außerbörslichen Finanztransaktionen mit einer minimalen Steuer belegt werden. Im Gespräch sind Steuersätze von 0,1 % auf den Handel von Aktien und Anleihen, sowie 0,01 % für Derivate von Aktien und Anleihen. Die EU-Finanzminister haben am 22.1.2013 beschlossen, dass elf Staaten (darunter Deutschland, Frankreich, Österreich, Italien und Spanien) die Finanztransaktionssteuer einführen dürfen. Es sind keine weiteren Vorgaben gemacht worden. Die Steuer soll möglichst viele Finanzinstrumente erfassen. Ob mit dieser Steuer, wie ursprünglich geplant, tatsächlich die Spekulation eingedämmt und die Verursacher der Finanzkrise zur Finanzierung der Beseitigungskosten beitragen, bleibt abzuwarten. Kritiker gehen davon aus, dass sich damit eher die Kosten des Privatanlegers erhöhen und die Wirkung verpufft.

Finanzwirtschaftliche Analyse Zur Beurteilung der Situation eines wirtschaftlich Selbstständigen oder eines Gewerbetreibenden ist eine finanzwirtschaftliche Analyse erforderlich, da das verfügbare Einkommen nicht einfach aus vorgelegten Abrechnungen zu ermitteln ist. Basis dazu sind Zahlen aus dem Jahresabschluss, Einnahmen-/ Überschussrechnungen und den Selbstauskünften. Diese Zahlen werden kritisch gewürdigt, die

Wertansätze geprüft, ggf. Branchenvergleiche, Trends etc. herangezogen. Die steuerliche Situation wird ggf. Noch durch Steuerbescheide plausibilisiert. Der Stand vor der Finanzierung wird betrachtet, die Veränderungen durch den Kapitaldienst werden berechnet.

Flächenmanagement Methodisches Bindeglied zur Verknüpfung aller Bereiche des infrastrukturellen Gebäudemanagements. Darunter versteht man die Funktionen, die sich mit der Bestandsführung, der Belegung und der wirtschaftlichen Nutzung von Flächen beschäftigen. Dazu gehören dann auch Umzugsdienste, die Licht- und EDV- technische Einrichtung, die Möblierung von Flächen und die Verwaltung von Möbeln und Ausstattungen.

Flächenverbrauch Neben Grundstücksflächen, die für das eigentliche Bauvorhaben, also den Gebäudekörper benötigt werden, muss auch der Flächenverbrauch berücksichtigt werden, der für die innere Erschließung, Spielplätze, Ausgleichsfläche etc. benötigt wird.

Fläche und Bevölkerung Aus der nachstehenden Übersicht ist ersichtlich, wie unterschiedlich sich die Besiedlung in den einzelnen Regionen darstellt. Während die Großstädte und die Ballungsgebiete weiter wachsen, gehen die Bevölkerungszahlen in den ländlichen Gebieten eher weiter zurück. Daraus ist die Schlussfolgerung zu ziehen, dass auch das unterschiedliche Preisgefälle im Immobilienmarkt sich noch weiter auseinander entwickeln wird und es bei einer Kaufentscheidung mehr denn je auf die Lage ankommt.

Land	Fläche in km^2	Bevölkerung (Anzahl) in 1.000	Einwohner je km^2
Deutschland	357.121	81.844	229
Baden-Württemberg	35.751	10.786	301
Bayern	70.551	12.595	179
Berlin	891	3.501	3.945
Brandenburg	29.480	2.495	85
Bremen	404	661	1.577
Hamburg	755	1.799	2.382
Hessen	21.114	6.092	289
Mecklenburg-Vorpommern	23.185	1.635	70
Niedersachsen	47.625	7.914	166
Nordrhein-Westfalen	34.086	17.842	523
Rheinland-Pfalz	19.853	3.999	201
Saarland	2.568	1.013	394
Sachsen	18.418	4.137	225
Sachsen-Anhalt	20.447	2.313	113
Schleswig-Holstein	15.799	2.838	180
Thüringen	16.172	2.221	137

Quelle: Statistisches Bundesamt Stand 2011

Folgeprotokollierung Bei der Folgeprotokollierung von bestehenden Kreditengagements wird in einer Bank anhand aktueller Unterlagen zur wirtschaftlichen Situation, von Informationen aus dem Kundengespräch und den Erkenntnissen aus dem bisherigen Kundenverhalten von einem Kreditkompetenzträger entschieden und dokumentiert, ob die Kreditbeziehung fortgeführt werden kann. Falls aufgrund einer negativen wirtschaftlichen Entwicklung keine Kreditverlängerung erfolgen kann, werden unverzüglich risikobegrenzende Maßnahmen eingeleitet.

Fondsgebundene Lebensversicherung Besondere Form der Kapitallebensversicherung für den Erlebens- und Todesfall, bei der ein großer Teil der Versicherungsbeiträge (der sogenannte Sparanteil) in Investmentfondsanteilen angelegt wird. Dabei wird den Versicherten i. d. R die Wahl eines oder mehrerer Fonds zur Auswahl gestellt, sodass sie damit die bevorzugte Anlageform (Aktien-, Renten- Immobilienfonds) selbst bestimmen können. Dadurch kann der Anleger die Renditechancen am Kapitalmarkt nutzen, trägt aber auch das Risiko größerer Wertschwankungen oder einer unbefriedigenden Wertentwicklung der Fondsanteile. Die bei sonstigen Kapital-Lebensversicherungen vorgeschriebene Garantieverzinsung entfällt, die Höhe der Ablaufleistung richtet sich ausschließlich nach dem Erfolg der Fondsanlage. Die fondsgebundene Lebensversicherung ist daher nur bedingt als Tilgungsersatz z. B. bei Geschäftskrediten und/oder Baufinanzierungsdarlehen verwendbar. Da auch die fondsgebundene Lebensversicherung über eine bestimmte Versicherungssumme abgeschlossen wird, enthält sie auch eine Risikoabsicherung im Todesfall des Versicherten.

Fondsleasing Fondszeichner, die sich an einer Leasing-Objektgesellschaft beteiligen, stellen ihr Eigenkapital zu einem Zinssatz zur Verfügung, der unter dem allgemeinen Kapitalmarktniveau liegt. Die Anleger nehmen diese geringere Nominalverzinsung in Kauf, da sie aufgrund ihrer Fondsbeteiligung in den Genuss steuerlicher Vorteile kommen und diese bei der Gesamtrenditeermittlung berücksichtigen. Üblich sind Leasing-Beteiligungen ab 50.000 €. Nach Ablauf des Vertrags in 20 Jahren kann der Anleger der Leasinggesellschaft seinen Fondsanteil zu dem schon bei der Zeichnung fixierten Preis andienen. Hierin liegt der entscheidende Unterschied zu geschlossenen Immobilienfonds, deren Vertragslaufzeiten in der Regel unbegrenzt sind und bei denen die Anleger das volle Verwertungsrisiko tragen. Eine Fonds-Leasing-Beteiligung ist demnach vergleichbar mit einer langfristigen Geldanlage in Zinspapieren, bietet aber aufgrund der geltenden Grundbesitzwerte zusätzliche Vorteile bei der Vererbung oder Schenkung.

Forderungsanmeldung im Zwangsversteigerungsverfahren
1. Man unterscheidet ansprüche, die ohne anmeldung, und ansprüche, die nur auf anmeldung hin berücksichtigt werden:
   a. *ohne Anmeldung* u. a.:
      - Gerichtskosten

- Vormerkungen und Widersprüche aus der Zeit vor Eintragung des Zwangsversteigerungsvermerks
b. *auf Antrag* u. a.:
- Ansprüche der Rangklasse 1 bis 3 nach § 10 ZVG, darin auch seit dem 1.7.2007 enthalten: Wohngeldrückstände
- Rechte, die außerhalb des Grundbuchs bestehen
- Kosten der Rechtsverfolgung
- Entschädigungsforderungen der Erbbauberechtigten
2. Zinsen aus Grundpfandrechten. Neben den laufenden Zinsen können auch rückständige Zinsen angemeldet werden. Aus Vereinfachungsgründen werden die Gläubiger meist die kompletten Zinsen ab Eintragung des Grundpfandrechtes anmelden. Auf diese Weise wird kein Fehler bei der Berechnung gemacht. Der Rechtspfleger wird aber schon vor dem Termin die richtige Rechnung vorbereiten, um ggf. bei Entscheidungen die Berechtigung von Anträgen (7/10 Antrag z. B.) sofort prüfen zu können.

Beispiel

Beschlagnahme 15.11.2010, Versteigerungstermin 10.8.2012, Fälligkeit der Zinsen jährlich nachträglich.

Ergebnis: letzte Zinsfälligkeit 31.12.2010 für den Zeitraum 1.1.2009–31.12.2009 + zwei Jahre Rückstand (= 1.1.2008–31.12.2008). Zinsanmeldung korrekt vom 1.1.2008 bis zum 24.8.2012 (= 14 Tage nach dem Zwangsversteigerungstermin). Hinzu kommen die Nebenleistungen

Der Grundschuldbetrag zuzüglich angemeldete Zinsen und Nebenleistungen muss vom nachrangigen Gläubiger im Verwertungsfall berücksichtigt werden, selbst wenn Rückstände/Schulden in dieser Höhe nicht oder nicht mehr bestehen. Überschüsse können meist mit anderen Darlehen/ Rückständen bei dem gleichen Kreditgeber verrechnet werden.

Forderungsmanagement Für jeden wirtschaftlich Selbstständigen, Freiberufler oder Betrieb sollte ein wirkungsvolles Forderungsmanagement selbstverständlich sein, um seine eigene Bonität und Zahlungsfähigkeit nicht zu gefährden.

Maßnahmen: Regelmäßige Bonitätsprüfungen sind auch bei bestehenden Kunden zwingend notwendig. Zu einem wirkungsvollen Forderungsmanagement genügt nicht eine einmalige Prüfung, eine Orientierung beispielsweise nach dem Vorgehen der SCHUFA bietet sich an. Auch ein Scoring analog dem Muster des Kontoscoring ist zu empfehlen, mit dem bereits frühe Problemphasen erkannt und angegangen werden können. Dazu gehören möglicherweise auch standardisierte und/oder Online-Abfragen bei den entsprechenden Dienstleistern:

- www.hoppenstedt/creditreform/online-abfragen
- www.creditreform.de
- www.buergel.de
- www.infoscore.de

Forderungsverkauf Der Verkauf von Krediten und Darlehen samt den dazugehörigen Sicherheiten ist in eingeschränktem Umfang durchaus möglich. Mit dem Risikobegrenzungsgesetz sind dazu gesetzliche Regelungen getroffen. Wenn ein Kreditnehmer einen Forderungsverkauf gänzlich ausschließen will, muss er dies explizit vertraglich vereinbaren. Notleidende Forderungen können ohnehin ohne Zustimmung des Kunden weiterverkauft werden.

Formularvertrag Vorformulierter Vertrag zur standardmäßigen, mehrfachen Verwendung.

fortgesetzte Gütergemeinschaft Wird die eheliche Gütergemeinschaft beim Tode eines Ehegatten fortgesetzt (*§§ 1483 ff. BGB*), so wird dessen Anteil am Gesamtgut so behandelt, als wenn er ausschließlich den anteilsberechtigten Abkömmlingen zugefallen wäre (*§ 4 ErbStG*). Beim Tode eines anteilsberechtigten Abkömmlings gehört dessen Anteil am Gesamtgut zu seinem Nachlass. Als Erwerber des Anteils gelten diejenigen, denen der Anteil nach § 1490 BGB zusteht.

Fortsetzung des Mietverhältnisses Familienangehörige, die mit der oder dem Verstorbenen in einer von ihr oder ihm gemieteten Wohnung gelebt haben, können das Mietverhältnis mit dem Vermieter auf Dauer fortsetzen. Nach § 563 BGB können sie gegenüber dem Vermieter innerhalb eines Monats erklären, dass sie aus der Wohnung ausziehen wollen. Dieses Recht gilt auch für Partner in einer nichtehelichen Lebensgemeinschaft.

Franchise-System-Maklergeschäft Im Maklergeschäft verbreitetes Vertriebssystem. Ein Makler ist Franchise-Geber und arbeitet mit anderen Maklern (Franchise-Nehmer) zusammen. Die Franchise-Nehmer nehmen die Objekte im Namen des Franchise-Gebers auf und leiten diese weiter. Der Franchise-Geber informiert die Franchise-Nehmer über das Angebot. So wird durch das Zusammenwirken vieler Makler ein leichterer Verkauf ermöglicht. Die rechtliche Stellung und Provisionsrechnung erfolgt über den Franchise-Geber, welcher dann einen Teil der Provision an den Franchise-Nehmer weiterleitet. Der Franchise-Geber ist bei diesem System der rechtliche Vertragspartner zum Käufer und Verkäufer, auch hinsichtlich der Haftung.

Freibeträge für Kinder Kinder sind im ersten Grad mit dem Steuerpflichtigen verwandte Kinder und Pflegekinder, mit denen der Steuerpflichtige durch ein familienähnliches, auf längere Dauer berechnetes Band verbunden ist, sofern er sie nicht zu Erwerbszwecken in seinen Haushalt aufgenommen hat und das Obhuts- und Pflegeverhältnis zu den Eltern nicht mehr besteht. Ein Kind wird in dem Kalendermonat, in dem es lebend geboren wurde, und in jedem folgenden Kalendermonat, zu dessen Beginn es das 18. Lebensjahr noch nicht vollendet hat, berücksichtigt (§ 32 EStG). Ein Kind, das das 18. Lebensjahr vollendet hat, wird berücksichtigt, wenn es

- noch nicht das 21. Lebensjahr vollendet hat, nicht in einem Beschäftigungsverhältnis steht und bei der Bundesagentur für Arbeit im Inland als Arbeitsuchender gemeldet ist oder
- noch nicht das 25. Lebensjahr (seit 2007, vormals 27. Lebensjahr) vollendet hat und
- für einen Beruf ausgebildet wird oder
- sich in einer Übergangszeitzeit von höchstens vier Monaten befindet, die zwischen zwei Ausbildungsabschnitten liegt oder
- eine Berufsausbildung mangels Ausbildungsplatzes nicht beginnen oder fortsetzen kann oder
- ein freiwilliges soziales oder ökologisches Jahr leistet oder
- wegen körperlicher, geistiger oder seelischer Behinderung außerstande ist, sich selbst zu unterhalten. Voraussetzung ist, dass die Behinderung vor Vollendung des 25. Lebensjahres eingetreten ist.

Bei der Veranlagung zur Einkommensteuer wird für jedes zu berücksichtigende Kind des Steuerpflichtigen seit 2010 ein Freibetrag (§ 32 Abs. 6 EStG) von 4.368 € für das tatsächliche Existenzminimum des Kindes (Kinderfreibetrag) sowie ein Freibetrag von 2.640 € für den Betreuungs- und Erziehungs- oder Ausbildungsbedarf des Kindes (§ 32 Abs. 6 EStG) nur dann vom Einkommen abgezogen, wenn diese Freibeträge günstiger als das Kindergeld sind. Dies wird vom Finanzamt automatisch geprüft (Familienleistungsausgleich). Sind die Voraussetzungen für den Anspruch auf Kindergeld bzw. die Freibeträge nicht mehr erfüllt, können die Unterhaltsleistungen der Eltern an das Kind grundsätzlich als außergewöhnliche Belastung nach § 33a Abs. 1 EStG bis zu einem Höchstbetrag von 8.004 € – unter Anrechnung von eigenen Einkünften und Bezügen des Kindes, die 624 € übersteigen – im Kalenderjahr berücksichtigt werden, wenn das Kind kein oder nur geringes Vermögen besitzt. Zur Abgeltung des Sonderbedarfs eines sich in Berufsausbildung befindenden, auswärtig untergebrachten, volljährigen Kindes, für das ein Anspruch auf Kindergeld besteht, kann der Steuerpflichtige einen Freibetrag in Höhe von 924 € je Kalenderjahr vom Gesamtbetrag der Einkünfte abziehen.

Freigrenze Betrag, der steuerfrei bleibt, wenn ein bestimmter Grenzbetrag nicht überschritten wird (z. B. bei privaten Veräußerungsgeschäften 600 € p.a.). Bei Überschreitung muss im Gegensatz zum Freibetrag der ganze Betrag versteuert werden.

Freistellungsauftrag Der Freistellungsauftrag für Kapitalerträge und der Antrag auf ehegattenübergreifende Verlustverrechnung ist ein amtlich vorgeschriebener Vordruck zur Vermeidung der Berechnung der Abgeltungssteuer (§ 44a EStG). Der Freistellungsauftrag gilt nicht für Betriebseinnahmen und Einnahmen aus Vermietung und Verpachtung.

Seit 2009 kommt der Sparer-Pauschbetrag zum Einsatz. Ein Freistellungsauftrag kann nur erteilt werden, wenn der Gläubiger der Kapitalerträge seine Identifikationsnummer und bei gemeinsamen Freistellungsauftrag auch die Identifikationsnummer des Ehegatten mitteilt. Der Steuerpflichtige sollte genau darauf achten, dass er möglichst allen Instituten einen Freistellungsauftrag erteilt, von denen er Zinserträge zu erwarten hat. Dazu gehören auch die Bausparkassen. Die Höchstgrenzen von 801 € für Ledige und getrennt veranlagte Ehegatten, sowie 1.602 € für zusammen veranlagte Ehegatten sind unbedingt zu beachten. Ein gemeinsam erteilter Freistellungsauftrag führt jeweils am Kalenderjahresende zu einer ehegattenübergreifenden Verlustverrechnung. Der Freistellungsauftrag kann durch Erteilung eines neuen Auftrages geändert werden, ein Widerruf bzw. eine Befristung ist nur zum Kalenderjahresende möglich. Ein gemeinsam erteilter Auftrag ist nach Auflösung der Ehe oder bei dauerndem Getrenntleben zu ändern. Zur Überwachung sollte man sich die erteilten Freistellungsaufträge notieren, wenn es notwendig ist, sie auf mehrere Institute zu verteilen.

Kreditinstitut	Voraussichtlicher Kapitalertrag	Freistellungsbetrag
Bank 1		
Bank 2		
Bausparkasse		
zusammen		

Freiwillige Gerichtsbarkeit Besonderes gerichtliches Verfahren, dem bestimmte Angelegenheiten ausdrücklich zugewiesen sind:

- Vormundschaftssachen
- gewisse Familiensachen
- Hausratsteilungsverfahren
- Personenstandssachen
- Nachlasssachen
- Registersachen
- Wohnungseigentumssachen.

Frequenzimmobilie Immobilie in einer guten bis exzellenten Kauflage mit entsprechenden Parkmöglichkeiten. Eine Frequenzimmobilie ist abhängig von einem oder mehreren Magnetmietern.

Fruchtlosigkeitsbescheinigung Wird ein Gerichtsvollzieher beauftragt, eine Zwangsvollstreckung durchzuführen, so wird immer dann ein Protokoll über eine fruchtlose Pfändung erstellt, wenn keinerlei pfändbare Habe vorhanden ist. Mit dieser Fruchtlosigkeitsbescheinigung wird der Gläubiger dann den Schuldner zur Abgabe der eidesstattlichen Versicherung laden lassen.

Früherkennung problematischer Engagements Der Früherkennung kommt in den Kreditinstituten eine wichtige Bedeutung zu, da Probleme und auch entstehende Insolvenzen nur bei rechtzeitiger Erkennung mit sinnvollen Sanierungsmaßnahmen eingeschränkt oder abgewendet werden können. Dabei bedienen sich die Kreditinstitute unterschiedlicher Verfahren, die letztlich aber alle zu einer engmaschigen Begleitung von Kreditengagements dazugehören und sowohl den Kunden als auch das Kreditinstitut schützen. Dazu gehören:

- die computergestützte Früherkennung durch Überwachung der Konto- bzw. Darlehensentwicklung
- die Folgeprotokollierung eines Kreditengagements
- Entwicklung des Risikorasters
- Entwicklung des Ratings
- Beeinträchtigung der Sicherheiten
- Erkenntnisse aus Beratungsgesprächen
- die laufende Überwachung durch den Kundenbetreuer auf Anzeichen für negative Entwicklungen im wirtschaftlichen und privaten Bereich des Kunden im Rahmen der normalen Engagementführung
- vermehrte Auskunftsanfragen
- Auswertung von SCHUFA-Nachmeldungen
- Branchenentwicklungen
- drohender Arbeitsplatzverlust
- andauernde Arbeitslosigkeit
- häufige Kurzarbeit
- Sozialpläne
- längere Krankheiten
- Frühverrentung
- Stundungsanfragen, Beantragung von Tilgungsherabsetzung oder -streckung,
- die gerichtliche Mitteilung bezüglich eines Insolvenzverfahrens
- Anfragen von Verbraucherschutzorganisationen
- kundenseitige Ankündigung (Androhung) eines Verbraucherinsolvenzantrags

Frühwarnsignale Aus der Engagements- bzw. Kontoführung bzw. dem ständigen Kontakt des Kundenbetreuers kommen vielfältige Informationen, die auch als Frühwarnsignale dienen können:

- unabgesprochene Überziehungen, steigende Inanspruchnahmen, schleppende Ratenzahlungen, Ratenrückstände und Lastschriftrückgaben, ausbleibende Zahlungen, Zahlungseingänge von der Arbeitsagentur, Umsatzverlagerungen, Umsatzrückgänge, Wechsel der Zahlungsform, SCHUFA-Nachmeldungen, erhöhte Auskunftsanfragen u. a. sind bei der Kontoführung erkennbar,

- Informationen über negative wirtschaftliche Entwicklungen sind erkennbar aus der Auswertung eingereichter Unterlagen (Jahresabschluss, betriebswirtschaftliche Auswertung, Einkommensteuererklärung, Einkommensteuerbescheid, neue Selbstauskunft),
- Informationen über negative Veränderungen im persönlichen Umfeld eines Kunden, wie längere Krankheit, Ehescheidung, Todesfälle, Erbauseinandersetzungen oder Versetzungen, vorzeitiger Ruhestand, Arbeitslosigkeit, Kurzarbeit,
- Verschlechterung der Werthaltigkeit der finanzierten Immobilie oder sonstiger Sicherheiten.

Fünftel-Regelung Außerordentliche Einkünfte im Sinne des § 34 EStG (z. B. Entschädigungen und Vergütungen für mehrjährige Tätigkeit, Einmalauszahlungen von Versorgungsleistungen) werden durch die Fünftelregelung (§ 39b Abs. 3 EStG) normalerweise schon bei der Lohnbesteuerung begünstigt. Dabei wird der Auszahlungsbetrag fiktiv auf fünf Jahre verteilt. Damit kann – aufgrund der Progressivität des Einkommensteuertarifs – im Vergleich zu einer Besteuerung des gesamten Kapitalbetrages im Auszahlungszeitpunkt eine steuerliche Entlastung bewirkt werden. Der Arbeitgeber muss derartige Zahlungen in der Lohnsteuerbescheinigung gesondert ausweisen.

G: Gebäudenormalherstellungswert – Guthabenwert

Gebäudenormalherstellungswert Umgerechneter Gebäudewert nach dem Hauptfeststellungszeitraum (§ 85 BewG). Der Gebäudenormalherstellungswert ist wegen des Alters des Gebäudes im Hauptfeststellungszeitpunkt und wegen etwa vorhandener baulicher Mängel und Schäden zu mindern.

Gebietsfremde Natürliche Personen mit Wohnsitz oder gewöhnlichem Aufenthalt in fremden Wirtschaftsgebieten, juristische Personen und Personengesellschaften mit Sitz oder Ort der Leitung in fremden Wirtschaftsgebieten. Zweigniederlassungen Gebietsansässiger in fremden Wirtschaftsgebieten gelten als Gebietsfremde, wenn sie dort ihre Niederlassung haben und für sie eine gesonderte Buchführung besteht. Betriebsstätten Gebietsansässiger in fremden Wirtschaftsgebieten gelten als Gebietsfremde, wenn sie dort ihre Verwaltung haben. Grenzgänger, die im Wirtschaftsgebiet tätig sind, ihren Wohnsitz oder gewöhnlichen Aufenthalt jedoch im fremden Wirtschaftsgebiet haben, sind ebenfalls Gebietsfremde. Kreditgewährungen, Zinszahlungen usw. sind ggf. gegenüber der Bundesbank meldepflichtig, es besteht eine Freigrenze von 12.500 € (§§ 59 ff. *Außenwirtschaftsgesetz*).

Gebrauchswertverbesserung Modernisierungsmaßnahmen mit dem Ergebnis einer deutlichen Verbesserung des Gebrauchswertes einer Wohnung. Hierzu gehört z. B. die Erneuerung der kompletten Sanitärinstallation, der Elektroinstallation, der Erneuerung der Heizung, der Einbau von Rollläden.

geduldete Kontoüberziehung Eine Überziehung des Kontos über das Dispositionslimit hinaus, die vom Kreditinstitut (ohne vorherige Genehmigung) geduldet wird, ist damit faktisch ein Überziehungskredit. Dafür wird meist ein erhöhter Kreditzins berechnet.

geförderte Zusatzrente Jeder Sozialversicherungspflichtige sollte mit einer staatlichen Zusatzförderung (Riester-Förderung) die sogenannte Rentenlücke ausgleichen. Die Förderung wird seit dem 1.1.2002 gewährt. Volle Förderung erhalten alle rentenversicherungspflichtigen Arbeitnehmer, die 4% ihres Bruttoeinkommens (max. jedoch 2.100 €) pro Jahr in bestimmte Altersvorsorgeprodukte investieren, die die gesetzlichen Förderungskriterien erfüllen. Wenn beide Ehepartner die staatliche Förderung nutzen wollen, muss jeder einen eigenen Vorsorgevertrag abschließen.

Für diese Sparleistung erhalten sie jährlich folgende Zulagen:

Alleinstehende	Pro Kind	Für jedes nach dem 31.12.2007 geborene Kind
154 €	185 €	300 €

Das aktuell geltende Einkommensteuerrecht bewirkt die Förderung dieser Sparleistung durch eine Kombination aus der obligatorisch gewährten Zulage und ggf. durch einen zusätzlichen Sonderausgabenabzug.

Der Anspruch auf Kinderzulage entfällt für den Veranlagungszeitraum, für den das Kindergeld insgesamt zurückgefordert wird. Erhalten mehrere Zulagenberechtigte für dasselbe Kind Kindergeld, so steht die Kinderzulage demjenigen zu, dem für den ersten Anspruchszeitraum im Kalenderjahr Kindergeld ausgezahlt worden ist.

Gehaltsabtretung Tritt eine Militärperson, ein Beamter, ein Geistlicher oder ein Lehrer an einer öffentlichen Unterrichtsanstalt den übertragbaren Teil des Diensteinkommens, des Wartegelds oder des Ruhegehalts ab, so ist die auszahlende Kasse durch Aushändigung einer von dem bisherigen Gläubiger ausgestellten, öffentlich oder amtlich beglaubigten Urkunde von der Abtretung zu benachrichtigen. Bis zur Benachrichtigung gilt die Abtretung als der Kasse nicht bekannt (§ 411 BGB).

Geierfonds Investmentfonds, die sich auf den Kauf von notleidenden Krediten, auch Baufinanzierungskrediten, spezialisiert haben. Insbesondere durch den Druck von Basel II versuchen Kreditinstitute, ihr Kreditportfolio von „Non performing Loans" zu bereinigen, da hierfür künftig deutlich mehr Eigenkapital vorzuhalten ist. Diese Kredite samt eventueller (Rest-)Sicherheiten werden mit einem deutlichen Wertabschlag an Investmentfonds weiterverkauft, die dadurch natürlich eine ganz andere Verhandlungsposition gegenüber dem Schuldner haben.

Geldkarte Eine Geldkarte ist entweder eine aufladbare Chipkarte oder eine Eurochequekarte mit einem Chip, auf die man sich am Geldautomaten oder an Spezial-Terminals Geld aufladen kann (meist bis maximal 200 €). Sie dient als vielseitig verwendbares Zahlungsmittel z. B. an Fahrscheinautomaten etc. Bei Karteneinsatz wird der Zahlungsbetrag von der Geldkarte abgebucht. An POS-Terminals kann der Saldo abgefragt werden. Der Verlust der Geldkarte ist einem normalen Bargeldverlust gleichzusetzen.

Geldmarkt Markt kurzfristig verfügbarer Gelder, die von Kreditinstituten gesucht oder angeboten werden, z. B. Tages-, Ein-Monats-Geld oder Drei-Monats-Geld. Der Zinssatz wird von Angebot und Nachfrage bestimmt.

Geldverkehrsrechnung Wenn das Finanzamt bei einem Steuerpflichtigen einen ungeklärten Vermögenszuwachs feststellt, so ist nach einem Urteil des Bundesfinanzhofes (*XI R 27/89*) der Schluss zulässig, dass dieser Vermögenszuwachs aus unversteuerten Einnahmen stammt. Der nachzuversteuernde Gewinn wird in einem solchen Fall mit der Geldverkehrsrechnung ermittelt. Dabei können die Lebenshaltungskosten nach Maßgabe statistischer Durchschnittswerte angesetzt werden, soweit keine besseren, konkreten Anhaltspunkte vorliegen.

Geldwäsche Unter Geldwäsche versteht man die systematische Tarnung und geschickte Verschleierung von Vermögenswerten durch finanzielle Transaktionen. Die zu waschenden Gelder wurden zumeist auf unrechtmäßige Weise erworben. Die Geldwäsche ist seit 1992 nach § 262 StGB unter Strafe gestellt.

Gemeinschaftskonto Ein Gemeinschaftskonto kann von zwei Personen gleichberechtigt genutzt werden. Deshalb ist es auch möglich, dort Geldbeträge verbuchen zu lassen, die nur einem der beiden Kontoinhaber zufließen. Üblich ist, dass jeder einzelne Kontoinhaber jeweils einzeln verfügungsberechtigt ist. Will man nur gemeinschaftlich verfügen, was in der praktischen Umsetzung nur selten vorkommt, so muss dies entsprechend vereinbart werden. Die Kontoinhaber haften gesamtschuldnerisch.

Gemeinschuldner Ein Insolvenzverfahren kann über das Vermögen jeder natürlichen und jeder juristischen Person eröffnet werden (*§§ 11, 12 u. a. InsO*). Der nicht rechtsfähige Verein steht insoweit einer juristischen Person gleich. Gemeinschuldner ist der allgemeine Name für die insolvent gewordene natürliche oder juristische Person ab der Insolvenzverfahrenseröffnung.

gemischte Schenkung Durch die Erbschaft- und Schenkungsteuerreform zum 1.1.2009 und die damit verbundene Bewertung der Immobilien zum Verkehrswert ist die gemischte Schenkung als vorteilhafte steuerliche Gestaltungsmöglichkeit weggefallen.

Genossenschaft Gesellschaften von nicht geschlossener Mitgliederzahl, welche die Förderung des Erwerbs oder der Wirtschaft ihrer Mitglieder mittels gemeinschaftlichen Geschäftsbetriebs bezwecken (*§ 1 GenG*). Die eingetragene Genossenschaft ist juristische Person und Kaufmann. Sie entsteht durch Eintragung in das Genossenschaftsregister. Genossenschaftliches Prinzip ist die Gleichberechtigung sämtlicher Mitglieder.

geringwertige Wirtschaftsgüter Wirtschaftsgüter, deren Anschaffungs- oder Herstellungskosten vermindert um einen darin enthaltenen Vorsteuerbetrag 410 € nicht übersteigen, können als sofortiger Aufwand in voller Höhe als Aufwand oder Werbungskosten im Jahr der Anschaffung oder Herstellung berücksichtigt werden (*§ 6 Abs. 2 EStG*). Dies trifft beispielsweise ggf. auch auf Einrichtungsgegenstände im Arbeitszimmer zu. Der Wert inkl. MwSt. liegt somit bei 487,90 €. Bei Kosten von 411 bis 1.000 € (ohne Mehrwertsteuer) ist ein Sammelposten zu bilden, der über fünf Jahre verteilt mit je 20 % abgeschrieben wird.

Gesamtbetrag der Einkünfte Die Summe der Einkünfte (aus den einzelnen Einkunftsarten) vermindert um den Altersentlastungsbetrag, den Entlastungsbetrag für Alleinerziehende und den Abzug nach § 13 Abs. 3 EStG ist der Gesamtbetrag der Einkünfte (*§ 2 Abs. 3 EStG*). Diese steuerliche „Zwischensumme" ist Maßstab für die Berechnung der zumutbaren Belastung bei außergewöhnlichen Belastungen und wird z. B. auch beim Verlustabzug als Bezugsgröße verwendet.

Gesamtengagement Alle Einzelkredite eines Kreditnehmers, sowie die Kredite seines Ehegatten, von Mitantragstellern oder Bürgen, müssen zur Risikobetrachtung zusammengefasst werden. Auch ist es üblich, einen derartigen Verbund in einem Kreditprotokoll abzubilden.

Gesamtengagementrisikofaktor Bei einer Risikoeinschätzung wird zunächst für jedes Einzelengagement ein Engagementrisikofaktor ermittelt. Der Gesamtengagementrisikofaktor stellt das Kreditrisiko des Gesamtengagements dar und setzt sich aus den einzelnen Engagementrisikofaktoren zusammen, die je nach der Höhe der einzelnen Kreditvormerkungen gewichtet werden.

Gesamtfälligstellung bei Teilzahlungsdarlehen Wegen Zahlungsverzugs des Darlehensnehmers kann der Darlehensgeber den Verbraucherdarlehensvertrag bei einem Darlehen, das in Teilzahlungen zu tilgen ist, nur kündigen, wenn

- der Darlehensnehmer mit mindestens zwei aufeinander folgenden Teilzahlungen ganz oder teilweise und mit mindestens 10 %, bei einer Laufzeit des Verbraucherdarlehensvertrages über drei Jahre mit 5 % des Nennbetrags des Darlehens oder des Teilzahlungspreises in Verzug ist *und*
- der Darlehensgeber dem Darlehensnehmer erfolglos eine zweiwöchige Frist zur Zahlung des rückständigen Betrags mit der Erklärung gesetzt hat, dass er bei Nichtzahlung innerhalb der Frist die gesamte Restschuld verlange.

Der Darlehensgeber soll dem Darlehensnehmer spätestens mit der Fristsetzung ein Gespräch über die Möglichkeiten einer einvernehmlichen Regelung anbieten (*§ 498 BGB*).

Gesamtgut Von Eheleuten im Güterstand der Gütergemeinschaft vor und während der Ehe eingebrachtes Vermögen (*§§ 1416, 1485 BGB*).

Gesamthandsgemeinschaft Eine Gesamthandsgemeinschaft liegt vor, wenn ein Grundstück zu einer mehreren Personen gemeinsam zustehenden Vermögensmasse gehört, z. B. Vermögen einer Gesellschaft (*§ 705 BGB*), zum gemeinschaftlichen Vermögen von Eheleuten aufgrund Ehevertrages über Gütergemeinschaft (*§ 1416 BGB*) oder zur Erbmasse einer Erbengemeinschaft (*§§ 2032 ff. BGB*). Weitere Gesamthandsgemeinschaften können sein: BGB-Gesellschaften, OHG oder KG als Personengesellschaft oder ein nicht rechtskräftiger Verein. Sachen, die zum Vermögen einer „Gemeinschaft zur gesamten Hand" gehören, sind Gesamthandsvermögen.

Gesamtinvestitionskosten Zu den Gesamtinvestitionskosten eines Bauvorhabens zählen u. a.:

- Bodenwert
- bauliche Herstellungskosten
- Baunebenkosten
- Anlaufkosten
- zusätzliche Kosten je nach Immobilienart
- Mehrwertsteuer (je nach Objekt und Immobilienart)

Gesamtrechtsnachfolge Mit dem Tod eines Menschen geht sein Vermögen als Ganzes auf die Erbin oder den Erben über. Sind aufgrund gesetzlicher Erbfolge oder aufgrund gewillkürter Erbfolge (durch Testament oder Erbvertrag) mehrere Personen zu Erben berufen, so bilden sie eine Erbengemeinschaft und treten in ihrer Gesamtheit in die Rechtsposition der Erblasserin/des Erblassers ein. An dessen Vermögen sind die Erben gemeinsam beteiligt. Einzelne Nachlassgegenstände wie z. B. ein Einfamilienhaus werden also nicht für sich vererbt. Alleineigentum an einem bestimmten Nachlassgegenstand erlangen einzelne Miterben erst im Wege der Nachlassauseinandersetzung. Für vorhandene Schulden haften die Erben ebenfalls gemeinschaftlich (*§ 1922 BGB*).

Für die steuerliche Behandlung von Grundbesitz gilt ebenfalls der Grundsatz der Gesamtrechtsnachfolge. Der Erbe setzt einerseits die vom Erblasser begonnenen Abschreibungen fort, muss sich andererseits bei der Berechnung der Zehn-Jahres-Frist den Zeitpunkt der Anschaffung durch den Erblasser anrechnen lassen.

Gesamtsozialversicherungsbeitrag Betrag, den der Arbeitgeber vom Entgelt eines Versicherten für die Sozialversicherung einbehält. Er setzt sich aus den Beiträgen für die Kranken-, Arbeitslosen-, Pflege- und Rentenversicherung zusammen.

Gesamtvermögensverfügung Ein im gesetzlichen Güterstand der Zugewinngemeinschaft lebender Ehegatte kann über sein Vermögen im Ganzen nur mit Einwilligung des anderen Ehegatten verfügen. Hat ein Grundbuchamt vom Vorliegen der Voraussetzungen dieser Rechtsvorschrift Kenntnis oder nach Lage des Falles begründeten Anlass zu der auf bestimmte Tatsachen zu gründenden Vermutung, dass eine Gesamtvermögensverfügung gegeben ist, so ist es nach der Grundbuchordnung zur Beanstandung berechtigt und verpflichtet (*GBO § 20; BGB §§ 925, 1365*).

Gesamtverzinsung Echtes Ergebnis einer Kapitallebensversicherung aus dem Garantiezins und dem durch erfolgreiche Kapitalanlage entstandenen Zinsüberschuss.

Geschäftsfähigkeit Geschäftsfähigkeit bedeutet die Fähigkeit, rechtlich bindende Geschäfte zu tätigen, also Dinge zu kaufen oder Verträge abzuschließen.

Kinder unter 7 Jahren sind geschäftsunfähig. Minderjährige zwischen dem 7. und Vollendung des 18. Lebensjahres sind beschränkt geschäftsfähig. Das bedeutet, dass Rechtsgeschäfte erst dann wirksam werden, wenn die Zustimmung der Eltern oder der gesetzlichen Vertreter vorliegt. Wer bedingt geschäftsfähig ist, kann allerdings kleinere Geschäfte (im Rahmen des Taschengelds) tätigen.

Geschäftskunden Bei den Kreditinstituten besteht die Kundengruppe der Geschäftskunden aus:

- im Handelsregister eingetragenen Firmen,
- wirtschaftlich selbstständigen Kunden und Handwerkern, deren überwiegende Einkommensquelle die Einkünfte aus selbstständiger Arbeit oder aus einem Gewerbebetrieb (werden über die Anlagen S und/oder G zur Einkommensteuer erklärt) sind,
- Freiberuflern, auch wenn sie nicht im Handelsregister registriert sind und
- den Gesellschafter der genannten Unternehmen

Gesellschaft bürgerlichen Rechts
1. *Vertraglicher Zusammenschluss von mindestens zwei Personen zur Erreichung eines gemeinsamen Geschäftszwecks (§§ 705 ff. BGB)*: Die GbR ist personengebunden und wird durch Kündigung und Tod eines Gesellschafters aufgelöst. Abweichende Bedingungen im Gesellschaftsvertrag sind zulässig. Eine Eintragung der Gesellschaft in das Handelsregister erfolgt nicht. Die Gesellschafter haften unbeschränkt, wenn keine Haftungsbeschränkungen im Gesellschaftsvertrag vorgesehen sind. Im Finanzierungsbereich sehen die Verträge i. d. R. eine quotale Haftung vor. Dann gehört wegen möglicher Haftungsbeschränkungen eine Ausfertigung des Gesellschaftsvertrages in die Kreditakte.
2. *als Kreditnehmer*: Ein Kreditvertrag mit einer GbR bzw. das Kreditzusageschreiben an die GbR muss grundsätzlich von sämtlichen Gesellschaftern der GbR unterzeichnet werden. Kreditzusagen/Kreditverträge müssen den strengen Anforderungen des Verbraucherkreditgesetzes hinsichtlich der Form des Inhalts und ggf. der Widerrufsbelehrung genügen, falls einer oder mehrere Gesellschafter der GbR natürliche Personen sind und der von der GbR verfolgte Gesellschaftszweck für die einzelnen Gesellschafter weder einer bereits ausgeübten gewerblichen noch einer beruflichen Tätigkeit zuzuordnen ist. Auch hier müssen alle Gesellschafter den Kreditvertrag unterzeichnen, gleichzeitig hat die Widerrufsbelehrung zu erfolgen. Ausgenommen sind hiervon nur die grundpfandrechtlich gesicherten Kredite zu den für diese Kredite üblichen Konditionen. Für sämtliche Ansprüche des Kreditinstituts aus den in dieser Weise rechtlich einwandfrei mit einer GbR abgeschlossenen Kreditverträgen haftet neben der Gesellschaft mit deren Vermögen auch jeder einzelne Gesellschafter in vollem Umfang, also nicht quotal.

Gesellschaftstreuhänder Treuhänder, der im eigenen Namen, aber für fremde Rechnung tätig wird und überwiegend nur gesellschaftsrechtliche Funktionen wahrnimmt.

gesetzliche Einlagensicherung Seit Dezember 2010 sind 100% der Einlagen bis maximal 100.000 € pro Person geschützt. Davor waren bis zu 50.000 € ohne Eigenbeteiligung abgesichert. Vorher war die gesetzliche Sicherung in Deutschland auf 90 % einer Einlage, maximal 20.000 € begrenzt. Unabhängig davon bestehen die Garantien durch die Einlagensicherungsfonds des Bundesverbandes deutscher Banken, der Sparkassenorganisation und der Genossenschaftsbanken. Der gesetzliche Schutz verbessert also nur die Einlagen bei privaten Banken, die nicht dem Sicherungsfonds angehören.

gesetzliche Erbfolge Wenn ein Verstorbener keine letztwillige Verfügung – Testament oder Erbvertrag – hinterlassen hat, tritt automatisch die gesetzliche Erbfolge ein, die im BGB in den §§ 1924 bis 1936 geregelt ist. Das BGB geht davon aus, dass das Vermögen des Erblassers an die Kinder, den Ehegatten und andere Verwandte in einer genau festgelegten Rangfolge vererbt wird. Sind weder ein überlebender Ehegatte noch Verwandte vorhanden, so wird der Staat gesetzlicher Erbe. Seine Haftung beschränkt sich grundsätzlich auf den Nachlass.

gesetzliche Rentenversicherung Die Versicherten in der gesetzlichen Rentenversicherung gliedern sich in folgende Personengruppen:

Aktiv Versicherte	
Pflichtversicherte	Unter Pflichtversicherten werden alle Personen verstanden, die im Jahr wenigstens einen Pflichtbeitrag leisten
Freiwillig Versicherte	Personen, die im Jahr mindestens einen freiwilligen Beitrag geleistet haben, werden als freiwillig Versicherte bezeichnet
Geringfügig Beschäftigte	Seit 2003 liegt eine geringfügige Beschäftigung vor, wenn das monatliche Arbeitsentgelt 400 € regelmäßig nicht übersteigt. In Anlehnung an die allgemeine Lohnentwicklung ist die Geringfügigkeitsgrenze zum 1.1.2013 auf 450 € angepasst worden
Anrechnungszeitversicherte	Als Anrechnungsversicherte werden alle den Versicherungsträgern als solche bekannten Personen bezeichnet, die im lfd. Jahr Anrechnungszeiten zurückgelegt haben, die im jeweiligen Versichertenkonto gespeichert sind. Hierbei handelt es sich im Wesentlichen um Zeiten der Arbeitslosigkeit oder Arbeitsunfähigkeit ohne Leistungsbezug, der Schul-, Fach- oder Hochschulausbildung, Zeiten wegen Schwangerschaft oder Mutterschaft während der Schutzfristen nach dem Mutterschutzgesetz

gesetzlicher Güterstand Die Zugewinngemeinschaft ist der gesetzliche Güterstand. Heben die Eheleute durch Ehevertrag oder durch Scheidung den gesetzlichen Güterstand auf, so tritt Gütertrennung ein, falls sich nicht aus dem Ehevertrag etwas anderes ergibt (*§ 1414 BGB*).

gesetzlicher Steuereinbehalt Seit Einführung der Abgeltungssteuer zum 1.1.2009 nimmt das Kreditinstitut den Kapitalertragsteuerabzug für Rechnung des Gläubigers der Kapitalerträge vor. Dabei behält das Kreditinstitut die auf den Ertrag anfallende Kapitalertragsteuer, den Solidaritätszuschlag und auf Wunsch des Kunden ggf. die Kirchensteuer ein und führt diese an das zuständige Finanzamt ab. Die Abwicklung erfolgt meist über ein separates Erträgnis-/Substanzkonto. Beträge aus nachträglichen Änderungen von steuerlichen Bemessungsgrundlagen werden ebenfalls diesem Konto gutgeschrieben oder belastet.

Gesetz über Bausparkassen Das Bausparkassengesetz (BSpKG) von 1991 ist ein gemeinsames Gesetz für die privaten und öffentlich-rechtlichen Bausparkassen. Es dient überwiegend dem Schutz des Bausparers.

gesonderter Steuertarif für Einkünfte aus Kapitalvermögen Die Einkommensteuer für Einkünfte aus Kapitalvermögen beträgt 25 %. Die Steuer vermindert sich um anrechenbare ausländische Steuern. Im Fall der Kirchensteuerpflicht ermäßigt sich die Steuer um 25 % der auf die Kapitalerträge entfallenden Kirchensteuer (z. B. um 0,5625 % bei Kirchensteuersatz von 9 %).

Gestaltungsmissbrauch Durch Missbrauch von Gestaltungsmöglichkeiten des Rechts kann das Steuergesetz nicht umgangen werden. Ist der Tatbestand einer Regelung in einem Einzelsteuergesetz erfüllt, die der Verhinderung von Steuerumgehungen dient, so bestimmen sich die Rechtsfolgen nach jener Vorschrift. Liegt ein Missbrauch vor, so entsteht der Steueranspruch so, wie er bei einer den wirtschaftlichen Vorgängen angemessenen rechtlichen Gestaltung entstanden wäre. Ein Missbrauch liegt vor, wenn eine unangemessene rechtliche Gestaltung gewählt wird, die beim Steuerpflichtigen oder einem Dritten im Vergleich zu einer angemessenen Gestaltung zu einem gesetzlich nicht vorgesehenen Steuervorteil führt. Dies gilt nicht, wenn der Steuerpflichtige für die gewählte Gestaltung außersteuerliche Gründe nachweist, die nach dem Gesamtbild der Verhältnisse beachtlich sind (§ 42 AO).

Gesundheitsfonds Die Finanzierung der gesetzlichen Krankenversicherung wurde mit der Einführung des Gesundheitsfonds neu gestaltet. Seit 2009 gilt bundesweit ein einheitlicher Beitragssatz, der von allen Krankenkassen verlangt wird. Die Beiträge werden von den beitragspflichtigen Einnahmen berechnet und fließen gemeinsam mit Steuermitteln in den Gesundheitsfonds. Die Krankenkassen erhalten vom Gesundheitsfonds eine einheitliche Grundpauschale pro Versicherten plus alters-, geschlechts- und risikoadjustierte Zu- und Abschläge zur Deckung ihrer standardisierten Leistungsausgaben. Hierdurch wird die unterschiedliche Risikostruktur der Versicherten berücksichtigt. Krankenkassen mit älteren und kranken Versicherten erhalten dementsprechend mehr Finanzmittel als Krankenkassen mit einer Vielzahl an jungen und gesunden Versicherten. Auf diese Weise soll sichergestellt sein, dass die finanzielle Ausgangssituation der Krankenkassen nicht mehr von ihrer Versichertenstruktur abhängig ist und die Wettbewerbsbedingungen für alle Krankenkassen gleich sind.

getrennte Veranlagung von Ehegatten Bei der getrennten Veranlagung von Ehegatten sind jedem Ehegatten die von ihm bezogenen Einkünfte zuzurechnen (§ 26 a EStG). Außergewöhnliche Belastungen (§ 33 bis 33 c EStG) werden in Höhe des bei einer Zusammenveranlagung in Betracht kommenden Betrages je zur Hälfte abgezogen, wenn die Ehegatten nicht gemeinsam eine andere Aufteilung beantragen. Pauschbeträge nach § 33 b Abs. 5 EStG stehen den Ehegatten nur einmal zu. Die Entscheidung über eine getrennte Veranlagung kann jährlich neu getroffen werden. Selbstverständlich muss bei allen diesen Überlegungen die Gesamtsituation berücksichtigt werden.

Gewährträgerhaftung Bezeichnung für die unbeschränkte Haftung von Körperschaften des öffentlichen Rechts (z. B. Städte, Gemeinden, Gemeindeverbände, Kreise, Länder) für die Verbindlichkeiten von öffentlich-rechtlichen Banken und Sparkassen, die sich in ihrem Eigentum befinden.

Gewerbedarlehen Langfristige Darlehen für gewerblich genutzte Immobilien, also Lagergebäude, Werkstätten, Fabrikgebäude, Büro- und Geschäftsgebäude, aber auch für Hotels, Fremdenpensionen, Altenheime etc. Derartige Darlehen werden auch von den Hypothekenbanken ausgereicht, üblicherweise ist der Tilgungssatz etwa doppelt so hoch wie bei einer Wohnungsbaufinanzierung. Bei der Finanzierung ist darauf zu achten, dass auch die notwendigen, zusätzlichen Genehmigungen zur späteren Ausübung der Nutzung vorliegen.

Gewerbegebiet Gewerbegebiete sorgen für die Zentralisierung von nicht erheblich belästigenden Gewerbebetrieben (§§ 8, 17BauNVO). Gewerbegebiete dienen vorwiegend der Unterbringung von Lagerhäusern, Geschäfts- und Bürohäusern, Verwaltungsgebäuden, Tankstellen, öffentlichen Betrieben, Anlagen für sportliche Zwecke. Die für die Bebauung vorgesehenen Flächen sind im Bebauungsplan mit -GE- gekennzeichnet. Ausnahmsweise können dort auch Wohnungen für Aufsichts- und Bereitschaftspersonen sowie für Betriebsinhaber und Betriebsleiter, Anlagen für kirchliche, kulturelle, soziale, gesundheitliche und sportliche Zwecke zulässig sein.

gewerberechtlicher Bestandsschutz Im § 17 Bundesimmissionsschutzgesetz wird geregelt, dass eine gewerberechtliche Vollgenehmigung auch einen gewerberechtlichen Bestandsschutz gewährleistet. Dies beinhaltet Schutz vor nachträglichen Anordnungen zu Gunsten des Immissionsschutzes, wenn diese nicht dem Stand der Technik entsprechen oder nicht zumutbar sind.

Gewerbesteuer Nach § 1 Abs. 1 GewStDV ist eine selbstständige nachhaltige Betätigung, die kein Reisegewerbebetrieb ist und die mit Gewinnabsicht unternommen wird und sich als Beteiligung am allgemeinen wirtschaftlichen Verkehr darstellt, ein Gewerbebetrieb. Entscheidend sind speziell im Immobilienbereich gewinnträchtige Maßnahmen wie z. B. Modernisierung/Renovierung, umfangreiche Planungen, Aufteilung, werterhöhende Aufwendungen.

Die Gewerbesteuer ist eine Gemeindesteuer und wird in der Höhe durch den individuellen Hebesatz der Gemeinden wesentlich beeinflusst. 2004 ist ein Mindesthebesatz von 200 % eingeführt worden (*§ 16 Abs. 4 GewStG*). Besteuerungsgrundlage ist der Gewerbeertrag, der durch Hinzurechnungen und Kürzungen korrigiert wird. Als Haupteinnahmequelle der Kommunen ist das Gewerbesteueraufkommen Indikator für die örtliche Wirtschaftskraft und beschreibt die finanziellen Möglichkeiten zur Erhaltung und Erstellung kommunaler Infrastruktur.

gewerbliche Baufläche Bebaubare Fläche, die ausschließlich für gewerbliche Bauvorhaben genutzt werden darf (*§ 8 BauNVO*).

gewerbliche Finanzierungen mit Bausparverträgen Der Anteil von Darlehen, die der Finanzierung von Bauvorhaben mit gewerblichem Charakter dienen, darf 3 % des Gesamtbestandes der Forderungen aus Darlehen einer Bausparkasse nicht übersteigen (*§ 3 BausparV*).

gewerbliche Hypothek Die Finanzierung langfristiger gewerblicher Investitionsvorhaben jeder Art kann durch gewerbliche Hypotheken erfolgen. Diese Darlehen werden von Pfandbriefbanken zu Festkonditionen angeboten. Die Finanzierung wird maßgeschneidert dem Investitionsvorhaben angepasst. Durch den festen Zinssatz und die lange Laufzeit ist eine exakte Investitionsplanung möglich. Der Zinssatz liegt i. d. R. 0,5 % über den Zinsen für den Wohnungsbau.

gewerblicher Realkredit Der gewerbliche Realkredit muss die aufsichtsrechtlichen Bedingungen nach § 20a Kreditwesengesetz erfüllen. Der Wert der Immobilie muss mindestens jährlich überwacht und überprüft werden.

Es sind lediglich Beleihungen von Büroräumen oder vielseitig nutzbare Geschäftsräumen möglich, bei denen die Drittverwendungsfähigkeit vorausgesetzt ist. Eine gewerblich genutzte Immobilie ist dann drittverwendungsfähig, wenn sie ohne weitere bauliche Maßnahmen im vorhandenen Bauzustand genutzt werden kann.

gewillkürte Erbfolge Wer eine vom Gesetz abweichende Regelung treffen will, kann durch Errichtung eines Testamentes oder durch Abschluss eines Erbvertrages anderweitig über seinen Nachlass bestimmen, also die gesetzliche Erbfolge aufheben. Während testamentarische Anordnungen grundsätzlich jederzeit frei widerrufen werden können, kann sich der Erblasser von den im Erbvertrag getroffenen Verfügungen nur noch ganz ausnahmsweise einseitig lösen.

Gewinn Gewinn ermittelt sich als Betriebs(rein)vermögen am Schluss des Wirtschaftsjahres vermindert um das Betriebs(rein)vermögen am Schluss des vorangegangenen Wirtschaftsjahres (bzw. am Anfang des laufenden Wirtschaftsjahres), zuzüglich der Entnahmen und vermindert um die Einlagen (*§ 4 EStG*).

Gewinneinkunftsarten Einkünfte, die durch Vermögensvergleich bzw. Überschuss der Betriebseinnahmen über die Betriebsausgaben ermittelt werden:

- Einkünfte aus Land- und Forstwirtschaft
- Einkünfte aus Gewerbebetrieb
- Einkünfte aus selbstständiger Arbeit

Nach § 32c ESTG besteht eine Tarifbegrenzung bei den Gewinneinkünften.

Gewinnermittlung Seit dem Wirtschaftsjahr 2005 ist der Steuererklärung eine Gewinnermittlung auf einem amtlich vorgeschriebenen Vordruck (Anlage EÜR) beizufügen. Bilanzierende Steuerzahler sind davon ausgenommen. Bei Kleinunternehmern, deren Betriebseinnahmen unter der Grenze von 17.500 € liegen, wird es nicht beanstandet, wenn der Steuererklärung anstelle dieser Anlage eine formlose Gewinnermittlung beigefügt wird.

Gewinnermittlung nach Durchschnittssätzen Gewinnermittlungsart bei Landwirten. Der Gewinn aus Landwirtschaft ist nach Durchschnittssätzen zu ermitteln, wenn der Unternehmer nicht zur Führung von Büchern verpflichtet ist und er auch keinen Antrag nach § 13 a EStG gestellt hat.

Gewinnermittlungsarten

- Betriebsvermögensvergleich (*§ 4 Abs. 1 oder § 5 Abs. 1 EStG*) als Regelfall
- Einnahmen-Ausgaben-Rechnung (*§ 4 Abs. 3 EStG*) als Ausnahmefall
- Gewinnermittlung nach Durchschnittssätzen (*§ 13a EStG*) als Sonderregelung

Gewinnerzielungsabsicht Der Begriff findet in der Einkommensteuer Verwendung. Für Einkünfte aus Vermietung und Verpachtung gilt, dass eine Vermietertätigkeit nur dann einkommensteuerlich relevant ist, wenn der Vermieter die Absicht hat, auf die Dauer der Vermögensnutzung einen Totalüberschuss der Einnahmen über die Werbungskosten zu erzielen. Wertsteigerungen in der Vermögenssubstanz bleiben unberücksichtigt. Entscheidend ist nicht die Lebens- und Nutzungsdauer des Vermögensgegenstandes, sondern die voraussichtliche Dauer der Nutzung durch den Eigentümer. Bei fehlender Gewinnerzielungsabsicht greift u. U. Liebhaberei.

Gläubiger Gläubiger ist derjenige, der Geld an einen Schuldner verliehen hat und glaubt, dass er das verliehene Geld zurückerhält. Juristisch ist der Gläubiger eine Person, die aufgrund eines Schuldverhältnisses vom Schuldner eine Leistung fordern kann.

Gläubigeranfechtung Durch die Gläubigeranfechtung soll dem Gläubiger ermöglicht werden, sachlich ungerechtfertigte Vermögensverschiebungen, durch die das Vermögen des Schuldners vermindert wurde, dem Vollstreckungszugriff des Gläubigers wieder zuzuführen (§ 3 Abs. 1–4 AnfG). Das Anfechtungsrecht gegen den Erwerber entsteht, sobald die nach vorgenannten Paragrafen aufgestellten Voraussetzungen erfüllt sind. Der Gläubiger muss u. a. für die Forderung einen auf Zahlung lautenden Vollstreckungstitel haben (§ 2 AnfG), die Vollstreckung gegen den Schuldner muss ergebnislos betrieben sein und der Schuldner muss die Handlung in der unlauteren Absicht vorgenommen haben, seine Gläubiger zu benachteiligen. Von besonderer Bedeutung sind in diesem Zusammenhang Bargeschäfte mit nahen Verwandten und Schenkungen sowie Überträge an die Kinder oder die Ehefrau bei Gütertrennung.

Gläubigerausschuss Vor der ersten Gläubigerversammlung kann das Insolvenzgericht aus der Zahl der Gläubiger oder der Vertreter von Gläubigern einen Gläubigerausschuss bestellen (§§ 67–79, 276 InsO). Die Gläubigerversammlung hat die Bestellung eines Gläubigerausschusses zu beschließen. Die Mitglieder sind von der Gläubigerversammlung zu wählen. Aufgabe des Gläubigerausschusses ist es, den Insolvenzverwalter bei seiner Geschäftsführung zu unterstützen und zu überwachen. Der Ausschuss ist berechtigt, sich vom Verwalter regelmäßig berichten zu lassen. Die Mitglieder sind für die Erfüllung der ihnen obliegenden Pflichten verantwortlich. Ein Beschluss des Gläubigerausschusses ist gültig, wenn die Mehrheit der Mitglieder an der Beschlussfassung teilgenommen hat und der Beschluss mit absoluter Mehrheit gefasst ist. Die Mitglieder haben Anspruch auf Erstattung ihrer Kosten und auf eine Vergütung für ihre Geschäftsführung.

Gläubigerbenachteiligung Rechtshandlungen vor Eröffnung der Insolvenz, die zu einer Gläubigerbenachteiligung führen, sind anfechtbar und ziehen eine Insolvenzanfechtung nach sich (§§ 132 ff. InsO).

Gläubigerversammlung Oberstes Selbstverwaltungsorgan der Gläubiger im Insolvenzverfahren (§ 74 ff. InsO). Die Einberufung muss erfolgen, wenn sie von dem Insolvenzverwalter, dem Gläubigerausschuss oder von mindestens fünf absonderungsberechtigten Insolvenzgläubigern, deren Forderungen nach den Schätzungen des Insolvenzgerichts den fünften Teil der Schuldmasse erreichen, beantragt wird. Über die Berufung beschließt das Gericht, sie findet auch unter Leitung des Gerichts statt. Die Einberufung muss öffentlich bekannt gemacht werden. Zu den Aufgaben der Gläubigerversammlung zählen u. a.: Wahl eines Gläubigerausschusses, Widerruf der Bestellung eines Mitgliedes, Beschlussfassung über die Fortführung oder Schließung des Geschäftes, Entscheidung über Unterstützungszahlungen an den Gemeinschuldner.

Gläubigerverzeichnis Der Insolvenzverwalter hat ein Verzeichnis aller Gläubiger des Schuldners aufzustellen, die ihm aus den Büchern und Geschäftspapieren des Schuldners, durch sonstige Angaben des Schuldners, durch die Anmeldung ihrer Forderungen oder auf andere Weise bekannt geworden sind (§ 152 InsO). Die absonderungsberechtigten Gläubiger und die einzelnen Rangklassen der nachrangigen Gläubiger sind gesondert aufzuführen.

Globalbürgschaft Kreditbürgschaft, die nicht auf einen bestimmten Kredit begrenzt ist, sondern der Bürge haftet auch für alle aktuellen und künftigen Verbindlichkeiten des Schuldners.

Gnadensplitting Verwitwete Steuerpflichtige werden in dem Jahr, in dem der Ehegatte verstorben ist und im darauf folgenden Jahr nach der Splittingtabelle veranlagt. Das Gnadensplitting bewirkt, dass die Zusammenveranlagung für beide Jahre zur Anwendung kommt (§ 32a EStG).

grauer Immobilienmarkt Der Milliardenbetrug mit Schrottimmobilien ist trotz aller in den Medien veröffentlichten Einzelfälle auch in der Wirtschaftskrise ungebrochen. Weiterhin werden Objekte zur Altersvorsorge und zum Steuersparen angeboten und meist in Nacht-und-Nebel-Aktionen notariell beurkundet und darüber hinaus voll finanziert, meist ohne das die Käufer vorher die Wohnung gesehen oder genau geprüft haben. Die finanziellen Folgen für die vermeintlichen Kapitalanleger sind absehbar und existentiell bedrohlich.

grauer Kapitalmarkt Hierzu zählen:

- geschlossene Immobilienfonds
- Windkraftfonds
- Sonnenenergiefonds
- Biogasfonds
- Schiffsfonds
- Filmfonds

Auch für den grauen Kapitalmarkt sollen wie für „normale" Bankprodukte nach den Vorstellungen des Bundeswirtschaftsministeriums die Regeln des Anlegergesetzes gelten. Dies würde bedeuten, dass auch freie Vermittler ein Beratungsprotokoll erstellen müssen, in dem über Produkt und Risiken aufgeklärt wird und Provisionen offengelegt werden. Damit würden die Anforderungen an die Qualifikation von Finanzberatern wachsen, eine Berufshaftpflicht zur Pflicht werden. Ein Verbraucher ist gut beraten, die genannten Anforderungen auch dann abzufordern, wenn sie (noch) nicht gesetzlich vorgeschrieben sind.

Grenzsteuersatz Prozentsatz, mit dem Einkommenszuwächse bzw. -minderungen belastet bzw. entlastet werden, z. B. Steuersatz der letzten 1.000 €. Für realistische Einkommensveränderungen ist der Grenzsteuersatz ein Annäherungswert. Sollte in der Anlage- und Finanzierungsberatung nicht angewendet werden.

Großkredite Kredite, welche insgesamt 15 % des haftenden Eigenkapitals des Kreditinstitutes übersteigen, sind nach § 13 KWG der Deutschen Bundesbank anzuzeigen; dies gilt nicht für Großkredite, bei denen der zugesagte oder in Anspruch genommene Betrag nicht höher ist als 25.000 €, es sei denn, dass der Großkredit 50 % des haftenden Eigenkapitals des Kreditinstitutes übersteigt.

Grundbesitzbrief Beteiligungsurkunde als Bestätigung einer Beteiligung an einem geschlossenen Immobilienfonds. Hierdurch kann die Eintragung in das Handelsregister gespart werden. Grundbesitzbriefe sind in der Regel veräußerbar. Der Preis richtet sich nach Angebot und Nachfrage. Rückgabemöglichkeit ist normalerweise ausgeschlossen.

Grundbuchblattnummer Sämtliche Grundbuchblätter desselben Grundbuchbezirks erhalten fortlaufende Nummern (§§ 3, 55 GBO). Besteht das Grundbuch aus mehreren Bänden, so schließen sich die Blattnummern jedes weiteren Bandes an die des vorhergehenden an. Von der fortlaufenden Nummernfolge der Grundbuchblätter kann abgewichen werden, wenn das anzulegende Grundbuchblatt einem Bande zugeteilt werden soll, in dem der Umfang des Grundbuchblätter von dem des sonst nach Abs. 1 zu verwendenden Grundbuchblatts verschieden ist. Wird das Grundbuch in Einzelheften mit herausnehmbaren Einlegebogen geführt, so kann nach Anordnung der Landesjustizverwaltung bei der Nummerierung der in Einzelheften anzulegenden Grundbuchblätter eines Grundbuchbezirks neu mit der Nummer 1 oder mit der auf den nächsten freien Tausender folgenden Nummer begonnen werden.

Grundbuchgliederung Jedes Grundbuchblatt besteht aus der Anschrift, dem Bestandsverzeichnis und drei Abteilungen. (§ 4 GBO).

Grundfreibetrag Bis zur Höhe des Grundfreibetrages braucht keine Einkommensteuer entrichtet zu werden. Daher dient der Grundfreibetrag der Steuerfreistellung des Existenzminimums. Die Einkommensteuertabelle beginnt (nach einem sogenannten Tarifsprung) erst mit über dem Grundfreibetrag liegenden Beträgen. Bei der Errechnung von Steuervorteilen sollten daher die Grundfreibeträge unbedingt berücksichtigt werden. Da der Grundfreibetrag alle Steuerzahler gleichermaßen begünstigt, hat jede Veränderung auch durchgreifende Auswirkungen für die Steuereinnahmen, ist daher bei jeder steuerlichen Diskussion auch im Mittelpunkt der Überlegungen. Auch wenn es künftig zu Steuervereinfachungen (sogenannte Stufentarife) kommen sollte, wird es weiterhin einen Grundfreibetrag geben müssen.

	Grundtabelle Einzelveranlagung (€)	Splittingtabelle Zusammenveranlagung (€)
Grundfreibetrag EStG 2013 § 32a Abs. 1 Satz 2	8.130	16.260
Grundfreibetrag EStG 2014 § 32a Abs. 1 Satz 2	8.354	16.708

Grundpfandrechte Grundpfandrechte sind Pfandrechte an einem Grundstück. Für die Bestellung oder auch Löschung ist stets die Einschaltung eines Notars erforderlich. Dort wird das Eintragungsbegehren/Löschungsbegehren beurkundet. Das Notariat leitet die

Urkunde/löschungsfähige Quittung des Grundpfandrechtgläubigers an das zuständige Amtsgericht. Auch die Löschung ist mit Kosten verbunden. Daher sollte stets überprüft werden, ob es nicht ohnehin zweckmäßiger ist, sich nur eine löschungsfähige Quittung geben zu lassen, die Löschung jedoch letztlich nicht zu vollziehen. So können spätere Finanzierungen mit geringem Kostenaufwand besichert werden. Außerdem bleiben Rangstellen gewahrt.

Grundsteuerhebesatz Nachstehend die Hebesätze für die Grundsteuer B von deutschen Städten:

Stadt	2007	2008	2009	2010	2011	2012
Berlin	810	810	810	810	810	810
Bielefeld	440	440	440	490	490	490
Bochum	495	495	495	525	525	565
Bremen	580	580	580	580	580	580
Chemnitz	475	475	475	475	540	540
Dortmund	470	470	470	480	480	480
Dresden	635	635	635	635	635	635
Düsseldorf	460	440	440	440	440	440
Duisburg	500	500	500	500	550	590
Erfurt	370	370	420	420	420	450
Essen	510	510	510	590	590	590
Frankfurt (Main)	460	460	460	460	460	460
Freiburg	600	600	600	600	600	600
Hamburg	540	540	540	540	540	540
Hannover	530	530	530	530	530	600
Karlsruhe	370	370	370	420	420	420
Kassel	490	490	490	490	490	490
Kiel	450	450	450	450	500	500
Köln	500	500	500	500	500	515
Leipzig	500	500	500	635	650	650
Magdeburg	450	450	450	450	475	475
Mannheim	400	400	400	400	450	450
München	490	490	490	535	535	535
Nürnberg	490	490	490	490	490	535
Rostock	440	450	450	450	450	450
Saarbrücken	430	430	430	430	460	460
Stuttgart	420	420	420	520	520	520
Wuppertal	490	490	490	490	510	510

Grundtabelle Ledige oder getrennt veranlagte Steuerpflichtige werden nach der Einkommensteuer-Grundtabelle besteuert (Einkommensteuertarif). Seit dem Jahr 2004 wird die Einkommensteuer nach dem auf den nächsten vollen Euro-Betrag abgerundeten zu versteuernden Einkommen berechnet. Der stufenlose Steuertarif hat zur Folge, dass es keine Einkommensteuertabellen mit Tabellenstufen von 36 € mehr gibt.

Günstigerprüfung *Riester-Rente/Wohnriester:* Falls der Sonderausgabenabzug nach § 10a Abs. 1 EStG für den Steuerpflichtigen günstiger als der Anspruch auf die Zulage ist, erhöht sich die unter Berücksichtigung des Sonderausgabenabzugs ermittelte tarifliche Einkommensteuer um den Anspruch auf Zulage. In allen anderen Fällen scheidet der Sonderausgabenabzug aus.

Gütergemeinschaft Bei der Vereinbarung des Güterstandes der Gütergemeinschaft durch einen Ehevertrag ist der von den Eheleuten mit in die Ehe gebrachte Grundbesitz und der in der Ehe einzeln erworbene Grundbesitz gemeinschaftliches Vermögen (*§§ 1415 bis 1518 BGB, §§ 740 bis 745 ZPO*). Die Verwaltung des Vermögens erfolgt gemeinsam. Die Ehepartner unterliegen nur gewissen Verfügungsbeschränkungen. Die Begründung der Gütergemeinschaft kann nur durch notariellen Vertrag erfolgen.

Güterstände Die jeweiligen Güterstände werden bei einer Kreditentscheidung beachtet. Unabhängig jedoch vom Güterstand (wichtig bei Vermögenshintergrund) werden die Kreditinstitute i. d. R. anstreben, dass Eheleute den Kreditantrag gemeinsam unterzeichnen, gleich wer Eigentümer, Verdiener oder Hauptverdiener ist, obwohl dies möglicherweise eine Güterstandsvereinbarung unterläuft.

Güterstandsschaukel Darunter versteht man den Wechsel aus der Zugewinngemeinschaft in den Güterstand der Gütertrennung und zurück zum Zwecke der Reduzierung der Schenkungsteuer. Durch den Wechsel des Güterstandes infolge einer ehevertraglichen Beendigung der Zugewinngemeinschaft kommt es zu einem Zugewinnausgleich, der zu keinem schenkungsteuerpflichtigen Erwerb führt.

Guthabenwert Präziserer Begriff für den Sicherheitenwert bei einem Pfandrecht oder einer Zession.

H: Haftung – Hypothekenversicherung

Haftung bei Anlageberatung und Vertrieb Nach ständiger Rechtsprechung des Bundesgerichtshofs ist ein Kreditinstitut bei Übernahme von Vertriebsfunktionen zu einer umfassenden Information des Anlegers verpflichtet. Es muss den Investor über alle Tatsachen und Umstände aufklären, die für seine Anlageentscheidung wesentlich Bedeutung haben oder haben können.

- Die dem Anleger zu gebenden Informationen müssen wahrheitsgemäß, insbesondere richtig, vollständig und verständlich sein.
- Mit der Aufklärung wird dem Anleger nicht das wirtschaftliche Risiko der Anlage abgenommen. Er soll lediglich die Möglichkeit erhalten, die Risiken seiner Kapitalanlage zu erkennen.
- Wird das Kreditinstitut beratend tätig, muss es darüber hinaus das Anlageobjekt für den Anleger unter Berücksichtigung seiner Interessen und persönlichen Verhältnisse wertend beurteilen.

Haftungsbescheid Ein Haftungsbescheid wird ausgestellt, wenn das Finanzamt Steuern nicht vom Steuerschuldner, sondern von demjenigen, der für eine Steuer haftet, beansprucht (*§ 191 AO*).

Halbjahresregelung Abschreibung Bis einschließlich 2003 konnten im ersten Halbjahr angeschaffte oder hergestellte Wirtschaftsgüter jeweils voll und im zweiten Halbjahr angeschaffte oder hergestellte Güter mit 50 % des jeweils maßgebenden Abschreibungssatzes abgesetzt werden. Für nach dem 31.12.2003 angeschaffte oder hergestellte Wirtschaftsgüter ist im ersten Jahr eine monatsgenaue Berechnung erforderlich. Dies gilt sowohl für die lineare und degressive Abschreibung (*§ 7 Abs. 1 EStG*).

Handelsvertreter Gewerbetreibende, die selbstständig dauernd damit betraut sind, für andere Unternehmer Geschäfte zu vermitteln oder in deren Nahmen abzuschließen (*§ 84*

Abs. 1 HGB). Grundlage ist ein Handelsvertretervertrag nach § 85 HGB. Fast alle Finanzberater der Vertriebsorganisationen der Kreditinstitute sind auf dieser Basis tätig. Der Handelsvertreter ist grundsätzlich nicht weisungsgebunden, jedoch verpflichtet, bestimmte Auflagen des Unternehmers z. B. bezüglich der Ausführung der Geschäfte, der Einzelbedingungen und der Gestaltung der Kundenbetreuung zu befolgen.

Harte, quantitative Einflussfaktoren Die Einflussfaktoren mit der höchsten Gewichtung für das Rating kommen aus der Kundenverbindung – also der Entwicklung bzw. dem Verlauf der Konten/Kredite – und können zum Zeitpunkt der Kreditantragstellung kurzfristig nicht beeinflusst werden. Wichtig für ein gutes Rating sind daher ein langfristig stetiger Geschäftsverlauf und ein entsprechend stabiles Liquiditätsmanagement mit absprachegemäßer Kontoführung und Kredithistorie.

- allgemeine Kundendaten (z. B. Alter)
- Kontoführung (Liquiditätsmanagement)
- Kreditauskünfte (z. B. SCHUFA)
- Einkommensteuerbescheid, Selbstauskunft, Eigenkapital, Sparrate, Vermögenslage
- Bilanzen, Gewinn- und Verlustrechnung, Eigenkapital-/Fremdkapital-Verhältnis
- Cashflow, Ertrags- und Vermögenslage
- Branche

Haupteinkommensbezieher Person, die den höchsten Beitrag zum Haushaltsnettoeinkommen leistet.
 Soziale Stellung des Haupteinkommensbeziehers:

- Arbeitnehmer: 51,8 %
- Arbeitslose: 8,1 %
- Selbstständige; 7,6 %
- nicht Erwerbstätige (z. B. Rentner, Pensionäre): 32,5 %.

Hauptfeststellungszeitpunkt Der Hauptfeststellungszeitpunkt ist der Stichtag für die Einheitsbewertung. Er liegt stets zu Beginn des Kalenderjahres (*§§ 21 BewG, 16 GrStG*).

Hauptfeststellungszeitraum Zeitraum zwischen den Hauptfeststellungszeitpunkten. Nach *§ 21 BewG* ist mindestens alle sechs Jahre die Einheitsbewertung neu zu erstellen. In der Praxis hat allerdings seit Jahrzehnten keinerlei Überprüfung mehr stattgefunden. Deshalb sind Verfassungsbeschwerden gegen die daraus abfolgenden Steuerbescheide anhängig.

Hauptrefinanzierungsgeschäfte Regelmäßiges Offenmarktgeschäft des Eurosystems in Form einer befristeten Transaktion zur revolvierenden, kurzfristigen Bereitstellung von Bankenliquidität. Hauptrefinanzierungsgeschäfte werden im Wege wöchentlichen Standardtender mit einwöchiger Laufzeit durchgeführt. Sie sind das wichtigste geldpolitische Instrument des Eurosystems, mit dem es die Zinsen und die Liquidität am Geldmarkt steuert und Signale über ihren geldpolitischen Kurs gibt.

Zinssatz der EZB für Hauptrefinanzierungsgeschäfte		Mindestbietungssatz (%)
Gültig seit	06/2006	2,75
	06/2007	4,00
	07/2008	4,25
	10/2008	3,75
	01/2009	2,00
	03/2009	1,50
	04/2009	1,25
	05/2009	1,00
	04/2011	1,25
	07/2011	1,50
	11/2011	1,25
	12/2011	1,00
	07/2012	0,75
	05/2013	0,50

Quelle: www.bundesbank.de

Hauptwohnung Wohnung, die den Mittelpunkt des Lebensbedarfs darstellt. Die Hauptwohnung setzt überwiegend eigene Nutzung voraus. Die polizeiliche Meldung ist zwar eigentlich selbstverständlich, jedoch nicht entscheidend.

Hausbank Kreditinstitut, dem ein Privatkunde oder ein Unternehmen vornehmlich oder ausschließlich die Besorgung der Bankgeschäfte überträgt.

Hausbetreuung Die Hausbetreuung kann man Agenturen übertragen. Die Inanspruchnahme erfolgt in der Regel bei kurzer Abwesenheit (Urlaub). Die Agentur stellt für die Zeit einen „Hausbehüter". Es ist zu empfehlen, sich die Person anzusehen. Vertragspartner ist die Agentur, welche auch haftet. Die Vergütung erfolgt je nach Umfang des Auftrages. Die Zahlung erfolgt an die Agentur. Rechtlich ist das Vertragsverhältnis als Dienstbeschaffungsvertrag anzusehen. Für den Hausbetreuungsvertrag bestehen keine gesetzlichen Vorschriften.

Hausfriedensbruch Wer ein Haus, eine Wohnung, Geschäftsräume oder das befriedete Besitztum eines anderen widerrechtlich betritt oder eindringt, oder ohne Befugnis darin verweilt und nach Aufforderung sich nicht entfernt, kann auf Antrag strafrechtlich wegen Hausfriedensbruch verfolgt werden (*§ 123 StGB*).

Haushalt Als Privathaushalt zählt jede zusammen wohnende und eine wirtschaftliche Einheit bildende Personengemeinschaft sowie Personen, die alleine wohnen und wirtschaften.

Haushalte Die aktuelle Zahl der Haushalte bzw. der hieraus erkennbare Trend bestimmt zwangsläufig den Bedarf an notwendigen Wohneinheiten. Außerdem ist damit auch weitgehend die zweckmäßige Größe der langfristig benötigten Wohnungen vorgegeben. Insbesondere die Vorausberechnung zeigt, dass trotz sinkender Bevölkerungsentwicklung die Zahl der Haushalte bis etwa zum Jahre 2020 zunächst weiter ansteigen wird, sich dies jedoch nur bei den Ein- und Zweipersonenhaushalten zeigen wird. Bis zur Jahrhundertmitte soll die Zahl der Haushalte wieder auf das Niveau des Jahres 2000 zurückgehen.

Dieses Szenario berücksichtigt heutige Erkenntnisse zur Zuwanderung, könnte sich also markant ändern, wenn hier eine andere Politik betrieben wird. Wichtig ist auch zu beachten, dass die Zahl der Haushalte insbesondere in den oberen Altersgruppen zunimmt. Bis zum Jahre 2020 könnte beispielsweise die für Neubaumaßnahmen wichtigste Altersgruppe der 35- bis 45-Jährigen um fast 30 % sinken, bis 2050 könnte sich diese Altersgruppe halbieren. Infolge dessen sind altersgerechte Bestandswohnungen in Ballungszentren die langfristig attraktivste Kapitalanlage.

Jahr	Privathaushalte In 1.000	1-Personenhaushalte	2-Personenhaushalte	3 und Mehr-Personenhaushalte	Durchschnittliche Haushaltsgröße
2011	40.439	16.337	14.100	10.002	2,02
2015	40.393	16.185	14.237	9.972	2,01
2020	40.541	16.455	14.722	9.364	1,98
2025	40.486	16.698	15.018	8.770	1,95

Jahr	Privathaushalte insgesamt	1-Personen-Haushalte in %	2-Personen-Haushalte in %	3-Personen-Haushalte in %	4-Personen-Haushalte in %	Haushalte mit 5 und mehr Personen
1995	36.938	34,9	32,1	15,8	12,4	4,7
2000	38.124	36,1	33,4	14,7	11,5	4,4
2001	38.456	36,6	33,6	14,3	11,3	4,3
2002	38.720	36,7	33,7	14,2	11,1	4,2
2003	38.944	37,0	33,8	14,0	11,0	4,2
2004	39.122	37,2	34,1	13,8	10,8	4,1
2005	39.178	37,5	33,9	14,0	10,8	3,9
2006	39.766	38,8	33,6	13,5	10,3	3,7
2007	39.722	38,7	34,0	13,4	10,3	3,7
2008	40.076	39,4	34,0	13,1	9,9	3,6
2009	40.188	39,8	34,2	12,8	9,7	3,6
2010	40.284	40,1	33,8	12,8	9,7	3,6
2011	40.439	40,4	33,6	12,8	9,6	3,6

Stand 2010	Haushalte insgesamt In 1.000	Davon Eigentümer in %	Davon Hauptmieter in %	Davon Untermieter in %
Alle Haushalte[a]	38.456	44,2	53,4	2,4
Mit 1 Person	15.281	27,7	67,6	4,7
Mit 2 Personen	13.304	51,9	47,2	1,0
Mit 3 und mehr Personen	9.872	59,4	40,0	0,6
Mit monatlichem Haushaltsnettoeinkommen[a]				
Unter 500 €	715	15,4	69,2	15,4
Von 500 - 1.300 €	9.291	23,0	72,3	4,7
Von 1.300 - 3.200 €	18.242	44,2	54,3	1,5
3.200 € und mehr	7.312	69,8	29,8	0,4

[a] erfasst sind nur Haushalte mit Einkommensangaben
Quelle: Statistisches Bundesamt

Haushaltsbuch In einem Haushaltsbuch werden die Einnahmen und die Ausgaben aller zu einem Haushalt gehörenden Personen über einen längeren Zeitraum aufgezeichnet. Das Haushaltsbuch sollte zweckmäßigerweise von der Person geführt werden, die über die Einnahmen und Ausgaben des Haushalts am besten informiert ist. Meist ist das derjenige/diejenige, der/die die Einkünfte erledigt und/oder die finanziellen Angelegenheiten des Haushalts regelt. Nur auf diese Weise ist es möglich, eine sinnvolle Ausgabenkontrolle und eine vorausschauende Planung durchzuführen.

Leider wird dies in „normalen" Haushalten nur selten konsequent durchgehalten, kommt es jedoch zur Einschaltung von Schuldnerberatern etc., so wird meist die Führung eines Haushaltsbuches unumgänglich, um Lösungsansätze für Hilfsmaßnahmen zu finden.

Haushaltsnahe Beschäftigungsverhältnisse Für Aufwendungen, die für haushaltsnahe Beschäftigungsverhältnisse im Inland entstanden sind, können Steuerermäßigungen beantragt werden (*§ 35a EStG Abs. 1 und 2*). Die nachstehenden Höchstbeträge mindern sich für jeden vollen Kalendermonat, in dem die Voraussetzungen für die Steuerermäßigungen nicht vorgelegen haben:

Für geringfügige Beschäftigungen im Privathaushalt	20 % der Aufwendungen, höchstens 510 € jährlich
Für Beschäftigungsverhältnisse im Privathaushalt, für die Pflichtbeiträge zur Sozialversicherung entrichtet wurden	20 % der Aufwendungen, höchstens 4.000 € jährlich

Haushaltsnahe Tätigkeiten und Dienstleistungen sind z. B.:

- die Zubereitung von Mahlzeiten im Haushalt,
- die Pflege, Versorgung und Betreuung von Kindern, kranken, alten und pflegebedürftigen Personen.

Haushaltszugehörigkeit Ein Kind gehört solange zum Haushalt eines Steuerpflichtigen, wie es dessen Wohnung teilt oder sich mit seiner Einwilligung (z. B. während des Studiums) vorübergehend außerhalb seiner Wohnung aufhält. Die Beendigung der Haushaltszugehörigkeit während des Begünstigungszeitraumes führt nicht zu einer Versagung der Steuerermäßigung für den restlichen Zeitraum, wenn die Haushaltszugehörigkeit auf Dauer angelegt war und die sonstigen Voraussetzungen unverändert eingehalten werden.

Haustechnische Räume Als haustechnische Räume werden Räume bezeichnet, die dem Wirtschaften und/oder der Hygiene dienen, z. B. Küche, Bad, WC, Hausarbeitsraum, Abstellraum.

Haustürgeschäft Mit der Schuldrechtsreform sind zum 1.1.2002 die Regelungen des Haustürwiderrufsgesetzes in die §§ 312 ff. BGB integriert worden.

Heizenergieart privater Haushalte Mehr als drei Viertel (77 %) der privaten Haushalte in Deutschland beheizten ihre Wohnungen Anfang 2008 über Zentral- bzw. Etagenheizungen, jeder sechste Haushalt wurde mit Fernwärme versorgt. Erdgas war mit 55 % der bevorzugte Energieträger, Erdöl wurde noch von 31 % genutzt. In den neuen Bundesländern und Berlin (Ost) heizten sogar 66 % der Privathaushalte mit Gas. Der Trend weg vom Heizöl hin zum Gas hält weiter an.

Überwiegende Heizenergieart	Deutschland (%)
Erdgas	55,3
Heizöl	31,2
Strom	7,2
Feste Brennstoffe	5,1
Sonstiges	1,2

Herstellungs- oder Anschaffungskosten Aufwendungen, die im Zusammenhang mit der Erstellung oder dem Erwerb einer Immobilie stehen, z. B. Baumaterialien, Handwerkerrechnungen, Kosten für Außenanlagen, Baunebenkosten, Kaufpreis, Maklergebühr, Grunderwerbsteuer, Notarkosten. Fahrtkosten zur Baustelle in der Bauphase (0,30 € je Entfernungskilometer) zählen ebenfalls dazu. Die Gesamtkosten sind maßgebliche Größe (Bemessungsgrundlage) für die Berechnung der Abschreibung.

Hinterbliebenen- und Waisenrenten Wenn Versicherte sterben, erhalten die hinterbliebenen Ehegatten eine Witwen- oder Witwerrente und unter bestimmten Voraussetzungen Kinder eine Waisenrente. Inzwischen besteht auch für Partner oder Partnerinnen einer eingetragenen Lebensgemeinschaft ein Rentenanspruch.

Seit der Rentenreform 2001 beträgt die große Witwen/Witwerrente nur noch 55 % der Versichertenrente (zuvor waren es 60 %). Vertrauensschutz besteht für Ehen, die vor diesem Zeitpunkt eingegangen wurden. Für die Besteuerung von Witwen-/Witwer- oder Waisenrenten ist seit 2005 nicht mehr die Laufzeit bzw. das bei Rentenbeginn vollendete Lebensalter des Rentenberechtigten maßgebend, es gelten vielmehr die gleichen Besteuerungsanteile wie bei Altersrenten, d. h. Hinterbliebenen- und Waisenrenten die bereits vor 2005 gezahlt wurden, haben einen Besteuerungsanteil von 50 %. Wird die Hinterbliebenenrente erstmals nach 2005 gezahlt und ist ihr bereits eine Altersrente des verstorbenen Ehepartners vorausgegangen, so bleibt der prozentuale Besteuerungsanteil für die Altersrente weiter maßgebend.

Wird neben der eigenen Rente eine Witwen- oder Witwerrente bezogen und daneben ein 450 €-Job ausgeübt, ist das für die eigene Rente kein Problem, aber bei der Witwen- oder Witwerrente kommt es ggf. zur Kürzung, denn hier werden die Einnahmen aus der eigenen Rente und aus dem Minijob zusammengerechnet. Übersteigen die Gesamteinkünfte den Freibetrag von zurzeit 741,06 € netto, wird die Witwen- oder Witwerrente gekürzt.

Hinzuverdienstgrenze Ein Versicherter, der vor dem Beginn der Regelaltersrente (früher 65. Lebensjahr, seit 2012 ansteigend) Altersrente bezieht, darf – ohne das sich das rentenkürzend auswirkt – nur insoweit zusätzlichen Einkommen erzielen, als dabei die Hinzuverdienstgrenze nicht überschritten wird. Die allgemeine Hinzuverdienstgrenze für Vollrenten liegt bei 450 €. Für alle Rentner gilt die Empfehlung, sich vor Aufnahme einer Beschäftigung beim Rentenversicherer zu erkundigen, ob ihre Rente sich hierdurch mindern könnte. Nur so lassen sich unliebsame Überraschungen vermeiden.

Höchststeuersatz Steuersatz, mit dem der Teil des versteuernden Einkommens besteuert wird, der oberhalb der sogenannten Progressionsstufen liegt. Der Höchststeuersatz wurde für den Veranlagungszeitraum 2004 auf 45 % zurückgenommen und 2005 nochmals auf 42 % reduziert. Seit 2007 ist die sogenannte Reichensteuer eingeführt worden. Der Höchststeuersatz wird erreicht für Einkommen ab 250.000 € von Ledigen und 500.000 von Verheirateten und liegt wieder bei 45 %.

Höherbewertungsfaktor Weil die Löhne zu DDR-Seiten deutlich niedriger waren, werden seitdem die individuellen Einkommen bei der Rentenberechnung aufgewertet. Dieser Höherbewertungsfaktor führt dazu, dass es für gleiches Geld nicht die gleiche Leistung gibt. Ein gleicher aktueller Rentenwert würde im Osten zu höheren Renten führen als im Westen.

Home-Banking Abwicklung von Bankgeschäften durch Privatkunden vom heimischen PC aus.

Hypothekendarlehen Verbraucherkredit zur Finanzierung von Immobilien, der mit einem Grundpfandrecht besichert wird. Trotz der Darlehensbezeichnung ist es derzeit kaum noch üblich, eine Hypothek als Sicherungsmittel zu wählen, stattdessen wird meist eine Grundschuld eingetragen.

Hypothekenversicherung Bislang nur im Ausland praktizierte Form der Absicherung der Schuldner und Gläubiger vor – vorübergehender – Zahlungsunfähigkeit eines Schuldners. Die Art der Versicherung wird sowohl von staatlicher Seite als auch in privatrechtlicher Form angeboten.

I: IBAN – Investoren

IBAN Die 22-stellige internationale Bankkontonummer (International Bank Account Number) enthält ein Länderkennzeichen, die Bankleitzahl und die Kontonummer (BIC). Seit dem 28.1.2008 gelten für alle Verbraucher in Europa einheitliche Regeln für Überweisungen.

Identifikationsmerkmal Das Bundeszentralamt für Steuern teilt jedem Steuerpflichtigen zum Zwecke der eindeutigen Identifizierung in Besteuerungsverfahren ein einheitliches und dauerhaftes Identifikationsmerkmal zu, das bei Anträgen, Erklärungen oder Mitteilungen gegenüber den Finanzbehörden anzugeben ist (§ *139a AO*).

Identifikationsnummer Steuerliches Identifikationsmerkmal für natürliche Personen, die alle Bundesbürger zum 31.12.2008 erhalten haben. Es besteht aus einer Ziffernfolge, die nicht aus anderen Daten über den Steuerpflichtigen gebildet oder abgeleitet werden darf (§ *139b AO*). Die Identifikationsnummer ist eindeutig, weil jeder Steuerpflichtige nur eine Nummer erhält und unveränderlich, weil die Nummer sich während der Lebenszeit nicht mehr ändert. Die letzte Stelle ist eine Prüfziffer. Folgende Daten werden gespeichert: Familienname, frühere Namen, Vornamen, Doktorgrad, Tag und Ort der Geburt, Geschlecht, gegenwärtige oder letzte bekannte Anschrift, zuständige Finanzbehörden, Sterbetag. So kann eine korrekte Zuordnung erfolgen.

Die Identifikationsnummer wird aufgrund einer Information der zuständigen Meldebehörde vergeben und auch im Melderegister gespeichert. Datenänderungen werden zwischen Finanz- und Meldebehörden intern übermittelt. So gelangen auch Informationen über Todesfälle von der Meldebehörde an die Finanzbehörde. Über die Identifikationsnummer erhält der Arbeitgeber ab 2013 auch die elektronischen Lohnsteuerabzugsmerkmale (ELStAM) und vermerkt sie dadurch auch auf der Lohnsteuerjahresbescheinigung. Von den Rentenversicherungsträgern wird sie in der jährlichen Rentenbezugsmitteilung benutzt. Seit 2011 ist die Identifikationsnummer auch bei den Freistellungsaufträgen anzugeben. Wer wirtschaftlich tätig ist, erhält eine Wirtschafts-Identifikationsnummer.

Ein Arbeitnehmer muss seinem Arbeitgeber seine Identifikationsnummer mitteilen, damit dieser wie beschrieben die relevanten Daten durch Datenfernübertragung abrufen kann. Das Bundeszentralamt für Steuern ist dabei die zentrale Schlüsselstelle, bei der alle Informationen zusammenlaufen. Mittlerweile wird die Identifikationsnummer auch in notariellen Kaufverträgen vermerkt.

Identitätsfeststellung Die Identitätsfeststellung erfolgt z. B. bei Online-Finanzierungen oder Konto-/ Depoteröffnungen durch das sogenannte Post-Ident-Verfahren.

Identitätsprüfung nach § 154 AO Wer Konten führt, Wertsachen verwahrt, ein Pfand nimmt oder Schließfächer überlässt, hat sich zuvor Gewissheit über die Person und Anschrift des oder der Verfügungsberechtigten zu verschaffen und die entsprechenden Angaben in geeigneter Form, bei Konten auf dem Kontoeröffnungsantrag, festzuhalten. Er hat sicherzustellen, dass er jederzeit Auskunft darüber geben kann, über welche Konten oder Schließfächer eine Person verfügungsberechtigt ist.

IFRS Internationales Bilanzierungssystem, primär als Information für Kapitalmarktteilnehmer gedacht.

Immobilienaktien Eine in Deutschland noch relativ unbekannte Form der verbrieften Immobilie sind Immobilienaktien. Im Grundsatz entspricht die Investition des Anlegers einem Aktieninvestment. Die Immobilien AG ist als Besitzer oder Betreiber von Bürogebäuden, Technologieparks, Einkaufszentren oder Vergnügungsparks engagiert. Einige der Unternehmen sind darüber hinaus in der Grundstücksentwicklung, bei der Realisation von Großprojekten oder in der Bauträgerschaft tätig.

Immobilienanalyse Verfeinerung der Bewertungskriterien, die aus der Immobilienbewertung bekannt sind. Es werden vor allem die möglichen Entwicklungspotenziale eines Objektes untersucht. Dies ist sicherlich notwendig bei gewerblich genutzten Immobilien, wie z. B. Hotels, Altenheimen, Einkaufszentren, Ladenpassagen, Kinos und Restaurants, aber auch bei industriell genutzten Gebäuden. Hier wird speziell die heutige und künftige Ertragskraft beurteilt. Analyse und Bewertung sollten sich ergänzen und ergeben so für den Investor und das Finanzierungsinstitut eine unverzichtbare Gesamtaussage.

Immobiliendachfonds Die Grundidee war einfach und logisch. Die Immobiliendachfonds legen das Geld der Anleger in verschiedenen offenen Immobilienfonds an. Damit sollte das Risiko der Anleger gestreut werden. Als Zusatzeffekt ergab sich, dass bei Käufen und Verkäufen auf Fondsebene keine Abgeltungssteuer anfällt. Die Krise bei den offenen Immobilienfonds mit den daraus abfolgenden vorübergehenden Schließungen einiger Fonds hat zwangsläufig auf die Dachfonds voll durchgeschlagen. Diese versuchten dann ihrerseits durch Verkäufe Geld flüssig zu machen und brachten damit einen Dominoeffekt in Gang. Als Neuanlage sind Immobiliendachfonds derzeit nicht zu empfehlen.

Immobilienfonds Die Rechtsform für geschlossene Immobilienfonds ist nicht geregelt, jedoch vielfach aufgrund der Konstruktion vorgegeben. Ist § 1 oder 2 HGB nicht erfüllt oder erfüllbar, so ist die Form einer BGB-Gesellschaft i. d. R. vorgegeben, da kein Handelsgeschäft für die Gründung einer KG anfällt. Es kann die Löschung von Amts wegen erfolgen. In der Praxis sind folgende Formen vorzufinden: vermögensverwaltende Bruchteilsgemeinschaften, Gesellschaften bürgerlichen Rechts und Kommanditgesellschaften. Die Fonds werden vielfach zur Errichtung bzw. dem Erwerb bestimmter Großbauobjekte, für die sich kein einzelner Kapitalanleger findet, aufgelegt. In der Regel geschlossener Immobilienfonds (Supermärkte, Kaufhäuser usw.). Der Fonds dient als Kapitalsammelstelle.

Immobilien im Betriebsvermögen Gebäude, die zu einem Betriebsvermögen gehören und nicht zu Wohnzwecken dienen, können wie folgt abgeschrieben werden:

Baugenehmigung nach dem 31.12.2000	Abschreibung 3 % linear
Baugenehmigung nach dem 31.3.1985 und vor dem 1.1.2001	Abschreibung 4 % linear
Altbauten, fertiggestellt nach dem 31.12.1924	Abschreibung 2 % linear
Altbauten, fertiggestellt vor dem 1.1.1925	Abschreibung 2,5 % linear

Immobilienkauf über einen Makler Ein Makler darf sowohl für den Käufer als auch den Verkäufer tätig sein. Wenn er von beiden Parteien bezahlt wird, muss er dies offenlegen. Ist der Makler selbst Eigentümer der Immobilie, so kann er keine Maklerprovision verlangen. Jeder Kaufinteressent ist gut beraten, nachzufragen, in wessen Auftrag der Makler arbeitet. Die Maklerprovision liegt zwischen 3,57 % und 7,14 % (jeweils inkl. Mehrwertsteuer).

Immobilienkostenrechnung Betriebliches Rechnungswesen zur Immobilien-Projektkalkulation. Dieses Instrument unterstützt die Techniker bei der Kostenkalkulation und ist nicht zu verwechseln mit der Ermittlung der Baukosten und der Baukostenberechnung des Bauherrn, des Kaufmannes, der Bank oder des Bauträgers. Die Immobilienkostenrechnung geht über die bautechnisch orientierte Kalkulation nach DIN 276 hinaus.

Immobilienleasing Seit Anfang der Sechzigerjahre aus den USA eingeführte Finanzierungsform, bekannt als („sale and lease back"). Dabei wird das Objekt an eine Leasing-Gesellschaft verkauft und anschließend zurückgemietet (geleast). Anwendung überwiegend im gewerblichen und kommunalen Bereich (z. B. Cross Border Leasing).

Leasingnehmer kann jede natürliche und juristische Person mit einwandfreier Bonität sein. Leasinggeber sind in der Regel Gesellschaften, an denen wegen der langfristigen Kreditbeschaffung Kreditinstitute beteiligt sind. Der Leasingnehmer hat die gleichen Rechte und Pflichten wie ein Mieter. Bei der steuerlichen Betrachtung ist zu beachten, wem das Objekt zuzuordnen ist. Maßgeblich ist nicht das zivilrechtliche, sondern das wirtschaftliche Eigentum. Nach § 39 AO ist derjenige wirtschaftlicher Eigentümer, der die tatsächliche Herrschaft über ein Wirtschaftseigentum ausübt. Wichtig ist hierbei die Dauer der während der Laufzeit unkündbaren Mietverträge, i. d. R. mindestens 40 %, höchstens 90 % der AfA-Dauer.

Dieses Finanzierungsmodell schafft

- Liquiditätsvorteil,
- Kalkulationsvorteil, Vollfinanzierung und
- u. U. Vorteile für die Bilanz.

Immobilienmanagement Unter Immobilienmanagement versteht man die kaufmännische, technische und infrastrukturelle Verwaltung eines Immobilieninvestments. Auf das einzelne Gebäude bezogen spricht man vom Gebäudemanagement. Ziel ist eine vorausschauende Entwicklungsplanung für eine optimale langfristige Wertschöpfung der Immobilien. Verknüpft werden dabei technisch-architektonische, wirtschaftlich-finanzielle, rechtliche, steuerrechtliche, umweltspezifische und soziale Elemente.

Immobilienmarketing Strategisches Maßnahmenpaket zur Vermarktung von Immobilien unter Berücksichtigung der immobilienspezifischen Besonderheiten. Als Randbereiche spielen dabei auch die Finanzierung und die Versicherung der Immobilien eine immer wichtigere Rolle

Immobilienpreise in Deutschland

Stand Mitte 2012	Reiheneigenheim häufigster Preis (Neubau) (Objektpreis in €)	Baugrundstücke für Eigenheime (€/m²)	Eigentumswohnung häufigster Preis (Neubau) (€/m²)
Aachen	300.000	350	2.800
Augsburg	335.000	305	2.750
Berlin	180.000	180	2500
Bielefeld	215.000	200	2.300
Bochum	220.000	250	2.200
Bonn	260.000	320	2.600
Braunschweig	200.000	140	2.350
Bremen	180.000	180	2.200
Chemnitz	150.000	80	1.750
Dortmund	220.000	150	2.050
Dresden	220.000	150	2.400
Duisburg	200.000	140	1.500
Düsseldorf	290.000	400	3.000
Erfurt	160.000	150	2.500
Essen	200.000	280	2.000
Frankfurt	300.000	500	3.500

Stand Mitte 2012	Reiheneigenheim häufigster Preis (Neubau) (Objektpreis in €)	Baugrundstücke für Eigenheime (€/m²)	Eigentumswohnung häufigster Preis (Neubau) (€/m²)
Freiburg	350.000	470	3.300
Halle/Saale	130.000	100	1.500
Hamburg	320.000	345	3.700
Hannover	180.000	200	1.800
Karlsruhe	310.000	460	2.600
Kassel	215.000	155	1.975
Kiel	200.000	180	2.300
Köln	275.000	345	2.750
Leipzig	150.000	90	2.200
Lübeck	200.000	200	2.700
Magdeburg	140.000	100	1.800
Mainz	295.000	410	2.650
Mannheim	280.000	420	2.400
München	600.000	950	4.500
Münster	250.000	280	3.000
Nürnberg	400.000	450	3.200
Rostock	180.000	160	2.100
Saarbrücken	280.000	220	2.400
Stuttgart	410.000	800	3.300
Wolfsburg	275.000	95	1.750
Wuppertal	240.000	250	2.350

Quelle: Bundesgeschäftsstelle LBS

Immobilienzertifikat Anteilschein an einem offenen Immobilienfonds. Beteiligung an einem Immobilienfonds ohne jede Verantwortung und eigene Aktivität. Der Erwerb ist im Gegensatz zum Kauf von sonstigen Immobilien grunderwerbsteuerfrei.

Immobiliarvollstreckung Die Zwangsvollstreckung und die Zwangsversteigerung der zur Masse gehörigen unbeweglichen Immobiliengegenstände kann bei der zuständigen Behörde durch den Insolvenzverwalter betrieben werden.

Imparitätsprinzip Vorsichtsprinzip bei der Erstellung von Bilanzunterlagen (Niederstwertprinzip).

Indexklausel Gewerbliche, langfristige Mietverträge, aber auch Rentenschulden werden häufig an den Lebenshaltungsindex des Statistischen Bundesamtes gekoppelt.

Industriegebiet In Industriegebieten werden vor allem Gewerbebetriebe angesiedelt, die in den anderen Gebieten unzulässig sind (§§ 9, 17 Bau-NVO). Wohnungen sind nur in

Ausnahmefällen zulässig, z. B. für Aufsichts- und Bereitschaftspersonal sowie für Betriebsleiter. Ausnahmsweise können auch kulturelle, soziale, gesundheitliche und sportliche Anlagen zugelassen werden. Die für die Bebauung vorgesehenen Flächen werden im Bebauungsplan mit GI gekennzeichnet.

Industrieland Als Industrieland gelten unbebaute Grundstücke, die als Lager- und Arbeitsplätze bereits einem Gewerbe dienen oder zur Erweiterung eines Betriebes vorrätig gehalten werden, sowie Flächen, die nach der Verkehrsauffassung und den örtlichen Gegebenheiten Gelände für Industriezwecke oder dafür vorgesehen sind.

Inflationsraten Ist die Geldmenge größer als der Geldbedarf, kommt es zu einer Inflation. Diese entsteht, wenn die Nachfrage nach Gütern und Diensten das Angebot nachhaltig übersteigt. Diese Entwicklung ist insbesondere im Bereich der Immobilie sehr ausgeprägt und wirkt sich dort unmittelbar auf die Preise aus. Die Inflationsraten seit 1961 wurden folgendermaßen ermittelt:

1961	2,2%	1975	6,1%	1989	3,5%	2003	1,1%
1962	3,0%	1976	4,6%	1990	2,0%	2004	1,6%
1963	3,0%	1977	3,6%	1991	3,6%	2005	2,0%
1964	2,4%	1978	2,8%	1992	3,9%	2006	1,6%
1965	3,4%	1979	8,7%	1993	4,2%	2007	2,3%
1966	3,5%	1980	10,6%	1994	2,7%	2008	2,6%
1967	1,5%	1981	5,7%	1995	1,8%	2009	0,4%
1968	1,3%	1982	3,3%	1996	1,4%	2010	1,1%
1969	2,0%	1983	2,0%	1997	1,9%	2011	2,3%
1970	3,2%	1984	2,6%	1998	1,0%	2012	2,0%
1971	5,1%	1985	0,7%	1999	0,6%		
1972	5,3%	1986	1,5%	2000	1,9%		
1973	6,8%	1987	2,1%	2001	2,5%		
1974	6,8%	1988	2,1%	2002	1,4%		

Quelle: Bundesbank

Inflationsschutz als Anlagekriterium Auch wenn Immobilien aufgrund des realen Wertes theoretisch einen Inflationsschutz bieten, kann der Erwerb einer einzelnen Immobilie keinen vollständigen Inflationsschutz garantieren. Unter diesem Gesichtspunkt wären offene Immobilienfonds aber auch Immobilienaktien der Direktanlage überlegen.

infrastrukturelles Gebäudemanagement Hierunter werden alle Aufgaben verstanden, die der Betreuung einer Immobilie dienen, wie Reinigung, Bewachung, Pflege der Außenanlagen, Postdienste, Archive, Personalverpflegung, Planung und Umsetzung der Hausmeistereinsätze und Entwicklung von Sicherheitskonzepten.

Innenprovisionen Innenprovisionen sind nicht ausgewiesene Vertriebsprovisionen, die z. B. bei einem Investmentfonds aus dem Anlagevermögen bezahlt werden und damit ggf. die Werthaltigkeit der Anlage beeinflussen. Dies kann bei dem Anleger eine Fehlvorstellung über den Wert des Fonds herbeiführen. Der BGH hat dazu verfügt, dass Innenprovisionen dem Kunden gegenüber offengelegt werden müssen.

Insolvenz Nachhaltige Zahlungsunfähigkeit. Betriebswirtschaftlich tritt Insolvenz ein, wenn die kurzfristigen Verbindlichkeiten die kurzfristigen Forderungen übersteigen. Vorangegangene Verluste haben das Eigenkapital aufgezehrt, Zahlungsunfähigkeit oder drohende Zahlungsunfähigkeit sind die Folge. Eine Insolvenz führt zwangsläufig zu einem Insolvenzverfahren. Rechtliche Grundlage bildet die Insolvenzordnung.

Insolvenzanfechtung Werden Insolvenzgläubiger durch ein Rechtsgeschäft des Schuldners unmittelbar benachteiligt, so kann dieses Rechtsgeschäft angefochten werden (*§ 132 InsO*). Insbesondere werden alle diejenigen Rechtsgeschäfte zu überprüfen sein, die innerhalb der letzten beiden Jahre vor der Eröffnung des Insolvenzverfahrens z. B. mit nahe stehenden Personen (*§ 138 InsO*) geschlossen worden sind.

Insolvenzantrag Das Insolvenzverfahren wird nur auf Antrag hin eröffnet (Insolvenzeröffnungsbeschluss). Dabei ist zwischen der Antragsberechtigung und der Antragspflicht zu unterscheiden (*§ 13 InsO*). Antragsberechtigt sind grundsätzlich die Gläubiger (Fremdantrag) und das Schuldnerunternehmen (Eigenantrag). Bei der GmbH kann jeder Geschäftsführer den Antrag stellen, auch wenn er nicht alleinvertretungsberechtigt ist. Stellt ein Gläubiger den Insolvenzantrag, muss er ein rechtliches Interesse an der Eröffnung des Insolvenzverfahrens besitzen und seine Forderung und den Eröffnungsgrund glaubhaft machen. Das Insolvenzgericht muss dazu den Schuldner hören (*§ 10 InsO*).

Eine Insolvenz bei Zahlungsunfähigkeit und Überschuldung besteht wie im alten Recht (*§ 64 Abs. 1 GmbHG; § 92 Abs. 2 AktG; § 130a Abs. 1 HGB; § 177a HGB*) für Kapitalgesellschaften und für Personengesellschaften, bei denen keine natürliche Person zu den Vollhaftern zählt. Im Falle der Antragspflicht hat die Geschäftsführung unverzüglich, spätestens jedoch innerhalb von 3 Wochen nach Eintritt des Insolvenzgrundes den Insolvenzantrag zu stellen. Die Frist ist auch nicht verlängerbar, wenn aussichtsreiche Sanierungsbemühungen eingeleitet, aber noch nicht erfolgreich beendet sind.

Antragsgrund	Antragsrecht	Antragspflicht des Schuldners
Zahlungsunfähigkeit	Schuldner und Gläubiger	AG, GmbH, GmbH & Co KG
Überschuldung	Schuldner und Gläubiger	AG, GmbH, GmbH & Co KG
Drohende Zahlungsunfähigkeit	Schuldner	Keine Antragspflicht

Bei drohender Zahlungsunfähigkeit ist lediglich der Schuldner berechtigt, aber nicht verpflichtet, den Insolvenzantrag zu stellen. Die Antragsgründe, -rechte und -pflichten, sowie die Stückzahlen zu den Insolvenzanträgen im Überblick:

Insolvenzanträge	2007	2008	2009	2010	2011	2012
Insgesamt	164.597	155.202	162.907	168.458	159.418	150.342
Davon Verbraucher	105.238	98.140	101.102	108.798	103.269	97.325
Davon ehemals selbstständig Tätige	25.865	23.928	24.634	23.065	21.558	20.280
Davon sonstige natürliche Personen	2.104	1.590	1.676	1.814	1.599	1.314
Voraussichtliche Forderungen in Mio. €	34.000	33.000	32.600	32.000	31.500	51.700

Quelle: Statistisches Bundesamt

Insolvenzeröffnung

1. Ein Insolvenzverfahren kann über das Vermögen jeder natürlichen und jeder juristischen Person eröffnet werden *(§ 11 InsO)*. Der nicht rechtsfähige Verein steht insoweit einer juristischen Person gleich.
2. Ein Insolvenzverfahren kann ferner eröffnet werden:
   a. über das Vermögen einer Gesellschaft ohne Rechtspersönlichkeit (offene Handelsgesellschaft, Kommanditgesellschaft, Partnerschaftsgesellschaft, Gesellschaft des bürgerlichen Rechts);
   b. über einen Nachlass, über das Gesamtgut einer fortgesetzten Gütergemeinschaft oder über das Gesamtgut einer Gütergemeinschaft, das von den Ehegatten gemeinschaftlich verwaltet wird.
3. Nach Auflösung einer juristischen Person oder einer Gesellschaft ohne Rechtspersönlichkeit ist die Eröffnung des Insolvenzverfahrens zulässig, solange die Verteilung des Vermögens nicht vollzogen ist.

Insolvenz-Eröffnungsbeschluss

1. Wird das Insolvenzverfahren eröffnet, so ernennt das Insolvenzgericht einen Insolvenzverwalter (*§§ 27–32 InsO*). Die §§ 270, 313 Abs. 1 bleiben unberührt.
2. Der Eröffnungsbeschluss enthält:
   - Firma oder Namen und Vornamen, Geschäftszweig oder Beschäftigung, gewerbliche Niederlassung oder Wohnung des Schuldners;
   - Namen und Anschrift des Insolvenzverwalters;
   - die Stunde der Eröffnung.
3. Ist die Stunde der Eröffnung nicht angegeben, so gilt als Zeitpunkt der Eröffnung die Mittagsstunde des Tages, an dem der Beschluss erlassen worden ist.

Insolvenzforderung Die Insolvenzgläubiger haben ihre Forderungen schriftlich beim Insolvenzverwalter anzumelden (*§§ 28 und 174 InsO*). Der Anmeldung sollen die Urkunden, aus denen sich die Forderung ergibt, in Kopie beigefügt werden. Bei der Anmeldung sind der Grund und der Betrag der Forderung anzugeben. Die Forderungen nachrangiger Gläubiger sind nur anzumelden, soweit das Insolvenzgericht besonders zur Anmeldung dieser Forderungen auffordert. Bei der Anmeldung solcher Forderungen ist auf den Nachrang hinzuweisen und die dem Gläubiger zustehende Rangstelle zu bezeichnen.

Insolvenzgericht Amtsgericht, in dessen Bezirk der Gemeinschuldner seine Niederlassung hat. Bei Privatpersonen Sitz des Schuldners (§ 2 InsO). Das Insolvenzgericht ist verpflichtet, bei ihm bekannten Grundstücken oder Grundbuchrechten das Grundbuchamt zu ersuchen, die Eintragung des Insolvenzvermerks zu veranlassen. Die Eintragung kann auch durch den Insolvenzverwalter erfolgen.

Insolvenzgläubiger Alle persönlichen Gläubiger des Gemeinschuldners, die gegen ihn zur Zeit der Insolvenzeröffnung begründete Vermögensansprüche haben und ihre Forderungen beim Insolvenzgericht angemeldet haben (§§ 38, 39 InsO). Die Insolvenzmasse dient zur Befriedigung der persönlichen Insolvenzgläubiger.

Insolvenzgrund Nach den §§ 16 ff. der Insolvenzordnung sind als Insolvenzgrund folgende Tatbestände abschließend aufgeführt:

- Zahlungsunfähigkeit
- Überschuldung
- drohende Zahlungsunfähigkeit

Insolvenzmasse Das Insolvenzverfahren erfasst das gesamte Vermögen, das dem Schuldner zur Zeit der Eröffnung des Verfahrens gehört und das er während des Verfahrens erlangt (§ 35 InsO).

Insolvenzmerkmale Verbraucherinsolvenzverfahren kündigen sich meist durch konkrete Hinweise an:

- Mitteilung des Kunden, dass er eine Schuldnerberatung kontaktiert hat,
- Anforderung einer Forderungsaufstellung durch eine Schuldnerberatungsstelle,
- Eingang eines formlosen Vergleichsantrages,
- Eingang eines (außergerichtlichen) Schuldenbereinigungsplanes.

Insolvenzordnung Die Insolvenzordnung hat die frühere Konkurs- und Vergleichsordnung in den alten Bundesländern sowie die Gesamtvollstreckungsordnung in den neuen Bundesländern ersetzt. Damit ist ein bundeseinheitliches Insolvenzrecht geschaffen worden. Örtlich zuständig ist ausschließlich das Insolvenzgericht, in dessen Bezirk der Schuldner seinen allgemeinen Gerichtsstand hat. Dieses Insolvenzrecht ermöglicht auch

Schuldnern wie Verbrauchern und Kleingewerbetreibenden, einen wirtschaftlichen Neuanfang zu machen.

Es wird kein bestimmtes Verfahrensziel bevorzugt, sämtliche Verwertungsarten – Liquidation und Sanierung des Schuldnerunternehmens bzw. übertragende Sanierung – können sich gleichrangig gegenüberstehen. Dabei werden die berechtigten Interessen der Gläubiger dadurch geschützt, dass die Entscheidung über das Verfahrensziel allein von den Gläubigern getroffen wird. Damit ist die Erwartung verbunden, dass die Restrukturierung des Schuldnerunternehmens gelingt. Kernstück des Verbraucherinsolvenzverfahrens ist die Möglichkeit der Restschuldbefreiung nach einem vorausgegangenen Schuldenbereinigungsverfahren und einer Wohlverhaltensperiode. Vorgeschaltet ist hier die außergerichtliche Schuldenbereinigung.

Insolvenzplan Die Modalitäten der Gläubigerbefriedigung und der Verwertung der Insolvenzmasse können abweichend von den gesetzlichen Vorschriften in einem Insolvenzplan geregelt werden (*§ 284 InsO*). Seine Hauptfunktion hat der Insolvenzplan darin, die Möglichkeiten und Konsequenzen einer Sanierung darzustellen. Die Initiative zu einem Insolvenzplan kann vom Insolvenzverwalter, vom Schuldner oder von der Gläubigerversammlung ausgehen (*§§ 217 und 218 InsO*). Der Insolvenzplan besteht aus zwei Teilen:

- dem darstellenden Teil, in dem die Ziele und Maßnahmen beschrieben werden (*§ 220 InsO*), und
- dem gestaltenden Teil, in dem die Änderungen der Rechtsstellung der beteiligten Gläubiger, insbesondere die vorgesehenen Beschränkungen der Gläubigerrechte, aufgeführt werden.

Über den Insolvenzplan stimmen die Gläubiger ab. Nehmen diese den Insolvenzplan an, stimmt der Schuldner zu und bestätigt das Insolvenzgericht den Plan, so treten die Wirkungen des gestaltenden Teils ein (*§ 254 InsO*).

Insolvenzprotokoll In Kreditinstituten übliche Form der Erfassung von notleidend gewordenen Krediten. Dabei wird auch die Ausfallgefahr festgestellt. Wesentliche Aufgabe des Insolvenzprotokolls ist die Ermittlung der Insolvenzursachen. Die Erkenntnisse daraus sollen nach sorgfältiger Analyse der Verbesserung des Risikobewusstseins dienen und in die Kreditausbildung einfließen. Wichtig ist allerdings, dass diese Insolvenzprotokolle dort verfasst werden, wo die Kredite bearbeitet wurden. Nur so bleibt gewährleistet, dass die tatsächlichen Ursachen erfasst werden.

Insolvenzschutz Im Falle einer Insolvenz eines Versicherungsunternehmens springt die im Jahre 2002 gegründete Protektor AG ein. Um die Kunden von Lebensversicherungsgesellschaften besser zu schützen, ist seit 2004 ein gesetzlich vorgeschriebener gemeinsamer Sicherungsfonds aufgebaut worden, der über die Bundesanstalt für Finanzdienstleistungsaufsicht gesteuert wird. Die Gesellschaften müssen an diesen gesetzlich vorgeschriebenen Sicherungsfonds jährliche Beiträge zahlen und so ein Vermögen ansparen, das mindestens 1‰ ihrer Netto-Rückstellungen umfasst, dies sind derzeit etwa € 500 Mio. Wenn notwendig, kann der Fonds von den Versicherungsunternehmen einen Sonderbeitrag von einem weiteren Promille der Netto-Rückstellungen verlangen, sodass dann insgesamt etwa € 1 Mrd. zur Verfügung stünde. Falls dies nicht ausreicht, um alle Ansprüche zu bedienen, werden auch die Lebensversicherungskunden mit Minderleistungen zu rechnen haben. Der Fonds kann Leistungen um bis zu 5 % der garantierten Versicherungssumme oder der garantierten Rente herabsetzen. Mit mehr als der garantierten Leistung können Kunden eines insolventen Versicherungsunternehmens allerdings nicht rechnen. Auf Überschussbeteiligungen, die über die bereits gutgeschriebenen Überschüsse hinausgehen, müssen sie verzichten.

Insolvenztabelle Jeder berechtigte Gläubiger hat das Recht, seine Forderung beim Insolvenzverwalter anzumelden. Der Insolvenzverwalter hat jede angemeldete Forderung mit dem Grund und dem Betrag in der Insolvenztabelle einzutragen. Die Insolvenztabelle ist mit den Anmeldungen sowie den beigefügten Urkunden innerhalb des ersten Drittels des Zeitraums, der zwischen dem Ablauf der Anmeldefrist und dem Prüfungstermin liegt, in der Geschäftsstelle des Insolvenzgerichts zur Einsicht der Beteiligten niederzulegen.

Insolvenzursachen Die Insolvenzursachen bei Baufinanzierungen lassen sich grob in drei Kategorien einteilen:

a) *kreditnehmerbezogene Gründe:* Änderung bei den Einkünften (inklusive mögliche Arbeitslosigkeit), Änderung bei der Belastung (Zinshöhe), familiäre Probleme (Scheidung, schwere Krankheit, Tod);
b) *objektbezogene Gründe:* rückläufige Immobilienpreisentwicklung, individueller Standort, objektbedingte Vermarktungsprobleme (Grundriss, Bauausführung), Verwahrlosung des Objektes/ Mieterstruktur;
c) *Mängel bei der Kreditbearbeitung:* zu kurze Sollzinsbindung, zu niedriger Tilgungssatz, Überschätzung der künftigen Einkommenssituation, Nichtberücksichtigung von Negativmerkmalen, fehlende, unvollständige Besicherung, verspätete, falsche Reaktion bei Leistungsstörungen.

Insolvenzverfahren Das Insolvenzverfahren dient dazu, die Gläubiger eines Schuldners gemeinschaftlich zu befriedigen, indem das Vermögen des Schuldners verwertet und der Erlös verteilt oder in einem Insolvenzplan eine abweichende Regelung insbesondere zum Erhalt des Unternehmers getroffen wird (*§ 12 GewO, § 18 RPflG*). Dem redlichen Schuldner wird Gelegenheit gegeben, sich von seinen restlichen Verbindlichkeiten zu befreien. Das Insolvenzrecht von 1999 kennt drei Gründe für die Eröffnung des Insolvenzverfahrens:

- die Zahlungsunfähigkeit (*Eröffnungsgrund für alle Unternehmen – § 17 InsO*),
- die Überschuldung (*Eröffnungsgrund für juristische Personen sowie für Personengesellschaften, bei den keine natürliche Person zu den Vollhaftern zählt – § 19 InsO*),
- die drohende Zahlungsunfähigkeit (*Eröffnungsgrund für alle Unternehmen – § 18 InsO*).

Die Wirkungen der Insolvenzverfahrenseröffnung sind insbesondere:

- Die Verfügungs- und Verwaltungsrechte gehen kraft Gesetzes auf den Insolvenzverwalter über.
- Verfügungen des Schuldners sind unwirksam.
- Leistungen an den Gemeinschuldner erfolgen nur mit befreiender Wirkung, wenn der Leistende beweist, dass er die Eröffnung des Insolvenzverfahrens nicht gekannt hat.
- Während des Insolvenzverfahrens sind Maßnahmen der Zwangsvollstreckung einzelner Insolvenzgläubiger unzulässig.
- Die bisherigen Geschäftsführer bleiben im Amt und haben Auskunfts- und Mitwirkungspflichten zu erfüllen (§ 97 InsO)

Instandhaltungsmanagement Ziel des Instandhaltungsmanagements ist es, ein systematisches und kontinuierliches Konzept zu implementieren, um eine ständige Flächenverfügbarkeit sicherzustellen, Mietausfallkosten aufgrund von Gebäudemängeln oder technischen Mängeln zu minimieren und eine Substanz- und Werterhaltung der Immobilie zu ermöglichen.

Intensivbetreuung Nach den Mindestanforderungen an das Risikomanagement der Kreditinstitute (MaRisk) bestehen folgende Vorgaben:

- Festlegung der Kriterien und deren regelmäßige Überprüfung außerhalb des Marktes
- gesonderte Beobachtung von Engagements
- Prüfung der weiteren Behandlung des Engagements

interne Befristung Unter Risikogesichtspunkten ist es erforderlich, dass sich ein Kreditinstitut in regelmäßigen Abständen einen aktuellen Einblick über bestehende Kreditengagements verschafft. Die interne Befristung. regelt die Zeitspanne, nach der ein Kreditengagement neu protokolliert werden muss. Üblicherweise beträgt die interne Befristung maximal ein Jahr, bzw. ist abhängig von dem Risikogehalt des Engagements.

Internet Das Home-Banking ist eine derjenigen Anwendungen, die relativ schnell zum allgemeinen Standard geworden sind und durch ständige Weiterentwicklungen immer größere Bedeutung erlangt haben. Inzwischen nutzen schon mehr als 80 % der Kunden täglich das Internet für ihre Bankgeschäfte. Auch die Online-Baufinanzierung ist inzwischen weit verbreitet und bietet insbesondere beim Konditionsabgleich, aber auch der vergleichsweise unkomplizierten Finanzierungsabwicklung viele Vorteile.

Internetanschluss Nach einer Entscheidung des Bundesgerichtshofes gehört der Internetanschluss zur Lebensgrundlage eines jeden Verbrauchers. Damit zählt der BGB den Internetanschluss neben Autos und Wohnhäusern zu solchen bedeutenden Wirtschaftsgütern. Verbraucher haben daher beim Ausfall des Anschlusses einen Schadensersatzanspruch.

interne Zinslosstellung Vorübergehende Nichtberechnung der für einen Kredit vereinbarten Zinsen. Über die interne Zinslosstellung sollte der Kunde zweckmäßigerweise informiert werden, bedeutet diese Maßnahme doch (noch) keinerlei Zinsverzicht. Vielmehr sollte der Kreditnehmer darauf hingewiesen werden, dass der Kreditgeber hiermit lediglich der derzeitigen Situation Rechnung trägt, sich jedoch eine Zinsberechnung vorbehält.

Investitionskredit Der Investitionskredit dient zur Finanzierung des Anlagevermögens (Grundstück, Gebäude, Maschinen etc.). Die Laufzeit ist abhängig von der Nutzungsdauer der Investitionen.

Investitionszulage An die Stelle der Sonderabschreibungen nach dem Fördergebietsgesetz ist 1999 die Investitionszulage in der Fassung des Artikels 1 des Gesetzes zur Fortsetzung der wirtschaftlichen Förderung in den neuen Ländern getreten. Die Inanspruchnahme der Investitionszulage für Modernisierungsmaßnahmen im Mietwohnungsbau ist zum 31.12.2004 ausgelaufen. Begünstigte Investitionen nach dem derzeit aktuellen InvZulG 2010 sind die Anschaffung und die Herstellung von neuen, abnutzbaren, beweglichen Wirtschaftsgütern des Anlagevermögens, die mindestens fünf Jahre nach ihrer Anschaffung oder Herstellung zum Anlagevermögen eines Betriebs oder einer Betriebsstätte im Fördergebiet gehören.

Investitionszulagengesetz Das InvZulG 2010 hat das Ziel, die Investitionsförderung voranzutreiben, Investitionen anzuregen und den Konvergenzprozess im Fördergebiet (auch Berlin) voranzutreiben.

Investitionen in Betriebsgebäude (InvZulG 2010) Begünstigt ist die Anschaffung oder Herstellung von abnutzbaren neuen beweglichen Wirtschaftsgütern des Anlagevermögens und von Gebäudeneubauten. Die Förderung nach dem Investitionszulagengesetz ist auf Erstinvestitionen beschränkt, wobei die Fördersätze zwischen 2,5 % und 25 % liegen. Die erhöhte Investitionszulage erhalten allerdings nur kleine und mittlere Betriebe für bewegliche Wirtschaftsgüter, die im begünstigten Betrieb verbleiben.

Investmentsteuergesetz Mit dem 2004 in Kraft getretenen Investmentsteuergesetz sind die früheren steuerrechtlichen Regelungen des Gesetzes über Kapitalanlagegesellschaften (inländische Investmentfonds) und des Auslandinvestment-Gesetzes (ausländische Investmentfonds) grundlegend überarbeitet und in einem eigenständigen Gesetz zusammen gefasst worden. Dabei bleibt das Transparenzprinzip, also die grundsätzliche steuerliche Gleichstellung des Investmentanlegers mit einem Direktanleger erhalten.

Investoren Unternehmer bzw. Privatpersonen, die z. B. bebaute oder unbebaute Grundstücke in der Absicht erwerben, sie – eventuell nach Bebauung, Modernisierung oder Umgestaltung – längerfristig im eigenen Bestand zu halten und durch Fremdnutzung Einkünfte zu erzielen.

J: Jahressteuerbescheinigung – Just in Time-Garantie

Jahressteuerbescheinigung Seit Einführung der Abgeltungssteuer 2009 erhalten alle Privatanleger von ihrem Kreditinstitut grundsätzlich eine jährliche Steuerbescheinigung nach neuem amtlichen Muster (*lt. BMF Schreiben IV C 1 – S 2401/08/10001*), in der die zu bescheinigenden Beträge in aggregierter Form aufgeführt werden. In der Jahressteuerbescheinigung werden alle bezogenen Kapitalerträge nach eventueller Verlustverrechnung und vor Anrechnung eines erteilten Freistellungsauftrages berücksichtigt. Sofern die Kunden eine Verlustbescheinigung, d. h. Bescheinigung über die Höhe der nicht ausgeglichenen Verluste für das abgelaufene Jahr beantragt haben oder das Kreditinstitut aufgrund rechtlicher Vorgaben eine solche Bescheinigung zu erstellen hat, enthält die Jahressteuerbescheinigung auch die Angaben zur Höhe der nicht ausgeglichenen Verluste.

Die Erteilung einer Einzelsteuerbescheinigung ist regelmäßig ausgeschlossen. Einzelsteuerbescheinigungen sind nur in besonderen Einzelfällen zugelassen, wie insbesondere für Treuhand-, Nießbrauch- oder Anderkonten.

Jugendliche Bausparen ist für Jugendliche und Berufsanfänger besonders attraktiv, insbesondere da sowohl die staatliche Bausparförderung als auch die Arbeitnehmersparzulage bereits ab dem 16. Lebensjahr genutzt werden kann. Da es auf die Nutzung der mit dem Bausparen verbundenen Förderungsmöglichkeiten ankommt, sollte eine längerfristige Tarifvariante gewählt werden, zumal später die Möglichkeit besteht, die Variante dem dann vorhandenen tatsächlichen Bedarf anzupassen.

Just in Time-Garantie Nach dem Bausparkassengesetz ist es den Bausparkassen verboten, einen festen Zeitpunkt für die Zuteilung zu garantieren. Die Just in Time-Garantie ist die verbindliche Verpflichtungserklärung einer Bausparkasse, zu einem genau bestimmten Zeitpunkt und unter Berücksichtigung feststehender Bedingungen Bausparmittel zur Verfügung zu stellen. Dabei wird ggf. also der vereinbarte (zinsgünstige) Bausparzins auch für eine notwendig werdende Zwischenfinanzierung garantiert. Der Bausparer hat hierdurch einen Rechtsanspruch auf sein Darlehen zu einem planbaren Termin. Dieser Zusatzvertrag ist gebührenpflichtig und in der augenblicklichen Zinslandschaft kaum noch anzutreffen.

K: Kabelanschluss – Kundensegmentierung

Kabelanschluss Der Mieter hat auch ohne Zustimmung des Vermieters ein Recht auf Kabelanschluss. Den geringfügigen Eingriff muss der Vermieter dulden, wenn die Maßnahme vollständig vom Mieter getragen wird. Die Vergrößerung des Programmangebotes stellt eine Fortentwicklung dar, die dem Mieter nicht untersagt werden kann (*LG Heidelberg S 104/86*). Der Mieter hat auch kein schutzbedürftiges Interesse am Weiterbetrieb der Gemeinschaftsantenne für Fernsehen und Rundfunk.

KAGG Gesetz über Kapitalanlagegesellschaften. Es schreibt u. a. einen Sachverständigenausschuss für die Bewertung der Beleihungsobjekte (Immobilienfonds) vor. Geprüft werden die Kapitalanlagegesellschaften vom Bundesamt für Finanzdienstleistungsaufsicht (BAFin).

kalkulatorische Abschreibungen Die Aufgabe der kalkulatorischen Abschreibungen besteht darin, die tatsächlichen Wertminderungen des Anlagevermögens zu erfassen. Die bilanzielle Abschreibung führt zur nominellen Kapitalerhaltung, d. h. eine Anlage kann aus den Abschreibungserlösen nur wiederbeschafft werden, wenn die Anschaffungskosten nicht gestiegen sind. Die kalkulatorische Abschreibung dagegen sollte grundsätzlich so erfolgen, dass die substantielle Kapitalerhaltung gewährleistet ist, d. h. über die kalkulatorische Abschreibung müssen die Wiederbeschaffungskosten verdient werden. Der Ansatz von kalkulatorischen Abschreibungen erfolgt nach betriebswirtschaftlich sinnvollen Kriterien.

- Basis nicht Anschaffungskosten, sondern Wiederbeschaffungskosten
- Basis tatsächliche Nutzungsdauer

Kapitalabzinsungsfaktor Faktor, mit dessen Hilfe aus einem Endkapital der Barwert ermittelt wird.

Kapitalanlagebetrug Seit 1986 wird bestraft, wer beim Vertrieb von Beteiligungen in den Prospekten oder Darstellungen und Übersichten über den Vermögensstand unrichtige Angaben macht oder nachteilige Tatsachen verschweigt (Anlegerschutz) (*§ 264 a StGB/§ 4 UWG*). Hierunter fallen alle Fondsbeteiligungen im Sinne von Beteiligungen. Inwieweit Bauherrenmodelle und Erwerbermodelle mit erfasst werden, ist strittig.

Kapitalanlagegesellschaft Die Aufgabe einer Kapitalanlagegesellschaft besteht darin, Aktien oder festverzinsliche Wertpapiere zu erwerben und diese in einem gemeinsamen Topf (Fonds) zu verwalten. An diesem Fonds kann sich jeder anteilsmäßig durch Kauf eines Investmentzertifikats beteiligen. Der Ausgabepreis wird ebenso wie der Rücknahmepreis täglich von der Investmentgesellschaft veröffentlicht.

Kapitalanlagemanagement Das professionelle Kapitalanlagemanagement der Versicherungsunternehmen und der Pensionskassen u. ä. hat insbesondere zum Ziel, bei größtmöglicher Sicherheit eine möglichst hohe Rendite zu erzielen. Außerdem muss jederzeitige Liquidität gesichert sein. Dafür werden fünf allgemeine Anlagegrundsätze (Sicherheit, Rentabilität, Liquidität, Mischung und Streuung), qualifizierte Anlageformen sowie quantitative Anlagebegrenzungen mittels einer Anlageordnung bestimmt.

Kapitalanlagenbestand nach Anlagearten Die Versicherungsgesellschaften gehören zu den größten institutionellen Investoren in Deutschland. Ihre Anlagepolitik ist langfristig orientiert. Damit sie stets in der Lage sind, ihre Verpflichtungen aus den Versicherungsverträgen zu erfüllen, sind den Unternehmen durch das Versicherungsaufsichtsgesetz und die Anlageordnung bei der praktischen Umsetzung der Kapitalanlagepolitik eine Reihe quantitativer und qualitativer Bedingungen vorgegeben. Der Kapitalanlagenbestand aller Versicherer lag Ende 2011 bei € 1.286 Mrd. Die Anlageschwerpunkte sind nur aus diesen Grundbedingungen heraus verständlich:

Anlageform	2008	2009	2010	2011
Renten	76,4 %	78,7 %	78,8 %	80,5 %
Aktien	4,5 %	3,7 %	3,3 %	2,9 %
Beteiligungen	11,7 %	10,5 %	10,8 %	11,1 %
Immobilien	2,9 %	2,9 %	2,9 %	3,1 %
Sonstige	4,5 %	4,2 %	4,2 %	2,5 %
Insgesamt	100 %	100 %	100 %	100 %

Die Abhängigkeit von der langfristigen Zinsentwicklung ist bei dieser Risikoverteilung offensichtlich. Durch den relativ hohen Anteil noch länger laufender Rentenwerte bedeutet die derzeitige Niedrigzinsphase noch kein gravierendes Risiko.

Kapitalaufzinsung Verfahren der Zinseszinsrechnung, welches die Errechnung des Endwertes aus einem gegebenen Anfangsbetrag bei gegebener Laufzeit und Verzinsung mithilfe des Aufzinsungsfaktors ermöglicht. Die Rechenmethode findet bei zahlreichen finanzmathematischen Fragestellungen Verwendung, die eine Endwertermittlung erforderlich macht (Ermittlung eines Kapitals unter Berücksichtigung von Zinseszins).

Kapital-Deckungsverfahren Grundlage der privaten und der betrieblichen Altersversorge-Systeme. Der Sparer/Mitarbeiter schafft aus eigenem Einkommen während seines aktiven Erwerbslebens ein privates Vermögen (Kapital), um daraus im Alter seinen Finanzbedarf zu decken.

Kapitaldienstfähigkeit Fähigkeit, eingegangene Zins- und Tilgungsverpflichtungen tatsächlich zu erfüllen.

Kapitalerhalt Bei verschiedenen Anlageprodukten garantieren die Anbieter häufig den sogenannten Kapitalerhalt. Damit verbunden ist die Verpflichtung des Anbieters, den Wert der eingebrachten Kapitalbeträge zu erhalten. Der Anleger hat damit Anspruch auf eine Mindestauszahlung in Höhe der eingezahlten Beträge. Der Kapitalerhalt ist eines der zentralen Kriterien für Altersvorsorgeverträge. Hierbei gilt der Kapitalerhalt auch für die ausgezahlten staatlichen Zulagen.

Nachteil ist allerdings, dass nur die nominale Höhe der eingezahlten Kapitalbeträge garantiert wird, besser wäre eine Garantie über den realen Kapitalerhalt, bei dem die um die Inflationsrate bereinigten eingezahlten Kapitalbeträge garantiert würden.

Kapitalertragsteuer Für Kapitalerträge, die seit 2009 zufließen, ist der Steuersatz der Kapitalertragsteuer als Abgeltungssteuer auf 25 % vereinheitlicht worden. Hinzu kommen der Solidaritätszuschlag von 5,5 % und die Kirchensteuer.

Der Abzug der Kapitalertragsteuer erfolgt auch bei ausländischen Dividenden, sofern die auszahlende Stelle im Inland belegen ist. Mit der Kapitalertragsteuer ist die Einkommensteuer abgegolten. Falls der individuelle Steuersatz niedriger ist, besteht die Möglichkeit, dies über die Einkommensteuererklärung zu korrigieren.

kapitalgedeckte Altersvorsorge Seit 2002 hat der Gesetzgeber mittels steuerlicher Förderung (Zulage und/oder Sonderausgabenabzug) einen besonderen Sparanreiz zum Aufbau einer privaten Altersvorsorge geschaffen. Voraussetzung der Förderung ist, dass das Altersvorsorgeprodukt die gesetzlichen Förderungskriterien erfüllt. Für die Vorsorgeprodukte sind die Anlageformen durch das Altersvermögensgesetz vorgegeben. Grundsätzlich zertifizierbar sind demnach für den Bereich der privaten Altersvorsorge neben Rentenversicherungen auch Banksparpläne und Fondssparpläne. Positiv ist die deutlich verbesserte Einbeziehung der privat genutzten Immobilie durch Wohn-Riester.

Kapitalleistungen und Kapitalabfindungen Derartige Leistungen, die der Alters- und Hinterbliebenenversorgung dienen, sind in der gesetzlichen Kranken- und Pflegeversicherung beitragspflichtig. Das ausgezahlte Kapital wird rechnerisch auf 10 Jahre verteilt und daraus der monatliche Beitrag ermittelt. Private Lebens- und Rentenversicherungen sind davon nicht betroffen. Für Direktversicherungen gilt eine unterschiedliche Handhabung.

Kapitalmarkt Markt für mittel- und langfristige Kredite und Beteiligungskapital, im Gegensatz zum Geldmarkt als Markt für kurzfristige Finanzierungsmittel. Man unterscheidet zwischen dem nicht organisierten Kapitalmarkt, auf dem Angebot und Nachfrage von Krediten und Beteiligungen ohne Mitwirkung von Banken und Börsen aufeinander treffen, und dem wesentlich bedeutungsvolleren organisierten Kapitalmarkt. Er wird vor allem über Wertpapierbörsen und Banken, aber auch über andere Kapitalmarktinstitutionen wie Investmentgesellschaften und Versicherungen abgewickelt.

Handelbare Objekte sind:

1. *Beteiligungsrechte*: vor allem Aktien und Bezugsrechte, seltener Anteile an Personengesellschaften oder Genossenschaften.
2. *Kredite*: Sie sind sowohl verbrieft als festverzinsliche Wertpapiere, vor allem Industrieobligationen, Pfandbriefe, Kommunalobligationen, öffentliche Anleihen sowie sonstige Bankschuldverschreibungen, als auch unverbrieft in anderen langfristigen Kreditformen möglich. Eigene Finanzierungsmittel der Unternehmen (nicht ausgeschüttete Gewinne, Abschreibungen) zählen nicht zum Kapitalmarkt.

Kapitalmarktdaten Die Situation an den Rentenmärkten ist gekennzeichnet durch eine hohe Volatilität. Die Rendite der 10-jährigen Bundesanleihen ist seit dem Jahre 2007 stark rückläufig, der Tiefstand wurde im jahresverlauf 2012 erreicht. Der DAX hat inzwischen fast das Niveau von vor der Finanzkrise erreicht, dies auch infolge der expansiven Geldpolitik der EZB. Die große Nachfrage nach sicheren Rentenpapieren, deutschen Staatsanleihen und Pfandbriefen führte zu einer Senkung der Renditen und erschwerte die Neu- und Wiederanlage freigewordener Mittel.

Diese Entwicklung an den Kapitalmärkten ist eine Herausforderung für alle Marktteilnehmer, insbesondere für die Versicherungsunternehmen und Pensionskassen, aber auch für den Privatanleger.

Jahr	Umlaufrendite festverzinslicher Wertpapiere in %	Rendite der 10-jährigen Bundesanleihe in %	Deutscher Rentenindex (REX)	Deutscher Aktienindex (DAX)
2000	5,2	5,3	112,5	6.433,6
2001	4,7	5,0	113,1	5.160,1
2002	4,6	4,8	117,8	2.892,6
2003	3,8	4,1	117,4	3.965,2
2004	3,8	4,1	120,2	4.256,1

Jahr	Umlaufrendite festverzinslicher Wertpapiere in %	Rendite der 10-jährigen Bundesanleihe in %	Deutscher Rentenindex (REX)	Deutscher Aktienindex (DAX)
2005	3,2	3,4	120,9	5.408,3
2006	3,7	3,8	116,8	6.596,9
2007	4,2	4,2	114,8	8.067,3
2008	4,0	4,0	121,7	4.810,2
2009	3,0	3,3	123,6	5.957,4
2010	2,4	2,8	125,0	6.914,2
2011	2,4	2,6	131,5	5.898,4
2012	1,3	1,6	134,3	7.655,9

Kapitalsammelstellen Diese Institute gewähren im Allgemeinen aus den angesammelten Beträgen nur Tilgungsdarlehen.

Kapitalwiedergewinnungsfaktor Der Kapitalwiedergewinnungsfaktor gehört zu den finanzmathematischen Faktoren. Er verteilt einen jetzt fälligen Geldbetrag (z. B. Verkaufserlös einer Immobilie) unter Berücksichtigung von Zins und Zinseszins in gleichen Jahresraten auf den gewünschten Zeitraum.

Katasterwesen Amtliches Verzeichnis, in dem die Grundstücke unter Nummern oder Buchstaben angeführt sind. Grundlage für die Eintragung der Grundstücke im Bestandsverzeichnis des Grundbuches. Dieses Verzeichnis wird auch Liegenschaftskataster genannt (*§ 2 Abs. 2 GBO*).

Kaufkraftkennziffer Berechnung auf Basis des Lohn- und Einkommensteueraufkommens sowie anhand von Transferzahlungen (Kinder-, Wohn-, Arbeitslosen-, Kurzarbeiter-, Elterngeld, Arbeitslosengeld II etc.) Nicht enthalten sind private Ersparnisse sowie der Verschuldungsgrad privater Haushalte. Die Ausprägung bezieht sich auf einen gleich 100 (= durchschnittliche Kaufkraft) gesetzten Mittelwert. Kaufkraftkennziffern geben Auskunft über die regionale Einkommensverteilung in bestimmten Gebieten und sind ein wichtiger Indikator auch für den Wohnungsmarkt, die Wohneigentumsquote etc.

Kauf- und Werkvertragsrecht Im Kaufrecht (gilt nicht für Bauten) ist seit 2002 die regelmäßige Gewährleistungsfrist von sechs Monaten auf zwei Jahre verlängert worden (*§ 438 Abs. 1 Satz 3 BGB*). Die bisher für den Rechtskauf in § 437 BGB enthaltene Regelung über die Haftung des Verkäufers für den Bestand der verkauften Forderung oder des Rechts ist entfallen. Im Werkvertragsrecht sind die Gewährleistungsregeln abgeändert worden.

Kettenschenkung Die Freibeträge bei der Erbschaft- und Schenkungsteuer gelten je Erblasser/Schenker. Besitzt daher nur einer der Ehepartner Vermögen, so kann er einen Teil des Vermögens seinem Ehepartner schenken. Der Beschenkte überträgt dann weiter an die Kinder. Der Schenker übereignet seinen Kindern weiteres Vermögen direkt. Damit können die Kinder den Freibetrag doppelt nutzen, da es sich steuerlich um zwei getrennte Vorgänge handelt. Bei dieser Gestaltung sollte stets ein Steuerberater konsultiert werden. Sinnvoll ist es dabei, zwischen den Schenkungen einen zeitlichen Abstand zu lassen. Dies ist natürlich auch auf Immobilien anzuwenden, zumal Übertragungen innerhalb des Familienverbundes grunderwerbsteuerfrei sind.

Key Investor Information Document (KID) Seit 2011 sind diese wesentlichen Anlegerinformationen für Investmentfonds in Deutschland und seit 2012 in ganz Europa verbindlich. Die Fondsgesellschaften müssen diese Informationen für jeden Fonds auf zwei DIN-A4-Seiten bereitstellen und über Anlageziele, Anlagepolitik, Risiko- und Ertragsprofil und die Kosten informieren. Weiterhin ist die bisherige Wertermittlung darzustellen. Die Anlegerinformationen haben den früher üblichen Verkaufsprospekt abgelöst und müssen vor dem Kauf des Fonds ausgehändigt werden. Ein Anleger ist gut beraten, wenn er diese Informationen in Ruhe durcharbeitet und sich erst danach für eine Investition entscheidet.

KfW-Bankengruppe Die KfW ist ein öffentlich-rechtliches Kreditinstitut mit dem Hauptsitz in Frankfurt. Die Rechtsaufsicht hat das Bundesministerium der Finanzen. Die Aufgabe der KfW besteht neben der Realisierung von öffentlichen Aufträgen in der Förderung von Mittelstand und Existenzgründern, der Gewährung von Investitionskrediten an kleine und mittlere Unternehmen sowie der Finanzierung von Infrastrukturaufgaben und dem Wohnungsbau. Weitere Schwerpunkte sind die Finanzierung von Energieeinspartechniken und die Export- und Projektfinanzierungen. Abgerundet wird die Angebotspalette durch Bildungskredite.

Die Mittel werden ausschließlich über die Hausbank beantragt, die sich bei der KfW refinanziert. Auch für Privatkunden ist es bei jedem Finanzierungsvorhaben sinnvoll, sich das komplette Förderprogramm der KfW anzusehen, um ggf. ein passendes Kreditprogramm in die eigene Finanzierung einbauen zu können. Natürlich kann man dies auch in Verbindung mit der Hausbank in die Wege leiten, aber in den meisten Fällen schadet es nicht, wenn man sich bereits vorab informiert hat. Da die KfW wie erwähnt nicht direkt im Markt tätig sein kann, ist das Online-Informationsangebot ausgezeichnet (www.kfw.de).

Förderung von Existenzgründern	Förderdarlehen für Existenzgründungen und Existenzfestigungen
Bauen, Wohnen, Energiesparen	Schaffung von Wohneigentum Modernisierung von Wohnraum energetische Gebäudesanierung Denkmalschutz Errichtung von energieeffizienten Neubauten Einbau von Photovoltaikanlagen
Bildung	Aus- und Weiterbildung von Schülern, Studierenden und Fachkräften. Studenten können Studienkredite auch für ein Zweit/Zusatz-/Aufbau- oder Ergänzungsstudium und die Promotion beantragen. Die Altersgrenze liegt bei 44 Jahren

Kick back-Provisionen Regelmäßige Zahlungen, die Fonds- oder Wertpapieranbieter an das Kreditinstitut abführen, die ihre Produkte verkauft hat. Laut BGH handelt es sich um Kick-Backs, wenn Teile der Verwaltungsgebühren oder der Ausgabeaufschläge, die ein Kunde über sein Kreditinstitut an eine Kapitalanlagegesellschaft zahlt, ohne sein Wissen in umsatzabhängiger Höhe an das beratende Kreditinstitut zurückfließen. Wenn dem Anleger diese Praxis nicht bekannt ist, kann er u. U. das Kreditinstitut auf Schadensersatz verklagen.

Kinderbetreuungskosten Die Höhe der Betreuungskosten für Kinder ist abhängig vom Lebensmodell. So wird unterschieden zwischen Alleinerziehenden und Paaren, bei denen beide Partner erwerbstätig sind und Paaren, bei denen ein Elternteil erwerbstätig ist. Aufwendungen zur Betreuung eines zum Haushalt gehörenden Kindes können je Kind bis max. 750/1.500 € jährlich berücksichtigt werden, soweit sie 774/1.548 € übersteigen. Die zumutbaren Belastungswerte sind zu kürzen um je 1/12, soweit die Voraussetzungen im Monat nicht vorliegen. Voraussetzung ist, dass des Kind das 14. Lebensjahr noch nicht vollendet hat, das Kind zum Haushalt gehört und beide Eltern erwerbstätig sind. Diese Regelung gilt auch für Alleinerziehende. Für Kinder im Alter zwischen drei und sechs Jahren können 2/3 der Betreuungskosten geltend gemacht werden. Ein Steuerpflichtiger muss bei seiner Einkommensteuererklärung für jedes Kind eine eigene Anlage Kind ausfertigen (§ 33 c EStG). Hierdurch werden die steuerliche Zuordnung vollzogen und die Kinderbetreuungskosten geltend gemacht.

Kindererziehungszeiten Kindererziehungszeiten werden den Müttern in der gesetzlichen Rentenversicherung für Geburten bis 1991 mit einem Jahr und für Geburten ab 1992 mit drei Jahren wie Beitragszeiten angerechnet. Auf Antrag können die Leistungen auf den Vater übertragen werden. Die Kindererziehungszeit wird rentenrechtlich wie eine Pflichtbeitragszeit aufgrund einer Erwerbstätigkeit behandelt und mit einem Entgeltpunkt pro Jahr bewertet. Der Elternteil, welchem die Kindererziehungszeit zugeordnet wird,

wird damit so behandelt, als ob er durchschnittlich verdient hätte. Die Gleichbehandlung aller Kindererziehungszeiten ist ständig in der politischen Diskussion, derzeit aber wegen „Nichtfinanzierbarkeit" zurückgestellt.

Kinder	Beitragszeit	Entgeltpunkte
geboren vor dem 31.12.1991	1 Jahr	1
geboren nach dem 31.12.1991	3 Jahre	3

Freiberuflerinnen, die in einem berufsständischen Versorgungswerk versichert sind, haben ebenfalls Anspruch auf Kindererziehungszeiten in der gesetzlichen Rentenversicherung. Eine gesetzliche Rente erfordert eine Mindestversicherungszeit von fünf Jahren. Schon zwei Kinder, die nach 1992 geboren sind, reichen für einen Rentenanspruch aus.

Kinderfreibeträge Bei der Veranlagung zur Einkommensteuer wird für jedes zu berücksichtigende Kind des Steuerpflichtigen ein Freibetrag für das sächliche Existenzminimum (2.184 €) sowie ein Freibetrag für den Betreuungs- und Ausbildungsbedarf (1.320 €) des Kindes vom Einkommen abgezogen. Bei Ehegatten, die zusammen veranlagt werden, verdoppeln sich die Beträge, wenn das Kind zu beiden Ehegatten in einem Kindschaftsverhältnis steht.

Kinderfreibeträge je Kind	Grundtabelle Einzelveranlagung	Splittingtabelle Zusammenveranlagung
§ 32 Abs. 6 Satz 1 und 2 EStG	3.504 €	7.008 €

Kindergeld Im Rahmen des Wachstumsbeschleunigungsgesetzes ist das Kindergeld wie folgt festgesetzt worden:

Anzahl der Kinder	**Kindergeld seit 2010**
1	184 €
2	184 €
3	190 €
4 und jedes weitere Kind	215 €

Das Kindergeld wird monatlich vom Beginn des Monats an gezahlt, in dem die Anspruchsvoraussetzungen erfüllt sind, bis zum Ende des Monats, in dem die Anspruchsvoraussetzungen wegfallen. Es ist bei der zuständigen Familienkasse schriftlich zu beantragen. Den Antrag kann außer dem Berechtigten auch stellen, wer ein berechtigtes Interesse an der Leistung des Kindergeldes hat. Für jedes Kind wird nur einem Berechtigten Kindergeld gezahlt. Bei mehreren Berechtigten wird das Kindergeld demjenigen gezahlt, der das Kind in seinem Haushalt aufgenommen hat.

Kindesunterhalt Bei einer Trennung der Kindeseltern stellt sich die Frage, wer für die gemeinsamen Kinder Unterhalt zahlen muss. Eine Pflicht zur Zahlung von Kindesunterhalt besteht grundsätzlich gegenüber minderjährigen Kindern und volljährigen Kindern, die sich in einer Berufsausbildung befinden.

Für die Berechnung von Kindesunterhalt orientieren sich die Familiengerichte an der sogenannten Düsseldorfer Tabelle:

Nettoeinkommen des Unterhaltspflichtigen in €	Alter 0–5	Alter 6–11	Alter 12–17	Alter ab 18
bis 1.500	317	364	426	488
1.001–1.900	333	383	448	512
1.901–2.300	349	401	469	537
2.301–2.700	365	419	490	562
2.701–3.100	381	437	512	586
3.101–3.500	406	466	546	625
3.501–3.900	432	496	580	664
3.901–4.300	457	525	614	703
4.301–4.700	482	554	648	742
4.701–5.100	508	583	682	781
über 5.101	Nach den Umständen des Falles			

Quelle: Düsseldorfer Tab. 2012–2013

Kirchensteuern Geldleistungen, die von den als Körperschaften des öffentlichen Rechts anerkannten Religionsgemeinschaften von ihren Mitgliedern aufgrund gesetzlicher Vorschriften erhoben werden. Die Kirchensteuer wird i. d. R als Zuschlagsteuer zur Einkommen- bzw. Lohnsteuer bzw. bei der Abgeltungsteuer erhoben. Bei der Lohnsteuer ergeben sich die Berechnungsgrundlagen aus den Lohnsteuerabzugsmerkmalen, weshalb es für den Arbeitgeber einfach ist, die Kirchensteuer einzubehalten. Die Kirchensteuer für Kapitalerträge kann nur auf Wunsch vom Kreditinstitut einbehalten werden. Bei Gemeinschaftskonten und Depots ist dies nur möglich, wenn es sich um Ehegatten handelt oder alle Beteiligten derselben Religionsgemeinschaft angehören.

Kirchensteuerberechnung Bemessungsgrundlage für die Kirchensteuer ist die Einkommensteuer, die unter Berücksichtigung der Kinderfreibeträge und der Betreuungsfreibeträge festzusetzen wäre. Der Kirchensteuerhebesatz beträgt in Bayern und Baden-Württemberg 8 %, in den übrigen Bundesländern 9 %.

Wird die Einkommensteuer als Abgeltungsteuer erhoben, wird die darauf entfallende Kirchensteuer als Zuschlag zur Abgeltungsteuer berechnet.

Kleinunternehmer Lagen die steuerpflichtigen Umsätze eines Unternehmers/Bauherren im vorangegangenen Jahr unter 17.500 € und überschreiten sie im laufenden Kalenderjahr voraussichtlich 50.000 € nicht, ist der Unternehmer/Bauherr sogenannter umsatzsteuerlicher Kleinunternehmer. In diesem Fall wird auf die Erhebung der Umsatzsteuer verzichtet (*§ 19 Abs. 1 UStG*), d. h. der Kleinunternehmer darf für seine Umsätze keine Umsatzsteuer gesondert in Rechnung stellen. Das hat auch zur Folge, dass der Unternehmer/Bauherr wiederum die ihm in Rechnung gestellte Vorsteuer nicht geltend machen kann. Dieser Nachteil kann vermieden werden, wenn auf die Nichterhebung der Umsatzsteuer gemäß § 9 Abs. 2 UStG verzichtet wird, also die sogenannte Mehrwertsteueroption gezogen wird. Diese Regelung kann bei Immobilienumsätzen allerdings nur angewendet werden, wenn das Immobil an einen umsatzsteuerpflichtigen Mieter vermietet wird.

Knebelung durch Sicherheitenbestellung Eine Knebelung liegt vor, wenn die wirtschaftliche Handlungsfreiheit des Schuldners hierdurch rechtlich und faktisch derart eingeschränkt wird, dass von einer unzumutbaren Abhängigkeit gesprochen werden kann. Die Gefahr dazu ist immer dann gegeben, wenn seitens eines Gläubigers versucht wird, sich bei einer abzeichnenden Insolvenz noch vorhandene Sicherheiten zu sichern, ohne die eigentliche Sanierung des Schuldners zu betreiben.

Körperschaftsteuer Steuern auf Gewinne der Körperschaften, Personenvereinigungen und Vermögensmassen, z. B. von AG und GmbH (*§§ 1, 2 KStG*).

Körperschaftsteuertarif Ursprünglich war der Körperschaftsteuertarif für ausgeschüttete und einbehaltene Gewinne unterschiedlich, erst 2001 ist der Tarif vereinheitlicht worden. Seit dem Veranlagungszeitraum 2008 beträgt er einheitlich 15 %.

Kommunalkredite Kredite, die an Körperschaften und Anstalten des öffentlichen Rechts oder an Dritte unter Übernahme der Gewährleistung durch solche Körperschaften ausgeliehen werden.

komplexes Engagement Als komplex werden Kredit-Engagements angesehen, wenn zur Beurteilung der wirtschaftlichen Situation mehrere Jahresabschlüsse erforderlich, Kreditnehmereinheiten oder Engagementverbünde vorhanden und darüber hinaus mehrere Einzelbauobjekte in die Prüfung einzubeziehen sind.

Kompositversicherungen Unter dem Begriff Kompositversicherungen werden alle Versicherungsarten der Schaden- und Unfallversicherung außer der Krankenversicherung zusammengefasst. Schadensversicherungen dienen dem Versicherungsschutz von Sachwerten sowie der Gefahrenabwehr von Haftungsrisiken. Somit zählen also alle Versicherungen rund um die Immobilie zu den Kompositversicherungen. Für die Versicherer gilt dabei der Grundsatz der Spartentrennung. Dies bedeutet, dass die Kompositversicherungen in einem eigenständigen Unternehmen verwaltet werden müssen.

konkludente Bürgschaftsübernahme Es ist üblich das in einer Bürgschaftsurkunde abgegebene Bürgschaftsversprechen des Bürgen ohne ausdrückliche Annahmeerklärung des Gläubigers entgegenzunehmen. Hierzu hat der Bundesgerichtshof für die Übersendung einer schriftlichen Bürgschaftsurkunde an den abwesenden Gläubiger ergänzend entschieden, dass sich der Annahmewillen des Gläubigers, der die Abgabe der Bürgschaft verlangt hat, schon dadurch ergibt, dass er die Bürgschaftsurkunde behält.

Konkurrenzschutz Die Pflicht zur Überlassung einer Mietsache beinhaltet normalerweise auch die Notwendigkeit, den Mieter vor Konkurrenz anderer zu schützen. Diese Schutzpflicht besteht auch ohne vertragliche Vereinbarung bei Vermietung einer Mietsache zum Betrieb eines bestimmten gewerblichen Unternehmens. Allerdings besteht die Möglichkeit, den Konkurrenzschutz formularmäßig völlig auszuschließen. Eine Vereinbarung in der Teilungserklärung ist zulässig.

Konkurrenzverbot Verbot, z. B. zu Gunsten eines Lebensmittelmarktes auf dem Grundstück einen weiteren Lebensmittelmarkt zu errichten. Wichtige Vorschrift z. T. bei Einkaufszentren und damit Voraussetzung für einen gesunden Branchenmix. Bei Beleihung und Bewertung eines Grundstückes ist das Konkurrenzverbot grundsätzlich zu beachten (*§§ 1018 ff. BGB*).

Konsum Die Grundregel für verantwortungsvolles Handeln besteht darin, maximal so viel Geld auszugeben, wie Einkommen zur Verfügung steht. Auch haushalten will gelernt sein und oft ist es nur mit einer strengen Haushaltsdisziplin möglich, diese Grundregel nicht zu durchbrechen. Die Kreditinstitute bieten darüber hinaus bei festem regelmäßigem Einkommen die Möglichkeit, das Konto zu überziehen, aber dies ist nur in seltenen Fällen anzuraten. Auf keinen Fall sollte man reinen Konsum finanzieren, denn aus diesem Teufelskreis kommt man nur schlecht wieder heraus.

kontaminierte Standorte Begriff für Grundstückslagen, die durch frühere Grundwasser- und Bodenbelastungen heute kaum noch nutzbar sind. Spielt jetzt auch eine wichtige Rolle bei der Grundstücksbewertung. Beispiel: früheres Deponiegelände, Industriebrache, Tankstellengrundstück.

Kontenabruf Nach § 93 ff der Abgabenordnung kann sich die Finanzverwaltung über das Bundeszentralamt für Steuern Einblick in Konten, Depots, aber auch Zins- und Dividendeneinnahmen verschaffen. Dort sind natürlich auch die Angaben aus den Freistellungserklärungen gespeichert. Das Kontenabfragesystem steht auch anderen Behörden (Sozial-, Arbeitsämter, Bafög-Ämter u. a.) zur Verfügung. Vor einem Abrufersuchen ist der Betroffene auf die Möglichkeit des Kontenabrufs hinzuweisen. Dies kann auch durch ausdrücklichen Hinweis in amtlichen Vordrucken und Merkblättern geschehen. Nach Durchführung eines Kontenabrufs ist der Betroffene vom Ersuchenden über die Durchführung zu unterrichten, z. B. durch Hinweis im Einkommensteuerbescheid.

Kontowahrheit Niemand darf auf einen falschen oder erdichteten Namen für sich oder einen Dritten ein Konto/Depot errichten oder Buchungen vornehmen lassen, Wertsachen in Verwahrung geben oder verpfänden oder sich ein Schließfach geben lassen (*§ 154 AO*). Wer derartige Dienstleistungen anbietet, muss sich zuvor Gewissheit über die Person und die Anschrift des Verfügungsberechtigten verschaffen und diese Angaben auch festhalten. Verstöße gegen diese Vorschrift führen dazu, dass nur mit Zustimmung des zuständigen Finanzamtes diese Werte herausgegeben werden dürfen.

Kontrollmitteilung Interner Informationsfluss innerhalb der Finanzbehörden. Geregelt in § 30a der AO, wenn im Rahmen von Prüfungen Geschäftsvorfälle Auffälligkeiten aufweisen, die möglicherweise der Entdeckung unbekannter Steuerfälle dienen.

Kostenanteil Die Versicherungsgesellschaften erheben für den Abschluss und die Verwaltung des Versicherungsvertrages Gebühren, die sie von den Beiträgen (Lebensversicherungsprämien) abziehen. Die Abschlusskosten werden zu Anfang in voller Höhe abgezogen, während die Verwaltungskosten während der gesamten Vertragslaufzeit anfallen und auch nur ratierlich angerechnet werden. Die genauen Kostenanteile sind nur transparent, wenn der Versicherer jährlich aussagefähige Standmitteilungen über die Entwicklung der Versicherung erstellt.

Kostenfallen Zum 1.8.2012 ist das Gesetz zur Bekämpfung von Kostenfallen im Internet in Kraft getreten (*§ 312 g Abs. 2 bis 4 BGB*). Hintergrund der Regelung ist es, Verbraucher vor Kostenfallen im Internet zu schützen. Damit soll die sogenannte „Internet-Abzocke" unterbunden werden. Eine Schaltfläche (Button) für einen Bestellvorgang muss den Verbraucher darauf hinweisen, dass ein kostenpflichtiger Bestellvorgang erfolgt. Diese Regelung gilt nicht nur für Dienstleistungen, sondern auch für den Verkauf von Waren. Ohne einen speziellen Bestellbutton (Text: zahlungspflichtig bestellen) kommt kein wirksamer Vertrag mehr zustande.

Krankentagegeldversicherung Eine Krankentagegeldversicherung soll das Risiko eines Verdienstausfalls nach dem Wegfall der gesetzlichen Lohnfortzahlung (sechs Wochen) abdecken. Kann daher auch zur Risikoabsicherung bei einer Baufinanzierung eingesetzt werden. Die Summe des über einen Monat zu zahlenden Krankentagegeldes sollte sich an der monatlichen Baufinanzierungsrate orientieren.

Krankenversicherung der Rentner Personen mit einem Rentenanspruch aus der gesetzlichen Rentenversicherung werden bei Erfüllung einer Vorvertragszeit Mitglied der Krankenversicherung der Rentner. Das ist i. d. R die bisherige Krankenkasse. Die Beitragshöhe beträgt einheitlich 15,5 % der beitragspflichtigen Einkünfte. Hierzu zählen:

- Renten der gesetzlichen Rentenversicherung
- gesetzliche Renten aus dem Ausland
- Versorgungsbezüge
- Einkommen aus selbstständiger Tätigkeit
- Einmalzahlungen mit Bezug zur früheren Erwerbstätigkeit (Abfindungen, Einmalzahlungen, Auszahlung von Direktversicherungen, sogenannte Beitragspläne)

Der Rentenversicherungsträger trägt 7,3 % der Rente als Beitragsanteil, der Eigenbeitrag des Rentners beträgt 8,2 % und wird sofort einbehalten. Für die übrigen Einkünfte muss der Rentner den vollen Beitrag selbst zahlen. Auch hierbei gilt die Beitragsbemessungsgrenze.

Krankenversicherungspflicht Wer sich wegen Bezug einer gesetzlichen Rente eigentlich in der Krankenversicherung der Rentner versichern müsste, darf sich von dieser Pflicht befreien lassen. Die Befreiung muss gut überlegt sein, denn die Entscheidung ist dauerhaft, d. h. eine Rückkehr in die gesetzliche Krankenversicherung der Rentner ist nicht möglich. Sinnvoll ist dieser Schritt meist nur für privat Krankenversicherte, die beihilfefähig sind. Dieser Personenkreis kann dann die private Krankenversicherung bei Rentenbezug fortführen, muss allerdings innerhalb einer Frist von drei Monaten bei einer gesetzlichen Krankenkasse einen Befreiungsantrag stellen.

Kreditcontrolling Kreditcontrolling aufgrund der Vorgaben durch die Mindestanforderungen an das Kreditgeschäft der Kreditinstitute (MAK) bedeutet:

- Unabhängigkeit vom Markt,
- Risikoüberwachung auf Portfolioebene,
- unabhängiges Berichtswesen und Risikoreporting.

Kreditderivate Etabliertes Instrument für den Handel mit Kreditrisiken (Credit Default Swaps).
Für die Übernahme des Kreditausfallrisikos zahlt der Sicherungsnehmer dem Sicherungsgeber eine jährliche Prämie (CDS-Spread). Dieser wird in Basispunkten, bezogen auf den Nominalwert des abgesicherten Kreditbetrages, vereinbart.

Kredite im Insolvenzplanverfahren Im Rahmen der Sanierung eines Unternehmens ist die Aufnahme neuer Kredite meist unausweichlich. Nimmt der vorläufige Insolvenzverwalter Kredite auf, sind diese nach der Insolvenzeröffnung als Masseverbindlichkeiten anzusehen (§ 55 Abs. 2 InsO) und damit bei der Verteilung insoweit privilegiert, als eine Herabsetzung auf die Quote unterbleibt. Gleiches gilt für die Kreditaufnahmen des endgültigen Insolvenzverwalters in der Zeit zwischen Verfahrenseröffnung und Bestätigung des Insolvenzplans.

kreditfinanzierte Fondsbeteiligungen Am 14.8.2004 hat der BGH wichtige Entscheidungen zu Gunsten geschädigter Verbraucher bei den kreditfinanzierten Fondsbeteiligungen getroffen. Dabei ging es um die für die Geschädigten entscheidende Frage, ob bei einer Rückabwicklung des Darlehens, mit dem die entsprechenden Geschäfte finanziert werden, der gesamte Darlehensbetrag zuzüglich Zinsen an die Bank zurückzuzahlen ist.

Der Fondsbeitritt wird vom II. Senat in diesen Fällen nunmehr grundsätzlich als ein mit dem Kreditvertrag verbundenes Geschäft angesehen. Wichtigste Konsequenz daraus ist, dass die Verbraucher nun den Fondsanteil anstelle des Darlehensbetrages bei der Rückabwicklung an den Kreditgeber zurückgeben dürfen. Im Ergebnis wird der geschädigte Verbraucher so gestellt, als wäre er nie auf das Geschäft eingegangen.

Kreditgebühren Im Jahre 2012 haben mehrere Gerichte festgestellt, dass Kreditbearbeitungsgebühren nicht rechtmäßig sind. Die Gerichte waren der Ansicht, dass Kosten für bankinterne Tätigkeiten nicht zu Lasten der Kreditnehmer gehen könnten und eine entsprechende Vertragsklausel den Kunden unangemessen benachteiligen würde. Höchstrichterliche Urteile sind dazu allerdings noch nicht ergangen, Revisionen vor dem BGH wurden jeweils zurückgenommen, nachdem der Bundesgerichtshof hatte erkennen lassen, dass er den vorinstanzlichen Urteilen folgen werde. Es ist daher ggf. notwendig, in jedem Einzelfall einen Rückerstattungsanspruch geltend zu machen.

Kreditgefährdung Wer der Wahrheit zuwider eine Tatsache behauptet oder verbreitet, die geeignet ist, den Kredit eines anderen zu gefährden oder sonstige Nachteile für dessen Erwerb oder Fortkommen herbeizuführen, hat dem anderen den daraus entstehenden Schaden zu ersetzen, wenn er die Unwahrheit zwar nicht kennt, aber kennen muss. Durch die Mitteilung, deren Unwahrheit dem Mitteilenden unbekannt ist, wird dieser nicht zum Schadensersatz verpflichtet, wenn er oder der Empfänger der Mitteilung an ihr ein berechtigtes Interesse hat (*§ 824 BGB*).

Kreditgewährung nach MAK Nach den Mindestanforderungen für das Kreditgeschäft, erlassen vom Bundesaufsichtsamt (BAFin), erfolgt eine Kreditgewährung in drei Schritten:

- Akquisition,
- Informationsauswertung und Erstellung der Kreditvorlage,
- Kreditbeschluss und Kreditvertragsangebot.

Kreditkartenkredit Normalerweise werden die Kreditkartenumsätze monatlich ausgeglichen. Es laufen dann zwar Sollumsätze auf, wofür ein monatlicher Verfügungsrahmen eingeräumt ist, allerdings fallen dafür keine Zinsen an.

Bei einem Kreditkartenkredit begleicht der Kreditkartenbesitzer seine Umsätze nur in Raten. Dafür wird ein Mindestbetrag festgelegt, für den Restbetrag fallen Zinsen an, die meist monatlich mit der nächsten Kreditkartenabrechnung fällig werden.

Kreditnehmereinheit Als Kreditnehmereinheit im Sinne des *§ 19 Abs. 2 Kreditwesengesetz* gelten:

1. alle Unternehmen, die demselben Konzern angehören oder durch Verträge verbunden sind, die vorsehen, dass das eine Unternehmen verpflichtet ist, seinen ganzen Gewinn an ein anderes Unternehmen abzuführen, sowie in Mehrheitsbesitz stehende Unternehmen mit den an ihnen mit Mehrheit beteiligten Unternehmen oder Personen, ausgenommen die in § 20 Abs. 1 Nr. 1 genannten Gebietskörperschaften und Sondervermögen;
2. Personengesellschaften und ihre persönlich haftenden Gesellschafter;
3. Personen und deren Unternehmen, für deren Rechnung Kredit aufgenommen wird, mit demjenigen, der den Kredit im eigenen Namen aufnimmt.

kreditorisches Konto Konto, das für einen Kreditor (Gläubiger) geführt wird und einen Habensaldo ausweist.

Kreditportfoliotransaktionen Kreditinstitute steuern ihre Risiken und ihr Eigenkapital mittels diverser Kreditportfoliotransaktionen Der Handel mit Kreditportfolios, die sowohl Unternehmensfinanzierungen, Konsumentenkredite als auch Hypothekarkredite enthalten können, gehört dazu. Die Transaktionen. werden sowohl für die Bilanzbereinigung, Verbesserung der Kreditstruktur als auch zur Verbesserung der Kapitalausstattung eingesetzt.

Kreditprozesse nach MaK Die Mindestanforderungen für das Kreditgeschäft (MaK) definieren sechs Teilprozesse für das Kreditgeschäft, die den Einzelkredit von der Entstehung bis zur Rückzahlung begleiten:

- Kreditgewährung,
- Kreditweiterbearbeitung,
- Kreditbearbeitungskontrolle,
- Intensivbetreuung,
- Problemkredite und
- Risikovorsorge.

Kreditrisikocontrolling Das Kreditrisikocontrolling verfügt über die Methodenkompetenz, um die Qualität des gesamten Rating- und Kreditprozesses innerhalb eines Kreditinstituts abzubilden. Dort wird auch das Kreditrisikoreporting auf Portfolioebene vorgenommen.

Kreditrisikomanagement Kreditrisikomanagement wird verstanden als die Gesamtheit aller Regelungen zur Identifikation, Analyse bzw. Messung, Steuerung, Überwachung und Kommunikation der Risiken aus dem Kreditgeschäft. Das Kreditrisikomanagement beinhaltet dabei grundsätzlich eine qualitative und eine quantitative Komponente. Die qualitative Komponente verlangt eine unter Risikoaspekten angemessene Ausgestaltung der Geschäftsprozesse speziell hinsichtlich des internen Kontrollsystems und eine funktionsfähige interne Revision im Kreditgeschäft. Quantitativ geht es primär um die Identifikation, Steuerung und Überwachung der Risiken.

Kreditsicherheiten im Insolvenzverfahren

1. Eine Bank ist zur Verwertung von Grundpfandrechten berechtigt. Allerdings sieht das Zwangsversteigerungsgesetz vor, dass der Insolvenzverwalter die Einstellung einer Zwangsversteigerung oder Zwangsverwaltung bei Gericht beantragen kann. In diesem Fall erhält die Bank allerdings laufend die geschuldeten Zinsen sowie einen Ausgleich für einen eventuellen Wertverlust des Grundstücks. Bei der Zwangsversteigerung eines Grundstücks sind 4 % des Erlöses aus der Verwertung des mithaftenden Zubehörs an die Insolvenzmasse abzuführen.
2. Werte, die dem AGB-Pfandrecht unterliegen, und Drittsicherheiten können durch die Bank verwertet werden. Der Insolvenzverwalter erhält auch keine Kostenpauschale.
3. Die Bank ist nicht zur Verwertung von Sicherungseigentum sowie zur Einziehung von sicherungshalber abgetretenen Forderungen (auch wenn bereits vor dem Insolvenzantrag eine Offenlegung der Abtretung erfolgt ist) berechtigt. Dem Insolvenzverwalter stehen für die Verwertung von Sicherungseigentum und Sicherungszessionen eine Feststellungspauschale von 4 % und eine Verwertungspauschale von 5 % aus dem Erlös zu. Aus dem Verwertungserlös ist auch die Umsatzsteuer abzuführen.

Kreditstatus Einmalige, vor der Kreditentscheidung im Rahmen der Kreditwürdigkeitsprüfung durchgeführte Zeitpunktbetrachtung zur Analyse der Vermögens-, Schulden-, Einkommens- und Liquiditätssituation. Der Kreditstatus ermöglicht Aussagen über

- Vermögensstruktur,
- stille Reserven,
- Liquidität,
- rechtliche Struktur und
- Tragbarkeit weiterer Belastungen.

Kreditwürdigkeit Kreditwürdig ist jemand, der mit hoher Wahrscheinlichkeit einen Kredit zurückzahlen kann. Vor dem Abschluss eines Vertrages über eine entgeltliche Finanzierungshilfe hat der Unternehmer die Kreditwürdigkeit des Verbrauchers zu bewerten (*§ 509 BGB*). Grundlage für die Bewertung können Auskünfte des Verbrauchers und erforderlichenfalls Auskünfte von Stellen sein, die geschäftsmäßig personenbezogene Daten, die zur Bewertung der Kreditwürdigkeit von Verbrauchern genutzt werden dürfen, zum Zwecke der Übermittlung erheben, speichern oder verändern (z. B. SCHUFA, Auskunfteien). Wer als nicht kreditwürdig eingestuft wird, bekommt i. d. R keinen Kredit mehr. Die Kreditwürdigkeitsklasse (Rating, Scoring) ist Grundlage für die Zinshöhe.

Kündigung einer Lebensversicherung Grundsätzlich ist eine Kapitallebensversicherung langfristig ausgerichtet. Inzwischen werden jedoch fast ¾ aller Verträge vorzeitig, d. h. lange vor Beendigung der eigentlich vorgesehenen Vertragslaufzeit gekündigt. Dies ist insbesondere in den ersten Jahren äußerst ungünstig, da die Abschlusskosten fast ausnahmslos in den ersten Jahren anfallen und verrechnet werden (Zillmerung), sodass zunächst nur geringe Rückkaufswerte entstehen.

Der BGH hat über die Wirksamkeit von Versicherungsbedingungen bezüglich der Rückkaufswerte, den Stornoabzug sowie die Verrechnung von Abschlusskosten entschieden (*Az. IV ZR 201/10*).Mit dem Urteil hat der Bundesgerichtshof gerügt, dass Bedingungen, nach welchen die Abschlusskosten (Vermittlungskosten) mit den ersten Beiträgen verrechnet werden, eine unangemessene Benachteiligung des Versicherungsnehmers darstellen und deshalb unwirksam sind. Hierbei wurde über Verträge geurteilt, die zwischen 2001 und 2007 abgeschlossen und vorzeitig gekündigt wurden. Es ist sinnvoll, ggf. alte Vertragsunterlagen zu prüfen und die ständige Rechtsprechung zu verfolgen, um möglicherweise nachträglich eine Neuberechnung zu verlangen (*Az 2 U 138/10*).

Kündigungsfristen bei Arbeitsverhältnissen Das Arbeitsverhältnis eines Arbeitnehmers kann mit einer Frist von vier Wochen zum Fünfzehnten oder zum Ende eines Kalendermonats gekündigt werden (*§ 622 BGB*),falls nicht abweichende Regelungen in einem Tarifvertrag verankert sind.

Für eine Kündigung durch den Arbeitgeber beträgt die Kündigungsfrist, wenn das Arbeitsverhältnis in dem Betrieb oder Unternehmen

Zwei Jahre bestanden hat	Einen Monat zum Ende eines Kalendermonats
Fünf Jahre bestanden hat	Zwei Monate zum Ende eines Kalendermonats
Acht Jahre bestanden hat	Drei Monate zum Ende eines Kalendermonats
Zehn Jahre bestanden hat	Vier Monate zum Ende eines Kalendermonats
Zwölf Jahre bestanden hat	Fünf Monate zum Ende eines Kalendermonats
Fünfzehn Jahre bestanden hat	Sechs Monate zum Ende eines Kalendermonats
Zwanzig Jahre bestanden hat	Sieben Monate zum Ende eines Kalendermonats

Während einer vereinbarten Probezeit, längstens für die Dauer von sechs Monaten, kann das Arbeitsverhältnis mit einer Frist von zwei Wochen gekündigt werden.

Einzelvertraglich können kürzere als die vorgenannten Kündigungsfristen nur vereinbart werden, wenn ein Arbeitnehmer nur zur vorübergehenden Aushilfe eingestellt ist oder der Arbeitgeber i. d. R nicht mehr als 20 Arbeitnehmer beschäftigt und die Kündigungsfrist vier Wochen nicht unterschreitet.

Für die Kündigung des Arbeitsverhältnisses durch den Arbeitnehmer darf keine längere Frist vereinbart werden als für die Kündigung des Arbeitgebers.

Kundensegmentierung Die Kreditkosten, die ein Bankkunde zu zahlen hat, sind stark bonitätsabhängig. War dies zunächst nur im Konsumentenkredit anzutreffen, so ist das inzwischen bedingt durch die Auswirkungen von Basel II durchgängig in allen Bereichen anzutreffen. Damit einhergegangen ist die Kundensegmentierung nach dem Ausfallrisiko bzw. der Ausfallwahrscheinlichkeit.

L: Lärmschutzverordnung – Loss given default

Lärmschutzverordnung Festsetzung der Immissionsgrenzwerte für Verkehrsgeräusche. Mit der Verordnung sind die von den Verwaltungen zu beachtenden Immissionsgrenzwerte festgelegt, wobei die gestiegenen Anforderungen an den Lärmschutz berücksichtigt wurden. Nachfolgende Grenzwerte in Dezibel dürfen beim Bau und der wesentlichen Änderung von Straßen und Schienenwegen nicht überschritten werden.

	Tag	Nacht
In der Nähe von Krankenhäusern, Schulen, Kurheimen und Altenheimen	57	47
In reinen und allgemeinen Wohn- und Kleinsiedlungsgebieten	59	49
In Kerngebieten, Dorfgebieten und Mischgebieten	64	54
In Gewerbegebieten	69	59

land- und forstwirtschaftliches Vermögen Bodenflächen, die einem Betrieb der Land- und Forstwirtschaft dauernd zu dienen bestimmt sind, sollten dort und nicht beim Grundvermögen ausgewiesen werden (§§ 33–62, § 125 BewG). Landwirtschaft bedeutet z. B. die Nutzung des Bodens zur Gewinnung pflanzlicher oder tierischer Erzeugnisse einschließlich der unmittelbaren Verwertung. Durch diese Zuordnung sind Vorteile in der Bewertung gegeben, die zu einer entsprechenden Auswirkung bei den Steuerarten führen, die von der Einheitsbewertung abhängen (Grundsteuer, Erbschaftsteuer, Schenkungsteuer).

landwirtschaftlich genutzte Grundstücke Grundstücke, deren überwiegender Teil des Rohertrages durch die Nutzung als Ackerfläche, Wiesen- oder Weidefläche, zur Tierhaltung, zum Anbau von Obst und Gemüse sowie von Wein erzielt wird. Für die Zwangsversteigerung derartiger Objekte bestehen keine Besonderheiten. Derartige Grundstücke können nur im Vergleichswertverfahren bewertet werden (§§ 158–175 BewG).

landwirtschaftliche Alterskassen Selbstständig tätige Landwirtinnen und Landwirte sind nicht in der gesetzlichen Rentenversicherung versichert, sondern in den landwirtschaftlichen Alterskassen. Auch diese Absicherungssysteme sehen Renten wegen Alters, wegen Erwerbsminderung und wegen Todes vor. Die Renten werden genauso nachgelagert besteuert wie die Leistungen aus der gesetzlichen Rentenversicherung.

langfristige Kredite Kredite/Darlehen mit einer Laufzeit von mehr als 47 Monaten.

Lastschrift Ein Zahlungspflichtiger ermächtigt einen Zahlungsempfänger, eine Forderung zu Lasten seines Kontokorrentkontos (Girokontos) einzuziehen. Die Lastschrift kann der Zahlungspflichtige innerhalb einer Rückgabefrist von acht Wochen zurückgeben, indem er von seiner Bank verlangt, dass ihm der Betrag wieder gutgeschrieben wird. Gegen unzulässige Einzüge ist sogar ein Widerspruch bis zu 13 Monate danach noch möglich. Der Kontoinhaber ist gut beraten, anhand seiner Kontoauszüge die Richtigkeit der Abbuchungen fortlaufend zu kontrollieren. Es ist auch sinnvoll, sich die im Laufe der Zeit erteilten Lastschrifteinzugsermächtigungen zu notieren, um den Überblick über seine Finanzen zu behalten. Werden z. B. Verträge gekündigt, darf nicht vergessen werden, die Lastschrifteinzugsermächtigung zu widerrufen.

Leasing Besondere Form der Gebrauchsüberlassung gegen Entgelt. Der Leasingvertrag kann mit einem Mietvertrag identisch sein, kann aber auch wesentliche Elemente eines Kaufvertrags enthalten.

Leasingvertrag Ein Leasingvertrag ist rechtlich gesehen ein Mietvertrag oder, wenn er mit einer Kaufoption versehen ist, eine Art Mietkaufvertrag. Der Leasinggeber überlässt darin dem Leasingnehmer gegen Entgelt eine Sache zum Gebrauch. Der Leasingnehmer trägt regelmäßig die Gefahr bzw. Haftung für die Instandhaltung, Beschädigung oder Untergang. Der Leasingrate ist so bemessen, dass sie die Vergütung für den Substanzwert darstellt.

Lebenserwartung Das statistische Bundesamt veröffentlicht jährlich aktualisierte Sterbetafeln. Daraus ist eine sich ständig erhöhende Lebenserwartung zu ersehen.

Aus der umfangreichen Statistik, die wegen der unterschiedlichen Ausgangssituation getrennt für Männer und Frauen erhoben wird, sind nachstehend einige Daten für die zu erwartende durchschnittliche Lebenserwartung zusammengefasst:

Vollendetes Alter in…Jahren	Durchschnittliche Lebenserwartung im Alter x in Jahren Männer	Durchschnittliche Lebenserwartung im Alter x in Jahren Frauen
0	77,72	82,73
1	77,02	81,99
10	68,11	73,07
20	58,25	63,16
30	48,56	53,29
40	38,93	43,50
50	29,67	33,98
60	21,31	24,96
65	17,48	20,68
67	16,01	19,01
68	15,30	18,18
69	14,58	17,35
70	13,89	16,53
71	13,20	15,72
72	12,52	14,92
73	11,86	14,13
74	11,21	13,36
75	10,58	12,60
76	9,97	11,87
77	9,38	11,15
78	8,82	10,45
79	8,28	9,78
80	7,77	9,13
81	7,28	8,51
82	6,81	7,91
83	6,36	7,34
84	5,93	6,80
85	5,52	6,29
90	3,84	4,25
95	2,71	2,97

Quelle: Statistisches Bundesamt Sterbetafel 2009/2011

Lebensleistungsrente Nach Plänen des Bundesministeriums für Arbeit und Soziales sollen konkrete Verbesserungen für eine Lebensleistungsrente geschaffen werden, die nicht beitrags- sondern steuerfinanziert werden. Dabei sollen Beitragszeiten für Frauen, die Kinder erzogen und/oder Pflegeleistungen erbracht haben, für Erwerbsgeminderte und Menschen mit geringem Einkommen verbessert werden. Die Grenze der Höherbewertung soll dabei oberhalb der Grundsicherung liegen. Voraussetzung für die Verbesserung soll sein, dass mindestens 40 Jahre in die gesetzliche Rentenversicherung eingezahlt und privat vorgesorgt worden ist.

Lebenspartnerschaften Zwei Personen gleichen Geschlechts haben das Recht, eine Lebenspartnerschaft zu begründen (§ 1 LPartG). Beide Partner müssen gegenseitig persönlich und bei gleichzeitiger Anwesenheit erklären, miteinander eine Partnerschaft auf Lebenszeit führen zu wollen. Die Erklärungen werden erst dann wirksam, wenn sie vor der zuständigen Behörde erfolgen. Außerdem müssen die Lebenspartner eine Erklärung über ihren Vermögensstand abgeben. Dabei müssen sie entweder erklären, dass sie den Vermögensstand der Ausgleichsgemeinschaft vereinbart haben oder sie müssen einen Lebenspartnerschaftsvertrag abgeschlossen haben. Der überlebende Partner einer Lebenspartnerschaft ist auch gesetzlicher Erbe. Beim Tod eines Partners zahlt die gesetzliche Rentenversicherung seit 2005 auch die Witwen-/Witwerrente.

Lebensversicherungsbeitrag Jahresbeitrag einer Kapitallebensversicherung, die vielfach als Tilgungsersatz, vor allem bei nicht selbst genutzten Immobilien dient, wird in drei unterschiedlichen Verwendungsarten untergebracht:

1. Risikoanteil zur Sicherstellung, dass die bei Tod der versicherten Person fällige Versicherungssumme gezahlt werden kann.
2. Sparanteil, der mit dem Garantiezins (aktuell 1,75 %) verzinst werden muss und im Erlebensfall die garantierte Versicherungssumme ergibt.
3. Kostenanteil zur Deckung der Verwaltungskosten.

Legal Asset Management Die Bezeichnung kommt aus den Vereinigten Staaten und bedeutet: Juristischer Teil der Grundstücksverwaltung, also Vereinheitlichung von (Miet-)Verträgen, Kreditverträge, Sicherheitenverträgen, Grundbuchangelegenheiten etc.

Legitimation Jeder Kreditnehmer muss sich durch Vorlage eines gültigen Reisepasses oder Personalausweises legitimieren. Die Legitimation ist auch erforderlich bei Abschluss von Notarverträgen oder z. B. auch bei Abgabe von Geboten im Zwangsversteigerungsverfahren.

Leibrenten Lebenslängliche Leibrenten, die z. B. nach einem Grundstücksverkauf auf Rentenbasis gezahlt werden, unterliegen nur dem sogenannten Ertragsanteil der Besteuerung. Dabei richtet sich dieser Ertragsanteil nach dem Alter des Rentenberechtigten bei Beginn der Rente und bleibt danach unverändert. Auch Leistungen aus Altersvorsorgeverträgen, Pensionsfonds, Pensionskassen und Direktversicherungen werden wie Leibrenten versteuert.

Bei Beginn der Rente vollendetes Lebensjahr des Rentenberechtigten	Ertragsanteil in %	Bei Beginn der Rente vollendetes Lebensjahr des Rentenberechtigten	Ertragsanteil in %
0–1	59	51–52	29
2–3	58	53	28
4–5	57	54	27
6–8	56	55–56	26
9–10	55	57	25
11–12	54	58	24
13–14	53	59	23
15–16	52	60–61	22
17–18	51	62	21
19–20	50	63	20
21–22	49	64	19
23–24	48	65–66	18
25–26	47	67	17
27	46	68	16
28–29	45	69–70	15
30–31	44	71	14
32	43	72–73	13
33–34	42	74	12
35	41	75	11
36–37	40	76–77	10
38	39	78–79	9
39–40	38	80	8
41	37	81–82	7
42	36	83–84	6
43–44	35	85–87	5
45	34	88–91	4
46–47	33	92–93	3
48	32	94–96	2
49	31	ab 97	1
50	30		

Leibrentenberechnung Es ist nicht möglich, eine Leibrente oder auch umgekehrt den Barwert einer lebenslangen Zahlung mit einer Zeitrentenformel über die durchschnittliche Lebenserwartung zu berechnen. Dies würde zu falschen Ergebnissen führen. Ein Zeitrentenfaktor gilt für Renten, die über eine feste Laufzeit garantiert werden, ein Leibrentenfaktor gilt für Renten, die vom Leben eines Menschen abhängen.

Bis einschließlich dem VAZ 2004 wurden auch die gesetzlichen Altersrenten wie Leibrenten behandelt. Seit dem 1.1.2005 werden jedoch nur noch „private" Leibrenten (aus privaten Lebensversicherungen, Kaufverträgen etc.) lediglich mit dem Ertragsanteil versteuert. Die sogenannten Riester-Renten oder Rürup-Renten fallen nicht unter die Ertragsanteilsbesteuerung, sondern werden nachgelagert versteuert.

leichtfertige Steuerverkürzung Eine leichtfertige Steuerverkürzung liegt vor, wenn der Steuerpflichtige oder sein Bevollmächtigter eine Steuerhinterziehung nicht mit Vorsatz begangen haben (*§ 378 AO*). Die Ordnungswidrigkeit kann mit einer Geldbuße geahndet werden. Eine Geldbuße wird nicht festgesetzt, soweit der Täter gegenüber der Finanzbehörde die unrichtigen Angaben berichtigt, die unvollständigen Angaben ergänzt oder die unterlassenen Angaben nachholt, bevor ihm die Einleitung eines Straf- oder Bußgeldverfahrens wegen der Tat bekannt gegeben worden ist.

Lieferantenkredit Ein Lieferantenkredit entsteht dadurch, dass mit Zustimmung des Lieferanten, eine Ware oder Dienstleistung nicht sofort, sondern erst später bezahlt wird.

linear-progressiver Tarif Der Einkommensteuertarif ist so aufgebaut, dass zunächst der Grundfreibetrag dafür sorgt, dass das steuerliche Existenzminimum unberücksichtigt bleibt. Danach erfolgt die Steuerbelastung linear-progressiv (d. h. etwa gleichmäßig ansteigend) bis zu Höchstbeträgen, ab denen dann die obere Proportionalzone greift, in der gleichbleibend der Höchststeuersatz zur Anwendung kommt.

Liquidationsvergleich Vergleich im Rahmen eines Insolvenzverfahrens. Dabei überlässt der Schuldner nach Maßgabe des aufgestellten Insolvenzplans seinen Gläubigern sein gesamtes Vermögen mit der Vereinbarung, dass damit der nicht durch die Verwertung gedeckte Teil der Forderungen erlassen werden soll.

Liquidität Unter der Liquidität versteht man die jederzeitige Zahlungsfähigkeit. Zur Aufrechterhaltung müssen folglich Mittel bereitstehen, über die sofort frei verfügt werden kann. Bilanziell ist die Liquidität der in der Bilanz ausgewiesene Bestand an liquiden Mitteln. Die Liquidität ist wichtigster Grundsatz im Kreditbereich, deshalb erfolgt eine genaue Prüfung, ob eine ausreichende Liquidität vorhanden ist. Für den Privatanleger bedeutet Liquidität z. B. die Anlage auf Tagesgeldkonten.

Liquiditätsoptimierung Seit Einführung der Abgeltungssteuer zum 1.1.2009 kann das Kreditinstitut innerhalb der gesetzlichen Vorgaben für Anlagen im Privatvermögen negative Kapitalerträge (z. B. Veräußerungsverluste, gezahlte Stückzinsen oder Zwischengewinne) auch rückwirkend auf den jeweiligen Kalenderjahresbeginn steuerlich berücksichtigen und somit bereits mit Kapitalertragsteuer, Solidaritätszuschlag und ggf. Kirchensteuer belastete Kapitalerträge wieder vom Steuerabzug freistellen, soweit verrechenbare Verluste zur Verfügung stehen. Dabei können Verluste aus der Veräußerung von

Aktien nur mit Gewinnen aus der Veräußerung von Aktien verrechnet werden. Die Erstattung erfolgt auf dem Steuerverrechnungskonto.

Lohnabtretung Sicherungsinstrument für Verbraucherdarlehen. Die Abtretung der Lohn- und Gehaltsansprüche wird in der Regel still behandelt. Bei Beamten ist sie beurkundungspflichtig.

Lohnausgleichszahlungen der Bauwirtschaft Entlastungshilfe für die Bauwirtschaft, teils als Selbsthilfe, teilweise staatlich gefördert, die von der Urlaubs- und Lohnausgleichskasse der Bauwirtschaft in Wiesbaden reguliert wird.

Lohnfortzahlung Begründet ist der Anspruch auf Lohnfortzahlung im § 616 BGB. Nach dem Entgeltfortzahlungsgesetz von 1994 (zuletzt geändert 21.7.2012) wird die Lohnfortzahlung im Krankheitsfalle zu 100 % des letzten Bruttoarbeitsentgelts ab dem ersten Krankheitstag gewährt. Die Lohnfortzahlung umfasst maximal sechs Wochen. Wenn ein Arbeitnehmer innerhalb von zwölf Monaten immer wieder an derselben Krankheit erkrankt, werden die Krankheitstage aufsummiert. Nach Ablauf der Lohnfortzahlung zahlt die Krankenkasse bei Fortbestehen der Arbeitsunfähigkeit ein Krankengeld.

Lohnsteuerbescheinigung Nach § 41b EStG ist ein Arbeitgeber verpflichtet, bei Beendigung des Dienstverhältnisses oder am Ende des Kalenderjahres das Lohnkonto des Arbeitnehmers abzuschließen und dem zuständigen Finanzamt diese Daten mittels einer Lohnsteuerbescheinigung auf elektronischem Wege bis spätestens 28.2. des Folgejahres zu übermitteln. Der Arbeitnehmer erhält davon eine Kopie. Auf der linken Seite der Lohnsteuerbescheinigung sind allgemeine, personenbezogene Angabe aufgeführt, auf der rechten Seite werden alle Leistungen und Beträge vermerkt. Diese Daten sind damit zwar dem Finanzamt bekannt, müssen aber gleichwohl innerhalb der Anlage N und teilweise der Anlage Vorsorgeaufwand zur Einkommensteuererklärung nochmals aufgeführt werden. Diese Unterlage eignet sich übrigens perfekt als Einkommensnachweis bei einer Kreditaufnahme.

Lohnsteuer-Jahresausgleich Der Arbeitgeber ist berechtigt, seinen unbeschränkt einkommensteuerpflichtigen Arbeitnehmern, die während des abgelaufenen Kalenderjahres (dem Ausgleichsjahr) ständig in einem Dienstverhältnis gestanden haben, die für das Ausgleichsjahr einbehaltene Lohnsteuer insoweit zu erstatten, als sie die auf den Jahresarbeitslohn entfallende Jahreslohnsteuer übersteigt. Der Arbeitgeber ist zu einem Lohnsteuer-Jahresausgleich verpflichtet, wenn er am 31.12. des Ausgleichsjahres mehr als zehn Mitarbeiter beschäftigt (*§ 42 b EStG*).

Lohnsteuerkarte Die Lohnsteuerkarte war bis einschließlich des Veranlagungszeitraumes 2012 die Grundlage für die Durchführung des Lohnsteuerabzugsverfahrens (*§ 39 EStG*). Die Gemeinden haben bis 2010 den unbeschränkt einkommensteuerpflichtigen

Arbeitnehmern für jedes Kalenderjahr unentgeltlich eine Lohnsteuerkarte nach amtlich vorgeschriebenem Muster ausgestellt. Bestanden mehrere Dienstverhältnisse, wurden entsprechend zusätzliche Lohnsteuerkarten ausgegeben. Auf Antrag ausgestellte zusätzliche Lohnsteuerkarten wiesen grundsätzlich die Steuerklasse VI aus. Auf der Lohnsteuerkarte wurden folgende Merkmale eingetragen:

- die Steuerklasse in Buchstaben,
- die Zahl der Kinderfreibeträge bei den Steuerklassen I bis IV,
- die Identifikationsnummer des Arbeitnehmers.

Jeder Arbeitnehmer musste seinem Arbeitgeber zu Beginn eines Dienstverhältnisses und eines neuen Kalenderjahres die Lohnsteuerkarte vorlegen. Der Arbeitgeber war zwingend an die Eintragungen auf der Lohnsteuerkarte gebunden. Auf Antrag konnte das Finanzamt Freibeträge vermerken. Die Ausstellung der Lohnsteuerkarten erfolgte letztmalig für das Kalenderjahr 2010 (§ 39 Abs. 1 Satz 1 EStG). Die Gültigkeit der Lohnsteuerkarte 2010 wurde bis zur erstmaligen Anwendung der ELStAM für die Jahre 2011 und 2012 verlängert.

Seit 2013 werden die Lohnsteuerabzugsmerkmale über die Identifikationsnummer dem Bundeszentralamt für Steuern zugänglich gemacht und dort für die Zwecke des elektronischen Abrufs der Daten für jeden Steuerpflichtigen gespeichert.

Lohnsteuer-Richtlinien Die Lohnsteuerrichtlinien enthalten eine Vielzahl von Regelungen, die die steuerliche Situation der Arbeitnehmer beeinflussen. Sie werden regelmäßig der aktuellen BFH-Rechtsprechung angepasst. Die nachstehende Übersicht auf dem Stand der LStR 2011 enthält die für einen Arbeitnehmer wichtigen Regelungen:

LStR R 3b	Steuerfreiheit der Zuschläge für Sonntags-, Feiertags- oder Nachtarbeit
LStR R 8.2	Bewertung der Sachbezüge
	Gestellung von Kraftfahrzeugen zur privaten Nutzung
	Arbeitslöhne aus demselben Dienstverhältnis bleiben steuerfrei, soweit sie den Rabatt-Freibetrag von 1.080 € (seit VAZ 2004) nicht übersteigen
LStR R 9.1	Werbungskosten
	Aufwendungen für Wege zwischen Wohnung und Arbeitsstätte
LStR R 9.2	Aufwendungen für die Aus- und Fortbildung
LStR R 9.4	Reisekosten
LStR R 9.5	Fahrtkosten als Reisekosten
LStR R 9.6	Verpflegungsmehraufwendungen als Reisekosten
LStR R 9.9	Umzugskosten
LStR R 9.10	Aufwendungen für Wege zwischen Wohnung und regelmäßiger Arbeitsstätte
LStR R 9.11	Mehraufwendungen bei doppelter Haushaltsführung, z. B. Zweitwohnung
LStR R 9.12	Arbeitsmittel

LStH H 9.14	Häusliches Arbeitszimmer
LStR R 19.3	Arbeitslohn
LStR R 19.5	Zuwendungen bei Betriebsveranstaltungen
LStR R 19.7	Berufliche Fort- und Weiterbildungsleistungen des Arbeitgebers
LStR R 19.8	Versorgungsbezüge
LStR R 19.9	Zahlung von Arbeitslohn an die Erben oder Hinterbliebenen
LStH H 35a	Haushaltsnahe Beschäftigungsverhältnisse oder Dienstleistungen (Handwerkerleistungen)
LStR R 39a.1	Verfahren bei der Eintragung eines Freibetrags oder eines Hinzurechnungsbetrags auf der Lohnsteuerkarte
LStR R 39b.5	Einbehaltung der Lohnsteuer vom laufenden Arbeitslohn
LStR R 39a.6	Einbehaltung der Lohnsteuer von sonstigen Bezügen
LStR R 40.1	Bemessung der Lohnsteuer nach besonderen Pauschsteuersätzen
LStR R 40.2	Bemessung der Lohnsteuer nach einem festen Pauschsteuersatz z. B. für Fahrten zwischen Wohnung und Arbeitsstätte
LStR R 40b.1	Pauschalierung der Lohnsteuer bei Beiträgen zu Direktversicherungen und Zuwendungen an Pensionskassen

Loss given default Messung von Verlusten bei Kreditausfall. Anhand der Ergebnisse werden in den Kreditinstituten die statistischen Wertberichtigungsquoten und die Ausfallwahrscheinlichkeit ermittelt und die risikoadjustierten Konditionen festgelegt.

M: Magnetmieter – Mutterschaftsgeld

Magnetmieter Mieter, der auf die Kunden eine überdurchschnittliche Anziehungskraft ausübt und bei einer dauerhaften Marktpositionierung der Immobilie eine große Rolle spielt. Dies kann bei Büroimmobilien auch ein Kreditinstitut oder eine Versicherung sein. Aufgabe eines funktionierenden Gebäudemanagements ist es, für eine langfristige optimale Mieterkonstellation zu sorgen oder sie noch weiter zu optimieren.

Mahnung Zahlt der Schuldner auf eine Mahnung des Gläubigers, die nach Eintritt der Fälligkeit erfolgt, nicht, so kommt er durch die Mahnung in Verzug. Der Mahnung steht die Erhebung der Klage auf Zahlung sowie die Zustellung eines Mahnbescheids gleich (*§ 286 BGB*).

Mahnverfahren Ein Mahnverfahren ist nur bei Anspruch auf Zahlung einer bestimmten Geldsumme zulässig (*§§ 688 ff. ZPO*). Die Forderung muss über Euro lauten. Das Mahnverfahren fällt in den Zuständigkeitsbereich des Amtsgerichtes, in dem der Gläubiger seinen Gerichtsstand hat, und soll die kostspielige Zivilklage ersetzen, wenn zu erwarten ist, dass der Schuldner/Schuldnerin seine/ihre Zahlungsverpflichtung nicht bestreitet.

Maklerlohn Ein Maklerlohn gilt als stillschweigend vereinbart, wenn die dem Makler übertragene Leistung den Umständen nach nur gegen eine Vergütung zu erwarten ist (*§ 653 BGB*).

Maklerprovision für gewerbliche Mietverträge Laut BFH-Urteil (*IV R 16/95*) müssen Maklerprovisionen für gewerbliche Mietverträge nicht auf die Mietdauer abgeschrieben werden, sondern können sofort als Betriebsausgabe abgezogen werden.

Managementimmobilien Objekte, die nach Fertigstellung weitgehend von der Qualität, der Bonität und dem Erfolg des Managements abhängig sind. So ist bei der Beurteilung über den möglichen Erfolg einer Immobilie die Erfahrung des Betreibers vielfach ausschlaggebend. Dazu werden frühere Erfahrungen auf dem Gebiet, Bilanzen aus dieser Zeit, Auskünfte über die Tätigkeiten und Informationen von Verbänden und Behörden herangezogen.

Demzufolge ist das zugrunde liegende Konzept fast wichtiger als die Objektbeurteilung. Für die Finanzierung bedeutet dies, dass eine Kreditbeurteilung nach Kriterien zu erfolgen hat, die denen einer Unternehmensfinanzierung mehr entsprechen als denen einer reinen Baufinanzierung. Vorgelegte Mietgarantien dürfen hierbei natürlich nicht die Überprüfung der Vermietungschancen zu marktgerechten, auch langfristig zu erzielenden Mieten ersetzen. Zu den Managementimmobilien werden Hotels, Boarding-Häuser, Kliniken, Alten- und Pflegeheime und Freizeitimmobilien gezählt.

MaRisk (Mindestanforderungen an das Risikomanagement) Die Bundesanstalt für Finanzdienstleistungen (BaFin) hat am 14.12.2012 eine aktualisierte Fassung der Mindestanforderungen an das Risikomanagement der Kreditinstitute veröffentliche. Diese MaRisk ist am 1.1.2013 in Kraft getreten. Der Kreditkunde sollte wissen, dass hiermit grundlegende Anforderungen an die Prozesse im Kreditgeschäft und das bankinterne Kontrollsystem vorgegeben werden. Dabei wird Wert auf eine strikte Funktionstrennung gelegt.

Die Prozessschritte im Überblick:

- Kreditgewährung
- Kreditweiterbearbeitung
- Kreditbearbeitungskontrolle
- Intensivbearbeitung
- Behandlung von Problemkrediten
- Risikovorsorge
- Verfahren zur Früherkennung von Risiken
- Risikoklassifizierungsverfahren

Marktanalysen Mittlerweile werden von vielen Institutionen Marktanalysen zum Markt von Eigentumswohnungen und Eigenheimen angeboten. Zu berücksichtigen ist allerdings, dass der Immobilienmarkt eigentlich eine regional völlig unterschiedliche Ausgangslage hat und deshalb großflächige Analysen zwar einen Trend erkennen lassen, für den jeweiligen Immobilienstandort aber von eher untergeordneter Aussagekraft sind. Eine verlässlichere Übersicht haben die örtlichen Filialen der Kreditinstitute und der Bausparkassen. Aus der Vielzahl der dort vorliegenden Daten und der getätigten Finanzierungsgeschäfte dürfte die aktuelle Situation offenkundig sein.

Markt und Marktfolge Für das Kreditgeschäft der Kreditinstitute ist zwingend eine Trennung der Bereiche Markt und Marktfolge gesetzlich vorgegeben. Damit soll verhindert werden, dass wegen der fehlenden Distanz der für das Geschäft und den Vertrieb zuständige Bereich entscheidenden Einfluss auf die Kreditgenehmigung hat. Dies insbesondere bei Entscheidungen, die nicht durch standardisierte Regeln klar vorgegeben sind.

Bereich	Aufgaben	Kreditentscheidung
Markt (Kundenberatung)	Initiierung von Kreditgeschäften, Betreuung der Kreditnehmer,	Erstvotum bei Kreditentscheidung und bei turnusmäßiger oder anlassbezogener Risikobeurteilung
Marktfolge (Kreditrisikomanagement, Back-Office, Bearbeitung)	Unabhängigkeit vom Markt	Zweitvotum bei Kreditentscheidung und bei turnusmäßiger oder anlassbezogener Risikobeurteilung

Marktverwerfungen In internationalen Kreditverträgen auf Basis des Euribor werden Zinserhöhungen oder Zinsanpassungen zugelassen, wenn durch Marktverwerfungen die Refinanzierung auf dem Markt zu Euribor-Konditionen nicht mehr möglich ist. Die Marktverwerfungsklausel ist so ausgestaltet, dass die Kreditnehmer nach der Nachricht über die Marktverwerfungen in Verhandlungen über die Zinshöhe treten müssen. Die Zinshöhe wiederum muss die tatsächlichen Refinanzierungskosten der Bank im Inter-Banken-Markt abdecken.

Massegläubiger Gläubiger von Forderungen, die durch oder während des Insolvenzverfahrens entstehen. Aus der Insolvenzmasse sind die Kosten des Verfahrens und die sonstigen Masseverbindlichkeiten vorweg zu berichten (*§ 53 InsO*).

Massekosten Gerichtskosten für das Insolvenzverfahren und die Vergütungen und die Auslagen des vorläufigen Insolvenzverwalters und der Mitglieder des Gläubigerausschusses (*§ 54 InsO*).

Masseverbindlichkeiten Aus der Insolvenzmasse sind die Kosten des Insolvenzplanverfahrens sowie die sonstigen Masseverbindlichkeiten vorweg zu berichten (*§§ 55 und 123 InsO*). Zu den sonstigen Masseverbindlichkeiten zählen die Aufwendungen, die durch die Verwaltung, Verwertung und Verteilung der Insolvenzmasse begründet werden; ferner die Verbindlichkeiten aus Verträgen, deren Erfüllung der Insolvenzverwalter verlangt, sowie Sozialplanverpflichtungen. Auch Verbindlichkeiten, die von einem vorläufigen Insolvenzverwalter begründet worden sind, auf den die Verfügungsbefugnis über das Vermögen des Schuldners übergegangen ist, gelten nach der Eröffnung des Verfahrens als Masseverbindlichkeiten. Bei der Verteilung des verbleibenden Vermögens werden alle unbesicherten Gläubiger gleichmäßig berücksichtigt. Frühere Vorrechte für Arbeitnehmer und den Fiskus sind weggefallen.

Mediation Mediation ist ein vertrauliches und strukturiertes Verfahren, bei dem die Parteien mithilfe eines oder mehrerer Mediatoren freiwillig und eigenverantwortlich eine einvernehmliche Beilegung ihres Konflikts anstreben. Ein Mediator ist eine unabhängige und neutrale Person ohne Entscheidungsbefugnis, die die Parteien durch die Mediation führt. Seit Juli 2012 sind Einzelheiten in einem Mediationsgesetz geregelt.

Mehrwertsteueroption Falls ein Eigentümer auf die Steuerbefreiung der Mieteinnahmen gem. § 9 UStG verzichtet (also die sogenannte Mehrwertsteueroption wahrnimmt), so gilt auch das Vorsteuerabzugsverbot nicht. Er kann dann die ihm in Rechnung gestellten Umsatzsteuern als Vorsteuern geltend machen. Voraussetzung ist allerdings, dass der Eigentümer sein Eigentum an einen anderen mehrwertsteuerpflichtigen Unternehmer vermietet. Die Mehrwertsteueroption ist nicht zulässig für Wohneigentum. Daher hat die Mehrwertsteueroption nur Bedeutung für die Errichtung oder Vermietung von gewerblichen Objekten. Bei Einbau von Photovoltaik- und Solaranlagen kann selbstverständlich auch die Mehrwertsteueroption gezogen werden.

Midi-Jobber Midi-Jobber haben einen umfassenden Schutz in der Kranken-, Renten- und Arbeitslosenversicherung, müssen aber nicht die vollen Sozialversicherungsbeiträge zahlen. Dadurch werden allerdings auch die Rentenansprüche reduziert. Dies kann nur verhindert werden, wenn auf Antrag die „normalen Sozialversicherungsbeiträge" gezahlt werden. Seit dem 1.1.2013 liegt die Entgeltgrenze zwischen 450,01 und 850 €.

Mietbürgschaft Wer für die Mietschulden eines anderen eine Bürgschaft übernimmt, geht ein großes Risiko ein. Nach einem Urteil des BGH haftet der Bürge unbegrenzt für offene Mietzahlungen. Eine solche Bürgschaft sei nicht wie eine Kaution auf drei Monatsmieten begrenzt (VIII ZR 389/12).

Mieteinkünfte Mieteinkünfte werden nach dem Zuflussprinzip steuerlich in dem Jahr als Ertrag berücksichtigt, in dem sie tatsächlich anfallen. Zu den Mieteinkünften gehören auch die Umlagen, die Einnahmen aus der Untervermietung und aus der Vermietung von Grundstücksteilen für Mobilfunkantennen, Windkraftanlagen und WLAN-Hotspots.

Mieterhöhung bis zur ortsüblichen Vergleichsmiete Ein Vermieter kann die Zustimmung zu einer Erhöhung der Miete bis zur ortsüblichen Vergleichsmiete verlangen, wenn die Miete in dem Zeitpunkt, in dem die Erhöhung eintreten soll, seit 15 Monaten unverändert ist. Das Mieterhöhungsverlangen kann frühestens ein Jahr nach der letzten Mieterhöhung geltend gemacht werden. Dabei ist die Kappungsgrenze von 20 % innerhalb von drei Jahren zu berücksichtigen (*§§ 558 ff. BGB*). Nach dem Mietrechtsänderungsgesetz 2013 können die Bundesländer diese Kappungsgrenze regional auf 15 % beschränken.

Mietermix Begriff im Zusammenhang mit Einzelhandelsimmobilien für die optimale Zusammensetzung von einander ergänzenden Mietern zum langfristigen Nutzen der Immobilie. Dies dient letztlich sowohl dem Vermieter als auch dem Finanzierer. Um Leerstände zu verhindern, wird dieses Konzept vielfach nicht durchgehalten. Als Basis für einen Erfolg versprechenden Mietermix gelten die Ergebnisse der Objekt- und Standortanalyse, sowie ein Branchenmix, der es ermöglicht, Synergieeffekte statt Konkurrenzen zu realisieren. Zu berücksichtigen ist allerdings auch eine Risikominimierung, wobei ein gesundes Verhältnis zwischen etablierten und finanzstarken Mietern und Neugründern angestrebt werden sollte.

Mietkaution Die Mietkaution ist begrenzt auf höchstens das Dreifache der monatlich anfallenden Miete ohne die Vorauszahlungspauschale für die Betriebskosten. Der Vermieter hat eine ihm als Sicherheit überlassene Geldsumme bei einem Kreditinstitut zu dem für Spareinlagen mit dreimonatiger Kündigungsfrist gültigen Zinssatz anzulegen. Die Vertragsparteien können eine andere Anlageform vereinbaren (§ 551 BGB).

Mietrendite Verhältnis der jährlichen Mieteinnahmen zum Kaufpreis des Objektes.

Mietwohneinheit Wohnungen, die nicht vom Eigentümer selbst bewohnt werden, sondern zu Wohnzwecken vermietet sind. Auch mietfrei überlassene Wohnungen zählen als Mietwohneinheit.

Mietzuschuss Wohngeld, das für Mieter einer Wohnung oder eines Zimmers gezahlt wird. Die Höhe des Wohngeldes hängt u. a. von der Höhe der zuschussfähigen Miete ab. Es wird nicht gewährt für unangemessen hohe Wohnkosten. Insbesondere das örtliche Mietniveau (Mietspiegel) spielt eine entscheidende Rolle. Seit 1990 sind alle Gemeinden bundesweit in Mietenstufen eingruppiert worden (www.bmvbw.de). Zur Miete gehören auch die Kosten für den Wasserverbrauch, die Kosten der Abwasser- und Müllbeseitigung und die Kosten der Treppenbeleuchtung. Für Eigentümer tritt an die Stelle des Mietzuschusses der Lastenzuschuss. Die nachstehende Regelung mit den veränderten Höchstbeträgen ist seit dem 1.1.2009 in Kraft.

Bei einem Haushalt mit	In Gemeinden mit Mieten der Stufe	Höchstbeträge in € für zuschussfähige Miete und Belastung	Betrag für Heizkosten
einem Alleinstehenden	I	292	24
	II	308	
	III	330	
	IV	358	
	V	385	
	VI	407	
zwei Familienmitgliedern	I	352	31
	II	380	
	III	402	
	IV	435	
	V	468	
	VI	501	
drei Familienmitgliedern	I	424	37
	II	451	
	III	479	
	IV	517	
	V	556	
	VI	594	

Bei einem Haushalt mit	In Gemeinden mit Mieten der Stufe	Höchstbeträge in € für zuschussfähige Miete und Belastung	Betrag für Heizkosten
vier Familienmitgliedern	I	490	43
	II	523	
	III	556	
	IV	600	
	V	649	
	VI	693	
fünf Familienmitgliedern	I	561	49
	II	600	
	III	638	
	IV	688	
	V	737	
	VI	787	
Mehrbetrag für jedes weitere Familienmitglied	I	66	6
	II	72	
	III	77	
	IV	83	
	V	88	
	VI	99	

MiFID Das infolge der Umsetzung der EU-Richtlinie über Märkte für Finanzinstrumente (MiFID) geänderte Wertpapierhandelsgesetz sieht vor, dass die Kreditinstitute ihre Kunden ergänzend zu den bereits bekannten Informationen über das Angebot und die Dienstleistungen im Wertpapiergeschäft zusammenfassend über die Rahmenbedingungen informieren.

Mindestanforderungen an das Kreditgeschäft Die Bundesanstalt für Finanzdienstleistungsaufsicht hat im Jahre 2002 „Mindestanforderungen an das Kreditgeschäft der Kreditinstitute" veröffentlicht. Damit hat die Aufsichtsbehörde umfängliche Mindeststandards an die Aufbauorganisation, die Prozesse der Kreditvergabe sowie die Identifizierung, Steuerung und Überwachung der Risiken aus dem Kreditgeschäft verbindlich vorgegeben. Zu den wesentlichen MaK-relevanten Prüffeldern gehören seitdem:

- die Risikoeinstufung der Kreditnehmer
- das eingesetzte Risikoklassifizierungsverfahren
- das Überziehungssystem
- das System zur Begrenzung der geschäftsbezogenen Risiken
- die laufende Kreditüberwachung
- die laufende Sicherheitenüberwachung
- die Kompetenzordnung
- die Kreditkontrolle
- die Risikovorsorge

- die Kreditrisikosteuerung
- das Frühwarnsystem
- das ordnungsgemäße Zusammenwirken der eingesetzten Verfahren
- die Übereinstimmung mit der Kreditrisikostrategie

Die BaFin hat diese Vorgaben im Jahre 2005 durch die Mindestanforderungen für das Risikomanagement (MaRisk) der Kreditinstitute ersetzt.

Mindestbesteuerung Seit 2004 ist die Verlustverrechnung neu geregelt worden. Negative Einkünfte, die bei der Ermittlung des Gesamtbetrags der Einkünfte nicht ausgeglichen werden, sind bis zu einem Betrag von 511.500 €, bei zusammen veranlagten Ehegatten bis zu 1.023.000 € auf das vorangegangene Jahr zurückzutragen. Nicht (durch Verlustrücktrag) ausgeglichene negative Einkünfte sind in den folgenden Veranlagungszeiträumen bis zu einem Gesamtbetrag von 1.000.000 bzw. 2.000.000 € bei zusammen veranlagten Ehegatten unbeschränkt und darüber hinaus bis zu 60% des 1.000.000/2.000.000 übersteigenden Betrages abzuziehen. Daher spricht man von einer 40%-igen Mindestbesteuerung, wenn der steuerliche Gewinn 1 Mio. € übersteigt.

Mindest-Bewirtschaftungskosten für Wohngebäude Bei der Beleihungswertermittlung werden die Bewirtschaftungskosten meist pauschal berücksichtigt. Die nachstehenden Mindest-Bewirtschaftungskosten sind nach der Miethöhe und der Baualtersklasse gestaffelt.

Miete monatlich €/m²	Baualtersklasse bis 20 Jahre (%)	Baualtersklasse über 20 Jahre (%)
2,25 bis 2,50	42,70	46,40
2,50 bis 3,00	35,30	38,40
3,00 bis 3,25	32,60	35,30
3,25 bis 3,50	30,20	32,80
3,50 bis 3,75	28,20	30,60
3,75 bis 4,00	26,40	28,70
4,00 bis 4,25	24,90	27,00
4,25 bis 4,50	23,60	25,50
4,50 bis 4,75	22,40	24,20
4,75 bis 5,00	21,30	23,10
5,00 bis 5,25	20,30	22,00
5,25 bis 5,50	19,50	21,00
5,50 bis 5,75	18,70	20,20
5,75 bis 6,00	17,90	19,40
6,00 bis 6,25	17,30	18,70
6,25 bis 6,50	16,70	18,00
6,50 bis 6,75	16,10	17,40

Miete monatlich €/m²	Baualtersklasse bis 20 Jahre (%)	Baualtersklasse über 20 Jahre (%)
6,75 bis 7,00	15,60	16,80
7,00 bis 7,25	15,10	16,30
7,25 bis 7,50	15,00	15,80
7,50 bis 7,75	15,00	15,30
mehr als 7,75	15,00	15,00

Mindesteinkommen Bei verschieden Kontoführungsmodellen geben die Kreditinstitute ein sogenanntes Mindesteinkommen vor. Nur wenn dieses monatliche Mindesteinkommen auf dem Konto gutgeschrieben wird, werden bestimmte Konditionen eingeräumt.

Mindestgebot Bei einer Zwangsvollstreckung in das bewegliche Vermögen darf ein Zuschlag auf ein Gebot nur abgegeben werden, das mindestens die Hälfte des gewöhnlichen Verkaufswertes der Sache erreicht (*§ 817a ZPO*). Der gewöhnliche Verkaufswert und das Mindestgebot sollen bei dem Ausbieten bekannt gegeben werden. Wird der Zuschlag nicht erteilt, weil ein das Mindestgebot erreichendes Gebot nicht abgegeben ist, so bleibt das Pfandrecht des Gläubigers bestehen. Er kann jederzeit eine neue Versteigerung oder eine anderweitige Verwertung beantragen. Besonderheiten gelten für Gold- und Silbersachen.

Mindestreserve Zinsloses Guthaben, das jedes im Euro-Währungsraum tätige Kreditinstitut bei der Europäischen Zentralbank (EZB) aufgrund gesetzlicher Bestimmungen hinterlegen muss. Basis sind die Kundeneinlagen. Mit der Mindestreserve steuert die EZB unmittelbar die Liquiditätslage der Kreditinstitute. Seit 2012 ist der Mindestreservesatz auf 1 % zurückgenommen worden.

Minuskapital Negatives Eigenkapital in der Bilanz, das durch Verluste oder zu hohe Entnahmen entstanden ist. Als Kreditgrundlage ist eine Firmenbilanz mit Minuskapital nur anzusehen, wenn im Umfeld der Gesellschafter greifbare Besicherungsmöglichkeiten bestehen und Aussicht auf Umkehrung der Bilanzverhältnisse besteht.

mittelbare Grundstücksschenkung Die mittelbare Grundstücksschenkung (also eine Geldschenkung mit der Auflage, davon ein Grundstück zu erwerben) ist mit der Änderung des Bewertungsgesetzes im Jahre 2009 in vielen Fällen uninteressant geworden. Sah das frühere Bewertungsgesetz eine Bewertung von Immobilien nach privilegierten Bedarfswerten vor, so wird inzwischen entsprechend den Vorgaben des Bundesverfassungsgerichts der Grundbesitzwert zugrunde gelegt. Damit sind die früheren steuerlichen Vorteile komplett entfallen.

Mittelstandsrating Für eine Bonitätsanalyse von mittelständischen Betrieben kann eine Vielzahl von Kennziffern verwendet werden. Welche Faktoren in den Rating-Funktionen konkret Berücksichtigung finden, lässt sich nicht allgemeingültig sagen. Die Verfahren sind lernende Systeme und entwickeln sich entsprechend weiter.

Kennzahl	Definition / Formel
Gesamtkapitalrentabilität	$\dfrac{\textit{Betriebsergebnis + Finanzergebnis + Zinsaufwand − Zinserträge}}{\text{Bilanzsumme}}$
Kapitalstruktur	$\dfrac{\textit{Bereinigte Eigenmittel}}{\text{Bilanzsumme − immaterielle Vermögen − Kasse − Grundstück/Bauten}}$
Nettoverschuldungsquote	$\dfrac{\textit{Kurzfristiges Fremdkapital − liquide Mittel}}{\text{Bilanzsumme}}$
Lohnproduktivität	$\dfrac{\textit{Rohertrag}}{\text{Personalaufwand}}$
Liquiditätsgrad	$\dfrac{\textit{Umlaufvermögen}}{\text{kurzfristige Verbindlichkeiten}}$
Zinsdeckungsgrad	$\dfrac{\textit{EBITDA}}{\text{Zinsaufwand}}$

Mitwirkung des Verwalters
1. Durch die Eröffnung des Insolvenzverfahrens geht das Recht des Schuldners, das zur Insolvenzmasse gehörende Vermögen zu verwalten und darüber zu verfügen, auf den Insolvenzverwalter über (*§ 80 InsO*).
2. Ein gegen den Schuldner bestehendes Veräußerungsverbot, das nur den Schutz bestimmter Personen bezweckt (*§§ 135, 136 BGB*), hat im Verfahren keine Wirkung. Die Vorschriften über die Wirkungen einer Pfändung oder einer Beschlagnahme im Wege der Zwangsvollstreckung bleiben unberührt.

Mobiliarsicherheit Sachsicherheit, die sich auf bewegliche Sachen bezieht. Instrumente sind das Pfandrecht an beweglichen Sachen und die Sicherungsübereignung.

Mobilität In Zeiten von sich ständig ändernden Markt- und Arbeitsplatzbedingungen ist Mobilität die notwendige Bereitschaft zum Wohnsitzwechsel oder die zwangsläufige Akzeptanz weiter Fahrtstrecken. Die Mobilität wird u. a. gefördert durch die Entfernungspauschale.

Moratorium Vereinbarung aller beteiligten Gläubiger über einen Zahlungsaufschub, der dem Schuldner gewährt wird, um eine sofortige Insolvenz zu vermeiden. Im Immobilienbereich ist es oftmals schwierig, ein Moratorium zu vereinbaren, da die einzelnen Gläubiger unterschiedliche Rangstellen haben und demzufolge entsprechende Sonderbehandlung erwarten.

Mortalität Als Mortalität wird die Wahrscheinlichkeit bezeichnet, in einem jeweiligen Altersjahrgang zu sterben. Seit Beginn des 21. Jahrhunderts ist das Sterberisiko pro Jahrgang laufend gesunken. Die Mortalitätsentwicklung in Verbindung mit der Fertilität (Geburtenhäufigkeit) bestimmt natürlich die Rentenpolitik, aber auch die Wohnungsbedarfsplanung und damit die Wohnungspolitik.

Mündelsicherheit
1. Vorgeschriebene, besonders sichere Anlage von Geldern (*§§ 1807, 2119 BGB*). Hierzu zählen u. a.: Anlagen in Forderungen, für die eine sichere Hypothek an einem inländischen Grundstück besteht, oder in sicheren Grundschulden oder Rentenschulden an inländischen Grundstücken, in Wertpapieren, insbesondere Pfandbriefen, sowie in verbrieften Forderungen jeder Art gegen inländische kommunale Körperschaften oder die Kreditanstalt einer solchen Körperschaft, sofern die Wertpapiere von der Bundesregierung als mündelsicher anerkannt worden sind.
2. Steht ein minderjähriges Kind nicht unter elterlicher Gewalt (Tod der Eltern, Entzug der elterlichen Gewalt), so erhält es einen Vormund als gesetzlichen Vertreter (*§§ 1642, 1643, 1806, 1811, 1821, 1822 BGB*). Bei unehelichen Kindern erlangt das Jugendamt des Geburtsortes die Vormundschaft. Die Kreditaufnahme zulasten des Mündels ist nicht ohne Mitwirkung des Amtsgerichtes möglich. Zustimmungsbedürftig ist die Übernahme einer fremden Verbindlichkeit, insbesondere einer Bürgschaft. Verfügungen über ein Grundstück oder über das Recht an einem Grundstück können ohne Mitwirkung des Vormundschaftsgerichtes nicht erfolgen. Also sind weder Veräußerungen noch Belastungen möglich, es können auch keine Grundschulden für das Kreditinstitut bestellt werden.

multifunktionale Bauweise Im Gewerbebau notwendiges Planungsmerkmal. Hierdurch wird die optimale und vielseitige Nutzung eines Gebäudes erreicht. Die multifunktionale Bauweise ist heutzutage bei der Bewertung von besonderer Bedeutung und hat die früher übliche Frage nach der Drittverwendungsmöglichkeit teilweise abgelöst. Beispiel für eine multifunktionale Bauweise ist ggf. schon eine entsprechende Deckenhöhe und eine ausreichende Gründung, um in eine Halle zusätzliche Decken einziehen zu können, um damit die Grundfläche zu vergrößern. Wichtig ist auch, dass den technischen Neuerungen ohne größeren Aufwand Rechnung getragen werden kann.

Mutterschaftsgeld Mutterschaftsgeld gehört zu den Lohnersatzleistungen und ist in der Höhe abhängig vom zuletzt bezogenen Netto-Arbeitseinkommen. Demzufolge ist es wichtig, dass Ehepaare diesen Umstand bereits bei der Lohnsteuerklassenwahl und auch bei der Eintragung bzw. der Verteilung von Freibeträgen beachten. Das Mutterschaftsgeld ist nicht steuerpflichtig, wird aber durch den Progressionsvorbehalt mit in die steuerliche Rechnung einbezogen.

N: Nachbaranhörung – Nutzungsdauer von Arbeitsmitteln

Nachbaranhörung In allen Bundesländern ist die Nachbaranhörung unterschiedlich geregelt. Angesichts möglicher Konflikte erscheint jedoch eine Kontaktaufnahme mit den direkt angrenzenden Nachbarn unverzichtbares Element, bevor ein Bauantrag eingereicht wird. Dies ist besonders wichtig, wenn Wärmedämmung angebracht werden soll.

Wenn die nachbarlichen Rechte nicht oder nur unvollständig berücksichtigt wurden, droht Ungemach. Eine einstweilige Verfügung (Baustopp) könnte Kosten verursachen und eventuell die Realisierung der Baumaßnahme gefährden.

Nachbesserungsrecht Innerhalb einer zweijährigen Gewährleistungszeit können Kunden nicht einfach Geld zurückverlangen, wenn die Ware kaputt ist. Sie müssen dem Händler eine Reparatur oder einen Austausch ermöglichen.

Nacherbe Der Erblasser kann einen Erben bestimmen, welcher erst Erbe nach einem anderen Erben wird (*§ 2100 BGB, § 6 ErbStG*) Die gesetzlichen Vertreter von minderjährigen Nacherben können einer Grundbuchbestellung und einem in diesem Fall sicherlich eindeutig engen Sicherungszweck nur mit Genehmigung des Vormundschaftsgerichtes zustimmen.

Nacherbenvermerk Ein Erblasser kann jemanden (den Nacherben) in der Weise zum Erben einsetzen, dass dieser die Erbschaft erst antreten kann, nachdem zunächst ein anderer, nämlich der Vorerbe, Erbe geworden ist. Tritt der Erbfall mit dem Tod des Erblassers ein, so fällt die Erbschaft an den Vorerben. Mit dem Tod des Vorerben erlischt dessen Recht, und der Nacherbe wird Erbe des Erblassers (*§§ 2100 ff. BGB, § 51 GBO*). Aus diesen Bestimmungen ergeben sich für die Beleihungsinstitute zwangsläufig Beschränkungen. Bei Beleihung eines einem Vorerben gehörenden Grundstücks muss die Zustimmung des/der Nacherben zur Belastung durch Grundpfandrechte eingeholt werden. Andernfalls kann bei Eintritt des Nacherbfalles der Nacherbe Löschung des Grundpfandrechtes verlangen, ohne seinerseits etwas leisten zu müssen. Ist der Nacherbe minderjährig, so bedarf es hierfür selbstverständlich der vormundschaftlichen Genehmigung.

Nachhaltigkeitsfaktor Das Rentenversicherungs-Nachhaltigkeitsgesetz setzt auf der Reform des Jahres 2001 auf, denn dort wurden bereits Weichen gestellt. Im Gesetz ist die Wirkung des Nachhaltigkeitsfaktors umschrieben mit der „Notwendigkeit, Schritte mit Langfristwirkung auf der Leistungsseite der gesetzlichen Rentenversicherung einzuführen, um eine Generationengerechtigkeit zu erreichen".

Der Nachhaltigkeitsfaktor ist seitdem Bestandteil der Rentenanpassungsformel und spiegelt das zahlenmäßige Verhältnis von Beitragszahlern und Rentnern bei der Rentenanpassung wider. Durch den Nachhaltigkeitsfaktor werden sowohl die Auswirkungen der verlängerten Lebenserwartung als auch die Entwicklung der Geburten und der Erwerbstätigkeit auf die Finanzierung der gesetzlichen Rentenversicherung auf die heutigen Rentner übertragen.

Vereinfacht gesagt: Steigt die Zahl der Rentner stärker als die der Beitragszahler, verringert sich die Rentenerhöhung, zahlen mehr Beitragszahler in die Rentenversicherung ein, führt das zu einer höheren Rentensteigerung.

Nachhaltigkeitsrücklage Die Rentenversicherungsträger sind gesetzlich verpflichtet, eine Rücklage zu bilden, die Defizite und Schwankungen im Jahresverlauf bei den Einnahmen ausgleichen soll. Mithilfe dieser Nachhaltigkeitsrücklage können kurzfristige Erhöhungen des allgemeinen Rentenbeitragssatzes vermieden werden. Diese Nachhaltigkeitsrücklage ist über die Jahre hinweg stetig verkleinert worden, gesetzlich vorgeschrieben ist derzeit lediglich eine Bandbreite von 0,2 bis 1,5 Monatsausgaben der gesetzlichen Rentenversicherungen. Wird diese überschritten, können/müssen die Rentenversicherungsbeiträge gesenkt werden.

Die positive Entwicklung der Rücklage ermöglichte zum 1.1.2013 die Absenkung des Rentenversicherungsbeitrags, der nach den Aussagen des Rentenversicherungsberichts 2012 bis zum Jahre 2016 unverändert Bestand haben soll, ohne dass der gesetzliche Rahmen unterschritten wird. Die entsprechenden Daten werden jährlich im Rentenversicherungsbericht fortgeschrieben.

Jahr	Bandbreite von ... Monatsausgaben
1974	8,60
1975	7,40
1976	5,40
1977	3,30
1978	2,20
1980	2,10
1983	1,50
1984	0,92
1987	1,80

Jahr	Bandbreite von ... Monatsausgaben
1989	2,05
1990	2,62
1993	1,90
1995	0,92
1996	0,58
1999	1,00
2002	0,63
2003	0,48
2004	0,32
2005	0,11
2006	0,60
2007	0,74
2009	0,97
2010	1,11
2011	1,42
2012[a]	1,69[a]
2013[a]	1,53[a]
2014[a]	1,41[a]
2015[a]	1,23[a]

Quelle: BMAS
[a] Schätzung

Nachholfaktor Der Nachholfaktor ist ein weiterer Bestandteil der Rentenanpassungsformel und soll bewirken, dass vor einer künftigen Rentensteigerung zunächst berücksichtigt wird, ob die in der Vergangenheit eigentlich notwendig gewesenen, aber unterbliebenen Rentenkürzungen (aufgrund des Riester-Faktors oder des Nachhaltigkeits-Faktors) eine nachträgliche Würdigung finden. Dies hat z. B. dazu geführt, dass der Rentenwert im Jahre 2006 unverändert geblieben ist, obwohl eigentlich eine Rücknahme hätten erfolgen müssen. Für die Jahre 2008 und 2009 wurde der Nachholfaktor ausgesetzt und 2012 und 2013 nachgeholt.

Nachlass Vermögen des Erblassers, das mit dessen Tode auf den oder die Erben übergeht (*§ 922 I BGB*) Der Erbe erhält nur die geldwerten Rechte des Erblassers, nicht aber dessen personenbezogene Rechte (z. B. Wohnrecht, Nießbrauch, Sorgerechte).

Nachlassinsolvenzverfahren Für das Insolvenzverfahren über einen Nachlass ist ausschließlich das Insolvenzgericht zuständig, in dessen Bezirk der Erblasser zur Zeit seines Todes seinen allgemeinen Gerichtsstand hatte (*§§ 315–331 InsO, §§ 782, 784 ZPO, 1980 BGB*). Lag der Mittelpunkt einer selbstständigen wirtschaftlichen Tätigkeit des Erblassers an einem anderen Ort, so ist ausschließlich das Insolvenzgericht zuständig, in dessen

Bezirk dieser Ort liegt. Zum Antrag auf Eröffnung eines Nachlassinsolvenzverfahrens ist jeder Erbe, der Nachlassverwalter, der Nachlasspfleger, ein Testamentsvollstrecker und jeder Nachlassgläubiger berechtigt. Gründe für die Eröffnung des Nachlassinsolvenzverfahrens sind die Zahlungsunfähigkeit und die Überschuldung.

Nachlassinsolvenzvermerk Muss über einen Nachlass das Insolvenzverfahren eröffnet werden, so erfolgt auch eine Verfügungsbeschränkung in Abt. II des Grundbuches. Grundstücke, die mit diesem Vermerk belastet sind, können nicht beliehen werden.

Nachlasspflegschaft Dient der Sicherung des Nachlasses, wenn der Erbe unbekannt oder wenn ungewiss ist, ob die Erbschaft überhaupt angenommen wird (*§ 1960 BGB*).

Nachlassverwalter Dem Nachlassverwalter steht wie auch dem Testamentsvollstrecker die Verfügung über das Nachlassvermögen unter Ausschluss der Erben zu (*§§ 1984, 1985 BGB; §§ 241, 784 ZPO*). Seine Aufgabe besteht in der Verwaltung des Nachlasses unter Berücksichtigung der Nachlassverbindlichkeiten. Der Nachlassverwalter wird auf Antrag eines Gläubigers oder Erben vom Nachlassgericht eingesetzt.

Nachlassverwaltung Die Nachlassverwaltung hat den Zweck, die Nachlassgläubiger zu befriedigen (*§§ 1975, 1985 BGB*). Mit der Anordnung der Nachlassverwaltung und damit ggf. auch der Eintragung des Nachlassverwaltungsvermerks im Grundbuch verliert der Erbe die Befugnis, den Nachlass zu verwalten und über ihn zu verfügen. Das Verwaltungs- und Verfügungsrecht geht auf den Nachlassverwalter über. Zur Belastung eines Grundstücks bedarf auch der Nachlassverwalter der Genehmigung des Nachlassgerichtes. Die Anordnung der Nachlassverwaltung bewirkt eine Sperre im Grundbuch. Ein Kreditinstitut kann daher rechtswirksame Verträge bei derartigen Grundstücken nur mit dem Nachlassverwalter abschließen. Die Rechtslage ist vergleichbar mit einer Testamentsvollstreckung oder einer Insolvenzabwicklung.

Nachstellige Finanzierung Beschaffung und Einsatz von Finanzierungsmitteln, die durch nachrangig im Grundbuch eingetragene Grundpfandrechte an dem Baugrundstück besichert werden.

Nebenberufliche Einnahmen Einnahmen aus nebenberuflichen Tätigkeiten als Übungsleiter, Ausbilder, Erzieher, Betreuer, aus nebenberuflichen künstlerischen Tätigkeiten oder der nebenberuflichen Pflege alter, kranker oder behinderten Menschen ist bis zu einem Betrag von 2.100 € p.a. steuerfrei (*§ 3 Nr. 26 EStG*).

Nebenkosten Die Betriebskosten einer Immobilie werden als Nebenkosten bezeichnet. Sie werden nach den Vorschriften der II. Berechnungsverordnung (*§ 27 II BV*) genau definiert und auf die Mieter umgelegt. Im Mietvertrag wird eine Nebenkostenvorauszahlung vereinbart. Die Vorauszahlung erfolgt meist aufgrund von vorab erstellten Plänen, die sich wiederum an den Vorjahreskosten orientieren. Der Vermieter muss ggf. die tatsächlichen Nebenkosten offenlegen und kann Nachforderungen nur bis zum Ende des folgenden Jahres geltend machen. Der Mieter ist gut beraten, die Nebenkostenabrechnung genauestens zu prüfen.

Nebennutzfläche Bei gewerblichen Immobilien zählen Sanitärräume, Putzräume, Garderoben, Teeküchen etc. zu den Nebennutzflächen.

Negatives Kapitalkonto Ein negatives Kapitalkonto entsteht, wenn das eingezahlte Kapital durch Verluste mehr als aufgezehrt wird. Das negative Kapitalkonto (Minuskapital) ist bekannt bei Abschreibungsgesellschaften, deren Verlustzuweisungen die Höhe der bei Gesellschaftsgründung geleisteten Einlagen der Kommanditisten übersteigen. Verluste, die den gezeichneten Kapitalanteil bei der KG übersteigen, können steuerlich nicht mit anderen Einkunftsarten verrechnet werden.

Neukredit Ein Neukredit bedeutet die erstmalige Kreditvergabe an einen Neukunden. Dabei kann i. d. R nicht auf frühere Erfahrungen zurückgegriffen werden, deshalb erfolgt eine gründliche und umfassende Prüfung.

Nichterwerbspersonen Personen, die keinerlei auf Erwerb gerichtete Tätigkeit ausüben oder suchen. Personen unter 15 Jahren zählen grundsätzlich zu den Nichterwerbspersonen,

Nichtveranlagungsbescheinigung Bescheinigung gemäß §§ 44 a Abs. 2 und 44 b Abs. 1 des EStG, die für einen begrenzten Zeitraum (drei Kalenderjahre) erteilt wird und gültig ist, solange sich die steuerliche Situation nicht ändert. Dem Berechtigten wird zur Vorlage bei einem Kreditinstitut bestätigt, dass von den ihm zufließenden Kapitalerträgen keine Abgeltungsteuer (vormals Kapitalertragsteuer bzw. Zinsabschlag) abzuziehen ist. Werden Konten/Depots bei mehreren Kreditinstituten unterhalten, kann man auch mehrere Nichtveranlagungsbescheinigungen anfordern.

Eine NV-Bescheinigung kann jeder beantragen, dessen Einkünfte innerhalb des Grundfreibetrages (2013 z. B. 8.130 €) liegen. Während der Gültigkeitsdauer von drei Jahren ist keine Steuererklärung abzugeben.

Der Steuerpflichtige muss diese NV-Bescheinigung unverzüglich von seinem Kreditinstitut zurückfordern und an die Finanzbehörde zurückgeben, wenn die Voraussetzungen für die Erteilung der Bescheinigung weggefallen sind. Im Vergleich zum Freistellungsauftrag ist sie nicht auf die Höhe des Sparerpauschbetrages begrenzt. Sie kann insbesondere für Studenten, Kinder und Rentner interessant sein, die keine Einkommensteuer zahlen. Soweit Kapitalerträge durch die Vorlage einer NV-Bescheinigung nicht mit einer Abgeltungs-/Kapitalertrag- oder Zinsabschlagsteuer belastet werden, ist das Kreditinstitut verpflichtet, dem Bundeszentralamt für Steuern neben Namen und Anschrift des Depotinhabers auch alle weiteren Daten zu melden. Dadurch wird eine Kontrolle vergleichbar den Freistellungsaufträgen eingerichtet.

Das Zentralamt wiederum ist berechtigt, die Höhe der Kapitalerträge dem zuständigen Finanzamt und den Sozialleistungsträgern mitzuteilen.

Niedriglohnbereich Bezüglich der Sozialversicherungsaufwendungen bestehen Sonderregelungen für den sogenannten Niedriglohnbereich (Gleitzone von 450.01 € bis 850 €). Während der Arbeitgeber die Regelbeiträge entsprechend den Sozialversicherungskennzahlen zu entrichten hat, steigen die Sozialversicherungsbeiträge des Arbeitnehmers von ca. 4,2 % bis zu den Regelbeiträgen nach einer speziellen Formel an. Dies gilt sowohl für die Beschäftigung in Unternehmen, als auch in Privathaushalten. Wird ein Arbeitseinkommen von mehr als 850.01 € erzielt, gilt die Regelbesteuerung und es sind die Regelbeiträge zur Sozialversicherung zu zahlen.

Niveausicherungsklausel Das Rentenniveau ist im System der Alterssicherung eine wichtige Orientierungsgröße. Es beschreibt die Höhe einer sogenannten Standardrente (auch Eckrente genannt, nach 45 sozialversicherungspflichtigen Jahren mit einem Durchschnittsverdienst) in Deutschland. Das Rentenniveau drückt das prozentuale Verhältnis der Nettorente eines Standardrentners gegenüber dem Nettoarbeitsentgelt eines heutigen Durchschnittsverdieners aus.

Da sich durch das Alterseinkünftegesetz die steuerliche Betrachtungsweise völlig verändert hat, ist jetzt das Rentenniveau vor Steuern das Gradmaß für das Mindestsicherungsziel der gesetzlichen Rentenversicherung. Der Ausgangswert 2003 für das so ermittelte Rentenniveau lag bei 53 %. Durch die Riester-Reform, wirksam geworden zum 1.4.2004, und den Nachhaltigkeitsfaktor ist das steuerbereinigte Nettorentenniveau weiter gesunken. Mit der Niveausicherungsklausel soll verhindert werden, dass das durchschnittliche Niveau der Renten im Verhältnis zu den Einkommen der Erwerbstätigen unter eine bestimmte Grenze fällt.

Non Performing Loans Non Performing Loans sind erheblich zahlungsgestörte Kredite, bei denen keine weiteren freiwilligen Zins- und Tilgungszahlungen des Schuldners zu erwarten sind und die weitgehend wertberichtigt sind. Bei derartigen Krediten werden i. d. R die vorhandenen Kreditsicherheiten verwertet und der Klageweg wegen der Restforderungen beschritten. Einige Kreditinstitute haben sich in erheblichem Umfang von ihren Altbeständen getrennt und NPL-Darlehen an Investoren verkauft.

Non Recourse Finanzierung. Finanzierung, bei der die Bank sämtliche Risiken übernimmt und keine Rückgriffmöglichkeit auf den Kreditnehmer hat. Damit trägt die Bank das volle unternehmerische Risiko dieser Finanzierung.

Notanwalt Insoweit eine Vertretung durch Anwälte geboten ist, hat das Prozessgericht einer Partei auf ihren Antrag durch Beschluss für den Rechtszug einen Rechtanwalt zur Wahrnehmung ihrer Rechte beizuordnen, wenn sie einen zu ihrer Vertretung bereiten Rechtsanwalt nicht findet und die Rechtsverfolgung oder Rechtsverteidigung nicht mutwillig oder aussichtslos erscheint. Gegen den Beschluss, durch den die Beiordnung eines Rechtsanwalts abgelehnt wird, ist die sofortige Beschwerde möglich (*§ 78b ZPO*).

Notarassessor Die Ernennung zum Notarassessor erfolgt durch Landesjustizverwaltung nach Anhörung der Notarkammer. Er steht während des Anwärterdienstes in einem öffentlich-rechtlichen Dienstverhältnis zum Staat. Er hat mit Ausnahme des § 19a der Bundesnotarordnung die gleichen allgemeinen Amtspflichten und sonstigen Pflichten wie der Notar. Er ist vom Notar in einer dem Zweck des Anwärterdienstes entsprechenden Weise zu beschäftigen. Der Anwärterdienst endet mit Bestellung zum Notar oder Entlassung aus dem Dienst (*§ 7 BNotO*).

Notarauswahl Alle Vertragsbeteiligten sind bei der Wahl der Notare frei. Jedem Kunden steht es zu, sich den Notar seines Vertrauens auszusuchen. Insbesondere bei Kapitalanlagen, die auf notariellen Verträgen beruhen, ist seitens des Anlegers darauf zu achten, dass er seine Rechte kennt und auch wahrt.

Nutzungsdauer von Arbeitsmitteln Während Arbeitszimmer nur noch unter ganz bestimmten Umständen steuerliche Anerkennung finden, ist die Berücksichtigung von Arbeitsmitteln (als Werbungskosten) unbestritten. Arbeitsmittel mit einem Anschaffungswert bis 410 € (ohne Mehrwertsteuer) bzw. 487 € (inkl. Mehrwertsteuer) können wie geringwertige Wirtschaftsgüter sofort abgeschrieben werden, für alle anderen Anschaffungen muss die Abschreibung entsprechend der Nutzungsdauer erfolgen. Seit 2004 wird die Abschreibung im Jahr der Anschaffung zeitanteilig (monatlich 1/12) genau gerechnet.

Arbeitsmittel	Nutzungsdauer
PKW	6 Jahre
Computer inkl. Software, sowie Monitor, Flachbildschirm, Drucker, Scanner etc.	3 Jahre
Telefonanlagen	10 Jahre
Telefonendgeräte	8 Jahre
Mobiltelefone	5 Jahre
Faxgeräte	6 Jahre
Möbel (Schreibtische, Aktenschränke, Bücherregale)	13 Jahre
Kopierer	7 Jahre
Andere technische Bürogeräte	8 Jahre

O: Obligation – Overruling

Obligation Die Obligation oder Schuldverschreibung ist eine Refinanzierungsquelle für bestimmte langfristige Darlehen, z. B. als Kommunalobligation.

öffentliche Bekanntmachung Die öffentliche Bekanntmachung eines Insolvenzverfahrens erfolgt durch Veröffentlichung in dem für amtliche Bekanntmachungen des Gerichts bestimmten Blatt (§ 9 InsO). Die Veröffentlichung kann auszugsweise geschehen. Dabei ist der Schuldner genau zu bezeichnen, insbesondere sind seine Anschrift und sein Geschäftszweig anzugeben. Die Bekanntmachung gilt als bewirkt, sobald nach dem Tag der Veröffentlichung zwei weitere Tage verstrichen sind. Die öffentliche Bekanntmachung genügt als Nachweis der Zustellung an alle Beteiligten, unabhängig davon, ob sie vom Gericht noch zusätzlich informiert werden.

offene Immobilienfonds Langfristig orientierte Vermögensanlagen. Sie investieren in überwiegend gewerblich genutzte Grundstücke und Gebäude sowie in Zinspapieren. Im Gegensatz zu den geschlossenen Immobilienfonds ist die Anzahl der Gebäude nicht limitiert. Diese Investmentfonds werden von Kapitalanlagegesellschaften gemanagt, die an strenge gesetzliche Vorschriften zum Anlegerschutz gebunden sind. So ist eine Risikominimierung vorgeschrieben, die durch eine breite Streuung des Fondsvermögens nach Nutzungsarten und Standorten der Immobilien erreicht wird. Der Immobilienanteil muss mehr als 50 % betragen. Das Sondervermögen eines Immobilienfonds besteht aus mindestens zehn bebauten Grundstücken, bei denen die Ertragserzielung im Vordergrund steht. Ein Anleger haftet nicht für die Fondsgesellschaft.

Offene Immobilienfonds sind keine Steuersparfonds, die mit Verlustzuweisungen arbeiten. Ein Teil der jährlichen Wertentwicklung ist steuerfrei. Die ausgeschütteten Erträge sind Einkünfte aus Kapitalvermögen. Die Spekulationsfrist für die Anteile beträgt daher zwölf Monate. Anteilsscheine können unbegrenzt herausgegeben werden. Durch die kleine Stückelung ist der Handel leicht möglich. Die Fonds sind offen, Anleger können börsentäglich kaufen und verkaufen. Anteile an offenen Immobilienfonds sind praktisch normale Anlagepapiere und bieten dem Anleger finanzielle Flexibilität.

Schon vor der großen Finanzkrise zeigte sich, dass auch offene Immobilienfonds Risiken enthalten und das Anlegerverhalten letztlich entscheidend dafür ist, ob ein Fonds langfristig bestehen kann. Die Wertentwicklung hängt natürlich ausschließlich vom Immobilienmarkt ab und hier gibt es seit Jahren starke Verwerfungen. Dies führte dazu, dass einzelne Fonds zunächst ihre Immobilienbestände in vormals unbekanntem Umfang neu bewerten (und größere Abschreibungen vornehmen) mussten, nachdem zuvor die Investoren ihre Anteile verkauft hatten. Dadurch entstanden Liquiditätsengpässe und in der Folge mussten mehrere Fondsgesellschaften einen Rücknahmestopp einräumen. Durch den forcierten Verkauf der Bestandsimmobilien wurden zudem beträchtliche Buchverluste realisiert, was weitere Folgen hatte. Inzwischen müssen einige Fonds komplett abgewickelt werden. Der Gesetzgeber hat reagiert und ab 2013 Kündigungs- und Mindesthaltefristen vorgeschrieben. Die neuen Regeln sollen verhindern, dass offene Immobilienfonds. als kurzfristige Geldanlagemöglichkeit genutzt werden. Es ist zudem im Gespräch, keine neuen offenen Immobilienfonds zu genehmigen. Die bestehenden Immobilienfonds sollen jedoch weiterlaufen.

Merkmale offener Immobilienfonds:
Vorteile

- überschaubares Risiko durch Wertentwicklung
- hohe steuerfreie Ausschüttungsanteile
- breite Streuung durch verschiedene Standorte und Mieterstruktur
- Investitionen sind bereits mit kleinen Beträgen möglich
- auch Kombinationen mit Sparverträgen lassen sich darstellen
- Verkauf der Anteile bis zu 30.000 € p.a. zum Anteilswert möglich
- Kein Verwaltungsaufwand

Nachteile

- Fonds können vorübergehend geschlossen werden
- Mindesthaltungsfristen waren beim Kauf noch nicht vorgeschrieben
- Kündigungsfristen schränken Verfügbarkeit ein
- es besteht die Gefahr, dass geschlossene Fonds nicht wieder geöffnet werden und abgewickelt werden müssen

Offenlegungsgrenze Nach den Bestimmungen des Kreditwesengesetzes ist jeder Kreditgeber verpflichtet, bei Krediten ab 750.000 € die wirtschaftlichen Verhältnisse seines Kreditnehmers regelmäßig zeitnah zu überprüfen und diese Prüfung aktenkundig zu machen. Dies geschieht üblicherweise dadurch, dass Gehaltsabrechnungen, Steuerbescheide, -erklärungen, Einnahme-/Überschussrechnungen, Bilanzen, Datev-Auswertungen, Vermögensaufstellungen, Grundbuchauszüge etc. eingesehen und in der Kreditakte verwahrt werden.

Eine bloße Einsichtnahme reicht für die Erfüllung nach § 18 KWG keinesfalls aus. Im Vordergrund der Prüfungsnotwendigkeiten steht dabei die Aktualität dieser Unterlagen.

Daraus ergeben sich zwangsläufig Fragen nach der Durchsetzbarkeit dieser Offenlegungspflicht und dem Verhalten des Kreditinstituts bei Nichtvorlage bzw. verspäteter Vorlage. Die Kreditnehmer werden danach unterschieden, ob sie „bilanzierend" oder „nicht bilanzierend sind".

a. *Bilanzierende Kreditnehmer*: Die Bilanzen werden nach festen Regeln aufgestellt und regelmäßig testiert. Sie haben damit gegenüber anderen Kreditunterlagen einen hohen Aussagewert. Vorzulegen sind die Jahresabschlüsse inkl. der Gewinn- und Verlustrechnungen der letzten drei Jahre, bei Kapitalgesellschaften zusätzlich Anhänge und Lagebericht (falls erstellt). Die Aktualitätserfordernis sieht vor, dass Jahresabschlüsse von großen und mittelgroßen Kapitalgesellschaften spätestens bis zu 21 Monate und von kleinen Kapitalgesellschaften und sonstigen Kreditnehmern spätestens bis zu 24 Monate nach dem Bilanzstichtag vorgelegt werden müssen. Bei diesen verhältnismäßig langen Zeiträumen handelt es sich um Regelfristen, sodass im Einzelfall sicherlich zusätzliche aktuellere Unterlagen herangezogen werden müssen, um zu einer risikogerechten Beurteilung zu kommen. Diese vorgenannten Fristen gelten im Übrigen nur für den Fall der laufenden Offenlegung.

Die Bonitätsprüfung anlässlich eines Neukredits ist nicht an starren Fristen ausgerichtet. Im Falle der Erstoffenlegung sollte dennoch ein strengerer Maßstab hinsichtlich der zeitlichen Nähe angelegt werden (z. B. neun bzw. zwölf Monate nach dem Bilanzstichtag). Als Zusatzunterlagen zur Beurteilung von Liquidität, Substanz und Unternehmenserfolg können herangezogen werden:

- Nachweise über Auftragsbestände
- Umsatzzahlen
- Umsatzsteuervoranmeldungen
- Außenstände
- betriebswirtschaftliche Auswertungen
- Wirtschaftlichkeitsberechnungen
- aktuelle Steuererklärungen inkl. aller Anlagen
- Vorauszahlungsbescheide

Zusatzinformationen können das Nichtvorliegen von Regelunterlagen nur vorübergehend heilen.

b. *Nicht bilanzierende Kreditnehmer*: Offen gelegt werden müssen sowohl die Einkommens- als auch die Vermögensverhältnisse. Selbst wenn bei nachgewiesenem Vermögen die Einkommensverhältnisse nicht entscheidungsrelevant sind, müssen auch die Einkommensverhältnisse dennoch offen gelegt werden. Grundbuchauszüge, Einkommensteuerbescheide, Wirtschaftlichkeitsberechnungen und ggf. Sachverständigengutachten zu den Immobilien runden eine Betrachtung der Vermögensverhältnisse ab. Um einen Einkommensteuerbescheid sachgerecht analysieren zu können, ist auch die Vorlage der zugrundeliegenden Steuererklärung inkl. aller Anlagen erforderlich.

Im Baufinanzierungsbereich erfolgt eine laufende Überprüfung dieser Unterlagen nur bei gewerblichen Kreditnehmern und Freiberuflern. Ist das Pfandobjekt ein selbst genutztes Wohneigentum und übersteigt der Kredit nicht 80 % des Beleihungswertes, so ist die laufende Offenlegung nach § 18 S. 3 KWG nicht erforderlich. Ansonsten wird anhand der Mahn- und Kündigungslisten der Kreditverlauf überwacht und bei Auffälligkeiten reagiert.

c. *Durchsetzung der Anforderungen der Offenlegungsgrenze*: Bei der Kreditvergabe ist die Verweigerung der Offenlegung gleich bedeutend mit einer Nichtgewährung der beantragten Kreditmittel. Im Rahmen der laufenden Offenlegung muss für den Fall der Nichtvorlage nicht ausdrücklich ein Kündigungsrecht vereinbart sein, um aus diesem Grund eine Kündigung aussprechen zu können. Insbesondere bei störungsfreier Bedienung von Baukrediten werden daher die Kredite bei Nichteinhaltung der Offenlegung nicht automatisch gekündigt, die Kreditinstitute sollten aber alle nach dem Umständen zumutbaren Anstrengungen zur Durchsetzung unternehmen und dies nachvollziehbar dokumentieren. Wichtig ist aber in solchen Fällen, dass Prolongationen oder Krediterhöhungen unbedingt unterbleiben müssen.

ohne besondere Sicherheitenabsprache Blankokredite werden ohne Sicherheiten zugesagt. Seitens der Kreditinstitute ist es allerdings weder sinnvoll noch üblich, im Kreditvertrag darauf besonders hinzuweisen.

Organkredite Darlehen einer Aktiengesellschaft an deren Mitglieder des Vorstandes oder leitende Angestellte sowie deren Ehefrauen und Kinder. Sie sind durch den Aufsichtsrat zu genehmigen, sofern sie ein Monatsgehalt übersteigen (*§ 89 AktG*). Bei Kreditinstituten fallen unter Organkredite alle Darlehen an Bedienstete sowie deren Ehefrauen und minderjährige Kinder, Kredite an Kommanditisten, an nicht zu den Geschäftsleitern gehörende Gesellschafter einer Personenhandelsgesellschaft oder GmbH, an Unternehmen, an denen das Kreditinstitut mit mindestens 25 % beteiligt ist. Die Darlehen bedürfen des Beschlusses des Vorstandes und der Zustimmung des Aufsichtsrates (*§ 15 KWG*). Auch hier gilt die Grenze eines Monatsgehaltes.

Overruling Unter Overruling (Überstimmen) versteht man die manuelle Änderung eines maschinell ermittelten Ratingergebnisses auf der Grundlage einer Einzelfallentscheidung. Der Sachbearbeiter trifft dabei eine individuelle Ermessensentscheidung. Wichtig ist dabei, zu beachten, dass eine Regel des standardisierten Ratingvorganges durch einen autorisierten Sachbearbeiter überstimmt und damit korrigiert wird. Natürlich wird dies hinreichend zu begründen und zu dokumentieren sein.

P: Pachtvertrag – Progressionsvorbehalt

Pachtvertrag Durch den Pachtvertrag verpflichtet sich der Verpächter, dem Pächter den Gebrauch des verpachteten Gegenstandes und den Genuss der Früchte, soweit sie nach den Regeln einer ordnungsgemäßen Wirtschaft als Ertrag anzusehen sind, während der Pachtzeit zu gewähren. Die Verträge werden i.d. R langfristig geschlossen. Verträge über zwei Jahre bedürfen der Schriftform. Bei landwirtschaftlichen Verträgen liegen die Laufzeiten bei neun und achtzehn Jahren. Eine Landpacht kann auch auf Lebenszeit des Pächters abgeschlossen werden (*§§ 581–597 BGB*).

Partnerschaftsgesellschaft Im Jahre 1995 ist das Partnerschaftsgesellschaftsgesetz (PartGG) in Kraft getreten. Diese eigenständige Rechtsform orientiert sich weitgehend an dem Recht der offenen Handelsgesellschaft (oHG). Eine Partnerschaft kann nur von Angehörigen eines freien Berufes und nur von natürlichen Personen, die grundsätzlich aktiv mitarbeiten müssen, gegründet werden (*§ 8 PartGG*). Die Partnerschaftsgesellschaft wird mit Eintragung in das Partnerschaftsregister wirksam und bildet eine Gesamtrechtsgemeinschaft, die Trägerin des Gesellschaftsvermögens ist. Sie kann Rechtsgeschäfte eingehen und als Vertragspartner auftreten – vertreten durch ihre vertretungsberechtigten Partner. Sie kann im Grundbuch eingetragen werden und klagen sowie verklagt werden. Auch eine Vollstreckung in ihr Vermögen ist möglich.

Für Verbindlichkeiten haftet die Partnerschaft mit ihrem Vermögen (*§ 8 PartGG*) und grundsätzlich jeder Partner als Gesamtschuldner (Gesamtschuldnerhaft), unbeschränkt, persönlich und solidarisch. Es besteht jedoch die Möglichkeit, die Haftung vertraglich auf denjenigen Partner zu beschränken, der im konkreten Einzelfall für einen Patienten, Mandanten oder Klienten berufliche Leistungen zu erbringen oder verantwortlich zu leisten und zu überwachen hat.

Einkommensteuerlich wird nicht die Partnerschaftsgesellschaft erfasst, sondern die einzelne Person. Es ist selbstverständlich, dass bei der Prüfung von Finanzierungen einer Partnerschaftsgesellschaft die Verträge und das Partnerschaftsregister eingesehen werden und mögliche Haftungsbeschränkungen auf ihre Bedeutung untersucht werden.

Parzelle Nach dem Kataster kleinste vermessene Grundstückseinheit.

Pensionen Pensionen sind – im Gegensatz zu den Renten – in den Augen der Finanzverwaltung nachträglicher Arbeitslohn für das frühere Berufsleben. Dies ist dadurch bedingt, dass der Beamte/Arbeitnehmer während seines Arbeitslebens keine eigenen Beträge hierzu geleistet hat. Daher müssen die Zahlstellen seit 2013 für ihre Pensionäre (oder deren Witwer/Witwen) die Lohnsteuerabzugsmerkmale elektronisch abfragen (ELStAM). Die Zahlungsempfänger sollten an die richtige Lohnsteuerklassenwahl denken und können selbstverständlich auch Freibeträge eintragen lassen.

Der Arbeitgeber/Staat hält von den Pensionen Lohnsteuern, Kirchensteuern und Solidaritätszuschlag ein, berücksichtigt aber den Versorgungsfreibetrag (40 % der Jahrespension, maximal jedoch 3.900 € pro Jahr). Der Pensionär hat auch Anspruch auf den Arbeitnehmer-Pauschbetrag (seit 2005 € 102).

Durch das 2005 wirksam gewordene Alterseinkünftegesetz haben sich weitgehende Änderungen ergeben. Alle, die vorher bereits Pensionsempfänger waren (Altpensionäre) und solche, die in 2005 in Pension gegangen sind, behalten ihren „Gesamtfreibetrag" (Versorgungsfreibetrag, Zuschlag und Arbeitnehmer-Pauschbetrag) von 4.002 € für die gesamte Pensionszeit. Seit dem Jahre 2006 werden bei der Besteuerung der Pensionen der Versorgungsfreibetrag und der Zuschlag zum Versorgungsfreibetrag analog der Regelung bei Betriebsrentnern für alle „Neupensionäre" abgebaut.

Performance Historischer prozentualer Ertrag (Wertentwicklung) innerhalb eines Anlagezeitraumes.

Personalrabatt Waren und Dienstleistungen, die ein Arbeitnehmer aufgrund seines Dienstverhältnisses vom Arbeitgeber erhält, sind steuerfrei, soweit sie im Kalenderjahr insgesamt 1.080 € nicht übersteigen (*§ 8 Abs. 3 EStG*).

Personenstandsurkunden Um Forderungen geltend machen zu können, ist es vielfach erforderlich, Personenstandsurkunden vom zuständigen Standesamt anzufordern. Soll z. B. Ein Erbschein erteilt werden, werden aufgrund des Antragsrechtes nach § 792 ZPO eine Heiratsurkunde des Verstorbenen oder Geburtsurkunden der Kinder des Verstorbenen/der Eheleute beantragt.

Pfändungstabelle Aus der Pfändungstabelle (*§ 850c Zivilprozessordnung*) ist abzulesen, wie viel bei einer Lohnpfändung erhalten bleibt. Dieser pfändungsfreie Betrag ist abhängig von der Zahl der unterhaltsberechtigten Personen. Die Tabelle wird alle zwei Jahre jeweils zum 1.7. angepasst, Bezugspunkt ist allerdings der Grundfreibetrag. Die nächste Änderung ist zum 1.7.2014 fällig, da der Grundfreibetrag im Jahr 2014 um 2,72 % steigen wird. Die Werte sind auch maßgebend, wenn ein sogenanntes P-Konto eingerichtet wird. Hierbei wird der pfändungsfreie Betrag vor dem Zugriff der Gläubiger nachhaltig geschützt.

Ausgangswert ist der bereinigte Nettolohn. Nachstehend ein Auszug aus der Tabelle (Stand 1.7.2013):

Einkommen	Zahl der unterhaltsberechtigten Personen					
	0	1	2	3	4	5 und mehr
Bis 1.100	38,47	0	0	0	0	0
Bis 1.500	318,47	30,83	0	0	0	0
Bis 2.000	668,47	280,83	137,02	37,03	0	0
Bis 2.500	1.018,47	530,83	337,02	187,03	80,86	18,52
Bis 2.800	1.228,47	680,83	457,02	277,03	140,86	48,52
Bis 3.000	1.368,47	780,83	537,02	337,03	180,86	68,52
Bis 3.200	1.508,47	880,83	517,02	397,03	220,86	88,52

Einkommen, das über der derzeitigen Grenze von 3.203,67 € liegt, ist unabhängig von der Anzahl der unterhaltsberechtigten Personen komplett pfändbar.

Pfandbriefe Von Pfandbriefbanken herausgegebene festverzinsliche Wertpapiere. Sie dienen der Refinanzierung langfristiger Kredite im Wohnungsbau, aber auch im gewerblichen Baubereich. Nach dem Pfandbriefgesetz müssen die ausgegebenen Pfandbriefe in mindestens gleicher Höhe und mindestens gleichem Zinsertrag durch Hypotheken gedeckt sein. Pfandbriefe sind mündelsicher, die Ausgabe bedarf einer Genehmigung durch den Bundeswirtschaftsminister. Das Pfandbriefgesetz mit dem Leitmotiv des Anlegerschutzes stellt den Sicherheits- und Qualitätsstandard des Pfandbriefes auf den einer deutschen Staatsanleihe. Die Einhaltung der gesetzlichen Vorschriften wird durch einen Treuhänder überwacht. Der Markt für Pfandbriefe zeichnet sich durch Innovationen aus. In den letzten Jahren wurden Pfandbriefe mit Derivaten kombiniert. So wurde eine breite Palette an Strukturen geschaffen (wie z. B. floaters und capped floaters oder auch Step-up Bonds mit Kündigungsrecht) um den Ansprüchen der Investoren besser zu genügen. Pfandbriefe werden ebenfalls in Fremdwährung emittiert. Gleichfalls wurde der Jumbo-Markt ins Leben gerufen, um die Attraktivität der Pfandbriefe für internationale und institutionelle Investoren zu erhöhen.

Pfandbriefinstitut Kreditinstitut, das sich die zur Hergabe von langfristigen Darlehen erforderlichen Mittel ganz oder überwiegend durch Emission und den Verkauf von Pfandbriefen und Schuldverschreibungen beschafft. Hauptgruppen der Pfandbriefinstitute sind private und öffentlich-rechtliche Pfandbriefbanken.

Pfandrecht an beweglichen Sachen und Rechten Ein zur Sicherung einer Forderung bestelltes dinglich wirkendes Recht an fremden beweglichen Sachen oder Rechten, das den Gläubiger berechtigt, sich durch Verwertung des Pfandes aus dem Erlös zu befriedigen (*§§ 1204 ff. BGB*).

Das Pfandrecht ist akzessorisch und entsteht durch Einigung und u. U. Übergabe der Sache. Ist ein Dritter im Besitz der Sache, so entsteht das Pfandrecht durch Einigung und

Abtretung des Herausgabeanspruches. Anstelle der Übergabe der Sache genügt die Einräumung eines Mitbesitzes (*§ 1206 BGB*).

Pflege-Neuausrichtungsgesetz (PNG) Durch das PNG wurde der Beitragssatz in der sozialen Pflegeversicherung zum 1.1.2013 um 0,1 Beitragspunkte auf jetzt 2,05 % angehoben. Das Bundesministerium für Gesundheit geht davon aus, dass der Beitragssatz aufgrund der guten Einnahmeentwicklung voraussichtlich bis Ende 2017 stabil bleiben wird. Darüber hinaus wird mit dem PNG die freiwillige private Vorsorge erstmals staatlich gefördert. Damit soll eine zusätzliche Säule zur Finanzierung möglicher Pflegeaufwendungen geschaffen werden, die die Bürger unterstützt, eigenverantwortlich und kapitalgedeckt eine entsprechende Vorsorge zu treffen. Konkret handelt es sich dabei um die Förderung sogenannter privater Pflege-Zusatzversicherungen. Die Zulage von jährlich 60 € soll gezahlt werden, wenn der Beitrag für eine Pflege-Tagegeldversicherung bei mindestens 120 € p.a. liegt und der Vertrag eine spätere Mindestleistung von 600 € monatlich in der Pflegestufe III vorsieht. Die Zulage wird rückwirkend für 2013 erstmals Anfang 2014 gezahlt werden. Bei Abschluss wird auf eine Gesundheitsprüfung verzichtet.

Bei den Verträgen werden jetzt ausschließlich Unisex-Tarife angewendet.

Pflegewohngeld Pflegewohngeld wird nur in einigen Bundesländern (z. B. NRW) gewährt und dient der Finanzierung der betriebsnotwendigen Investitionskosten in Dauerpflegeeinrichtungen. Es wird nur gewährt, wenn der Bewohner erheblich pflegebedürftig, also in einer Pflegestufe ist. Außerdem gelten Einkommensgrenzen.

Pflichtversicherungsgrenze Die Pflichtversicherungsgrenze ist eine Rechengröße der Sozialversicherung. Sie bestimmt, ab welcher Höhe des jährlichen Brutto-Arbeitsentgelts ein deutscher Arbeitnehmer nicht mehr in der gesetzlichen Krankenversicherung pflichtversichert sein muss. Überschreitet er also diese Jahresarbeitsentgeltgrenze, so kann er in eine private Krankenversicherung wechseln oder freiwillig gesetzlich versichert bleiben. Berufseinsteiger, die von Anfang an über der Einkommensgrenze verdienen werden, können sich sofort privat krankenversichern. Die Sozialversicherungskennzahlen werden jährlich neu festgelegt. 2013 wurde die Versicherungspflichtgrenze mit 52.200 € Jahresgehalt bestimmt.

Planzeichen In den Bauleitplänen sind einheitliche Planzeichen verwendet. Dafür gibt es eine eigene Planzeichenverordnung.

Point of sale (POS) Sammelbegriff für die bargeldlose Bezahlung an elektronischen Kassen, Automaten oder Terminals mittels Geldkarten, Kreditkarten, Giro-Cards, EC-Cards u. A.

Die verschiedenen elektronischen Zahlungsarten und – verfahren unterscheiden sich durch unterschiedliche Sicherungsstufen, die natürlich auch zu anderen Kosten führen.

Verfahren	Prüfvorgänge	Legitimation des Karteninhabers	Träger des Ausfallrisikos
Electronic-cash	Echtheit der Karte, Kontrolle der Sperrdatei, Limitüberprüfung	PIN	Kreditinstitut
POZ	Echtheit der Karte, Kontrolle der Sperrdatei	Unterschrift	Händler
Kreditkarte	Genehmigungsnummer, Kartenautorisierung, Sperrliste Unterschriftsprüfung	Unterschrift	Kartengesellschaft
Geldkarte	Keine	Keine, da wie Bargeld	Kreditinstitut

Portabilität Portabilität ist die Mitnahmemöglichkeit von unverfallbaren Betriebsrentenansprüchen zu einem neuen Arbeitgeber. Diese Mitnahme ist steuerunschädlich möglich (§ 3 Nr. 55 EStG).

Portfolio Im Bereich der Geldanlage versteht man unter Portfolio die Gesamtheit aller Wertpapiere in einem Depot. Ganz allgemein ist das Portfolio die Summe des gesamten Vermögens (Geldanlagen, Immobilien und sonstige Sachanlagen).

Postident-Verfahren Werden Konten oder Depots online eröffnet, ist natürlich auch eine Identifikation erforderlich. Diese erfolgt durch die örtliche Poststelle. Dort legitimiert sich der Konto-/Depotinhaber durch Vorlage seiner gültigen Ausweispapiere. Die Post leitet dann die Unterlagen an das Kreditinstitut (beispielsweise die Direktbank) weiter.

Postsperre

1. Soweit dies erforderlich erscheint, um für die Gläubiger nachteilige Rechtshandlungen des Schuldners aufzuklären oder zu verhindern, ordnet das Insolvenzgericht auf Antrag des Insolvenzverwalters oder von Amts wegen durch begründeten Beschluss an, dass bestimmte oder alle Postsendungen für den Schuldner dem Verwalter zuzuleiten sind. Die Anordnung ergeht nach Anhörung des Schuldners, sofern dadurch nicht wegen besonderer Umstände des Einzelfalls der Zweck der Anordnung gefährdet wird. Unterbleibt die vorherige Anhörung des Schuldners, so ist dies in dem Beschluss gesondert zu begründen und die Anhörung unverzüglich nachzuholen (§ 99 InsO).
2. Der Verwalter ist berechtigt, die ihm zugeleiteten Sendungen zu öffnen. Sendungen, deren Inhalt nicht die Insolvenzmasse betrifft, sind dem Schuldner unverzüglich zuzuleiten. Die übrigen Sendungen kann der Schuldner einsehen.
3. Gegen die Anordnung der Postsperre steht dem Schuldner die sofortige Beschwerde zu. Das Gericht hat die Anordnung nach Anhörung des Verwalters aufzuheben, soweit ihre Voraussetzungen fortfallen.

Preisangabenverordnung Die Preisangabenverordnung (PangV) von 1985, zuletzt geändert 2012, enthält Grundvorschriften zur Auszeichnung von Preisen. Für das Kreditgeschäft sind folgende Bestimmungen wichtig:

PangV	
§ 6 Kredite	Bei Krediten sind als Preis die Gesamtkosten als jährlicher Vomhundertsatz des Kredits anzugeben und als „effektiver Jahreszins" zu bezeichnen
§ 6a Werbung für Kreditverträge	Wer gegenüber Endverbrauchern für den Abschluss eines Kreditvertrags mit Zinssätzen oder sonstigen Zahlen, die die Kosten betreffen, wirbt, muss in klarer, verständlicher und auffallender Weise angeben: • den Sollzinssatz • den Nettodarlehensbetrag • den effektiven Jahreszins Beim Sollzinssatz ist anzugeben, ob dieser gebunden oder veränderlich oder kombiniert ist und welche sonstigen Kosten im Falle eines Vertragsabschlusses im Einzelnen zusätzlich zu entrichten wären Weiterhin sind deutlich zu machen: • die Vertragslaufzeit • bei Teilzahlungsgeschäften die Sache oder Dienstleistung, den Barzahlungspreis sowie den Betrag der Anzahlung • gegebenenfalls den Gesamtbetrag und den Betrag der Teilzahlungen Die genannten Angaben sind in einem Beispiel verständlich darzustellen
§ 6b Überziehungsmöglichkeiten	Bei Überziehungsmöglichkeiten im Sinne des § 504 Abs. 2 BGB hat der Kreditgeber statt des effektiven Jahreszinses den Sollzinssatz pro Jahr und die Zinsbelastungsperiode anzugeben, wenn diese nicht kürzer als 3 Monate ist und der Kreditgeber außer den Sollzinsen keine weiteren Kosten verlangt

Preisaushang Der Preisaushang ist ein Auszug des Preis- und Leistungsverzeichnisses einer Bank oder Sparkasse, das die Kosten, Preise und Zinssätze der wesentlichen Produkte umfasst. Er ist so anzubringen, dass er den Kunden auch außerhalb der Schalteröffnungszeiten zugänglich ist. Daher ist er auch für eine Vorinformation geeignet. Das Preis- und Leistungsverzeichnis ist bei den meisten Instituten auch als Download verfügbar.

Preisindex Im Rahmen der amtlichen Preisstatistik errechnete Indexzahlen zur Beobachtung der Preisentwicklung in wichtigen wirtschaftlichen Bereichen.

Prepaid-Kreditkarte Prepaid-Kreditkarten sind aufladbare Kreditkarten. Diese Kreditkarten werden ohne Bonitätsprüfung ausgegeben. Sie können daher auch an Personen mit sogenannten Negativmerkmalen und Jugendliche ab 12 Jahren ausgegeben werden. Mit der Karte kann nur gezahlt werden, wenn ausreichendes Guthaben vorhanden ist.

Private Banking Neben einer Vielzahl von reinen Privatbanken, die einer ausgewählten Kundschaft nur spezielle, meist sehr individuell zugeschnittene Produkte – überwiegend im Vermögensanlagebereich – anbieten, haben die Geschäftsbanken und auch die Großsparkassen für dieses Kundenklientel ebenfalls eigenständige Beratungseinheiten geschaffen, die allerdings die gesamte Produktpalette zur Verfügung stellen können.

Private Veräußerungsgeschäfte Früher wurden private Veräußerungsgeschäfte als Spekulationsgeschäfte bezeichnet. Sie können nur vorliegen, wenn der Verkauf von Wirtschaftsgütern nicht einer anderen Einkunftsart des Einkommensteuergesetzes zuzurechnen ist. Nach § 23 EStG sind folgende Tatbestände möglich:

a. Veräußerungsgeschäfte bei Grundstücken und Rechten, bei denen der Zeitraum zwischen Anschaffung und Veräußerung nicht mehr als zehn Jahre beträgt. Ausgenommen sind Grundstücke, die im Zeitraum zwischen Anschaffung oder Fertigstellung und Veräußerung (oder in den letzten drei Jahren vor Veräußerung) ausschließlich zu eigenen Wohnzwecken genutzt worden sind.
b. Veräußerungsgeschäfte bei anderen Wirtschaftsgütern, bei denen der Zeitraum zwischen Anschaffung und Veräußerung nicht mehr als ein Jahr beträgt. Ausgenommen sind Veräußerungen von Gegenständen des täglichen Gebrauchs. Bei Wirtschaftsgütern, aus deren Nutzung als Einkunftsquelle zumindest in einem Kalenderjahr Einkünfte erzielt werden, erhöht sich der Zeitraum auf zehn Jahre.

Als Anschaffung gilt auch die Überführung eines Wirtschaftsguts in das Privatvermögen durch Entnahme oder Betriebsausgabe. Bei unentgeltlichem Erwerb (z. B. Erbschaft, Schenkung) ist dem Rechtsnachfolger für Zwecke dieser Vorschrift die Anschaffung durch den Rechtsvorgänger anzurechnen. Gewinne bleiben steuerfrei, wenn der aus den privaten Veräußerungsgeschäften erzielte Gesamtgewinn im Kalenderjahr weniger als 600 €, im Fall der Zusammenveranlagung bei jedem Ehegatten weniger als 600 € betragen hat.

Privat krankenversicherte Rentner Versicherte mit einer privaten Krankenversicherung (Angestellte mit Einkommen oberhalb der Pflichtversicherungsgrenze, Beamte, Selbstständige) bleiben auch im Rentenalter privat krankenversichert. Der Beitrag zu privaten Krankenversicherung ist unabhängig von den Alterseinkünften und richtet sich ausschließlich nach dem jeweiligen Tarif der Krankenkasse. Der Beitrag ist in voller Höhe selbst zu erbringen, allerdings kann vom Rentenversicherungsträger ein Zuschuss von 7,3 % der Rente, maximal die Hälfte des Beitrags, beantragt werden.

Privatkredit Früher überwiegend im Bekannten- oder Verwandtenkreis mögliche Finanzierungsform. Privatkredite bieten auch Menschen eine Chance, die bei einem Kreditinstitut keinen Kredit eingeräumt bekommen. Inzwischen sind hierfür im Internet Kreditplattformen eingerichtet, die zwischen privaten Kreditgebern und Kreditnehmern vermitteln. Die Zinskosten liegen meist über dem „normalen" Zinsniveau, die Internetplattform erhält eine Provision von etwa 1 % der Kreditsumme.

Problemkredite Als Problemkredite werden Kredite bezeichnet, die sich in Betreuung, Sanierung oder Abwicklung befinden. Die Problemkreditbehandlung nach den Mindestanforderungen für das Risikomanagement eines Kreditinstituts (MaRisk) erfolgt nach folgenden Vorgaben:

- Festlegung der Kriterien und deren regelmäßige Überprüfung außerhalb des Marktes,
- Sanierung bzw. Abwicklung,
- Federführung des Prozesses außerhalb des Marktes durch Spezialisten.

Produktinformationsblatt Im Bereich Geldanlage besteht seit Juli 2011 die gesetzliche Verpflichtung, den Kunden bei Kauf- oder Abschlussempfehlungen Produktinformationsblätter zur Verfügung zu stellen. Im Vorfeld hatten bereits viele Kreditinstitute damit begonnen, die Kunden entsprechend zu informieren. Ziel ist es, den Verbraucher schnell und umfassend zu informieren, damit dieser in die Lage versetzt wird, die wesentlichen Eigenschaften zu erfassen und unterschiedliche Produkte vergleichen zu können.

Das Produktinformationsblatt soll aufklären über:

- die Art des Finanzinstrumentes,
- die Funktionsweise,
- die damit verbundenen Risiken,
- die Aussichten über die Kapitalrückzahlung und Erträge unter verschiedenen Marktbedingungen,
- die mit der Anlage verbundenen Kosten.

Es ist festzuhalten, dass Produktinformationsblätter als Zusatzinformationen anzusehen sind, die aber nicht als Ersatz dienen sollen, sondern eine Ergänzung zu vertiefenden Informationsquellen sind.

Es ist vorgesehen, im Rahmen des Altersvorsorge-Verbesserungsgesetzes dieses Produktinformationsblatt auch für alle steuerlich begünstigten privaten Altersvorsorgeprodukte verbindlich vorzuschreiben. Es soll Verbrauchern in gebündelter, leicht verständlicher und standardisierter Form einen Produktvergleich ermöglichen. Die Aufklärung soll umfassen:

- wesentliche Vertragsdaten,
- Abschluss- und Verwaltungskosten,
- Einmalkosten und Wechselkosten,
- Höhe der garantierten Rente.

Produktivkapitalanlage Neben Einzahlungen auf einen Bausparvertrag können vermögenswirksame Leistungen nur noch als Produktivkapitalanlagen (z. B. Firmenbeteiligung durch Arbeitnehmer) Verwendung finden. Trotz vieler Versuche, diese Anlageform breiteren Kreisen nahe zu bringen, ist die Produktivkapitalanlage wenig verbreitet.

Progressionsstufen Die Progressionsstufen in der Einkommensteuer setzen im Anschluss an den jeweils aktuellen Grundfreibetrag ein. Ausgangsbasis ist das zu versteuernde Einkommen. Beginnend mit einem Steuersatz von 14 % wird das über dem Grundfreibetrag liegende zu versteuernde Einkommen in einem linear-progressiven Tarifverlauf bis zu einem Höchststeuersatz von 42 % besteuert. Hinzugekommen ist die Reichensteuer von 3 %.

Im Kreditbereich und auch beim Verkauf von Anlagen aller Art wird gerne mit der Spitzensteuerbelastung gerechnet oder aufgezeigt, wie stark die letzten 1.000 € (Grenzsteuersatz) belastet sind. Dies sollte aus Vorsichtsgründen (Beratungshaftung) unterbleiben. Sicherer wäre die tatsächliche steuerliche Betrachtung unter Einbindung der Gesamtsituation oder zumindest Anwendung von Durchschnittssteuerbelastungsquoten.

Progressionsvorbehalt Wenn ein unbeschränkt Steuerpflichtiger Einkünfte hat, die an sich steuerfrei sind (z. B. Kranken-, Eltern-, Mutterschafts-, Betreuungs-, Arbeitslosen-, Teilarbeitslosen-, Winterausfall-, Übergangs-, Insolvenz-, Kurzarbeitergeld, Arbeitslosenhilfe, Aufstockungsbeträge nach dem Altersteilzeitgesetz), so ist für das zu versteuernde Einkommen ein besonderer Steuersatz anzuwenden (*§ 32b EStG*). Damit bleiben diese Lohn- bzw. Einkommensersatzleistungen zwar steuerfrei, erhöhen aber den Steuersatz für das übrige steuerpflichtige Einkommen. Bei der Jahresabrechnung ermittelt das Finanzamt also zunächst das zu versteuernde Einkommen und addiert die während des Veranlagungszeitraumes gezahlten Ersatzleistungen dazu. Dann errechnet das Finanzamt aus den normalen Steuertabellen den für diese Summe maßgeblichen Steuersatz. Das tatsächlich zu versteuernde Einkommen wird dann mit diesem (erhöhten) Steuersatz versteuert.

Q: Quellen des Lebensunterhalts – Quellensteuer

Quellen des Lebensunterhalts Der größere Teil der Bevölkerung verdient seinen überwiegenden Lebensunterhalt mit Erwerbstätigkeit, fast ein Drittel ist dabei auf Angehörige angewiesen. Etwas mehr als 20 % bestreitet den Lebensunterhalt aus Renten und dergleichen, diese Quote ist interessanterweise trotz der demoskopischen Veränderungen fast konstant geblieben. Deutlich erhöht hat sich die Abhängigkeit von Transferleistungen, die sich im Referenzzeitraum vervierfacht hat.

Anteil der Bevölkerung mit überwiegendem Lebensunterhalt aus

	Erwerbstätigkeit in %	Arbeitslosengeld, ALG II in %	Rente und dergleichen in %	Unterstützung durch Angehörige in %
1985	41,1	1,9	20,5	36,5
1990	43,0	1,8	21,5	33,7
1995	41,7	3,2	24,0	31,1
2000	41,0	3,4	25,8	29,8
2001	40,9	3,5	26,0	29,6
2002	40,3	3,8	26,2	29,7
2003	39,9	4,3	26,6	29,2
2004	39,4	4,6	26,8	29,2
2005	40,4	7,8	22,5	29,2
2006	41,1	7,7	22,7	28,5
2007	41,7	7,3	22,9	28,0
2008	42,5	7,2	23,0	27,3
2009	42,5	7,5	23,1	26,9
2010	43,2	7,5	23,4	25,9
2011	43,9	7,2	23,3	25,6
2012	43,9	7,2	23,2	25,7

Quelle: Statistisches Bundesamt

Quellensteuer Sammelbezeichnung für Sonderformen von Steuern, deren Erhebung im Abzugsverfahren (also an der „Quelle") erfolgt. Hierzu gehören insbesondere die Lohn- und die Kapitalertragsteuer, sowie die Abgeltungssteuer.

R: Rangvorbehaltsausnutzung – Rundfunkbeitrag

Rangvorbehaltsausnutzung Die Ausnutzung eines eventuell bestehenden Rangvorbehalts durch eine Zwangshypothek ist nicht möglich, da der Rangvorbehalt weder abtretbar noch pfändbar ist. Er ist kein selbstständiges Recht, sondern nur ein untrennbarer Teil des Eigentumsrechts.

Ratenvergleich Form des privatrechtlichen Vergleichs. Steht dem Schuldner nicht eine ausreichende Geldsumme zum Angebot eines Vergleichs zur Verfügung, sind andererseits aber regelmäßige Einkünfte zu erwarten, die eine quotenmäßige Bedienung aller Gläubiger ermöglichen, so ist ein Ratenvergleich denkbar. Wirkungsvoll ist dies jedoch nur, wenn alle Gläubiger bezüglich ihrer Kosten- und Zinsberechnung eine einheitliche Linie einhalten. Es sollte daher versucht werden, in einem solchen Fall zu vereinbaren, dass zunächst nur die eigentlichen Schulden gezahlt werden und auf die Zinsen nach Einhaltung der Vereinbarung verzichtet wird.

Ratingagenturen Ratingagenturen sind private Unternehmen, die gewerbsmäßig die Kreditwürdigkeit von Unternehmen aller Branchen aber auch von Staaten und Gebietskörperschaften bewerten. Bewertet wird auch die Ausfallwahrscheinlichkeit von Forderungen.

Die Ratingagenturen unterliegen der staatlichen Aufsicht. Weltweit sind nur drei Ratingagenturen bedeutsam und anerkannt:

- Standard & Poor's
- Moody's
- Fitch Ratings

Die Ergebnisse ihrer Ratings werden mit Zahlencodes ausgedrückt, die spätestens seit Beginn der Finanzkrise fast jedermann geläufig sind. Jede Ratingverschlechterung hat fast automatisch erhöhte Kreditzinsen zur Folge und löst damit praktisch einen Teufelskreis aus.

Notenskala	Bedeutung der Note z. B. für eine Geldanlage
AAA	Beste Note für hochqualifizierte Anleihen
AA+/AA/AA−	Sehr gute Note für Anleihen mit sehr hoher Sicherheit
A+/A/A−	Gute Note und Bonität, es existiert aber ein Restrisiko
BBB+/BBB/BBB−	Durchschnittliche Note und Bonität
BB+/BB/BB−	Noch ausreichend, aber hohes Risiko
B+/B/B−	Mangelhaft, spekulativ, stark gefährdet
CCC/CC/C	Ungenügend, hoch spekulativ, bereits Zahlungsverzug oder kurz davor

Raumsicherungsübereignung Festlegung eines bestimmten Raumes und vertragliche sachrechtliche und dingliche Übereignung bestimmter beweglicher, in diesem Raum befindlicher und noch hinzukommender Waren. Vereinbart wird eine Einigung (*§ 929 BGB*) und ein Übergabeersatz (*§§ 930, 931 BGB*). Diese Sicherungsform ist insbesondere dann zu wählen, wenn der Warenbestand öfter wechselt. Wichtig ist die klare Darstellung des Sicherungsraumes, nach Möglichkeit durch eine Skizze. Dies ist von großer Wichtigkeit u. a. wegen Vermieterpfandrecht.

Reallohnindex Die moderaten Tariflohnveränderungen in Deutschland haben dazu beigetragen, dass die Finanzkrise relativ schadlos überstanden wurde. Die realen Lohnzuwächse zeigen allerdings, dass die Arbeitnehmer praktisch über Jahre hinweg nur geringfügige Verbesserungen erreicht haben:

Jahr	Reallohnindex	Veränderung zum Vorjahr
2007	98,3	−0,7
2008	98,8	0,5
2009	98,5	−0,3
2010	100,0	1,5
2011	101,0	1,0
2012	101,6	0,6

Quelle: Statistisches Bundesamt

Realzins Bei der Geldanlage spricht man vom Realzins, wenn vom Zins für festverzinsliche Wertpapiere die aktuelle Inflationsrate abgezogen worden ist.

Rechtsbehelfe gegen Steuerbescheide Gegen alle Arten von Bescheiden kann Einspruch eingelegt werden, so auch gegen die üblichen Steuerbescheide (*§ 348 AO*). Die Rechtsbehelfsfrist beträgt stets einen Monat. Der Einspruch ist sowohl schriftlich als auch mündlich zu Protokoll möglich.

Rechtsdienstleistungsgesetz Das RDG über außergerichtliche Dienstleistungen regelt seit dem 1.7.2008 die Befugnis, außergerichtliche Rechtsdienstleistungen zu erbringen.

Damit ist eine zeitgemäße, europafeste Regelung für nichtanwaltliche Rechtsdienstleistungen geschaffen worden. Dies bedeutet, dass jetzt auch Nicht-Juristen wie Architekten oder Mitarbeiter von Kreditinstituten Rechtsberatung durchführen können. Auch kostenlose Rechtsberatung ist möglich. Es reicht aus, dass die Rechtsberatung eine zum Tätigkeitsbild oder zur vollständigen Erfüllung der Vertragspflichten gehörige Nebenleistung darstellt. Die Rechtsdienstleistung darf nach ihrem Gewicht und ihrer Bedeutung nicht im Mittelpunkt des Leistungsangebots stehen und muss zum Berufsbild gehören. Als für den Bankberater spezifische Beispiele sind explizit die Fördermittelberatung und die Testamentsvollstreckung zu nennen.

Recovery Rate Erlösquote bei Forderungsausfällen. Diese bestimmt sich in erster Linie an den hinterlegten Kreditsicherheiten. Bei den Kreditnehmern ist die Erlösquote bei Privatpersonen trotz der aktuellen Insolvenzregelungen deutlich höher als bei Unternehmen und Personengesellschaften.

Refinanzierungskosten Kosten des Kreditinstituts, um sich für eigene Geschäfte, z. B. für Kredite an Kunden, selber mit den erforderlichen Mitteln einzudecken.

Reichensteuer Die Reichensteuer ist mit dem Veranlagungszeitraum 2007 eingeführt worden. Seitdem wird ab einem zu versteuernden Einkommen von 250.001 € bei Ledigen bzw. 501.000 € bei zusammen veranlagten Ehepaaren der Spitzensteuersatz um 3 % auf 45 % erhöht. Im Gegenzug werden seitdem die Gewinneinkünfte von der Reichensteuer entlastet (*§ 32 c Abs. 2 EStG*).

Reinvestitionsrücklage Rücklage mit dem Ziel, den steuerlichen Gewinn zu mindern, um innerhalb eines vorgeschriebenen Zeitraums daraus Ersatzinvestitionen vorzunehmen (*Rücklage nach § 6 b EStG*).

REITs Real Estate Investment Trusts sind börsennotierte Immobilien-Aktiengesellschaften und erst vor wenigen Jahren in Deutschland zugelassen worden. REITs sind im Gegensatz zu einer herkömmlichen Aktiengesellschaft von der Gewerbe- und Körperschaftsteuer befreit. Stattdessen sind sie verpflichtet, das Gros ihrer Mieteinnahmen und Verkaufsgewinne an die Anleger auszuschütten.

Renten Renten setzen sich aus zwei Komponenten zusammen, nämlich dem Rentenstamm (angespartes Kapital) und dem Ertragsanteil (Verzinsung des Kapitals). Daraus war ursprünglich auch die Besteuerung nur für den Ertragsanteil abgeleitet. Durch das Alterseinkünftegesetz sind seit 2005 gravierende Änderungen eingetreten.

Typisches Merkmal von Renten ist die periodische und gleichmäßige Wiederkehr von Zahlungen (wiederkehrende Bezüge), die auf einem Rechtsanspruch begründen. Je nach Laufzeit unterscheidet man Leibrenten, abgekürzte Leibrenten und Zeitrenten. Bei der Gestaltung der Rentenvereinbarung müssen die sich daraus ergebenden steuerlichen Komponenten berücksichtigt werden.

Die gesetzliche (Alters-)Rente wird von der Deutschen Rentenversicherung ausgezahlt. In den ersten drei Monaten nach dem Tod des Ehepartners wird die Rente des Verstorbenen in voller Höhe dem noch lebenden Partner ausgezahlt – unabhängig von dessen eigenen Einnahmen.

Rentenanpassung Um die Rentner an der wirtschaftlichen Gesamtentwicklung zu beteiligen, werden die Renten in regelmäßigen, jährlichen Abständen angepasst. Den Begriff allgemeine Bemessungsgrundlage gibt es seit 1992 nicht mehr. Die sogenannte Rentendynamik wird über den aktuellen Rentenwert (= Altersrente aus einem Beitragsjahr mit Durchschnittsverdienst) und dessen Veränderung gesteuert. Die Rentenanpassungen (jährliches Rentenanpassungsgesetz) früherer Jahre ergeben sich aus der nachstehenden Tabelle.

Die angegebenen Anpassungssätze waren bis einschließlich 1.7.1996 Nettosätze, vom 1.7.1997 bis zum 31.12.2008 Bruttosätze, da der Beitrag der Krankenversicherung der Rentner sich nicht mehr nach dem durchschnittlichen allgemeinen Beitragssatz aller gesetzlichen Krankenversicherungen richtete, sondern von den Krankenkassen jeweils individuell festgelegt wurde. Die KV-Selbstbeteiligung lag bei durchschnittlich 7,15 %.

Seit dem 1.4.2004 zahlen Rentner den vollen Pflegeversicherungsbeitrag. Dieser betrug vom 1.7.2008 bis 31.12.2012 genau 1,95 %, hinzu kommen noch 0,25 % für Kinderlose. Der Beitragssatz ist zum 1.1.2013 auf 2,05 % (ggf. + 0,25 %) gestiegen.

Seit 2009 ist der Gesundheitsfonds wirksam, der einheitliche Beitragssatz beträgt 15,5 %. Davon zahlen die Rentner 0,9 % alleine, von den restlichen 14,6 % die Hälfte, also 7,3 %.

Die Rente wird seit 1997 nur noch einmal jährlich zum 1. Juli überprüft (angepasst) und seit April 2004 erst am Monatsende (also immer rückwirkend) gezahlt.

Aufgrund der negativen Entwicklung der Löhne wurden von 2004 bis 2006 die Renten nicht erhöht, um für die sozialversicherungspflichtig Beschäftigten den Rentenbeitragssatz stabil zu halten. Dabei wirkte sich auch der Nachhaltigkeitsfaktor aus. Für 2007 erfolgte nur eine moderate Rentenerhöhung. Obwohl sich nach der Rentenformel auch 2008 nur eine geringfügige Rentenerhöhung hätte ergeben dürfen, ist die Anwendung des Nachholfaktors und des Riesterfaktors, die dafür hätten sorgen sollen, dass nachträglich eigentlich schon längst notwendig gewesene Rentenkürzungen bei künftigen Erhöhungen nachgeholt werden, für die Jahre 2008 und 2009 ausgesetzt und in den Jahren 2011 bis 2013 nachgeholt worden.

Die Erhöhungen 2008 und 2009 sind wie auch die Nullrunde 2010 (aufgrund der sogenannten Rentengarantie) politisch gewollte Abweichungen von der Rentenformel gewesen. Seit 2011 erfolgt wieder eine moderate (auch demographisch vertretbare) Rentenanpassung. Sogar der Nachholfaktor ist inzwischen (2013) vollständig verrechnet. Dabei ist die Entwicklung in Ost und West sehr unterschiedlich. Wenn nicht neue, unvorhergesehene Entwicklungen eintreten, kann ab 2014 im gesamten Bundesgebiet mit einer vollständigen Umsetzung der Rentenformel gerechnet werden.

	Alte Bundesländer (%):	Neue Bundesländer (%)
1.7.91	4,70	15,00
1.1.92	0,00	11,65
1.7.92	2,87	12,73
1.1.93	0,00	6,10
1.7.93	4,36	14,12
1.1.94	0,00	3,64
1. 7.94	3,39	3,35
1.7.95	0,61	2,59
1.1.96	0,00	4,38
1.7.96	0,46	0,56
1.7.97	1,65	5,55
1.7.98	0,44	0,89
1.7.99	1,34	2,79
1.7.00	0,60	0,60
1.7.01	1,91	2,11
1.7.02	2,16	2,89
1.7.03	1,04	1,19
1.7.04	0,00	0,00
1.7.05	0,00	0,00
1.7.06	0,00	0,00
1.7.07.	0,54	0,54
1.7.08	1,10	1,10
1.7.09	2,41	3,38
1.7.10	0,00	0,00
1.7.11	0,99	0,99
1.7.12	2,18	2,26
1.7.13	0,25	3,29

Rentenantrag Ein Antrag auf Altersrente sollte spätestens drei Monate vor dem Renteneintritt gestellt werden. Selbstverständlich muss das Kontenklärungsverfahren mit Prüfung der Vollständigkeit und Richtigkeit der gespeicherten Daten bereits vorab erfolgt sein. Für den Antrag werden je nach Bedarf folgende Unterlagen benötigt:

- Geburtsurkunde
- Familienstammbuch
- Personalausweis
- Sozialversicherungsnummer
- Sozialversicherungsausweis
- Nachweise über nicht im Versicherungsverlauf vermerkte Zeiten
- Nachweise über Zeiten der Arbeitslosigkeit

- Nachweise über krankheitsbedingte Zeiten
- Zeugnisse von Schulen und Ausbildungsstätten nach dem 17. Lebensjahr
- Belege über freiwillige Rentenbeitragszahlungen
- Krankenversicherungsnachweis
- Bankverbindung

Bei Hinterbliebenenrenten werden zusätzlich benötigt:

- Sterbeurkunde
- Rentenbescheid, sofern der Verstorbene bereits eine Rente bezogen hat

Rentenanwartschaft Grundvoraussetzung für den Leistungsbezug aus der gesetzlichen Rentenversicherung ist die Rentenanwartschaft. Jeder, der 60 Monate lang Pflichtbeiträge oder freiwillig in die Rentenkasse eingezahlt hat, erwirbt den Anspruch auf die Regelaltersrente, bislang mit 65 Jahren, inzwischen sukzessive ansteigend mit 67 Jahren. Wer dagegen Berufsunfähigkeitsrente oder Erwerbsunfähigkeitsrente beantragt, muss neben der Wartezeit zusätzliche Voraussetzungen erfüllen, um die Rentenanwartschaft zu erhalten.

Rentenbarwert Kapitalwert einer lebenslänglichen Nutzung oder Leistung (Rente) im Jahreswert von einem Euro. Zu Grunde gelegt wird die aktuelle „Allgemeine Sterbetafel für die Bundesrepublik Deutschland".

Rentenberechnung Ost Die Rentenangleichung Ost/West ist zwar politisch angestrebt, jedoch wegen der immer noch bestehenden unterschiedlichen Einkommensverhältnisse nicht zu realisieren. Bis zur Herstellung einheitlicher Voraussetzungen versucht der Gesetzgeber, dieser Differenz mit Sonder- und Übergangsregelungen entgegenzuwirken. Deshalb werden die Entgeltpunkte in den neuen Bundesländern mit einem Hochwertungsfaktor berechnet. Dieser Faktor errechnet sich aus der Differenz der durchschnittlichen Jahreseinkommen Ost/West. Der daraus resultierende Unterschied von derzeit ca. 18 % ergibt einen Hochwertungsfaktor von 1,18 Entgeltpunkten. Dies hat zum Ergebnis, dass ein Ostdeutscher derzeit einen Entgeltpunkt mit einem Durchschnittseinkommen von ca. 28.700 € erzielt, während sein westdeutscher Kollege dafür ca. 34.000 € verdienen muss. Solange nicht die Einkommensunterschiede ausgeglichen sind, wird der Hochwertungsfaktor angewendet werden müssen.

Umrechnungsfaktoren für Beitragsbemessungsgrundlagen	2011	1,1740
	2012	1,1754
	2013	1,1767
Standardrente Ost (45 Entgeltpunkte)	1.7.12	1.121 €
	1.7.13	1.133 €

Rentenbesteuerung Nachgelagert zu besteuern sind die Altersrenten, die Witwen- und Waisenrenten und die Erwerbsminderungsrenten aus der gesetzlichen Rentenversicherung. Betroffen von der nachgelagerten Besteuerung sind auch die Renten aus privaten Altersvorsorgeverträgen (Riester-, Rürup-Renten, Direktversicherungen) sowie Renten und andere Leistungen aus berufsständischen Versorgungseinrichtungen und Renten aus den landwirtschaftlichen Rentenkassen. Leibrenten werden mit dem Ertragsanteil versteuert. In vollem Umfang steuerfrei sind:

- Renten aus der gesetzlichen Unfallversicherung,
- Kriegs- und Schwerbeschädigtenrenten,
- Wiedergutmachungsrenten,
- Schadensersatzrenten,
- Schmerzensgeldrenten,
- Leistungen aus der Kindererziehung an Mütter der Geburtsjahrgänge vor 1921,
- Sachleistungen und Kinderzuschüsse aus den gesetzlichen Rentenversicherungen bzw. den landwirtschaftlichen Rentenkassen.

Rentenbezugsdauer Auch die Versicherten der gesetzlichen Rentenversicherung leben immer länger und erhalten dementsprechend auch länger eine Rente. Die durchschnittliche Rentenbezugsdauer steigt seit Jahren kontinuierlich an. Unterschiedlich hat sich die Entwicklung für Männer und Frauen entwickelt. Durch die schrittweise Heraufsetzung der Regelaltersgrenze, die 2012 begonnen hat, wird versucht, den Anstieg der Rentenbezugsdauer zu dämpfen. Wichtig ist dabei das Rentenzugangsalter zu beobachten. Die Auswirkungen werden sich erst in einigen Jahren zeigen.

Rentenbeginn im Jahr	Bezugsdauer insgesamt in Jahren	Männer	Frauen
1955	10,0	9,8	10,2
1960	9,9	9,6	10,6
1965	10,5	10,1	11,6
1970	11,1	10,3	12,7
1975	11,6	10,6	13,2
1980	12,1	11,0	13,8
1985	13,1	11,9	14,9
1990	15,4	13,9	17,2
1995	15,8	13,6	18,2
2001	16,3	13,8	18,9
2003	16,8	14,3	19,3
2004	16,9	14,3	19,5
2005	17,2	14,7	19,8
2006	17,2	14,8	19,6
2007	17,3	15,3	19,4
2008	18,0	15,5	20,0

Rentenbeginn im Jahr	Bezugsdauer insgesamt in Jahren	Männer	Frauen
2009	18,0	15,8	20,2
2010	18,2	16,2	20,2
2011	18,2	16,2	20,2
2012	19,0	16,9	20,8

Quelle: Deutsche Rentenversicherung

Rentenbezugsmitteilung Die Träger der gesetzlichen Rentenversicherung, die landwirtschaftliche Alterskasse, die berufsständischen Versorgungseinrichtungen, die Pensionskassen, die Pensionsfonds und die Versicherungsunternehmen müssen dem Bundeszentralamt für Steuern bis zum 1. März die einem Leistungsempfänger zugeflossenen Renten- und Leibrentenbeträge unter Angabe der steuerlichen Identifikationsnummer mitteilen. Auf diese Weise gelangt die Information letztlich zum Wohnsitzfinanzamt des Leistungsempfängers.

Rentenerhöhungen und Inflation Reale Rentenerhöhungen hat es in den letzten Jahren nur selten gegeben. Dies war u. a. bedingt durch die ständig notwendigen Anpassungen an die tatsächlichen Gegebenheiten. Wenn dazu noch die für alle Rentner gestiegenen Kosten der Kranken- und Pflegeversicherung berücksichtigt werden, so haben sich für die über-

Jahr	Inflationsrate (%)	Rentenanpassung West (%)	Rentenanpassung Ost (%)
2002	1,4	2,2	2,9
2003	1,0	1,0	1,2
2004	1,6	0,0	0,0
2005	1,5	0,0	0,0
2006	1,6	0,0	0,0
2007	2,3	0,5	0,5
2008	2,7	1,1	1,1
2009	0,8	2,4	3,4
2010	1,1	0,0	0,0
2011	2,3	0,99	0,99
2012	2,0	2,18	2,26
2013		0,25	3,29

Quelle: Deutsche Rentenversicherung

wiegende Zahl der Rentner die Einkommen negativ entwickelt.

Rentenformel der gesetzlichen Rente Der gesetzlichen Rente liegt folgende Formel zugrunde:

Rente = Entgeltpunkte × Rentenartfaktor × Zugangsfaktor × aktueller Rentenwert

Rentengarantiezeit Wird bei einer privaten Rentenversicherung eine garantierte Rentenlaufzeit von 5, 10 oder 15 Jahren vereinbart, so erfolgt die Rentenzahlung ab Rentenbeginn mindestens über diesen Zeitraum, auch wenn der Versicherte vor Ablauf stirbt. Dieser zusätzliche Hinterbliebenenschutz mindert die laufende Rente etwas, aber diese Regelung ist insbesondere für diejenigen Versicherten anzuraten, die Wert auf eine angemessene Kapitalerhaltung für ihre Hinterbliebenen legen müssen und/oder wollen.

Rentenniveau Im Rentenversicherungsbericht der Bundesregierung wird das sogenannte Rentenniveau fortgeschrieben. Dies soll eigentlich nur ausdrücken, mit welchem prozentualen Ergebnis – bezogen auf das Einkommen – ein Durchschnittsverdiener (Eckrentner) nach 45 Jahren Arbeitsleistung rechnen kann. Entscheidungsgrundlage ist der 15-jährige Vorausberechnungszeitraum des Rentenversicherungsberichts. Das aus Gründen der Generationengerechtigkeit rückläufige Rentenniveau ist alarmierend und ein eindeutiges Indiz für eine fortschreitende Altersarmut, falls nicht seitens der Politik gegengesteuert wird. Es ist sinnvoll, im jährlich vorzulegenden Rentenbericht der Bundesregierung die darin niedergelegten und jährlich angepassten Prognosen nachzuverfolgen.

	Rentenniveau vor Steuern Prognose Deutsche Rentenversicherung (%)	Rentenniveau vor Steuern Prognose Rürup-Kommission (%)
2012	49,6	44,3
2015	48,5	43,7
2020	48,0	42,6
2025	46,4	41,5
2026	46,0	40,1

Quelle: Rentenversicherungsbericht

Das Sicherungsniveau steht und fällt aufgrund des Umlageverfahrens mit der tatsächlichen Entwicklung der Beschäftigung und der Löhne.

Rentenschutzklausel Die Rentenschutzklausel soll dafür sorgen, dass die Anwendung des Riester-Faktors und des Nachhaltigkeitsfaktors nicht zu einer Rentenkürzug führt. Die Modifizierung dieser Klausel führte zu der sogenannten Nachholklausel.

Rentensplitting Seit 2002 können Partner unter bestimmten Voraussetzungen ihre Rente oder genauer gesagt, ihre Rentenansprüche so teilen, dass beide über gleich hohe Rentenansprüche verfügen. Rentensplitting ist möglich,

- für Ehegatten, die nach dem 31.12.2001 geheiratet haben
- wenn bei einer am 31.12.2001 bestehenden Ehe beide Partner nach dem 1.1.1962 geboren wurden
- wenn beide Partner mindestens 25 Jahre rentenrechtlich wirksame Zeiten (Ausbildung, Beruf, Kindererziehungszeiten) vorweisen können

- wenn mindestens eine der beiden Partner Altersrente bezieht und der andere die Regelaltersgrenze erreicht hat

Das Rentensplitting können Ehe- und Lebenspartner frühestens sechs Monate vor Erfüllung der Voraussetzungen beim Rentenversicherungsträger beantragen. Auch nach dem Tode eines Partners ist Rentensplitting noch möglich. Vorteile des Rentensplittings liegen darin, dass anders als bei der Witwen- und Waisenrente sonstige Einnahmen nicht angerechnet werden, also unbegrenzt hinzuverdient werden kann. Auch Einkünfte aus Kapitalvermögen, privaten Rentenversicherungen, betrieblicher Altersvorsorge oder aus Vermietung und Verpachtung bleiben unberücksichtigt. Die durch das Rentensplitting erworbenen Ansprüche fallen auch dann nicht weg, wenn der verwitwete Partner wieder heiraten sollte. Nachteilig ist, dass mit der Entscheidung für das Rentensplitting die Partner eine spätere Witwen- und Waisenrente ausschließen. Außerdem muss derjenige Partner, der Anwartschaften (Entgeltpunkte) abgetreten hat, später dauerhaft mit einer gekürzten Rente rechnen. Bei Partnerschaften, in denen überwiegend nur ein Partner berufstätig war, eignet sich das Rentensplitting überhaupt nicht, da die Mindestversicherungszeit von 25 Jahren nicht erfüllt ist.

Rentenstammrecht Das Rentenstammrecht ist ein selbstständig nutzbares Recht bei allen Rentenformen, welches getrennt bewertet werden kann.

Renten- und Lebensversicherungen Die nachstehenden steuerlichen Regelungen entsprechen dem aktuellen Rechtsstand:

Gültig, wenn Verträge bis zum 31.12.2004 abgeschlossen worden sind	Steuervorteile
Beiträge sind Sonderausgaben (seit VAZ 2004 noch mit 88 % absetzbar)	Steuervorteile für die Leistung
Aufgeschobene Rentenversicherung ohne Kapitalwahlrecht	Nur der Ertragsanteil der Rente ist steuerpflichtig (ermäßigt seit 2005)
Aufgeschobene Rentenversicherung mit Kapitalwahlrecht, mindestens 12 Jahre Laufzeit und mind. 5 Jahren Beitragszahlung	Einmalige Kapitalleistungen sind steuerfrei. Wählt der Versicherte Rentenzahlungen, sind auch nur die Ertragsanteile steuerpflichtig
Sofortrente gegen Einmalbetrag	Ertragsanteil der Rente ist steuerpflichtig
Direktversicherung	Pauschalbesteuerung nach § 40b EStG Kapitalleistung steuerfrei
Kapitallebensversicherung, mindestens 12 Jahre Laufzeit, 5 Jahre Beitragszahlung, 60 % der gesamten Beitragssumme als Todesfallleistung (Verträge seit 1.4.1996)	Einmalige Kapitalleistungen sind steuerfrei
Risikolebensversicherung	Leistungen sind steuerfrei

Gültig, wenn Verträge bis zum 31.12.2004 abgeschlossen worden sind	Steuervorteile
Beiträge sind keine Sonderausgaben	
Fondsgebundene Renten- und Lebensversicherungen	Bei mindestens 12 Jahren Laufzeit sind einmalige Kapitalleistungen steuerfrei. Erhalten die Versicherten Rentenzahlungen, ist nur der Ertragsanteil steuerpflichtig
Gültig, wenn Verträge seit dem 1.1.2005 abgeschlossen worden sind und aktuelle Situation	
Kapitalbildende Lebensversicherungen	Beiträge sind nicht mehr als Sonderausgaben abzugsfähig. Volle Besteuerung der Erträge. Die Erträge werden aus der Differenz der Ablaufleistung und den gezahlten Beiträgen ermittelt. Ausnahme: Bei Verträgen, die eine Mindestlaufzeit von 12 Jahren haben *und* bis zum Endalter 60 laufen, werden die Erträge nur zu 50 % versteuert.
Private Rentenversicherung ohne Kapitalwahlrecht	Nur der Ertragsanteil der Rente ist steuerpflichtig (ermäßigt seit 2005)
Private Rentenversicherung mit Kapitalwahlrecht	Bei Einmalauszahlung: Volle Besteuerung der Erträge. Die Erträge werden aus der Differenz der Ablaufleistung und den gezahlten Beiträgen ermittelt. Ausnahme: Bei Verträgen, die eine Mindestlaufzeit von 12 Jahren haben *und* bis zum Endalter 60 laufen, werden die Erträge nur zu 50 % versteuert.
Direktversicherung	Bis zu 4 % der Beitragsbemessungsgrenze in der gesetzlichen Rentenversicherung steuer- und sozialabgabenfrei, sowie zusätzlich 1.800 € steuerfrei. Nachgelagerte Besteuerung der Leistungen
Risikolebensversicherung	Leistungen sind steuerfrei

Rentenversicherungsbericht In einem jährlichen Rentenversicherungsbericht dokumentiert die Bundesregierung die aktuelle Situation des gesetzlichen Rentensystems und die Finanzlage und gibt einen Ausblick auf die erwartete Entwicklung in den nächsten Jahren. Außerdem wird geprüft, ob das Sicherungsniveau vor Steuern im 15-jährigen Vorausberechnungszeitraum bis zum Jahre 2020 46 % bzw. bis zum Jahre 2030 43 % unterschreiten wird oder ob der Beitragssatz bis zum Jahre 2020 20 % bzw. bis zum Jahre 2030 22 % übersteigen wird.

Inwieweit die Annahmen realistisch sind, muss aufgrund früherer überzogener Erwartungen mit Skepsis betrachtet werden. Das Verhältnis des aktuellen Rentenwertes in den neuen Ländern zu dem in den alten Ländern bleibt fast unverändert.

Deshalb bestätigt der Rentenversicherungsbericht praktisch jedes Jahr, dass der erworbene Lebensstandard nur erhalten werden kann, wenn frühzeitig eine zusätzliche Vorsorge aufgebaut wird. Die Nachhaltigkeitsreserve der Rentenkasse hatte Ende 2011 mit 24,1 Mrd. € etwas mehr als 1,4 Monatsausgaben erreicht. Zum Jahresende 2012 ist die Reserve auf 1,7 Monatsausgaben gestiegen, deshalb ist der bereits zum Jahresbeginn 2012 ermäßigte Beitragssatz zum 1.1.2013 nochmals heruntergesetzt worden und soll jetzt für einige Jahre konstant bleiben. In der Realität hat sich aufgrund der wirtschaftlichen Entwicklung eine spürbare Verbesserung ergeben.

Eine Rentenangleichung Ost/West ist auch 20 Jahre nach der Wiedervereinigung nicht in Sicht. Das Niveau Ost hat sich allerdings auf 91 % verbessert. Bei der Rentenberechnung Ost wird den unterschiedlichen Einkommensverhältnissen dadurch Rechnung getragen, dass ein geringeres Jahresdurchschnittseinkommen ausreicht, um einen Entgeltpunkt zu bekommen.

Stichtag	aktueller Rentenwert in € alte Länder (West)	aktueller Rentenwert in € neue Länder (Ost)	% Verhältniswert des Rentenwertes in den neuen zu dem in den alten Bundesländern (%)
1.7.2010	27,20	24,13	88,7
1.7.2011	27,47	24,37	88,7
1.7.2012	28,07	24,92	88,8
1.7.2013	28,14	25,74	91,5

Rentenversicherungsbilanz Die Einnahmen- und Ausgabenseite der Deutschen Rentenversicherung stellt sich wie folgt dar:

Einnahmen	Mio. €
Beiträge der Versicherten	192.986
Bundeszuschuss	39.888
zusätzliche Bundeszuschüsse	20.123
Einnahmen 2012	254.397
Ausgaben	
Rentenausgaben	216.023
Beiträge und Zuschüsse zur Krankenversicherung der Rentner	15.284
Leistungen zur Teilhabe	5.514
Verwaltungs- und Verfahrenskosten	3.600
Ausgaben 2012	249.271
Einnahmeüberschuss 2012	5.126

Rentenversicherungsleistungen im Bundeshaushalt Die unterschiedlichen Leistungen des Bundes an die Rentenversicherung sind die größte Einzelposition im Bundeshaushalt. Im Jahre 2013 werden hierfür 27 % der Gesamtausgaben aufgewendet.

Ausgabeart	In Mrd. €
Bundeszuschüsse zur gesetzlichen Rentenversicherung	60,0
Beiträge zu Kindererziehungszeiten	11,6
Bundeszuschüsse für die knappschaftliche Rentenversicherung	6,0
Erstattung Zusatzversorgungssysteme Ost	2,6
Sonstige Aufwendungen	1,3
Leistungen des Bundes insgesamt	81,5

Quelle: BMF, Stand 2012

Rentenversicherungspflicht Eine gesetzliche Rentenversicherungspflicht besteht grundsätzlich für alle abhängig beschäftigten Arbeitnehmer, also für Arbeiter, Angestellte und Auszubildende. Selbstständige sind dagegen (mit besonderen Ausnahmen z. B. selbstständige Handwerker, Lehrer, Künstler, Journalisten u. a.) nicht rentenversicherungspflichtig. Befreit sind auch Beamte, geringfügig Beschäftigte, Schüler sowie Ruheständler, die bereits eine Alters-Vollrente beziehen.

Rentenwertangleichung Ost und West Das Verhältnis des aktuellen Rentenwerts in den neuen Ländern zum aktuellen Rentenwert in den alten Ländern steigt von 88,7 im Jahre 2011 auf 91,2 % im Jahre 2013 an. Dieser Anstieg resultiert insbesondere aus der höheren Anpassung (Ost) im Jahre 2013, in der sich die positive anpassungsrelevante Lohnentwicklung in den neuen Ländern sowie der bereits abgeschlossene Abbau des Ausgleichsbedarfs Ost widerspiegeln. Die unterschiedliche Rentenberechnung Ost wird allerdings weiterhin vorgenommen.

Rentenzugangsalter Aus der nachstehenden Übersicht ist zu ersehen, dass sich das durchschnittliche Rentenzugangsalter im letzten Jahrzehnt zwar um 1 Jahr gestiegen ist, der vormalige Trend zu immer früherer Verrentung sich deutlich abgeschwächt hat. Natürlich zeigen sich auch demografische Schwankungen.

Rentenzugangsalter im Jahr	Gesamt	Männer	Frauen
2002	62,7	62,6	62,8
2003	62,9	62,9	62,9
2004	63,1	63,1	63,0
2005	63,2	63,1	63,2
2006	63,2	63,3	63,2
2007	63,1	63,3	63,0
2008	63,2	63,4	63,0
2009	63,2	63,5	62,9
2010	63,5	63,8	63,3
2011	63,5	63,8	63,2
2012	63,9	64,0	63,9

Quelle: Deutsche Rentenversicherung

Jeder Monat vorzeitiger Rentenbeginn bedeutet 0,3 % weniger Rente. Im Schnitt müssen Rentner bei vorzeitigem Rentenbeginn im Jahre 2011 mit einer lebenslangen Rentenkürzung von 109 € im Monat rechnen.

Rente wegen Arbeitslosigkeit In der Vergangenheit konnten ältere Arbeitslose unter bestimmten Voraussetzungen schon mit 60 Jahren in Rente gehen. Im Jahre 2006 ist diese Grenze auf 63 Jahre angehoben worden. Mit Umsetzung der Rentenreform wird sich die Altersgrenze sukzessive auf 67 Jahre erhöhen.

Rente wegen voller Erwerbsminderung Eine Erwerbsminderungsrente wird auf Antrag grundsätzlich nur gezahlt, wenn in den letzten fünf Jahren vor Eintritt der Erwerbsminderung mindestens drei Jahre Pflichtbeitragszeiten vorliegen. Bei einer Rente wegen Erwerbsminderung werden zusätzliche Entgeltpunkte gutgeschrieben, sofern das 60. Lebensjahr noch nicht vollendet wurde, ohne dass dafür Beiträge gezahlt worden sind

Rentnerhaushalte Nach dem aktuellen Rentenversicherungsbericht und dem Alterssicherungsbericht ist die gesetzliche Rentenversicherung mit 77 % aller Alterssicherungsleistungen, die an 65-jährige und Ältere gezahlt werden, die wichtigste Einkommensquelle. Die Rentenversicherung zahlt monatlich ca. 20,6 Millionen Renten aus, davon 4,0 Mio. an sogenannte Mehrfachrentner. Die Durchschnittsrente für Männer und Frauen ist sehr unterschiedlich und gleicht sich erst im Witwen/Witwerstatus etwas an.

Einkommenskomponenten	Ehepaare (%)	Alleinstehende Männer (%)	Alleinstehende Frauen (%)
Gesetzliche Rentenversicherung	58	62	72
Andere Alterssicherungsleistungen	20	19	17
Private Vorsorge	12	11	6
Transferleistungen	6	1	1
Restliches Einkommen	10	8	4

Quelle: Statistisches Bundesamt

Residential Mortgage Backed Securities Durch Wohnungsbaukredite besicherte Wertpapiere.

Residium Bei einer Bewertung nach dem Residualverfahren ist das Residium der Höchstpreis für ein Grundstück.

Restschuldbefreiung Das Insolvenzrechtsänderungsgesetz von 2001 hat insbesondere die Verbraucherinsolvenz grundlegend verändert. Mit der Möglichkeit einer Restschuldbefreiung nach einer Wohlverhaltensperiode von sechs Jahren ist damals ein Durchbruch gelungen. Dennoch erwies sich in der Folgezeit bei der praktischen Anwendung sehr schnell, dass hier weiterer Reformbedarf besteht. Kernpunkt des Entwurfs zu einer Insolvenzrechtsreform ist die Verkürzung der Wohlverhaltensperiode von sechs auf drei Jahre, wenn der Schuldner während dieser Zeit sowohl die Verfahrenskosten als auch 25 % der Forderungen seiner Gläubiger bezahlt hat. Darüber hinaus sollen Gläubiger künftig einen schriftlichen Antrag auf Versagung der Restschuldbefreiung schon während des eröffneten Verfahrens stellen können.

Der aktuelle Ablauf des Schuldenbereinigungsverfahrens bis hin zur Restschuldbefreiung ist aus der nachstehenden Übersicht zu entnehmen. Auch hierfür sind grundlegende Änderungen im Gespräch:

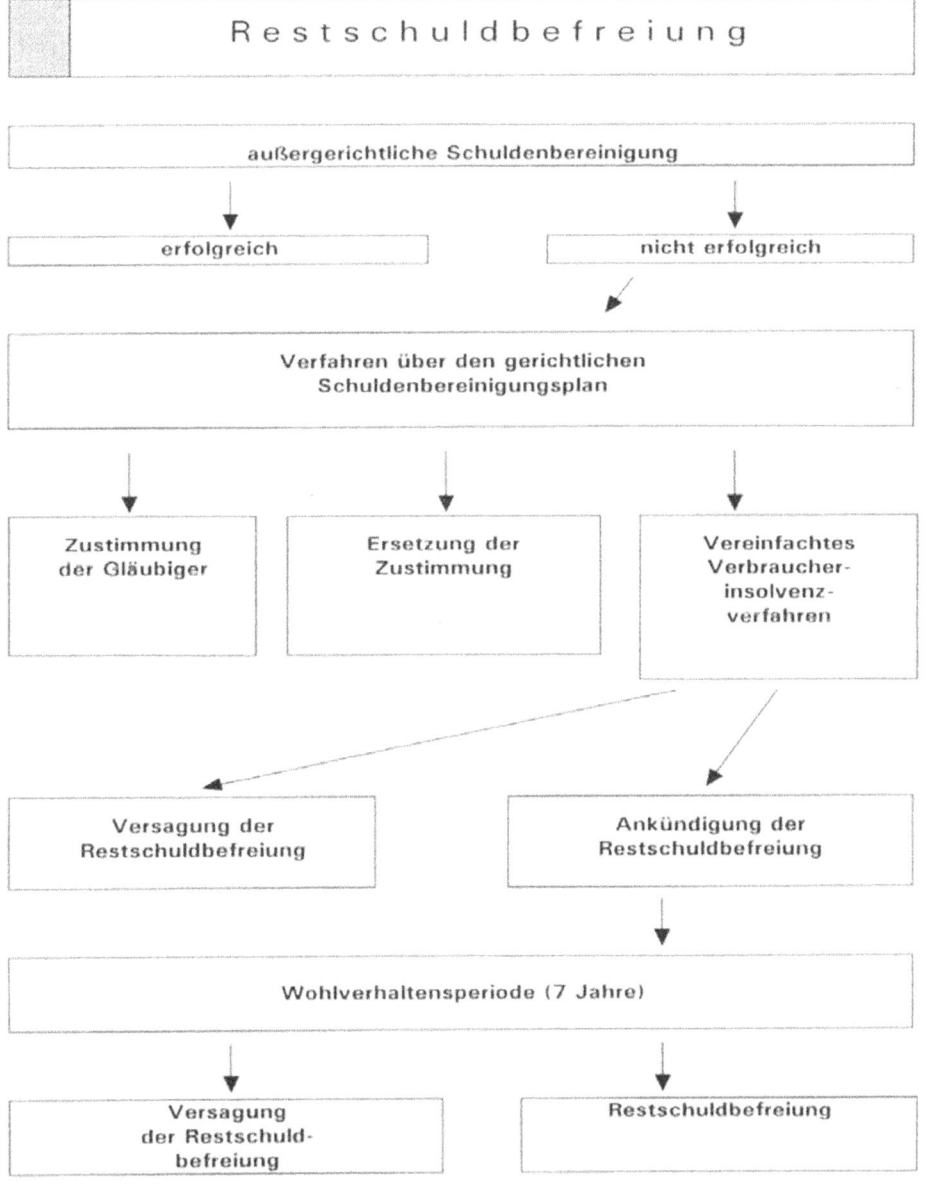

Restkreditversicherung Restkredit- oder Restschuldversicherungen werden oftmals zusammen mit Raten- oder Kaufkrediten angeboten. Sie verteuern die Kosten erheblich und sind meist nicht in der Effektivzinsangabe enthalten. Es ist daher angeraten, den Abschluss derartiger Verträge genau zu überlegen. Keinesfalls darf die Kreditvergabe mit dem Zwang zum Abschluss einer Restkreditversicherung gekoppelt sein.

Revitalisierungskosten Im Gegensatz zu den Instandhaltungskosten, die zur Deckung von Reparaturkosten und damit nur der Werterhaltung eines Gebäudes dienen, werden Revitalisierungskosten als werterhöhende Investitionen angesehen. Ob eine Rücklage für Revitalisierungskosten gebildet wird, hängt von der Zielsetzung des Investments und der angenommenen wirtschaftlichen Lebensdauer der Immobilie ab. Bei Managementimmobilien (Hotels, Einkaufszentren, Freizeitimmobilien) sind Revitalisierungsaufwendungen sogar für die Aufrechterhaltung der Marktfähigkeit erforderlich.

Reziprozitätsvereinbarung Wechselseitige Geschäftszuführungsvereinbarung zwischen Finanzinstituten. Beispiele:

- Bausparkasse und Hypothekenbank,
- Kreditinstitut und Versicherungsgesellschaft,
- Versicherungsgesellschaft und Investmentfondsgesellschaft.

Riester-Faktor Der Riester-Faktor bei der gesetzlichen Rentenversicherung soll sicherstellen, dass sich die Renten allgemein an der Entwicklung der Nettoeinkommen statt der Bruttoeinkommen der aktiven Arbeitnehmer orientieren. Dahinter steht u. a. die Absicht, dass sich die relative Einkommensposition der Rentner nicht verbessern sollte, wenn steigende Aufwendungen für die Altersvorsorge die Nettoeinkommen der Aktiven schmälern.

Der Riester-Faktor dämpft den ohnehin geringen Anstieg der Renten um etwa 0,6 Prozentpunkte pro Jahr und sollte ursprünglich bis einschließlich 2011 wirken. Der Gesetzgeber hat jedoch für 2008 und 2009 eine Aussetzung beschlossen, die 2012 mit 0,65 % nachgeholt wurde und auch 2013 berücksichtigt werden musste.

Riester-Förderberechtigte Anspruch auf die Riester-Förderung haben alle, die in der gesetzlichen Rentenversicherung pflichtversichert sind. Dazu gehören auch Menschen, die Arbeitslosengeld oder Hartz IV beziehen, Mütter und Väter in Elternzeit und Frührentner. Seit 2013 sind auch sogenannte Mini-Jobber förderungsberechtigt. Auch Beamte gehören zum geförderten Personenkreis. Einen Riester-Vertrag kann auch der Ehepartner eines Förderberechtigten abschließen, selbst wenn er keine eigenen Einkünfte hat oder selbstständig ist.

Riester-Verträge Die staatlich geförderte Altersvorsorge ist trotz differenzierter Betrachtungsweise alternativlos günstig. Am Ende des Jahres 2012 hatten fast 16 Millionen Arbeitnehmer und andere Berechtigte einen Riester-Vertrag abgeschlossen. Die Mehrzahl der Verträge entfällt noch immer auf private Rentenversicherungen, seit 2008 sind auch Wohnriester-Verträge erstmals möglich geworden. Hier sind auch die signifikantesten Zuwachsraten zu erkennen. Auf die Wohneigentumsbildung wird sich dies erst in beträchtlichem zeitlichem Abstand bemerkbar machen.

Anzahl der Verträge in 1.000					
	Versicherungs-verträge	Bankspar- verträge	Investmentfonds- verträge	Wohn-Riester	Gesamt
2001	1.400				1.400
2002	3.047	149	174		3.370
2003	3.468	197	241		3.906
2004	3.660	213	316		4.189
2005	4.796	260	574		5.630
2006	6.468	351	1.231		8.050
2007	8.355	480	1.922		10.757
2008	9.185	554	2.386	22	12.147
2009	9.794	633	2.629	197	13.253
2010	10.380	703	2.815	491	14.397
2011	10.882	750	2.953	775	15.360
2012	10.956	781	3.000	1.004	15.741

Quelle: BMAS

Der Staat gewährt die Altersvorsorge-Zulagen und den Sonderausgabenabzug nur auf Antrag. Geschieht das nicht innerhalb von zwei Jahren, verfällt der Anspruch. Zur Vereinfachung des Antragsverfahrens wurde der sogenannte Dauerzulagenantrag eingeführt. Nach Veröffentlichungen des Ministeriums stellten bislang mehr als zwei Millionen Berechtigte keinen Antrag, nur bei 62 % der Antragsteller wurde die volle Zulage gewährt. Der Rest schöpfte die Förderung nicht optimal aus. Verbraucherschützer kritisieren, dass viele Bundesbürger mit der Nutzung der Riester-Rente überfordert sind.

risikoadjustierte Kreditkosten Die Kosten eines Kredits orientieren sich an dem damit verbundenen Risiko. Grundlage ist die beim Rating ermittelte Ausfallwahrscheinlichkeit. Daraus errechnet sich eine Ausfallquote, die Bestandteil der Preisfindung wird.

risikoadjustiertes Rating Ein fairer und transparenter Ratingprozess führt zu einer Mehrwert schaffenden Win-Win-Situation für Kunde und Kreditinstitut. Dies trifft analog auch auf Privatkunden zu, die ihren SCHUFA-Score ebenfalls regelmäßig kontrollieren sollten.

Kunde	Bank
• Sollte Ratingverfahren verstehen	• Will tragfähige Partnerschaft erhalten
• Sollte Fehleinschätzungen vorbeugen	• Will wettbewerbsfähige Konditionen anbieten
• Sollte Konditionsnachteile vermeiden	• Muss aufsichtsrechtliche Anforderungen erfüllen

Risikoanteil Einen Teil des Lebensversicherungsbeitrags verwendet der Versicherer, um Todesfallleistungen abzudecken. Der Risikoanteil, der dafür abgezogen wird, hängt vom Alter bei Vertragsbeginn, dem erreichten Alter, der Vertrags- und Restlaufzeit, vom Geschlecht des Kunden und der Versicherungssumme ab. Risikogewinne können entstehen, wenn weniger Versicherte sterben als kalkuliert und dadurch auch weniger Todesfallleistungen fällig werden. Sie erhöhen dann die Überschussbeteiligung.

Risikobegrenzungsgesetz Mit dem Risikobegrenzungsgesetz sind seit 2008 folgende Regelungen zu beachten:

- Banken müssen im Darlehensvertrag klar und deutlich darüber aufklären, ob ein Kreditverkauf ohne Zustimmung des Kunden möglich ist (vertragliche Informationspflicht über die Abtretbarkeit von Forderungen).
- Es besteht eine Anzeigepflicht bei Gläubigerwechsel.
- Der Investor (Kreditkäufer) ist stets an die ursprüngliche Sicherungsabrede gebunden. Diese schützt den Kreditnehmer davor, dass der neue Gläubiger eine Zwangsvollstreckung ohne Rücksicht auf den Kreditvertrag betreibt.
- Immobilienkredite können nur gekündigt werden, wenn der Kreditnehmer mit zwei aufeinanderfolgenden Raten und mindestens 2,5 % der Darlehenssumme in Rückstand ist (erweiterter Kündigungsschutz bei Zahlungsverzug).
- Kreditinstitute müssen spätestens drei Monate vor Ablauf der Zinsbindung entweder ein neues Prolongationsangebot vorlegen oder mitteilen, dass sie das Darlehen nicht verlängern wollen (frühere Übermittlung von Zinsangeboten bei Zinsanpassungen).
- Einführung einer Sicherungsgrundschuld.
- Verlängerung der Kündigungsfrist bei Grundschulden.

Risikobereitschaft Bei jeder Geldanlage ist die Frage nach der persönlichen Risikobereitschaft von zentraler Bedeutung. Die Anlageprodukte haben unterschiedliche Chancen und Risiken. Vereinfacht gesagt bedeutet das: Je höher der Zins, umso höher das Risiko. Der Anleger muss deshalb immer den aktuellen „Normalzins" im Hinterkopf haben, wenn er ein Angebot prüft. Es ist offensichtlich, dass ein Tagesgeldkonto mehr Sicherheit bietet als ein Aktienkauf. Dafür sind aber auch die Gewinnchancen unterschiedlich. Der Anleger muss die Abwägung treffen, wie viel Verlust er verkraften kann und welchen Gewinn er erzielen möchte. Berücksichtigt werden muss also neben der Risikobereitschaft auch die Risikotragfähigkeit.

Risikobewusstsein Durch Ausbildung, Erfahrung im Umgang mit Kunden und Umsetzung von Kreditwünschen innerhalb eines Finanzierungsinstituts entstandene Bereitschaft, einerseits Kredite aktiv zu verkaufen, andererseits aber feste Grundregeln zu beachten und mit wachem Auge mögliche Risiken einzuschätzen und auch die Nutzanwendung aus der Analyse von Insolvenzprotokollen u. ä. zu ziehen.

Risikoeinschätzung Die Ermittlung von Risikofaktoren durch das Kreditinstitut dient einerseits der Ermittlung des Risikos eines Kreditengagements und andererseits der risikoangemessenen Preisfindung. Bei Privat- und Geschäftskunden ergibt sich der Engagementrisikofaktor aus der Addition von Kundenrisikofaktor und dem Sicherheitenwert.

Risikokosten Kosten des Kreditinstituts, die durch tatsächliche Kreditausfälle oder zur Vorsorge für eventuelle Kreditausfälle entstehen.

risikoorientierter Margenaufschlag Bei ausgewählten Förderkreditprogrammen der KfW, die unter voller Primärhaftung der durchleitenden Institute stehen, kann der nominale Endkreditnehmerzins um bis zu 0,5 % Punkte erhöht werden, wobei die Regelung für den Einstandssatz der Bank unverändert bleibt.
Voraussetzungen für die Erhebung des Zinsaufschlages sind:

- der Zinsaufschlag ist mit Blick auf das individuelle Risiko des Endkreditnehmers gerechtfertigt,
- die Erhebung des Zinsaufschlages wurde dem Endkreditnehmer im Zuge der Antragstellung mit seinem individuell zugeordneten Risiko eingehend begründet,
- der Zinsaufschlag wurde dem Hauptleihinstitut im Rahmen des Antragsverfahrens mitgeteilt.

Bei der Entscheidung über den risikoorientierten Margenaufschlag sind sowohl die Bonität als auch die zu stellenden Sicherheiten (z. B. Bürgschaften einer Bürgschaftsbank) zu berücksichtigen.

Risikopotenzial Aufgrund vieler Erfahrungswerte enthalten diverse Immobilienanlagen ein erhöhtes Risikopotenzial. Dies sollten der Investor und der Finanzierer kritisch prüfen. Hierzu zählen: Bauträgerobjekte, Bauherren- und Erwerbermodelle, Hotelappartements, Studentenappartements, Timesharing-Objekte, Ferienwohnungen, Seniorenwohnheime, Alten- und Pflegeheime.

Risikosteuerung nach MaRisk Kernelement zur Vermeidung von Interessenkollisionen in Kreditinstituten ist die aufbauorganisatorische Trennung zwischen Markt und Marktfolge bis auf die Ebene der Geschäftsleitung und der Verzicht auf die aufbauorganisatorische Trennung zwischen Marktfolge und Kreditcontrolling unterhalb der Geschäftsleitung.

Risikostreuung Aufteilung von Kapitalanlagen in verschiedene Anlageformen (z. B. Geldanlagen, Anleihen und Obligationen, Aktien, Investmentfonds, Immobilien). Gleichzeitig Berücksichtigung unterschiedlicher Währungen, Laufzeiten und Verfügbarkeiten.

Risikotarife Die kalkulierte Lebenserwartung ist je nach Auswahl einer Statistik sehr unterschiedlich. Insbesondere an den Sterbetafeln für die sogenannten Risikotarife, die denjenigen Versicherungen zu Grunde gelegt werden, die den Todesfall besichern, ist der Unterschied deutlich zu sehen.

Risikoüberschuss Prämienzahlungen bei Lebensversicherungen werden auch durch die rechnerischen Todesfälle nach der amtlichen Sterbetafel bestimmt. Bedingt durch eine real deutlich niedrigere Sterblichkeit gegenüber dieser Grundlage fällt bei fast allen Gesellschaften ein Risikoüberschuss an, der die Gesamtversicherungsleistung erhöht.

Risikovorsorge nach MaRisk

- zeitnahe Ermittlung und Fortschreibung der erforderlichen Risikovorsorge
- unverzügliche Information über erheblichen Vorsorgebedarf an die Geschäftsleitung

Rückkaufswert Der Rückkaufswert bezeichnet den Betrag, den ein Versicherungsnehmer erhalten würde, wenn er seine Kapital-Lebensversicherung vor Ende der Laufzeit kündigt.

1. *Bei Beleihung von Lebensversicherungspolicen*: Obergrenze des Kredits. Der Rückkaufswert entsteht bei Kapitallebensversicherungen durch rentierliche Ansammlung von Prämien abzüglich Risiko- und Verwaltungskosten. Ist kein aktueller, von der Gesellschaft bestätigter Wert bekannt, dient als Faustregel: 2/3 der eingezahlten Prämien.
2. *Bei vorzeitiger Kündigung*: Die vorzeitige Kündigung einer Lebensversicherung ist grundsätzlich mit einem finanziellen Verlust verbunden. Der Bundesgerichtshof hat mit wichtigen Urteilen (*IV ZR 162/03, 177/03, 245/03*) Forderungen aufgestellt, wie eine vorzeitige Kündigung abzurechnen ist. Die Verbraucherschützer haben mit diesen Urteilen Teilerfolge erzielt, denn vormals wurde bei einer frühzeitigen Kündigung praktisch die gesamte Vertreterprovision verrechnet, während jetzt diese Provisionen nur noch anteilig für die Versicherungslaufzeit in Abzug gebracht werden können. Damit müsste zumindest ein größerer Teil der eingezahlten Beträge zurückfließen. Bei Verträgen seit dem 1.1.2008 kommt das Versicherungsvertragsgesetz zur Anwendung. Wird ein Vertrag vorzeitig aufgelöst, so steht dem Kunden ein Mindestrückkaufswert zu. Dabei wird der Betrag errechnet, der vorhanden wäre, wenn die Abschlusskosten über die ersten 5 Vertragsjahre verteilt worden wären.

Rücklage nach § 6b EStG Im Steuerentlastungsgesetz 1999 sind einschränkende Regelungen für die Übertragung von stillen Reserven nach § 6b EStG festgeschrieben worden. Damit wurde seit dem Veranlagungszeitraum 1999 die Möglichkeit, die sofortige Besteuerung der Gewinne aus der Veräußerung bestimmter Wirtschaftsgüter des Anlagevermögens zu vermeiden, alleine auf Grundstücke beschränkt.

Die Übertragung der Gewinne ist nur noch dann möglich, wenn der Veräußerer selbst die Reinvestition vornimmt. Auf diese Weise wird verhindert, dass Veräußerungsgewinne auf Abschreibungsgesellschaften übertragen werden können. Weiterhin grundsätzliche Gültigkeit hat, dass Steuerpflichtige, die Grund und Boden und Gebäude veräußern, im Wirtschaftsjahr der Veräußerung einen Betrag bis zur vollen Höhe des bei der Veräußerung entstandenen Gewinns abziehen bzw. eine den steuerlichen Gewinn mindernde Rücklage bilden können. Gewinn ist der Betrag, um den der Veräußerungsgewinn nach Abzug der Veräußerungskosten den Buchwert übersteigt, mit dem das veräußerte Wirtschaftsgut anzusetzen wäre.

Bis zur Höhe der Rücklage können in den folgenden zwei Wirtschaftsjahren Grundstücke und Gebäude angeschafft oder hergestellt und dort der Abzug vorgenommen werden. Die Frist von zwei Jahren verlängert sich bei Gebäuden auf vier Jahre, wenn mit der Herstellung vor Schluss des zweiten, auf die Bildung der Rücklage folgenden Wirtschaftsjahres begonnen worden ist.

Wichtige Grundvoraussetzung für die Ausnutzung dieser steuerlichen Gestaltungsmöglichkeit ist die Gewinnermittlung nach § 4 Abs. 1 oder § 5 EStG, außerdem muss der Grund und Boden und das Gebäude mindestens sechs Jahre zum Anlagevermögen einer inländischen Betriebsstätte gehört haben.

Rückschlagssperre Hat ein Gläubiger im letzten Monat vor dem Insolvenzantrag oder nach Antragstellung durch Einzelzwangsvollstreckungsmaßnahmen eine Sicherung am Schuldnervermögen erlangt, wird diese Sicherheit mit der Insolvenzverfahrenseröffnung unwirksam (*§ 88 InsO*). Die Rückschlagsperre verhindert im Interesse aller Beteiligten, dass durch Maßnahmen einzelner Gläubiger das Schuldnervermögen ausgezehrt und damit eine Sanierung unmöglich wird.

Rückvergütung Bei Kündigung eines Versicherungsvertrages erhält der Versicherungsnehmer nur eine Rückvergütung erstattet. Darin eingeschlossen sind die bis dahin angefallenen Überschussbeteiligungen. Die Rückvergütung ist keineswegs identisch mit den eingezahlten Beträgen, denn die bei Vertragsabschluss anfallenden Kosten (Provisionen des Außendienstes, Einrichtung des Vertrages) beanspruchen einen erheblichen Teil des Beitrages. Zudem ist noch ein bestimmter Teil für den Risikoschutz benötigt worden. Die Urteile des BGH zum Rückkaufswert haben inzwischen für mehr Transparenz gesorgt.

rückwirkendes Ereignis Ein Steuerbescheid kann nach § 175 Abs. 1 Satz 1 Nr. 2 der Abgabenordnung aufgehoben oder geändert werden, wenn ein rückwirkendes Ereignis eingetreten ist, das steuerliche Wirkung in die Vergangenheit hat. Dies kann beispielsweise dann eintreten, wenn nachträglich die 15 % Grenze im Sinne des § 6 Abs. 1a EStG (bei den sogenannten anschaffungsnahen Herstellungskosten) überschritten wird.

Rürup-Rente Die Rürup-Rente ist eine private, steuerlich geförderte Form der Altersvorsorge. Gefördert werden alle Steuerpflichtigen, also auch nicht rentenversicherungspflichtige Selbstständige oder Pflichtversicherte in berufsständischen Versorgungseinrichtungen, die nicht in das gesetzliche Rentensystem einzahlen und deshalb keine Riester-Förderung nutzen können. Bei der Rürup-Rente handelt es sich um eine kapitalgedeckte Rentenversicherung, die der Basisversorgung dient (Basis-Rente). Die Steuervorteile ergeben sich aus den Sonderausgaben (§ 10 EStG Absatz 3). Aufgrund der Koppelung an den persönlichen Steuersatz haben Besserverdienende einen höheren Vorteil als Geringverdiener. Die Rürup-Rente ist Hartz IV-sicher, wird also ggf. nicht als Vermögen angerechnet. Eine Kündigung oder vorzeitige Auszahlung der angesammelten Beträge ist nicht möglich, die Auszahlung erfolgt ausschließlich als Leibrente.

Rundfunkbeitrag Seit Januar 2013 existiert ein einheitlicher Rundfunkbeitrag, der die früheren GEZ-Gebühren abgelöst hat. Der Beitrag muss von jedem Haushalt gezahlt werden, unabhängig von der Zahl der Radio-, Fernsehgeräte und Computer. Menschen mit Behinderung zahlen 5,99 € monatlich. Taubblinde und Menschen, die Blindenhilfe erhalten, können sich von der Gebühr befreien lassen. Für eine Befreiung oder Ermäßigung muss ein Antrag gestellt werden.

S: Sachzuwendungen – Stresstests

Sachzuwendungen Steuerpflichtige können die Einkommensteuer einheitlich für alle innerhalb eines Wirtschaftsjahres gewährten betrieblich veranlassten Zuwendungen, die zusätzlich zur ohnehin geschuldeten Leistung oder Gegenleistung erbracht worden sind und die nicht in Geld bestehen, mit einem Pauschsteuersatz von 30 % erheben *(§ 37 b EStG)* Die Pauschalierung ist ausgeschlossen, wenn die Aufwendungen je Empfänger und Wirtschaftsjahr den Betrag von 10.000 € übersteigen.

Saldo Ergebnis der Verrechnung sich gegenüberstehender Ansprüche in Geld (Saldierung). Durch die Kontokorrentvereinbarung zwischen Kreditinstitut und Kunde bewirkt die Saldierung das Erlöschen der bis dahin bestehenden zwei Einzelschuldverhältnisse. An deren Stelle tritt eine einzige Forderung in Höhe des sich für den einen oder anderen Vertragspartner ergebenden Überschusses.

Sale & Lease back Verkaufen und Zurückmieten. Wird insbesondere beim Immobilienleasing praktiziert, bei der ein Unternehmen eine Immobilie an eine Immobilien-Gesellschaft verkauft und sie zur weiteren Nutzung gleichzeitig wieder zurückmietet. Durch den Kaufpreis wird Kapital freigesetzt und die Liquidität erhöht.

Sammelauskunftsersuchen Den Finanzbehörden ist nach § 30 a Abs. 2 AO untersagt, bei Kreditinstituten Sammelauskunftsersuchen über Bestände von Konten und Depots sowie über Gutschriften von Kapitalerträgen anzufordern.

Sanierungsgewinne Sanierungsgewinne gehörten bis einschließlich dem Veranlagungszeitraum 1996 zu den steuerfreien Einnahmen. Durch den Wegfall der Steuerfreiheit von Sanierungsgewinnen sind die Sanierungschancen aller Beteiligten beeinträchtigt worden, obwohl seit dem Inkrafttreten des Insolvenzgesetzes im Jahre 1999 normalerweise das Leitmotiv „Fortführen statt Zerschlagen" gilt.

Scheck Der Scheck war jahrzehntelang ein wichtiges bargeldloses Zahlungsmittel. In Verbindung mit der 1968 eingeführten Scheckkarte und der damit verbundenen Einlösegarantie war er das Zahlungsmittel schlechthin für den privaten Gebrauch. Aufgrund der mittlerweile gebräuchlichen elektronischen Kassen ist der Scheck im privaten Geschäftsverkehr entbehrlich geworden.

Scheinbestandteile Bei der Erstellung einer Wertermittlung ist zu prüfen, ob sich auf dem Bewertungsgrundstück Scheinbestandteile befinden. Diese sind bei der Beleihungs- und Marktwertermittlung nicht zu berücksichtigen.

Scheinselbstständigkeit Selbstständige unterliegen nicht der Sozialversicherungspflicht. Deshalb prüfen die Versicherungsträger, die auch die Beweislast tragen, ob nicht möglicherweise eine sogenannten Scheinselbstständigkeit und damit eine Versicherungspflicht vorliegt. Typische Anhaltspunkte für eine versicherungspflichtige Beschäftigung sind dabei eine Tätigkeit nach Weisung und eine Eingliederung in die Arbeitsorganisation des Weisungsgebers.

Schenkungsteuererklärung Aufgrund der §§ 149 ff. AO sowie § 31 ErbStG werden Daten erhoben, die mit einem amtlichen Vordruck erklärt werden müssen, wenn eine Schenkung erfolgt ist. Die Erklärung muss vom Beschenkten abgegeben werden. Im Falle von verschenktem Grundbesitz ist auch eine Anlage Grundstückswert beizufügen.

Schiffsregister Ein dem Grundbuch vergleichbares Register, in welches See- und Binnenschiffe, die Eigentumsverhältnisse und die Pfandrechte eingetragen werden können. Es wird beim Amtsgericht des Heimatortes geführt. Es genießt wie das Grundbuch öffentlichen Glauben und kann auch mit Pfandrechten (Schiffshypotheken) belastet werden.

Schlüsselgewalt Jeder Ehegatte kann mit Wirkung auch für den anderen Ehegatten Geschäfte tätigen, die zur angemessenen Deckung des Lebensbedarfs notwendig sind. Dies sind Geschäfte, die sich im Rahmen des verfügbaren Familieneinkommens halten und bei denen gewöhnlich eine vorherige Abstimmung der Ehegatten nicht erforderlich ist (*§ 1357 BGB*). Gegenüber Kreditinstituten spielt die Schlüsselgewalt keine Rolle, da Bankgeschäfte nicht zur Schlüsselgewalt zählen. Dies gilt insbesondere für die Aufnahme von Krediten und deren Besicherung.

Schlussbeteiligung Viele Lebensversicherer zahlten bislang nur einen Teil der Überschüsse laufend und einen Teil zum Vertragsende aus. Die Schlussbeteiligung (oder der Schlussüberschuss) wird regelmäßig ausgezahlt bei regulärem Vertragsablauf, seltener bei Kündigung oder im Todesfall. Im neuen Versicherungsvertragsgesetz ist ein vertraglicher Anspruch auf Beteiligung an den Bewertungsreserven geschaffen worden.

Schnellspartarif Tarifvariante, die bei Soforteinzahlung des Mindestspargutshabens die dann optimalen Zuteilungsvoraussetzungen nutzt. Allerdings sind hiermit höhere Tilgungsraten und damit kürzere Kreditlaufzeiten verbunden.

Schreibunfähige Vermag ein Beteiligter nach seinen Angaben oder nach der Überzeugung des Notars seinen Namen nicht zu schreiben, so muss bei dem Vorlesen und der Genehmigung ein Zeuge oder ein zweiter Notar zugezogen werden, wenn dies nicht bereits nach § 22 Beurkundungsgesetz erfolgt ist. Diese Tatsachen sollen in der Niederschrift festgestellt werden. Die Niederschrift muss von dem Zeugen oder dem zweiten Notar unterschrieben werden.

SCHUFA-Auskunft Die Auskünfte enthalten möglicherweise Kürzel, deren Bedeutung nachstehend erläutert ist:

AC	Neuvergabe Kreditkarte (Change Card)
AG	Girokonto und Dispo
AR	World Flex Card
AU	Technische Anfrage
BK	Anfrage zur Kreditherausgabe
ER	Erledigung einer Gesamtforderung
EV	Eidesstattliche Versicherung
GI	Anfrage Giro
HY	Grundpfandlich gesicherter Kredit (ohne Betrag)
IE	Insolvenzverfahren eröffnet
IA	Insolvenzverfahren mangels Masse abgewiesen
KM	Missbrauch eines Kontos oder einer Karte
RA	Restschuldbefreiung angekündigt
RB	Restschuldbefreiung erteilt
RS	Scheckrückgaben
SD	Unbestrittener Saldo
SE	Saldo nach gerichtlicher Entscheidung/Titulierung
SG	Saldo nach Gesamtfälligkeitsstellung
SV	Saldovergleich zur gesamtfällig gestellten Forderung
SW	Widerspruch zum titulierten Saldo
SZ	Saldo durch Forderungszession verkauft
UF	Uneinbringlich ausgeklagte Forderung

SCHUFA-Eigenauskunft Nach § 34 Absatz 2 des Bundesdatenschutzgesetzes kann jeder Bundesbürger gegen Vorlage seines Personalausweises bei der für ihn zuständigen SCHUFA-Filiale eine Selbstauskunft verlangen. Die Auskunft ist gebührenpflichtig. Seit 2006 ist es möglich, die Daten unter www.meineschufa.de direkt abzufragen. Die Datenschutzbestimmungen werden aufgrund der geschützten Übertragung selbstverständlich eingehalten. Die Eigenauskunft der SCHUFA beginnt mit den persönlichen Daten. Es folgen Angaben zu Konten und Krediten. Schließlich sind Negativmerkmale aufgeführt. Nicht gespeichert werden Kontostand, Einkommen, Geldeinlagen oder Arbeitgeber. Seit dem 1.4.2010 haben Verbraucher einmal im Jahr Anspruch auf einen kostenlosen Einblick in die von der SCHUFA gesammelten Informationen. Darin eingeschlossen ist auch die Information zum „Basis-Score." Dieses Recht zur Gratis-Auskunft sollte von allen Verbrauchern wahrgenommen werden, auch wenn nicht unbedingt eine Kreditanfrage geplant ist.

Schuldanerkenntnis Zur Gültigkeit eines Vertrages, durch den das Bestehen eines Schuldverhältnisses anerkannt wird, ist schriftliche Erteilung der Anerkenntniserklärung erforderlich. Das Schuldanerkenntnis ist ein Vertrag, durch den das Bestehen eines Schuldverhältnisses anerkannt wird. Der Sinn eines Schuldanerkenntnisses liegt oftmals nur in der Beweiserleichterung für den Gläubiger. Es wird ggf. auch beabsichtigt, durch einen derartigen Vertrag ein neues abstraktes Schuldverhältnis zu schaffen. Das Schuldanerkenntnis wird heute üblicherweise in denjenigen Fällen notariell vereinbart, wenn im Rahmen einer Schuldenregulierung neue langfristige Tilgungs- oder Stillhaltevereinbarungen getroffen werden oder ein Schuldverhältnis auf eine neue Grundlage gestellt werden soll. Damit ist für beide Seiten Klarheit geschaffen. Meist werden die Kosten dafür vom Gläubiger übernommen. Eine Formfreiheit gilt dann, wenn ein Schuldversprechen oder ein Schuldanerkenntnis aufgrund einer Abrechnung oder im Wege eines Vergleiches erteilt wird *(§ 781 BGB)*.

schuldenbedingte Krisensituationen In der Schuldnerberatung stehen folgende Krisensituationen im Fokus:

- drohender Wohnungsverlust wegen Mietschulden
- Sperre der Energieversorgung
- existenzgefährdende Pfändungen
- Kontopfändungen/Kontosperren
- drohende Inhaftierung
- drohende Erbhaftung für Nachlassschulden

Schuldenbereinigung Nach der 1999 in Kraft getretenen Insolvenzordnung ist der Schuldner zunächst verpflichtet, alles in seiner Macht stehende zu unternehmen, um mit seinen Gläubigern zu einer außergerichtlichen Schuldenbereinigung zu kommen. Erst wenn das außergerichtliche Verfahren nicht zu einer Einigung führt, kann der Schuldner beim zuständigen Insolvenzgericht einen Antrag auf Eröffnung des gerichtlichen Insolvenzverfahrens stellen.

Schuldenberatung Die Bezeichnung „Schuldnerberatung" oder „Schuldnerberater" ist gesetzlich nicht geschützt. Jeder kann deshalb seine Dienste als Schuldnerberatung anbieten. Er hat keinerlei Rechtsberatungsbefugnis. Schuldnerberatungsstellen bestehen in den meisten Kommunen und werden auch von karitativen Einrichtungen unterhalten. Bei einer Schuldnerberatung erhalten Personen Hilfe, die hoch verschuldet bzw. überschuldet sind. Schätzungen gehen davon aus, dass jeder zehnte Einwohner direkt oder indirekt als Familienmitglied von der Problematik betroffen ist. Die Schuldnerberatung hat durch die steigende Zahl von Verbraucherinsolvenzverfahren eine zwingend notwendige soziale Bedeutung.

Zu den Aufgaben gehören neben dem Erfassen der Verbindlichkeiten vor allem die Verhandlung mit Gläubigern und die Interessenvertretung der Schuldner.

Schuldenbereinigungsplan Sowohl für das außergerichtliche als auch das gerichtliche Insolvenzverfahren wird ein Schuldenbereinigungsplan erstellt. Hierfür ist insbesondere für das Verbraucherinsolvenzverfahren noch keine Formvorschrift gegeben. Der Schuldenbereinigungsplan muss die gesamte aktuelle Vermögens-, Einkommens- und Verschuldungssituation abbilden und geeignet sein, daraus die Möglichkeiten zu einer Schuldenbereinigung vollständig zu prüfen. Die Angaben im Schuldenbereinigungsplan müssen durch Belege untermauert werden. Im gerichtlichen Insolvenzverfahren wird ein zweiter Einigungsversuch des Gerichts auf Grundlage des Schuldenbereinigungsplans durchgeführt. Das Einigungsverfahren kann mit einem Prozessvergleich unter mehreren Beteiligten verglichen werden. Das Gericht stellt allen beteiligten Gläubigern den Schuldenbereinigungsplan zu und fordert sie zur Stellungnahme auf. Erst wenn es zu keiner einvernehmlichen Regelung kommt, wird das Verbraucherinsolvenzverfahren fortgesetzt.

Schuldnerverzeichnis Die Amtsgerichte führen ein Verzeichnis über die Personen, die die eidesstattliche Versicherung abgegeben haben oder gegen die Haftanordnung zur Abgabe der eidesstattlichen Versicherung erfolgt ist. Auch Schuldner, bei denen der Insolvenzeröffnungsantrag mangels Masse abgewiesen worden ist, werden in das Schuldnerverzeichnis eingetragen *(§ 26 InsO)*. Die Vorschriften über das Schuldnerverzeichnis nach der Zivilprozessordnung gelten entsprechend, jedoch beträgt die Löschungsfrist fünf Jahre. In das Schuldnerverzeichnis des Amtsgerichts werden eingetragen:

- die Bezeichnung des Schuldners wie in dem Titel, der dem Vollstreckungsverfahren zu Grunde liegt,
- das Geburtsdatum des Schuldners, soweit bekannt,
- das Datum der Abgabe der eidesstattlichen Versicherung,
- das Datum der Anordnung der Haft,
- die Vollstreckung der Haft,
- das Aktenzeichen der Vollstreckungssache und
- die Behörde des Vollstreckungsgerichts oder die –behörde.

Die personenbezogenen Informationen aus dem Schuldnerverzeichnis dürfen nur für Zwecke der Zwangsvollstreckung verwendet werden, sowie

- um gesetzliche Pflichten zur Prüfung der wirtschaftlichen Zuverlässigkeit zu erfüllen,
- um Voraussetzungen für die Gewährung öffentlicher Leistungen zu prüfen,
- um wirtschaftliche Nachteile abzuwenden, die daraus entstehen können, dass Schuldner ihren Zahlungsverpflichtungen nicht nachkommen oder soweit dies zur Verfolgung von Straftaten erforderlich ist.

Die Einsichtnahme erfolgt über ein zentrales und länderübergreifendes elektronisches Informations- und Kommunikationssystem der Länder im Internet und wird nur registrierten Nutzern gewährt. Die Informationen dürfen nur für den Zweck verwendet werden, für den sie übermittelt worden sind.

Schuldrechtsreform Die Europäische Kommission hatte den deutschen Gesetzgeber verpflichtet, verschiedene Richtlinien in nationales Recht umzusetzen:

- Verbrauchsgüterkaufrichtlinie
- E-Commerce Richtlinie
- Zahlungsverzugsrichtlinie

Gleichzeitig wurde das aus dem 19. Jahrhundert stammende Schuldrecht modernisiert und die Verbraucherschutzgesetze in das BGB aufgenommen.

Schuldscheindarlehen Meist mittel- bis langfristige Großdarlehen, die gegen Aushändigung einer Urkunde (Schuldschein) gewährt werden. Schuldscheindarlehen werden hauptsächlich von Unternehmen und öffentlichen Stellen zur Mittelbeschaffung verwendet. Der Schuldschein ist kein Wertpapier.

Schuldverschreibung auf den Inhaber Im Inland ausgestellte Schuldverschreibungen auf den Inhaber, in denen die Zahlung einer bestimmten Geldsumme versprochen wird, dürfen nur mit staatlicher Genehmigung in den Verkehr gebracht werden, soweit nicht Ausnahmen zugelassen sind. Alles Weitere regelt ein Bundesgesetz *(§§ 793–808 a BGB).*

Schutz vom Bankkunden Der § 30a der Abgabenordnung verbietet nicht generell und ausnahmslos die Ausschreibung von Kontrollmitteilungen anlässlich einer Bankenprüfung, sondern gilt nur für Konten und Depots, bei deren Errichtung eine Identitätsprüfung vorgenommen worden ist. Also z. B. das sogenannte Conto pro Diverse (CPD). Zufallserkenntnisse, die im Einzelfall den Verdacht einer Steuerverkürzung begründen, können allerdings von den Finanzbehörden genutzt werden.

Score Englisch für Punkt oder Treffer, im Kreditbereich Kennzahl oder Ergebnis einer mathematisch-statistisches Prüfung.

Scoring Im Privatkundengeschäft verwendetes Ratingverfahren der Kreditinstitute. Mit dieser Methode bewerten die Kreditinstitute die Fähigkeit ihrer Kunden, Kredite zurückzahlen zu können. Ein schlechter Score-Wert bedeutet zwangsläufig, dass entweder Kredite verweigert oder nur sehr teuer (also mit hohen Zinsen) vergeben werden. Die SCHUFA bietet ihren Mitgliedsinstituten den sogenannten Basis-Score als Dienstleistung an.

Seniorenimmobilien Seniorenimmobilien stehen und fallen mit der Qualität und dem Renommee der Betreiber. Wirtschaftlichkeit und Servicekompetenz sind daher mindestens genauso wichtig wie die Bauqualität, das Raumprogramm und das bedarfsgerechte Nutzungskonzept. Bei der Finanzierung müssen auch Kenntnisse zu den Vergütungsvereinbarungen der Pflegekassen vorhanden sein. Handelt es sich bei der Seniorenimmobilie um eine Anlage im Sinne des Heimgesetzes, so erzielen die Eigentümer (Kapitalanleger) gewerbliche Einkünfte.

SEPA Einheitliche Regeln für bargeldlose Zahlungen im europäischen Zahlungsraum, der alle 27 EU-Mitgliedsstaaten, sowie Island, Liechtenstein und die Schweiz umfasst (Single Euro Payments Area). Mittels IBAN und BIC wird der grenzüberschreitende Zahlungsverkehr sukzessive verbessert. Das Verfahren ist inzwischen Standard und wird für Lastschriften ab 1.2.2014 verbindlich.

Sicherheiten Werthaltiges Äquivalent für eine Kreditschuld. Banktübliche Sicherheiten sind:

- Grundschulden
- Wertpapiere
- Bankguthaben
- Bausparguthaben
- Versicherungsguthaben
- Forderungen
- Sicherungsübereignung von Maschinen, Autos etc.
- Bürgschaften

Der Sicherheitensteller muss sich darüber im Klaren sein, dass diese Sicherheiten verwertet werden, wenn der Kreditnehmer zahlungsunfähig wird.

Sicherungsabtretung Lohn- und Gehaltsansprüche können, soweit sie der Pfändung unterliegen, abgetreten werden. Im Kaufkredit- und Ratenkreditgeschäft ist dies meist in den Vertragsunterlagen „automatisch" enthalten. Einer Abtretung können allerdings Vereinbarungen in den individuellen Arbeitsverträgen, Betriebsvereinbarungen oder Tarifverträgen entgegenstehen.

Sicherungsvermögen Gesondert verwaltetes Vermögen einer Versicherung zur Begleichung unmittelbarer Ansprüche der Versicherten. Das Sicherungsvermögen wird auch als der Deckungsstock der Versicherung angesehen und darf nur Vermögenswerte mit hohem Sicherheitswert enthalten.

Skonto Abzug von einem Rechnungsbetrag, wenn sofort oder innerhalb eines kurzen Zeitraumes gezahlt wird. Das Abzugsrecht muss ausdrücklich vereinbart sein, z. B. durch Eindruck auf dem Rechnungsformular.

Skontoabzug in %	Zahlungszeitraum ohne Skontoabzug (Zahlungsziel ./. Skontofrist in Tagen)							
	10	20	30	40	50	60	70	80
	Kosten des Lieferantenkredites in % pro Jahr							
1,0	36,0	18,0	12,0	9,0	7,2	6,0	5,1	4,5
1,5	54,0	27,0	18,0	13,5	10,8	9,0	7,7	6,8
2,0	72,0	36,0	24,0	18,0	14,4	12,0	10,3	9,0
2,5	90,0	45,0	30,0	22,5	18,0	15,0	12,9	11,3
3,0	109,0	54,0	36,0	27,0	21,6	18,0	15,4	13,5
3,5	126,0	63,0	42,0	31,5	25,2	21,0	18,0	15,8
4,0	144,0	72,0	48,0	36,0	28,8	24,0	20,6	18,0
4,5	162,0	81,0	54,0	40,5	32,4	27,0	23,1	20,3
5,0	180,0	90,0	60,0	45,0	36,0	30,0	25,7	22,5

Beispiel:

Zahlungsbedingungen:
innerhalb von 10 Tagen abzüglich 2 % Skonto oder innerhalb von 30 Tagen netto.
Rechengang:

Zahlungsziel   30 Tage
./. Skontofrist   10 Tage
= Zahlungszeitraum ohne Skontoabzug   20 Tage

Suchen Sie in der Tabelle die Spalte mit diesem Wert (20).
   Im Schnittpunkt mit der Zeile des Skontoabzugs (2 %) können Sie jetzt ablesen, dass Sie der Lieferantenkredit in diesem Fall 36 % pro Jahr kosten würde.
   Immer wenn der Zinssatz Ihres Bankkredits niedriger ist, lohnt es sich für Sie, ihn in Anspruch zu nehmen und unter Skontoabzug zu zahlen.

Solarenergie/Sonnenenergie Zur Nutzung der Sonnenenergie werden – oftmals in Verbindung mit einer Wärmepumpe – i.d. R Sonnenkollektoren eingesetzt, die Sonnenlicht und solare Wärmestrahlung absorbieren und in Form nutzbarer Wärmeenergie an einen flüssigen Wärmeträger weitergeben. Seltener werden auch Solarzellen eingesetzt.

Solidaritätszuschlag Der Solidaritätszuschlag ist eine Ergänzungsabgabe zur Einkommen- und Körperschaftsteuer. Auf die Festsetzung und Erhebung sind die Vorschriften des Einkommen- und Körperschaftsteuergesetzes entsprechend anzuwenden. Die Anwendung erfolgt aufgrund des Solidaritätszuschlagsgesetzes. Wird für Kapitalerträge die Abgeltungsteuer gezahlt, ohne dass eine Berücksichtigung in der Einkommensteuer (§ 43b EStG) erfolgt, so fällt der Solidaritätszuschlag auch auf die Abgeltungsteuer an. Der Solidaritätszuschlag beträgt 5,5 % der Bemessungsgrundlage, wobei die Erhebung unterbleibt, wenn nach § 32a EStG die Bemessungsgrundlage unter 972 € für Ledige bzw. 1.944 € für Zusammenveranlagte liegt.

Das Bundesverfassungsgericht hat die unbefristete Erhebung des Solidarzuschlags als rechtmäßig eingestuft.

Solidarprinzip Das gesetzliche Sozialversicherungssystem in Deutschland ist nach dem Solidarprinzip aufgebaut. Die Beitragshöhe richtet sich ausschließlich nach der Einkommenshöhe und nicht wie bei privaten Versicherungen nach der individuellen Risikolage. Damit werden alle Risiken von allen Versicherten gemeinsam getragen. Der Grundgedanke ist, einen Ausgleich zwischen besser und weniger Verdienenden, Jungen und Alten, Gesunden und Kranken zu schaffen.

Sollzinssatz Mit dem Sollzinssatz wird ein an den Kreditnehmer überlassener Kredit verzinst. Bei der Berechnung wird der Nettokreditbetrag zugrunde gelegt. Im Kreditvertrag wird der Sollzinssatz in Prozent bezogen auf ein Jahr (% p.a.) angegeben. Der Sollzinssatz ist nur ein Kostenbestandteil eines Kredits und nicht geeignet für den Vergleich von Kreditangeboten.

Solvabilität Unter Solvabilität versteht man die Ausstattung mit Eigenmitteln. Nach den §§ 10 und 10a des Kreditwesengesetzes sind Kredit- und Finanzdienstleistungsinstitute verpflichtet, angemessene Eigenmittel im Interesse der Erfüllung ihrer Verpflichtungen gegenüber ihren Kunden vorzuhalten.

Solvabilitäts-Richtlinie Die Solvabilitäts-Richtlinie ist eine Ergänzung zur Bankenrechtskoordinierungsrichtlinie. Damit wurde versucht, den Umfang der zulässigen Geschäftsausweitung der Kreditinstitute einzugrenzen. Hierfür werden die Eigenmittel eines Kreditinstituts zu allen risikogewichteten und bilanzwirksamen Geschäften des Kreditinstituts ins Verhältnis gesetzt. Das Ergebnis, Solvabilitätskoeffizient genannt, muss seit 1993 mindestens 8 % betragen. Bei Unterschreitung greifen die Bankenaufsichtsbehörden ein.

Die Richtlinie wurde 1992 in Deutschland durch Änderung des Grundsatzes I umgesetzt. In der Richtlinie werden klare Vorgaben zu den Beleihungsgrenzen, dem Beleihungswert und dem Verkehrswert/Marktwert gemacht. Wird der Marktwert herangezogen, ist der Wert von zwei unabhängigen Schätzern zu ermitteln und einmal jährlich von einem Gutachter zu überprüfen. Bei Ansatz des Beleihungswertes ist eine Überprüfung nur alle drei Jahre erforderlich oder wenn die Marktpreise um mehr als 10 % gesunken sind. Der Marktwert definiert sich nach dem Verkehrswert gemäß 194 BauGB. Die Richtlinie enthält einen Bestandsschutz dahingehend, dass alle mit 50 % gewichteten Darlehen, die vor dem 31.12.2006 gewährt wurden, bis zur Fälligkeit dieser Darlehen mit 50 % gewichtet werden können.

Solvency II Ziel von Solvency II ist eine grundlegende Reform der Eigenkapitalanforderungen und des Aufsichtssystems für Versicherungsgesellschaften in der EU. Die Richtlinie ist bis Ende 2013 in nationales Recht umzusetzen und ab 2014 anzuwenden. Die globalisierten Versicherungsmärkte, der stetig steigende Wettbewerb, extreme Schadensereignisse und die Unwägbarkeiten der Kapitalmärkte haben das Unternehmensrisiko deutlich verändert. Dies bedingt einen höheren Risikopuffer in Form einer größeren Eigenkapitalausstattung. Mit dem von der EU-Kommission gestarteten Projekt Solvency II werden auch die Regelungen zwischen den Banken (Basel II und III) und den Versicherungsgesellschaften harmonisiert.

Sozialgeld Sozialgeld erhalten hilfebedürftige Personen, die

- nicht erwerbsfähig sind und somit keinen Anspruch auf Arbeitslosengeld II haben und
- mit einem erwerbsfähigen Hilfebedürftigen in einer Bedarfsgemeinschaft leben,
- soweit sie keinen Anspruch auf Grundsicherung im Alter und bei Erwerbsminderung haben.

Das Sozialgeld ersetzt nicht die Sozialhilfe. Grundlage ist eine Grundsicherung, die nicht isoliert vom ALG II gewährt wird, sondern ausschließlich für mit erwerbsfähigen Hilfebedürftigen in einer sogenannten Bedarfsgemeinschaft zusammen lebende hilfebedürftige Personen.

Sozialgericht Das Sozialgericht ist die erste Instanz der deutschen Sozialgerichtsbarkeit. Seine Zuständigkeit bestimmt sich nach dem Sozialgerichtsgesetz.

Die wichtigsten Zuständigkeiten sind u. a.:

- Angelegenheiten der Sozialversicherung (Renten-, Kranken-, Pflege- und Unfallversicherungen),
- Angelegenheiten der Bundesagentur für Arbeit,
- Angelegenheiten der Grundsicherung für Arbeitsuchende (Arbeitslosengeld II),
- Angelegenheiten des sozialen Entschädigungsrechts und
- Angelegenheiten der Sozialhilfe

Die örtliche Zuständigkeit bestimmt sich nach dem Wohnsitz oder dem Beschäftigungsort des Klägers. Weitere Instanzen sind die Landessozialgerichte und das Bundessozialgericht.

Eine Klage vor dem Sozialgericht ist für Rentner und Arbeitnehmer immer kostenlos. Sinnvoll ist dennoch die Hilfe durch einen Anwalt, auch wenn dies nicht vorgeschrieben ist.

Sozialhilfe Sozialhilfe wurde als Hilfe zum Lebensunterhalt von den Kommunen erbracht und in Form persönlicher Hilfe, als Geldleistung oder auch als Sachleistung gewährt. Neben der Leistung als Hilfe zum Lebensunterhalt wurden auch Beiträge zur Kranken- und Pflegeversicherung und angemessene Kosten der Alterssicherung übernommen. Seit 2005 ist nach dem SGB II die Sozialhilfe und die Arbeitslosenhilfe zum Arbeitslosengeld II zusammengefasst worden.

Sozialplan Einen Sozialplan gibt es nur in Unternehmen mit Betriebsrat. Er wird bei Fusionen, Umstrukturierungen und Betriebsverlagerungen eingesetzt. In Betrieben mit über 500 Mitarbeitern müssen mindestens 30 von einem Arbeitsplatzverlust betroffen sein. Gleichfalls ist ein Sozialplan vorgeschrieben, wenn über 10 % der Belegschaft (mindestens 60 Arbeitnehmer) den Arbeitsplatz verlieren sollen. Wenn nicht ausdrücklich vereinbart, sind leitende Angestellte von den Regelungen des Sozialplanes ausgenommen, müssten im Extremfall individuelle eigene Vereinbarungen aushandeln.

sozialrechtlicher Herstellungsanspruch Der sozialrechtliche Herstellungsanspruch ist darauf gerichtet, Pflichtverletzungen eines sozialen Leistungsträgers (z. B. Deutsche Rentenversicherung) insbesondere aus dessen Verpflichtung zur Aufklärung, zur Beratung und zur Erteilung von Auskünften auszugleichen. Dies kann beispielsweise der Fall sein, wenn ein Rentenberechtigter einer Hochrechnung zugestimmt hat und nachträglich feststellt, dass möglicherweise nicht alle Einkünfte und Beiträge richtig angerechnet wurden und er über die Folgen nur unzureichend informiert worden ist.

Sozialversicherungsausweis Der Sozialversicherungsausweis ist dem Arbeitgeber bei Beschäftigungsbeginn vorzulegen. Arbeitnehmer in bestimmten Branchen (Bau-, Gaststättengewerbe u. a.) müssen den Sozialausweis ständig mitführen und bei Kontrollen vorlegen. Auch jede geringfügige Beschäftigung ist zu melden *(§§ 95–110 Sozialgesetzbuch IV)*.
Nicht erforderlich ist der Sozialversicherungsausweis:

- bei Schülern bis zum vollendeten 16. Lebensjahr,
- bei Beschäftigung in privaten Haushalten,
- bei mitarbeitenden Familienangehörigen in landwirtschaftlichen Betrieben und
- bei sozialversicherungsfreien Personen (z. B. Beamten).

Sozialversicherungsbeiträge Die Sozialversicherung ist ein gesetzliches Versicherungssystem, das als Solidargemeinschaft wirksamen Schutz vor den Lebensrisiken und deren Folgen wie Krankheit, Arbeitslosigkeit, Alter, Betriebsunfällen und Pflegebedürftigkeit bietet. Durch das Solidaritätsprinzip werden die zu versichernden Risiken gemeinsam von allen Versicherten getragen. Die Leistungen der Sozialversicherung werden durch die Beiträge ihrer Mitglieder oder durch Steuern finanziert.

Die Beiträge werden meist nach den Bruttolöhnen und -gehältern berechnet. Dabei bestehen spartenspezifische Beitragsbemessungsgrenzen. Die Versicherungen werden durch Arbeitgeber- und Arbeitnehmer-Beträge finanziert. Der Arbeitgeber führt die Gesamtbeiträge an die Krankenkasse ab, die die Weiterleitung in die einzelnen Versicherungssparten vornimmt. Jede Beitragsveränderung belastet somit Arbeitgeber und Arbeitnehmer fast gleichermaßen. Für Rentner ist zu beachten, dass nur die gesetzliche Rentenversicherung (DRV) einen Zuschuss von 7,3 % zur Krankenkasse dazuzahlt, der restliche Beitrag von 8,2 % und die komplette Pflegeversicherung von ihm selbst zu tragen sind.

Jahr	Rentenversicherung (%)	Krankenversicherung (%)	Arbeitslosenversicherung (%)	Pflegeversicherung (%)	Gesamtbeiträge (%)
1970	17,0	8,2	1,3		26,5
1975	18,0	10,4	2,0		30,4
1980	18,0	11,4	3,0		32,4
1985	19,2	11,8	4,1		35,1
1990	18,7	12,6	4,3		35,6
1995	18.6	13,2	6,5	1,0	39,3
2000	19,3	13,6	6,5	1,7	41,1
2005	19,5	14,2	6,5	1,7	41,9
2006	19,5	14,2	6,5	1,7	41,9
2007	19,9	14,8	4,2	1,7	40,6
2008	19,9	14,9	3,3	1,95	40,1
2009	19,9	14,9	2,8	1,95	39,6
2010	19,9	14,9	2,8	1,95	39,6
2011	19,9	15,5	3,0	1,95	40,4
2012	19,6	15,5	3,0	1,95	40,1
2013	18,9	15,5	3,0	2,05	39,45

Sozialversicherungsfalle Grundsätzlich ist jeder abhängig Beschäftigte verpflichtet, Beiträge an die Sozialversicherung abzuführen. Dies sind statistisch die sozialversicherungspflichtig Beschäftigten. Man sollte jedoch genau hinsehen, was „abhängig beschäftigt" heißt. Oft stellt sich heraus, dass der oder die Betreffende die gesetzlichen Kriterien nicht erfüllt. Dies könnte dann zur Folge haben, dass insbesondere mitarbeitende Familienangehörige zwar Einzahlungen in die Sozialversicherungen geleistet haben, weil sie sich als sozialversicherungspflichtige Arbeitnehmer fühlten, aber keinen Anspruch auf Leistungen haben, weil sie im Ernstfall als selbstständig gelten.

Das Sozialgesetzbuch definiert abhängige Beschäftigung als „nicht selbstständige Arbeit, insbesondere in einem Arbeitsverhältnis. Anhaltspunkte für eine abhängige Beschäftigung sind eine Tätigkeit nach Weisungen und eine Eingliederung in die Arbeitsorganisation des Weisungsgebers". Treffen diese Voraussetzungen nicht zu, kann die Beitragsfreiheit gegeben sein.

Die nachstehenden Merkmale sind typische Beispiele für eine nicht bestehende Sozialversicherungspflicht. Trifft eines oder mehrere davon zu, muss unbedingt ein Berater eingeschaltet werden:

- sie sind an keine Weisungen bezüglich Art, Ort und Zeit der Tätigkeit gebunden,
- sie haben dem Betrieb einen privaten Kredit gewährt,
- sie sind an Gewinnen und Tantiemen der Firma beteiligt,
- sie werden aufgrund ihrer fachlichen Qualifikation bei betrieblichen Entscheidungen einbezogen,
- familiäre Rücksichtnahme steht im Vordergrund des Arbeitsverhältnisses.

Auch Gesellschafter–Geschäftsführer, mitarbeitende Gesellschafter und Geschäftsführer einer GmbH können ebenfalls – unabhängig von familiären Bindungen – von der Sozialversicherungspflicht befreit sein.

Sozialversicherungsfreiheit Sozialversicherungsfrei sind folgende Lohnersatzleistungen, soweit diese Bezüge pauschal lohnversteuert werden:

- Fahrtkostenersatz und –zuschüsse
- Erholungsbeihilfen
- Essenszuschüsse
- Zuwendungen zu Betriebsveranstaltungen
- Zukunftssicherungsleistungen des Arbeitgebers
- sonstige Bezüge nach § 40 Abs. 1 EStG

sozialversicherungspflichtig Beschäftigte Arbeiter, Angestellte und zu ihrer Ausbildung Beschäftigte, die in der Rentenversicherung, Krankenversicherung, Pflegeversicherung oder bei der Bundesanstalt für Arbeit pflichtversichert sind oder für die Beitragsentgelte zur Rentenversicherung gezahlt werden. Nicht erfasst werden hierbei Selbstständige, mithelfende Familienangehörige, Beamte und geringfügig Beschäftigte.

Sozialwohnungen Die Zahl der Sozialwohnungen, die durch massive Förderung insbesondere in den Nachkriegsjahren gebaut wurden, schrumpft fast in allen Bundesländern deutlich. Sozialwohnungen unterliegen der Mietpreisbindung und können nur mit einem Wohnberechtigungsschein genutzt werden. Die Wohnraumförderung steht vor der Frage, inwieweit Sozialwohnungen für die Wohnraumversorgung weiterhin wichtig sind, oder ob nicht zuletzt aus der Finanznot heraus der weitere Rückgang notgedrungen toleriert wird. Die aktuelle Mietpreisentwicklung zwingt die Politik trotz leerer Kassen zum Handeln.

Länder	Wohnungsbindungen per 31.12.2002	Wohnungsbindungen per 31.12.2010
Baden-Württemberg	137.207	65.000
Bayern	272.630	161.000
Berlin	277.200	213.442
Brandenburg	29.659	39.700
Bremen	24.250	10.196
Hamburg	164.128	108.011
Hessen	157.793	127.910
Mecklenburg-Vorpommern	9.217	7.296
Niedersachsen	114.957	84.755
Nordrhein-Westfalen	844.258	543.983
Rheinland-Pfalz	62.522	61.732
Saarland	3.850	2.500
Sachsen	223.418	83.303
Sachsen-Anhalt	75.595	31.298
Schleswig-Holstein	61.060	66.931
Thüringen	12.861	55.090
Alle Bundesländer	**2.470.605**	**1.662.147**

Quelle: Statistisches Bundesamt

Spareinlagen Von vornherein nicht befristete Gelder von Kunden, die von den Kreditinstituten auf Sparkonten geführt werden. Die Guthaben werden in Sparbüchern verbucht. Sparkonten dürfen nicht für den Zahlungsverkehr genutzt werden. Wenn der Anleger über sein Guthaben verfügen will, muss er bestimmte Kündigungsfristen einhalten.

Die Spareinlagen sind für die Kreditinstitute eine unverzichtbare Refinanzierungsquelle für ihr längerfristiges Kreditgeschäft, insbesondere für die Immobilienfinanzierung.

Die Verzinsung der Spareinlagen ist allerdings insbesondere während der Niedrigzinsphase extrem unattraktiv.

Bankengruppe	2006	2008	2009	2012
Sparkassen	317.548	279.645	301.280	299.620
Kreditgenossenschaften	178.706	149.758	174.360	187.096
Kreditbanken	97.436	113.959	127.767	126.675
Übrige Kreditinstitute	1.168	759	704	14.790
Spareinlagen insgesamt	**594.858**	**544.121**	**604.111**	**628.181**

Quelle: Bundesbank, Statistisches Bundesamt

Sparerfreibetrag Bei Einkünften aus Kapitalvermögen *(§ 20 Abs. 4 EStG)* konnte seit 1993 ein Sparerfreibetrag und ein Werbungskostenkosten-Pauschbetrag berücksichtigt werden.

Dies erfolgte durch Erteilung eines Freistellungsauftrages. Der Sparerfreibetrag wurde unabhängig davon bei den Einkünften aus Kapitalvermögen berücksichtigt. Im Jahre 2007 sind die Sparerfreibeträge deutlich reduziert worden auf 750 € für Ledige und 1.500 € für zusammen veranlagte Ehegatten, unverändert blieb der Werbungskosten-Pauschbetrag von 51 € bzw. 102 €. An die Stelle des Sparerfreibetrages ist seit 2009 der Sparer-Pauschbetrag getreten.

Sparer-Pauschbetrag Seit 2009 und mit dem Wirksamwerden der Abgeltungsteuer ist der Sparer-Pauschbetrag *(§ 20 Abs. 9 EStG)* anzuwenden. Der Sparer-Pauschbetrag setzt sich zusammen aus dem früheren Sparerfreibetrag und den pauschalierten Werbungskosten. Damit ist der Abzug der tatsächlichen Werbungskosten ausgeschlossen. Der Sparer-Pauschbetrag wird durch einen Freistellungsauftrag direkt beim Kreditinstitut berücksichtigt, da normalerweise eine Anrechnung in der Einkommensteuererklärung nicht möglich ist.

- Ledige: 801 €
- Verheiratete: 1.602 €

Sparförderung Mit Prämien, Sparzulagen etc. unterstützt der Staat die Bildung von Rücklagen. Die einzelnen Förderungsmaßnahmen haben im Laufe der Zeit mehrfach gewechselt. Dabei erstrecken sich die Möglichkeiten auf den Bereich des Bausparens, des Geldsparens (bei Kreditinstituten) und des Versicherungssparens (bei Lebensversicherungsgesellschaften).

Sparkonten mit drei Monaten Kündigungsfrist Diese Sparform war jahrzehntelang die klassische Geldanlageform, zumindest für den „Notgroschen". Die 3-monatige Kündigungsfrist wurde auch als gesetzliche Kündigungsfrist bezeichnet. Inzwischen durch vielfältige Anlageangebote eigentlich „unmodern", wird dennoch in beträchtlichem Umfang beibehalten. Der maximale monatliche Verfügungsrahmen (ohne Berechnung von Vorschusszinsen) beträgt aufgrund des den Banken mit dem Euro-Umstellungsgesetz seit dem 1.1.2002 eingeräumten Spielraums 3.000 €, viele Institute haben den „alten" monatlichen Verfügungsrahmen von 2.000 € beibehalten.

Sparplan Vertragliche Vereinbarung über die regelmäßige Ansammlung von Geldbeträgen. Vereinbart werden meist eine bestimmte Vertragslaufzeit und ein Sparziel. Dies enthält dann meist nur die von den Sparern aufzubringenden Leistungen. Hinzuzurechnen sind dann die laufenden Zinsen und Zinseszinsen. Üblich bei diesen Sparformen ist es, am Vertragsende einen Zinsbonus zu zahlen, der sich in der Höhe nach der Vertragslaufzeit richtet. Derartige Sparpläne können auch als Tilgungsersatzleistungen bei Baufinanzierungskrediten dienen (analog den Bausparverträgen). Sparpläne sind auch zu koppeln mit Risikolebensversicherungen, damit wird das Sparziel abgesichert. Bei Einsatz als Tilgungsersatz ist dies vielfach Grundvoraussetzung.

Sparquote Statistische Größe, die alle nicht für Konsumzwecke ausgegebenen privaten Einkommen ins Verhältnis zum gesamten verfügbaren Einkommen setzt. Berücksichtigt ist auch die Zunahme betrieblicher Versorgungsansprüche. Die Sparquote wird durch Verunsicherung über die Wirtschaftslage, die Arbeitsplatzunsicherheit und Zweifel an der gesetzlichen Altersvorsorge getragen. Starken Einfluss haben die verfügbaren Einkommenszuwächse und natürlich auch die Zinsentwicklung. Die Wirtschaftskrise hat sich ebenso wie die sich verbessernden Gesamtaussichten ausgewirkt.

Jahr	Verfügbare Einkommenszuwächse in %	Sparvolumen in Mrd. €	Sparquote In %
2000	2,3	129,3	9,2
2005	2,0	156,9	10,7
2006	2,6	162,5	10,8
2007	1,5	169,1	11,0
2008	3,0	180,3	11,5
2009	-0,5	170,1	10,9
2010	3,0	174,7	10,9
2011	3,3	172,6	10,4
2012	2,2	175,3	10,3

Quelle: Deutsche Bundesbank

Sparziele Aufgrund der anhaltenden Diskussion um Renten, Altersarmut, Wohn- und Energiekostenentwicklung haben sich die Sparziele der Bundesbürger grundlegend verändert. Waren ursprünglich größere Konsumanschaffungen die wichtigste Motivation, Geld zurückzulegen, so stehen jetzt die eigene Altersvorsorge und Wohneigentum im Vordergrund.

Sparzulagen Falls bestimmte Beträge (max. 470 € je Arbeitnehmer) nach dem Vermögensbildungsgesetz angelegt werden, so kann der Arbeitnehmer über das zuständige Finanzamt im Zusammenhang mit seiner Einkommensteuererklärung oder seinem Lohnsteuerjahresausgleich eine Arbeitnehmersparzulage von 9 % des begünstigten Betrages beantragen. Dabei sind (relativ geringe) Einkommensgrenzen zu beachten.

Spekulationsabsicht Für die Besteuerung eines privaten Veräußerungsgefäß ist nicht Voraussetzung, dass eine Spekulationsabsicht vorgelegen hat. Selbst der Verkauf oder die Versteigerung eines (nicht selbstgenutzten) Objektes aufgrund einer Notsituation löst bei einer Gewinnerzielung eine Versteuerung aus. Ausnahmen sind lediglich Enteignungen bzw. der Erwerb von Ersatzland im Rahmen eines Umlegungsverfahrens.

Spekulationsfrist Im Jahre 1999 ist die Spekulationsfrist bei Grundstücken und grundstücksgleichen Rechten von vormals zwei auf zehn Jahre und bei anderen Wirtschaftsgütern (z. B. Wertpapieren) von sechs auf zwölf Monate verlängert worden *(§ 23 EStG)*. Maßgeblich für die Fristberechnung ist das jeweilige Verpflichtungsgeschäft, d. h. beispielsweise der Abschluss der notariellen Verträge (nicht der wirtschaftliche Übergang). Auch privatschriftliche Erklärungen sind ggf. wirksam. Der Gesetzgeber spricht in diesem Zusammenhang nicht mehr von Spekulationsgeschäften, sondern von privaten Veräußerungsgeschäften. Unabhängig für die Erfassung ist die tatsächliche Spekulationsabsicht.

Spekulationsgewinn Seit 1999 wird nicht mehr auf den Spekulationsgewinn, sondern den Gewinn aus privaten Veräußerungsgeschäften abgestellt *(§ 23 Abs. 4 EStG)*. Es besteht eine Freigrenze von 600 € p.a., im Fall der Zusammenveranlagung bei jedem Ehegatten. Darüber ist der innerhalb der Spekulationsfrist entstandene Gewinn in der jeweilig zutreffenden Einkommensart steuerpflichtig, es sei denn, der Veräußerungsgewinn kann gegen Veräußerungsverluste, die im selben Veranlagungszeitraum angefallen sind, aufgerechnet werden. Beim Verkauf von Immobilien werden die Abschreibungen bei der Ermittlung des steuerpflichtigen Veräußerungsgewinns mit einbezogen.

Spenden und Mitgliedsbeiträge Spenden und Mitgliedsbeiträge zur Förderung steuerbegünstigter Zwecke können bis zu 20 % des Gesamtbetrags der Einkünfte steuermindernd geltend gemacht werden. Ein ggf. verbleibender Spendenvortrag wird im Folgejahr automatisch vom Finanzamt berücksichtigt.

Spitzenrefinanzierungsfazilität Geldpolitisches Instrument des Eurosystems, über das sich die Banken auf eigene Initiative gegen refinanzierungsfähige Sicherheiten Liquidität für einen Geschäftstag zu einem vorgegebenen Zinssatz von der Zentralbank beschaffen können. Diese ständige Fazilität ist zur Deckung eines vorübergehenden kurzfristigen Liquiditätsbedarfs bestimmt. Der Zinssatz für die Spitzenrefinanzierungsfazilität wird so hoch festgesetzt, dass er im Allgemeinen die Obergrenze für den Tagesgeldsatz am Geldmarkt bildet. Er übernimmt somit die Funktion eines geldpolitischen Leitzinses.

Stand Ende	Zinssatz in %
10/2000	5,75
05/2001	5,50
12/2002	3,75
06/2003	3,00
12/2005	3,25
12/2006	4,50
03/2007	4,75
12/2008	3,00
03/2009	2,50
01/2011	1,75
07/2012	1,50
01/2013	1,50
05/2013	1,00

Spitzensteuersatz Höchster Steuersatz in der Progressionszone sowie konstanter Satz in der oberen Proportionalzone. Er beträgt seit 2005 exakt 42 %. Mit einer Absenkung des Spitzensteuersatzes verbunden ist jeweils auch die Reduzierung der absoluten Grenz-Einkommensbeträge ab dem der Spitzensteuersatz zur Anrechnung kommt. Seit 2007 ist der Spitzensteuersatz für Ledige mit einem zu versteuerndem Einkommen von 250.000 € (zusammen veranlagte Verheirate ab 500.000 €) durch die Reichensteuer auf 45 % erhöht worden.

Splittingtabelle Maßgeblich für die Besteuerung von gemeinschaftlich veranlagten Ehegatten. Aus der Splittingtabelle ergibt sich die tarifliche Einkommensteuer.

standardisierte Kredite Kredite, die nach Auszahlung weitgehend maschinell überwacht werden können und deren Bearbeitung üblicherweise auf fest vorgegebenen Kreditanträgen beruht. Hierzu zählen Kleinkredite, Anschaffungsdarlehen, Baufinanzierungen, Praxisdarlehen, persönliche Dispositionskredite usw. In vielen Instituten ist auch die Kreditprotokollierung für derartige Kredite stark vereinfacht.

Standmitteilung Lebensversicherungsgesellschaften müssen seit 1995 ihre Kunden während der Laufzeit über den Stand der Überschussbeteiligung informieren. Die Form und der Inhalt der Standmitteilung sind nicht vorgeschrieben. Deshalb haben die Standmitteilungen teilweise auch nur einen bedingten Aussagewert.

statistische Lebenserwartung Der versicherungsmathematische Wert gibt an, wie alt die Bundesbürger im Durchschnitt werden. Die statistische Lebenserwartung wird jährlich der tatsächlichen Entwicklung angepasst und ist Kalkulationsgrundlage für die Tarife von Versicherungsgesellschaften.

Sterbetafel
1. *Allgemeine Sterbetafeln*: Vom Statistischen Bundesamt wird in eine allgemeine Sterbetafel für die Bundesrepublik Deutschland herausgegeben. Daraus ist abzulesen, wie auf der Basis des erreichten Lebensalters die mittlere Lebenserwartung für Männer und Frauen ist. Diese Werte werden z. B. benötigt, um Renten kapitalisieren zu können, und auch, um den Wert von Vorlasten annähernd zu ermitteln.
2. *Sterbetafeln der Versicherungswirtschaft*
   a. *Private Rente:* Die Versicherungswirtschaft benutzt für die Kalkulation lebenslänglicher Zahlungen eine spezielle Sterbetafel. Diese Sterbetafel der Versicherungswirtschaft weist höhere Lebenserwartungen auf als die allgemeinen Sterbetafeln. Sie beruhen zwar auch auf Angaben des Statistischen Bundesamtes, aber auch künftige Bevölkerungstrends und hohe Sicherheitsabschläge bei den Sterbewahrscheinlichkeiten werden berücksichtigt. Seit Einführung der DAV-Sterbetafel 1994 R für Rentenversicherungen hat die Bedeutung der privaten Rentenversicherung stark zugenommen. Gemessen am laufenden Beitrag entfielen ca. 46 % des Neuzugangs an Lebensversicherungen im Jahre 2003 auf Einzelrentenversicherungen und fonds-

gebundene Lebensversicherungen. Aufgrund der seit 2005 veränderten Besteuerung der Alterseinkünfte sind die Rentenversicherungen eines der wichtigsten Produkte für die Versicherungswirtschaft. Vor diesem Hintergrund ist die Angemessenheit der in der Rentenversicherung verwendeten biometrischen Rechnungsgrundlagen von großem Interesse. Gestützt auf umfangreiche Untersuchungen hat die Deutsche Aktuarvereinigung die zwischenzeitlichen Veränderungen zum Anlass genommen, der Versicherungswirtschaft die neue Sterbetafel DAV 2004 R vorzuschreiben, die für Neugeschäfte seit dem 1.1.2005 gilt. Die in diesen Sterbetafeln enthaltenen Trends der Sterblichkeitsreduktion bewirken deutliche Steigerungen der rechnerischen Lebenserwartung:

Restliche Lebenserwartung im Alter 65	DAV 1994 R	DAV 2004 R
Männer im Jahr 2004	21 Jahre	24 Jahre
Männer im Jahr 2040	24 Jahre	30 Jahre
Frauen im Jahr 2004	25 Jahre	27 Jahre
Frauen im Jahr 2040	28 Jahre	34 Jahre

Die seit dem 1.1.2005 gültigen Tarife erfordern für dieselben garantierten Leistungen höhere Beiträge als in der Vergangenheit. Für Rentenversicherungen des Bestandes ändern sich die garantierten Rentenleistungen durch die neuen Sterbetafeln nicht, aufgrund der zukünftigen Sterblichkeitsentwicklung wird jedoch die Überschussbeteiligung angepasst werden. Außerdem müssen die Versicherungsgesellschaften ihre Reserven deutlich auffüllen.

b. *Risikolebensversicherung*: Zu Grunde gelegt werden nicht wie bei der Erhebung des Statistischen Bundesamts die Daten aller Bundesbürger, sondern nur der Versicherten und deren Lebenserwartung ist höher als der Bundesdurchschnitt.

Alter	einer Frau DAV 1994 T	DAV 2008 T	eines Mannes DAV 1994 T	DAV 2008 T
0	77,2		70,5	
20	78,4		72	
35	78,9		73	
50	79,9		74,6	
65	82,1		78,4	
75	84,9		82,7	

Steuerarten Grundsätzlich wird unterschieden in

- Besitzsteuern
- Verbrauchssteuern
- Verkehrssteuern

Weiteres Unterscheidungsmerkmal sind die direkten und indirekten Steuern. Bei den direkten Steuern sind Steuerpflichtiger und Steuerzahler identisch, während bei den indirekten Steuern die Steuern vom Steuerschuldner über den Preis auf den Steuerträger abgewälzt werden (Umsatzsteuer, Mineralölsteuer etc.). Letztlich werden die Steuerarten auch darüber unterschieden, wer Empfänger der Steuerleistungen ist:

- Bundessteuern
- Landessteuern
- Gemeindesteuern
- Gemeinschaftssteuern

Steuerbescheid Verwaltungsakt des Finanzamtes, durch den über die Festsetzung einer bestimmten Steuer entschieden wird. Dieser Verwaltungsakt ist nicht formgebunden, also sowohl schriftlich als auch mündlich möglich, er muss nur inhaltlich hinreichend bestimmt sein.

Steuerentlastungssatz Der Steuerentlastungssatz zeigt an, um wie viel die Steuer gesenkt wird, wenn das zu versteuernde Einkommen um einen bestimmten Betrag gesenkt wird. Eine derartige Senkung kann durch Werbungskosten, Sonderausgaben u. a. erreicht werden.

Steuerermäßigung bei Belastung mit Erbschaftsteuer Sind bei der Ermittlung des Einkommens Einkünfte berücksichtigt worden, die im Veranlagungszeitraum oder in den vorangegangenen vier Veranlagungszeiträumen als Erwerb von Todes wegen der Erbschaftsteuer unterlegen haben, so wird auf Antrag die um sonstige Steuerermäßigungen gekürzte tarifliche Einkommensteuer, die auf diese Einkünfte entfällt, um einen bestimmten Prozentsatz gekürzt (§ 35b EStG).

Steuerfalle Steuerliche Gestaltungen, die in der ursprünglichen Auslegung der üblichen, steuerlich voll anerkannten Handhabung entsprechen, können durch nachträgliche Änderungen einen Umkehreffekt erfahren und dadurch zur Steuerfalle werden. Beispiel: In einer mehr als zwölf Jahre laufenden Lebensversicherung erfolgen Vertragsänderungen innerhalb der Laufzeit. Dadurch ggf. Wegfall der Steuerprivilegien.

Steuerfreiheit von Einkommenszuschlägen Steuerfrei sind seit 2004 Zuschläge, die für tatsächlich geleistete Sonntags-, Feiertags- oder Nachtarbeit neben dem Grundlohn gezahlt werden. Grundlohn ist der laufende Arbeitslohn, der dem Arbeitnehmer bei der für ihn maßgebenden regelmäßigen Arbeitszeit für den jeweiligen Lohnzahlungszeitraum zusteht. Er ist in einen Stundenlohn umzurechnen und mit höchstens 50 € anzusetzen *(§ 3 b EStG)*.

Steuerfreiheit der Erträge aus Kapitallebensversicherungen Die Baufinanzierung mit Tilgungsaussetzung gegen eine Kapitallebensversicherung war für Kapitalanleger eine sinnvolle Alternative zur klassischen Annuitätenfinanzierung. Sie gingen damit bezüglich ihres Zinsänderungsrisikos insbesondere bei sehr langen Kreditlaufzeiten zwar ein größeres Risiko ein, hatten damit aber die realistische Chance auf einen steuerlich bedingten Renditevorteil. Voraussetzung ist dabei, dass Erträge aus Lebensversicherungen (die vor dem 31.12.2004 abgeschlossen worden sind) auch künftig nicht besteuert werden. Die Erträge aus einer (vor dem 31.12.2004 abgeschlossenen) Kapitallebensversicherung waren und sind nur unter bestimmten Bedingungen steuerfrei:

- Die Laufzeit der Versicherung muss mindestens 12 Jahre betragen,
- der Versicherungsnehmer muss mindestens 5 Jahre lang Beiträge bezahlen (Beitragsdepot),
- der Vertrag muss eine Todesfallleistung von mindestens 60 % der während der Vertragslaufzeit zu leistenden Beiträge vorsehen.

Natürlich mussten die Kreditnehmer und das Finanzierungsinstitut bei der Abtretung der Versicherungsansprüche die Einschränkungen des Steueränderungsgesetzes von 1992 beachten und durften beispielsweise nur die Anschaffungs- und Herstellungskosten, nicht aber Gebühren und Nebenkosten finanzieren.

Mit dem Alterseinkünftegesetz ist auch die steuerliche Behandlung von Kapitallebensversicherungen neu geregelt worden. Da die Steuerfreiheit für diejenigen Verträge, die seit 2005 abgeschlossen werden, weitgehend aufgehoben ist, eignet sich eine „neue" Kapitallebensversicherung nicht mehr als Tilgungsersatz. Erträge aus alten Kapitallebensversicherungen unterliegen nicht der Abgeltungssteuer. Für nach dem 1.1.2005 abgeschlossene Verträge gilt, dass die Erträge nur zu 50 % steuerpflichtig sind, wenn die Verträge länger als zwölf Jahre laufen und nicht vor dem 60. Lebensjahr fällig werden.

Steuergeheimnis Amtsträger haben nach § 30 AO das Steuergeheimnis zu wahren. Durch das Steuergeheimnis wird alles geschützt, was dem Amtsträger oder einer ihm gleichgestellten Person in einem Verfahren über den Steuerpflichtigen oder andere Personen bekannt geworden ist. Insbesondere durch den automatisierten Abruf von Daten ist eine neue Situation und Gefahrenlage entstanden. Zur Wahrung des Steuergeheimnisses kann das Bundesministerium der Finanzen durch Rechtsverordnung mit Zustimmung des Bundesrates bestimmen, welche technischen und organisatorischen Maßnahmen gegen den unbefugten Abruf von Daten zu treffen sind.

Steueridentifikationsnummer Jeder Bundesbürger hat seit Anfang 2008 eine einheitliche Steuernummer (TIN), die Steuer-ID. Die TIN muss bei allen Schreiben an das Finanzamt, aber auch an andere Behörden, sowie an den Arbeitgeber angegeben werden. Die Steueridentifikationsnummer besteht aus 11 Ziffern und ändert sich auch nicht nach einem Umzug.

steuerlicher Vertragsbeginn Steuerlicher Vertragsbeginn eines Bausparvertrages ist das Annahmedatum des Vertrages durch die Bausparkasse. Mit diesem Datum beginnt die Bindungsfrist des Bausparvertrages. Erfolgt eine Vertragsbestätigung oder wird eine Vertragsurkunde erstellt, so ist der Vertragsbeginn angegeben. Bei der Erhöhung der Bausparsumme erhält der Vertrag für den erhöhten Teil einen zweiten steuerlichen Vertragsbeginn.

steuerlicher Wert Der steuerliche Wert von Vermögensgegenständen wird durch das Bewertungsgesetz festgelegt und dient dann als Grundlage für diverse Steuerarten. Insbesondere durch die Neuregelung der Erbschaft- und Schenkungsteuer sind gravierende Änderungen eingetreten.

Vermögensart	Steuerlicher Wert
Immobilien	Grundbesitzwert (= Verkehrswert)/bei vermieteten Objekten ./. 10 %
Bargeld	Nominalwert
Bank- und Sparguthaben	Nominalwert am Todestag zuzüglich der bis dahin angefallenen Zinsen
Börsennotierte Wertpapiere wie Aktien	Kurswert am Todestag zuzüglich der bis dahin angefallenen Kapitalerträge
Fondsanteile	Rücknahmepreis am Todestag zuzüglich der bis dahin angefallenen Kapitalerträge
Wiederkehrende Leistungen wie Renten und Wohnrechte	Kapitalwert: Jahreswert x Vervielfältiger lt. Sterbetafel
Kapitallebensversicherungen	Bei Erbschaft: ausgezahlte Versicherung/ bei Schenkung: Rückkaufswert
Edelmetalle	Kurswert am Todestag
Hausrat, Schmuck, Auto, Kunst	Verkehrswert bzw. möglicher Verkaufspreis

steuerliches Förderkonzept nach § 10 a EStG Der Altersvorsorgeaufwand setzt sich zusammen aus dem vom Arbeitnehmer aufzubringenden Eigenbeitrag und den jährlich gewährten staatlichen Zulagen. Seinen Eigenbeitrag zahlt der Berechtigte zunächst aus dem Nettolohn in die gewählte Sparform. Die staatlichen Zulagen werden dann auf seinen Antrag unmittelbar auf den förderfähigen Vertrag überwiesen. Die Zulagen sind abhängig vom Familienstand, der Kinderzahl, dem Geburtsjahr der Kinder. Der Gesamtbetrag aus Zulagen und Eigenbeitrag wird vom Steuerpflichtigen im Rahmen der Einkommensteuer als Sonderausgabenabzug geltend gemacht. Das Finanzamt prüft, ob die Steuerersparnis durch den Sonderausgabenabzug höher ist als die zuvor gewährte Zulage (Günstigerprüfung). Ist dies der Fall, wird die Differenz im Rahmen der jährlichen Einkommensteuererklärung zusätzlich gutgeschrieben. Durch diese Konstruktion erfolgt der Aufbau der Altersvorsorge im Ergebnis faktisch aus nicht versteuertem Einkommen. Im Rahmen der nachgelagerten Besteuerung unterliegen die späteren Auszahlungen im Rentenalter dann der zu diesem Zeitpunkt gültigen Steuerpflicht für Rentenbezüge.

steuerliches Wohlverhalten Nach der Insolvenzordnung können natürliche Personen unter bestimmten Voraussetzungen durch ein vereinfachtes Insolvenzverfahren von ihren Schulden befreit werden, natürlich auch von Schulden gegenüber dem Finanzamt. Vor diesem gerichtlichen Insolvenzverfahren muss der Schuldner außergerichtlich versuchen, sich mit den Gläubigern über die Schuldenbereinigung zu einigen. Die Finanzverwaltung hat in einem Erlass dazu verfügt, unter welchen Voraussetzungen auf Steueransprüche verzichtet werden kann. Maßstab ist im Wesentlichen, was dem Finanzamt nach einem gerichtlichen Insolvenzverfahren bleiben würde. Die Verletzung steuerlicher Pflichten (z. B. Nichtabgabe von Steuererklärungen oder Steueranmeldungen) kann zu einer Erlassunwürdigkeit führen.

Steuern Steuern sind Geldleistungen, die im Unterschied zu Gebühren und Beiträgen (Abgaben) nicht eine Gegenleistung für eine besondere Leistung darstellen und von einem öffentlich-rechtlichen Gemeinwesen zur Erzielung von Einnahmen allen auferlegt werden, bei denen der Tatbestand zutrifft, an den das Gesetz die Leistungspflicht knüpft *(§ 3 I AO)*.

Steuerpflicht Steuerpflichtig sind natürliche Personen mit Wohnsitz in der Bundesrepublik Deutschland, deutsche Staatsangehörige mit Wohnsitz im Ausland und ausländische Gastarbeiter *(§ 1 EStG)*.

Steuerquote Prozentualer Anteil der Lohnsteuerabzugsbeträge am Bruttoeinkommen.

steuerrechtliche Gewinnermittlung Einer der wesentlichen Punkte der steuerrechtlichen Gewinnermittlung besteht darin, dass auch negative Gewinne, also Verluste, ermittelt werden könnten. Unter dem Ziel missbräuchlicher Steuergestaltungen sind Änderungen der steuerrechtlichen Gewinnermittlung vorgenommen worden.

Steuervorteile durch Kinder Neben den direkten steuerlichen Vorteilen

- Kindergeld,
- alternativ Kinderfreibetrag,
- alternativ Betreuungsfreibetrag,
- Ausbildungsfreibetrag,
- Erziehungsfreibetrag,
- Haushaltshilfe-Freibetrag,
- Entlastungsbetrag für Alleinerziehende,
- Pauschbetrag für Körperbehinderte,
- Baukindergeld (Kinderkomponente),
- Kinderzulage bei der Förderrente,
- Elterngeld und
- Betreuungsgeld

lassen sich weitere steuerliche Vorteile durch vertragliche Gestaltungen zwischen Eltern und ihren Kindern erzielen. Dabei werden überwiegend Einkommensquellen auf die Kinder verlagert, z. B. durch Schenkung von Grundbesitz.

Seit dem 1.1.2009 werden hierfür Grundbesitzwerte angesetzt, die dem tatsächlichen Wert entsprechen. Gleichzeitig sind aber seitdem die Freibeträge deutlich verbessert worden (400.000 € gegenüber früher 205.000 € je Kind).

Weiterhin ist das eigengenutzte Objekt für Ehegatten und eingetragene Lebenspartner, aber auch für Kinder völlig von der Erbschaft- und Schenkungsteuer freigestellt, wenn nach der Erbschaft eine weitere, mindestens 10-jährige Eigennutzung erfolgt.

Art der Vergünstigung	Zusammenveranlagung	Zwei Einzelveranlagungen
Kinderfreibeträge[1] (§ 32 Abs. 1–6 EStG)	3.840 € (mtl. 320 €)	2 × 1.920 € oder 1 × 3.840 €
Entlastungsbetrag für Alleinerziehende (§ 24 b EStG)	0 €	1.308 €
Außergewöhnliche Belastungen: zumutbare Belastung (§ 33 a Abs. 3 EStG)	Günstiger Prozentsatz	Evtl. niedrigere Bemessungsgrundlage und nochmals günstiger Prozentsatz
Unterstützungs-Freibetrag (§ 33 a Abs. 1 EStG)	7.680 €	7.680 € (ggf. Aufteilung der Höchstbeträge)
Ausbildungsfreibeträge (§ 33 a Abs. 2 EStG)	Bis zu 924 €	Bis zu 924 €
Haushaltshilfe (§ 33 a Abs. 3 EStG)	624 € bzw. 924 €	U. U. 2 × 624 € bzw. 924 €
Behinderten-Pauschbetrag des Kindes (§ 33b Abs. 5 EStG)	Bis zu 3.700 €	Abzug zu je ½; Übertragung möglich
Kfz-Kosten für Privatfahrten des behinderten Kindes (Abschn. 194 Abs. 7 EStR)	Abzug bis zu 3.000 km bzw. 15.000 km	Evtl. Aufteilung
Hinterbliebenenpauschbetrag des Kindes (§ 33 b Abs. 4, 5 EStG)	370 €	Abzug zu je ½; Übertragung möglich
Pflegepauschbetrag (§ 33 b Abs. 5 EStG)	924 €	924 €
Betreuungsfreibetrag (§ 32 Abs. 6 EStG)	2.160 €	2 × 1.080 €
Kinderbetreuungskosten (§ 33 c EStG)	1.500 € je Kind, die 1.548 € übersteigen	750 € je Kind, die 774 € übersteigen
Kinderzulage (Förderrente)	185 € pro Kind, für Kinder, die nach dem 1.1.2008 geboren wurden: 300 € pro Kind	
Bemessungsgrundlage für die Kirchensteuer und den Solidaritätszuschlag	Fiktiver Abzug von Kinderfreibeträgen, wenn Kindergeld gewählt wurde	

Art der Vergünstigung	Zusammenveranlagung	Zwei Einzelveranlagungen
Kinderbetreuungskosten	Nachgewiesene erwerbsbedingte Aufwendungen für die Kinderbetreuung, die 1.548 € übersteigen, können je Kind unter 14 Jahren bis zu weiteren 1.500 € als außergewöhnliche Belastung geltend gemacht werden	

[1] Wer einen Kinderfreibetrag in Anspruch nimmt, muss im Ergebnis das Kindergeld zurückzahlen; oft auch, wenn dieses ein anderer Steuerpflichtiger erhalten hatte

Steuervorteile bei vermieteten Wohn-Immobilien Für eigengenutzte Wohn-Immobilien bestehen seit 2006 keine direkten steuerlichen Vorteile mehr. Bei einem sogenannten Einfamilienhaus mit Einliegerwohnung können nur für die vermietete Einliegerwohnung die nachstehenden Förderungsmöglichkeiten genutzt werden.

Vermietete Objekte	Art der Förderung
Fertigstellung Vor dem 1.1.1925 Nach dem 31.12.1924	Lineare AfA nach § 7.4 EStG 40 Jahre 2,5 % 50 Jahre 2 %
Bemessungsgrundlage	Gebäudekosten
Begünstigter	Erwerber
Nutzung der AfA	Zeitanteilig (volle Monate)
Förderungsumfang	Keine Objektbeschränkung
Werbungskosten	Voll abzugsfähig
Mieten	Sind als Einnahmen zu versteuern
Sonderregelung	Vermietete EFH/ETW und EFH mit Einliegerwohnung
Freibetrag	Unbeschränkt für alle Verluste aus Vermietung und Verpachtung möglich

Stiftung Eine Stiftung ist eine juristische Person, die durch den Vorstand der Stiftung verwaltet wird. Sie ist eine gebräuchliche Rechtsform für relativ große Vermögen oder Teile davon. Während bei einer Schenkung das Vermögen weggegeben wird und der Beschenkte Eigentümer des geschenkten Vermögens wird, errichtet der Stifter eine Stiftung, in die er sein Vermögen einbringt. Dabei entsteht ein Vermögen, das rechtlich selbstständig ist und im Grunde niemandem gehört. In der Stiftungsurkunde wird festgelegt, zu welchen bestimmten Zwecken die Erträge aus dem Stiftungsvermögen dienen sollen. Oft dienen Stiftungen einem gemeinnützigen Zweck. Eine Sonderform der Stiftung ist die Familienstiftung, die zu Gunsten einer oder mehrerer Familien gemacht wird. Damit kann das Vermögen über mehrere Generationen gebunden werden.

stillschweigende Duldung einer Überziehung Nicht ausdrücklich vom Kreditinstitut genehmigte Überziehungen von Kontokorrentkrediten sind auch dann als fällige Forderungen anzusehen, wenn das Institut die Überziehung stillschweigend geduldet hat. Falls ein Schuldner sich in einem solchen Fall darauf beruft, er habe die stillschweigende Duldung der Überziehung als stillschweigende Stundung angesehen, so wird er für die Behauptung entsprechende Nachweise benötigen.

Strafregister Alle strafgerichtlichen Verurteilungen mit ihren Nebenfolgen werden in das in Berlin geführte Bundeszentralregister eingetragen. Das Register enthält strafgerichtliche Verurteilungen, Entmündigungen, Entscheidungen von Verwaltungsbehörden und Gerichten, Vermerke über Schuldunfähigkeit. Im Bundeszentralregistergesetz ist bestimmt, nach Ablauf welcher Fristen die eingetragenen Verurteilungen getilgt werden. Bestimmte Eintragungen sind hiervon ausgenommen.

Stresstests
1. *Banken*: Mit Basel II sind erstmals Stresstests für die Kreditinstitute eingeführt worden. Dabei sollte ermittelt werden, ob bei einem bestimmten Szenario das Institut insolvent wird oder nicht. Hat man dabei eine Verlustobergrenze bestimmt, so lässt sich daraus ableiten, welche Szenarien für die Bank existenzbedrohend sind. Mit Basel III sind die Anforderungen insbesondere an das Eigenkapital (die sogenannte Kernkapitalquote) deutlich gestiegen. Die Stresstests werden von der Europäischen Bankenaufsicht (EBA) koordiniert, in Deutschland sind Bundesbank und die Bundesanstalt für Finanzdienstleistungsaufsicht zuständig. Die bislang veröffentlichten Zahlen und Kommentierungen weisen für deutsche Institute keine Auffälligkeiten aus.
2. *Versicherungen*: Stresstests sind seit einiger Zeit fester Bestandteil des Risikomanagements von Versicherungsunternehmen. Mit ihrer Hilfe werden die Auswirkungen unterschiedlicher Kapitalmarktszenarien auf die Risikotragfähigkeit der Unternehmen simuliert. Alle Unternehmen müssen die Ergebnisse jährlich der BAFin vorlegen. Es geht dabei vereinfacht gesagt um die Frage, ob die Bilanzen einen ausreichenden Risikopuffer enthalten, um genau definierte Schockszenarien zu überstehen. Der Stresstest gilt als bestanden, wenn der Wert der Kapitalanlagen nach Durchführung der Szenarien noch ausreicht, um sowohl die Verpflichtungen gegenüber den Versicherungsnehmern als auch die aufsichtsrechtlichen Solvenzanforderungen (Eigenkapital) zu erfüllen.

T: Tagesgeld – Treuhandvollmacht

Tagesgeld Guthaben auf Tagesgeldkonten ist jederzeit ohne Angabe von Gründen und ohne Zinsverlust verfügbar. Das Tagesgeldkonto eignet sich insbesondere dann, wenn Mittel für unvorhergesehene Ausgaben schnell verfügbar sein müssen, also auch für Eigenmittel während einer Bauphase.

Taube, Stumme, Blinde Vermag ein Beteiligter nach seinen Angaben oder nach der Überzeugung des Notars nicht hinreichend zu hören, zu sprechen oder zu sehen, so soll zu der Beurkundung ein Zeuge oder ein zweiter Notar zugezogen werden, es sei denn, dass alle Beteiligten darauf verzichten. Diese Tatsachen sollen in der Niederschrift festgestellt werden. Die Niederschrift soll auch von dem Zeugen oder dem zweiten Notar unterschrieben werden (*§§ 22, 23, 24 Beurkundungsgesetz*).

Teilrente Alle Altersrentner können statt der Vollrente auch eine Teilrente (1/3, ½, 2/3) in Anspruch nehmen, die jederzeit erhöht oder in eine Vollrente umgewandelt werden kann. Dies insbesondere dann, wenn nach dem Erreichen der Regelaltersgrenze (früher das 65. Lebensjahr) hinaus weitergearbeitet wird. Nach dem Erreichen der Regelaltersgrenze erhöht sich bei Teilrente die spätere Vollrente um monatlich 0,5 % des nicht in Anspruch genommenen Teils der Vollrente. Vor dem Erreichen der Regelaltersgrenze sind Hinzuverdienstgrenzen zu beachten.

Teilungsmassenfeststellung In einem Verteilungstermin ist festzustellen, wie viel die zu verteilende Masse beträgt. Zu der Masse gehört auch der Erlös aus denjenigen Gegenständen, welche besonders versteigert oder anderweitig verwertet worden sind (*§ 107 ZVG*).

Teilzeitarbeit Vertragliche Vereinbarung über die Reduzierung der tarifvertraglichen Normalarbeitszeit. Dabei wird üblicherweise auch die Vergütung prozentual gekürzt. Seit 2001 ist der Anspruch auf Teilzeitarbeit gesetzlich verankert.

Testamentseröffnung Wenn ein Testament vorhanden ist, wird dieses vom Amtsgericht eröffnet und die Beteiligten, d. h. die gesetzlichen Erben, die testamentarisch eingesetzten Erben, Testamentsvollstrecker, Vermächtnisnehmer und diejenigen, die durch Auflagen begünstigt sind, werden vom Amtsgericht benachrichtigt. Das Nachlassgericht meldet den Erbfall dem Finanzamt, das die Erbschaftsteuer zu erheben hat. Wenn Grundstücke in den Nachlass fallen, wird auch das zuständige Amtsgericht unterrichtet.

Testamentsregister Seit Januar 2012 existiert ein zentrales Testamentsregister bei der Bundesnotarkammer. Dort werden nach und nach sämtliche erbfolgerelevanten Urkunden registriert. Dort kann im Todesfall ermittelt werden, ob für den Verstorbenen ein Erbvertrag oder eine sonstige erbrelevante Urkunde existiert. Das Ergebnis wird dem zuständigen Nachlassgericht mitgeteilt. Liegt eine Urkunde vor, so wird auch die verwahrende Stelle (der Notar oder das Gericht) informiert, damit diese die Urkunde an das Nachlassgericht abliefern kann. Das Register kann nur von Notaren und Gerichten in ihrer amtlichen Funktion abgefragt werden – zu Lebzeiten des Erblassers setzt dies sein Einverständnis voraus (www.testamentsregister.de).

Testamentsvollstrecker Der Erblasser kann durch Testament einen oder mehrere Testamentsvollstrecker ernennen (*§§ 2197 bis 2228 BGB, § 52 GBO*). Damit hat der Testamentsvollstrecker die letztwilligen Verfügungen des Erblassers auszuführen und die Auseinandersetzung unter den Erben zu bewirken. Er hat den Nachlass zu verwalten und kann über die Nachlassgegenstände verfügen und somit auch Grundstücke belasten. Er muss sich bei seiner Tätigkeit von den Grundsätzen einer ordnungsgemäßen Verwaltung leiten lassen. Um die Befugnisse des Testamentsvollstreckers prüfen zu können, sollte man sich das Testamentsvollstreckungszeugnis vorlegen lassen. Die Erben können nicht verfügen und auch den Testamentsvollstrecker nicht entlassen. Als Testamentsvollstrecker kommen Notare und Rechtsanwälte infrage. Nach Entscheidungen des BGH (Az. I ZR 213/01 und 182/02) können auch Banken und Steuerberater als Testamentsvollstrecker eingesetzt werden.

Der Testamentsvollstreckungsvermerk ist gleichzeitig mit der Eintragung der Erben im Grundbuch einzutragen (*§ 52 GBO*). Durch diese Verfügungssperre wird das Grundbuch blockiert.

Testierfähigkeit Testierfähig ist (d. h. ein Testament errichten kann) jede volljährige Person, wenn sie nicht infolge einer krankhaften Störung der Geistestätigkeit, wegen Geistesschwäche oder wegen einer Bewusstseinsstörung außer Stande ist, die Bedeutung ihrer Willenserklärung zu erkennen oder dementsprechend zu handeln. Minderjährige, die das 16. Lebensjahr vollendet haben, können vor einem Notar ein Testament errichten. Minderjährige unter 16 Jahren sind testierunfähig.

Thesaurierung Bei einer Thesaurierung werden Gewinne einbehalten und wieder angelegt.

Titelbeschaffung Will ein Gläubiger die Zwangsvollstreckung betreiben, so muss er zunächst über einen Titel verfügen. Die Beschaffung von Titeln erfolgt je nach Usance des Instituts unterschiedlich. Ein Großteil der Institute lässt das Grundpfandrecht sofort vollstreckbar bestellen.

Tod eines Bankkunden Erhält ein Kreditinstitut Kenntnis vom Ableben eines Kunden, so muss es verschiedene Maßnahmen durchführen:

- Umschreibung der Konten und Depots in Nachlasskonten und –depots.
- Beträgt der Gesamtwert der Konten und Depotbestände am Todestag mehr als 5.000 €, so hat das Kreditinstitut dies binnen einen Monats nach Bekanntwerden des Todes dem zuständigen Finanzamt zu melden (§ 33 (1) ErbStG).
- Eine solche Anzeige ist auch erforderlich, wenn der Verstorbene bei der Bank ein Schließfach unterhalten hat.
- Bei debitorischen Konten wird die Bank prüfen, ob die Forderungen durch andere Vermögenswerte gedeckt sind.
- Es ist zu prüfen, inwieweit der Erblasser anderen Personen gültige Vollmachten erteilt hat.

Transparenz bei Kapitallebensversicherungen Das Bundesverfassungsgericht hatte Mitte 2005 das Geschäftsgebaren der Lebensversicherungsgesellschaften für unzulässig erklärt und den Gesetzgeber aufgefordert, die Missstände per Gesetz abzustellen (*Az. 1 BvR 80/95*). Das Gericht forderte u. a. mehr Transparenz, damit Überschusszusagen der Versicherer für die Kunden nachvollziehbar sind, sowie eine Beteiligung der Kunden an den stillen Reserven der Versicherungsunternehmen. Der Gesetzgeber hat mit dem 2008 in Kraft getretenen Versicherungsvertragsgesetz reagiert.

Treuhandauftrag Meist können nicht alle Bedingungen eines Kaufvertrages ohne vorherige Zahlung erfüllt werden. Der Zahlungspflichtige jedoch ist erst bereit zu zahlen, wenn alle Voraussetzungen zu seinen Gunsten erfüllt sind. Für diese Fälle ist der Treuhandauftrag gedacht. Danach wird einem Notar oder einem Kreditinstitut Geld zu treuen Händen mit der Auflage überwiesen, hierüber nur unter ganz bestimmten Voraussetzungen zu verfügen. Kreditinstitute prüfen deshalb bei Treuhandüberweisungen, ob die Treuhandauflagen überhaupt erfüllbar sind. Ansonsten werden sie den Treuhandauftrag nicht annehmen und das Geld zurücküberweisen.

Treuhandkommanditist Bei geschlossenen Fonds in Form einer KG oder GmbH & Co. KG. wird vielfach ein Treuhandkommanditist als Kommanditist eingesetzt. Die Anleger sind dann keine unmittelbaren Kommanditisten der Gesellschaft, sondern der Treuhandkommanditist hält die Kommanditanteile treuhänderisch im eigenen Namen, aber für Rechnung der Treugeber. Hierdurch kann die umständliche und kostenverursachende Eintragung der Kommanditisten in das Handelsregister gespart werden. Weitere Vorteile liegen in der Verwaltung. Hinzu kommt, dass der Anleger in diesem Fall anonym bleiben kann. Je nach Rechtsstellung wird unterschieden in Vollmachttreuhand, Ermächtigungstreuhand und fiduziarische Treuhand.

Treuhandvollmacht Wesentlicher Bestandteil des Treuhandvertrages ist die dem Treuhänder umfassend erteilte Treuhandvollmacht zur Vertretung des Bauherrn bei der Vorbereitung, Durchführung und Abwicklung des Bauvorhabens. Das Kreditinstitut muss eine Ausfertigung zu den Akten nehmen (*§ 172 BGB*).

U: Übergangsheime – Unverfallbarkeit

Übergangsheime Wohnstätten zur vorübergehenden Unterbringung von Übersiedlern, Aussiedlern und Asylanten. Da dies Aufgabe der Kommunen vor Ort ist und ein geringes Angebot bei immer größer werdender Nachfrage vorhanden ist, wurde eine Förderung im Rahmen des KfW-Gemeindeprogrammes entwickelt. Danach erhalten die Gemeinden eine Zinsverbilligung bei der Finanzierung derartiger Projekte von 4 % p.a. Die Kompetenz für die Art, den Umfang und die Ausgestaltung von Übergangsheimen liegt bei den Kommunen.

Überprüfungsantrag Mit diesem Rechtsmittel kann eine Entscheidung der Rentenversicherung, die sich als falsch herausgestellt hat „formal" wieder rückgängig gemacht werden. Dies ist das letzte Mittel, wenn z. B. ein Urteil im Nachhinein zu einer anderen Einschätzung kommt als die Rentenkasse. Es gibt dafür keine Frist. Auf den Überprüfungsantrag hin ergeht ein neuer Rentenbescheid, gegen den dann wieder alle Rechtsmittel verfügbar sind.

Überschuss der Betriebseinnahmen über die Betriebsausgaben Gewinnermittlungsart nach § 4 (3) *EStG* für selbstständig Tätige, Gewerbetreibende, Land- und Forstwirte unter folgenden Voraussetzungen:

1. Der Unternehmer darf nicht gesetzlich zur Führung von Büchern verpflichtet sein.
2. Der Unternehmer darf freiwillig keine Bücher führen.
3. Die erforderlichen Aufzeichnungen müssen vorliegen.
4. Land- und Forstwirte müssen einen entsprechenden Antrag stellen. Unter diesen Voraussetzungen wird also lediglich eine Überschussermittlung durchgeführt.

Überschusseinkunftsarten Einkünfte aus nicht selbstständiger Arbeit, aus Kapitalvermögen, aus Vermietung und Verpachtung sowie sonstige Einkünfte. Bei diesen Einkunftsarten werden die Einkünfte als Überschuss der Einnahmen über die Werbungskosten ermittelt.

Überschusssystem Für die Verwendung der Überschüsse bei einer Kapitallebensversicherung sind drei Modelle am Markt:

- *Bonussystem*: Der jährliche Überschuss wird als zusätzliche beitragsfreie Versicherung verwendet. Dadurch erhöht sich jährlich die Versicherungsleistung. Der Bonus trägt außerdem zur Bildung weiterer Überschüsse bei.
- *Verzinsliche Ansammlung*: Die Überschüsse werden beim Versicherer angesammelt, verzinst und am Ende des Vertrages zusammen mit der vertraglich garantierten Summe gezahlt.
- *Sofortverrechnung der Überschüsse*: Hier bestehen Möglichkeiten, die Überschüsse zur Beitragsermäßigung zu verwenden, sie bar auszuzahlen oder zur Verkürzung der Vertragslaufzeit zu nutzen.

Überweisung Die Überweisung im bargeldlosen Zahlungsverkehr ist die buchmäßige Übertragung eines Geldbetrages von einem Konto zu einem anderen Konto. Der Kontoinhaber erteilt seinem Kreditinstitut dazu einen Überweisungsauftrag. Dies kann beleghaft oder online erfolgen. Die Ausführung des Auftrages wird in einem Kontoauszug bestätigt. Einer EU-Richtlinie aus 2009 entsprechend prüft das Kreditinstitut des Geldempfängers nicht mehr die Übereinstimmung von Kontoinhaber und Konto-Nr., somit haftet der Auftraggeber allein, wenn eine fehlerhafte Überweisung erfolgt ist.

Überziehungsmöglichkeit Bei einer eingeräumten Überziehungsmöglichkeit im Sinne des *§ 504 Abs. 2 BGB* hat der Kreditgeber statt des effektiven Jahreszinses den Sollzinssatz pro Jahr und die Zinsbelastungsperiode anzugeben, wenn diese nicht kürzer als drei Monate ist und der Kreditgeber außer den Sollzinsen keine weiteren Kosten verlangt.

Überziehungszinsen Überziehungszinsen sind das Entgelt für das unabgestimmte Überziehen eines Kontos über das bestehende Kreditlimit hinaus. Die Überziehungszinsen werden zusätzlich zu den vorgegebenen oder vereinbarten Sollzinsen hinaus nur von dem überzogenen Betrag zusätzlich erhoben. Es gibt besondere Regelungen und Informationspflichten nach dem Verbraucherkreditgesetz.

Umlagenausfallwagnis Das Umlagenausfallwagnis kann bis zu 2 % der im Abrechnungszeitraum auf den Wohnraum entfallenden Betriebskosten betragen. Durch das Umlagenausfallwagnis wird das Wagnis einer Einnahmenminderung voll gedeckt. Es ist daher durchaus möglich, diese Kostenposition umzulegen.

Umlageverfahren Finanzierungssystem der gesetzlichen Rentenversicherung. Die bei dem staatlichen Rentenversicherungsträger eingehenden Beträge (Arbeitnehmer- und Arbeitgeberanteil, sowie der Bundeszuschuss aus Steuermitteln) werden unmittelbar an die Rentenbezieher ausgezahlt und nicht zur Finanzierung zukünftiger Rentenansprüche als Kapital angelegt. Der Rentenversicherungsträger hält lediglich eine gesetzlich vorgeschriebene Rücklage, die sogenannte Schwankungsreserve vor, um mögliche Einnahmeausfälle während des Jahres ausgleichen zu können.

In der breiten Bevölkerung ist das Umlageverfahren nur unzureichend bekannt. Die Arbeitnehmer zahlen nicht auf ein „eigenes Rentenkonto" ein, sondern finanzieren die aktuellen Renten und erwerben „lediglich" einen Rentenanspruch, den sie nur bei der nachfolgenden Generation geltend machen können. Das System baut also darauf auf, dass die Bevölkerungszahl im Zeitablauf stabil bleibt. Aufgrund der demografischen Entwicklung waren bereits Korrekturen notwendig.

Umlegungskarte Die Umlegungskarte stellt den künftigen Zustand des Umlegungsgebietes dar (§ 67 BauGB). In der Karte sind insbesondere die neuen Grundstücksgrenzen und -bezeichnungen sowie die Flächen im Sinne des § 55 Abs. 2 einzutragen.

Umlegungsmasse Die im Umlegungsgebiet gelegenen Grundstücke werden nach ihrer Fläche rechnerisch zu einer Masse vereinigt (§ 55 BauGB). Aus dieser Umlegungsmasse werden vorweg die Flächen ausgeschieden und der Gemeinde oder sonstigen Erschließungsträgern zugeteilt, die nach dem Bebauungsplan innerhalb des Umlegungsgebietes als besondere Flächen ausgewiesen werden, z. B. Flächen für Straßen, Wege, Parkplätze, Grünanlagen, Kinderspielplätze und Anlagen zum Schutz gegen schädliche Umwelteinwirkungen. Die verbleibende Umlegungsmasse ist die Verteilungsmasse.

Umschuldung Ablösung bestehender Kredite durch andere Kredite, möglicherweise auch bei anderen Kreditinstituten.

Umzugskosten Umzugskosten können Werbungskosten und damit steuerlich absetzbar sein, wenn der Umzug bei privaten Arbeitnehmern dienstlich veranlasst wurde (Förderung der Mobilität von Arbeitnehmern). Dies kann auch der Fall sein, wenn ein Eigenheim erworben oder erbaut wird und sich nach Umzug der Weg zum Arbeitsplatz erheblich verkürzt. Zieht ein ausländischer Staatsbürger in die Bundesrepublik und der Umzug ist dienstlich veranlasst, so gelten die Umzugskosten als Werbungskosten.

unentgeltliche Übertragung Eine unentgeltliche Übertragung in Form der Schenkung (Einzelrechtsnachfolge) oder der Erbschaft (Gesamtrechtsnachfolge) stellt aufgrund fehlender Entgeltlichkeit keine Anschaffung dar. Die Anschaffung des Erblassers ist dem Erben zuzurechnen. Dies ist z. B. maßgebend bei Berechnung der Spekulationsfrist.

unselbstständige Privatkunden Privatpersonen, deren überwiegende Einkommensquelle die unselbstständige Tätigkeit ist. Dazu zählen Lohn- und Gehaltsempfänger sowie Bezieher von Betriebspensionen und Ruhegeldempfänger. Deren Einkommen ist relativ einfach nachweisbar über Gehaltsabrechnungen (möglichst mit Jahresfortschreibung), Jahreslohnsteuerbescheinigungen sowie Einkommensteuererklärungen inkl. Anlage N und Einkommensteuerbescheide.

Unterhalt Nach dem neuen Unterhaltsrecht ist die Situation für Ehegatten, die noch minderjährige Kinder betreuen, deutlich ungünstiger geworden, da insbesondere der Betreuungsunterhalt zeitlich stark eingeschränkt wurde. Es gilt jetzt der Grundsatz der Eigenverantwortung. Hinzu kommen die steuerlichen Nachteile:
   Was auf den ersten Blick gerecht erscheint, erweist sich als großer Nachteil für Familien, in denen das zu verteilende Geld nicht ausreicht, um alle Unterhaltsansprüche zu erfüllen. Diese sogenannten Mangelfallberechnungen werden nach ersten Erkenntnissen bei etwa 70 bis 90 % der Scheidungen angewandt. Früher genossen geschiedene Paare einen Steuervorteil, denn sie konnten fast immer das sogenannte Realsplitting in Anspruch nehmen. Auch heute noch kann der Unterhaltszahler den Ehegattenunterhalt von der Steuer absetzen, aber bei geänderter Rangfolge wird das vorhandene Geld zuerst auf die Kinder verteilt. Falls dann für die Ex-Frau nichts oder nur sehr wenig übrig bleibt, versickert dieser Steuervorteil, denn nur der Ehegattenunterhalt bringt steuerliche Entlastung, nicht aber die Zahlung für die Kinder. Der Kindesunterhalt wird von den Gerichten üblicherweise anhand der sogenannten Düsseldorfer Tabelle berechnet. Die Tabelle hat zwar keine Gesetzkraft, ist aber als Richtlinie anzusehen. Sie weist den monatlichen Unterhaltsbedarf aus, bezogen auf drei Unterhaltsberechtigte, ohne Rücksicht auf den Rang. Der Bedarf ist nicht identisch mit dem Zahlbetrag. Bei einer größeren/geringeren Anzahl Unterhaltsberechtigter können Ab- oder Zuschläge durch Einstufung in niedrigere/höhere Gruppen angemessen sein

Unterhaltspflicht Verwandte in gerader Linie sind verpflichtet, einander Unterhalt zu gewähren. Unterhaltsberechtigt ist nur, wer außerstande ist, sich selbst zu unterhalten. Dabei wird die Leistungsfähigkeit des Unterhaltsverpflichteten vorausgesetzt, bzw. ein Eigenbedarf berücksichtigt. Vorrangige Unterhaltspflicht besteht gegenüber Ehepartnern und Kindern (*§§ 1601 ff BGB*).

Unterhaltsleistungen Unterhaltsleistungen müssen nach § 22 Nr. 1a EStG voll besteuert werden, soweit sie vom Unterhaltspflichtigen nach § 10 Abs. 1 Nr. 1 EStG als Sonderausgaben abgezogen werden können. Der steuerliche Vorteil liegt damit meist beim Unterhaltszahler, der bis zu 13.805 € p.a. als Sonderausgaben geltend machen kann. Der Höchstbetrag erhöht sich ggf. um die Beiträge zu einer Basis-Kranken- und/oder Pflegeversicherung, die der Geber für den geschiedenen oder getrennt lebenden Ehegatten übernommen hat. Der Empfänger der Unterhaltsleistung muss diesem Prozedere zustimmen. Diese gilt immer für ein ganzes Jahr, kann allerdings widerrufen werden. Die steuerliche Umsetzung erfolgt mittels einer Anlage U zur Einkommensteuererklärung.

Unterhaltsrente Eine private Unterhaltsrente liegt vor, wenn zwischen natürlichen Personen eine Rente vereinbart wird, die folgende Möglichkeiten beinhaltet: entweder keinerlei Gegenleistung oder der Wert der Gegenleistung bei überschlägiger und großzügiger Berechnung beträgt weniger als die Hälfte des Kapitalwertes der Rente. Der Verpflichtete kann den Ertragsanteil nicht absetzen, also braucht auch der Berechtigte nichts zu versteuern. Die Finanzbehörden werden im Zweifelsfall insbesondere bei Rentenvereinbarungen zwischen Angehörigen und nahen Verwandten die Unterhaltsrente nachzuweisen versuchen, wenn die Werte nicht sorgsam berechnet sind. Deshalb ist vor einem derartigen Vertrag unbedingt der Rat eines Steuerberaters einzuholen.

Untermieterhaushalte Reicht die Anzahl der zur Verfügung stehenden Wohnungen für den Wohnungsbedarf nicht aus, entstehen Untermieterhaushalte. Die Möglichkeit, zur Untermiete zu wohnen, ist einer der Puffer zwischen Wohnungsangebot und Wohnungsbedarf. In der Nachkriegszeit war der Anteil der Untermieter in den alten Bundesländern ständig gesunken. Seit 1987 ist der Untermieterbestand wieder angestiegen. Derzeit bestehen etwa 1.000.000 Untermietverhältnisse.

Unternehmer Ein Unternehmer ist eine natürliche oder juristische Person oder eine rechtsfähige Personengesellschaft, die bei Abschluss eines Rechtsgeschäfts in Ausübung ihrer gewerblichen oder selbstständigen beruflichen Tätigkeit handelt (*§ 14 BGB*). Eine rechtsfähige Personengesellschaft ist eine Personengesellschaft, die mit der Fähigkeit ausgestattet ist, Rechte zu erwerben und Verbindlichkeiten einzugehen.

Unverfallbarkeit Die betriebliche Altersversorgung gewinnt immer stärker an Bedeutung. Im Alterseinkünftegesetz ist auch die Mitnahmemöglichkeit bei einem Jobwechsel geregelt. Seit 2001 sind vom Arbeitgeber erteilte Zusagen unverfallbar, wenn der Arbeitnehmer mindestens 30 Jahre alt ist oder seit fünf Jahren in die Betriebsrente eingezahlt hat. Diese Regel sichert die Ansprüche auch vor dem Zugriff der Agentur für Arbeit. Das Mitbringrecht gilt für Betriebsrenten von Pensionskassen, Pensionsfonds und Direktversicherungen, die ab 2005 vereinbart werden und beim Jobwechsel schon unverfallbar sind. Der Arbeitnehmer hat ein Jahr Zeit, die Übertragung zu regeln.

V: Veräußerungsanzeige – Votierung

Veräußerungsanzeige Die Notare sind verpflichtet, dem zuständigen Finanzamt jeden Rechtsvorgang über die Veräußerung oder Übertragung von Grundbesitz anzuzeigen. Üblicherweise wird dazu eine Ausfertigung der Urkunde weitergeleitet. Diese Information löst ggf. Grunderwerbsteuer aus und wird natürlich auch innerhalb der Steuerbehörden für andere steuerliche Zwecke genutzt.

Veräußerungsfrist Seit 1999 gilt für Wertpapierverkäufe eine Veräußerungsfrist von 12 Monaten. Wenn der Steuerpflichtige Wertpapiere veräußert, die er innerhalb dieser Frist angeschafft hat, muss er einen entstandenen Veräußerungsgewinn steuerlich berücksichtigen, es sei denn, er kann den Veräußerungsgewinn gegen Veräußerungsverluste, die im selben Veranlagungszeitraum angefallen sind, aufrechnen. Für Immobilien gilt seit dem 1.1.1999 eine Veräußerungsfrist von zehn Jahren (*§ 23 EStG*). Ausgenommen sind die ausschließlich zu eigenen Wohnzwecken genutzten Immobilien.

Veräußerungsgewinne Zu den Einkünften aus Gewerbebetrieb gehört auch der Gewinn aus der Veräußerung des ganzen Betriebs, Teilbetriebs, Mitunternehmeranteils und Anteils eines persönlich haftenden Gesellschafters einer KGaA und eines Anteils hiervon (*§ 16 EStG*). Ein individueller Freibetrag kann berücksichtigt werden. Für Gewinne aus Veräußerungen von Objekten in Sanierungsgebieten finden die §§ 6b und c EStG Anwendung. Veräußerungsgewinne werden für Ersatzbeschaffungen verwendet und ggf. geparkt. Veräußerungsgeschäfte von Grundstücken und Rechten, die den Vorschriften des BGB für Grundstücke unterliegen (Erbbaurechte, Mineralgewinnungsrechte) sind keine Spekulationsgeschäfte, wenn der Zeitraum zwischen Anschaffung und Veräußerung mehr als zehn Jahre beträgt (*§ 23 1. a EStG*).

Veranlagungsarten Verheiratete haben die Möglichkeit, jährlich neu über die Wahl der sinnvollsten Veranlagungsart zu entscheiden. Dabei besteht zunächst die nahe liegende Möglichkeit der Zusammenveranlagung (*§ 26 b EStG*). Weiterhin sind denkbar die getrennte Veranlagung (*§ 26 a EStG*) und die besondere Veranlagung im Jahr der Eheschließung (*§ 26 c EStG*).

Veranlagungsverfahren Das Veranlagungsverfahren beginnt mit der Abgabe der Steuererklärung. Es werden die Besteuerungsgrundlagen ermittelt und die Steuern festgesetzt. Das Verfahren endet mit dem Steuerbescheid.

Veranlagungszeitraum Veranlagungszeitraum ist normalerweise das Steuerjahr, also der Zeitraum zwischen dem 1. 1. und dem 31. 12. eines Jahres.

Verböserung Nachträgliche Verschlechterung eines bereits ausgesprochenen oder schriftlich erteilten Bescheides; auch im Steuerrecht üblich (*§ 367 AO*).

Verbraucher Verbraucher ist nach § 13 BGB jede natürliche oder juristische Person, die ein Rechtsgeschäft zu einem Zwecke abschließt, der weder ihrer gewerblichen noch ihrer selbstständigen beruflichen Tätigkeit zugerechnet werden kann. Vereinfacht gesagt hat ein Verbraucher mehr Schutzrechte als ein Gewerbetreibender, Unternehmer oder Selbstständiger. Ein Verbraucher hat bestimmte Informations-, Haftungs-, Widerrufs- und Rückgaberechte. Auch können bestimmte vertragliche Vereinbarungen mit Verbrauchern unwirksam sein.

Verbraucherdarlehensvertrag Verbraucherdarlehen sind alle Kredite an wirtschaftlich unselbstständige Privatpersonen, die der privaten Bedarfsdeckung dienen (*§ 491 BGB*). Für entgeltliche Darlehen zwischen einem Unternehmer als Darlehensgeber und einem Verbraucher als Darlehensnehmer gelten besondere Vorschriften.

Verbraucherinsolvenz Seit 1999 ist das Verbraucherinsolvenzverfahren in der Insolvenzordnung geregelt. Wenn ein Verbraucher überschuldet ist, besteht die Möglichkeit, die Schulden über das Verbraucherinsolvenzverfahren abzubauen. Falls nach Abschluss des mehrstufigen Insolvenzverfahrens

- außergerichtlicher Einigungsversuch
- gerichtliches Schuldenbereinigungsverfahren
- vereinfachtes Verbraucherinsolvenzverfahren

noch Verbindlichkeiten bestehen, kann der Schuldner eine Restschuldbefreiung beantragen. In der zweiten Stufe der Insolvenzrechtsreform sollen grundlegende Verbesserungen der Verbraucherinsolvenz umgesetzt werden. Kernstück der Änderungen ist die Verkürzung der Wohlverhaltensperiode von sechs auf drei Jahre.

Verbraucherpreisindex Der Verbraucherpreisindex für Deutschland misst die durchschnittliche Preisentwicklung aller Waren und Dienstleistungen, die von privaten Haushalten für Konsumzwecke gekauft werden. Damit liefert der Verbraucherpreisindex ein Gesamtbild der Teuerung in Deutschland. Bis zum Jahr 2002 wurde er unter dem Namen „Preisindex für die Lebenshaltung aller privaten Haushalte in Deutschland" veröffentlicht. Inhaltliche Änderungen waren mit dieser Umbenennung nicht verbunden. Der Verbraucherpreisindex dient häufig als Bezugsgröße für Wertsicherungsklauseln in Miet-, Pacht-, Übergabe-, Pensions- und anderen Verträgen über laufende (wiederkehrende) Zahlungen.

Gesamtindex	2005 = 100	Veränderung gegenüber Vorjahreszeitraum (%)
2005	100,0	+1,5
2006	101,6	+1,6
2007	103,9	+2,3
2008	106,6	+2,6
2009	107,0	+0,4
2010	108,2	+1,1
2011	110,7	+2,3
2012	112,9	+2,0

Quelle: Statistisches Bundesamt

Verbrauchsteuern Die Verbrauchsteuern auf:

- Energieträger,
- Mineralölprodukte,
- Tabakwaren,
- Alkohol,
- alkoholische Getränke und
- Kaffee

entsprechen dem harmonisierten Verbrauchsteuersystem der EU, wobei sich die Harmonisierung im Wesentlichen auf die Struktur der Erhebung, keineswegs auf die Höhe der Steuern bezieht.

Mit dem Stromsteuergesetz wird eine Steuer auf den Verbrauch von elektrischem Strom erhoben. Hier sind zusätzliche Abgaben für erneuerbare Energien und das Leitungsnetz zu entrichten.

Die Besteuerung von Mineralöl, Gas und Kohle ist im Energiesteuergesetz geregelt.

Verbriefungsmarkt Der Verbriefungsmarkt ist durch die Finanzmarktkrise stark beeinflusst worden. Der vormals rege Verbriefungsmarkt hat sich bereits 2007 halbiert und ist 2008 fast zum Erliegen gekommen. Das Marktvolumen in Deutschland setzte sich zuletzt wie folgt zusammen:

- Asset Backed Securities (u. a. verbriefte Autofinanzierungen): 42 %
- Commercial Mortgage Backed Securities (verbriefte gewerbliche Immobilienfinanzierungen), Collateralized Debt Obligations: 31 %
- Collaterialized Loan Obligations (verbriefte Mittelstandsfinanzierungen): 24 %

Verbundkredit Auf die Bedürfnisse eines Kreditnehmers zugeschnittene Bündelung von Kreditformen einer Gesamtorganisation (z. B. Bank, Hypothekenbank, Bausparkasse, Versicherung). Bekannt unter dem Slogan „Finanzierung aus einer Hand". Die eigentlich sehr sinnvolle Idee hat sich nicht durchgesetzt, außerdem hat sich der Markt total gewandelt. Inzwischen sind sogar viele frühere Kooperationen aufgegeben und Geschäftsmodelle ganz aufgelöst worden.

Verdeckte Gewinnausschüttung Eine verdeckte Gewinnausschüttung ist eine Vermögensminderung oder verhinderte Vermögensmehrung, die durch das Gesellschaftsverhältnis veranlasst ist, die sich auf die Höhe des Einkommens auswirkt und nicht auf einen den gesellschaftsrechtlichen Vorschriften entsprechenden Gewinnverteilungsbeschluss, d. h. nicht auf einer offenen Gewinnausschüttung beruht (*§ 8 Abs. 3 S. 2 Körperschaftsteuergesetz*). In dem in der Steuerbilanz der Gesellschaft ausgewiesenen Betriebsvermögen muss eine Vermögensminderung eingetreten oder eine Vermögensmehrung unterblieben sein.

Das steuerrechtliche Problem der verdeckten Gewinnausschüttung beschäftigt seit vielen Jahren die Steuerrechtsprechung. Meist werden verdeckte Gewinnausschüttungen. erst anlässlich von Betriebsprüfungen aufgedeckt. Durch dadurch entstehende Steuernachforderungen wird möglicherweise die Liquidität der Steuerpflichtigen und Kreditnehmer derart belastet, dass dies zu ernsthaften Problemen führen kann. Sie resultieren oft aus Miet-, Pacht-, Darlehens- oder Dienstverträgen zwischen Gesellschaft und Gesellschafter, die steuerlich dem Grunde und der Höhe nach nicht anerkannt werden. Der Steuerprüfer wird daher der Frage nachgehen, inwieweit die Leistungen und deren Vergütung angemessen und üblich sind. Sind die Vereinbarungen nicht ernsthaft abgeschlossen oder tatsächlich durchgeführt worden, muss von einer verdeckten Gewinnausschüttung ausgegangen werden. Besonderen Anforderungen unterliegen Entgeltvereinbarungen zwischen Gesellschaft und beherrschendem Gesellschafter oder dem beherrschenden Gesellschafter nahe stehenden Personen.

Vereinfachte Einkommensteuererklärung für Arbeitnehmer Als Schritt in die Umsetzung der Vereinfachung des Steuerrechts ist nach Meinung der Finanzbehörden die vereinfachte Einkommensteuererklärung für Arbeitnehmer zu betrachten. In dieser vereinfachten Form können Steuererklärungen abgegeben werden, wenn der Steuerpflichtige nur Arbeitslohn/Versorgungsbezüge und ggf. Lohnersatzleistungen im Inland bezogen hat und nur die im Vordruck bezeichneten Werbungskosten, Sonderausgaben und außergewöhnlichen Belastungen geltend gemacht werden. Die Abgabefrist ist der 31. Mai des auf den Veranlagungszeitraum folgenden Jahres. Inzwischen kann auch diese vereinfachte Einkommensteuererklärung elektronisch abgegeben werden (www.elsterformular.de).

Vereinfachte Krediterhöhung Grundsätzlich muss jedes Kreditengagement detailliert geprüft werden und den üblichen Grundvoraussetzungen entsprechen. Aus Vereinfachungsgründen kann auf Basis der protokollierten Risikoeinschätzung dem Kundenbetreuer die Möglichkeit eingeräumt werden, nach genau definierten Kriterien Ausweitungen des Kreditengagements (als vereinfachte Krediterhöhung) zuzusagen.

Diese Kriterien könnten wie folgt aussehen:

- an der protokollierten Risikoeinschätzung hat sich nichts geändert
- die interne Befristung ist nicht abgelaufen
- die möglicherweise bei der ursprünglichen Kreditentscheidung gestellten Auflagen sind erfüllt
- die Kreditverwendung ist plausibel
- auch der zusätzliche Kapitaldienst kann aus dem nachgewiesenen Einkommen erbracht werden

Vereinfachter Antrag auf Lohnsteuerermäßigung Seit 1995 können Lohnsteuerpflichtige einen vereinfachten Antrag auf Lohnsteuerermäßigung unter der Voraussetzung stellen, dass sich die steuerlichen Verhältnisse gegenüber dem Vorjahr nicht verändert haben. Der Vordruck kann auch dazu dienen, nicht oder nicht mehr unmittelbar erfasste Kinder berücksichtigen zu lassen.

Vereinfachtes Flurbereinigungsverfahren Ein vereinfachtes Flurbereinigungsverfahren kann in Einzelnen oder in mehreren Gemeinden durchgeführt werden (§ 86 FlurbG). Um die durch Anlegung, Änderung oder Beseitigung von Eisenbahn, Straßenbahnen, Straßen, Wegen, Gewässern oder durch ähnliche Maßnahmen für die allgemeine Landeskultur entstehenden oder entstandenen Nachteile zu beseitigen oder um die Durchführung eines Siedlungsverfahrens, von städtebaulichen Maßnahmen, notwendigen Maßnahmen des Naturschutzes und der Landschaftspflege oder der Gestaltung des Orts- und Landschaftsbildes zu ermöglichen, kann ein vereinfachtes Flurbereinigungsverfahren durchgeführt werden. Die Flurbereinigungsbehörde ordnet die Flurbereinigung an und stellt das Flurbereinigungsgebiet fest. Der Beschluss ist zu begründen. Die Bekanntgabe der Wertermittlungsergebnisse kann mit der Bekanntgabe des Flurbereinigungsplanes erfolgen.

Vererben von Schulden Das Prinzip der sogenannten Gesamtrechtsnachfolge besagt, dass der Erbe alle vermögensrechtlichen Rechte und Pflichten des Erblassers übernimmt. Damit haftet der Erbe ggf. mit seinem gesamten Vermögen für die Schulden des Verstorbenen. Es bestehen folgende Möglichkeiten, die Erbenhaftung für Nachlassschulden auszuschließen bzw. zu beschränken:

- Erbschaft ausschlagen (bei offensichtlich überschuldetem Nachlass)
- Beantragung einer Nachlassverwaltung

Vergleich Außer dem förmlichen Insolvenzverfahren kommt mittlerweile einem privatrechtlichen Vergleich immer größere Bedeutung zu. Hier wird versucht, mit allen Gläubigern unter Anbietung eines meist von dritter Seite zur Verfügung gestellten Betrages einen Vergleich zu schließen. Die Quoten sind je nach Situation sehr unterschiedlich. Die Aussichten, den Vergleich zu Stande zu bringen, hängen gleichfalls vom jeweiligen Einzelfall ab. Grundvoraussetzung ist hierzu meist auch, dass alle Gläubiger vorab ihre jeweiligen Sicherheiten bereits verwertet haben.

Vergünstigungen für Kleinunternehmer Kleinunternehmer können bei Unterschreitung von Umsatzgrenzen (17.500 € p.a.) beantragen, keine Umsatzsteuer zahlen zu müssen. Auf diese Vergünstigung kann verzichtet werden, wenn die Mehrwertsteueroption ausdrücklich beantragt wird (*§ 19 UStG*).

Verhältnismäßigkeit Eine Pfändung oder Verwertung ist nur zulässig, wenn sie zu einer (teilweisen) Befriedigung des Gläubigers führen kann. Eine nutzlose Pfändung ist daher ebenso unzulässig wie eine unnötige Überpfändung. Daneben besteht kein allgemeiner Grundsatz der Verhältnismäßigkeit zwischen dem Vorteil für den Gläubiger und den Nachteil für den Schuldner. Der Gläubiger darf daher auch wegen einer Bagatellforderung vollstrecken und damit dem Schuldner einen hohen Vollstreckungsschaden zufügen.

Verjährung Der Verjährungsbegriff ist nicht einheitlich für alle Schuldenarten. Unterschieden wird nach Steuerrecht, Arbeitsrecht, Sozialrecht, Strafrecht, Bürgerliches Recht. Mit der Entstehung einer Forderung beginnt die unterschiedlich lange Frist. Diese verlängert sich beispielsweise für Darlehensforderungen auf 30 Jahre, falls innerhalb von zwei Jahren diese Forderung tituliert worden ist (*§§ 194, 225, 758 BGB*).

Verkehrssteuern Besteuerung von Verkehrsakten des Wirtschaftsverkehrs:

- Umsatzsteuer
- Grunderwerbsteuer
- Versicherungssteuer

Verlustabzug Verlustverrechnung zwischen verschiedenen Veranlagungszeiträumen als Verlustrücktrag bzw. als Verlustvortrag (*§ 10d EStG*). Negative Einkünfte, die bei der Ermittlung des Gesamtbetrags der Einkünfte nicht ausgeglichen werden, sind bis zu einem Betrag von 1.000.000 € bei Ehegatten, bei zusammen veranlagten Ehegatten bis zu einem Betrag von 2.000.000 € vom Gesamtbetrag der Einkünfte des unmittelbar vorangegangenen Veranlagungszeitraums vorrangig vor Sonderausgaben, außergewöhnlichen Belastungen und sonstigen Abzugsbeträgen abzuziehen. Ist für den vorangegangenen Zeitraum bereits ein Steuerbescheid ergangen, so wird dieser berücksichtigt. Auf Antrag des Steuerpflichtigen hin kann ganz oder teilweise auf den Verlustrücktrag verzichtet werden.

Nicht ausgeglichene negative Einkünfte sind in den folgenden Veranlagungszeiträumen bis zu einem Gesamtbetrag der Einkünfte von 1 Mio. € (2 Mio. € bei Ehegatten) unbeschränkt, darüber hinaus bis zu 60 % des 1 Mio. € (Ehegatten 2 Mio. €) übersteigenden Gesamtbetrags der Einkünfte abzuziehen

Verluste bei beschränkter Haftung Die dem Kommanditisten zugewiesenen Verlustanteile sind Ausdruck seines Anteils an der durch den Gesamtverlust eingetretenen Minderung des Gesellschaftsvermögens. Insofern bedeutet der Verlustanteil für den Kommanditisten trotz des Ausschlusses der persönlichen Haftung nach Einlage der Haftsumme und trotz Beschränkung der Verlusttragungspflicht nach Maßgabe des § *167 III HGB* auch bei negativem Kapital eine eigene Vermögensminderung. Nach § *15a EStG* besteht die Rechtsfolge darin, dass der Verlustanteil eines Kommanditisten nur insoweit ausgleichs- und abzugsfähig ist, als er nicht zur Entstehung eines negativen Kapitalkontos führt. Die Kommanditistenstellung richtet sich nach den Vorschriften des HGB, Grundlage für die Berechnung des Verlustanteils ist die Steuerbilanz der Gesellschaft. Wichtig ist daher, zwischen dem Verlustanteil des Kommanditisten und seinem Ergebnis aus Sonderbetriebsvermögen zu unterscheiden.

Verlustverrechnung Die Verlustverrechnung erfolgt in 4 Stufen nacheinander:

1. *Stufe;* interner/horizontaler Verlustausgleich: Verlustverrechnung durch Saldierung von positiven Einkünften mit negativen Einkünften aus der gleichen Einkommensart.
2. *Stufe*; externer/vertikaler Verlustausgleich: Ausgleich von negativen Einkünften mit positiven Einkünften aus anderen Einkunftsarten (Ausnahme: private Veräußerungsgeschäfte).
3. *Stufe;* wahlweise Verlustrücktrag für ein Jahr (maximal 1.000.000 €/zusammen veranlagte Eheleute 2.000.000 €).
4. *Stufe;* Verlustvortrag: maximal 1.000.000 € für Ledige/2.000.000 € für zusammen veranlagte Eheleute übersteigender Betrag maximal 60 %.

Mit der Einführung der Abgeltungsteuer im Jahre 2009 ist die Verrechnungsmöglichkeit der anderen Einkunftsarten mit den Einkünften aus Kapitalvermögen entfallen. Realisierte Altverluste aus privaten Veräußerungsgeschäfte, d. h. Verluste die nach dem bis 31.12.2008 gültigen Steuerrecht entstanden sind, können Steuerpflichtige bis zum Jahr 2013 mit Einkünften aus der Veräußerung von Kapitalanlagen verrechnen. Eine Verrechnung mit Zins- oder Dividendeneinkünften ist nicht zulässig.

Verlustvortrag Verluste (negative Einkünfte), die bei der Ermittlung des Gesamtbetrags der Einkünfte nicht ausgeglichen werden, können, wenn kein Verlustrücktrag möglich ist oder die auf Antrag vorgetragen werden (§ *10d (4) EStG*). Der am Schluss eines Veranlagungszeitraumes verbleibende Verlustvortrag wird in einem gesonderten Bescheid festgestellt. Diese nicht ausgeglichenen negativen Einkünfte sind in den folgenden Veranlagungszeiträumen bis zu einem Gesamtbetrag von 1 Mio. € (2 Mio. € bei zusammenveranlagten Ehegatten) unbeschränkt, darüber hinaus bis zu 60 % des 1 Mio. € (2 Mio. bei Ehegatten) übersteigenden Gesamtbetrags der Einkünfte abzuziehen. Der Verlustvortrag wird automatisch vom Finanzamt berücksichtigt.

Verlustzuweisung Einzelnen Gesellschaftern werden anteilig zu deren Einlagen Verluste zugerechnet, die mit bestimmten sonstigen Einkünften verrechnet werden können. Dies führt i.d. R zu Einkommensteuerersparnissen.

Verlustzuweisungsmodelle Zur Senkung des zu versteuernden Einkommens werden sogenannte Verlustzuweisungsmodelle oder Steuerstundungsmodelle gezeichnet. Ziel ist es, unter Nutzung der jeweils steuerrechtlich aktuellen Verlustverrechnung die zugewiesenen Verluste mit positiven anderen Einkünften zu verrechnen. Die Verlustzuweisungsmodelle sind zu unterteilen in Objekte im Bereich der privaten Vermögensanlage und in gewerbliche Beteiligungen.

Die Finanzierung von derartigen Verlustzuweisungsmodellen stellt hohe Voraussetzungen an den Kundenberater und zieht ggf. auch weitergehende Beratungspflichten nach sich. Für nach dem 11.11.2005 gezeichnete Beteiligungen ist die Verlustverrechnung in § 15b EStG neu geordnet worden. Danach können Verluste im Zusammenhang mit einem Steuerstundungsmodell weder mit Einkünften aus Gewerbebetrieb noch mit Einkünften aus anderen Einkunftsarten ausgeglichen werden; sie dürfen auch nicht nach § 10d EStG abgezogen werden. Die Verluste mindern allerdings die Einkünfte, die der Steuerpflichtige in den folgenden Wirtschaftsjahren aus der identischen Einkunftsquelle erzielt.

Beschränkung der Verlustverrechnung bei Verlustzuweisungsgesellschaften: Ein Steuerstundungsmodell liegt vor, wenn aufgrund einer modellhaften Gestaltung steuerliche Vorteile in Form negativer Einkünfte erzielt werden sollen. Dies ist der Fall, wenn dem Steuerpflichtigen aufgrund eines vorgefertigten Konzepts die Möglichkeit geboten werden soll, zumindest in der Anfangsphase der Investition Verluste mit übrigen Einkünften zu verrechnen. Dabei ist ohne Belang, auf welchen Vorschriften die negativen Einkünfte beruhen.

Folge: Ein Verlustausgleich ist nur mit Gewinnen aus derartigen Modellen möglich. Bei zusammen veranlagten Ehegatten können derartige Verluste des Ehegatten mit vergleichbaren Verlusten des anderen Ehegatten ausgeglichen werden. Kein Ausgleich mit anderen positiven Einkünften. Nicht ausgeglichene Verluste können nicht nach § 10d EStG vorgetragen werden, mindern jedoch die Einkünfte, die der Steuerpflichtige in den folgenden Wirtschaftsjahren aus derselben Einkunftsquelle erzielt (§ 15b EStG).

Wirksamkeit: Der § 15b EStG gem. Art. 1 Gesetz zur Beschränkung der Verlustverrechnung im Zusammenhang mit Steuerstundungsmodellen ist am 22.12.2005 in das EStG eingefügt worden und gilt rückwirkend seit dem 11.11.2005.

Vermächtnis Durch ein Vermächtnis kann der Erblasser ohne Erbeinsetzung einer Person einen Vermögensvorteil durch Testament oder Erbvertrag zuwenden. Der Vermächtnisnehmer hat gegenüber einem Erben den Vorteil, dass er nicht für die Verbindlichkeiten des Erblassers einzustehen hat (*§ 1939 u. a. BGB*).

Vermessungstermin Geregelt im Vermessungs- und Katastergesetz. Wenn Grenzen festgestellt, wiederhergestellt und abgemarkt werden, sind die Beteiligten zu laden. Über das Ergebnis des Termins wird ein Protokoll erstellt. Nicht anwesende Beteiligte sind die Ergebnisse durch Benachrichtigung oder durch Offenlegung bekannt zu geben.

Vermieterpfandrechtverzichtserklärung Damit eine Raumsicherungsübereignung als Kreditsicherheit bewertet werden kann, ist die Vorlage einer Vermieterpfandrechtverzichtserklärung erforderlich.

Vermögensbestände privater Haushalte Nahezu die Hälfte der Vermögensbestände mit einem Gesamtwert von ca. 10 Billionen € (100 %) entfallen auf Wohnimmobilien:

- 9 % Gebrauchsvermögen
- 43 % Geldvermögen
- 48 % Wohnimmobilien

Vermögensbeteiligungen von Arbeitnehmern Vorteile aus unentgeltlichen oder verbilligten Sachbezügen in Form von Kapitalbeteiligungen (z. B. Mitarbeiteraktien) oder Darlehensforderungen sind seit 2010 bis zu einem Höchstbetrag von 360 € im Kalenderjahr steuerfrei, sofern sie allen Arbeitnehmern offenstehen, die im Zeitpunkt der Bekanntgabe des Angebots ein Jahr oder länger ununterbrochen in einem gegenwärtigen Dienstverhältnis zum Unternehmen stehen (*§ 3 Abs. 39 EStG*).

Vermögensbildungsgesetz Arbeitnehmer können bestimmte Beträge direkt von ihrem Arbeitslohn einbehalten lassen, um damit eine längerfristige Kapitalbildung (Vermögensbildung) zu betreiben. Falls bestimmte Einkommensgrenzen nicht überschritten werden (staatliche Bausparförderung), werden zusätzlich Arbeitnehmersparzulagen gewährt. Die endgültige Einhaltung dieser Einkommensgrenzen wird durch den Steuerbescheid überprüft. Daher erfolgt die Gewährung der Sparzulage auch direkt durch das Finanzamt im Rahmen der Einkommensteuerveranlagung bzw. des Lohnsteuerjahresausgleichs.

Vermögenshaftung Ein Schuldner haftet dem Gläubiger grundsätzlich mit seinem gesamten Vermögen. Kann sich der Gläubiger durch Pfändungen oder Verwertungen nicht vollständig befriedigen, so hat der Schuldner auf Antrag des Gläubigers ein Vermögensverzeichnis vorzulegen und dessen Richtigkeit an Eides statt zu versichern (eidesstattliche Versicherung).

Vermögensteuer Eine Vermögensteuer wurde bis einschließlich 1996 erhoben und mit dem Jahressteuergesetz 1997 abgeschafft. Ursprüngliche Rechtsgrundlagen: Vermögensteuergesetz (VStG), Bewertungsgesetz, Durchführungsverordnung zum Bewertungsgesetz, Vermögensteuer-Richtlinien. Grundvermögen wurde mit 140 % des Einheitswertes, land- und forstwirtschaftliches Grundvermögen mit 100 % des Einheitswertes erfasst. Die Vermögensteuer betrug für natürliche Personen je nach Vermögensart 0,5 % bzw. 1 % und für Körperschaften und juristische Personen 0,6 % des steuerpflichtigen Gesamtvermögens. Mit dem halbierten Steuersatz für natürliche Personen wurden Betriebsvermögen, Aktien und GmbH-Anteile besteuert. Die Diskussion um die Wiedereinführung der Vermögensteuer oder einer veränderten Vermögensbesteuerung flammt immer wieder auf.

Vermögensverwaltung Die Verwaltung eigenen Vermögens ist grundsätzlich keine gewerbliche Tätigkeit. Die Vermögensverwaltung stellt aber dann eine gewerbliche Tätigkeit dar, wenn mit Gewinnerzielungsabsicht eine selbstständige, nachhaltige und nach außen erkennbare Tätigkeit entfaltet wird. Diese Auslegung gibt ständigen Anlass zu anhängigen, höchstrichterlichen Verfahren. In der Baufinanzierung sollte stets der Steuerberater hinzugezogen werden, wenn derartige Fragen zur Entscheidung anstehen.

Vermögensverzeichnis Formblatt, welches bei der Abgabe der eidesstattlichen Versicherung vom Schuldner ausgefüllt oder seit 1999 vom Gerichtsvollzieher aufgrund der Schuldnerangaben erstellt wird. Der Schuldner muss die Richtigkeit und Vollständigkeit an Eides statt versichern. Die Abgabe wird beim Vollstreckungsgericht in einem beschränktöffentlichen Vermögensverzeichnis vermerkt. Seit dem 1.1.2013 kann der Gerichtsvollzieher vom Schuldner gleichzeitig eine umfassende Vermögensauskunft verlangen, ohne dass zuvor erfolglose Pfändungen oder Vollstreckungen erfolgt sein müssen. Verweigert der Schuldner die Auskunft, kann der Gerichtsvollzieher behördliche Auskünfte über den Arbeitgeber, Konten und vom Schuldner gehaltene Fahrzeuge einholen.

vermögenswirksame Leistungen Meist aufgrund von Tarifverträgen oder auf Antrag des Mitarbeiters gezahlte Einkommensbestandteile, die in verschiedene Anlageformen eingebracht werden können. Aus nicht erklärbaren Gründen sind die vermögenswirksamen Leistungen kaum noch im Fokus, obwohl sie unverändert genutzt werden können. Bei Berücksichtigung von Einkommensgrenzen werden dafür Arbeitnehmersparzulagen gewährt. Durch regelmäßige Zahlung werden folgende Kapitalbeträge gebildet:

Laufzeit in Jahren	Zins 1 %	Zins 1,75 %	Zins 2 %	Zins 2,5 %	Zins 3 %	Zins 4 %	Zins 5 %
7	3.470	3.564	3.596	3.660	3.726	3.861	4.011
13	6.644	6.983	7.101	7.343	7.595	8.129	8.706
19	10.013	10.778	11.048	11.614	12.215	13.529	15.010
25	13.589	14.989	15.484	16.567	17.731	20.361	23.458
31	17.385	19.662	20.500	22.311	24.318	29.007	34.780

Vermögenszuwachsrechnung Schätzungsmethode, neben der Geldverkehrsrechnung, die nicht verbuchte Betriebseinnahmen und Ausgaben nachweisen kann. Beide Verprobungen gehen von dem Ursprungsgedanken aus, dass innerhalb eines Betriebes und/oder Haushaltes die Verwendung von Mitteln für den Verbrauch aber vor allem auch die Vermögensanlage belegt sein muss.

Verpfändung der Ansprüche aus einer Unfallzusatzversicherung In vielen Darlehensverträgen, speziell von Lebensversicherungsgesellschaften, ist die generelle Verpfändung der Todesanfallansprüche und der Berufsunfähigkeitsrentenversicherung bereits eingearbeitet. Werden allerdings zusätzlich die Erlebensfallansprüche einschließlich Beitragsdepot verpfändet, müssen die Vorschriften des Steueränderungsgesetzes 1992 beachtet werden.

Verpfändungserklärung Eine Verpfändung ist eigentlich formfrei, in der Praxis erfolgt jedoch aus Gründen der Beweissicherung immer eine schriftliche Verpfändungserklärung. Zusätzlich zu der Verpfändungserklärung wird seitens des Kreditinstituts eine Sicherungszweckerklärung hereingenommen. Die Verpfändung von Ansprüchen aus Altersvorsorgeverträgen ist gesetzlich ausgeschlossen.

Verrechnungsstundung Wenn ein Steuerpflichtiger glaubhaft machen kann, dass er demnächst eine Steuererstattung zu erwarten hat, kann er für fällige Steuern eine Verrechnungsstundung verlangen. Dabei kann das Finanzamt nicht einwenden, dass ein Erstattungsanspruch erst dann gegeben ist, wenn die Steuererklärung abgegeben und beschieden worden ist.

Versicherungsbeiträge Bestandteil der Sonderausgaben. Hierzu zählen Aufwendungen zur gesetzlichen Sozialversicherung, freiwillige Angestellten-, Arbeiterrenten-, Höherversicherungen, Krankenversicherungsbeiträge, Unfall- und Lebensversicherungsbeiträge, Haftpflichtversicherungsaufwendungen.

Versicherungspflichtgrenze bei der Krankenversicherung Die Versicherungspflichtgrenze legt fest, bis zu welcher Höhe des Bruttoarbeitsentgelts eine Versicherungspflicht in der gesetzlichen Krankenversicherung besteht. Wer als sozialversicherungspflichtiger Arbeitnehmer mehr verdient, kann in eine private Krankenversicherung wechseln oder als freiwilliges Mitglied in der gesetzlichen Krankenversicherung versichert bleiben.

Jahr	Jährliches Einkommen (€)	Monatliches Einkommen (€)
2007	47.700	3.975
2008	48.150	4.013
2009	48.600	4.050,00
2010	49.950	4.162,50
2011	49.500	4.125,00
2012	50.850	4.237,50
2013	52.200	4.350,00

Versorgungsausgleich bei Betriebsrenten Das Versorgungsausgleichsrecht regelt bei Scheidungen, dass die Rentenansprüche der Ex-Ehepartner, die während der Ehezeit erworben wurden, je zur Hälfte geteilt werden. Das Gesetz sieht dabei in erster Linie vor, dass der ausgleichsberechtigte Partner einen eigenen Vertrag beim Versorgungsträger des geschiedenen Ehepartners erhält. Diese sogenannte interne Teilung wird oftmals jedoch insbesondere dann nicht zustande kommen, wenn der Arbeitgeber den Ex-Partner als Betriebsfremden nicht in sein Versorgungswerk aufnehmen will. Dann besteht die Möglichkeit, die 2009 gegründete Versorgungsausgleichskasse (VAUSK) einzuschalten, auf die dann die Leistungen übertragen werden (externe Teilung).

Versorgungsbezüge Von den Versorgungsbezügen (Pensionen, Betriebsrenten) bleibt ein Betrag von 40 % dieser Bezüge, höchstens jedoch insgesamt ein Betrag von 3.900 € p.a. (für alle Versorgungsbezugsempfänger, die bereits vor dem Veranlagungszeitraum 2005 Versorgungsbezüge erhalten haben) steuerfrei (*§ 19 Abs. 2 EStG*). Seit 2006 ändert sich dies aufgrund des Alterseinkünftegesetzes sukzessive für alle „Neupensionäre".

Versorgungsfreibetrag Im Falle einer Erbschaft können überlebende Ehegatten und die Kinder zusätzliche Versorgungsfreibeträge in Anspruch nehmen, die nicht auf die normalen Erbschaft/Schenkungsteuerfreibeträge angerechnet werden (*§ 17 ErbStG*). Diese Versorgungsfreibeträge werden allerdings gekürzt um den Kapitalwert von Versorgungsbezügen, die den Berechtigten zustehen und die nicht der Erbschaftsteuer unterliegen.

Ehegatten	256.000 €
Eingetragene Lebenspartner	256.000 €
Kinder bis 5 Jahre	52.000 €
Kinder über 5 bis 10 Jahre	41.000 €
Kinder über 10 bis 15 Jahre	30.700 €
Kinder über 15 bis 20 Jahre	20.500 €
Kinder über 20 bis 27 Jahre	10.300 €

Versorgungslücke Bezeichnung für die nach dem Eintritt des Ruhestandes, der Berufs- oder Erwerbsunfähigkeit entstehende finanzielle Lücke. Diese ergibt sich zwangsläufig bei Wegfall des „normalen" Arbeitseinkommens und dem daran anschließenden Bezug der gesetzlichen Rentenversicherung. Mit der gesetzlichen Rente kann der bisherige Lebensstandard nicht gehalten werden. Als ausreichende Versorgung im Ruhestand gelten 2/3 des letzten Bruttoeinkommens. Der Rentner zahlt zwar weniger an Steuern und die Aufwendungen für die Rentenversicherung und die Arbeitslosenversicherung fallen ganz weg, dafür erhöhen sich die Zahlungen für den Gesundheitsfonds und die Pflegeversicherung. Die Rentenzahlung liegt im Durchschnitt bei etwa 50 % des letzten Nettoeinkommens und wird sich durch vielfältige Rentenreformen für künftige Rentner noch deutlich verschlechtern. Der Versorgungslücke sollte frühzeitig durch die Riester-Rente, betriebliche Altersvorsorge und sonstige private Vorsorge begegnet werden.

Versorgungsrente Wird der Wert einer Rente weniger nach dem Wert des Grundstücks als nach den Lebensbedürfnissen des Rentenberechtigten bemessen, so sind Leistung und Gegenleistung nicht nach wirtschaftlichen Grundsätzen gegeneinander abgewogen worden. Der Zeitwert der Immobilie muss mindestens die Hälfte des Wertes der Rentenverpflichtung betragen. In diesem Fall handelt es sich um eine Versorgungsrente, die nicht überwiegend auf gesetzlicher Unterhaltspflicht beruht (*§ 10 Abs. 1 Nr. 1 a Satz 2 EStG*). Der Verpflichtete kann den Ertragsanteil als Sonderausgabe abziehen, der Berechtigte muss den Ertragsanteil nach *§ 22 Nr. 1 EStG* versteuern. Dennoch ist diese Regelung vor allem dann steuerlich interessant, wenn die Beteiligten stark voneinander abweichende Steuerbelastungsquoten aufweisen.

Verteilung der Freibeträge Werden Lohnsteuer-Freibeträge von zwei berufstätigen Eheleuten beantragt, so ist auch die Verteilung der Freibeträge frei zu wählen. Sinn ist dabei, die beiden Einkommen so zu nivellieren, dass die Progressionswirkung weitgehend (oder vollständig) ausgeglichen wird. So ist der Freibetrag dazu zu verwenden, beide Einkommen einander anzugleichen.

Beispiel

Einkommen Ehemann: 58.000 €
Einkommen Ehefrau: 42.000 €
Freibetrag insgesamt: 22.000 €
Optimale Verteilung
Ehemann: 19.000 € Freibetrag
Ehefrau: 3.000 € Freibetrag

Vertragsbeginn Der Bausparvertrag beginnt ab dem in der Annahmeurkunde genannten Datum.

Vertragstreuhänder Der auch Basistreuhänder genannte Vertragstreuhänder, wird in fremdem Namen und für fremde Rechnung tätig; seine Hauptaufgabe ist es, für Anleger im Zusammenhang mit der Durchführung von Steuermodellen die notwendigen Verträge mit den Objektbeteiligten abzuschließen.

Vertrauensschutz Bei der Aufhebung oder Änderung eines Steuerbescheides nach *§ 176 AO d*arf nicht zu Ungunsten des Steuerpflichtigen berücksichtigt werden, dass

1. das Bundesverfassungsgericht die Nichtigkeit eines Gesetzes feststellt, auf der die bisherige Steuerfestsetzung beruht;
2. ein oberster Gerichtshof des Bundes (z. B. BFH) eine Norm, auf der die bisherige Steuerfestsetzung beruht, nicht anwendet, weil er sie für verfassungswidrig hält;
3. sich die Rechtsprechung eines obersten Gerichtshofes des Bundes geändert hat, die bei der bisherigen Steuerfestsetzung von der Finanzbehörde angewandt worden ist. Dieser Vertrauensschutz gilt daher auch für den Fall, dass z. B. das Steueramnestiegesetz für verfassungswidrig erklärt würde.

Verwaltungszwangsverfahren Ein Verwaltungszwangsverfahren kann eingeleitet werden:

- nach der Abgabenordnung: durch die Finanzämter und die Hauptzollämter
- nach der Justizbeitreibungsordnung: durch die Gerichtskassen
- nach den Verwaltungsvollstreckungsgesetzen: auf Landesebene durch Ersuchen der Deutschen Post, AOK, Stadtkassen etc.

Verweigerung eines Kontos Die privaten Kreditinstitute haben sich eigentlich eine Selbstverpflichtung auferlegt, für jedermann ein Konto zu eröffnen. Ein Rechtsanspruch darauf besteht aber nicht. Die meisten Geldinstitute holen sich vor Kontoeröffnung aufgrund der sogenannten SCHUFA-Klausel Informationen ein und lehnen ggf. danach eine Kontoeröffnung ab. Die Sparkassen sind in vielen Bundesländern rechtlich verpflichtet, zumindest Guthabenkonten einzurichten. Sind Kontopfändungen zu befürchten, sollte entweder sofort ein Pfändungsschutzkonto eingerichtet oder das bestehende Konto darauf umgestellt werden (*§ 850k Zivilprozessordnung*).

Verzug Ein Schuldner gerät nach den gesetzlichen Bestimmungen in Verzug, wenn seine Leistung fällig ist und der Gläubiger die Zahlung anmahnt. Im Baubereich setzt Verzug stets Verschulden voraus, d. h. der Verzug muss auf einem Umstand beruhen, den der Schuldner zu vertreten hat. Leistet der Schuldner auf eine Mahnung des Gläubigers nicht, die nach dem Eintritt der Fälligkeit erfolgt, so kommt er durch die Mahnung in Verzug. Der Mahnung stehen die Erhebung der Klage auf die Leistung sowie die Zustellung eines Mahnbescheids im Mahnverfahren gleich (*§ 286 BGB*).

Verzugszinsen Mit einer Kreditkündigung wird die gesamte Kreditsumme zuzüglich aufgelaufener Zinsen und Kosten zur sofortigen Rückzahlung fällig. Außerdem ist der Kreditgeber berechtigt, zusätzlich Verzugszinsen zu berechnen. Diese betragen nach § 288 BGB fünf Prozentpunkte über dem Basiszinssatz. Von Zinsen sind keine Verzugszinsen zu entrichten. Bei Rechtsgeschäften, an denen kein Verbraucher beteiligt ist, liegen die Verzugszinsen bei 8 % über dem Basiszinssatz. Für Immobiliardarlehensverträge beträgt der Verzugszinssatz 2,5 % über dem Basiszinssatz (§ 503 (2) BGB). Der BGH hat darüber hinaus entschieden, dass Kreditinstitute aus der Notlage eines Kreditkunden kein Kapital schlagen dürfen, indem sie zusätzlich zum Verzugszins noch den am entgangenen Vertragszins orientierten Erfüllungsschaden (also eine Vorfälligkeitsentschädigung) fordern (*XI ZR 512/11*).

Vielfachschuldner Kreditinstitute messen normalerweise die Verschuldung eines Kreditnehmers nur an seinen Bankschulden. Viel verbreiteter und „gefährlicher" sind jedoch die sonstigen Belastungen der Vielfachschuldner. Hier sind zu nennen: Mietrückstände; Abzahlungsverpflichtungen bei Kauf- und Versandhäusern; Schulden des täglichen Lebens (Lebensmittelhändler, Mobilfunkbetreiber, Handy- und Telefonnetzanbieter); Kontoüberziehungen; Gehaltsvorschüsse; Rückstände bei Finanzamt, Krankenkasse, Versicherungen, Arbeitsamt, Sozialamt; rückständige Unterhaltsleistungen. Diese Vielzahl von Schulden kann eher als eine betragsmäßig höhere Bankschuld den finanziellen Kollaps einleiten.

Vier-Augen-Prinzip Im Finanzierungsbereich angewandtes Kontrollprinzip bei der Genehmigung und Verwaltung von Kreditengagements jeder Art. Bei den Genossenschafts- und Volksbanken ist auch die Geschäftsleitung nach diesem Prinzip begründet. Bei Einsatz von computerunterstützten Scoring-Verfahren ist es inzwischen durchaus üblich, dass der PC das zweite Augenpaar ersetzt.

Vollständig liquide Besicherung Ein Kreditengagement hat eine vollständig liquide Besicherung, sofern in Höhe der Kreditvormerkung liquide Mittel in rechtlich einwandfreier Form haftbar gemacht worden sind.

Vollstreckungsunterwerfung Die Eintragungsbewilligung bei Grundpfandrechten durch den Schuldner erfolgt bei dem eingeschalteten Notar. Die Eintragungsurkunde enthält üblicherweise eine Zwangsvollstreckungs- oder Unterwerfungsklausel. Damit unterwirft sich der Schuldner der sofortigen Zwangsvollstreckung in sein gesamtes Vermögen (*§§ 794, 799, 800 ZPO*). Praktisch bedeutet dies, dass der Kreditnehmer durch diese Vollstreckungsunterwerfung dem Gläubiger einen sofort vollstreckbaren Titel zur Verfügung stellt, aus dem der Gläubiger bei Zahlungsverzug ohne Zeitverlust und ohne weiteren Aufwand sofort vollstrecken kann.

Vollverzinsung Im Zusammenhang mit der Steuerreform 1990 wurde sowohl für Steuererstattungen als auch Steuernachforderungen eine Vollverzinsung eingeführt (*§ 233 a*

Abgabenordnung). Dies bedeutet, dass Nachzahlungen und Erstattungen bei der Einkommensteuer, der Körperschaftsteuer, der Vermögen-, Umsatz- und Gewerbesteuer nach Ablauf einer Karenzzeit von 15 Monaten seit Entstehung des jeweiligen Anspruchs bis zur Fälligkeit, längstens jedoch für vier Jahre mit 0,5 % für jeden vollen Monat verzinst werden. Die Vollverzinsung soll die Abgabe der Steuererklärungen beschleunigen.

Voraus des Ehegatten Nach *§ 1932 BGB* erhält jeder überlebende Ehegatte, der gesetzlicher Erbe wird – also nicht in einer letztwilligen Verfügung (Testament, Erbvertrag) bedacht wurde – vorab und zusätzlich zu seinem Erbteil den sogenannten Voraus. Das sind die zum gemeinsamen Haushalt gehörenden Gegenstände (z. B. Möbel, Teppiche, Haushaltsgeräte, Bücher, Bilder und das gemeinsam genutzte Familienauto).

Vorauszahlungen im Insolvenzfall Vorauszahlungen im Insolvenzfall für ein Bauvorhaben, für das wegen des Konkurses des Bauunternehmers Herstellungsleistungen nicht erbracht worden sind, können vom Bauherrn bei den Einkünften aus Vermietung und Verpachtung als Werbungskosten abgezogen werden (*EStG § 7 Abs. 1, § 9 Abs 1, Satz*).

Vorauszahlungsbescheid Mit dem Vorauszahlungsbescheid werden die Vorauszahlungsbeträge festgesetzt, die der Steuerpflichtige für den laufenden Veranlagungszeitraum voraussichtlich schulden wird (*§ 37 EStG*). Die Beträge sind vierteljährlich jeweils zum 10. März, 10. Juni, 10. September und 10. Dezember fällig. Bemessungsgrundlage ist dabei grundsätzlich die Einkommensteuer, die sich bei der letzten Veranlagung ergeben hat. Wird der Gewinn durch Bestandsvergleich ermittelt, kommt eine Herabsetzung der Vorauszahlungen nur dann in Betracht, wenn der Steuerpflichtige die Herabsetzung nach amtlich vorgeschriebenem Vordruck beantragt. Vorauszahlungen sind nur festzusetzen, wenn sie mindestens 400 € im Kalenderjahr und mindestens 100 € für einen Vorauszahlungszeitpunkt betragen.

Vorbehalt der Nachprüfung Damit die Veranlagung durch einzelne, zum Zeitpunkt der Einreichung der Steuererklärung nicht zu klärende Fragen nicht unnötig verzögert wird, kann die Finanzbehörde einen Bescheid erteilen, der den Vorbehalt der Nachprüfung enthält (*§ 164 AO*). Falls ein Kreditinstitut den Bescheid als Einkommensnachweis erhalten hat, wird es sich nachweisen lassen, dass die Nachprüfung nicht zu einer größeren Nachversteuerung geführt hat.

Vorbehaltsaufhebung Ein mit dem Vorbehalt der Nachprüfung nach *§ 164 AO* festgesetzter Steuerbescheid kann jederzeit aufgehoben werden. Die Vorbehaltsaufhebung steht also einer Steuerfestsetzung ohne Vorbehalt der Nachprüfung gleich. Wird ein Steuerbescheid mit dem Vorbehalt nach *§ 164 AO* als Einkommensnachweis hereingenommen, so ist die Vorbehaltsaufhebung abzuwarten und zu kontrollieren.

Vorerben Hat der Erblasser angeordnet, dass der eingesetzte Erbe die Erbschaft erst mit dem Eintritt eines bestimmten Zeitpunktes oder Ereignisses erhalten soll, ohne zu bestimmen, wer bis dahin Erbe werden soll, so sind die gesetzlichen Erben des Erblassers die Vorerben (*§ 2100 ff. BGB, § 51 GBO, § 6 ErbStG*).

Vorfälligkeitsentschädigung Entgelt für die vorzeitige Rückzahlung eines Darlehens während der Zinsbindungsfrist. Die Vorfälligkeitsentschädigung ist gesetzlich geregelt und gleicht den entgangenen Gewinn der Kreditinstitute für dieses Darlehen aus. Der Darlehensgeber kann im Fall der vorzeitigen Rückzahlung eine angemessene Entschädigung für den unmittelbar mit der vorzeitigen Rückzahlung zusammenhängenden Schaden verlangen, wenn der Darlehensnehmer zum Zeitpunkt der Rückzahlung Zinsen zu einem bei Vertragsabschluss vereinbarten, gebundenen Sollzinssatz schuldet (*§ 502 BGB*).

Für Immobiliardarlehensverträge gelten besondere Bestimmungen, insbesondere dann, wenn das Darlehen seitens des Kreditinstitutes gekündigt worden ist (*BGH XI ZR 512/11*).

Vorläufige Steuerfestsetzung Soweit ungewiss ist, ob die Voraussetzungen für die Entstehung einer Steuer eingetreten sind, kann sie vom zuständigen Finanzamt vorläufig festgesetzt werden (*§ 165 AO*). Der Umfang und der Grund der Vorläufigkeit müssen im Bescheid erläutert sein. Darauf wird ein Kreditsachbearbeiter achten. Eine Änderung oder Aufhebung der Festsetzung ist jederzeit möglich. Die vorläufige Steuerfestsetzung kann mit einer Steuerfestsetzung unter dem Vorbehalt der Nachprüfung verbunden werden. Bedingt durch die Vielzahl von schwebenden Verfahren kann die vorläufige Steuerfestsetzung auch erfolgen, wenn die Auslegung eines Steuergesetzes Gegenstand eines Verfahrens bei dem Bundesfinanzhof ist.

Soweit die Finanzbehörde eine Steuer vorläufig festgesetzt hat, kann sie die Festsetzung aufheben oder ändern. Wenn die Ungewissheit beseitigt ist, ist eine vorläufige Steuerfestsetzung aufzuheben, zu ändern oder für endgültig zu erklären. Die Ungewissheit endet beispielsweise, sobald feststeht, dass die Grundsätze der Entscheidung des Bundesfinanzhofs über den entsprechenden Einzelfall hinaus allgemein anzuwenden sind.

Vorläufiger Insolvenzverwalter Das Insolvenzgericht kann jede geeignete und von Gläubigern und Schuldnern unabhängige, natürliche Person zum vorläufigen Insolvenzverwalter bestellen. Im Rahmen des § 22 InsO werden die Pflichten und Befugnisse festgelegt. Legt das Gericht dem Schuldner ein allgemeines Veräußerungsverbot nahe, hat er entsprechende Verwaltungs- und Verfügungsbefugnisse. Der vorläufige Insolvenzverwalter hat das Schuldnervermögen unter Aufsicht des Gerichts zu sichern und zu erhalten, sowie das Schuldnerunternehmen bis zur Entscheidung über die Eröffnung des Insolvenzverfahrens fortzuführen (*§ 22 Abs. 1 InsO*). Droht bei Betriebsfortführung eine weitere Verschlechterung der Vermögenssituation kann er mit Zustimmung des Gerichts den Geschäftsbetrieb auch stilllegen (*§ 22 Abs. 1 Nr. 2 InsO*). Der vorläufige Insolvenzverwalter wird auch prüfen, ob das Schuldnervermögen die Verfahrenskosten decken wird. Er kann außerdem beauftragt werden, die Fortführungsaussichten zu prüfen. Dazu kann er die Geschäftsräume des Schuldnerunternehmens betreten, vom Schuldner alle Auskünfte verlangen und die Geschäftsunterlagen einsehen (§ 22 Abs. 3 InsO).

Vorläufiger Steuerbescheid Ähnlich dem Verfahren beim Vorbehalt der Nachprüfung wird durch diesen Bescheid zwar ein Ergebnis ausgewiesen, die Angelegenheit jedoch für das Finanzamt und den Steuerzahler in der Schwebe gehalten. Es besteht auch die Möglichkeit, dass nur Teile des Bescheides vorläufig sind. Enthält der einer Finanzierung zu Grunde liegende Steuerbescheid einen Hinweis darauf, dass der Bescheid ganz oder in Teilen vorläufig ist, so muss darauf geachtet werden, dass der endgültige Bescheid unbedingt nachgereicht wird.

Vorruhestand Das Vorruhestandsgesetz wurde 1989 durch das inzwischen ebenfalls aufgehobene Altersteilzeitgesetz abgelöst. Natürlich werden laufende Verträge noch abgewickelt. Eine staatliche Förderung von derartigen Programmen zur Frühverrentung ist nicht mehr zeitgemäß. Unabhängig davon existieren Betriebsvereinbarungen, die sich jedoch an den aktuellen Möglichkeiten zum frühestmöglichen Renteneintritt orientieren.

Vorruhestandsleistungen Vorruhestandsleistungen gehören zu den Einnahme aus einem früheren Dienstverhältnis (*§ 19 Abs. 1 EStG*), sind also Einkünfte aus nicht selbstständiger Arbeit und unterliegen damit dem Lohnsteuerabzug. Der vom Arbeitgeber zusätzlich zu leistende Beitragsanteil zur Pflichtversicherung des ausgeschiedenen Arbeitnehmers in der gesetzlichen Kranken- und Rentenversicherung ist steuerfrei. Vorruhestandsleistungen werden ansonsten wie Entlassungsabfindungen behandelt.

Vorschaltfinanzierung Während der Hochzinsphasen gebräuchlicher Baufinanzierungskredit, der überwiegend im Kontokorrentbereich angesiedelt ist. Die Vorschaltfinanzierung erfolgt mit dem Ziel, in längerfristige Darlehensformen umzusteigen, sobald das Zinsniveau entsprechend niedrig ist.

Vorschusszinsen Vorschusszinsen sind ein Entgelt, das anfällt, wenn vorzeitig über noch nicht frei verfügbare Spareinlagen verfügt wird. Dies kann z. B. der Fall sein, wenn mehr als der vertraglich geregelte Betrag abgehoben wird.

Vorsorgeaufwendungen Vorsorgeaufwendungen sind überwiegend Versicherungsbeiträge und können – mit bestimmten Höchstbeträgen – als Sonderausgaben geltend gemacht werden.

Zu den übrigen Vorsorgeaufwendungen gehören die Sozialversicherungs-aufwendungen:

- Beiträge zur Krankenversicherung
- Beiträge zur Pflegeversicherung
- Beiträge zur Arbeitslosenversicherung

aber auch

- Beiträge zu Unfall- und Haftpflichtversicherungen
- Beiträge zu Risikolebensversicherungen
- Beiträge zu Kapitallebensversicherungen (zu 88 %), die vor dem 1.1.2005 abgeschlossen worden sind und für die in 2004 auch ein Versicherungsbeitrag entrichtet wurde

Vorsorgehöchstbeträge Durch das Alterseinkünftegesetz werden seit 2005 die Sonderausgaben und damit die Vorsorgeaufwendungen anders behandelt. Arbeitnehmer, Rentner, Pensionäre und Selbstständige können dabei wie zuvor ihre Versicherungsbeiträge nur in beschränktem Umfang als Sonderausgaben ansetzen. Es ist daher sinnvoll, in jedem Fall darauf zu achten, dass mindestens diese Vorsorgehöchstbeträge auch voll ausgeschöpft werden, zumal das Finanzamt anhand einer Günstigerprüfung in den Jahren 2005 bis 2019 feststellt, welche Regelung für den Steuerzahler am günstigsten ist. Aus der nachstehenden Tabelle sind die Vorsorgehöchstbeträge und die dazu notwendigen Aufwendungen zu ersehen:

Steuerzahler	Notwendige Aufwendungen	Vorsorgehöchstbeträge
Beamte (Alleinstehende/Ehepaare)	2.668 €	2.001 €
	5.336 €	4.002 €
Rentner, Pensionäre, Selbstständige (Alleinstehende/Ehepaare)	5.736 €	5.069 €
	11.472 €	10.138 €

Vorsorgepauschale Bei Arbeitnehmern werden die Vorsorgeaufwendungen durch den Ansatz einer Vorsorgepauschale berücksichtigt, wenn nicht Vorsorgeaufwendungen nachgewiesen werden, die im Rahmen der Höchstbetragsrechnung zu einem höheren Sonderausgabenabzug führen (§ 10c Abs. 2 bis 4 EStG). Die Vorsorgepauschale beträgt höchstens 1.500 € p.a., ist bei zusammen veranlagten Ehegatten für jeden Ehegatten gesondert zu ermitteln und ggf. zu verdoppeln.

Vorsteuer In einer Rechnung enthaltene Umsatzsteuer (Mehrwertsteuer), die von dem Rechnungsempfänger ggf. als Vorsteuer angerechnet werden kann, wenn seine Gesamtumsätze der Umsatzsteuer unterworfen sind. Multiplikatoren zum Herausrechnen der Vorsteuer, also der in einem Gesamtrechnungsbetrag enthaltenen Umsatzsteuer:

Mehrwertsteuersatz (%)	Multiplikator
Bei 7	0,0654
Bei 16	0,1379
Bei 19	0,1596

Vorsteuerkorrektur Ändern sich bei einem Wirtschaftsgut, das nicht nur einmalig zur Ausführung von Umsätzen verwendet wird, innerhalb von fünf Jahren ab dem Zeitpunkt der erstmaligen Verwendung die für den ursprünglichen Vorsteuerabzug maßgebenden Verhältnisse, so ist für jedes Kalenderjahr der Änderung ein Ausgleich durch eine Berichtigung des Abzugs der auf die Anschaffungs- oder Herstellungskosten entfallenden Vorsteuerbeträge vorzunehmen (*§ 15 a UStG.*) Bei Grundstücken tritt an die Stelle des Zeitraums von fünf Jahren ein Zeitraum von zehn Jahren.

Vorzeitige Kündigung Bei Darlehen mit gebundenem Sollzinssatz sind Tilgungsleistungen über die vereinbarte (Sonder-)Tilgung hinaus während des Sollzinsbindungszeitraumes nicht zulässig. Wenn nach vollständigem Empfang des Darlehens mehr als sechs Monate abgelaufen sind, können Darlehen mit einer Frist von drei Monaten gekündigt werden, wenn ein berechtigtes Interesse besteht, z. B. wenn die Immobilie verkauft wird. In diesem Fall muss der Darlehensnehmer dem Darlehensgeber den dadurch entstehenden Schaden ersetzen.

Votierung Unter Votierung wird im Unterschied zum Rating das reine Kreditvotum im Sinne eines Ja/Nein-Entscheidungsvorschlages für die Kreditvergabe verstanden. Die Votierung eines Kompetenzträgers beinhaltet somit den Vorschlag, einen Kredit zu gewähren oder zu versagen. Die Votierung ist nicht mit der Kreditentscheidung gleichzusetzen, sondern bereitet sie vor.

Das Votierungsverfahren unterstützt die Kreditentscheidung nach dem Vieraugenprinzip. Unter bankindividuellen Risikogesichtspunkten werden bestimmte Kriterien vorgegeben, die sich an Geschäftsarten und Kreditgrößen orientieren.

W: Währungsrisiko – wohnwirtschaftliche Verwendung

Währungsrisiko Bei Geldaufnahme oder Geldanlage in ausländischen Währungen besteht ein Währungsrisiko aufgrund der Nichtvorhersehbarkeit der Entwicklung der Wechselkurse.

Wasserbuch Amtliches Verzeichnis über verschiedene Wasserrechte, geführt bei den zuständigen Wasserwirtschaftsämtern. Sind deren Rechte tangiert, reagiert die Behörde direkt, wie auch bei Zwangsversteigerungsverfahren. Bei der Bewertung von Objekten, bei denen Wasserrechte eine Rolle spielen könnten (Mühlen, Wasserburgen, aber auch Brauereien, Industriebetriebe), wird der Gutachter das Wasserbuch einsehen und im Gutachten ggf. auch auf bedeutsame Punkte daraus hinweisen.

Wasserhaushaltsgesetz In der Grundsatzvorschrift des § *1 a Abs. 3* wird klargestellt, dass das Wasserhaushaltsgesetz die Gewässer einer vom Grundeigentum losgelösten öffentlich-rechtlichen Benutzungsordnung unterstellt. Das Gesetz dient u. a. zur Verhinderung der Gewässerverunreinigung, regelt die Einleitung der Abwässer und der Gewässerbenutzung. In den §§ 2 und 23 ist die private Versorgung mit Wasser und in § 33 die Grundwasserentnahme geregelt.

Wasserschutzgebiete Wasserschutzgebiete können festgesetzt werden, soweit es das Wohl der Allgemeinheit erfordert, Gewässer im Interesse der derzeit bestehenden oder künftigen öffentlichen Wasserversorgung vor nachteiligen Einwirkungen zu schützen oder das Grundwasser anzureichern, oder das schädliche Abfließen von Niederschlagswasser sowie das Abschwemmen und den Eintrag von Bodenbestandteilen, Dünge- oder Pflanzenbehandlungsmitteln in Gewässer zu verhüten. In diesen Gebieten können bestimmte Handlungen verboten oder Nutzungsbeschränkungen auferlegt werden. Bei Bauvorhaben oder Finanzierungen in solchen Gebieten sind Auflagen in der Baugenehmigung zu beachten.

WebSign Neues und zusätzliches Legitimationsverfahren beim Internet-Banking und Broking. WebSign ist ein Zugangsweg, der zusätzlich zum bereits bewährten PIN/TAN – Verfahren eingeführt worden ist. Zur Nutzung von WebSign benötigt der Kunde eine persönliche Chipkarte mit Geheimzahl, ein an den PC angeschlossenes Chipkarten-Lesegerät und die Freischaltung zum Online-Banking und die Anmeldung zum WebSign.

Wegerecht Recht zum Gehen, Fahren, Reiten und Viehtreiben. Bei einer Beleihung oder Bewertung werden die Auswirkungen des Rechts geprüft (§§ *1018 bis 1029 BGB*).

Wechsel des Kreditinstituts Einem völligen Institutswechsel sind möglicherweise erhebliche Grenzen gesetzt, insbesondere wenn langjährige Kreditbeziehungen bestehen oder bestanden haben:

- Ein Wechsel ist nur sinnvoll, wenn damit auch ein Institutsgruppenwechsel verbunden ist (also Privatbank, Sparkasse oder Volksbank).
- Es wird wieder verstärkt auf das Regionalprinzip geachtet.
- Viele ausländische Kreditinstitute ziehen sich aus diesem Geschäftsfeld zurück.
- Die Mindestanforderungen an das Kreditgeschäft werden nach und nach überall umgesetzt.
- Einzelne Banken haben Kundensegmentierungen vorgenommen.
- Banken ändern ihre Geschäftspolitik.
- Banken haben sich spezialisiert.
- Der Kunde muss einwandfreie Verhältnisse und gute Gründe nennen können, wenn mit dem Wechsel auch vorhandene Kreditengagements übernommen werden müssen.
- Das Ratingverfahren ist möglicherweise unterschiedlich, d. h. auch das Rating könnte anders ausfallen.
- Man muss vorzeitig abklären, wie die Sicherheitenbewertung vorgenommen wird.
- Die Wechselkosten sind nicht zu unterschätzen.
- Man muss geklärt haben, ob öffentliche Förderprogramme unterstützt werden.
- Bearbeitungszeiten verlängern sich für Neukunden aufgrund der aufsichtsrechtlich vorgeschriebenen Bearbeitungsstandards.

Wegfall der Geschäftsgrundlage Grundsätze dazu basieren auf der Generalklausel des § 242 BGB, dem Grundsatz von Treu und Glauben im Rechtsverkehr. Nach ständiger Rechtsprechung wird die Geschäftsgrundlage eines Vertrages gebildet durch die nicht zum Vertragsinhalt erhobenen, aber bei dem Vertragsschluss zutage getretenen, dem Geschäftsgegner erkennbaren und von ihm nicht beanstandeten Vorstellungen des einen Vertragsteils oder durch entsprechend gemeinsame Vorstellungen beider Vertragspartner, auf denen der Geschäftswille aufbaut. Die Geschäftsgrundlage kann infolge nachträglicher Ereignisse wegfallen oder wesentlich erschüttert werden; sie kann aber auch von Anfang an fehlen, weil sich die Vertragsparteien hinsichtlich einer wesentlichen Voraussetzung des Geschäfts in einem beiderseitigen Irrtum befunden haben. Der Wegfall der Geschäftsgrundlage wird allerdings nur dann rechtlich erheblich, wenn und soweit der Fortbestand des Vertrages wegen der veränderten Situation zu einem nicht mehr tragbaren Ergebnis führt. Er führt grundsätzlich nicht zur Auflösung des Vertrages, sondern zur Anpassung des Vertragsinhaltes unter Berücksichtigung aller maßgeblichen Umstände des Einzelfalls.

weiche Einflussfaktoren Qualitative Einflussfaktoren, die sogenannten weichen Kriterien (Gegensatz dazu sind die harten Einflussfaktoren) dienen dazu, zusätzliche Informationen über den Kreditnehmer und sein Unternehmen zu erhalten, die nicht aus den ausgewerteten finanzwirtschaftlichen Daten resultieren. Diese weichen Faktoren haben nur einen mittelbaren Einfluss auf das Ratingergebnis, sind jedoch aus betriebswirtschaftlicher Sicht relevant, da sie den langfristigen Geschäftsverlauf beeinflussen:

- Unternehmensführung und -organisation
- Nachfolgeregelung
- Qualität des Rechnungswesens
- Positionierung im Wettbewerb
- Forschungs- und Entwicklungsaufwand
- zukünftige Strategie
- Abhängigkeiten von Lieferanten und Abnehmern

Werbungskostenpauschbetrag Für Werbungskosten sind bei der Ermittlung der Einkünfte Pauschbeträge (§ 9a EStG) abzuziehen, falls nicht höhere Werbungskosten nachgewiesen werden.

- *Einkünfte aus unselbstständiger Arbeit*: Seit 2011 liegt der Werbungskostenpauschbetrag bei 1.000 €. Soweit es sich bei den Einkünften um Versorgungsbezüge handelt, beträgt der Pauschbetrag 102 €. Durch die Pauschalierung erübrigt sich für viele Steuerzahler der Einzelnachweis.
- *Einkünfte aus Kapitalvermögen*: Der Pauschbetrag von 51 € für Ledige bzw. 102 € für zusammen veranlagte Ehegatten ist seit 2008 weggefallen. Seitdem gibt es einen Sparerpauschbetrag von 801/1602 €.
- *Sonstige Einkünfte*: Von den Einnahmen im Sinne des § 22 Nr. 1, 1a und 5 (Renten) wird ein Pauschbetrag von insgesamt 102 € abgezogen.

Werksdienstwohnung Wohnraum, der im Rahmen eines Dienstverhältnisses überlassen wird. In der Regel wird hier neben dem Arbeitsvertrag kein besonderer Mietvertrag abgeschlossen. In den meisten Fällen ist die Überlassung der Werkdienstwohnung ein Teil der Vergütung für die Arbeitsleistung (§ 576 b BGB).

Wertberichtigungen Korrektur der ausgewiesenen Bilanzwerte durch Kreditgeber nach Bekanntwerden von negativen Entwicklungen in den Einkommens- und Vermögensverhältnissen der Kreditnehmer. In der Regel wird jeder Betrag, der nicht unter voller Deckung oder im Rahmen der Realkreditgrenze liegt, wertberichtigt. Bei positiver Engagementsentwicklung kann diese Wertkorrektur auch wieder aufgelöst werden. Einige Institute bewerten inzwischen ihre Kreditsicherheiten ausschließlich unter Liquidationsgesichtspunkten.

Wert wiederkehrender Naturalleistungen Für wiederkehrende Leistungen, die nicht in Geld bestehen, hat das Gericht bei einer Zwangsversteigerung einen Geldbetrag festzusetzen, auch wenn ein solcher nicht angemeldet ist (§ *46 ZVG*).

Wertentwicklung Die Wertentwicklung von finanzierten Objekten wird seitens der Kreditinstitute im Eigenheimbereich unberücksichtigt gelassen, wenn die Kredite ohne Störungen ablaufen. Bei der Beleihung gemischt genutzter, fremdvermieteter, sowie von gewerblichen Objekten wird die Wertentwicklung durch Überprüfung der Taxen in einem dreijährigen Turnus berücksichtigt.

Wertermittlung wegen Baumängel und Bauschäden Die Ermittlung ist nach Erfahrungssätzen oder auf der Grundlage der für ihre Beseitigung am Wertermittlungsstichtag erforderlichen Kosten zu bestimmen (§ *24 WertV*).

Wertminderung von Wohnhäusern Ein konventionell errichtetes Wohnhaus hat eine angenommene Lebensdauer von 100 Jahren. Je nach Unterhaltungszustand müssen daher bei der Bewertung von älteren Objekten (ab zehn Jahre) dem Alter entsprechende Abschläge gemacht werden.

Wertpapierhandelsgesetz Das infolge der Umsetzung der EU-Richtlinie über Märkte für Finanzinstrumente (MiFID) geänderte Wertpapierhandelsgesetz schreibt vor, dass alle Kreditinstitute ihre Kunden – ergänzend zu den bereits bekannten Informationen über das Angebot und die Dienstleistungen im Wertpapiergeschäft – umfassend über sich und die Rahmenbedingungen des Wertpapiergeschäftes informieren.

Das Wertpapierhandelsgesetz sieht nach Kundenkategorien abgestufte Informations- und Schutzpflichten des Kreditinstituts vor. Das Kreditinstitut muss darüber informieren, wenn vertraglich gebundene Vermittler als selbstständige Finanzberater für das Kreditinstitut tätig sind und deren Befugnisse und Vermittlungstätigkeit offenlegen. Außerdem muss das Kreditinstitut darauf hinweisen, welchem Einlagensicherungsfonds es angeschlossen ist und in welchem Umfang die durch den Einlagensicherungsfonds geschützten Verbindlichkeiten gesichert sind.

Hinzukommen Informationen über den Umgang mit Interessenkonflikten und die Offenlegung von Kostenpositionen wie Ausgabeaufschlägen, Innenprovisionen, Verwaltungsgebühren, Platzierungsprovisionen, Vertriebsfolgeprovisionen etc. Gleichzeitig ist darauf hinzuweisen, dass an vertraglich gebundene oder unabhängige Vermittler erfolgsbezogene Provisionen gezahlt werden. Verbessert und auf die neuzeitlichen Angebote angepasst wurden die jedem Kunden am besten auszuhändigenden Basisinformationen über Vermögensanlagen in Wertpapieren.

Ausgangslage im ersten Beratungsgespräch ist die Verpflichtung, vom Kunden bestimmte Angaben zu verlangen. Dadurch soll der Kunde verpflichtet werden, bestimmte Angaben über seine Erfahrungen und Kenntnisse in Geschäften mit Wertpapieren zu geben. Gleichzeitig sollen seine Anlageziele und seine finanziellen Verhältnisse abgefragt werden.

Wertpapierkredit Ursprünglich wurden Wertpapierkredite nur als reine Wertpapierbeleihungskredite vergeben. Inzwischen erweitern Kredite auf der Grundlage eines Wertpapierdepots wie ein Dispositionskredit den finanziellen Spielraum. Kreditgrenze ist der Beleihungswert des Depots. Die Kreditzinsen sind meist etwa halb so hoch wie bei echten Dispositionskrediten.

Wertstellung (Valuta) Tag, an dem über eingehendes Geld verfügt werden kann oder eine Belastungsbuchung erfolgt. Ab Wertstellungstag beginnt die Verzinsung. Die Wertstellung wird von den Kreditinstituten unterschiedlich gehandhabt.

Wiederverheiratung Bei einer Wiederverheiratung fallen in der gesetzlichen Rentenversicherung die Witwenrente, eine eventuelle Witwerrente, sowie ggf. die Renten an geschiedene Ehegatten weg. Dafür wird als Abfindung an den Rentenbezieher das 24-fache der durchschnittlichen Monatsrente des letzten Jahres gezahlt. Diese Regelung findet auch Anwendung in der gesetzlichen Unfallversicherung. Teilweise werden diese Abfindungszahlungen als Eigenkapital bei Wohnungsbaufinanzierungen eingesetzt.

Wiedervollstreckung Die Zwangsvollstreckung in das Grundstück ist gegen den Ersteher ohne Zustellung des vollstreckbaren Titels zulässig. Sie kann erfolgen, auch wenn der Ersteher noch nicht als Eigentümer eingetragen ist (*§ 133 ZVG*).

Wohlverhaltensperiode Ein Schuldner, der die Restschuldbefreiung nach der Insolvenzordnung beantragt hat, muss nach Durchführung eines Verbraucherinsolvenzverfahrens während der sogenannten Wohlverhaltensperiode sechs Jahre lang den pfändbaren Betrag seines Arbeitseinkommens an einen Treuhänder abführen (*§ 286 ff. InsO*).
Dieser verteilt die eingegangenen Beträge gleichmäßig an alle Gläubiger. Während der Dauer der Wohlverhaltensperiode muss der Schuldner eine angemessene Erwerbstätigkeit ausüben, oder, wenn er ohne Beschäftigung ist, sich um Arbeit bemühen und jede zumutbare Tätigkeit annehmen. Ferner hat er dem Gericht auch jeden Wohnsitzwechsel oder Wechsel der Arbeitsstelle zu melden. Bei Verstößen gegen diese Pflichten kann das Gericht die Restschuldbefreiung versagen. Der Antrag auf Restschuldbefreiung kann seit 1999 gestellt werden. Im Zuge der anstehenden Insolvenzrechtsreform soll die Wohlverhaltensperiode von sechs auf drei Jahre verkürzt werden, wenn der Schuldner während dieser Periode sowohl die Verfahrenskosten als auch 25 % der Forderungen seiner Gläubiger bezahlt hat.

Wohneigentumsbildung Wohneigentum hat einen hohen Stellenwert für die individuelle Vermögensbildung und die Altersvorsorge. Die Förderung der Wohneigentumsbildung ist in den letzten Jahren stark eingeschränkt worden und wird seit kurzem durch die sogenannte „Eigenheimrente (Wohn-Riester)" wieder unterstützt. Dennoch ist die Wohneigentumsquote unverändert angestiegen, dies hängt allerdings sicher auch mit der Unsicherheit durch die langandauernde Finanzkrise zusammen. Die Wohneigentumsquote ist unterschiedlich je nach Haushaltsgröße, Haushalte mit mehr als 3 Personen bzw. mit Kindern wohnen bereits heute mehrheitlich im eigenen Objekt.

Haushaltsgröße	Wohneigentumsquote (%)
1 Person	28
2 Personen	52
3 Personen	55
4 Personen	65
5 und mehr Personen	62

Haushalte mit Kindern unter 18 Jahren	Wohneigentumsquote (%)
1 Kind	46
2 Kinder	57
3 Kinder	55

Quelle: Statistisches Bundesamt

Wohneigentumswünsche Mehr als die Hälfte aller Mieter würde lieber in einer eigenen Wohnung statt zur Miete wohnen. Die Argumente für Wohneigentum sind:

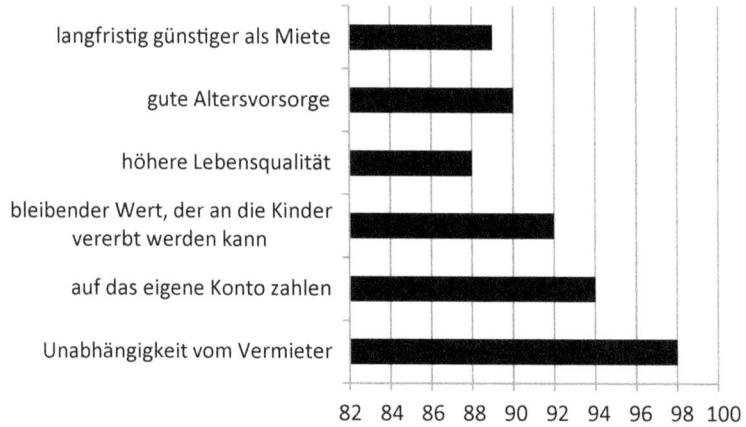

Wohnformen Wohnformen sind das freistehende Haus, das Reihenhaus, die Doppelhaushälfte, die eigengenutzte Wohnung im Mehrfamilienhaus, die Eigentumswohnung, die Mietwohnung.

Wohngebäude Gebäude, das nicht zu einem Betriebsvermögen gehört und überwiegend Wohnzwecken dient, d. h. wenn die Grundfläche der zu Wohnzwecken dienenden Räume mehr als die Hälfte der gesamten Nutzfläche beträgt. Nach der EnEV Gebäude, die nach ihrer Zweckbestimmung überwiegend dem Wohnen dienen, einschließlich Wohn-, Alten- und Pflegeheimen sowie ähnlichen Einrichtungen.

Wohngeldanspruch Jeder Berechtigte hat einen Rechtsanspruch auf die Zahlung von Wohngeld (§ 3 *WoGG*). Antragsberechtigte sind nicht nur Mieter von Wohnungen, sondern auch Bewohner im eigenen Haus, einer Eigentumswohnung oder Inhaber eigentumsähnlicher Dauerwohnrechte. Vom Wohngeld ausgeschlossen sind Empfänger und Empfängerinnen von Transferleistungen (z. B. Grundsicherung, Hartz IV, Sozialgeld etc.). Der Anspruch auf Wohngeld setzt einen Antrag voraus. Der wichtigste Faktor zur Ermittlung eines Wohngeldanspruchs ist die Berechnung des Familieneinkommens. Dieses Jahreseinkommen wird um diverse Freibeträge und Abzugsbeträge gekürzt, zusätzlich sind Pauschalabzüge möglich. Der monatliche Miet- oder Lastenzuschuss wird in Euro geleistet. Die Tabelle zeigt die sich nach der Haushaltsgröße ergebenden Grenzen des monatlichen Familieneinkommens, bei deren Überschreitung kein Wohngeldanspruch mehr besteht. Diese Einkommensgrenzen gelten für die seit 1.1.1992 bezugsfertig gewordenen Wohnungen in Gemeinden der Mietenstufe 6. Für andere Wohnungen bzw. Gemeinden in anderen Mietenstufen ergeben sich niedrigere Grenzen.

Pauschalabzug	Voraussetzung
6 %	Mindestens möglich
10 %	Familienmitglieder zahlen Pflichtbeiträge zur gesetzlichen Krankenversicherung oder zur gesetzlichen Rentenversicherung oder Steuern vom Einkommen
20 %	Familienmitglieder zahlen Pflichtbeiträge entweder zur gesetzlichen Krankenversicherung und zur gesetzlichen Rentenversicherung oder Steuern vom Einkommen und Pflichtbeiträge entweder zur gesetzlichen Kranken- oder Sozialversicherung.
30 %	Familienmitglieder zahlen Steuern vom Einkommen sowie Pflichtbeiträge zur gesetzlichen Kranken- und Sozialversicherung
feste Beträge	Für besondere Gruppen u. a. Behinderte, Kinder usw.

Zum Haushalt zählende Familienmitglieder	Grenze für das mtl. Familieneinkommen (nach den Wohngeldtabellen) in €	Entsprechendes monatliches Bruttoeinkommen in € (ohne Kindergeld) bei einem Verdiener vor einem pauschalen Abzug von x %			
		6 %	10 %	20 %	30 %
1	830	882	922	1.037	1.185
2	1.140	1.212	1.266	1.425	1.628
3	1.390	1.478	1.544	1.737	1.985
4	1.830	1.946	2.033	2.287	2.614
5	2.100	2.234	2.333	2.625	2.999
6	2.370	2.521	2.633	2.962	3.385
7	2.630	2.797	2.922	3.287	3.757
8	2.900	3.085	3.222	3.625	4.142

In Mill. €	2008	2009	2010	2011
Baden-Württemberg	84	173	197	166
Bayern	70	146	168	137
Berlin	26	51	67	57
Brandenburg	28	50	68	52
Bremen	6	13	15	13
Hamburg	14	27	30	25
Hessen	43	91	95	81
Mecklenburg – Vorpommern	25	59	74	64
Niedersachsen	76	168	194	164
Nordrhein-Westfalen	179	397	417	359
Rheinland – Pfalz	33	61	72	63
Saarland	7	16	19	15
Sachsen	72	131	145	121
Sachsen – Anhalt	28	49	68	58
Schleswig – Holstein	32	65	80	69
Thüringen	28	61	71	56
Gesamt	750	1.555	1.780	1.502

Quelle: Wohngeldstatistik

Wohngeldempfänger Personen, die einen bewilligten Anspruch auf die Gewährung von Wohngeld haben. Treffen die Voraussetzungen auf mehrere Haushaltsmitglieder zu, ist jeweils nur der Haushaltsvorstand antragsberechtigt. Wohngeld wird entweder in Form des Mietzuschusses oder des Lastenzuschusses gewährt. Der Kreis der Wohngeldempfänger war ständig gewachsen, hat sich durch die Auswirkungen von Hartz IV ab dem Jahr 2005 drastisch zurückgebildet. Die Zahlen sind seitdem nur noch bedingt vergleichbar, da andere Transferleistungen an die Stelle des Wohngeldes getreten sind. Die Wohngeldreform bei gleichzeitig deutlichem Konjunktureinbruch bewirkte eine erneute Steigerung, die sich trotz konjunktureller Erholung noch nicht abgeflacht hat. Bei der Wohngeldförderung besteht ein Ost-West- und ein Nord-Süd-Gefälle. Während im früheren Bundesgebiet und Berlin 1,9 % der privaten Haushalte Wohngeld beziehen, ist der Anteil in den neuen Bundesländern mit 3,7 % fast doppelt so hoch.

Jahr	Zahl der Haushalte	In % aller Haushalte
2003	3.389.000	8,7
2004	3.524.000	9,0
2005	780.660	2,1
2006	665.892	1,8
2007	580.302	1,6
2008	584.035	1,6
2009	859.607	2,5
2010	857.012	2,5
2011	770.369	2,2

Quelle: Statistisches Bundesamt

Wohngeldgesetz Das WoGG vom 14. Dezember 1970, zuletzt geändert am 24.9.2008, regelt den Anspruch auf Wohngeld. Das Wohngeld wird als Miet- oder Lastenzuschuss zu der zu berücksichtigenden Miete oder Belastung gewährt. Die Berechtigung ist einkommensabhängig. Die Höhe richtet sich nach dem Familienstand, nach Mietstufen in den Gemeinden, nach Ausstattung und Alter der Wohnung.

Wohngeldtabellen Nach der besonderen Ermittlung der Familieneinkommen (§§ 9 bis 17 Wohngeldgesetz) können die Wohngeldbeträge aus Wohngeldtabellen ersehen werden, die Bestandteil des Gesetzes sind.

Wohngeld- und Mietenbericht Die Bundesregierung hat dem Bundestag nach § 39 des Wohngeldgesetzes alle 4 Jahre bis zum 30. Juni über die Durchführung des Wohngeldgesetzes und über die Entwicklung der Mieten für Wohnraum zu berichten. Der aktuelle Bericht vom Juni 2011 umfasst die Jahre 2007–2010.

Wohngeldvereinfachung Eine tief greifende Reform des Wohngeldes ist zum 1.1.2005 im Rahmen des Vierten Gesetzes für moderne Dienstleistungen am Arbeitsmarkt in Kraft getreten. Seitdem erhalten nur noch Haushalte, die keine Transferleistungen mit Berücksichtigung der Unterkunftskosten beziehen, Wohngeld. Die Wohngeldausgaben sind daher nur reformbedingt erheblich gesunken.

Wohngeldverordnung Seit dem 1.1.2002 gilt die Wohngeldverordnung mit einer geänderten Mietenstufenzuordnung. Die Wohngeldverordnung hat auch für die neuen Länder eine ausdifferenzierte Mietenstufenzuordnung der Gemeinden eingeführt. Für alte und neue Bundesländer gelten ab Januar 2002 die gleichen Rechtsvorschriften mit Ausnahme eines befristeten Härteausgleichs für die neuen Länder.

Wohn-Riester Wohn-Riester ist eine Form der Riester-Rente, mit der der Kauf oder der Bau von selbst genutztem Wohneigentum staatlich gefördert wird. Dieser Förderungsweg ist nachträglich geschaffen worden. Inzwischen haben die sogenannten Wohn-Riester-Verträge an Bedeutung gewonnen. Mit dem Altersvorsorge-Verbesserungsgesetz soll die Ausgestaltung der Verträge weiter verbessert werden.

Wohnverhältnisse privater Haushalte Die Wohnverhältnisse privater Haushalte sind ein wichtiger Indikator für die Lebensqualität in einer Gesellschaft. Daher sind Informationen zur Wohnsituation für alle Marktteilnehmer immer von besonderer Bedeutung. Hierzu zählen u. a. die Art der bewohnten Gebäude und die altersbezogene bzw. personenbezogene Wohneigentumsquote. Aus den Tabellen ist zu ersehen, dass der Trend zum Wohneigentum anhält. Die Eigentümerquote nähert sich an. Je mehr Personen zu einem Haushalt gehören, umso höher ist der Anteil der Haushalte, die Wohneigentum bewohnen. Die Höhe des monatlichen Haushaltsnettoeinkommens ist ein entscheidender Faktor, ob Wohneigentum vorhanden ist oder zur Miete gewohnt wird. Mit steigendem Einkommen steigt auch der Anteil der Wohneigentümerhaushalte. Bei Haushalten in der höchsten Einkommensklasse (über 5.000 € netto monatlich) liegt die Wohneigentumsquote bei 82 %.

	Deutschland		früheres Bundesgebiet		neue Bundesländer	
	Mieter	Eigentümer	Mieter	Eigentümer	Mieter	Eigentümer
1993	61,0 %	39,0 %	55,0 %	45,0 %	81,0 %	19,0 %
1998	59,7 %	40,3 %	56,4 %	43,6 %	74,1 %	25,9 %
2003	57,0 %	43,0 %	54,4 %	45,6 %	68,3 %	31,7 %
2008	56,8 %	43,2 %	54,3 %	45,7 %	67,5 %	32,5 %

Quelle: Statistisches Bundesamt

Wohnsitz Seinen Wohnsitz hat jemand dort, wo er eine Wohnung innehat, die darauf schließen lässt, dass er dort überwiegend lebt und diese Wohnung nutzt (*§ 8 Abgabenordnung*). In der Regel stimmen der bürgerlich-rechtliche, aufgrund einer Willenserklärung des Steuerpflichtigen von ihm selbst bestimmte Wohnsitz und der steuerlich maßgebende Wohnsitz überein. Deshalb können die An- und Abmeldung bei der Ordnungsbehörde im Allgemeinen als Indizien dafür angesehen werden, dass der Steuerpflichtige seinen Wohnsitz unter der von ihm angegebenen Anschrift begründet bzw. aufgegeben hat. Mit Wohnung sind die objektiv zum Wohnen geeigneten Wohnräume gemeint.

Wohnsitzfinanzamt Zuständiges Finanzamt des Einkommensteuerpflichtigen ist immer das zuständige Finanzamt zum Zeitpunkt der Abgabe einer Steuererklärung. Durch die Steueridentifikationsnummer ist eine Zuordnung ohnehin einfacher möglich. Ggf. muss zusätzlich ein Betriebsfinanzamt bei der Ermittlung der Einkommensteuer und/ oder Einkommensteuervorauszahlungsfestsetzung mitwirken.

Wohnung Nach außen abgeschlossene, zu Wohnzwecken bestimmte, i.d. R zusammenliegende Räume in Wohngebäuden, die die Führung eines eigenen Haushalts ermöglichen.

Wohnungsbau Schaffen von Wohnraum durch Neubau, durch Wiederaufbau zerstörter oder Wiederherstellung geschädigter Gebäude oder durch Ausbau oder Erweiterung bestehender Gebäude (§ 16 WoFG). Hierzu zählen: ETW, Kauf-ETW, Genossenschaftswohnungen, Mietwohnungen, sonstige Wohnungen, Wohnheime und einzelne Wohnräume. Die fortlaufende Produktion neuer, zeitgerechter Wohnungen bestimmt letztlich auch die Wohneigentumsquote. Liegt Deutschland hier deutlich hinter seinen europäischen Nachbarn zurück, so ist dies bei der der Fertigstellung von neuen Wohnungen inzwischen völlig anders.

Wohnungsfürsorgedarlehen Baudarlehen der öffentlichen Hände an eigene Arbeitnehmer und Beamte.

Wohnungsmieten Deutschland ist trotz steigender Wohneigentumsquote noch immer ein Mieterland, denn deutlich mehr als die Hälfte aller Haushalte wohnt zur Miete. Die Entwicklung der Wohnungsmieten ist deshalb von elementarer Bedeutung. Neben den sogenannten Kaltmieten haben die Wohnnebenkosten insbesondere wegen der ständig steigenden Energiepreise starken Einfluss auf die Gesamtmiete. Statistisch schlagen die Nebenkosten mit einem Drittel der gesamten Wohnkosten zu Buche. Mieterhöhungen in bestehenden Mietverhältnissen sind gesetzlich durch die ortsübliche Vergleichsmiete begrenzt (§ 558 BGB). Die dort festgelegte Kappungsgrenze von 20 % kann seit Anfang 2013 durch die Bundesländer auf 15 % zurückgenommen werden. Nach Modernisierungen oder energetischen Sanierungen können Mieterhöhungen nach § 559 BGB fällig werden. Dann kann die jährliche Miete um 11 % der für die Wohnung aufgewendeten Kosten erhöht werden. Bei Neuvermietungen kann die Miete frei vereinbart werden. Alle Mieten, insbesondere auch die Neuvermietungsmieten, fließen in die Fortschreibung der in den Kommunen erstellten qualifizierten Mietspiegel ein und bestimmen damit, wenn auch mit einer gewissen Verzögerung, den späteren Mieterhöhungsspielraum für die Bestandsmieten.

wohnwirtschaftliche Verwendung Die vielseitigen Verwendungsmöglichkeiten eines Bausparvertrages (*§ 6 BSpkG*) ergeben sich aus der nachstehenden (nur auszugsweisen) Auflistung:

- Abfinden von Miterben an Immobilien
- Altenwohnheim (Erwerb eines Wohnrechts)
- Anbau
- Anliegerbeiträge
- Ausbau
- Außenanlagen
- Bad (Einbau oder Renovierung)
- Baunebenkosten
- Bauplatz
- Dach/Dacherneuerung
- Dachgeschossausbau
- Eigentumswohnung
- Entschuldung einer Immobilie
- Erschließungsbeiträge
- Erwerb einer Wohnimmobilie
- Fassadenerneuerung
- Fenstererneuerung
- Fertighaus
- Garagen
- Hausanschlusskosten
- Heizungsanlagen/Heizungserneuerung
- Instandsetzung
- Kauf von Wohnungseigentum
- Modernisierung
- Neubau
- Reihenhaus
- Renovierung
- Solaranlagen
- Tapezieren
- Tiefgaragenstellplatz
- Umschuldung
- Wärmeschutzmaßnahmen
- Wintergarten

Z: Zahlungsaufschub – Zweitmarkt

Zahlungsaufschub Einen Zahlungsaufschub in der strengen Form des Moratoriums, also einer gesetzlich erzwungenen Hinausschiebung fälliger Zahlungen, gibt es nicht mehr (§ 281 BGB). Allerdings wird der Begriff auch verwendet, wenn für an sich fällige Zahlungen eine über die normale Stundung hinausgehende Vereinbarung getroffen wird. Vielfach hilft der Zahlungsaufschub, einen vorübergehenden Liquiditätsengpass zu beheben.

Zahlungsfähigkeit Fähigkeit des Schuldners, aus seinem Einkommen und/oder seinem Vermögen seinen Zahlungsverpflichtungen vereinbarungsgemäß nachzukommen.

Zahlungsschwierigkeiten Bei Zahlungsschwierigkeiten ist es sinnvoll, dass sich die Kreditvertragspartner frühzeitig zusammensetzen, um Lösungsmöglichkeiten gemeinsam zu erarbeiten und anschließend auch zu tragen. Hier ist das Krisenmanagement der Kreditinstitute gefragt. Sicherlich wird die Bank zunächst untersuchen, ob die Zahlungsschwierigkeiten kurzfristig zu beheben sind und ob die Zahlungsfähigkeit wiederhergestellt werden kann.

Zahlungsunfähigkeit Die Zahlungsunfähigkeit ist gegeben, wenn der Schuldner nicht in der Lage ist, die fälligen Zahlungspflichten zu erfüllen (§ 17 Abs. 2 InsO). Als Hauptsymptom der Zahlungsunfähigkeit gilt die Zahlungseinstellung, bei der das Unvermögen des Schuldners nach außen erkennbar wird. Indizien sind die Nichtzahlung von Löhnen, Gehältern und Sozialversicherungsbeiträgen, eingeleitete Vollstreckungsmaß-nahmen, die Hergabe ungedeckter Schecks und Wechselproteste.

Liegt eine Zahlungseinstellung vor, so gilt nach der InsO die widerlegbare Vermutung, dass Zahlungsunfähigkeit vorliegt. In der Regel kann bereits im Vorfeld der Zahlungseinstellung Zahlungsunfähigkeit bestehen. Sie ist zu unterscheiden von der für eine Insolvenz unbeachtlichen Zahlungsstockung. Eine solche ist anzunehmen, wenn der Schuldner nur vorübergehend seine finanziellen Verpflichtungen nicht erfüllen kann. Der Unterschied zur Zahlungsunfähigkeit liegt in der Dauer und der Überwindbarkeit des Liquiditätsengpasses. Bestehen keine oder nur geringe Aussichten, den finanziellen Engpass innerhalb eines kurzen Zeitabschnitts beseitigen zu können, ist nicht mehr von einer bloßen Zahlungsstockung sondern von einer Zahlungsunfähigkeit auszugehen.

Zahlungsunwilligkeit Merkmale der Zahlungswilligkeit sind: häufiger Arbeitsplatzwechsel, um sich Pfändungen zu entziehen; Schwarzarbeit anstelle eines festen Beschäftigungsverhältnisses; Verlagerung von Vermögensteilen auf nichtverpflichtete Ehegatten oder Dritte; Übertragung von Firmen auf Familienangehörige; Lohnsteuerpauschalierung; Mitarbeit im Betrieb von Familienangehörigen zu einem pfändungsfreien Lohn; ständiger Wohnortwechsel; Nichtanmeldung. Dieses Schuldnerverhalten ist am häufigsten bei Alleinstehenden anzutreffen. Gründe liegen vielfach auch darin, dass dem Kreditinstitut eine Mitschuld an der der Kreditaufnahme zu Grunde liegenden Investitionsentscheidung angelastet wird. Ziel ist dabei, die gesamte Kreditverpflichtung im Nachhinein sittenwidrig erscheinen zu lassen. Alle Maßnahmen zur Erreichung eines veränderten Verhaltens müssen auch unter Kostengesichtspunkten der Verhältnismäßigkeit entsprechen.

Zahlungswilligkeit Bei der Beurteilung von Schuldnertypen trifft man auf Schuldner, die zwar zahlungswillig, aber vorübergehend zahlungsunfähig sind. Hier sind meist Ansatzpunkte gegeben, dieses Engagement zu retten. Oft ist es hier notwendig, eventuelle Vorpfändungen abzuwarten, Zahlungsvereinbarungen zu ändern, Raten auf eine vertretbare Höhe zurückzuführen. Speziell sollten bei diesen Schuldnern neue Arbeitsstellen nicht durch Pfändungsmaßnahmen sofort wieder gefährdet werden. Wichtig ist allerdings, die Zahlungsbewilligung auch durch vertretbare Zahlungen bestätigt zu bekommen. So sollten Stundungen z. B. nur in dem Umfang gewährt werden, die dem Ausfall von Einkünften prozentual entsprechen. Auch sollten zeitlich fällige Sonderzahlungen hier Berücksichtigung finden.

Zahlungsziel Zeitraum, der dem Zahlungspflichtigen vom Zahlungsempfänger zur Begleichung der Forderung eingeräumt wird.

Zeichnungsbetrag Betrag einer Kapitalbeteiligung bei einem Immobilienfonds.

Zeichnungsschein Vertrag über Beteiligung an einem geschlossenen Immobilienfonds.

Zeitreihenvergleich Vergleich mehrerer, nacheinander folgender Steuerbilanzen, betriebswirtschaftlicher Auswertungen, Statistiken o. ä., um Entwicklungen zu verfolgen und für die Kreditbeurteilung aussagefähige Einkommens- und Kostenangaben zu ermitteln und Wertansätze zu bestimmen.

Zeitrenten Zeitrenten unterscheiden sich von Leibrenten dadurch, dass sie nicht von dem Leben eines Menschen abhängig sind. Beim Tod des Rentenberechtigten vor Ende der vertraglich vereinbarten Rentenlaufzeit geht der Rentenanspruch im Wege der Erbfolge auf die Erben über. Daher werden Zeitrenten steuerlich wie Kaufpreisrenten behandelt. Der Rentenbarwert entspricht den Anschaffungskosten. Bei vermieteten Objekten können lineare Abschreibungen auf diese Bemessungsgrundlage vorgenommen werden. Die in den Zahlungen enthaltenen Schuldzinsen können darüber hinaus als Werbungskosten geltend gemacht werden.

Beim Empfänger stellt der Zinsanteil Einkünfte aus Kapitalvermögen dar.

Dieser Zinsanteil errechnet sich wie dargestellt:

Rentenbarwert am 1.1. des Jahres
./. Rentenbarwert am 31.12. des Jahres
= Tilgung
./. geleistete Zahlungen
= Zinsanteil

Zeitwertversicherung Versicherung des ortsüblichen Bauwertes unter Abzug der Abschreibung für Alter und Abnutzung.

Zertifizierung Altersvorsorgeverträge (Riester-Verträge) müssen nach § 7 AltZertG von der Zertifizierungsstelle bei der Bundesanstalt für Finanzdienstleistungsaufsicht, Postfach 1308, 53003 Bonn, zertifiziert werden und erhalten eine sechsstellige Zertifizierungsnummer. Damit ist der Vertrag im Rahmen des § 10a EStG steuerlich förderfähig. Bei der Zertifizierung ist nicht geprüft worden, ob der Altersvorsorgevertrag wirtschaftlich tragfähig, die Zusage des Anbieters erfüllbar ist und die Vertragsbedingungen zivilrechtlich wirksam sind.

Zession Vorübergehende Übertragung von Forderungen des bisherigen Gläubigers gegen seine Schuldner auf eine Bank oder eine andere Person. Damit tritt der Abtretungsempfänger an die Stelle des bisherigen Gläubigers. Eine derartige Abtretung ist nur möglich, wenn die Forderung überhaupt abtretbar und bestimmbar ist (§§ 398 ff. BGB).

Zillmerung Zillmerung ist eine Berechnungsformel der traditionellen Versicherungsmathematik. Sie ist nur dann erlaubt, wenn dies im Versicherungsvertrag vereinbart worden ist. Bei der Zillmerung werden die Vertriebskosten (Provisionen und Abschlusskosten) mit den Zahlungen des Versicherungsnehmers verrechnet. Dies führt dazu, dass alle Kosten frühzeitig verrechnet werden und sich in den ersten Jahren kaum Rückkaufswerte bilden.

Die Klausel dazu lautet beispielweise: *„Der Rückkaufswert entspricht nicht der Summe der eingezahlten Beiträge, sondern dem nach anerkannten Regeln der Versicherungsmathematik berechneten Deckungskapital zum Kündigungszeitpunkt, vermindert um einen als Abzug angemessenen Abzug."*

Dies benachteiligt nach Ansicht des Bundesgerichtshofes die Versicherungsnehmer unangemessen. Versicherungsnehmer, die ihre Lebensversicherung vorzeitig gekündigt haben oder kündigen wollen, sollten die Abrechnung genau prüfen und ggf. reklamieren. Letztes BGH-Urteil dazu IV ZR 201/10.

Zins Der Zins ist der Preis für die zeitweilige Überlassung von Kapital. Bei der Geldanlage bezieht sich der Nominalzins immer auf den Nennwert der Anlage.

Zinsbesteuerung Alle Zinsen und Zinseinkünfte unterliegen nach § 20 EStG der Zinsbesteuerung. Seit dem 1.1.2009 erfolgt die Besteuerung durch die Abgeltungsteuer. Da jedem Steuerpflichtigen der Sparer-Pauschbetrag zusteht, werden Zinseinkünfte bis zu diesem Betrag vorab freigestellt. Das Kreditinstitut behält die auf den Zinsertrag fällige Abgeltungssteuer (nebst Solidaritätszuschlag und ggf. Kirchensteuer) direkt bei der Zinsgutschrift ein. Damit ist die Zinsbesteuerung abgeschlossen. Da in vielen Fällen allerdings die Kirchensteuerpflicht dem Kreditinstitut nicht bekannt ist, muss der Steuerpflichtige diese Besteuerung mittels seiner Einkommensteuererklärung nachholen.

Natürlich könnte auch mit der Anlage KAP zur Einkommensteuererklärung alternativ eine Antragsveranlagung beantragt werden.

Zinsdivisoren Ermittlung der Zinsen für das Jahr von 360 Tagen:

$$Z = \frac{K \times T}{D}$$

wobei:

Z = Zinsbetrag
K = Kapitalwert
T = Zeit in Tagen
D = 360 × 100/p = Divisor
p = Jahreszinssatz

p in %	Divisor	p in %	Divisor
1/12	432.000	8	4500
1/4	144.000	8 1/2	4235
1/2	72.000	9	4000
3/4	48.000	9 1/2	3789
1	36.000	10	3600
1 1/2	24.000	10 1/2	3429
2	18.000	11	3273
2 1/2	14.400	11 1/2	3130
3	12.000	12	3000
3 1/2	10.286	12 1/2	2880
4	9000	13	2769
4 1/2	8000	13 1/2	2667
5	7200	14	2571
5 1/2	6545	14 1/2	2483
6	6000	15	2400
6 1/2	5538	15 1/2	2323
7	5143	16	2250
7 1/2	4800	16 1/2	2182

Zinsschranke Zinsaufwendungen eines Betriebs sind nach § 4 h EStG als Betriebsausgaben abziehbar in Höhe des Zinsertrages, darüber hinaus nur bis zur Höhe von 30 % des maßgeblichen Gewinns. Zinsaufwendungen, die nicht abgezogen werden dürfen, sind in die folgenden Wirtschaftsjahre als Zinsvortrag vorzutragen. Sie erhöhen die Zinsaufwendungen dieser Wirtschaftsjahr, nicht aber den maßgeblichen Gewinn.

Zinsüberschuss Bei einer Kapitallebensversicherung wird von einem rechnerischen Garantiezins von 1,75 % ausgegangen. Bis Ende 2011 lag dieser Garantiezins noch bei 2,25 %. Darauf sollten auch die Überschussberechnungen ausgerichtet werden. Tatsächlich wird bei erfolgreicher Kapitalanlage ein Zinsüberschuss erzielt, der meist zu einem höheren Endergebnis führt. Man bezeichnet diesen Zinsüberschuss auch als überrechnungsmäßige oder außerrechnungsmäßige Zinsen.

Zivilprozess Der Zivilprozess ist das Verfahren der ordentlichen Gerichte in allen bürgerlichen Rechtsstreitigkeiten. Er dient dazu, private Konflikte im Rahmen eines förmlichen, gerichtlichen Verfahrens zu lösen oder beizulegen.

Zuflussprinzip Die steuerliche Wirksamkeit nach § 11 EStG bedeutet, dass Zahlungseingänge im Zeitpunkt des Zuflusses erfasst werden.

Zugangsfaktor Der Zugangsfaktor ist Teil der Rentenformel und richtet sich nach dem Alter des Versicherten bei Rentenbeginn oder Tod und bestimmt, in welchem Umfang

Entgeltpunkte bei der Ermittlung des Monatsbetrags der Rente als persönliche entgeltpunkte zu berücksichtigen sind. Der Zugangsfaktor für Entgeltpunkte beträgt:

- bei Renten wegen Erreichens der Regelaltersgrenze 1,0
- bei Renten, die vorzeitig in Anspruch genommen werden, für jeden Kalendermonat 0,003 niedriger als 1,0
- bei Renten, die nach Erreichen der Regelaltersgrenze trotz erfüllter Wartezeit nicht in Anspruch genommen werden, für jeden Kalendermonat 0,005 höher als 1,0

Daraus ergeben sich folgende Zugangsfaktoren:

Rentenbeginn	Zugangsfaktor
5 Jahre früher	0,820
4 Jahre früher	0,856
3 Jahre früher	0,892
2 Jahre früher	0,928
1 Jahr früher	0,964
1 Monat früher	0,997
Mit der Regelaltersgrenze	1,000
1 Monat später	1,005
1 Jahr später	1,060
2 Jahre später	1,120
3 Jahre später	1,180
4 Jahre später	1,240
5 Jahre später	1,300

Zulässigkeit von Vorhaben Die Zulässigkeit von Bauvorhaben ist in den §§ 29–38 *BauGB* wie folgt geregelt:

§ 29 BauGB	Begriff des Vorhabens
§ 30 BauGB	Zulässigkeit von Vorhaben im Geltungsbereich eines Bebauungsplanes
§ 31 BauGB	Ausnahmen und Befreiungen
§ 32 BauGB	Nutzungsbeschränkungen auf künftigen Gemeinbedarf, Verkehrs-, Versorgungs- und Grünflächen
§ 33 BauGB	Zulässigkeit von Vorhaben während der Planaufstellung
§ 34 BauGB	Zulässigkeit von Vorhaben innerhalb der im Zusammenhang bebauten Ortsteile
§ 35 BauGB	Bauen im Außenbereich
§ 36 BauGB	Beteiligung der Gemeinde und der höheren Verwaltungsbehörde
§ 37 BauGB	Bauliche Maßnahmen des Bundes und der Länder
§ 38 BauGB	Bauliche Maßnahmen aufgrund von anderen Gesetzen

zumutbare Belastung Aufwendungen für die Gesundheit gehören zu den außergewöhnlichen Belastungen. Hierfür gilt allerdings eine Zumutbarkeitsgrenze:

Gesamtbetrag der Einkünfte	bis 15.340 €	bis 51.130 €	ab 51.131 €
Bei Steuerzahlern ohne Kinder und Versteuerung nach			
Grundtabelle	5 %	6 %	7 %
Splittingtabelle	4 %	5 %	6 %
Bei Steuerzahlern mit			
1 oder 2 Kindern	2 %	3 %	4 %
3 oder mehr Kindern	1 %	1 %	2 %

Zusammenveranlagung Veranlagungsart, die nur von nicht dauernd getrennt lebenden Ehegatten gewählt werden kann (*§ 26b EStG*). Durch die Zusammenveranlagung wird die Splittingtabelle angewandt. Nach einer Entscheidung des BFH können Ehepaare im Jahr einer Trennung ebenfalls zwischen der Einzel- und der Zusammenveranlagung wählen. Ziehen sie zu einem späteren Zeitpunkt wieder zusammen, so können sie auch für dieses Jahr wieder eine gemeinsame Steuererklärung abgeben. Witwen und Witwer werden nach dem Tod des Ehepartners und im darauf folgenden Jahr ebenfalls noch nach der Splittingtabelle versteuert. Mit der Zusammenveranlagung werden auch mögliche Freibeträge und Freigrenzen zusammengefasst. Die Zusammenveranlagung ist Grundvoraussetzung für die gemeinsame Nutzung des Freistellungsauftrages für die Zinseinkünfte. Besonderheiten gelten auch für die Verlustverrechnung. Der Einkommensteuerbescheid richtet sich bei der Zusammenveranlagung an beide Ehepartner, die dann beide für die Steuerschuld haften, deshalb auch beide einen Anspruch auf Rückerstattung haben.

Zusatzförderung Verbesserte steuerliche Grundbedingungen für Familien mit Kindern.

Zusatzversorgung Bei der Zusatzversorgung im öffentlichen Dienst handelt es sich um eine besondere Form der Betriebsrente. Die Zusatzversorgung wird bei der Versorgungsanstalt des Bundes und der Länder (VBL) mit Sitz in Karlsruhe durchgeführt.

Zuschlag Der Zuschlag wird durch Verkündung wirksam (*§§ 74, 79, 80, 89, 93 ZVG, § 57 WEG, § 29 GKG*). Mit dem Zuschlag treten folgende Wirkungen in Kraft: Eigentumserwerb § 90, Erlöschen von Rechten des Vorbesitzers § 91, Surrogationsanspruch § 92, Vollstreckbarkeit § 93, Verpflichtung zur Verzinsung des Bargebotes § 49, Schuldübernahme § 53, Übergang von Nutzen, Lasten, Gefahren § 56, Beendigung einer eventuell gleichzeitig laufenden Zwangsverwaltung gemäß noch zu erlassendem besonderen Aufhebungsbeschluss. Die Gebühren für den Zuschlag richten sich nach dem Gebot ohne Zinsen, für das der Zuschlag erteilt worden ist, einschließlich des Wertes der nach den Versteigerungsbedingungen bestehen bleibenden Rechte. Gleichzeitig werden die sonst notwendigen Notarkosten eingespart. Die Zuschlagskosten liegen bei ca. 0,5 % des genannten Betrages (§ 58 ZVG).

Zustimmungserklärung Bei der Beleihung von Erbbaurechten sind vielfach Zustimmungserklärungen des Erbbaurechtsausgebers zu einer Belastung des Grundstücks erforderlich. In der Zustimmungserklärung werden Regelungen für den Veräußerungs-, Insolvenz- und Zwangsversteigerungsfall getroffen. Ohne diese Erklärung ist eine Beleihung nicht durchführbar.

Zuteilungsverfahren Die Bausparkassen unterscheiden nach *§ 5 BSpkG* zwei Zuteilungsverfahren:

1. automatische Zuteilung,
2. Befragungsverfahren.

Zuteilungsvoraussetzungen Die Zuteilung kann nur erfolgen, wenn bestimmte Grundvoraussetzungen erfüllt sind: Mindestsparzeit (18 Monate), Mindestspargutaben (meist 40 bis 50 % der Vertragssumme), ausreichende Bewertungszahl am Bewertungsstichtag, ausreichende Zuteilungsmasse (*§ 7 BauSpkG*).

Zuwendungen zu Lebzeiten Häufig beteiligen sich Eltern und Großeltern zu Lebzeiten an der Finanzierung eines Hauses oder helfen bei der Wohnungseinrichtung oder einer Existenzgründung. Dies kann zu Ungerechtigkeiten führen, wenn dies nicht bei allen Kindern in gleichem Maße der Fall war. Nach dem Gesetz sind solche Zuwendungen zu Lebzeiten ausgleichspflichtig und verändern den Erbteil des Begünstigten (*§ 2050 BGB*).

Zwangsversteigerung Die Zwangsversteigerung eines Grundstücks oder eines Wohneigentums will den Grundstückswert für den betreibenden Gläubiger realisieren, ohne dabei vorrangige dingliche Gläubiger zu beeinträchtigen. Der Schutz des Schuldners vor der Verschleuderung ist nur sehr schwach. Das geringste Gebot muss die vorrangigen dinglichen Rechte und die Kosten des Verfahrens decken. Bei der Versteigerung bleiben die vorrangigen Rechte bestehen und sind vom Ersteher erst später abzulösen. Das dingliche Recht des betreibenden Gläubigers und nachrangige Rechte erlöschen und werden (ggf. nur teilweise) aus dem Meistgebot befriedigt. Bereits mit dem Zuschlag wird der Ersteher Eigentümer des Grundstücks, erst nach der Erlösverteilung wird das Grundbuch berichtigt.

Zwangsverwaltung Die Zwangsverwaltung dient dazu, dem Gläubiger eines Grundstücks oder eines Wohneigentums aus den laufenden Nutzungen eines Grundstücks (Miete, Pacht) zu befriedigen.

Zwangsvollstreckung Standardisiertes gerichtliches Verfahren zur zwangsweisen Durchsetzung von rechtskräftig festgestellten Ansprüchen gegen einen Schuldner oder aufgrund von notariell beglaubigten Unterwerfungserklärungen. Diese Unterwerfungserklärungen werden bei praktisch allen Grundschuldbestellungen beurkundet und führen dazu, dass der Grundpfandrechtsgläubiger die Zwangsvollstreckung (Zwangsversteigerung und/oder Zwangsverwaltung) betreiben kann.

Zweckzuwendungen Zuwendungen von Todes wegen oder freigebige Zuwendungen unter Lebenden, die mit der Auflage verbunden sind, zu Gunsten eines bestimmten Zwecks verwendet zu werden, oder die von der Verwendung zu Gunsten eines bestimmten Zwecks abhängig sind, soweit hierdurch die Bereicherung des Erwerbers gemindert wird (*§ 8 ErbStG*).

Zweitmarkt Die Veräußerbarkeit von Anteilen an geschlossenen Immobilienfonds (Fungibilität) richtet sich nach Angebot und Nachfrage und wird bestimmt von den üblichen Marktfaktoren:

- Qualität der Fondsobjekte
- Lage (Standort)
- Infrastruktur
- Situation am Immobilienmarkt
- Zinsniveau auf dem Kapitalmarkt
- aktuelle steuerliche Grundbedingungen

Da allerdings kein organisierter Zweitmarkt existiert, sind zwar die meisten Fondsgesellschaften vermittelnd tätig, ein Verkauf gestaltet sich jedoch nicht selten als äußerst schwierig. Dies sollte ein Investor bereits bei Beginn des Investments mit einkalkulieren.

Stichwortverzeichnis

A
Altersregelung, 56
Altersteilzeitgesetz, 133
Altersvorsorgebeiträge, 94
Altersvorsorgestatus, 60, 63
Altersvorsorgevertrag, 64
Anlage
  EÜR, 87
  R, 91
Anlagestrategie, 30
Anlageziel, 27
Anlegertypen, 28
Anrechnungszeiten im Rentenrecht, 52
Arbeitgeberanteil, 44
Arbeitslosengeld, 117
Arbeitslosengeld II, 119
Arbeitsvertrag, 130
Austausch von Barbezügen, 70

B
Basis-Score, 12
Basistarif, 35
Basisversorgung, 92
befristeter Arbeitsvertrag, 131
Beitragsbemessungsgrenze, 45
Beratungsgespräch, 28
Beratungsprotokoll, 30
Berliner Testament, 139
Berufsunfähigkeitsversicherung, 34
Besteuerung
  der Renten, 55
  nachgelagerte, 91
Betreuungsunterhalt, 140
Betreuungsvollmacht, 142
Betriebsrenten, 71
Bonität, 16
Bürgschaft, 22

D
Darlehenslaufzeit, 23
Direktversicherung, 68
Direktzusage, 68
Dispositionskredit, 8
Drei-Schichten-Modell, 48
Durchschnittsentgelt, 50

E
Ehevertrag, 134
Eidesstattliche Versicherung, 114
Ein-Euro-Job, 123
Einkommensteuererklärung, 84
Einkommensteuertarif, 81
Einkünfte
  aus Gewerbetrieb, 87
  aus Kapitalvermögen, 88
  aus nicht selbstständiger Arbeit, 87
  aus selbstständiger Arbeit, 87
  aus Vermietung und Verpachtung, 89
  Gesamtbetrag, 79
  sonstige, 89
Einnahmenüberschussrechnung, 87
Entgelt- oder Gehaltsumwandlung, 67
Entgeltpunkte, 49
Erbfolge, gesetzliche, 138
Erbschaftsteuererklärung, 100
Erbvertrag, 138
Europäische Vermittlerrichtlinie, 108

F
Familienversicherung, 42
Förderrente, 65
Formularsicherheiten, 22
Freibeträge, 95

G
Garantiezins, 37
GAU-Prinzip, 33
Gesamtbetrag der Einkünfte, 79
Gesundheitsfonds, 41
Grundsicherung, 122
Gütertrennung, 135

H
Hartz-Klausel, 111
Haustürgeschäft, 110
Hilfebedürftigkeit, 121

I
Insolvenzausfallgeld, 119

K
Kapitallebensversicherung, 36
Kappungsgrenze, 130
Kompetenzordnung, 20
Kontenklärung, 60
Kontoauszug, 7
Kontoführungsverhalten, 11
Kontokorrentkonto, 7
Kontokorrentkredit, 8
Kontopfändung, 24
Kontoscoring, 10
Kontoüberziehung, 8
Krankengeld, 42
Krankentagegeldversicherung, 35
Krankenversicherung
  der Rentner, 41
  gesetzliche, 40
  private, 34
Kreditablehnung, 23
Kreditakte, 18
Kreditbericht, 19
Kreditbesicherung, 21
Kreditentscheidung, 19
Kreditkarte, 9
Kreditlinie, 8
Kreditrating, 16
Kundenrisikofaktor, 18
Kündigungsschutz, 132
Kurzarbeitergeld, 118

L
Lebenserwartung, 6
Lebensphasenkonzept, 4
Lohnersatzleistungen, 42
Lohnsteuer, 75
Lohnsteuerabzugsmerkmal, elektronisches, 77
Lohnsteuerbescheinigung, elektronische, 78
Lohnsteuerfreibetrag, 79
Lohnsteuerklassen, 75
Lohnsteuerklassenwahl, 77
Lohnsteuerpauschalierung, 78

M
Mahnbescheid, 112
Meldebescheinigung, 45
Midi-Job, 132
Mieter-Selbstauskunft, 125
Mietspiegel, 127
Mietvertrag, 125
Mini-Job, 131

O
Online-Banking, 9

P
Patientenverfügung, 142
Pensionsfonds, 69
Pensionskasse, 69
Pensionszusage, 68
Pfändungsschutzkonto, 113
Pfändungs- und Überweisungsbeschluss, 113
Pflegeversicherung, gesetzliche, 42
Pflichtteil, 139
Pflichtteilsstrafklausel, 140
Pflichtteilsverzicht, 140
Privat-Haftpflichtversicherung, 34

Progressionsvorbehalt, 118
Prozesskostenhilfe, 116

R
Ratenkredit, 9
Rating
  qualitatives, 16
  quantitatives, 17
Regelleistungen, 121
Rente mit 67, 55
Rentenartfaktor, 51
Rentenberechnung, 49
Rentenbescheid, 61
Renteninformation, 53
Rentenlücke, 60
Rentenrecht, Anrechnungszeiten, 52
Rentenversicherung, 35
  gesetzliche, 39
Rentenversicherungsverlauf, 53
Rentenwert, aktueller, 52
Restschuldbefreiung, 115
Restschuldversicherung, 38
Riester-Verträge, 65
Risikoklasse, 26
Risikolebensversicherung, 38
Rückfallklausel, 136
Rücktrittsrecht, 108
Rürup-Rente, 66

S
Schenkung, 137
  von Grundbesitz, 137
SCHUFA, 11
Schuldenbereinigung, außergerichtliche, 114
Selbstauskunft, 12
Sicherheitsstandards, 104
Sicherungszweckerklärung, 22
Sofortrente, 66
Sonderausgaben, 92
Steuer- und Liquiditätsrechnung, 99

T
Testament, 138
Transfereinkommen, 123

U
Überschuldung, 110
Übertragungsvertrag, 135
Unfallversicherung, 38
Unisex-Tarife, 38
Unterstützungskasse, 70

V
Verbraucherinsolvenzverfahren, 115
Verbraucherkredit, 108
Verbraucherkreditgesetz, 109
Verbraucherschutz bei Finanzdienstleistungen, 107
Vermögen im Ganzen, 134
Vermögensbilanz, 105
Versicherung, eidesstattliche, 114
Versicherungsvertragsgesetz, 33
Versorgung, berufsständische, 71
Versorgungsausgleich, 140
Vorgehensweise, risikodifferenzierte, 20
Vorsorgeaufwendungen, 93
Vorsorgevollmacht, 143

W
Wohnriester-Förderung, 91

Z
Zahlungsunfähigkeit, drohende, 111
Zugewinn, 141
Zugewinnausgleich, 141
Zugewinngemeinschaft, 134

Lizenz zum Wissen.

Sichern Sie sich umfassendes Wirtschaftswissen mit Sofortzugriff auf tausende Fachbücher und Fachzeitschriften aus den Bereichen: Management, Finance & Controlling, Business IT, Marketing, Public Relations, Vertrieb und Banking.

Exklusiv für Leser von Springer-Fachbüchern: Testen Sie Springer für Professionals 30 Tage unverbindlich. Nutzen Sie dazu im Bestellverlauf Ihren persönlichen Aktionscode **C0005407** auf *www.springerprofessional.de/buchkunden/*

Jetzt 30 Tage testen!

Springer für Professionals.
Digitale Fachbibliothek. Themen-Scout. Knowledge-Manager.

- Zugriff auf tausende von Fachbüchern und Fachzeitschriften
- Selektion, Komprimierung und Verknüpfung relevanter Themen durch Fachredaktionen
- Tools zur persönlichen Wissensorganisation und Vernetzung

www.entschieden-intelligenter.de

Springer für Professionals

GPSR Compliance
The European Union's (EU) General Product Safety Regulation (GPSR) is a set of rules that requires consumer products to be safe and our obligations to ensure this.

If you have any concerns about our products, you can contact us on

ProductSafety@springernature.com

In case Publisher is established outside the EU, the EU authorized representative is:

Springer Nature Customer Service Center GmbH
Europaplatz 3
69115 Heidelberg, Germany

www.ingramcontent.com/pod-product-compliance
Lightning Source LLC
LaVergne TN
LVHW080304260326
834688LV00039B/1128